国家出版基金项目
NATIONAL PUBLICATION FOUNDATION

湘江战役史料文丛

第九卷

总　主　编◎田　玄
本卷主编◎范国平
本卷编者◎牟伦海
黎志辉

广西师范大学出版社
GUANGXI NORMAL UNIVERSITY PRESS
·桂林·

本卷前言

广西是红军长征途经省份之一，长征先遣队红六军团和中央红军均曾借道广西并在此发生战斗，当中尤以湘江战役至为激烈。红军长征流传下来的史料，主要有三种类型：一种是国共双方在当时的电文、公函、政策、法令、报告等（此即档案资料的主要来源）；一种是当时各方报刊登载的新闻报道、讲演、社评等；还有一种是后来亲历者的回忆资料以及对历史知情人的调访资料。此外，为数不多的私人日记也是一种重要的长征史料。上世纪八十年代由中共桂林地委组织编写出版的《红军长征过广西》一书，曾经分门别类地对上述各种史料有所收集。惟当时限于条件，编者对相关报刊史料的遴选数量不多，难以全面反映国统区各方媒体的动态报道。

近现代报刊是研究红军长征史不容忽视的史料来源。当时不但国民党中央及地方当局透过报刊对外发布追堵红军的军政讯息，红军有时也从缴获或购买的报纸上获得重要消息。中共领导人毛泽东在长征途中据说就是透过一张报纸，获知陕北红军和根据地的资讯，从而解决了红军当时非常急迫的长征落脚点问题。《湘江战役史料文丛》收集涉及全国各地报刊共49种，除收录《中央日报》《中央周报》等“央媒”和《申报》《大公报》《天津益世报》等名报外，还收录了《湖南民国日报》《江西民国日报》等地方报刊，其中不少报刊选自北方地区，例如《庸报》《山东日报》等，其遴选范围远及内蒙古地区（《绥远社会日报》）。所选史料主要囊括三方面的内容：（一）长征先遣队——中国工农红军第六军团转战湘桂黔边及国民党中央和湘桂黔等省实力派之反应的报刊记载；（二）中央红军长征经过湘桂黔边及国民党各方进行“追剿”“堵剿”的报刊记载；（三）中国工农红军第二、六军团会合后对中央红军长征的策应行动及其影响的报刊记载。

这些报刊史料的主要价值，首先在于它是逐日逐地的历史记录，采用编年体的方式反映了红军在湘桂黔边的转战经过和国民党方面的应对情况，具有一种由时间串联起来的历史真实感。在长征史料的主要类型当中，档案史料对长征的事件和过程的记载一般最直接、最准确，但这类史料往往分散在不同的部门、地方或当事人的档案中，因此通常需要从时间、过程、逻辑等方面进行梳理和缀合，才有可能反映事件或过程的全貌；回忆史料的优点在于对长征细节的描述和披露，但有可能在事实层面出现不准确的地方，尤其是对时间的回忆容易出错。报刊上的红军长征资料，由于是逐日登载的，可以较为完整地呈现红军长征转战各地并引起各方反应的全过程，并在时间、空间等史实方面与相关档案、日记、回忆等史料形成互证关系。基于"时间之流"而依序形成的报刊类长征史料，没有"后见之明"对长征记忆与书写的影响，相对原始、真实地反映了当时的动态过程。换言之，只要将某份或某几份报纸关于红军长征的新闻报道从头至尾看完，就有可能大致了解其来龙去脉，从中获得的现场感往往比阅读相关的专业书籍更为强烈。

需要指出的是，二十世纪三十年代各大报纸的新闻来源，多为国民党中央或地方军政当局借助中央社或地方通讯社发布的官方电文。这些电文除了在极少数情况下可能出于军事保密需要，以"□□"代替部队番号或行军动向以外，其主要内容大多可与国民党当局的内部档案相互印证，新闻报道的真实性较高。即便报道当中出现红军将领姓名或身体状况等方面的信息错误，也有助于从某些方面反映国民党当局对红军长征情况的掌握程度或判断能力。例如，红六军团第十八师师长龙云在贵州石阡被俘时，贵州省政府主席王家烈在电告中就先称其为"龙灵"，后来可能经过核实，才改称"龙云"。在湘江战役中担任掩护任务的红三十四师师长陈树湘，其姓名在包括国民党中央社在内的多家媒体的报道中都被写成"陈树香"。从这两个师长级红军将领的事例可以看出，在紧张激烈的战场环境当中，国民党当局实际上难以准确、全面地掌握红军将领的个人信息，因此不仅在人名上可能出错，有时还会出现朱德、彭德怀等高级将领重伤甚至毙命之类的谣言。但是，报刊史料终究为红军长征保留下了基本的历史活动轨迹。

此次选择的 40 多种报刊，均在相应版面连续报道了国民党当局对红军的追击过程，仔细检视其内容，可以发现这些报道具有相当大的重叠性。从通常的角度而言，这种重叠性无疑会减损其史料价值，但从另一方面来看，正是这种几乎遍及全国的重叠性，反映了全国舆论对红军由闽赣中央苏区转战粤湘桂黔之突围行动的普遍关切，也因而在一定程度上反映了红军长征所关联的社会心态。这无疑可以提供红军长征途经区域的社会心态史研究的视角和素材。更深入地观察，可以发现对于红军长征的社会心态反映，各省似略有差别。如江西省，当时的头等大事是筹谋“善后”，对所谓“赣匪”转战湘桂黔等省的报道虽未间断，但已缺少置身其中的急迫感；而湖南省作为红军长征突围初期的主要战场，全省上下对与此有关的军事行动高度关切，何键作为最高军政长官尤其如此，由此才有湖南本地的报纸以连载的方式刊登其个人所作的报告，以安慰人心，缓和危机。红军长征初期，对湖南省的影响可以说既深且巨。从这一时期多种报刊的报道内容来看，如果说其他省份是以省的视角来观察红军长征所引发的军事行动，那么湖南省差不多是以县为单位密切关注着红军行动可能对本县的影响。湘江战役前夕，广西当局也几乎陷入同样的紧张战备当中，本地报纸当中与红军有关的报道随之增多。湘江战役期间，广西随着其“堵剿”地位的提升，频繁在“央媒”及各地报纸上“亮相”，李宗仁、白崇禧等军政长官也是如此。贵州在湘江战役之前，随时关注着红军行军与湘桂两省及中央军“追剿”“堵剿”的动态消息，到湘江战役之后，则与之前的湖南一样，成为国共交战的主要省份，这些均反映在当时的报道之中。

还可注意的是，全国各种报纸共同登载红军长征有关消息的新闻现象，实际上营造或显示出一种有利于国民党中央调动各省力量追击红军的舆论话语和舆论氛围。由中央红军战略转移所广泛引发的国民党中央及地方当局“围剿”的军事行动，透过国民党中央军的跨省追击行动，以及中央社的报道和其他各种报纸的转载，至少从舆论表象看来，已逐渐演化为一场在全国范围内塑造国民政府统治合法性的政治运动。如果说1930年的中原大战，使蒋介石取得了对其他军系的压倒性军事胜利，蒋介石由此在军事上确立了其控制中央的统治地位，那么这次以“剿共”为名义扩散至粤湘桂黔等十余个省份的“追剿”行动，则不仅在军事上，更在政治上有利于蒋介石进一步树立其中央统治和军事进入各地的合法性。当时的广西军政当局，虽与广东军政当局共同组有西南政务委员会，以抗拒南京中央的权力控制或渗透，但在这场带有浓厚政治意味的“追剿”行动面前，即使是足智多谋的白崇禧，也只能表面顺应这种全国上下高度一致的舆论氛围，在报纸上公开表态响应和支持国民党中央的“追剿”行动。在此舆论氛围之下，广西有两件事情均遭蒋介石否决：一件是欲与广东联合抽调兵力组织一支特别军队，入贵州追击红军，此种含有独立倾向的军事运作，显然不可能获得南京中央同意；一件是拟将在湘江战役期间俘虏的一批江西籍红军将士解至广东，再由广东运交江西，但最终广西军政当局只好听命于南京中央，将非桂籍的红军俘虏解湘处置。这两件公诸报端的事情的处理结果，只能是进一步强化广西服从中央的舆论形象。

毋须否认，国民党统治区内许多报刊登载的关于红军长征的相关报道，都具有向上请功和安民告示的宣传作用。正因如此，这些报道有许多实则是自我表功的电文和报告，它们共同在报刊上汇合成国民党军队追击长征红军的舆论舞台和所谓“胜利”场景。中央红军从江西出发时有8万余人，到湘江战役后已锐减过半，这个减员过程在国统区的报刊当中，几乎每次都被国民党军队或当局渲染成一场作战胜利。红军在人和枪方面的一次次损失，在对手那里就被转换成缴获了多少人和枪的战绩，被一次次地登载在国统区的报刊上。红军每次撤出某个地方，也自然地被对手视为作战收复之功而在报刊上宣扬。很显然，如果只看这些报道，难免觉得红军屡遭惨败，几无生机。这种舆论指向与国民党方面对中国共产党和红军的蔑称一样，都是国统区报刊史料固有的一些局限性。要想克服这种局限性，唯有结合红军方面的史料与国民党方面的其他史料进行比对，才能考证出红军长征过程中的准确情形，才能感受到中国共产党及其领导下的工农红军内部极其强大的政治力、组织力和坚韧力。

本卷编辑说明

一、《湘江战役史料文丛》报刊部分共分为三卷，以与红军长征经过广西互有因果关联的时空为遴选原则，选录1933—1936年与红军长征有关的全国各地报刊共49种。所收史料一般按其标题内容全部予以收录，残缺不全的则标注“残”。

二、本卷以报刊为分类单位，每种报刊下面按时间、版次先后顺序排列每则资料的标题文字和图影，时间、版次相同的则按标题首字母排序。

三、为方便读者阅读，对于一些字迹过小的图片，本卷采取局部图的形式对原图进行了放大处理。局部图有两种：一种是将部分文字用黑色框线圈出以示放大的部分，一种是将原图分为多个部分做局部图予以分别放大。此外，对于个别因条件所限拍摄不清、辨识困难的图片，图后附上了相应的释读文字，以供读者参酌使用。

四、本卷以简体字编排。每则史料的题名一般照录报刊原有标题，并予以重新标点。旧词形、非推荐词形改为规范词形，如“澈底”改为“彻底”；旧时对少数民族的蔑称“猺”一律改为规范字“瑶”；残缺的字以“□”代之，据史料补全的用圆括号加以括注；错别字径改，如“何健”改为“何键”，“武岗”改为“武冈”；人名、地名因省写而影响阅读的，据报刊正文或考证其他相关资料补全，如“李白”录为“李（宗仁）、白（崇禧）”，“兴全”录为“兴（安）、全（州）”，不确定的则照录；同一地名写法不一致的，统一为一种写法，如“珠兰铺”改为“朱兰铺”，“马厂坪”改为“马场坪”。

五、需要特别说明的是，这些国民党统治区内的报刊中有不少对中国共产党、红军等的攻击、污蔑、丑化的词句，本卷本着客观反映史料原貌的态度，未做删改，望读者以批判的态度予以甄别使用。拟定题名时，仅对诸如“赤匪”“共匪”“匪共”等一类词加引号处理。

六、因民国报刊年代久远，获取或拍摄不便，本卷所选有关湘江战役的报刊恐难囊括完全，所录史料也有拍摄不清或不完整者，敬请读者谅解。

本卷目录

报刊（下）

湖南通俗日报

全民日报

绥远社会日报

新闻报

新闻夜报

新中华报

大同日报

东海日报

新新新闻

朝　报

新夜报

青白报

新民报

安化民报

常宁民报

西京日报

新蜀报

庸 报

华北日报

党军日报

济南光华报

平　报

工商新报

上海报

湖南通俗日报

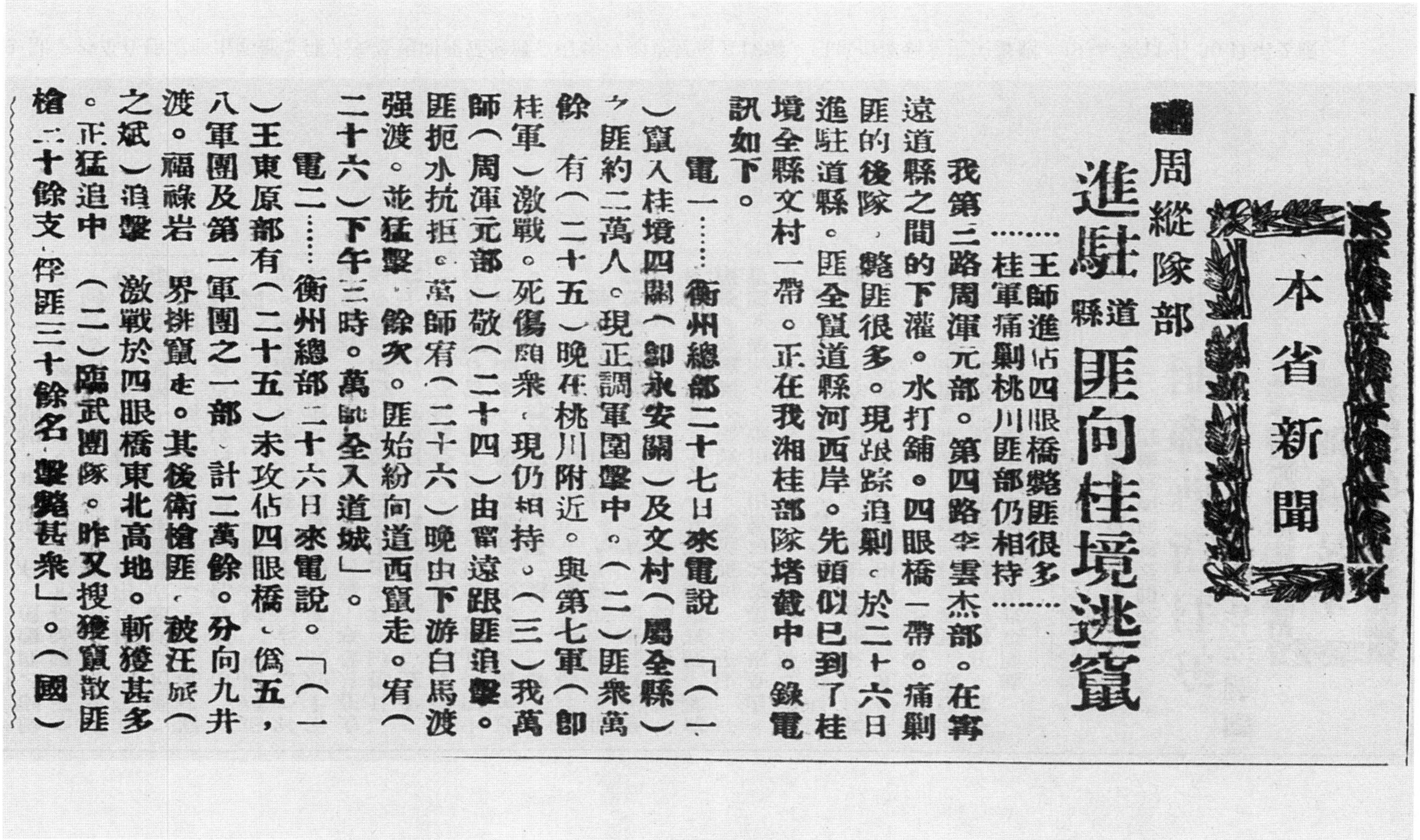

本省新聞

周縱隊部 進駐道縣匪向桂境逃竄

……王師進佔四眼橋斃匪很多 桂軍痛剿桃川匪部仍相持……

我第三路周渾元部。第四路李雲杰部。在寗遠道縣之間的下灌。水打鋪。四眼橋一帶。痛剿匪的後隊，斃匪很多。現跟踪追剿。於二十六日進駐道縣。匪全竄道縣河西岸。先頭似已到了桂境全縣文村一帶。正在我湘桂部隊堵截中。錄電訊如下。

電一……衡州總部二十七日來電說「（一）竄入桂境四關（即永安關）及文村（屬全縣）ㄅ匪約二萬人。現正調軍圍擊中。（二）匪衆萬餘 有（二十五）晚在桃川附近。與第七軍（即桂軍）激戰。死傷頗衆，現仍相持。（三）我萬師（周渾元部）敬（二十四）由甯遠跟匪追擊。匪扼水抗拒。萬師宥（二十六）晚由下游白馬渡強渡。並猛擊，餘次。匪始紛向道西竄走。宥（二十六）下午三時。萬師全入道城」。

電二……衡州總部二十六日來電說。「（一）王東原部有（二十五）未攻佔四眼橋，僞五，八軍團及第一軍團之一部，計二萬餘。分向九井渡。福祿岩 界排竄走。其後衛槍匪，被汪旅（之斌）追擊 激戰於四眼橋東北高地。斬獲甚多。正猛追中 （二）臨武團隊。昨又搜獲竄散匪槍二十餘支，俘匪三十餘名，擊斃甚衆」。（國）

1. 周纵队部进驻道县匪向桂境逃窜，王师进占四眼桥毙匪很多，桂军痛剿桃川匪部仍相持，1934年11月29日第2版

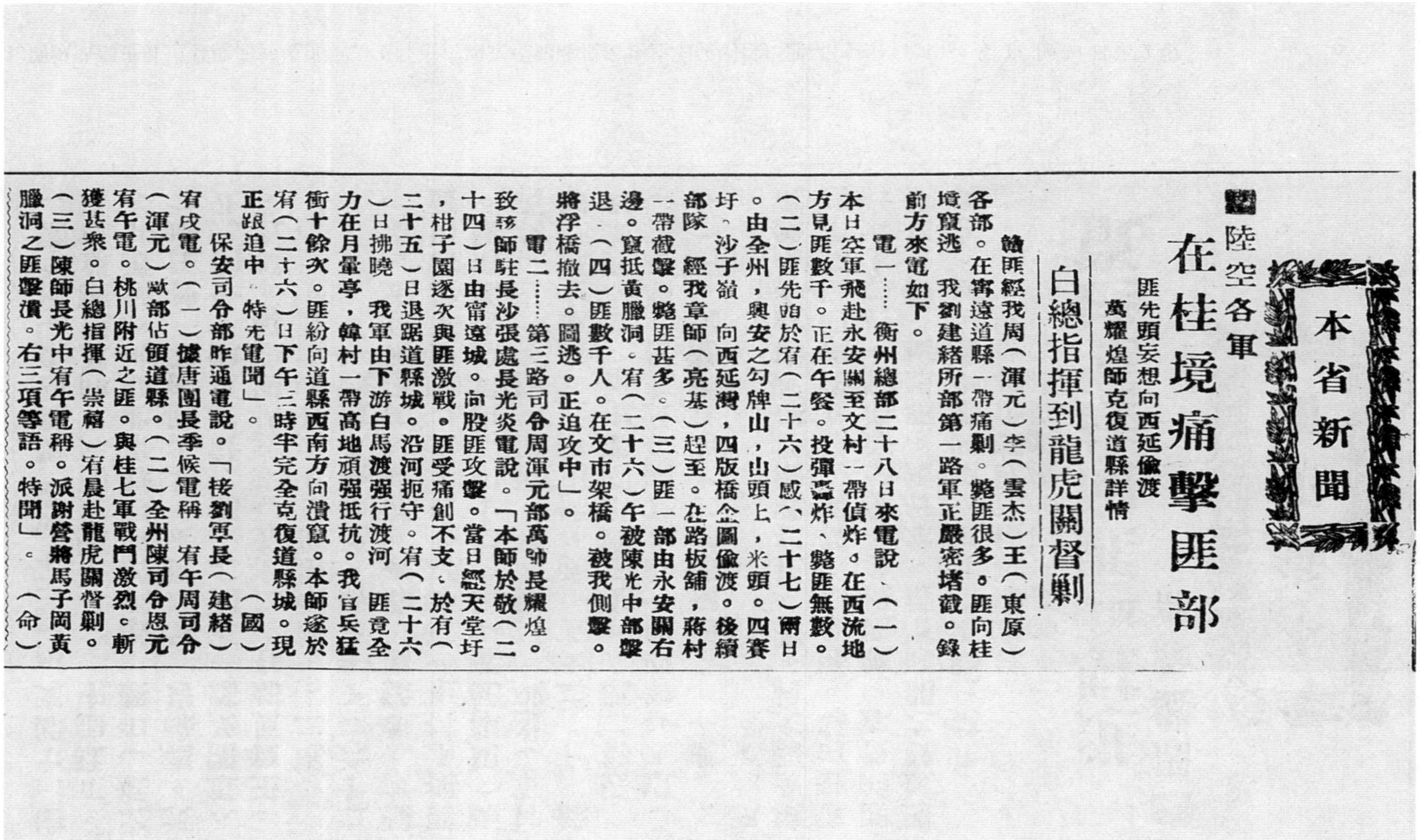

本省新聞

陸空各軍

在桂境痛擊匪部

匪先頭妄想向西延偷渡

萬耀煌師克復道縣詳情

白總指揮到龍虎關督剿

贛匪經我周（渾元）李（雲杰）王（東原）各部。在甯遠道縣一帶痛剿。斃匪很多。匪向桂境竄逃 我劉建緒所部第一路軍正嚴密堵截。錄前方來電如下。

電一……衡州總部二十八日來電說、（一）本日空軍飛赴永安關至文村一帶偵炸。在西流地方見匪數千。正在午餐。投彈轟炸、斃匪無數。（二）匪先頭於宥（二十六）感（二十七）兩日。由全州，興安之勾牌山，山頭上，米頭。四賽圩、沙子嶺 向西延灣，四版橋企圖偷渡。後續部隊 經我章師（亮基）趕至。在路板舖，蔣村一帶截擊。斃匪甚多。（三）匪一部由永安關右邊。竄抵黃臘洞。宥（二十六）午被陳光中部擊退、（四）匪數千人。在文市架橋。被我側擊。將浮橋撤去。圖逃。正追攻中」。

電二……第三路司令周渾元部萬師長耀煌。致孫師駐長沙張處長光炎電說。「本師於敬（二十四）日由甯遠城。向股匪攻擊。當日經天堂圩，柑子園逐次與匪激戰。匪受痛創不支、於有（二十五）日退踞道縣城。沿河扼守。宥（二十六）日拂曉 我軍由下游白馬渡強行渡河 匪竟全力在月暈亭，韓村一帶高地頑強抵抗。我官兵猛衝十餘次。匪紛向道縣西南方向潰竄。本師遂於宥（二十六）日下午三時半完全克復道縣城。現正跟追中 特先電聞」。（國）

保安司令部昨通電說。「接劉軍長（建緒）宥戌電。（一）據唐團長季候電稱 宥午周司令（渾元）歐部佔領道縣。（二）全州陳司令恩元宥午電。桃川附近之匪。與桂七軍戰鬥激烈。斬獲甚衆。白總指揮（崇禧）宥晨赴龍虎關督剿。（三）陳師長光中宥午電稱。派謝營將馬子岡黃臘洞之匪擊潰。右三項等語。特聞」。（命）

2. 陆空各军在桂境痛击匪部，匪先头妄想向西延偷渡，万耀煌师克复道县详情，白总指挥到龙虎关督剿，1934 年 11 月 30 日第 2 版

本省新聞

贛匪想向西延逃竄

被我軍截剿斃匪很多

贛匪妄想渡河　由文市向西延逃竄。已截了

本報。昨得前方來電、我軍正在截擊、原電如下。

電一……衡州總部二十九日來電說。「（一）匪萬餘感（二、七）偷在全州以西偷渡。我章師（亮基）在路板舖遭遇。激戰半日。已擊潰。斬獲甚多。（二）文市匪二萬餘。儉（二十八）夜循蕭匪故道漏竄　我劉司令（建緒）所部（二十九）辰由賽圩名鹹水進剿。刻在激戰中。（三）周渾元部在壽佛圩。將匪後衛擊潰。匪向蔣家嶺竄走」。

電二……全州二十九日來電說。「匪先頭萬餘。在麻子渡，屏山舖一帶　企圖渡過湘水。並出沒於路板舖，珠塘舖，沙子包　界首（在全州興安間）。我章師先頭何旅（友松）已在路板舖及汽車道南側白茄屋佔領陣地。向該匪猛攻。激戰半日。將匪擊潰　斃匪甚多。追至馬靜山。帶子街、及汽車道北側。將匪截斷包圍痛剿」。（國）

3. 贛匪想向西延逃窜，被我军截剿毙匪很多，1934 年 12 月 1 日第 2 版

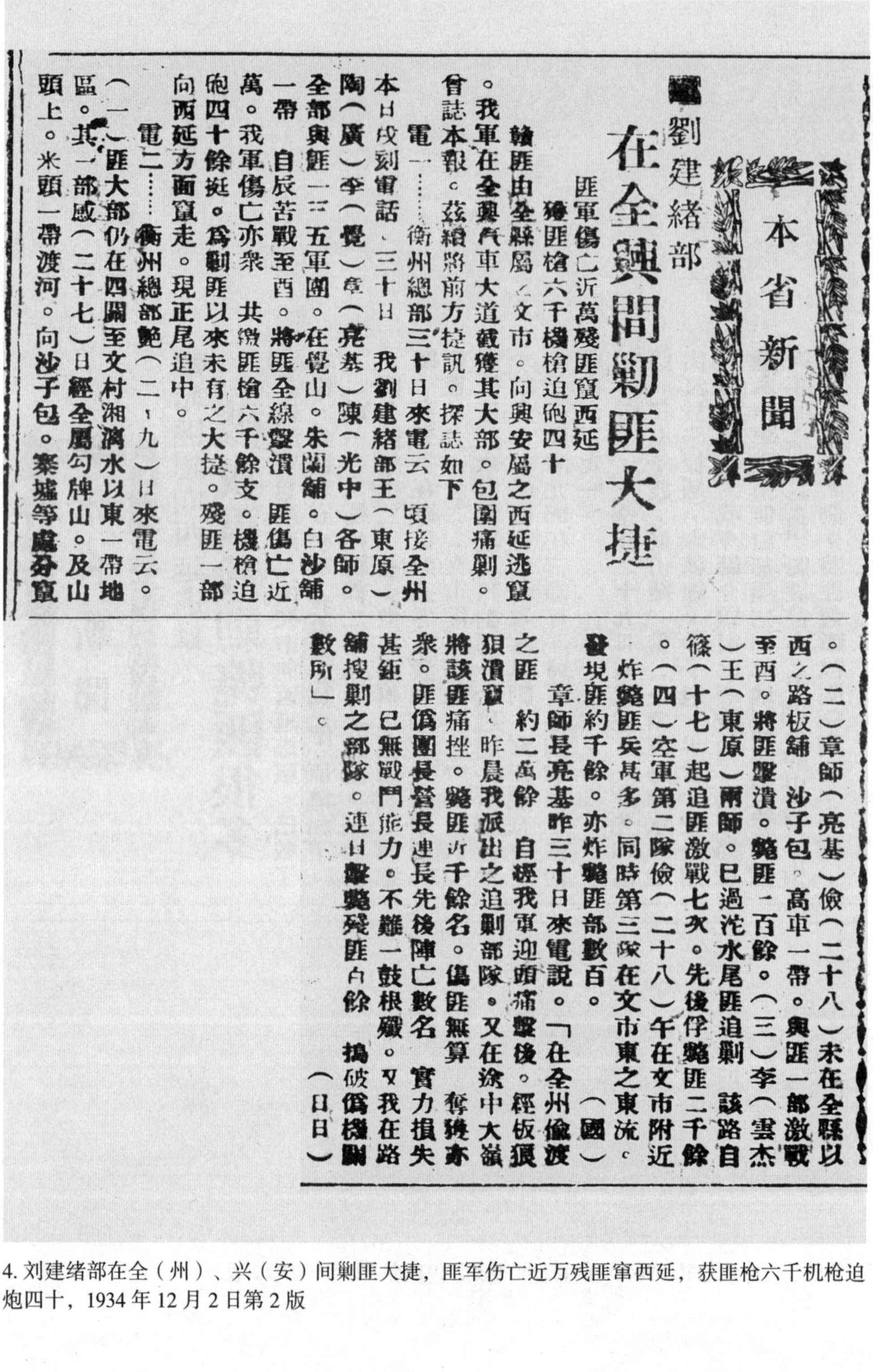

本省新聞

劉建緒部

在全興間剿匪大捷

匪軍傷亡近萬殘匪竄西延

獲匪槍六千機槍迫砲四十

贛匪由全縣屬之文市。向興安屬之西延逃竄。我軍在全興汽車大道截獲其大部。包圍痛剿。曾誌本報。茲續將前方捷訊。探誌如下

電一……衡州總部三十日來電云 頃接全州本日戌刻電話、三十日 我劉建緒部王（東原）陶（廣）李（覺）章（亮基）陳（光中）各師。全部與匪一三五軍團。在覺山。朱蘭舖。白沙舖一帶 自辰苦戰至酉。將匪全線擊潰 匪傷亡近萬。我軍傷亡亦衆 共繳匪槍六千餘支。機槍迫砲四十餘挺。爲剿匪以來未有之大捷。殘匪一部向西延方面竄走。現正尾追中。

電二……衡州總部艷（二十九）日來電云。（一）匪大部仍在四關至文村湘漓水以東一帶地區。其一部感（二十七）日經全屬勾牌山。及山頭上。米頭一帶渡河。向沙子包。縈墟等處分竄。（二）章師（亮基）儉（二十八）未在全縣以西之路板舖 沙子包。高車一帶。與匪一部激戰至酉。將匪擊潰。斃匪一百餘。（三）李（雲杰）王（東原）兩師。已過洸水尾匪追剿 該路自篠（十七）起追匪激戰七次。先後俘斃匪二千餘。（四）空軍第二隊儉（二十八）午在文市附近炸斃匪兵甚多。同時第三隊在文市東之東流。發現匪約千餘。亦炸斃匪部數百。（國）

章師長亮基昨三十日來電說。「在全州偷渡之匪 約二萬餘 自經我軍迎頭痛擊後。經被猥狽潰竄、昨晨我派出之追剿部隊。又在途中大嶺將該匪痛挫。斃匪近千餘名。傷匪無算 奪獲亦衆。匪僞團長營長連長先後陣亡數名 實力損失甚鉅 已無戰鬥能力。不難一鼓根殲。又我在路舖搜剿之部隊。連日擊斃殘匪百餘 搗破僞機關數所」。（日日）

4. 刘建绪部在全（州）、兴（安）间剿匪大捷，匪军伤亡近万残匪窜西延，获匪枪六千机枪迫炮四十，1934 年 12 月 2 日第 2 版

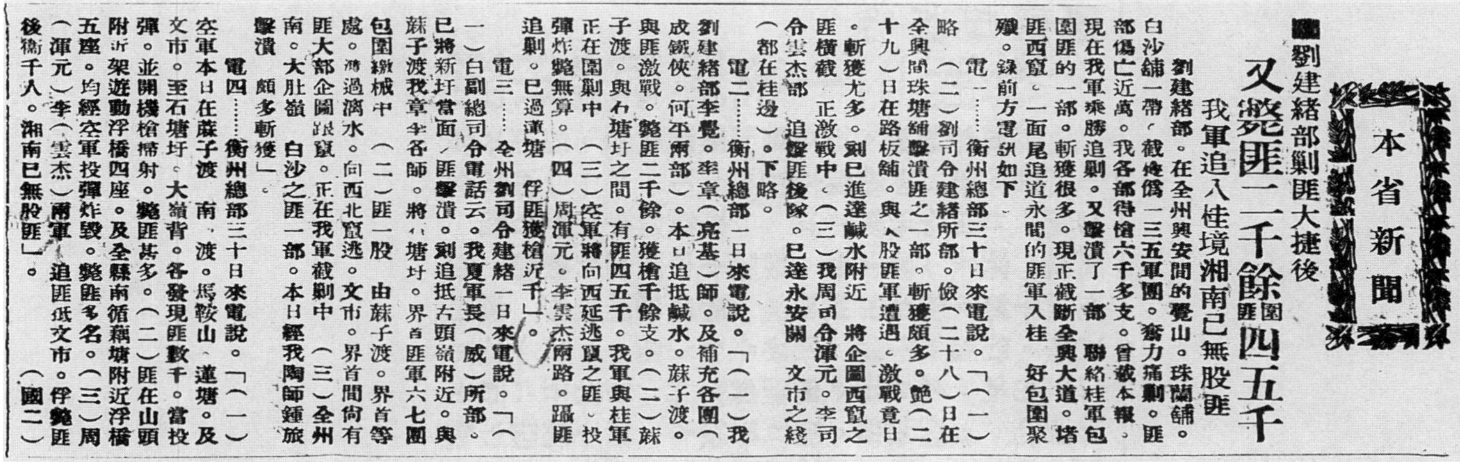
本省新聞

劉建緒部剿匪大捷後
又斃匪二千餘 圍匪四五千
我軍追入桂境湘南已無股匪

劉建緒部。在全州興安間的覺山。珠蘭舖。白沙舖一帶，截擊偽一三五軍團。奮力痛剿。匪部傷亡近萬。我各部得槍六千多支。曾載本報。現在我軍乘勝追剿。又擊潰了一部 聯絡桂軍包圍匪的一部。斬獲很多。現正截斷全興大道。堵匪西竄。一面尾追道永間的匪軍入桂 好包圍聚殲。錄前方電訊如下：

電一……衡州總部三十日來電說。「(一)略 (二)劉司令建緒所部。儉(二十八)日在全興間珠塘舖擊潰匪之一部。斬獲頗多。艷(二十九)日在路板舖。與入股匪軍遭遇。激戰竟日。斬獲尤多。劉已進達鹹水附近 將企圖西竄之匪橫截 正激戰中。(三)我周司令渾元。李司令雲杰部 追擊匪後隊。已達永安關 文市之綫(都在桂邊)。下略。

電二……衡州總部一日來電說。「(一)我劉建緒部李覺。李章(亮基)師。及補充各團(成鐵俠。何平兩部)。本日追抵鹹水。蘇子渡。與匪激戰。斃匪二千餘。獲槍千餘支。(二)蘇子渡。與石塘圩之間。有匪四五千。我軍與桂軍正在圍剿中 (三)空軍將向西延逃竄之匪。投彈炸斃無算。(四)周渾元。李雲杰兩路。躡匪追剿。已過潭塘 俘匪獲槍近千」。

電三……全州劉司令建緒一日來電說。「(一)白副總司令電話云。我夏軍長(威)所部。已將新圩當面，匪擊潰。劉追抵右頭嶺附近。與蘇子渡我章李各師。將石塘圩。界首匪軍六七團包圍繳械中 (二)匪一股 由蘇子渡。界首等處。潛過漓水。向西北竄逃。文市。界首間尚有匪大部企圖跟竄。正在我軍截剿中 (三)全州南。大肚嶺 白沙之匪一部。本日經我陶師鍾旅擊潰 頗多斬獲」。

電四……衡州總部三十日來電說。「(一)空軍本日在蘇子渡 南，渡。馬鞍山、蓮塘。及文市。至石塘圩。大嶺背。各發現匪數千。當投彈。並開機槍掃射。斃匪甚多。(二)匪在山頭附近架遊動浮橋四座。及全縣南循藕塘附近浮橋五座。均經空軍投彈炸毀。斃匪多名。(三)周(渾元)李(雲杰)兩軍 追匪抵文市。俘斃匪後衛千人。湘南已無股匪」。(國二)

5. 刘建绪部剿匪大捷后又毙匪二千余围匪四五千，我军追入桂境湘南已无股匪，1934 年 12 月 3 日第 2 版

本省新聞

劉建緒部

俘匪三千多解到全縣拍照

我劉建緒部。在全興間剿匪大捷。巳屢次載了本報。昨日所得前方電訊如下。（一）劉司令建緒一日由全州來電說「李覺師率補充各團及章（亮基）師大部。將鹹水方面之匪擊潰。追至蘇子渡。遇匪增援部隊 經我包圍痛剿、斃匪甚衆。俘匪三千餘 押解全縣拍照 （二）空軍二三兩隊。本日在全興間興隆村 見匪五六百正在徒涉。炸斃殆盡。同日在鹹水 蘇子渡間炸斃數百。（三）周渾元部萬耀煌師。艷（二十九）經永安關前進。在楊家灣 高明橋等處節節擊潰股匪千餘。斃匪各數百。獲槍百餘支。三十日申佔領文市。現已過 頭嶺。蓮花塘西進追剿中。（四）匪大部昨經我劉司令部擊潰後 匪經鹹水向西延逃竄。鹹水以東石塘墟尚有槍匪一部。正在圍剿中」。（國）

6. 刘建绪部俘匪三千多解到全县拍照，1934 年 12 月 4 日第 2 版

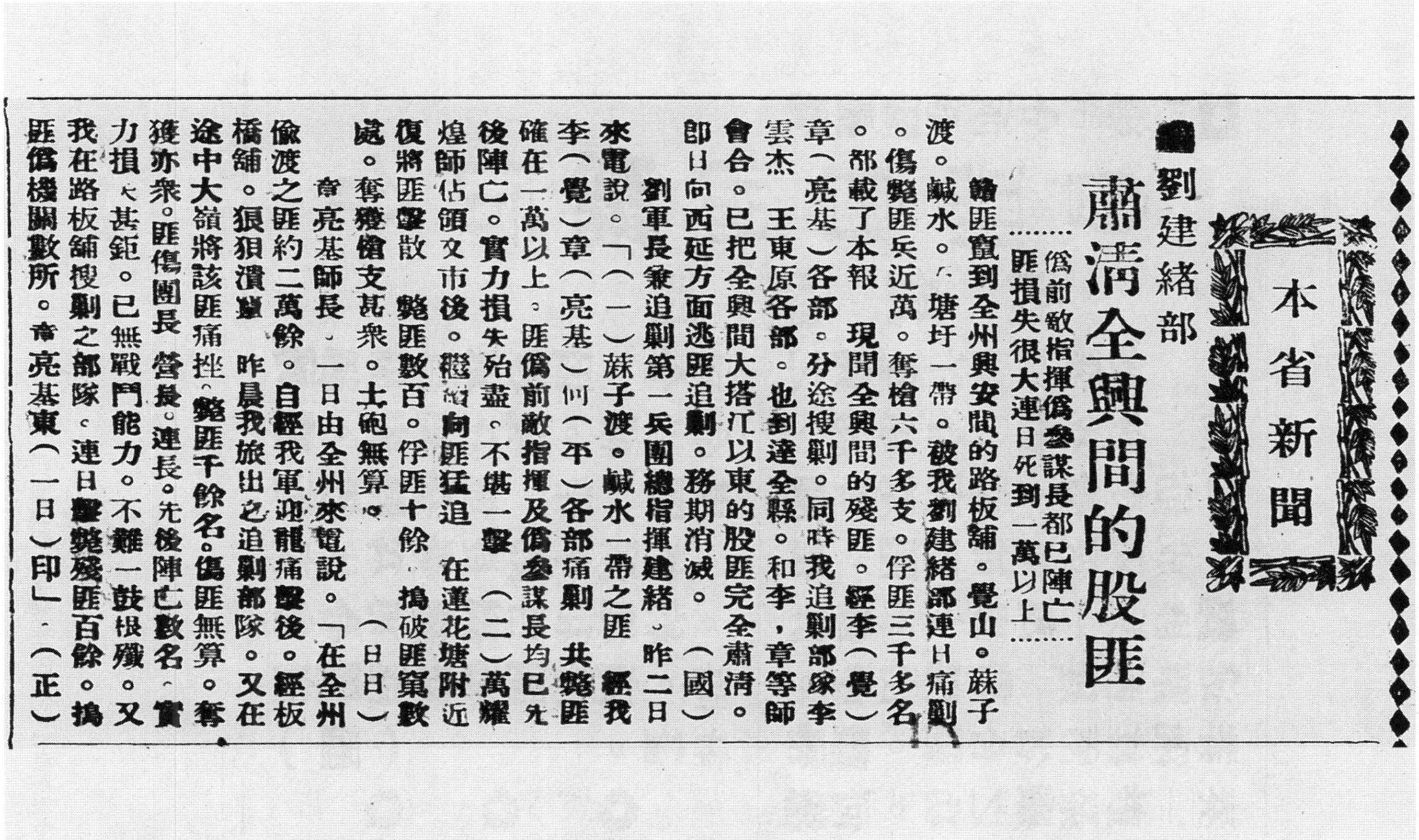

本省新聞

劉建緒部 肅清全興間的股匪

偽前敵指揮偽參謀長都已陣亡 匪損失很大連日死到一萬以上

殘匪竄到全州興安間的路板舖。覺山。蘇子渡。鹹水。、塘圩一帶。被我劉建緒部連日痛剿。傷斃匪兵近萬。奪槍六千多支。俘匪三千多名。都載了本報 現間全興間的殘匪。經李(覺)章(亮基)各部。分途搜剿。同時我追剿部隊李雲杰 王東原各部。也到達全縣。和李，章等師會合。已把全興間大搭汀以東的股匪完全肅清。即日向西延方面逃匪追剿。務期消滅。(國)

劉軍長兼追剿第一兵團總指揮建緒，昨二日來電說。「(一)蘇子渡。鹹水一帶之匪 經我李(覺)章(亮基)何(平)各部痛剿 共斃匪確在一萬以上。匪偽前敵指揮及偽參謀長均已先後陣亡。實力損失殆盡。不堪一擊 (二)萬耀煌師佔領文市後。繼續向匪猛追 在蓮花塘附近復將匪擊散 斃匪數百。俘匪十餘。搗破匪竄數處。奪獲槍支甚衆。土砲無算。」(日日)

章亮基師長，一日由全州來電說。「在全州偸渡之匪約二萬餘。自經我軍迎頭痛擊後。經板橋舖。狼狽潰竄 昨晨我旅出已追剿部隊。又在途中大嶺將該匪痛挫。斃匪千餘名。傷匪無算。奪獲亦衆。匪偽團長。營長。連長。先後陣亡數名。實力損失甚鉅。已無戰鬥能力。不難一鼓根殲。又我在路板舖搜剿之部隊。連日擊斃殘匪百餘。搗匪偽機關數所。」章亮基東(一日)印」。(正)

7. 刘建绪部肃清全（州）、兴（安）间的股匪，“伪前敌指挥”、“伪参谋长”都已阵亡，匪损失很大连日死到一万以上，1934年12月5日第2版

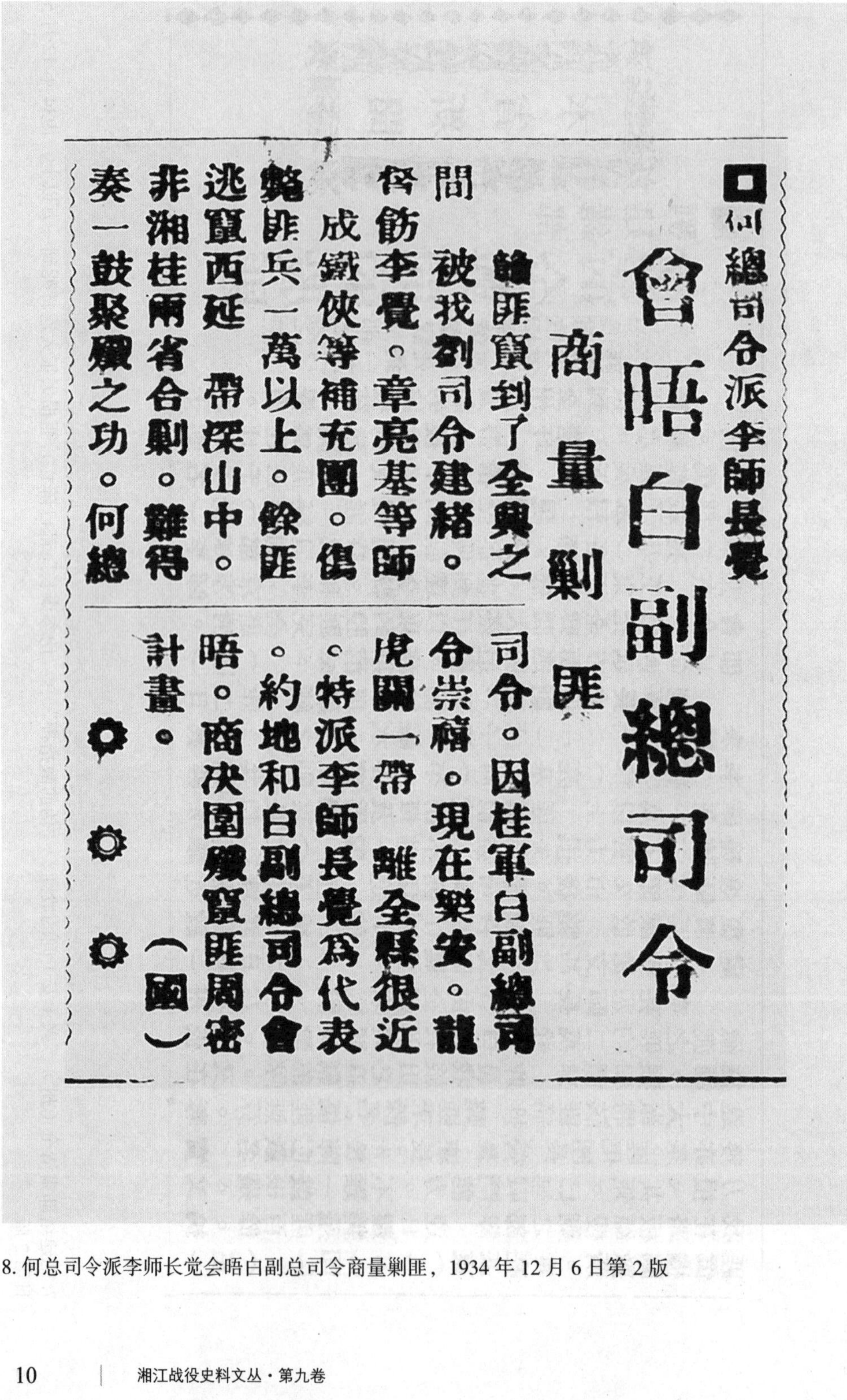

何總司令派李師長覺

會晤白副總司令

商量剿匪

論匪竄到了全興之間。被我劉司令建緒。督飭李覺。章亮基等師成鐵俠等補充團。傷斃匪兵一萬以上。餘匪逃竄西延 帶深山中。非湘桂兩省合剿。難得奏一鼓聚殲之功。何總司令。因桂軍白副總司令崇禧。現在樂安。龍虎關一帶 離全縣很近。特派李師長覺為代表。約地和白副總司令會晤。商決圍殲竄匪周密計畫。（國）

8. 何总司令派李师长觉会晤白副总司令商量剿匪，1934 年 12 月 6 日第 2 版

本省新聞

（電）追剿總部

决定日內移駐寶慶

劉建緒部分向武岡新甯堵剿

贛匪西竄桂境，仍想竄到貴州去。湘南各地、已無股匪。何總司令。爲便利指揮各部。向桂邊堵剿。並和貴州廣西各軍。合圍殘匪。不使再竄湘西邊境。决定在這二三日內。率總部全體員兵移駐寶慶。並派副官處上校校官王先業。率同一部分員兵。於五日由衡赴寶。布置一切。至在全興間潰的匪，現竄到了桂湘邊界的深山中。湘桂兩軍。决分途堵截。錄前方軍訊如下。

電一……衡州總部五日來電說。「（一）殘匪爲本路軍擊潰後。似已向龍勝（廣西縣名）城步方向大山中分竄。情形極爲狼狽。（二）第一兵團劉總指揮建緒。率補充二，四，五，各團。支（四日）日經新甯附近。向武岡前進中。（三）陶廣師向梅溪口（桂邊與新甯交界處）方向追剿。沿途斬獲極多。（四）永明　汝城　道縣團隊。連日搜剿散匪。各獲槍數十支。斃匪數百。（五）據俘匪軍官供稱　匪此次經過湘境。實力損失極重。匪部傷亡確在二萬以上。對湘軍之窮追猛進　各縣團隊之穩紮穩打。極具畏心。匪中有「四川雖好。湖南難闖」之謠。（六）空軍本日未發現大股匪。但沿途炸斃小股匪甚多。並散發傳單數萬份」。

電二……全縣四日來電說。「（一）萬師長

……

羅煒進抵全縣。准微（五日）日繞出新甯方面。向西追進　截剿逃匪。務期消滅。（二）桂軍夏（威）部。已與我軍聯絡。向匪追剿。沿途繳獲散槍甚多」。（國，試）

9. 追剿总部决定日内移驻宝庆，刘建绪部分向武冈、新宁堵剿，1934 年 12 月 7 日第 2 版

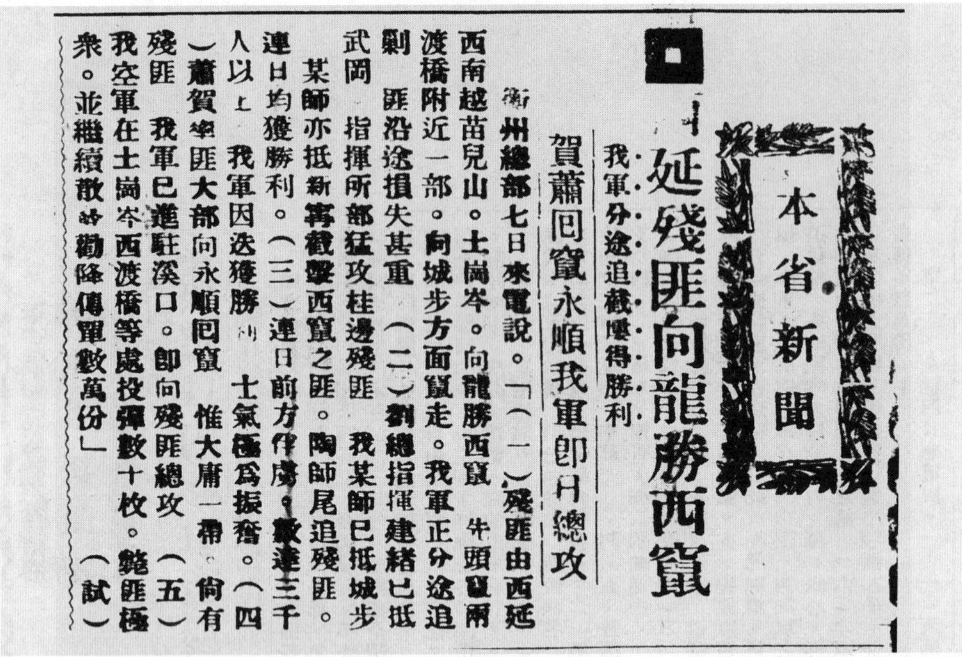

本省新聞

西延殘匪向龍勝西竄

我軍分途追截屢得勝利

賀蕭回竄永順我軍即日總攻

衡州總部七日來電說。「（一）殘匪由西延西南越苗兒山。土嶺岑。向龍勝西竄 牛頭竄兩渡橋附近一部。向城步方面竄走。我軍正分途追剿 匪沿途損失甚重 （二）劉總指揮建緒已抵武岡 指揮所部猛攻桂邊殘匪 我某師已抵城步 某師亦抵新寧截擊西竄之匪。陶師尾追殘匪。連日均獲勝利。（三）連日前方俘虜。數達三千人以上 我軍因迭獲勝利 士氣極爲振奮。（四）蕭賀兩匪大部向永順回竄 惟大庸一帶。倘有殘匪 我軍已進駐溪口。即向殘匪總攻 （五）我空軍在土嶺岑西渡橋等處投彈數十枚。斃匪極衆。並繼續散發勸降傳單數萬份」（試）

10. 西延残匪向龙胜西窜，我军分途追截屡得胜利，贺（龙）、萧（克）回窜永顺我军即日总攻，1934 年 12 月 8 日第 2 版

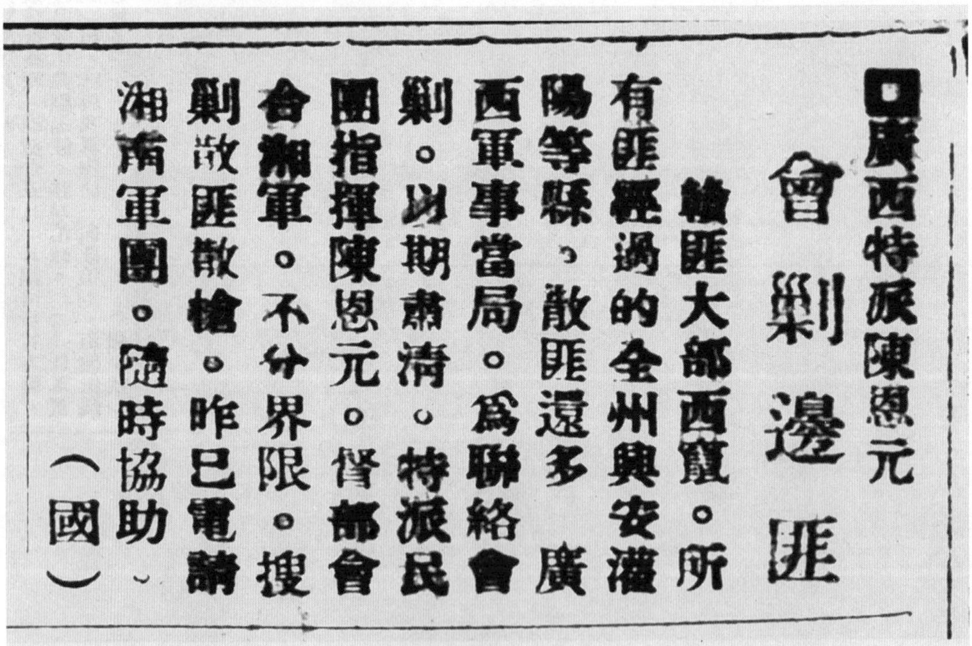

廣西特派陳恩元

會剿邊匪

赣匪大部西竄。所有匪經過的全州興安灌陽等縣。散匪還多 廣西軍事當局。爲聯絡會剿。以期肅清。特派民團指揮陳恩元。督部會合湘軍。不分界限。搜剿散匪散槍。昨已電請湘南軍團。隨時協助、（國）

11. 广西特派陈恩元会剿边匪，1934 年 12 月 9 日第 3 版

■劉總指揮進駐城步

督剿桂邊西竄赣匪

桂軍分兩路追剿

衡州八日來電說。「（一）匪大部仍在桂境司門前。龍勝以北一帶深山中。另一小部槍約千支。竄到城步以南邊境之丁坪紅紗洲一帶、無衣無食。情極狼狽。（二）劉總指揮建緒、已率部由武岡進駐城步。向桂邊堵剿中。（三）賀匪大部尚在大庸、蕭殘餘仍在城西之丁家溪塘一帶。我辰（州）常（德）部隊正聯合進剿。其竄黃石（在庸桃邊境）之匪 已被我朱樹勛部擊潰、斃匪三十餘。獲槍二十餘支、桃慈縣境已肅清。（四）空軍本日。在龍勝以東、及城步以南地區偵炸。斃匪頗多」。

又新甯縣長李紀猷七日來電說。「據探報。

……

赤匪分兩部逃竄。一由榕江。華江。一由上五牌、龍塘、似沿城步邊境西竄、所有大埠頭。梅溪口一帶。均無匪踪。縣境安謐」（國）

又劉總指揮建緒。昨來數電。報告追剿情形如下。

電一……「（一）新甯李縣長魚電稱。油榨坪一帶之匪。似經五牌車田向蓬洞逃竄。（二）晏區司令國濤陽西轉城步電話。昨竄紅沙灘之匪。約二三千。陽（七日）午西竄江頭司。上二項特聞　劉建緒陽西參謀印」。（芝）

電二……「本日情報。覺達如下。（一）李代司令覺　江午電在鹹水踞十五軍藍參謀長云桂軍。擬於支日分兩路追堵殘匪。夏軍出西延經追。廖軍出大宜沿湘黔邊境堵截。（二）陶師長廣。江戌電。江辰有偽一軍殘匪約兩團佔領西延綿亘山地徑、王旅及戴團猛烈出擊。斃匪五百餘、獲槍百餘支。匪向梅溪口分竄。陸續進抵天門山洞宿營（三）據報支日偽一軍團殘部竄抵車田。有向綏寧西逃之勢。剿偽三五八九軍團未經大鍋頭。似向龍勝方面潰走。（四）晏區司令國濤歌西轉報城步譚團長電話。偽一軍團殘部過車田後有便衣匪數百、剿轉下白洞、上四項特聞。劉建緒歌印」。

電三……「據晏區司令國濤魚申轉城步方面探報　前經車田竄蓬洞之偽一軍團殘匪　其乜頭匪約二千人、於本魚午竄抵蓬洞以南之紅沙洲。有出丹口西逃之樣　等語特聞。劉建緒魚西參謀印」。（堅）

12. 刘总指挥进驻城步，督剿桂边西窜赣匪，桂军分两路追剿，1934 年 12 月 10 日第 2 版

追勦竄匪經過與湘西最近匪况

何主席十二月十日在擴大紀念週中報告

今天紀念週　適逢湖南各界人民。因爲五中全會本日開幕。又以赤匪盤踞江西多年的僞都。已經國軍搗破。股匪離巢逃竄。殲滅可期。特聯合舉行慶祝大會的一天。關於五中全會開幕。今後全國黨政軍各項方略。得黨國領袖精誠團結。商討進行。一定有新的展進。暫不多說。特乘這個機會。將最近追勦竄匪與湘西最近匪况。作一個簡單的報告。

（一）追勦竄匪經過　我軍追勦竄匪情况。各報登載甚詳。所以對於已往。無重大關係的事。概不贅述。僅就其中值得大家注意的事項。提出來說一說。這次贛匪傾巢西竄。在中央與蔣委員長。均已下了最大決心。要乘此時機。將其消滅。本人奉令追勦。亦是要完成最後勦匪的使命。務必將其殲滅而後已。同時在時機上與地勢上。在在均有殲匪的可能。而現在結果。竟未能依照原定計劃。將其全部消滅。雖於時機迫促。兵力未集上。有很重大的關係。然準備未週。不無遺憾。所以本人今天在此慶祝勦匪勝利大會中。深致慚悚。當股匪初由贛南突圍時　我西路軍多遠在贛西黔北一帶勦匪。湖南方面　僅有王東原章亮基兩師　一位置於郴縣。一位置於衡祁江防綫。直與匪陷宜章之後。本人始奉到追勦總命。是時我陶廣師仍在汝城文明司。與匪之一部激戰。我陳光中師仍在桂東。防堵匪部北竄　我薛岳周渾元李雲杰李韞珩各部。方次第由贛開拔到湘。疲勞已極。時機又甚迫促。迨周李各部。到達郴縣附近時。匪已竄過宜章。我李雲杰李韞珩等。乃由捷徑抄往藍山嘉禾之前。準備迎頭截擊。因時間稍有差池　匪已竄走在前。故在寧遠一帶。僅截得匪之尾部。予以重創。是役只消滅匪之一部。（未完）

13. 追剿窜匪经过与湘西最近匪况——何主席十二月十日在扩大纪念周中报告，1934 年 12 月 11 日第 2 版

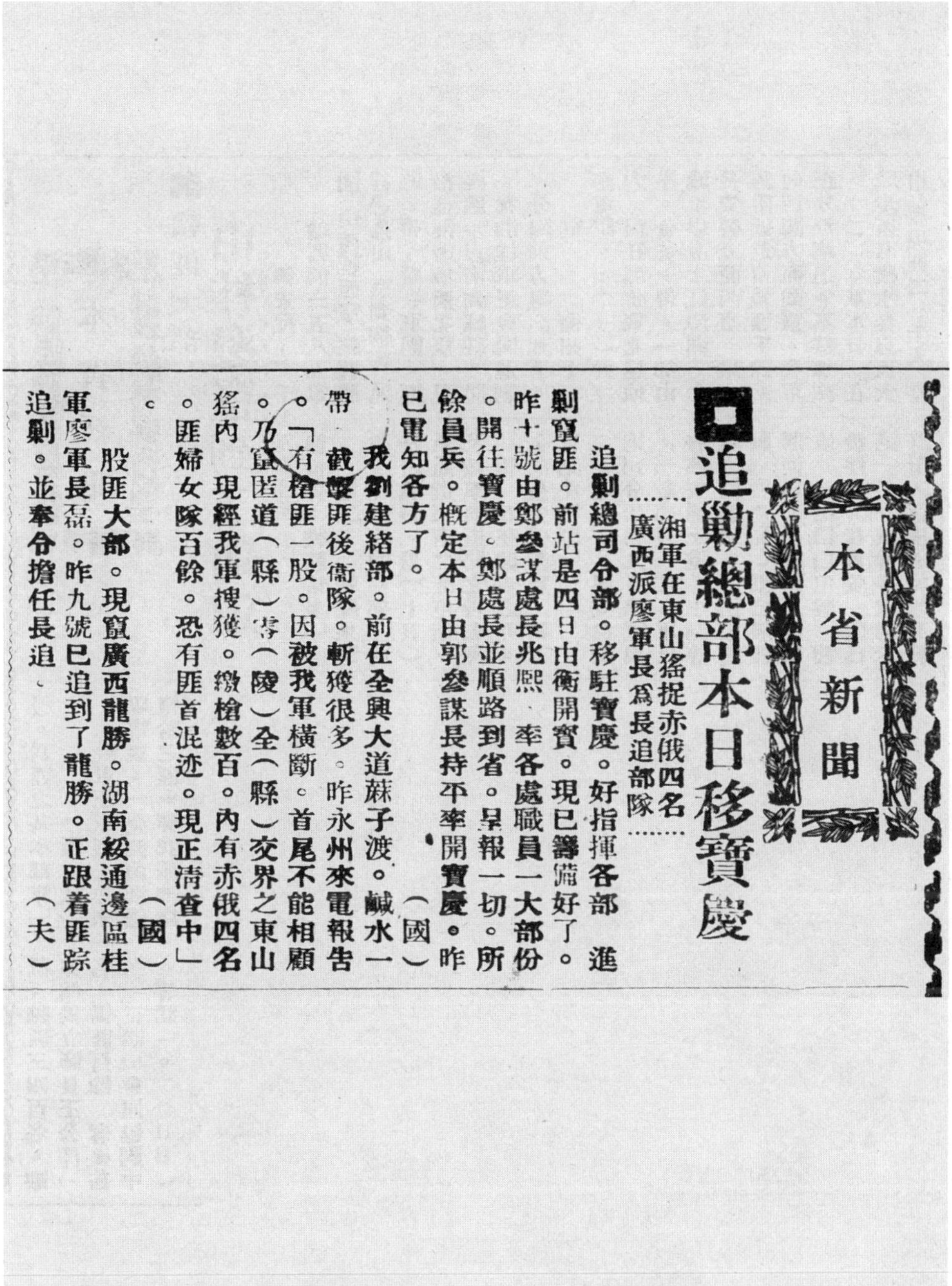

本省新聞

追勦總部本日移寶慶

湘軍在東山猺捉赤俄四名
廣西派廖軍長爲長追部隊

追勦總司令部。移駐寶慶。好指揮各部進勦竄匪。前站是四日由衡開寶。現已籌備好了。昨十號由鄭參謀處長兆熙、率各處職員一大部份。開往寶慶。鄭處長並順路到省。呈報一切。所餘員兵。概定本日由郭參謀長持平率開寶慶。昨已電知各方了。（國）

我劉建緒部。前在全興大道蘇子渡。鹹水一帶。截擊匪後衛隊。斬獲很多。昨永州來電報告。「有槍匪一股。因被我軍橫斷。首尾不能相顧。乃竄匿道（縣）寧（陵）全（縣）交界之東山猺內 現經我軍搜獲。繳槍數百。內有赤俄四名。匪婦女隊百餘。恐有匪首混迹。現正清查中」。（國）

股匪大部。現竄廣西龍勝。湖南綏通邊區桂軍廖軍長磊。昨九號已追到了龍勝。正跟着匪踪追勦。並奉令擔任長追。（夫）

14. 追剿总部本日移宝庆，湘军在东山瑶捉“赤俄”四名，广西派廖军长为长追部队，1934 年 12 月 11 日第 2 版

本省新聞

赣匪大部

由桂邊竄到了通道

興安捉了三千多基本匪兵

赣匪偽三五八九軍團。由西延西竄。經龍勝桂邊猺山。竄到綏寧通道一帶。匪一軍團。則沿桂湘邊境西北竄。現經城步以南到城綏之間。我湘桂軍正會同進剿。分錄前方電訊如下。

電一……衡州十日來電說。「（一）匪主力。尚在龍勝東北越城岑。金坑一帶。一部由城步以南之紅沙洲、向長安營方面西竄。東山猺附近遺留殘匪千餘。向四關方面回竄。我軍正分別堵追。不難殲滅。（二）空軍本日。在城步西南橫水寨以西大山。發現匪二三千人。當即投彈。斃匪甚多」。

電二……靖縣來電說。「匪先頭一部。由桂邊龍勝。蒸（十日）竄通道東南之牙屯堡。及綏寧通道間之青蕪洲一帶 其在城步之匪。企向長安營西竄．我軍正集中堵剿」

電三……興安白副總司令崇禧九日來電說。「敵部夏（威）軍巳將興安屬王隘 中洞等處之匪擊破。向口口追剿 廖（磊）軍巳將龍勝河口。馬蹄街之匪擊破。向口口口追擊 前後俘匪。在興安一處巳過一千。其餘各處尚未詳計。俘虜衣帽均有紅邊。為匪之基本部隊」。（國，試）

黔軍王家烈。昨來陽電說。「企圖由湘邊竄黔之匪。經我派部堵截。斃匪三四百名。擊斃偽獨立師長王公澤一名。傷匪百餘 奪獲甚衆。正繼續會同包剿中。等語」。（日日）

15. 赣匪大部由桂边窜到了通道，兴安捉了三千多基本匪兵，1934 年 12 月 12 日第 2 版

追剿竄匪經過與湘西最近匪況（續）

查匪部實力。號稱一三五八九等軍團。人數雖無精確統計。大概約有十萬左右。由粵邊竄入湘境時。沿途損失約萬餘人。由湘竄入桂境時。又損失數萬。如陶（廣）師於汝城東岡嶺勾刀坳文明司等役。王（東原）師於良田萬會橋樟樹橋梅田堡和圩下灌各役。李（雲杰）師於仙人橋冷水鋪土橋圩洪觀圩永業圩下灌各役 周（渾元）部於甯遠附近各役。擊斃匪之官兵。繳獲槍支。多則一二千 少亦數百或數十。其他如汝城宜章郴縣藍山嘉禾臨武各縣。陸續報解俘虜。多者一二千人。少亦數十百人不等。均有確數可查。股匪竄入桂境之後 因見瀟水一帶 屯有重兵。無法竄過。乃以一部份約萬餘人。向龍虎關灌陽以南潰竄。廣西方面。兵力不多 防區過廣。事實上未能處處布防。同時我追剿的部隊 又係遠道躡踪追擊。不能兼顧前面的堵截、因此匪之大部。遂因桂境前面無堵的原因、乘虛渡河。如是在瀟水以東地區殲匪的計劃。未能完成。僅在全興之間、消滅匪之一部。最近在廣西境內、每二三百或百數十槍之散匪。被各地軍團繳械俘獲者甚多、其在東山猺與零道間之一股。約千餘人。並有俄國人四名在內。昨接廣西方面電告。已將其擊破。又竄入道縣邊境。現正圍剿中 股匪大部。是七月二十六七日。乘虛竄渡。我剿總指揮（建緒）所部 係二十七日趕到全州。立即猛追、計二十九日三十日。與本月一二等日。作戰極烈。匪部死傷六千餘人。俘獲極衆。總計匪部目下所存者、至多不過五六萬人了、並據俘虜供稱。匪之無力作戰。係因多屬新兵。因匪在江西出竄之先。强迫徵兵五萬人。結果僅徵得三四萬人。現在無論老兵新兵、多已拖得疲癃殘疾。而且脚多走腫。故人數雖多。並無作戰力量。乃竟未能依照計畫。乘此聚殲。眞是多麼一件抱慚的事。本人接得匪已竄渡消息時。乃很迅速的令劉（建緒）部急轉新甯城步。薛（岳）部急轉武岡一帶堵截 另以陶（廣）部向西延梅溪城步尾追。再作第二次的圍剿。（未完）

16. 追剿窜匪经过与湘西最近匪况（续），1934 年 12 月 12 日第 2 版

追剿竄匪經過與湘西最近匪況（續）

同時廣西方面。亦派有兩師兵力。向龍勝追剿。現在匪因桂湘邊區。目下四處均有軍隊包圍堵截。不易竄脫。乃由平日人跡罕到之猺山內繞竄。所以在前二三天我方飛機。偵查匪踪不着。就是匪部隱在猺山內繞竄的緣故。昨接廣西白總指揮電告。現匪已由猺山竄至龍勝以北。綏寧通道以南的地方。又今早據報。匪已竄抵綏（甯）通（道）邊境。我軍目下已拚命的趕到匪的前面堵剿　我軍原負追剿之責。今同時又要兼堵截之任。輾轉奔馳。不無疲勞。必須前面有軍堵截。以遲匪的行踪。則我追剿的部隊。才易達到殲匪的任務。尤其是在猺山內去追剿。我軍糧食上更感困難。因為我們軍隊。人數太多。猺山內粮食甚少。這次匪竄猺山。因糧食不足。宰食耕牛萬餘頭。我們如在匪後尾追。則糧食已被匪吃完。我們就有缺糧的恐慌。這次匪之西竄，最初本欲直趨捷徑。入黔竄川。計可省却兩個月以上之路程。因為我中處處堵截。故一再繞竄。如匪初竄入湘南之汝城。原欲取道資郴常耒西竄。乃進犯汝城時。因我軍堵剿得力。故未得逞。乃轉竄宜章。迨抵宜章之後。本欲向郴縣永州一帶竄走。又因我有重兵防堵。乃轉繞龍虎關灌陽四關一帶而竄。最近本欲由西延經梅溪口城步一帶竄走。因我軍已很迅速的調集武岡城步一帶堵截　故又繞猺山而竄。因此一再轉折　沿途散失尤多。值此剿匪工作益趨緊張之時。本人認為目下有最宜注意的數事如下。（一）川黔軍隊。應嚴行堵截　這一點尤其是貴州的軍隊　望其極端注意。如能迎頭嚴堵。則匪部即陷於包圍夾擊之中。必能乘此將其殲滅。（二）湘西各縣。應厲行堅壁清野辦法。這次湘南各縣　對於此事。惜未作到。否則不待軍隊的追擊。匪已餓死。並且事實上不僅全未作到。而我在匪後追剿的國軍。反因匪所經過的地方　將糧食吃盡。而發生缺糧的困難。現在匪已竄到湘邊綏通一帶。所有綏通靖會各縣民衆。應趕快起來厲行堅壁清野的辦法。則已成殘喘之匪部。一定因無飯吃。更難竄走。則我軍即可很容易的完成殲匪的使命。（未完）

17. 追剿窜匪经过与湘西最近匪况（续），1934 年 12 月 13 日第 2 版

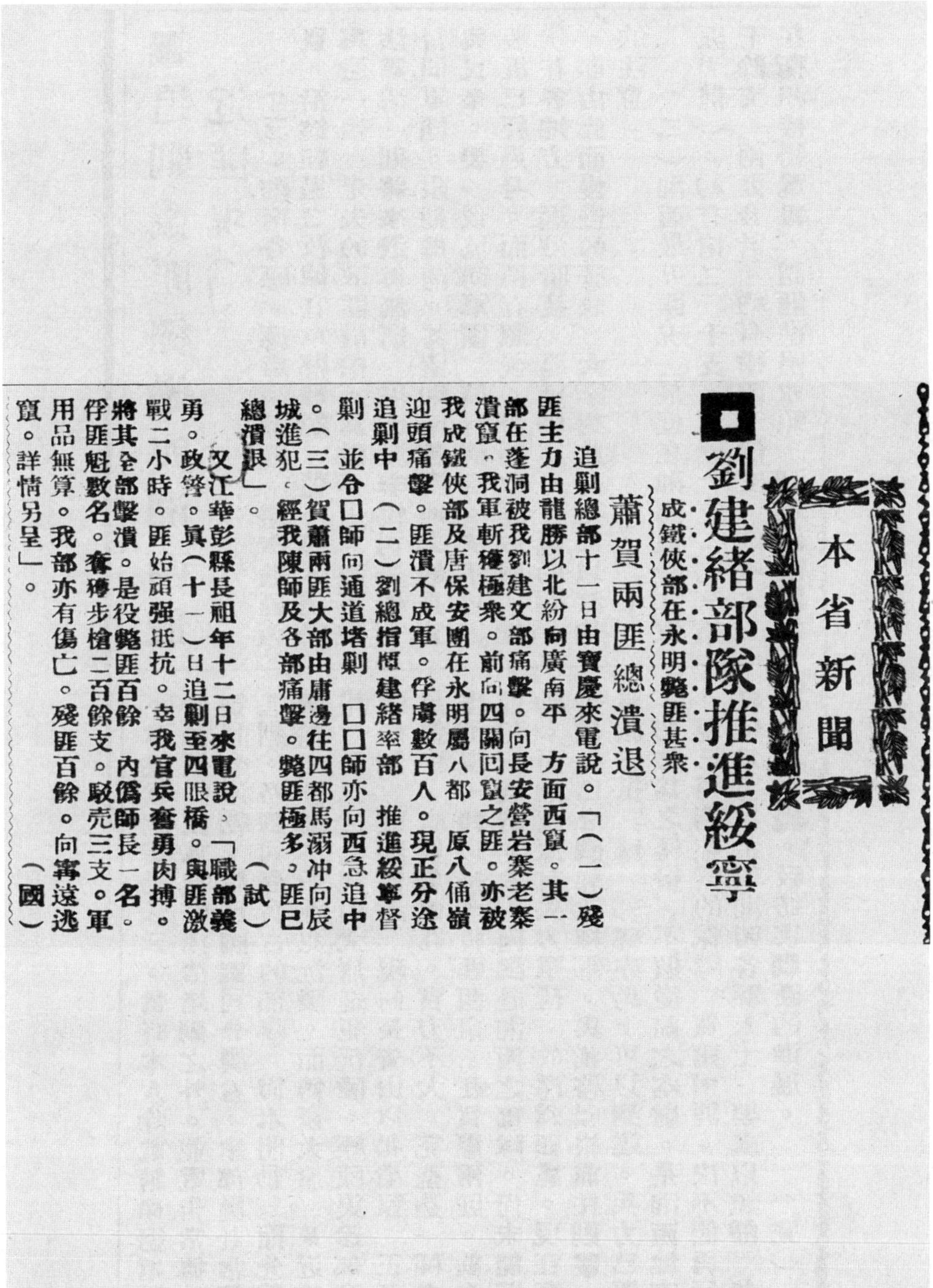

本省新聞

劉建緒部隊推進綏寧

成鐵俠部在永明勦匪甚衆

蕭賀兩匪總潰退

追剿總部十一日由寶慶來電說。「（一）殘匪主力由龍勝以北紛向廣南平 方面西竄。其一部在蓬洞被我劉建文部痛擊。向長安營岩寨老寨潰竄。我軍斬獲極衆。前向四關冋竄之匪。亦被我成鐵俠部及唐保安團在永明屬八都 原八俑嶺迎頭痛擊。匪潰不成軍。俘虜數百人。現正分途追剿中 （二）劉總指揮建緒率部 推進綏寧督剿 並合口口師向通道堵剿 口口師亦向西急追中。（三）賀蕭兩匪大部由庸邊往四都馬溺冲向辰城進犯。經我陳師及各部痛擊。勦匪極多。匪已總潰退」。（試）

又江華彭縣長祖年十二日來電說、「職部義勇。政警。眞（十一）日追剿至四眼橋。與匪激戰二小時。匪始頑强抵抗。幸我官兵奮勇肉搏。將其全部擊潰。是役勦匪百餘 內偽師長一名。俘匪魁數名。奪獲步槍二百餘支。駁壳三支。軍用品無算。我部亦有傷亡。殘匪百餘。向寧遠逃竄。詳情另呈」。（國）

18. 刘建绪部队推进绥宁，成铁侠部在永明剿匪甚众，萧（克）、贺（龙）两匪总溃退，1934年12月14日第2版

追剿竄匪經過與湘西最近匪況（續）

（三）湘南各縣。應肅清散匪。這次贛匪西竄。沿途經過之汝城宜章郴縣臨武藍山嘉禾道縣寧遠一帶　走失的散匪散槍。爲數不少。如不設法肅清　則將來遺害無窮。現已派李代司令覺督同軍團。限期肅清。甚望湘南各縣地方的長官與民衆。要一致協助軍團　厲行清鄉。決不可因股匪已經過身。而稍存忽視。否則散匪散槍。埋伏在各地方。潛滋暗長。蔓延堪虞。江西的匪禍。即由此而慢慢的養成　大家對此。要加以深切的注意。

（二）湘西最近匪況　最近在湘西竄擾之賀匪（龍）。約有槍二三千支。蕭匪（克）約有槍千餘支。兩匪合計。約有槍四千餘支。前次本人在衡州接得電報。謂匪進陷永順　到達沅陵附近。常桃爲之震動云云。當時本人除電請徐總指揮（源泉）派軍進駐津澧堵剿之外。並電告常德的劉司令運乾。謂已調劉司令膺古。率部馳赴常德進剿。乃劉司令膺古的部隊。尚未開動　而先聲所播。匪即不敢進犯沅陵。而轉竄大庸。最近據報　匪又於七號由大庸進犯沅陵。經陳渠珍部迎頭痛剿。擊斃甚衆　現向長安山以北潰竄　正在尾追中　查賀蕭兩匪。實力不大　完全是一種乘虛進擾。藉以接應股匪西竄。在賀蕭兩匪。前次進犯沅陵時。本人因調赴湘西之部隊。尚未能開動。而湘西原有兵力單薄。故深爲顧慮。現在蔣委員長已令調郭汝棟軍。與羅啓疆旅前往剿擊。羅旅已抵常城　郭部亦馬上可以到達。兵力已厚。形勢爲之轉變。不似從前之空虛。是湘西地方。現已得到相當的保障　賀蕭兩匪。決不能再行蔓延爲害。希望湘西各縣人士　要處以鎮靜　勿得自相驚擾。致妨害剿匪的進展。（完）

19. 追剿窜匪经过与湘西最近匪况（续），1934 年 12 月 14 日第 2 版

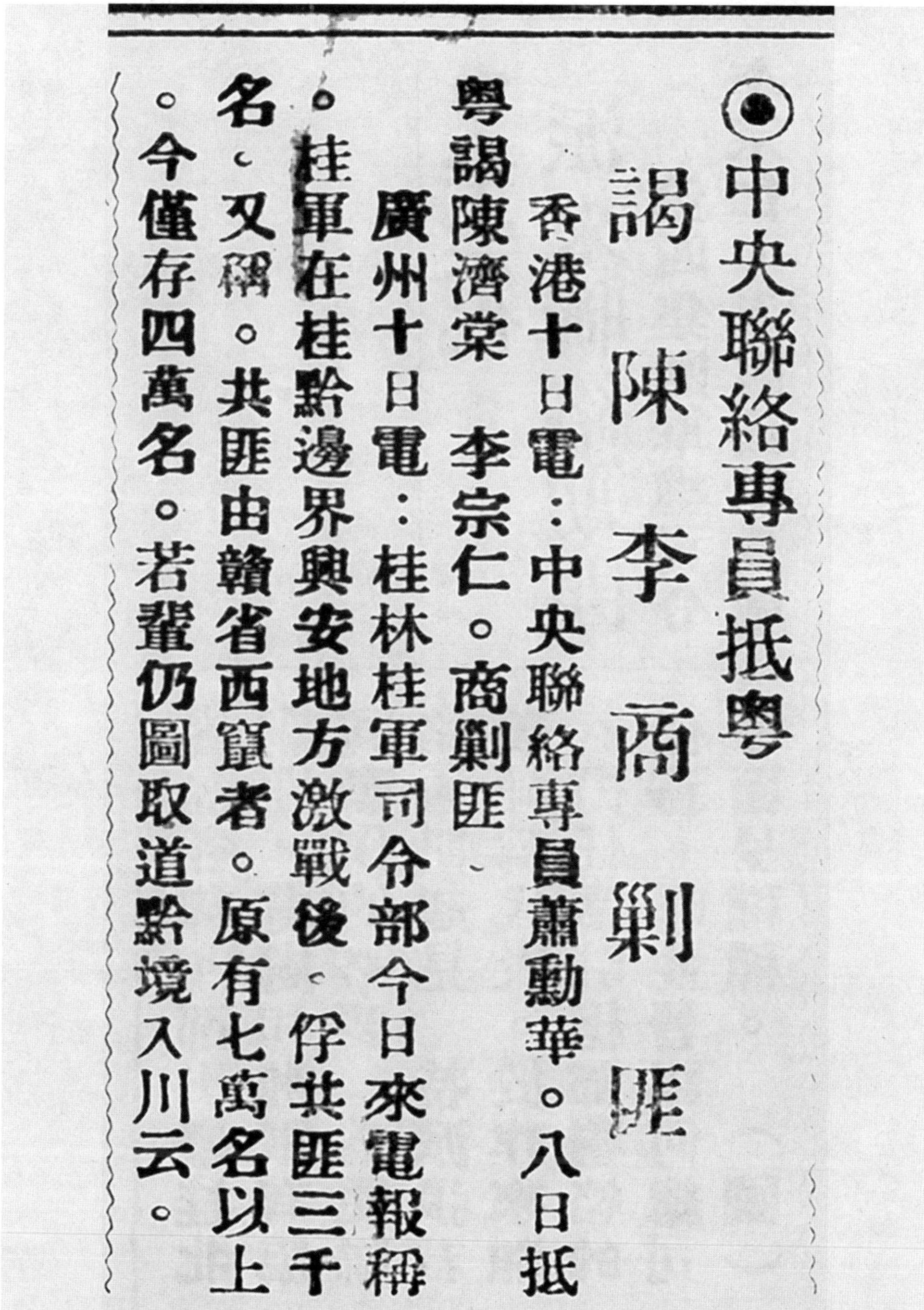

◉中央聯絡專員抵粵

謁陳李商剿匪

香港十日電：中央聯絡專員蕭勳華。八日抵粵謁陳濟棠 李宗仁。商剿匪、

廣州十日電：桂林桂軍司令部今日來電報稱。桂軍在桂黔邊界興安地方激戰後、俘共匪三千名、又稱。共匪由贛省西竄者。原有七萬名以上。今僅存四萬名。若輩仍圖取道黔境入川云。

20. 中央联络专员抵粤谒陈（济棠）、李（宗仁）商剿匪，1934 年 12 月 14 日第 2 版

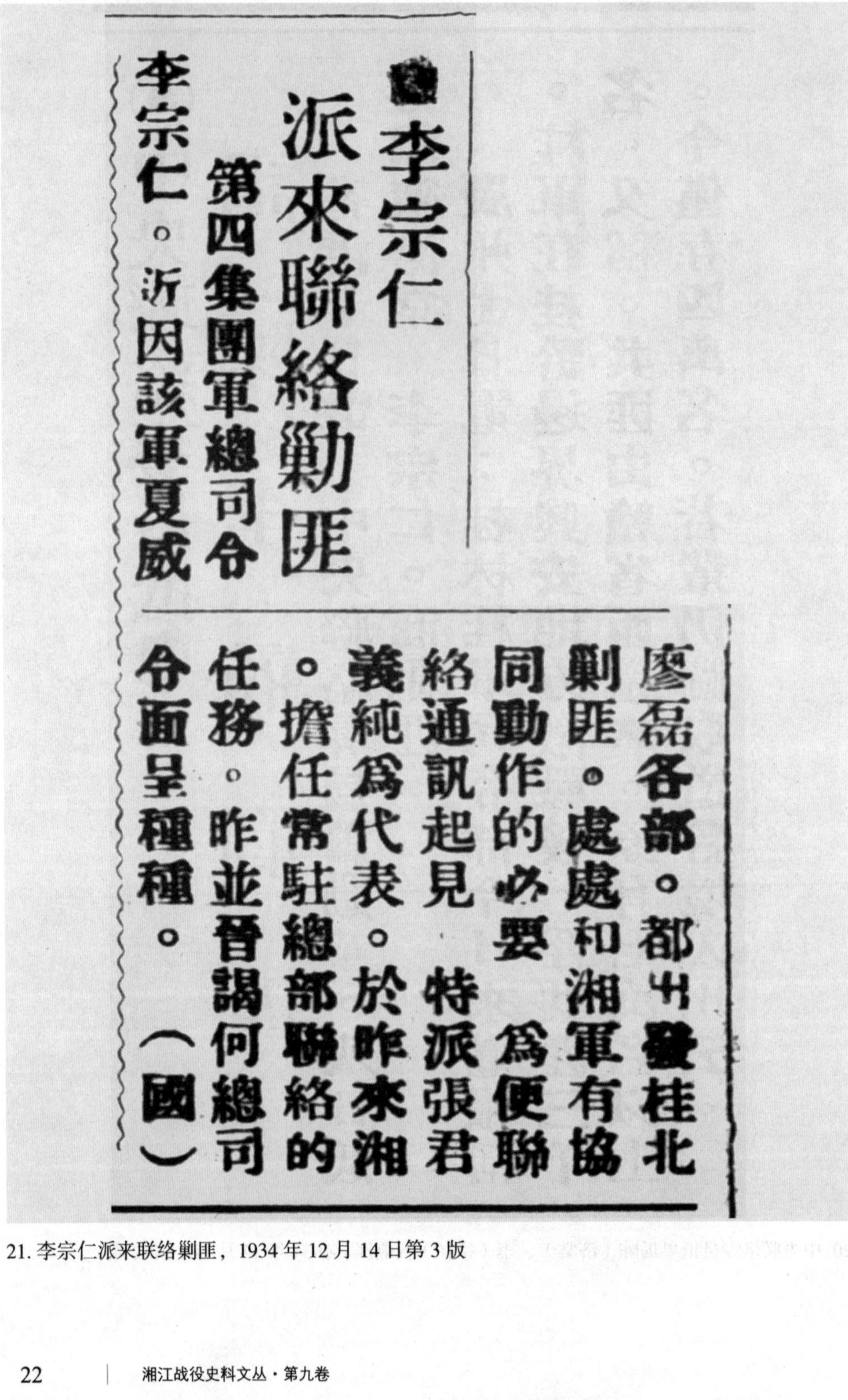

李宗仁派來聯絡剿匪

第四集團軍總司令李宗仁。近因該軍夏威廖磊各部。都出發桂北剿匪。處處和湘軍有協同動作的必要 爲便聯絡通訊起見 特派張君義純爲代表。於昨來湘。擔任常駐總部聯絡的任務。昨並晉謁何總司令面呈種種。（國）

21. 李宗仁派来联络剿匪，1934 年 12 月 14 日第 3 版

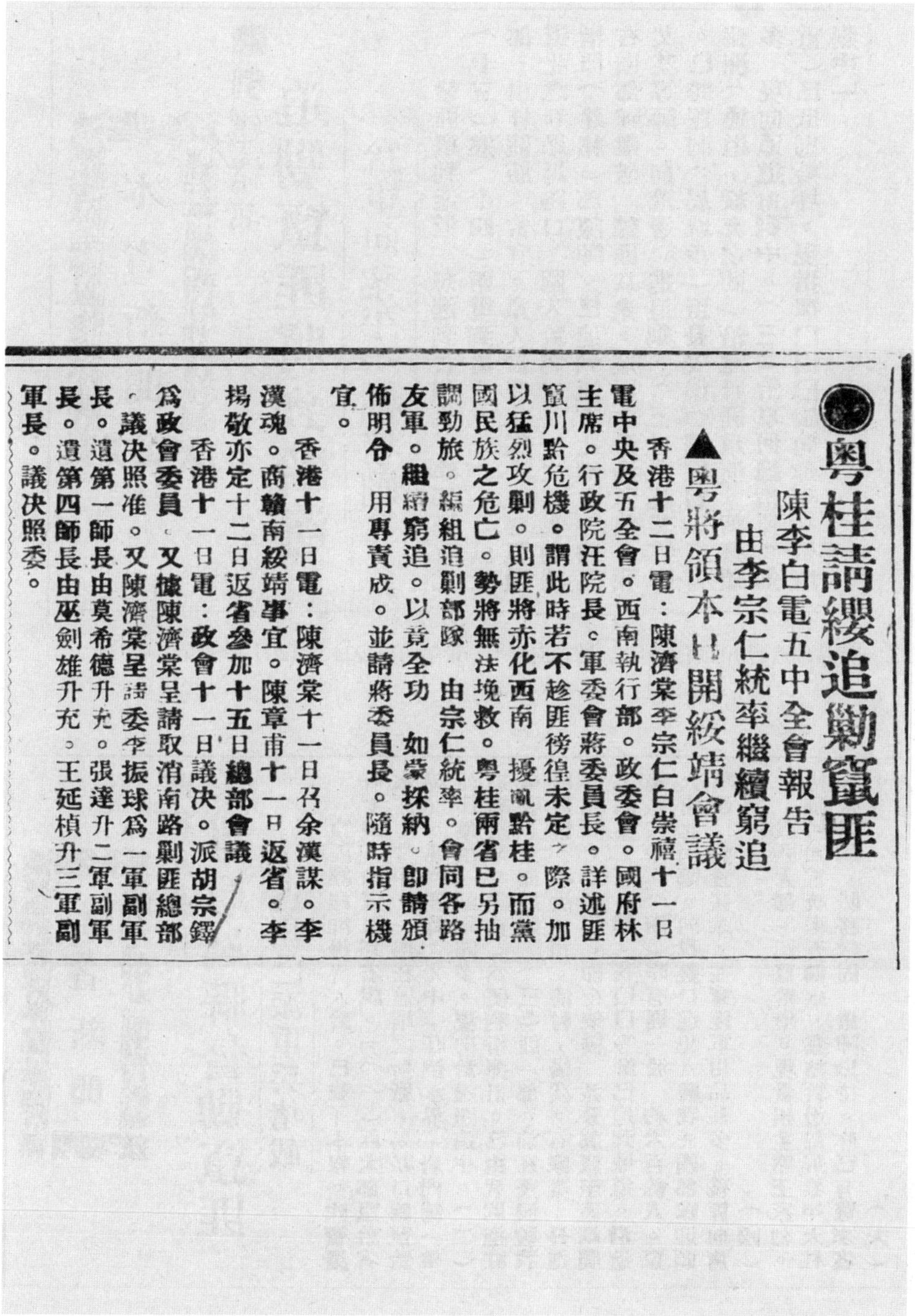

粵桂請纓追剿竄匪

陳李白電五中全會報告
由李宗仁統率繼續窮追

▲粵將領本日開綏靖會議

香港十二日電：陳濟棠李宗仁白崇禧十一日電中央及五全會。西南執行部。政委會。國府林主席。行政院汪院長。軍委會蔣委員長。詳述匪竄川黔危機。謂此時若不趁匪徬徨未定之際。加以猛烈攻剿。則匪將赤化西南 擾亂黔桂。而黨國民族之危亡。勢將無法挽救。粵桂兩省已另抽調勁旅。編組追剿部隊 由宗仁統率。會同各路友軍。繼續窮追。以竟全功 如蒙採納。卽請頒佈明令 用專責成。並請蔣委員長。隨時指示機宜。

香港十一日電：陳濟棠十一日召余漢謀。李漢魂。商贛南綏靖事宜。陳章甫十一日返省。李揚敬亦定十二日返省參加十五日總部會議

香港十一日電：政會十一日議決。派胡宗鐸爲政會委員。又據陳濟棠呈請取消南路剿匪總部、議決照准。又陳濟棠呈請委李振球爲一軍副軍長。遺第一師長由莫希德升充。張達升二軍副軍長。遺第四師長由巫劍雄升充。王延楨升三軍副軍長。議決照委。

22. 粤桂请缨追剿窜匪，陈（济棠）、李（宗仁）、白（崇禧）电五中全会报告，由李宗仁统率继续穷追，粤将领本日开绥靖会议，1934 年 12 月 15 日第 2 版

本省新聞

劉建緒部

追剿竄匪將到黔邊

黔軍向黎平一帶堵剿

贛匪竄到通道。想逃到貴州去、昨邵陽有元（十三）寒（十四）兩電到省說。「（一）匪大部、由桂龍勝。古宜。竄入黔境永從。一部竄通道北之新廠馬路口 圖入黔錦屏。（二）我劉總指揮（建緒）部陳師。已追到通道北倒水界將匪右衛部隊擊破 斃匪甚衆。殘匪向黔邊急竄。我某某等師。向黔邊急進追剿 （三）我某某等師。已將蓬洞（屬城步）至長安堡（屬綏甯）迄青蕪洲（通道，綏甯之間）沿途股匪肅清。斬獲頗多、現向通道追剿中。（三）黔軍何總指揮（知重）已抵馬場坪。現指揮口口口旅向黎平一帶堵剿中」。（國）

23. 刘建绪部追剿窜匪将到黔边，黔军向黎平一带堵剿，1934 年 12 月 16 日第 2 版

本省新聞

劉總指揮

進駐靖縣督剿竄匪

貴州已派重兵堵截

竄匪經桂湘邊界入黔。已載了本報。昨寶慶有十四日的電報到省說。「（一）匪大部竄黔省永從，黎平。一部在通靖之新廠，馬路口圖竄黔錦屏。經我陳師（光中）在倒水界，岩門舖一帶節節擊潰 斬獲頗多。現向黔邊跟追中。（二）劉總指揮（建緒）爲便利指揮計。已由武岡進駐靖縣 督部進剿（三•）匪一部。前在蓬洞被我堵擊後。經洪洎司。清村，楊溪。石家寨 分進青蕪洲。牙屯堡。卽夜架橋 並分部竄至通靖間之銀寨。岩石舖。我口口等師已追到通道。沿途斃匪甚衆。（四）昨有匪一股 約六百餘人。竄大庸北固鄉。向我巖口進犯。經我屯頭部隊迎頭痛擊 斃獲甚衆。並奪獲軍用品甚多。殘匪向庸邊竄」。（國）

股匪大部。圖竄黔境。現貴州主席王家烈。特派何知重統率五個旅、集結黔邊錦屏黎平天柱一帶堵剿。防務鞏固 嚴陣以待。昨巳有電來省。（夫）

24. 刘总指挥进驻靖县督剿窜匪，贵州已派重兵堵截，1934 年 12 月 17 日第 2 版

王猶任黔省勦匪指揮

粤桂將派兵入黔追勦

貴陽十五日電：王家烈委猶國材爲貴州全省勦匪總指揮。何知重爲副指揮。侯知擔爲全省勦匪候備總指揮。何知重已由貴陽出發。猶國材未到達前。所有貴州省前敵勦匪部隊。概歸何知重指揮。

香港十二日電：政會十二電陳濟棠　李宗仁。白崇禧。謂殘匪西竄。關係國家民族之安全。該總副司令等擬卽抽調勁旅。編組進勦部隊　由李統率。具見赤忱衛國。惟越省勦共。應與中央軍事當局及協同各路友軍通盤計劃。以期一致

香港十二日電：王寵惠定十四或十九日北返。陳濟棠李宗仁曾有親筆函託李任仁帶京致汪蔣。商粤桂派兵入黔追勦共匪。及中央補助軍餉事。陳濟棠並電楊德昭謁蔣　面商粤將派張瑞貴。李漢魂　兩師協同桂軍入黔追擊。

25. 王（家烈）、犹（国才）任黔省剿匪指挥，粤桂将派兵入黔追剿，1934 年 12 月 17 日第 2 版

香港十四日電：白崇禧十三日電李宗仁此次俘匪在七千以上。擬解粵轉送贛。請中央接收。

香港十四日電：桂林行營十三電。西竄匪號稱十萬。實數不過五六萬。自經本軍在富賀灌全興龍痛擊。先後殲匪三千餘。俘六千。獲槍四千餘。

廣州十四日電：白崇禧今日電致粵當局謂現將近今在戰役中所俘共匪七千名解粵處置。渠意宜將若輩解至韶關。交與中央軍。

26. 桂俘匪七千将解粤转赣，1934 年 12 月 18 日第 2 版

本省新聞

■劉建緒部

擊潰匪主力收復通道

先後斃匪三四千俘匪首多人
劉建緒進駐靖縣向黔境追剿

通令湘東南各縣宣布解嚴

贛匪由桂竄入通道。經劉總指揮建緒。督飭各部分路進剿。已誌本報。茲將前方昨來捷訊錄下。

電一……寶慶十六日來電說。（甲）通綏方面。一陳光中。章亮基 陶廣各師。進擊岩門舖。倒水界 臨口 菁蕪洲之匪 我軍大獲全勝。斃匪千餘。俘匪數百 獲槍百餘支。匪狼狽潰退 十四日各師。齊向通城攻剿。與匪主力遭遇。發生激烈戰爭 我軍奮不顧身。猛烈攻擊。激戰半日。匪部全綫總潰退。當場斃匪三千餘人。內有重要匪首多人。俘匪五百餘人。獲槍三百餘支。當於本刻完全規復通道城。是役匪損失奇重。精銳喪失殆盡。殘匪向新廠（與黔省錦屏接界）方面潰竄 我軍正急追中。又據十六日電稱。十五日我某師已追抵新廠。與匪激戰。某某師亦趕到新廠附近。協同包圍殘匪。即可全部解決。二 劉建文部。在岩寨。長安營等處斃匪甚多。俘匪營長以下百餘名。又嘉禾。臨武。藍山各縣殘匪。連日經我團隊搜剿、即可肅清。共俘匪二千餘名 已解衡辦理。三。偽三十四師長陳匪樹香 確係被我成鐵俠部生擒。因腹部受有重傷。解至中途斃命 已令拍照掩埋（乙）辰桃方面……四 陳師長渠珍進駐乾城 率部截擊賀蕭殘匪、辰州 桃源防務 極爲鞏固。五 空軍在辰（州）屬長安山斃匪甚衆。（國）

電二……靖縣十六日來電說。（一）由通道竄新廠。馬路口之匪。被我某師擊潰。斃匪數百。殘匪分竄黔境、一部抵老錦屏。一部竄向劍河（黔省之縣名）。據俘獲匪軍官供稱。偽一軍團殘部。係由通道新廠西竄。偽三五八九軍團。分由龍勝。及靖邊長安屯西竄。（二）劉總指揮建緒十五抵靖縣、指揮各部入黔痛剿。（君）

又追剿軍第一兵團總指揮部。昨電令湘東南各區司令部各縣縣長說、（一）朱毛股匪。現已竄入桂北地區。我軍正在圍剿殲滅中。（二）湘東南各縣 自電到日起 着即宣佈解嚴 所有水路交通。一律恢復平時狀態。各縣遞步哨所。並着同時撤銷。（正）

27. 刘建绪部击溃匪主力收复通道，先后毙匪三四千俘匪首多人，刘建绪进驻靖县向黔境追剿，通令湘东南各县宣布解严，1934 年 12 月 18 日第 2 版

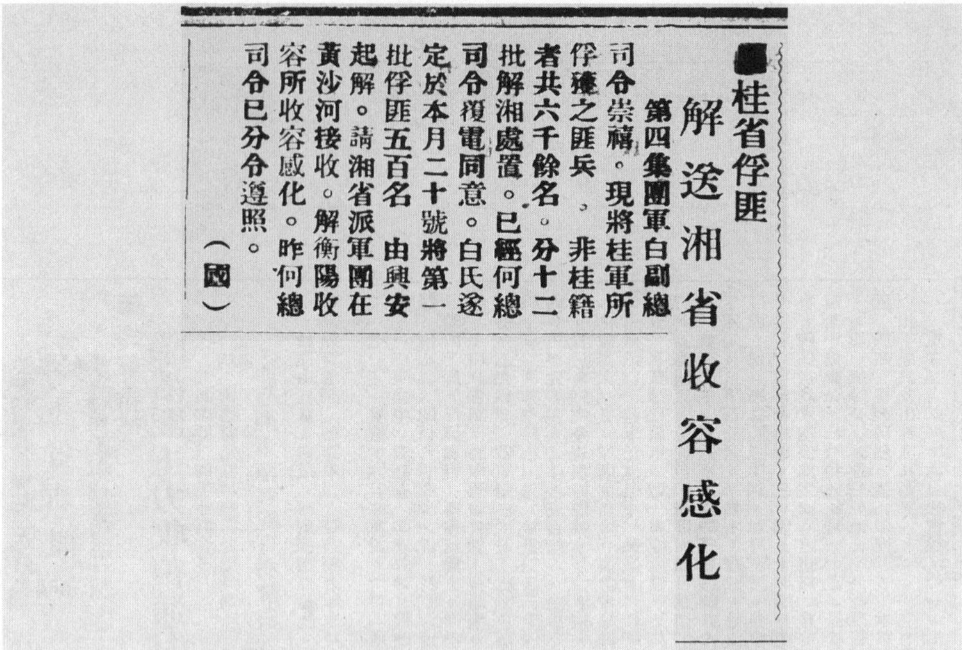

桂省俘匪 解送湘省收容感化

第四集團軍白副總司令崇禧。現將桂軍所俘獲之匪兵。非桂籍者共六千餘名。分十二批解湘處置。已經何總司令復電同意。白氏遂定於本月二十號將第一批俘匪五百名由興安起解。請湘省派軍團在黃沙河接收。解衡陽收容所收容感化。昨何總司令已分令遵照。（國）

28. 桂省俘匪解送湘省收容感化，1934 年 12 月 18 日第 3 版

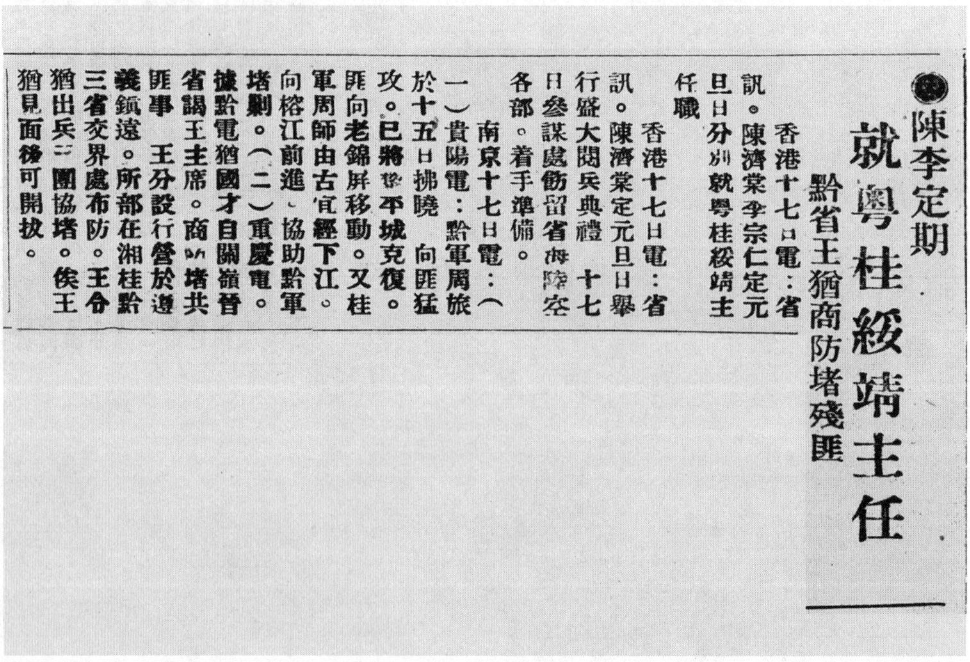

陳李定期 就粵桂綏靖主任

黔省王猶商防堵殘匪

香港十七日電：省訊。陳濟棠李宗仁定元旦日分別就粵桂綏靖主任職

香港十七日電：省訊。陳濟棠定元旦日舉行盛大閱兵典禮　十七日參謀處飭留省海陸空各部。着手準備。

南京十七日電：（一）貴陽電：黔軍周旅於十五日拂曉　向匪猛攻。已將黎平城克復。匪向老錦屏移動。又桂軍周師由古宜經下江。向榕江前進、協助黔軍堵剿。（二）重慶電。據黔電猶國才自關嶺晉省謁王主席。商防堵共匪事　王分設行營於遵義鎮遠。所部在湘桂黔三省交界處布防。王令猶出兵二團協堵。俟王猶見面務可開拔。

29. 陈（济棠）、李（宗仁）定期就粤桂绥靖主任，黔省王（家烈）、犹（国才）商防堵残匪，1934 年 12 月 20 日第 2 版

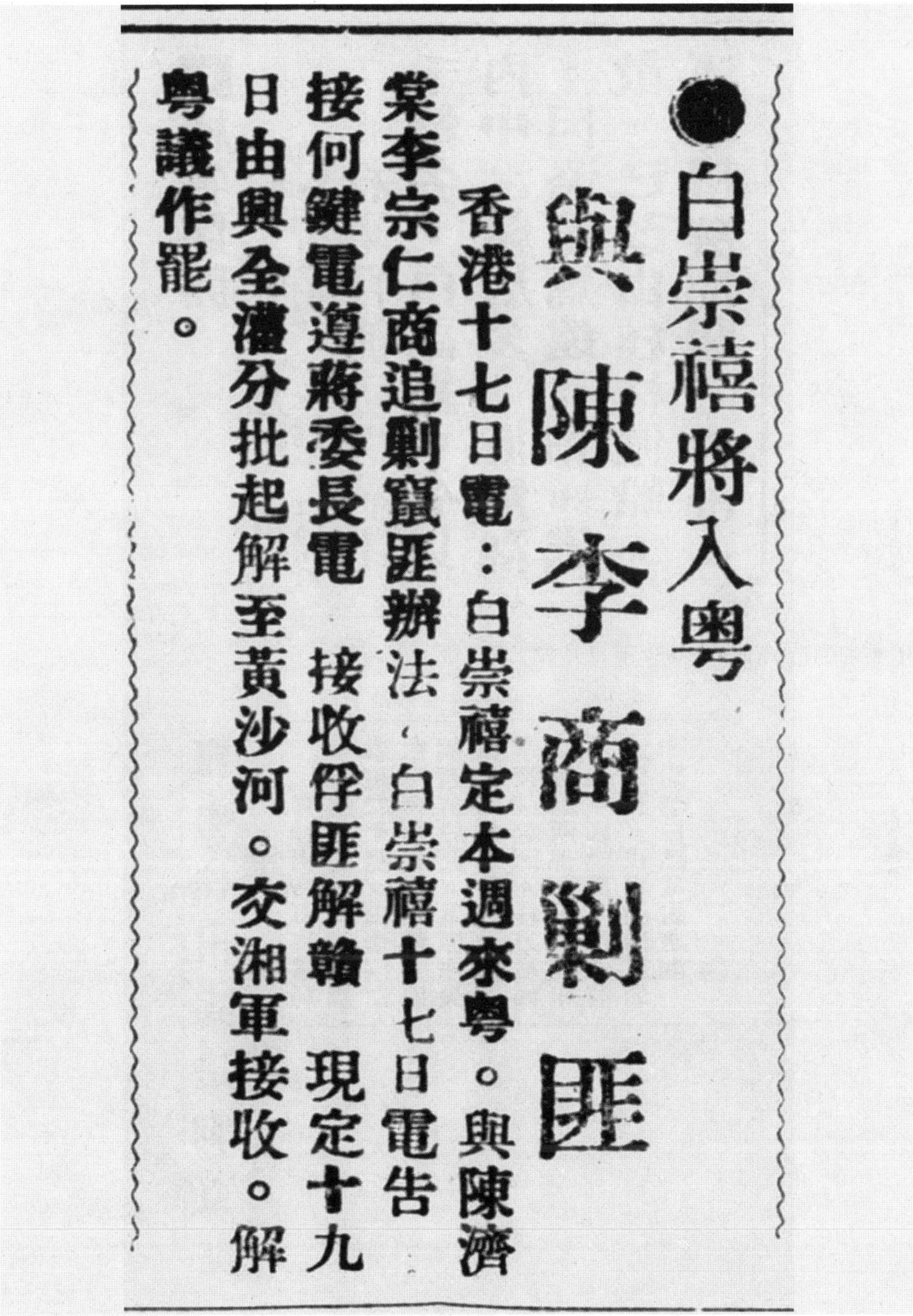

白崇禧將入粵 與陳李商剿匪

香港十七日電：白崇禧定本週來粵。與陳濟棠李宗仁商追剿竄匪辦法，白崇禧十七日電告接何鍵電遵蔣委長電 接收俘匪解贛 現定十九日由與全灌分批起解至黃沙河。交湘軍接收。解粵議作罷。

30. 白崇禧将入粤与陈（济棠）、李（宗仁）商剿匪，1934 年 12 月 22 日第 2 版

桂省俘匪改解韶關

桂軍俘擄赤匪約七千餘名。自副總司令以內中湘籍居多。擬解湘。因路途窵遠。怕他逃散。已改由桂林僱船。運粵轉解韶關（湘）

31. 桂省俘匪改解韶关，1934 年 12 月 22 日第 3 版

粵桂出兵追剿竄匪

准備動員

粵桂兩省軍事當局。電呈中央。請准抽調勁旅二十團。由李宗仁白宗禧兩司令率領。追剿西竄股匪。業經中央核准。茲悉粵省准備派李漢魂等師。桂方准備派廖磊所部。另行編組。准年底動員。務達窮追痛剿。根本消滅目的。聞李白已電告來湘。（棟）

32. 粤桂出兵追剿窜匪，准备动员，1934 年 12 月 24 日第 3 版

全民日报

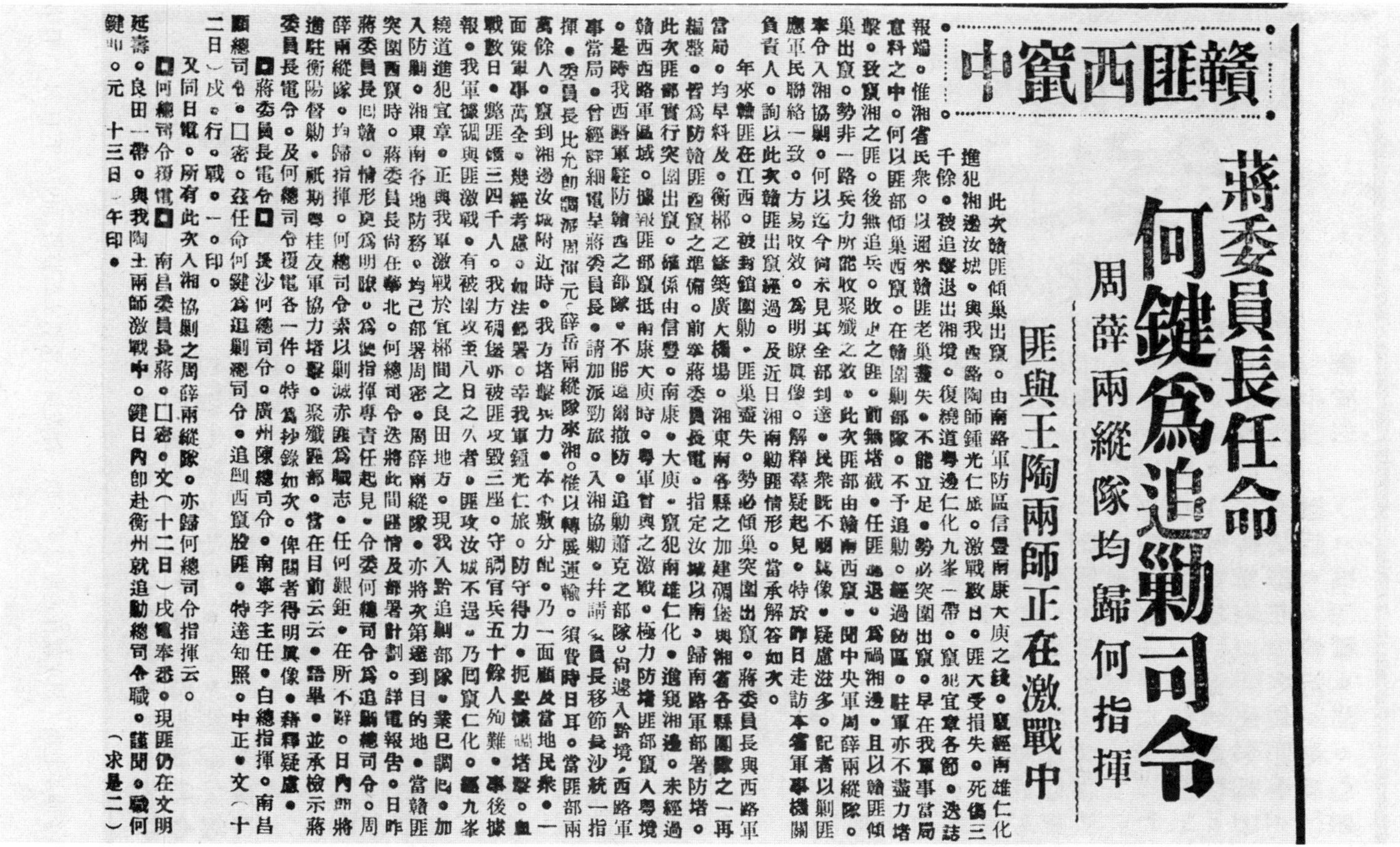

贛匪西竄中

蔣委員長任命
何鍵爲追勦司令
周薛兩縱隊均歸何指揮
匪與王陶兩師正在激戰中

此次贛匪傾巢出竄。由南路軍防區信豐南康大庾之綫。竄經南雄仁化進犯湘邊汝城。與我西路陶師鍾光仁旅。激戰數日。匪大受損失。死傷三千餘。始追擊退出湘境。復繞道粵邊仁化九峯一帶。窺犯宜章各節。迭誌報端。惟湘省民衆。以邇來贛匪老巢盡失。不能立足。勢必突圍出竄。早在我軍事當局意料之中。何以匪部傾巢西竄。在贛圍勦部隊。不予追勦。經過防區。駐軍亦不盡力堵擊。致竄湘之匪。後無追兵。敗北之匪。前無堵截。任匪逃逸。爲禍湘邊。且以贛匪傾巢出竄。勢非一路兵力所能收聚殲之效。此次匪部由贛南西竄。聞中央軍周薛兩縱隊。奉令入湘協勦。何以迄今尚未見其全部到達。民衆既不明眞像。疑慮滋多。記者以勦匪應軍民聯絡一致。方易收效。爲明瞭眞像。解釋羣疑起見。特於昨日走訪本省軍事機關負責人。詢以此次贛匪出竄經過。及近日湘南勦匪情形。當承解答如次。

年來贛匪在江西。被封鎖圍勦。匪巢盡失。勢必傾巢突圍出竄。蔣委員長與西路軍當局。均早料及。衡郴之修築廣大機場。湘東南各縣之加建碉堡與湘省各縣團隊之一再編整。皆爲防贛匪西竄之準備。前奉蔣委員長電。指定汝城以南。歸南路軍部署防堵。此次匪部實行突圍出竄。係由信豐南康大庾時。粵軍曾與之激戰。極力防堵匪部竄入粵境。是時我西路軍駐防贛西之部隊。不能遠離撤防。追勦蕭克之部隊。尚遠入黔境，西路軍事當局。曾經詳細電呈蔣委員長。請加派勁旅。入湘協勦。幷請委員長移節長沙統一指揮。委員長比允飭調派周渾元薛岳兩縱隊來湘。惟以轉展運輸。須費時日耳。當匪部兩萬餘人。竄到湘邊汝城附近時。我方堵擊兵力。本不敷分配。乃一面顧及當地民衆。一面策軍事萬全。幾經考慮。如法部署。幸我軍鍾光仁旅。防守得力。扼要據隘堵擊。血戰數日。斃匪達三四千人。我方碉堡亦被匪攻毀三座。守碉官兵五十餘人殉難。事後據報。我軍據碉與匪激戰。有被圍攻至八日之久者。匪攻汝城不逞。乃回竄仁化。經九峯繞道進犯宜章。正與我軍激戰於宜郴間之良田地方。現我入黔追勦部隊。業已調回。加入防勦。湘東南各地防務。均己部署周密。周薛兩縱隊。亦將次第遞到目的地。當贛匪突圍西竄時。蔣委員長尚在華北。何總司令迭將此間匪情及部署計劃。詳電報告。日昨蔣委員長回贛。情形更爲明瞭。爲便指揮專責任起見。令委何總司令爲追勦總司令。周薛兩縱隊。均歸指揮。何總司令素以勦滅赤匪爲職志。任何艱鉅。在所不辭。日內將進駐衡陽督勦。祇期粵桂友軍協力堵擊。聚殲匪部。當在目前云云。語畢。並承檢示蔣委員長電令。及何總司令覆電各一件。特爲抄錄如次。俾閱者得明眞像。藉釋疑慮。

■蔣委員長電令■長沙何總司令。廣州陳總司令。南寧李主任。白總指揮。南昌顧總司令。口密。茲任命何鍵爲追勦總司令。追勦西竄股匪。特達知照。中正。文（十二日）戌。行。戰。一。印。

又同日電。所有此次入湘協勦之周薛兩縱隊。亦歸何總司令指揮云。

■何總司令覆電■南昌委員長蔣。口密。文（十二日）戌電奉悉。現匪仍在文明延壽。良田一帶。與我陶王兩師激戰中。鍵日內卽赴衡州就追勦總司令職。謹聞。職何鍵叩。元（十三日）午印。（求是二）

1. 赣匪西窜中，蒋委员长任命何键为追剿司令，周（浑元）、薛（岳）两纵队均归何指挥，匪与王（东原）、陶（广）两师正在激战中，1934年11月14日第3版

何總司令昨早赴衡

就任追勦總司令職

蔣委員長派劉文島監誓

蔣委員長任派何總司令爲追勦總司令。指揮任湘各部隊。及北路軍入湘各部。追勦贛匪。曾誌本報。茲昨衡州電話云。何總司令。定於本日十五號上午十時。就任追勦總司令新職。已奉蔣委員長電令。派劉大使文島屆時代表監誓。以便指揮各部迅殲竄匪。想屆時必有番盛況云。（國）

又訊。贛匪繞道粵邊。竄入湘南。在汝城附近。被我痛勦。損失甚重。現向宜（章）臨（武）逃竄。我追擊堵勦各部已布置完畢。北路軍與粵桂友軍均已到達預定地區。同時奉蔣委員長任命爲追勦總司令。亟應進駐衡州。組成追勦總司令部。指揮在湘各部。聯絡粵桂友軍圍殲該匪。以除黨國隱患。故何總司令。於昨十四號上午八時二十分鐘。由公館乘汽車。逕駛衡州。陪往者有劉大使文島。李師長覺。奉調隨行職員。有總部參謀長郭持平。辦公廳主任凌璋。參謀處長鄭兆熙。黨政處長何浩若。副官長熊士鼎。辦公廳秘書王政詩。王景羲。參謀處科長彭奇峯。梁祇六。及經。交。醫。械。副。法。黨政各處科長各數員。由東站共乘汽車十六輛。先後隨行赴衡。屆時在公館歡送者。有張余兩廳長。易秘書長。吳主任（家驥）及總部各處長等。聞當日正午即達衡城。劉司令建緒等在站歡迎極盛。何氏於啓節之頃。令派總部副參謀長吳家驥。爲長沙後方留守主任。代行西四兩總部後方一切事宜。省府主席仍推曹委員典球代行。一面諭令保安司令部。會同省會警備司令部負責辦理關于省會治安一切事宜。如有造謠。搖動人心者。准以軍法嚴辦。以安後方云。（國）

2. 何总司令昨早赴衡（州）就任追剿总司令职，蒋委员长派刘文岛监誓，1934 年 11 月 15 日第 3 版

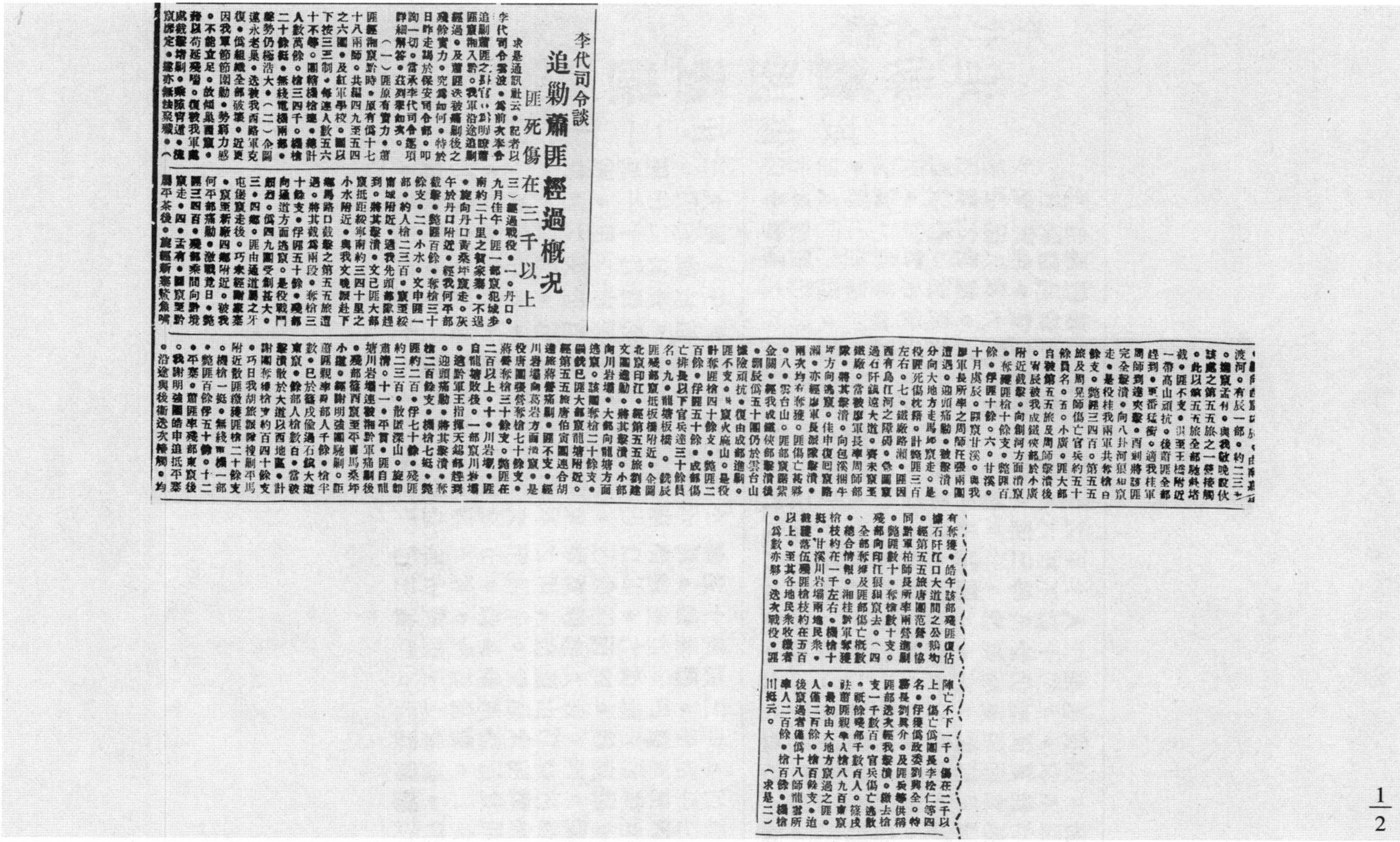

李代司令談

追勦蕭匪經過概況

匪死傷在三千以上

1/2

3. 李代司令谈追剿萧匪经过概况，匪死伤在三千以上，1934 年 11 月 15 日第 3 版

李代司令談

追剿蕭匪經過概況

匪死傷在三千以上

求是通訊社云•記者以李代司令雲波•爲前次奉令追剿蕭匪之計劃、明瞭蕭匪竄湘入黔•我軍沿途追剿經過•及蕭匪迭被痛剿後之殘餘實力•究爲如何•特於日昨走謁於保安司令部•叩詢一切•當承李代司令逐項詳細解答•茲列舉如次•

（一）匪原有實力•蕭匪經湘竄黔時•原有僞十七十八兩師•共編四九至五四之六團•及紅軍學校•團以下按三三制•每連人數五六十不等•團轄機槍連•總計人數萬餘•槍三四千•機槍二十餘挺•無綫電機兩部•聲勢仍極浩大•（二）企圖遠永老巢•迭被我西路軍克復•僞組織全部破壞•近更因我軍節節圍剿•勢窮力感•不能立足•故傾巢圖竄•藉以苟延殘喘•復被我軍處處截擊•堵剿•乘隙宵遁•殘竄據定•巢亦無法聚殲•（三）經過戰役•一•丹口•九月佳午•匪一部竄犯城步南約二十里之賀家寨•不逞•旋向丹口黃桑坪竄走•灰午於丹口附近•經我何平部截擊•斃匪百餘•奪槍三十餘支••二•小水•文申匪一部•約人槍二三百•竄至綏甯城附近•遇我先頭部隊趕到•將其擊潰•文已匪大部竄抵距綏寧南約三四十里之小水附近•與我文晚派赴下鄉馬路口截擊之第五五旅遭遇•將其截爲兩段•奪槍三十餘支•俘匪五十餘•殘部向通道方面逃竄•是役戰門頗烈•僞四九團受創甚大•三•四鄉•匪由通道屬之牙屯堡竄走後•巧未經對家寨•竄至新廠四鄉附近•被我何平部痛剿•激戰竟日•斃匪三四百•殘部乘間向黔境竄走•四•孟有•匪竄至黔屬平茶後•旋經新寨蕉魚嘴

（局部图 1）

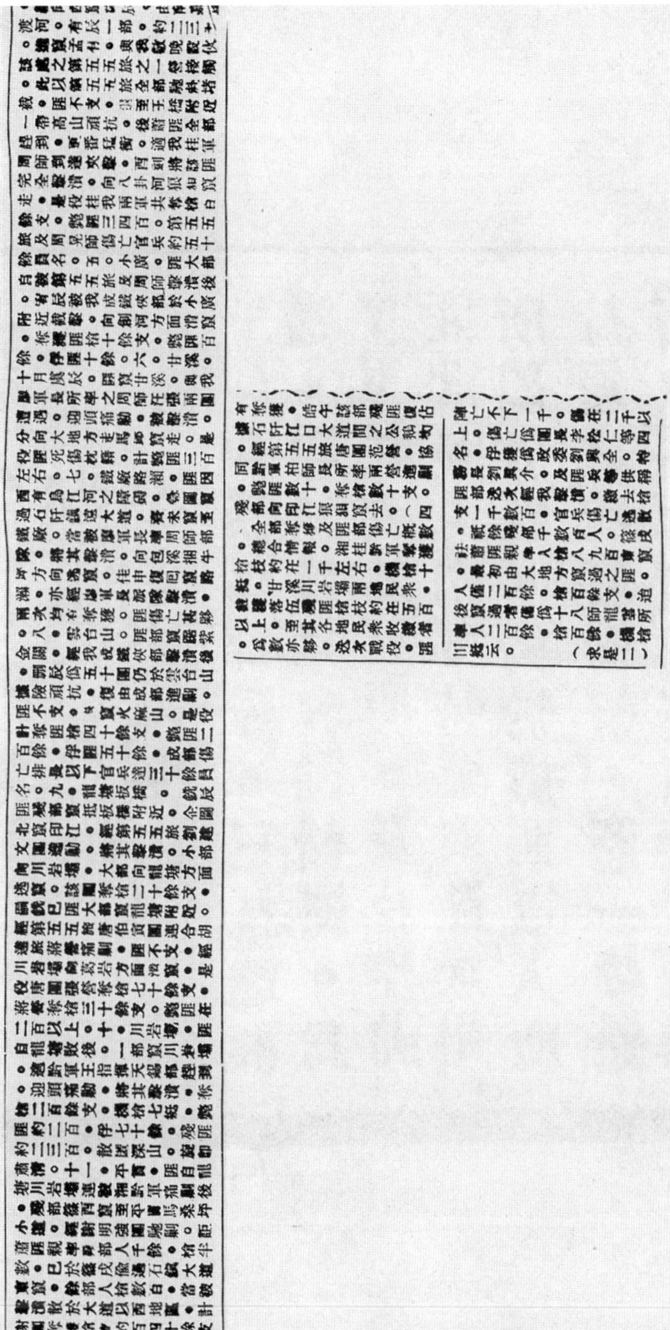

（局部图 2）

桂省票幣

湘邊各縣 准予通用

現廣西部隊。已推進湘邊。聯絡我軍會勦贛匪。爲謀軍民交易利便。及合作勦匪起見。總部特令湘邊永州所屬各縣。對於廣西軍人所持用之桂省票幣。應一律通行。一面電請廣西政府於相當地區設三兌換處。俾軍民兩便流通交易云。（國）

4. 桂省票币湘边各县准予通用，1934 年 11 月 16 日第 3 版

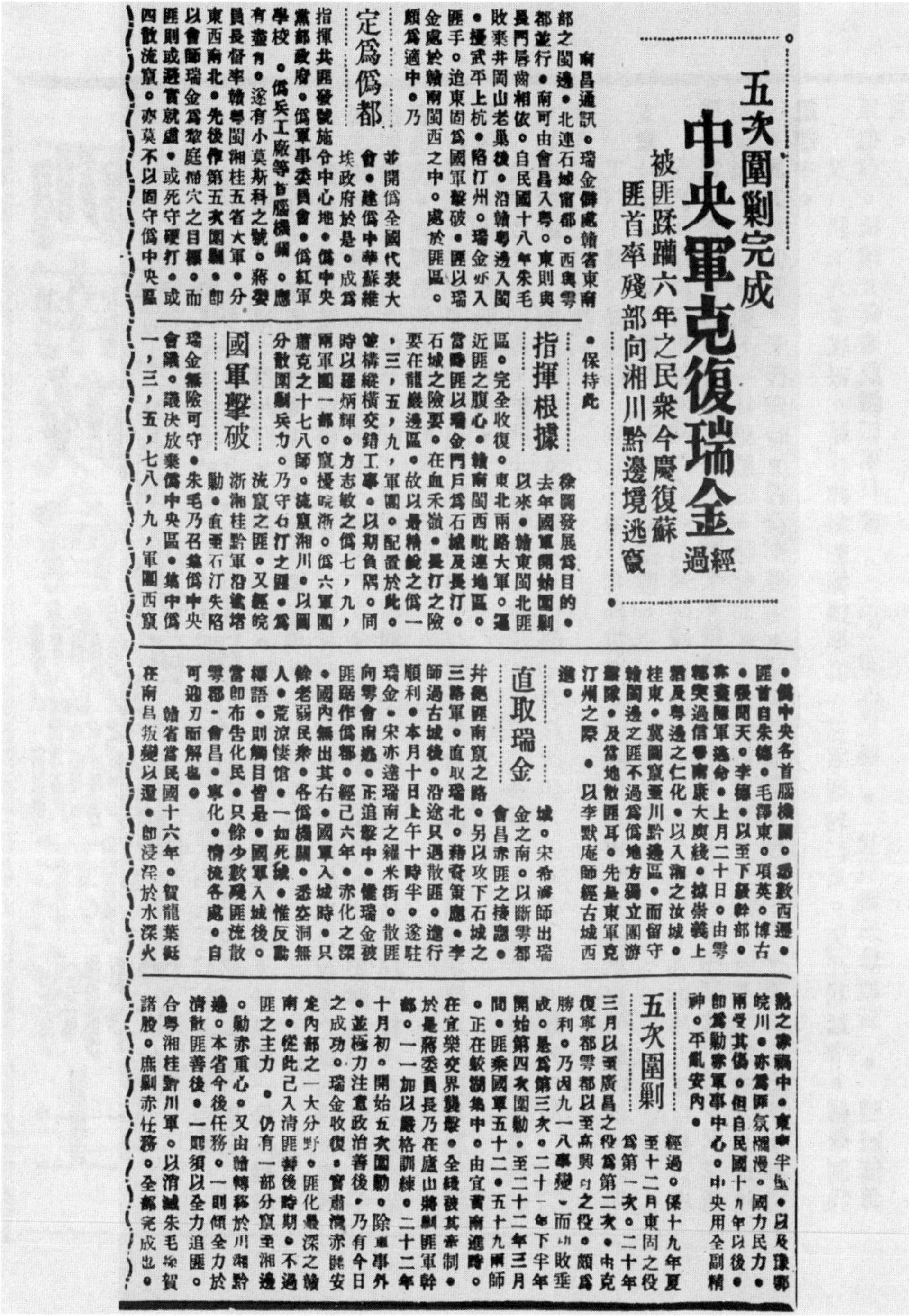

五次圍剿完成

中央軍克復瑞金經過

被匪蹂躪六年之民衆今慶復蘇

匪首率殘部向湘川黔邊境逃竄

南昌通訊。瑞金僻處贛省東南部之閩邊。北連石城甯都。西與雩都並行。南可由會昌入粵。東則與長汀唇齒相依。自民國十八年朱毛敗棄井岡山老巢後。沿贛粵邊入閩。擾武平上杭。陷汀州。瑞金亦入匪手。迨東固爲國軍擊破。匪以瑞金處於贛南閩西之中。處於匪區。頗爲適中。乃

定爲偽都

並開偽全國代表大會。建偽中華蘇維埃政府於是。成爲指揮共匪發號施令中心地。偽中央黨部政府。偽軍事委員會。偽紅軍學校。偽兵工廠等首腦機關。應有盡有。遂有小莫斯科之號。蔣委員長督率贛粵閩湘桂五省大軍。分東西南北。先後作第五次圍剿。即以會師瑞金爲犂庭掃穴之目標。而匪則或避實就虛。或死守硬打。或四散流竄。亦莫不以固守偽中央區。保持此

指揮根據

徐圖發展爲目的。去年國軍開始圍剿以來。贛東閩北匪區。完全收復。東北兩路大軍。逼近匪之腹心。贛南閩西毗連地區。當時匪以瑞金門戶爲石城及長汀。石城之險要。在血禾嶺。長汀之險要在龍巖邊區。故以最精銳之偽一，三，五，九，軍團。配置於此。同時以羅炳輝。方志敏之偽七，九，兩軍團一部。竄擾皖浙。偽六軍團蕭克之十七八師。流竄湘川。以圖分散圍剿兵力。乃守石汀之匪。爲

國軍擊破

流竄之匪。又經皖浙湘桂黔軍沿途堵勦。直至石汀失陷瑞金無險可守。朱毛乃召集偽中央會議。議決放棄偽中央區。集中偽一，三，五，七八，九，軍團西竄。偽中央各首腦機關。悉數西遷。匪首自朱德。毛澤東。項英。博古。張聞天。李德。以至下級幹部。亦盡隨軍逃命。上月二十日。由雩都突過信豐南康大庾綫。掠崇義上猶及粵邊之仁化。以入湘之汝城。桂東。冀圖竄至川黔邊區。而留守贛閩邊之匪不過爲偽地方獨立團游擊隊。及當地散匪耳。先是東軍克汀州之際。以李默庵師經古城西進。

直取瑞金

城。宋希濂師出瑞金之南。以斷雩都會昌赤匪之接濟。並絕匪南竄之路。另以攻下石城之三路軍。直取瑞北。藉資策應。李師過古城後。沿途只遇散匪。遂行順利。本月十日上午十時半。遂駐瑞金。宋亦達瑞南之羅米街。散匪向雩會南逃。正追擊中。僅瑞金被匪踞作偽都。經己六年。赤化之深。國內無出其右。國軍入城時。只餘老弱民衆。各偽機關。悉空洞無人。荒涼悽愴。一如死城。惟反動標語。則觸目皆是。國軍入城後。當即布告化民。只餘少數殘匪流散雩都。會昌。寧化。竄流各處。自可迎刃而解也。

贛省當民國十六年。賀龍葉挺在南昌叛變以還。即浸淫於水深火熱之禍中。東南半壁。以及豫鄂皖川。亦爲匪氛瀰漫。國力民力。兩受其傷。但自民國十九年以後。即爲勦赤軍事中心。中央用全副精神。平亂安內。

五次圍剿

經過。保十九年夏至十二月東固之役爲第一次。二十年三月以至廣昌之役爲第二次。由克復寧都雩都以至高興圩之役。頗爲勝利。乃因九一八事變。而功敗垂成。是爲第三次。二十一年下半年開始第四次圍勦。至二十二年三月間。匪乘國軍五十二。五十九兩師。正在蛟湖集中。由宜黃南進時在宜樂交界襲擊。全綫被其牽制。於是蔣委員長乃在廬山將剿匪軍幹部。一一加以嚴格訓練。二十二年十月初。開始五次圍勦。除軍事外。並極力注意政治善後。乃有今日之成功。瑞金收復。實肅清赤匪安定內部之一大分野。匪化最深之贛南。從此已入清匪善後時期。不過匪之主力。仍有一部分竄至湘邊。勦赤重心。又由贛轉移於川湘黔邊。本省今後任務。一則傾全力於清散匪善後。一則須以全力追匪。合粵湘桂黔川軍。以消滅朱毛殘賀諸股。庶剿赤任務。全部完成也。

5. 五次围剿完成，中央军克复瑞金经过，被匪蹂躏六年之民众今庆复苏，匪首率残部向湘川黔边境逃窜，1934 年 11 月 17 日第 2 版

西南政會勉勦匪將士

延壽一役殲滅赤匪一九兩軍團全部
城口長江坪石匪大挫後餘匪已肅清

上海十六日電：廣州訊。西南政務會。昨日發出獎勉勦共將士。於延壽一役。殲滅共匪一九兩軍團電。其電末謂倘希全軍奮勇。一鼓蕩平云。

廣州十五日電：韶行營捷報。十一日林彪率匪萬餘。再犯城口西北之延壽綫。與我獨二旅激戰晝夜。十二日農獨三師出九峯側擊。將匪截數段。獨二旅將匪一部包圍。午後四時將匪擊潰。俘三千餘。爲南路軍空前大捷。又報。城口長江坪石綫。被我軍三路擊退後。餘匪肅清。坪樂間電話復通。

又訊：總部息。蔣委員長電陳濟棠。李宗仁。白崇禧。東南西北路軍合圍堵勦。指定陣綫。毋使匪漏網入川。

又訊：連山探報。彭匪率萬餘侵小北江。圖犯桂邊鍾山富川灌陽。以牽制桂軍截擊。並護前隊。由湘西竄黔川。李覺隊。匪侵小北江圖犯桂邊。令口師遮擊外。派口口口師入口口口口堵截。

又訊：韶行營報稱。犯九峯城口北延壽匪。被我李葉兩師及陳旅會同擊潰後。匪向宜章汝城退。余縱隊長駐樂昌指揮追擊。

又訊：余漢謀電陳。我李漢魂葉肇師陳章旅。十一十二兩日。在湘邊九峯口延壽與匪激戰兩晝夜。我軍卒獲大勝。俘數千。繳槍約六千。匪主力一軍團完全消滅。又李漢魂電稱。僞一軍團十一日犯延壽。職會同獨二旅激戰竟日。十二日。我葉師由九峯出延壽。向匪陣側擊。午後四時。匪全部受殲。傷斃匪無算。俘三千餘。獲槍四五千。刻仍追擊中。

又訊：九峯牒報。匪首林彪彭德懷率僞一三軍團約二萬。突犯我延壽。僞牽制我軍追擊。掩護大部西竄激戰兩日夜。僞一軍團退路。被我獨三師截斷。殲滅無算云。

6. 西南政会勉剿匪将士，延寿一役歼灭“赤匪”一、九两军团全部，城口、长江、坪石匪大挫后余匪已肃清，1934 年 11 月 17 日第 2 版

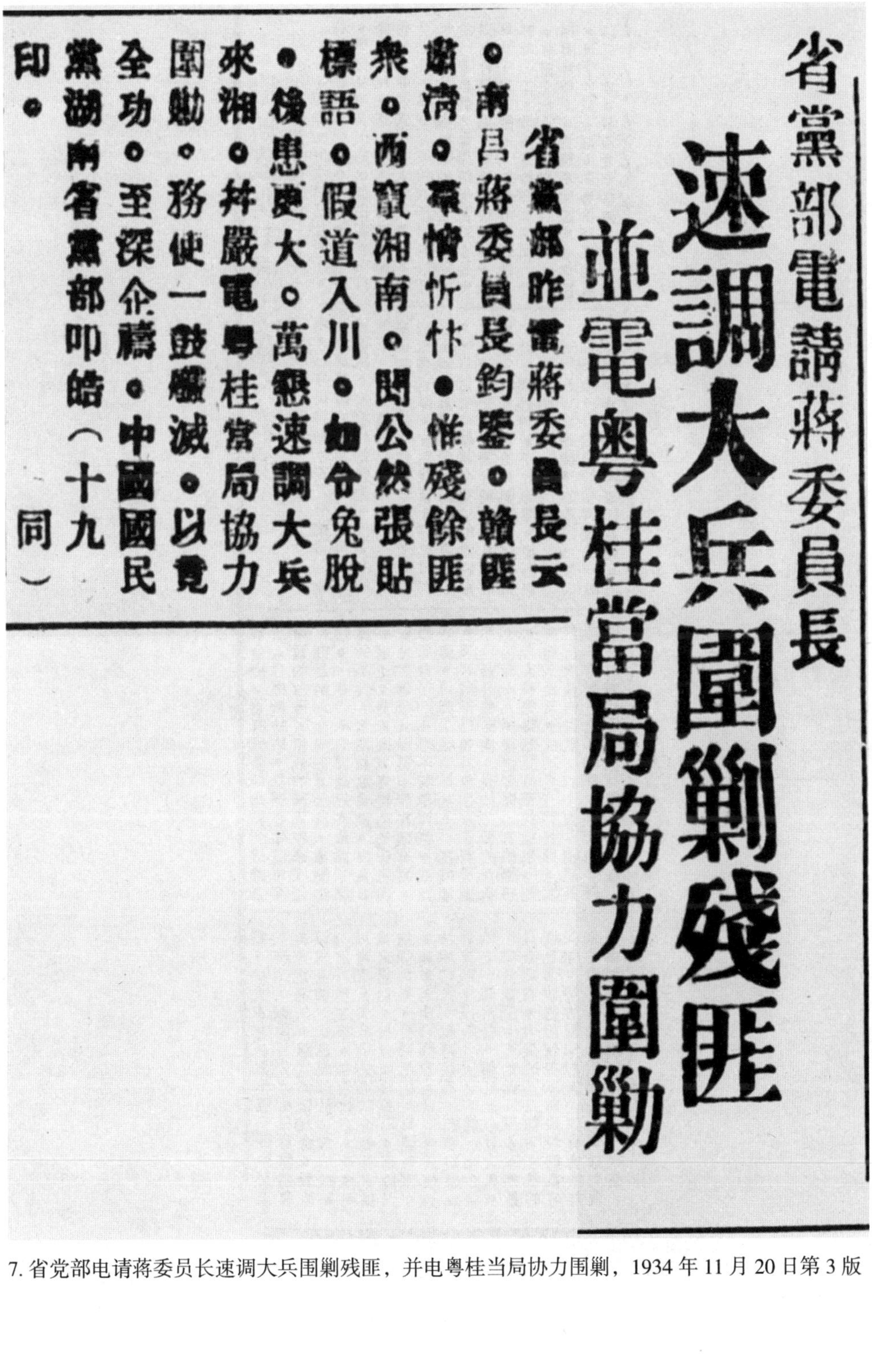

省黨部電請蔣委員長

速調大兵圍剿殘匪

並電粵桂當局協力圍勦

省黨部昨電蔣委員長云。南昌蔣委員長鈞鑒。贛匪肅清。羣情忻忭。惟殘餘匪衆。西竄湘南。聞公然張貼標語。假道入川。如令兔脫。後患更大。萬懇速調大兵來湘。并嚴電粵桂當局協力圍勦。務使一鼓殲滅。以竟全功。至深企禱。中國國民黨湖南省黨部叩皓（十九印。同）

7. 省党部电请蒋委员长速调大兵围剿残匪，并电粤桂当局协力围剿，1934 年 11 月 20 日第 3 版

追剿竄匪中應注意的事項

張廳長開璡十一月十九日在擴大紀念週中報告

各位同志。何主席已赴衡州。就任追剿總司令職。指揮剿匪軍事。曹代主席又因病未能出席。所以今天的紀念週。由本人代爲出席報告。日前最爲一般人所注意的。就是剿匪一事。今天將最近追剿竄匪情形。作一個簡單的報告。

連日前方剿匪情況甚好。除良田萬會橋等處。早經收復之外。昨日我王東原師。又收復宜章縣城。黔匪逾千。我陶廣師在文明司一役。斬獲尤衆。得到很大的勝利。外傳陶部被圍。實屬不明瞭內容之說。目下赤匪大部。向粵湘邊區臨武以南潰竄。我西北南各路追剿的部隊。已取得聯絡。正在分途圍剿中。關於軍隊的配備與調動。因爲事關軍機。未能詳細報告。惟大概的情形。北路的周（渾元）薛（岳）兩縱隊。均已各部達到目的地。粵桂兩省軍隊。亦與我西北各路軍聯合。按照原來指定地點。向匪圍剿。所以這次何總司令對於剿匪的軍事。確有把握。最近期內當有很好的捷報傳來。惟値此剿匪工作緊張之時。我們對於下述三事。要加以極深切的注意。

（一）要維持地方秩序。鞏固剿匪後方。自贛匪傾巢西竄後。社會上無形中發生一種恐怖狀態。市面金融。也有緊張的趨勢。這都是庸人自擾的結果。我們要知道贛匪西竄的原因。係我們國軍年來採穩打穩紮的辦法。修建公路。建築碉堡。一步步的向匪逼近。致匪衆盤據的巢穴。次第被我攻破。匪區日益縮小。最近國軍克復匪的中央所在地之瑞金。匪更不能在贛立足。勢窮力促。不得不離巢西竄。孤注一擲。以圖最後的掙扎。苟延殘喘。現在國軍已將其包圍。正我殲滅赤匪最好的時機。長沙方面的民衆。因爲十九年經過赤匪一次的擾害。人人都覺得赤匪爲毒蛇猛獸。此次匪又西竄。故不免有些畏懼。其實這次贛匪西竄。與十九年進犯長沙的情形。大不相同。在十九年時候。第四路全部開往廣西。湘邊一帶。中央亦在東方作戰。長沙又未築要塞。無險可守。所以赤匪很容易乘虛而入。這次匪竄湘南。我西路實全部。均已配備於適當地點。沿途堡工事。星羅棋布。到處可以堵截。又有中央軍隊及粵桂軍隊爲之協助。兵力既極雄厚。而匪又餉彈兩缺。疲敝已極。只圖逃竄。並無多大作戰能力。試看日前竄到汝城之匪。號稱數萬。而我駐汝城的軍隊。僅陶（廣）師鍾（光仁）旅之一團兩營。相持七八日之久。卒將其擊潰。可見匪部雖多。都是烏合之衆。力量遠不及前了。我們既已明瞭這種情況。所以我們全省民衆。要力圖鎮靜。大家負責維持地方秩序。鞏固剿匪後方。以利前綫剿匪的軍事進行。（未完）

1/2

8. 追剿窜匪中应注意的事项——张厅长开琎十一月十九日在扩大纪念周中报告，1934 年 11 月 20 日第 3 版

追勦竄匪中應注意的事項

張廳長開璉十一月十九日在擴大紀念週中報告

各位同志。何主席巳赴衡州。就任追勦總司令職。指揮勦匪軍事。特代主席又因病未能出席。所以今天的紀念週。由本人代爲出席報告。日前曾爲一般人所注意的。就是勦匪一事。今天將最近追勦竄匪情形。作一個簡單的報告。

連日前方勦匪情況甚好。除良田萬會橋等處。早經收復之外。昨日我王東原師。又收復宜章縣城。斃匪逾千。我陶廣師在文明司一役。斬獲尤衆。得到很大的勝利。外傳陶師被圍。實屬不明瞭內容之說。目下赤匪大部。向粵湘邊區臨武以南潰竄。我西北南各路追勦的部隊。巳取得聯絡。正在分途圍勦中。關於軍隊的配備與調勦。因爲事關軍機。未能詳細報告。惟大概的情形。北路的周（渾元）薛（岳）兩縱隊。當巳全部達到目的地。粵桂兩省軍隊。亦與我西北各路軍聯合。按照原來指定地點。向匪圍勦。所以這次何總司令對於勦匪的軍事。確有把握。最近期內當有很好的捷報傳來。惟值此勦匪工作緊張之時。我們對於下述三事。要加以極深切的注意。

（一）要維持地方秩序。鞏固勦匪後方。自贛匪傾巢西竄後。社會上無形中發生一種恐怖狀態。市

（局部图 1）

面會融。也有緊張的趨勢。這都是庸人自擾的結果。我們要知道贛匪西竄的原因。係我們國軍年來採穩打穩紮的辦法。修建公路。建築碉堡。一步步的向匪逼近。致匪衆盤據的巢穴。次第被我攻破。匪區日益縮小。最近國軍克復匪的中央所在地之瑞金。匪更不能在贛立足。勢窮力促。不得不離巢西竄。孤注一擲。以圖最後的掙扎。苟延殘喘。現在國軍已將其包圍。正我殲滅赤匪最好的時機。長沙方面的民衆。因爲十九年經過赤匪一次的擾害。人人都覺得赤匪是毒蛇猛獸。此次匪又西竄。故不免有些畏懼。其實這次贛匪西竄。與十九年進犯長沙的情形。大不相同。在十九年時候。第四路全部開往廣西。湘邊一帶。中央正在北方作戰。長沙又未築要塞。無險可守。所以赤匪很容易乘虛而入。這次匪竄湘南。我西路軍全部。均已配備於適當地點。沿途堡工事。星羅棋布。到處可以堵截。又有中央軍隊及粵桂軍隊爲之協助。兵力既極雄厚。而匪又餉彈兩缺。疲敝已極。只圖逃竄。並無多大作戰能力。試看日前竄到汝城之匪。號稱數萬。而我駐汝城的軍隊。僅陶（廣）師鍾（光仁）旅之一團兩營。相持七八日之久。卒將其擊潰。可見匪部雖多。都是烏合之衆。力量遠不及前了。我們既已明瞭這種情況。所以我們全省民衆。要力圖鎮靜。大家負責維持地方秩序。當向剿匪後方。以利前綫剿匪的軍事進行。（未完）

（局部图 2）

東路軍克復會昌

蔣鼎文謁蔣報告收復長汀瑞金經過

粵方重兵集中邊界共匪無竄粵危險

上海二十二日電：廈門訊。軍息。東路軍李玉堂部。馬（二十一日）克復會昌。下午我軍已入城安民。

龍岩二十二日電：東路軍收復瑞金後。即繼續進取會昌。日內即可收復。（廣）

龍岩二十二日電：蔣鼎文統率東路剿匪軍擔勦以來。節節勝利。永鎮克寧洋。建寧。連城各縣。近又收復長汀。乘勝佔領瑞金。搗破赤匪老巢。蔣十八日奉蔣電召。飛往南昌。報告收復長汀。及瑞金經過。並請示辦理善後方針。蔣委員長獎勉有嘉。并令東路軍乘勝前進。以竟全功。（廣）

香港十九日專訊：殘匪仍徘徊湘粵邊。十八日晚一部由臨武沿溱水趨茅厳嶺。犯星子附近之朱崗圩十字舖等處。與我口口師口團戰頗烈。我軍由口口開到增援。匪向茅厳嶺退。（路透社十九日廣州訊）粵軍參謀長繆培南今日發表文告。謂共匪前鋒已抵藍山臨武。惟宜章尚無匪蹤。粵軍則向臨武進發。今日開始進攻臨武匪共。雖臨武與藍山皆密近連州。但目前未有共匪竄入粵省之危險。因重兵現已集於邊境一帶也。現向西竄之共匪。約六萬人云。桂省鑒於湘省西南之最近發展。恐共匪竄入。現已採行各種防禦方法。湘桂邊界之民團業已動員。

廣州通信。徘徊於粵贛湘邊境之共匪。企圖搜括糧食後。則以一部挨粵小北江。至湘桂邊。故連日進犯粵北仁化樂昌之共匪。經一二度大戰後。則以大部份沿宜章坪石經藍山臨武及粵省小北江入湘南道縣永明江華一帶。因之最近小北江連陽山及湘桂邊境之形勢。漸趨緊張。粵北仁化樂昌八九日起。匪勢已滅。據由韶返省之某軍官稱。共匪竄至湘南。原擬直趨郴州耒陽佔桂陽嘉禾各地。嗣因西北兩路軍。已分別自贛湘趕到衡州郴州堵截。經數度沖鋒。未能通過。知非另覓途徑。必不能突出重圍。故乃以第一軍團朱德統率一二兩師六團犯仁化。以為牽制南路軍駐化部隊。以第三軍團彭德懷率四五師三千餘人擾樂昌九峯坪石。以為牽制樂昌部隊之出擊。另以第九軍團羅炳輝犯郴州耒陽。阻止西路軍南下。以七軍團經粵湘邊境藍山臨武入江華永明折入湘西。而瑞金師與國師博生師（？）。則居中掩護其中各機關西進。聞共匪前鋒。現已到達粵桂湘交界之藍山。臨武各地。湘桂軍于贊斌部開始接觸。至粵省小北江連山連縣各地。尚未發現匪蹤。外傳失陷。殊屬不確。攻仁化樂昌各處之匪。自昨八日起亦已陸續撤退。城口九峯坪石之匪亦陸續西移。尚有小部份。諒一二日間。便可退盡。關於我軍追擊事宜。自第一縱隊指揮余漢謀。親往韶關指揮策劃。並檄調第一師李振球部。參加樂昌綫後。兵力異常雄厚。準備即日入湘追擊。警衛旅第一團莫雄如。第二團黃國樑。第三團彭智芳等部。自昨十日起。向城口出發。立第三師李漢魂部。向宜章推進。教導師則集中樂昌。正向坪石出發中。第一師長李振球。昨十日下午。由南雄率第一團李振。第二團廖頌堯。第三團彭林生等部抵韶關。即轉樂昌。向坪石推進。抑或轉開連山入湘堵截。須俟抵達目的地後。再行決定。總之南路追勦軍事。現已佈置就緒云。

南昌行營第一廳昨有通報來省云。本月十九日。委座在大禮堂召集全體職員訓話。茲摘要通報。即希轉飭一體遵照。（一）我將士及黨政各界同志。三年來共同努力。卒使勦匪工作。得告一段落。應向各同志特別表示敬意。現值勦匪工作即將完成之際。尤應加倍努力。自強不息。否則過去之勞苦功績。將一筆勾銷。（二）過去勦匪期間。曾提出「三分軍事。七分政治」之口號。但事實上或者還是用七分軍事三分政治的力量。今後剿匪區域。黨政兩方。務須協同一致。至少做到七分的努力。以掃除殘匪。從事整理與建設。右二項。特此通報。（海）

2|1

9. 东路军克复会昌，蒋鼎文谒蒋（介石）报告收复长汀、瑞金经过，粤方重兵集中边界“共匪”无窜粤危险，1934 年 11 月 23 日第 2 版

東路軍克復會昌

蔣鼎文謁蔣報告收復長汀瑞金經過

粵方重兵集中邊界共匪無竄粵危險

上海二十二日電：廈門訊。軍息。東路軍李玉堂部。馬（二十一日）克復會昌。下午我軍巳入城安民。

龍岩二十二日電：東路軍收復瑞金後。卽繼續進取會昌。日內卽可收復。（廣）

龍岩二十二日電：蔣鼎文統率東路剿匪軍淸勦以來。節節勝利。永鎮克寧洋。建寧。連城各縣。近又收復長汀。乘勝佔領瑞金。搗破赤匪老巢。蔣十八日奉蔣電召。飛往南昌。報告收復長汀。及瑞金經過。並請示辦理善後方針。蔣委員長獎勉有嘉。并令東路軍乘勝前進。以竟全功。（廣）

香港十九日專訊：殘匪仍徘徊湘粵邊。十八日晚一部由臨武沿溱水趨茅蕨嶺。犯星子附近之朱崗圩十字鋪等處。與我口口師口團戰頗烈。我軍由口口開到增援。匪向茅蕨嶺退。（路透社十九日廣州訊）粵軍參謀長繆培南今日發表文告。謂共匪前鋒已抵藍山臨武。惟宜章尚無匪蹤。粵軍剛向臨武進發。今日開始進攻臨武匪共。雖臨武與藍山皆密近連州。但目前未有共匪竄入粵省之危險。因重兵現巳集於邊境一帶也。現向西竄之共匪。約六萬人云。桂省鑒於湘省西南之最近發展。恐共匪竄入。現已採行各種防禦方法。湘桂邊界之民團業已動員。

廣州通信。徘徊於粵贛湘邊境之共匪。企圖搜括糧食後。則以一部挨粵小北江。至湘桂邊。故連日進犯粵北仁化

（局部图 1）

廣州通信●徘徊於粵贛湘邊境之共匪。企圖褸括糧食後。則以一部挨粵小北江。至湘桂邊。故連日進犯粵北仁化樂昌之共匪●經一二度大戰後。則以大部份沿宜章坪石經壹山臨武及粵省小北江入湘南道縣永明江華一帶●因之最近小北江連陽山及湘桂邊境之形勢●漸趨緊張●粵北仁化樂昌八九日起●匪勢已減●據由韶返省之某軍官稱●共匪竄至湘南●原擬直趨郴州耒陽佔桂陽嘉禾各地●嗣因西北兩路軍●已分別自贛湘趕到衡州郴州堵截。經數度冲鋒。未能通過●知非另覓途徑。必不能突出重圍●故乃以第一軍團朱德統率一二兩師六團犯仁化。以爲牽制南路軍駐化部隊。以第三軍團彭德懷率四五師三千餘人擾樂昌九峯坪石●以爲牽制樂昌部隊之出擊●另以第九軍團羅炳輝犯郴州耒陽●阻止西路軍南下。以七軍團經粵湘邊境壹山臨武入江華永明折入湘西●而瑤金師與國師博生師（？）。則居中掩護其中各機關西進●聞共匪前鋒●現已到達粵桂湘交界之壹山。臨武各地。湘桂軍于賀斌部開始接觸●至粵省小北江連山連縣各地。尚未發現匪踪。外傳失陷●殊屬不確。攻仁化樂昌各處之匪。自昨八日起亦已陸續撤退。據口九峯坪石之匪亦陸續西移。尚有小部份。諒一二日間●便可退盡●關於我軍追擊事宜●自第一縱隊指揮余漢謀。親往韶關指揮策劃●並檄調第一師李振球部●參加樂昌綫後●兵力異常雄厚●準備即日入湘追擊●警衛旅第一團莫羈如●第二團黃國樑●第三團彭智芳等部●自昨十日起●向城口出發●立第三師李漢魂部●向宜章推進●教導師則集中樂昌●正向坪石出發中●第一師長李振球●昨十日下午●由南雄率第一團李振●第二團廖頌堯●第三團彭林生等部抵韶關●即轉樂昌●向坪石推進●抑或轉開連山入湘堵截●須俟抵達目的地後●再行決定●總之南路追勦軍事●現已佈置就緒云●

南昌行營第一廳昨有通報來省云。本月十九日●委座在大禮堂召集全體職員訓話●茲摘要通報●即希轉飭一體遵照●（一）我將士及黨政各界同志●三年來共同努力●卒使勦匪工作●得告一段落●應向各同志特別表示敬意●現值勦匪工作即將完成之際●尤應加倍努力●自強不息●否則過去之勞苦功績●將一筆勾銷●（二）過去勦匪期間●曾提出「三分軍事●七分政治」之口號●但事實上或者還是用七分軍事三分政治的力量●今後剿匪區域●黨政兩方●務須協同一致●至少做到七分的努力●以掃除殘匪●從事整理與建設●右二項●特此通報●（海）

（局部图2）

中華民國二十三年十一月二十七日

贛匪在寧道受創後殘部向桂邊急竄

周李兩軍與匪主力激戰 斃匪二三千獲鎗千餘枝

江華縣屬上江高橋附近發現匪部

贛匪大部。現正由寧。道。永明之間。向桂邊急竄。我軍追擊痛剿。斃匪甚衆。爰錄前方電訊如次。

電一……衡州總部有（二十五）申來電云。情報。（一）本午空軍二隊。飛往道縣。江華。永明一帶偵察。在江華之上江。高橋附近村落發現匪部。當投彈轟炸。均命中。並用機槍掃射。匪多死傷。（二）匪主力四五萬在道縣壽佛寺之綫。一部萬餘人。在道縣北王母橋附近。總竄龍虎關（桂境灌陽屬）附近之匪約萬餘人。向永明北之上江圩附近行進。（三）匪後隊萬餘。連日在寧遠西南之把截大界一帶。與我三（周渾元部）四（李雲杰部）路軍節節抗戰。斃匪不少。匪逃散亦衆。獲槍千餘云云。

電二……總部同日來電云。情報。（一）寧遠之匪。於感（二十三）日擊潰。在該縣天堂境與周渾元。李雲杰。王東原等部激戰。我軍陸空轟擊。斃匪二三千。獲槍千餘支。我軍亦傷亡頗多。（二）敬（二十四）晨周渾元部向道縣大道攻擊。匪利用梧溪洞五六里長之隘道。節節抗戰。蕭帥（致中）由右迂迴襲擊其後。匪始不支。向把截河以西潰退。沿河西岸頑抗。我軍大部追及。因水深天晚。隔河對峙。是役陸空軍。斃匪甚衆。我軍亦略有傷亡。（三）汝。陳縣長敬（二十四）午電稱。該縣團隊。近又俘匪一千四百餘名。繳槍甚多。（四）宜章何縣長有（二十五）電稱。俘匪千餘。獲槍三千餘支。正訊辦中。（五）本日空軍二三兩隊分往寧遠及文市。龍虎關一帶偵察。據報寧遠潰竄之匪。正向四眼橋竄走。一部在後掩護。投彈多枚均命中云云。（國。君）

10. 赣匪在宁（远）、道（县）受创后，残部向桂边急窜，周（浑元）、李（云杰）两军与匪主力激战，毙匪二三千获枪千余支，江华县属上江、高桥附近发现匪部，1934 年 11 月 27 日第 3 版

追剿竄匪近况與湘西剿匪情形

曹代主席十一月二十六日在擴大紀念週中報告

近來一般人所注意的事項。厥惟剿匪。今天將剿匪情況。簡單的作一個報告。

贛匪這次離巢西竄。完全是迫於窮蹙無所歸的原因。想達到其竄川的企圖。以謀最後的苟延。殊不知由贛竄川。路隔九千里。沿途所經。概屬崇山峻嶺。加以又有國軍沿途扼要堵截。焉能竄過。所以說贛匪之欲竄川。完全是一種夢想。在事實上絕對的不可能。又沿途所經過的地方。如粵之大庾南雄。湘之郴桂永州。桂之全州興安一帶民衆。均極爲醇樸忠勇。素富愛國思想。對於勾結外寇。危害國家的行動。平生深惡痛絕。共匪經此流竄。無異自趨絕地。這些地方民衆。決不能受其鼓惑與赤化。一遇我軍堵剿。自易乘此殲滅。在湘西方面民衆的情形。亦極古樸。試看賀蕭等匪之擾亂湘西。除最少數的江湖豪客綠林大盜之外。受其鼓惑而盲從的。爲數極少，是共匪之離巢而竄的。確是自尋死路。這次一定可以乘此機會。將其完全殲滅。用將最近情況。分作湘南湘西兩方面略述如次。

（一）湘南方面

贛匪竄宜章後。經我十五師王東原部克復。匪又向龍泉洞紅樹腳水東兩路口保和圩西竄。鬬晚匪約二萬。復由保和圩兩路口竄至嘉禾縣屬之輦塘及桂陽縣屬之大塘市方面一帶。當時我二十三師李韞杰所部。已到桂陽。即派部隊向嘉禾堵截。離桂陽二十里地。與匪相遇。激戰多時。因二十三師所部多屬藍山嘉禾子弟兵。作戰驍勇。匪未得逞。篠日李旅一三八團在冷水舖。擊破潰匪一股。六七旅李旅長率補充團。在仙人橋坝平圩一帶，與匪激戰。又一部在塘村激戰。各役斃匪甚多。奪獲槍械不少。據到桂陽投誠之匪供稱。內有偽三八軍團瑞金司令部獨立營等名目。我臨武縣城兵力太少。銑旋被匪攻陷。後由我五十三師李韞珩部收復。皓日匪大部竄踞藍山虎口渡塘村一帶。其先頭部隊。已到下灌四眼橋。（未完）

$\frac{1}{2}$

11. 追剿窜匪近况与湘西剿匪情形——曹代主席十一月二十六日在扩大纪念周中报告，1934 年 11 月 27 日第 3 版

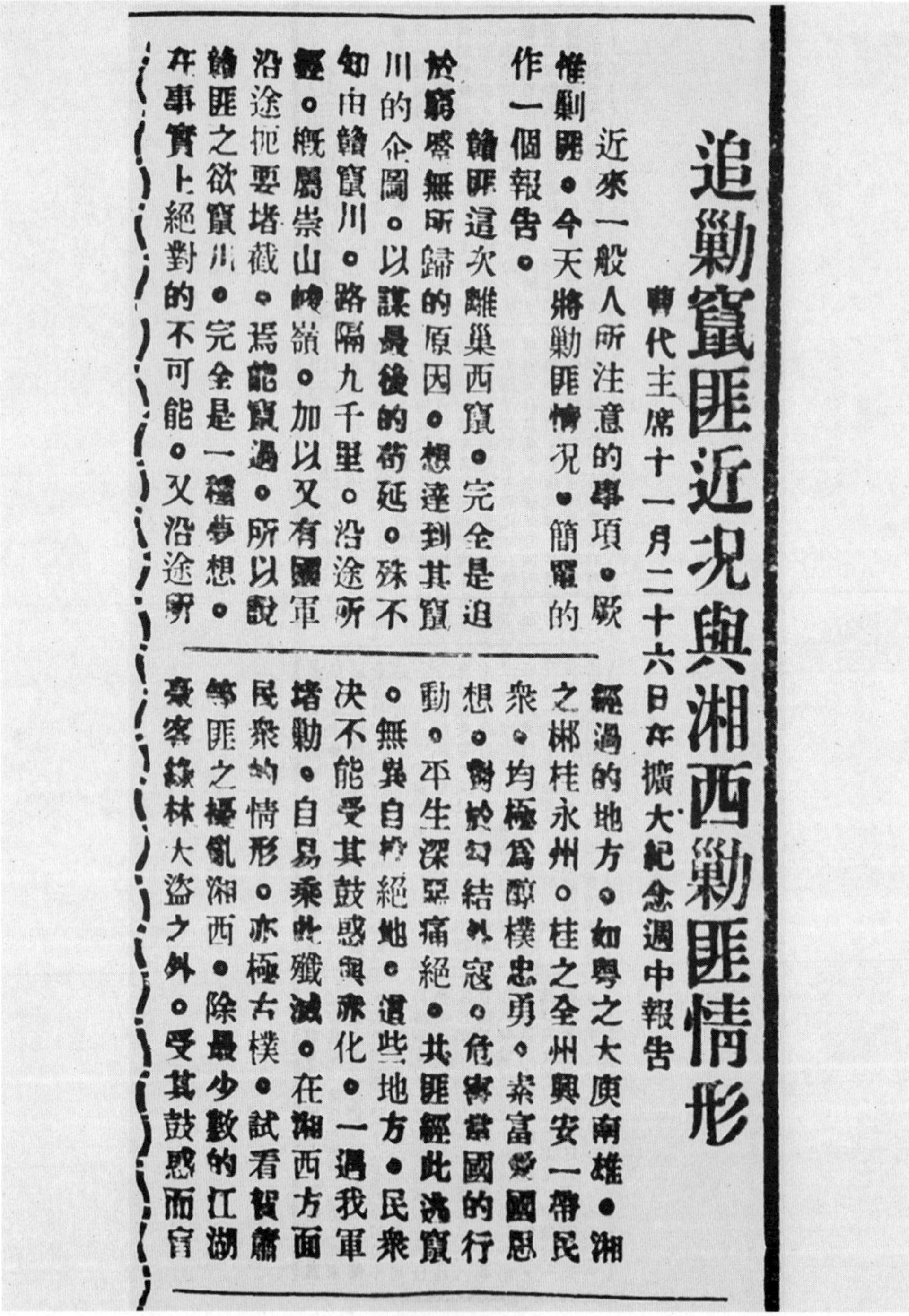

追勦竄匪近況與湘西勦匪情形

蔣代主席十一月二十六日在擴大紀念週中報告

近來一般人所注意的事項。厥惟勦匪。今天將勦匪情況。簡單的作一個報告。

赣匪這次離巢西竄。完全是迫於窮蹙無所歸的原因。想達到其竄川的企圖。以謀最後的苟延。殊不知由赣竄川。路隔九千里。沿途所經。概屬崇山峻嶺。加以又有國軍沿途扼要堵截。焉能竄過。所以說赣匪之欲竄川。完全是一種夢想。在事實上絕對的不可能。又沿途所經過的地方。如粵之大庾南雄。湘之郴桂永州。桂之全州興安一帶民衆。均極爲醇樸忠勇。素富愛國思想。對於勾結外寇。危害黨國的行動。平生深惡痛絕。共匪經此流竄。無異自趨絕地。這些地方。民衆決不能受其鼓惑與赤化。一遇我軍堵勦。自易乘此殲滅。在湘西方面民衆的情形。亦極古樸。試看賀蕭等匪之擾亂湘西。除最少數的江湖豪客綠林大盜之外。受其鼓惑而盲

（局部图 1）

從的●爲數極少，是共匪之離巢而竄的。確是自尋死路。這次一定可以乘此機會。將其完全殲滅。用將最近情況●分作湘南湘西兩方面略述如次。

（一）湘南方面

犯郴匪竄宜章後●經我十五師王東原部克復。匪又向龍泉洞紅樹脚水東兩路口保和圩西竄●翌晚匪約二萬。復由保和圩兩路口竄至嘉禾縣屬之鏊塘及桂陽縣屬之大塘市方圓市一帶●當時我二十三師李雲杰所部。已到桂陽●即派部隊向嘉禾堵截。離桂陽二十里地。與匪相遇●激戰多時。因二十三師所部多屬藍山嘉禾子弟兵。作戰驍勇。匪未得逞。篠日李旅一三八團在冷水舖●擊破潰匪一股●六七旅李旅長率補充團。在仙人橋坝平圩一帶與匪激戰。又一部在塘村激戰。各役斃匪甚多●奪獲槍械不少。據到桂陽投誠之匪供稱。內有屬於偽三八軍團瑞金司令部獨立營等名目。我臨武縣城兵力太少。該旅被匪攻陷。後由我五十三師李韞珩部收復●皓日匪大部竄踞藍山虎門渡塘村一帶。其先頭部隊。已到下灌四眼橋。（未完）

（局部图 2）

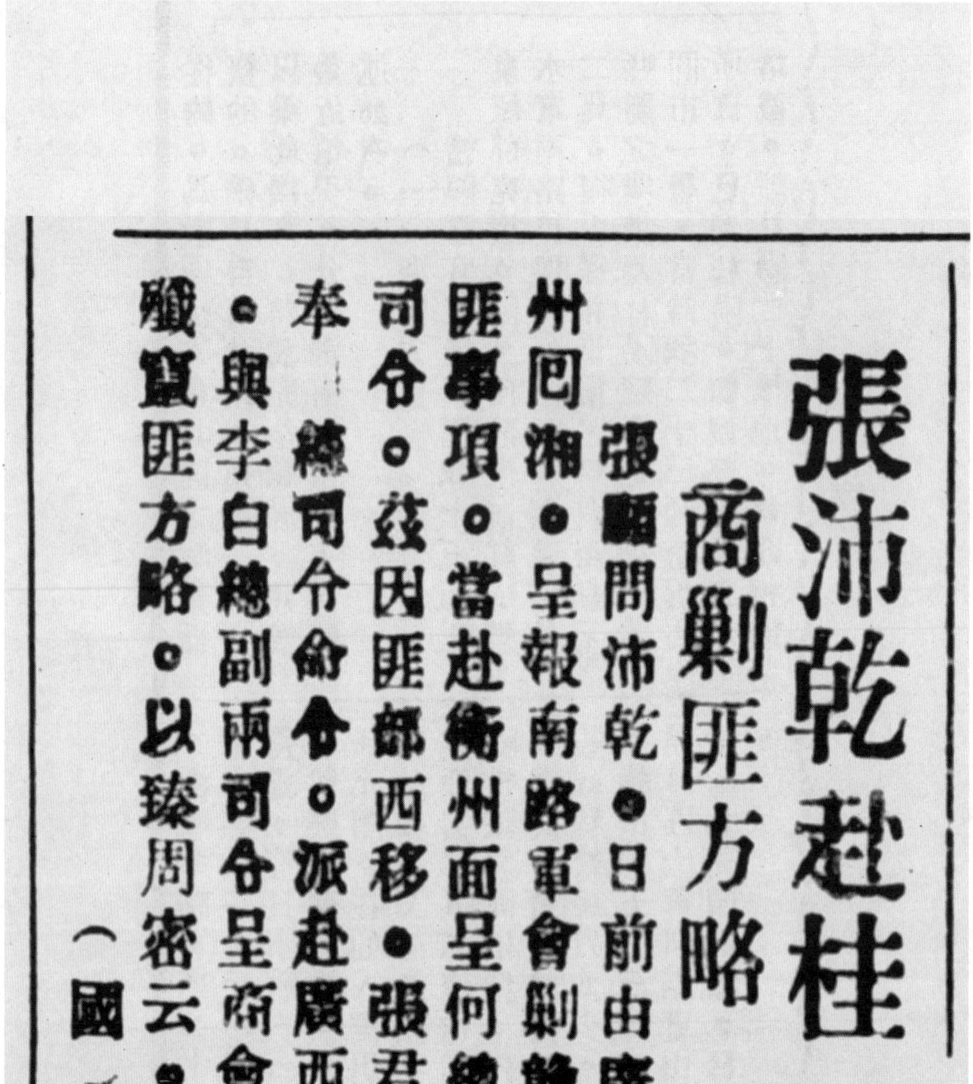

張沛乾赴桂

商剿匪方略

張顧問沛乾。日前由廣州回湘。呈報南路軍會剿贛匪事項。當赴衡州面呈何總司令。玆因匪部西移。張君奉 總司令命令。派赴廣西。與李白總副兩司令呈商會殲竄匪方略。以臻周密云。(國)

12. 张沛乾赴桂商剿匪方略，1934 年 11 月 27 日第 3 版

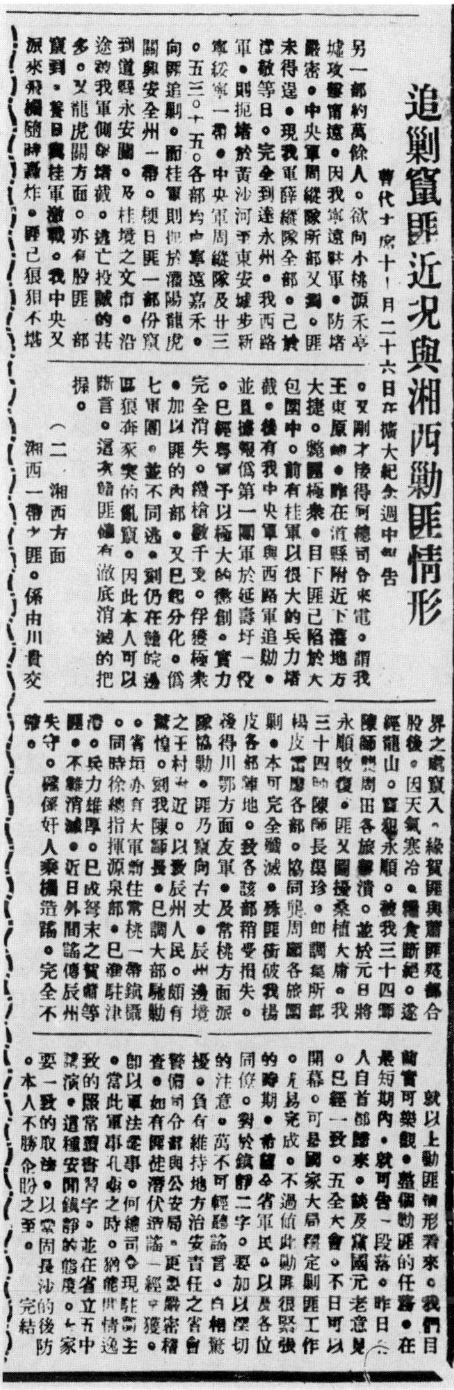

追剿竄匪近況與湘西剿匪情形

曹代主席十一月二十六日在擴大紀念週中報告

另一部約萬餘人。欲向小桃源禾亭墟攻擊寧遠。因我寧遠駐軍。防堵嚴密。中央軍周縱隊所部又到。匪未得逞。現我軍薛縱隊全部。已於漾敬等日。完全到達永州。我西路軍。則扼堵於黃沙河至東安城步新寧綏寧一帶。中央軍周縱隊及廿三。五三。十五。各部均向寧遠嘉禾。向匪追剿。而桂軍則扼於灌陽龍虎關興安全州一帶。梗日匪一部份竄到道縣永安關。及桂境之文市。沿途被我軍側擊堵截。逃亡投誠的甚多。又龍虎關方面。亦有股匪一部竄到。敬日與桂軍激戰。我中央又派來飛機隨時轟炸。匪已狼狽不堪。又剛才接得何總司令來電。謂我王東原師。昨在道縣附近下灌地方大捷。斃匪極衆。目下匪已陷於大包圍中。前有桂軍以很大的兵力堵截。後有我中央軍與西路軍追剿。並且據報偽第一團軍於延壽圩一役。已經粵軍予以極大的懲創。實力完全消失。繳槍數千支。俘獲極衆。加以匪的內部。又已起分化。偽七軍團。並不同逃。劉仍在贛皖邊區狼奔豕突的亂竄。因此本人可以斷言。這次赤匪確有徹底消滅的把握。

（二）湘西方面

湘西一帶之匪。係由川貴交界之處竄入。緣賀匪與蕭匪殘部合股後。因天氣寒冷。糧食斷絕。遂經龍山。竄擾永順。被我三十四師陳師熊周田各旅擊潰。並於元日將永順收復。匪又圖擾桑植大庸。我三十四師陳師長渠珍。即調集所部楊皮雷鄢各部。協同熊周團各旅團剿。本可完全殲滅。殊匪衝破我楊皮各部陣地。致各該部稍受損失。後得川鄂方面友軍。及常桃方面派隊協剿。匪乃竄向古丈。辰州邊境之王村附近。以致辰州人民。頗有驚惶。刻我陳師長。已調大部馳剿。省垣亦有大軍前往常桃一帶鎮懾。同時徐總指揮源泉部。已準駐津澧。兵力雄厚。已成弩末之賀蕭等匪。不難消滅。近日外間謠傳辰州失守。係保奸人乘機造謠。完全不確。

就以上剿匪情形看來。我們目前實可樂觀。整個剿匪的任務。在最短期內。就可告一段落。昨日六人自首都歸來。談及黨國元老意見。已經一致。五全大會。不日可以開幕。可見國家大局穩定。剿匪工作。尤易完成。不過值此剿匪很緊張的時期。希望全省軍民。以及各位同僚。對於鎮靜二字。要加以深切的注意。萬不可輕聽謠言。自相驚擾。負有維持地方治安責任之省會警備司令部與公安局。更要嚴密稽查。如有匪徒潛伏造謠。一經查獲。即以軍法從事。何總司令現駐衡主。當此軍事孔亟之時。猶能閒情逸致的照常讀書習字。並在省立五中講演。照這種安閒鎮靜的態度。大家要一致的取法。以鞏固長沙的後防。本人不勝企盼之至。完結

1/2

13. 追剿窜匪近况与湘西剿匪情形——曹代主席十一月二十六日在扩大纪念周中报告，1934 年 11 月 28 日第 3 版

追剿竄匪近況與湘西剿匪情形

曾代主席十一月二十六日在擴大紀念週中報告

另一部約萬餘人。欲向小桃源禾亭墟攻擊甯遠。因我甯遠駐軍。防堵嚴密。中央軍周縱隊所部又到。匪未得逞。現我軍薛縱隊全部。已於漾敬等日。完全到達永州。我西路軍。則扼堵於黃沙河至東安城步新甯綏甯一帶。中央軍周縱隊及廿三。五三〇十五〇各部均由寧遠嘉禾。向臨追剿。而桂軍則扼於灌陽龍虎關興安全州一帶。梗日匪一部份竄到道縣永安關。及桂境之文市。沿途被我軍側擊堵截。逃亡投誠的甚多。又龍虎關方面。亦有股匪 部竄到。養日與桂軍激戰。我中央又派來飛機隨時轟炸。匪已狼狽不堪。

又剛才接得何總司令來電。謂我王東原師。昨在道縣附近下灌地方大捷。斃匪極衆。目下匪已陷於大包圍中。前有桂軍以很大的兵力堵截。後有我中央軍與西路軍追勦。並且據報偽第一團軍於延壽圩一役。已經粵軍予以極大的懲創。實力完全消失。繳槍數千支。俘獲極衆。加以匪的內部。又已經分化。偽七軍團。並不同逃。劉仍在贛皖邊區狼奔豕突的亂竄。因此本人可以斷言。這次贛匪必有澈底消滅的把握。

（二）湘西方面

湘西一帶少匪。係由川貴交

（局部图 1）

界之竄竄入。緣賀匪與蕭匪殘部合股後。因天氣寒冷。糧食斷絕。遂經龍山。竄犯永順。被我三十四師陳師暨周田各旅擊潰。並於元日將永順收復。匪又圖擾桑植大庸。我三十四師陳師長渠珍。即調集所部楊皮雷隊各部。協同龔周顧各旅團剿。本可完全殲滅。殊匪衝破我楊皮各部陣地。致各該部稍受損失。後得川鄂方面友軍。及常桃方面派隊協勦。匪乃竄向古丈。辰州邊境之王村附近。以致辰州人民。頗有驚惶。劉我陳師長。已調大部馳勦。省垣亦有大軍前往常桃一帶鎮懾。同時徐總指揮源泉部。已准駐津滑。兵力雄厚。已成弩末之賀蕭等匪。不難消滅。近日外間謠傳辰州失守。係奸人乘機造謠。完全不確。

就以上勦匪情形看來。我們目前實可樂觀。整個勦匪的任務。在最短期內。就可告一段落。昨日人自首都歸來。談及黨國元老意見。已經一致。五全大會。不日可以開幕。可見國家大局穩定。剿匪工作。尤易完成。不過值此勦匪很緊張的時期。希望全省軍民。以及各位同僚。對於鎮靜二字。要加以深切的注意。萬不可輕聽謠言。自相驚擾。負有維持地方治安責任之省會警備司令部與公安局。更要嚴密稽查。如有匪徒潛伏造謠。一經查獲。即以軍法從事。何總司令現駐主。當此軍事孔亟之時。猶能閒情逸致的照常讀書習字。並在省立五中講演。這種安閒鎮靜的態度。大家要一致的取法。以鞏固長沙的後防。本人不勝企盼之至。完結

（局部图 2）

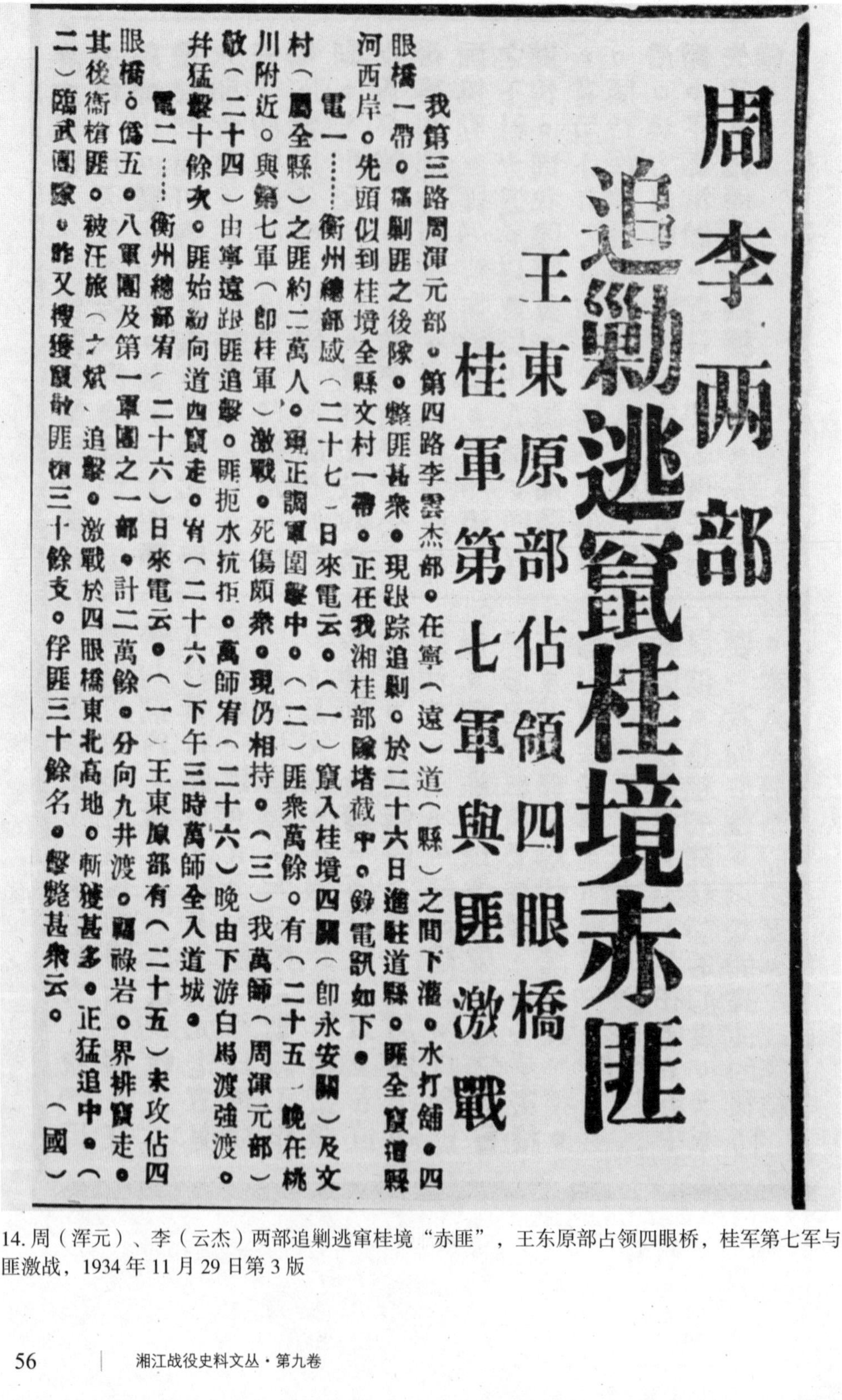

周李两部

追剿逃竄桂境赤匪

王東原部佔領四眼橋

桂軍第七軍與匪激戰

我第三路周渾元部。第四路李雲杰部。在寧（遠）道（縣）之間下灌。水打舖。四眼橋一帶。痛剿匪之後隊。斃匪甚衆。現跟踪追剿。於二十六日進駐道縣。匪全竄道縣河西岸。先頭似到桂境全縣文村一帶。正在我湘桂部隊堵截中。錄電訊如下。

電一……衡州總部感（二十七）日來電云。（一）竄入桂境四關（即永安關）及文村（屬全縣）之匪約二萬人。現正調軍圍擊中。（二）匪衆萬餘。有（二十五）晚在桃川附近。與第七軍（即桂軍）激戰。死傷頗衆。現仍相持。（三）我萬師（周渾元部）敬（二十四）由寧遠跟匪追擊。匪扼水抗拒。萬師宥（二十六）晚由下游白馬渡強渡。幷猛擊十餘次。匪始紛向道西竄走。宥（二十六）下午三時萬師全入道城。

電二……衡州總部宥（二十六）日來電云。（一）王東原部有（二十五）來攻佔四眼橋。偽五。八軍團及第一軍團之一部。計二萬餘。分向九井渡。麻祿岩。界排竄走。其後衛槍匪。被汪旅（之斌）追擊。激戰於四眼橋東北高地。斬獲甚多。正猛追中。（二）臨武團隊。昨又搜獲竄散匪槍三十餘支。俘匪三十餘名。擊斃甚衆云。（國）

14. 周（浑元）、李（云杰）两部追剿逃窜桂境“赤匪”，王东原部占领四眼桥，桂军第七军与匪激战，1934 年 11 月 29 日第 3 版

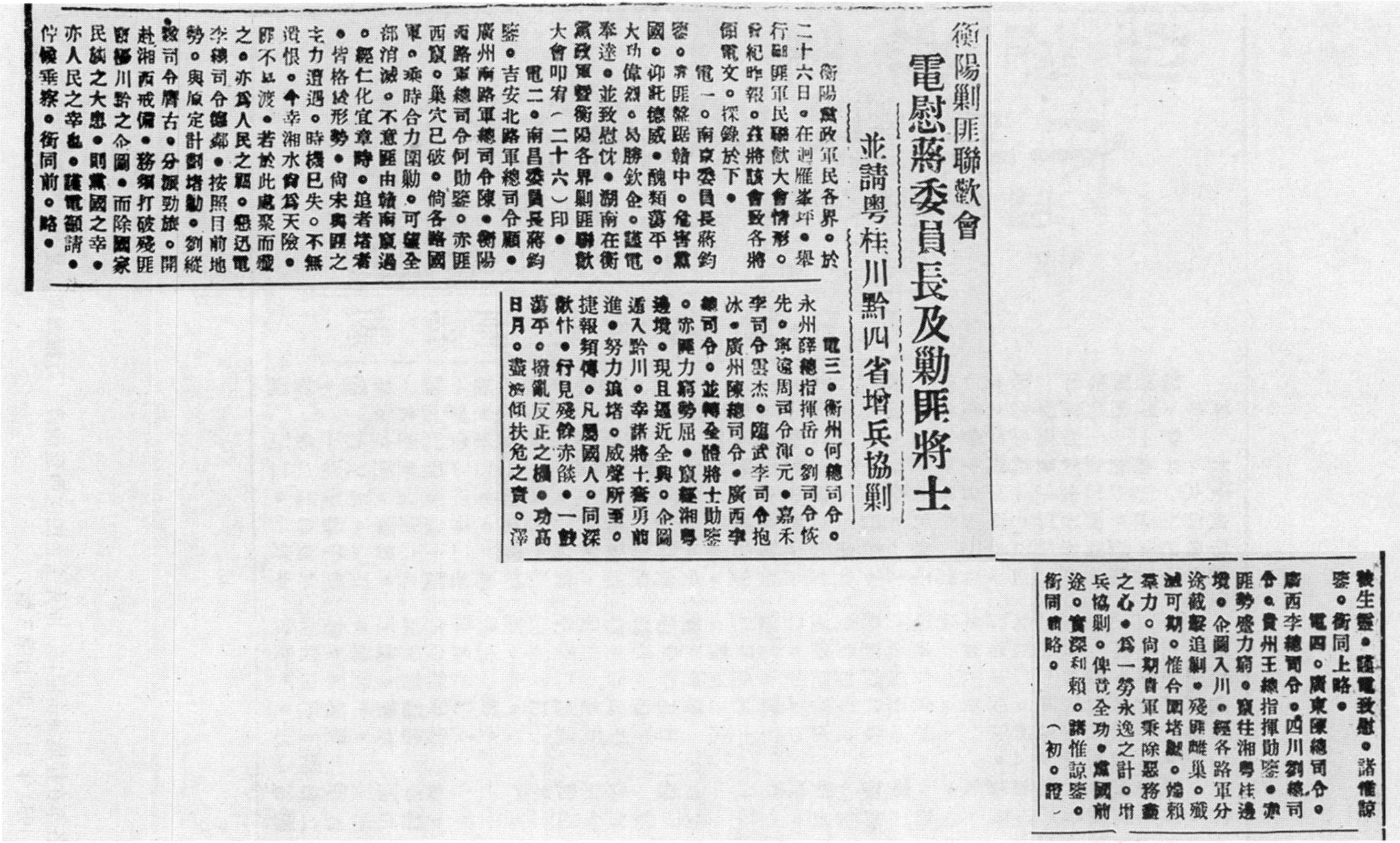

衡陽剿匪聯歡會
電慰蔣委員長及剿匪將士
並請粵桂川黔四省增兵協剿

衡陽黨政軍民各界。於二十六日。在迴雁峯坪。舉行剿匪軍民聯歡大會情形。已紀昨報。茲將該會致各將領電文。探錄於下。

電一。南京委員長蔣鈞鑒。赤匪盤踞贛中。危害黨國。仰託德威。醜類蕩平。大功偉烈。曷勝欽企。謹電奉達。並致慰忱。湖南在衡黨政軍暨衡陽各界剿匪聯歡大會叩宥（二十六）印。

電二。南昌委員長蔣鈞鑒。吉安北路軍總司令顧。廣州南路軍總司令陳。衡陽西路軍總司令何勛鑒。赤匪西竄。巢穴已破。倘各路國軍。乘時合力圍勦。可望全部消滅。不意匪由贛南竄過。經仁化宜章時。追者堵者。皆格於形勢。倘未與匪之主力遭遇。時機已失。不無遺恨。今幸湘水會為天險。匪不以渡。若於此處聚而殲之。亦為人民之福。懇迅電李總司令鄰。按照目前地勢。與原定計劃堵勦。劉縱隊司令膺古。分派勁旅。開赴湘西戒備。務須打破殘匪竄擾川黔之企圖。而除國家民族之大患。則黨國之幸。亦人民之幸也。謹電籲請。俯賜垂察。衡同前略。

電三。衡州何總司令。永州薛總指揮岳。劉司令恢先。寧遠周司令渾元。嘉禾李司令雲杰。臨武李司令抱冰。廣州陳總司令。廣西李總司令。並轉全體將士勛鑒。赤匪力竭勢屈。竄經湘粵邊境。現且逼近全興。企圖逼入黔川。幸諸將士奮勇前進。努力堵截。威聲所至。捷報頻傳。凡屬國人。同深歡忭。行見殘餘赤匪。一鼓蕩平。撥亂反正之機。功高日月。蓋濟傾扶危之責。澤被生靈。謹電致慰。諸惟諒鑒。衡同上略。

電四。廣東陳總司令。廣西李總司令。四川劉總司令。貴州王總指揮勛鑒。赤匪勢蹙力竭。竄往湘粵桂邊境。企圖入川。經各路軍分途截擊追勦。殘匪離巢。殲滅可期。惟合圍堵勦。端賴羣力。倘期會軍乘除惡務盡之心。為一勞永逸之計。增兵協剿。俾竟全功。黨國前途。實深利賴。諸惟諒鑒。衡同前略。（初。證）

15. 衡阳剿匪联欢会电慰蒋委员长及剿匪将士，并请粤桂川黔四省增兵协剿，1934 年 11 月 30 日第 3 版

陸空各軍在桂境痛擊匪部

匪先頭企圖向西延偷渡　萬耀煌師克復道縣詳情

白崇禧赴龍虎關督勦

贛匪經我周（渾元）李（雲杰）王（東原）各部。在寧（遠）道（縣）痛勦。贛匪甚衆。匪向桂境竄逃。我劉建緒所部第一路軍正嚴密堵截。錄前方來電如次。

電一……衡州總部儉（二十八日）電云。（一）本日空軍飛赴永安關至文村一帶偵炸。在西流地方見匪數千。正在午餐。投彈轟炸。斃匪無數。（二）匪先頭於宥（二十六）感（二十七）兩日。由全州興安之勾牌山。山頭上。米頭。四賽圩。沙子嶺。向西延灣。四版橋。企圖偷渡。後續部隊。經我章師（亮基）趕至。在路板舖。蔣村一帶截擊。斃匪甚多。（三）匪一部由永安關右邊。竄抵黃臘洞。宥（二十六日）午被我陳光中部擊。退、四、匪數千人。在文市架橋。被我側擊。將浮橋撤去圖逃。正迫攻中云云。

電二……第三路司令周渾元部萬師長耀煌。致該師駐長沙張處長光炎電云。本師於敬（二十四）日由寧遠城。向股匪攻擊。當日經天堂圩。柑子園。逐次與匪激戰。匪受痛創不支。於有（二十五）日退踞道縣城。沿河扼守。宥（二十六）日拂曉。我軍由下游白馬渡強行渡河。匪竟全力在月暈亭。韓村一帶高地頑強抵抗。我官兵猛衝十餘次。匪紛向道縣西南方向潰竄。本師遂於宥（二十六）日下午三時半完全克復道縣。現正跟追中。特先電聞云云。（國）

保安司令部昨通電云。（衡路）接劉軍長（建緒）宥戌電。（一）據唐團長季候電稱。宥午周司令（渾元）歐部佔領道縣。（二）全州陳司令恩元宥午電。桃川附近之匪。與桂七軍戰鬥激烈。新發現匪衆。白總指揮（崇禧）宥晨赴龍虎關督勦。（三）陳師長光中宥午電稱。派謝營將馬子岡黃臘洞之匪擊潰。右三項等語。特聞。代理全省保安司令李覺勘（二十八）未長參。（命）

16. 陆空各军在桂境痛击匪部，匪先头企图向西延偷渡，万耀煌师克复道县详情，白崇禧赴龙虎关督剿，1934 年 11 月 30 日第 3 版

劉建緒部推進全興截勦赤匪

章亮基師在路板舖與匪激戰
周渾元在壽佛圩擊潰匪後衛

中委會電慰何總司令

贛匪[illegible]偷渡河由文市向西延逃竄。已誌本報。茲昨前方來電云。

【衡州電】衡州總部艶（二十九）日來電云。（一）匪萬餘感（二十七）儉（二十八）在全[illegible]以西偸渡。我章師（亮基）在路板舖遭遇。激戰半日已擊潰。斬獲甚多。（二）文市二萬餘。儉（二十八）夜循蕭匪故道漏竄。我劉司令（建緒）所部。艶（二十九）辰。養圩名鹹水進勦。劉在激戰中。（三）周渾元部在壽佛圩。將匪後衛擊潰。匪向蔣家[illegible]竄走云云。

【全州電】全州來艶（二十九）電云。匪先頭萬餘。在麻子渡。屏山舖一帶。企圖渡過湘水。並出沒於路板舖。珠塘舖。沙子包。界首。（在全州。興安間）我章師先頭何旅（友[illegible]）巳在路板舖及汽車道兩側白茄屋佔領陣地。向該匪猛攻。激戰半日。將匪擊潰。斃[illegible]甚多。追至馬静山。帶子街。及汽車道北側。將匪截斷包圍痛勦云。（國）

又訊 陝西廖軍長磊。現率勁旅兩師。昨到下灌堵勦西竄之匪。將與我第一三兩路追勦軍聯絡圍勦。不難聚殲云。（夫）

中央執行委員會。昨電何追勦總司令鍵云。南昌蔣委員長。長沙何總司令並轉前方全體勦匪將士。赤匪肆虐。數載於茲。利用機緣。因以挫大。致贛閩川湘等省匪區人民。慘受浩劫。社會恒瘁。如臨大難。執事等乃整飭師干。熟籌偉略。運籌紮穩打之方策。以剿出沒驚竄之流寇。陣亦親臨。指揮若定。我全體勦匪將士膺命無間。見危思奮。效命前驅。屢易寒暑。遍歷巉巖瘴癘之區。殄除禍國殃民之匪。數月以來。名城迭克。捷報頻傳。全國忭慰。同人等得聞閩贛漸就肅清之報。尤致嘉慰。惟我將士為國犧牲之功。已肇撥亂反正之機。惟是餘匪竄湘桂。追勦尚須努力。川匪負嵎。諸待清勦。是不能不切望我全體將士奮戰勝之威。以解除國家之危害者也。專電致慰。即希勉旃。中國國民黨中央執行委員會全體委員同叩寢印。（一日）

17. 刘建绪部推进全（州）、兴（安）截剿“赤匪”，章亮基师在路板铺与匪激战，周浑元在寿佛圩击溃匪后卫，中委会电慰何总司令，1934 年 12 月 1 日第 3 版

劉建緒部在全興間剿匪大捷

匪一三五軍團傷亡近萬殘匪竄西延

繳獲匪槍六千餘機鎗迫炮四十餘挺

贛匪由全縣屬之文市，向興安屬之西延逃竄，我軍在全興汽車大道截獲其大部，包圍痛剿，曾誌本報。茲續將前方捷訊，探誌如下。

電一……衡州總部三十日來電云，頃接全州本日戌刻電話，三十日，我劉建緒部王（東原）陶（廣）李（覺）章（亮基）陳（光中）各師，全部與匪一三五軍團，在覺山。朱蘭舖，白沙舖一帶，自辰苦戰至酉，將匪全線擊潰，匪傷亡近萬，我軍傷亡亦衆。共繳匪槍六千餘支，機槍迫炮四十餘挺，爲剿匪以來未有之大捷，殘匪一部向西延方面竄走，現正尾追中云云。

電二……衡州總部艷（二十九）日來電云，（一）匪大部仍在四關頭文村湘濱水以東一帶地區，其一部於（二十七）日經全縣勾牌山，及山頭上，米頭一帶渡河，向沙子包，寨墟等處分竄，（二）章師（亮基）儉（二十八）宋在全縣以西之路板舖，沙子包，高車一帶與匪一部激戰至酉，將匪擊潰，斃匪三百餘，（三）李（雲杰）王（東原）兩師，已過茫水尾匪追剿，該路自篠（十七）起追匪激戰七次，先後斃匪二千餘，（四）空軍第二隊儉（二十八）午在文市附近，炸斃匪兵甚多，同時第三隊亦在市東之東流，發現匪約千餘，亦炸斃匪衆數百云。（國）

李雲杰部擊潰藍山竄匪經過

又總部巡察處訊，羅繼山有（二十五）日由嘉禾發來一電云，（衡路）勛鑒，此次竄湘股匪偽一三五七八九各軍團，經我陶（廣）王（東原）各師在汝宜郴良田一帶擊潰後，刪日竄距桂陽約五劃之五里橋，拐子亭一帶，適李軍長雲杰所部趕到，匪即轉經杜塘西兩中和墟方圓墟，太和墟，燕塘，向嘉禾西竄，銑早李軍以一部追至方圓墟，堵匪竄路，一部繞經中和墟，冷水舖，亥先頭到達嘉城時，匪軍大股，已竄至城東鍾水東岸，幸鍾水船隻，經嘉禾縣府先期徵擊，泊至西岸，匪不得渡，徘徊瞬息，李軍大部已陸續馳到，篠晨沿江東岸北，自仙人橋，南迄車頭橋，上下三十里，匪軍滿布，我李軍官兵，銳多嘉禾，地熟行速，布置敏捷，傍抄繞擊，衝勇異常，至巧日匪勢不支，由南鄉虎口渡竄往藍山，藍邑李軍長復分路南追，朱彭兩匪首，倉皇掩護其大股通過，更選率悍匪於藍境鼓舖，土橋墟，洪觀墟一帶扒抗，常以密隊向我衝鋒，我李軍擲彈最多，均扼險向匪猛擊，激戰四五晝夜，匪屍骸山積，傷者更多，養日我王師由宜章追匪趕到，即行增加，匪遂潰亂，經楠木墟，落山廟，祠堂墟，向寧遠兩鄉狼狽狂竄，總計前後，匪死傷約兩千以上，生俘送縣府轉解者，計二三百人，我李軍獲槍約千支以上，官兵死傷亦約百餘，漾日匪已竄向寧南，瀧，敬日我王師及李軍進佔下瀧，李軍長亦已前往指揮，現正向寧南聯絡各軍向匪圍剿，劉匪軍疲憊異常，饑疲自鳥，但匪軍所過，擄搶一空，瘡痍滿目，與龍衣離陟西竄，幾過百倍，撫綏賑濟，均難稍緩，現除協同縣府運濟軍食，解俘遞信，及飭各鄉區掩埋匪屍外，並分派團警，前往四鄉清查殘匪，幸均逐漸就緒，特電奉聞，總部巡警參議羅繼山叩，有（二十五）印。（發）

18. 刘建绪部在全（州）、兴（安）间剿匪大捷，匪一、三、五军团伤亡近万残匪窜西延，缴获匪枪六千余机枪迫炮四十余挺，李云杰部击溃蓝山窜匪经过，1934 年 12 月 2 日第 3 版

湘南已無股匪

劉建緒部入桂境追擊

李章兩師與匪在鹹水激戰

斃匪計二千餘獲槍千餘枝

桂軍夏威部擊潰新圩正面之匪

劉建緒部。在全（州）興（安）間之覺山。珠蘭舖。白沙舖一帶。截獲僞一三五軍團。奮力痛剿。匪部傷亡近萬。我各部獲槍六千餘支。曾誌本報。茲悉我軍乘勝追剿。又擊潰匪一部。聯絡桂軍包圍匪之一部。亦獲甚多。現正截斷全興大道。堵匪西竄。一面尾追殲永間之匪軍入桂。以期包圍聚殲。錄前方電訊如次。

電一……衡州總部卅電云。（一）全州至興安間。路距百七十里。我軍到達全州後。始偵知全興間無一守兵。桂軍備兵一團。在興安閉城固守。（二）劉司令建緒所部。儉（二十八）日在安興間珠塘舖擊潰匪之一部。斬獲頗多。艷（二十九）日在路板舖。與大股匪軍遭遇。激戰竟日。斬獲尤多。劉已推達鹹水附近。將企圖西竄之匪橫截。正激戰中。（三）我周司令渾元。李司令雲杰部。追擊匪後隊。已達永安關。文市之線。（均桂邊）（略）

電二……衡州總部東（一日）電云。（一）我劉總指揮建緒部李覺。暨章（亮基）師。及補充各團（成鐵俠。何平兩部）。本日追抵鹹水。蔴子渡與匪激戰。斃匪二千餘。獲槍千餘支。（二）蔴子渡與石塘圩之間。有匪四五千。我軍與桂軍正在圍剿中。（三）空軍轉向西延逃竄之匪。投彈炸斃無算。（四）周渾元。李雲杰兩路。躡匪追剿。已過蓮塘。俘匪獲槍近千云云。

電三……全州劉司令建緒東（一日）電云。（一）白副總司令電話云。我夏軍長（威）所部已將新圩當面之匪擊潰。劉追抵古頭嶺附近。與我蔴子渡章李各師。將石塘圩。界首匪軍六七團包圍繳械中。（二）匪一股由蔴子渡。界首竄處。渡過灕水。向西北竄逃。文市。界首間尚有匪大部企圖趾竄。正在我軍截剿中。（三）全州南。大肚嶺。白沙之匪一部。本日經我陶師鍾旅擊潰。頗多斬獲云。

電四……衡州總部卅電云。（一）空軍本日在蔴子渡。南石渡。馬鞍山。蓮塘。及文市至石塘圩。大嶺背各發現匪數千。當投彈。並開機槍掃射。斃匪甚多。（二）匪在山頭附近架游動浮橋四座。及全縣南循線塘附近浮橋五座。均經空軍投彈炸毀。斃匪多名。（三）周（渾元）李（雲杰）兩軍追匪抵文市。俘斃匪後衛千人。湘南已無股匪云云。（國二）

19. 湘南已无股匪，刘建绪部入桂境追击，李（觉）、章（亮基）两师与匪在咸水激战，毙匪计二千余获枪千余支，桂军夏威部击溃新圩正面之匪，1934 年 12 月 3 日第 3 版劉建緒部。在全（州）興（安）間之覺山。珠蘭舖。白沙舖一帶。截獲僞一三五軍團。奮力痛剿。匪部傷亡近萬。我各部獲槍六千餘支。曾誌本報。茲悉我軍乘勝追剿。又擊潰匪一部。聯絡桂軍包圍匪之一部。俘獲甚多。現正截斷全興大道。堵匪西竄。一面尾追殲永間之匪軍入桂。以期包圍聚殲。錄前方電訊如次。

電一……衡州總部卅電云。（一）全州至興安間。路距百七十里。我軍到達全州後。始偵知全興間無一守兵。桂軍僅兵一團。在興安閉城固守。（二）劉司令建緒所部。儉（二十八）日在安興間珠塘舖擊潰匪之一部。斬獲頗多。艶（二十九）日在路板舖。與大股匪軍遭遇。激戰竟日。斬獲尤多。劉已推達鹹水附近。將企圖西竄之匪橫截。正激戰中。（三）我周司令渾元。李司令雲杰部。追擊匪後隊。已達永安關。文市之線。（均桂邊）（路）

電二……衡州總部東（一日）電云。（一）我劉建緒部李覺。章（亮基）師。及補充各團（成鐵俠。何平兩部）。本日追抵鹹水。蔴子渡與匪激戰。斃匪二千餘。獲槍千餘支。（二）蔴子渡與石塘圩之間。有匪四五千。我軍與桂軍正在圍剿中。（三）空軍將向西延逃竄之匪。投彈炸斃無算。（四）周渾元。李雲杰兩路。躡匪追剿。已過達塘。俘匪獲槍近千云云。

電三……全州劉司令建緒東（一日）電云。（一）白副總司令電話云。我夏軍長（威）所部已將新圩當面之匪擊潰。劉追抵古頭嶺附近。與我蔴子渡章李各師。將石塘圩。界首匪軍六七團包圍繳械中。（二）匪一股由蔴子渡。界首等處。渡過灕水。向西北竄逃。文市。界首間尚有匪大部企圖跟竄。正在我軍截剿中。（三）全州南。大肚嶺。白沙之匪一部。本日經我陶師鍾旅擊潰。頗多斬獲云。

電四……衡州總部卅電云。（一）空軍本日在蔴子渡。南石渡。馬鞍山。蓮塘。及文市至石塘圩。大嶺背各發現匪數千。當投彈。並開機槍掃射。斃匪甚多。（二）匪在山頭附近架游動浮橋四座。及全縣南循鶴塘附近浮橋五座。均經空軍投彈炸毀。斃匪多名。（三）周（渾元）李（雲杰）兩軍追匪抵文市。俘斃匪後衛千人。湘南已無股匪云云。（國二）

（局部图）

我陸空軍大敗贛匪於全興間

劉建緒部擊潰蔴子渡方面股匪

斃匪甚衆俘匪三千解全州拍照

周渾元部擊潰股匪佔領文市

我劉建緒部。在全興間勦匪大捷。己誌連日本報。茲將昨日所得前方電訊誌後。

（一）劉司令建緒東（一日）由全州電云。李覺師率補充各團。及章亮基師大部。將鹹水方面之匪擊潰。追至蔴子渡。遇匪增援部隊。經我包圍痛勦。斃匪甚衆。俘匪三千餘。押解全縣拍照。

（二）空軍二三兩隊。本日在全興間興隆村。見匪五六百正在徒涉。炸斃殆盡。同日在鹹水。蔴子渡間炸斃數百。

（三）周渾元部萬耀煌師。艷（二十九）經永安關前進。在楊家灣。高明橋等處節節擊潰股匪千餘。斃匪各數百。獲槍百餘支。卅申佔領文市。現已過石頭嶺。蓮花塘西邊追勦中。

（四）匪大部昨經我劉司令部擊潰後。匪經鹹水向西延逃竄。鹹水以東石塘墟。尚有槍匪一部。正在圍剿中云。（國）

20. 我陆空军大败赣匪于全（州）、兴（安）间，刘建绪部击溃麻子渡方面股匪，毙匪甚众俘匪三千解全州拍照，周浑元部击溃股匪占领文市，1934 年 12 月 4 日第 3 版

全興間股匪已肅清

劉建緒部向西延追勦

章師在板橋舖斃匪千餘

贛匪竄到全（州）興（安）間之路板舖。覺山。蕨子渡。鹹水。石塘圩一帶。被我劉建緒部連日痛勦。偽斃匪兵近萬。奪槍六千餘支。俘匪三千餘名。均誌本報。茲悉全興間殘匪。經李（覺）章（亮基）各部。分途搜剿。同時我追剿部隊李雲杰。王東原各部亦到達全縣。與李章等師會合。已將全興間大榨江以東之股匪完全肅清。即日向西延方面逃匪追勦。務期消滅云。（國）

章亮基師長由全州來電云。衡路）在全州偸渡之匪。約二萬餘。自經我軍迎頭痛擊後。經板橋舖。狼狽潰竄。昨晨我派出之追勦部隊。又在途中大嶺將該匪痛挫。斃匪千餘名。偽匪無算。奪獲亦衆。匪偽團長。營長。連長。先後陣亡數名。實力損失甚鉅。已無戰鬥能力。不難一鼓根殲。又我在路板舖搜剿之部隊。連日擊斃殘匪百餘。擄匪偽機[illegible]數所。章亮基東（一日）印。（正）

21. 全（州）、兴（安）间股匪已肃清，刘建绪部向西延追剿，章师在板桥铺毙匪千余，1934年12月5日第3版

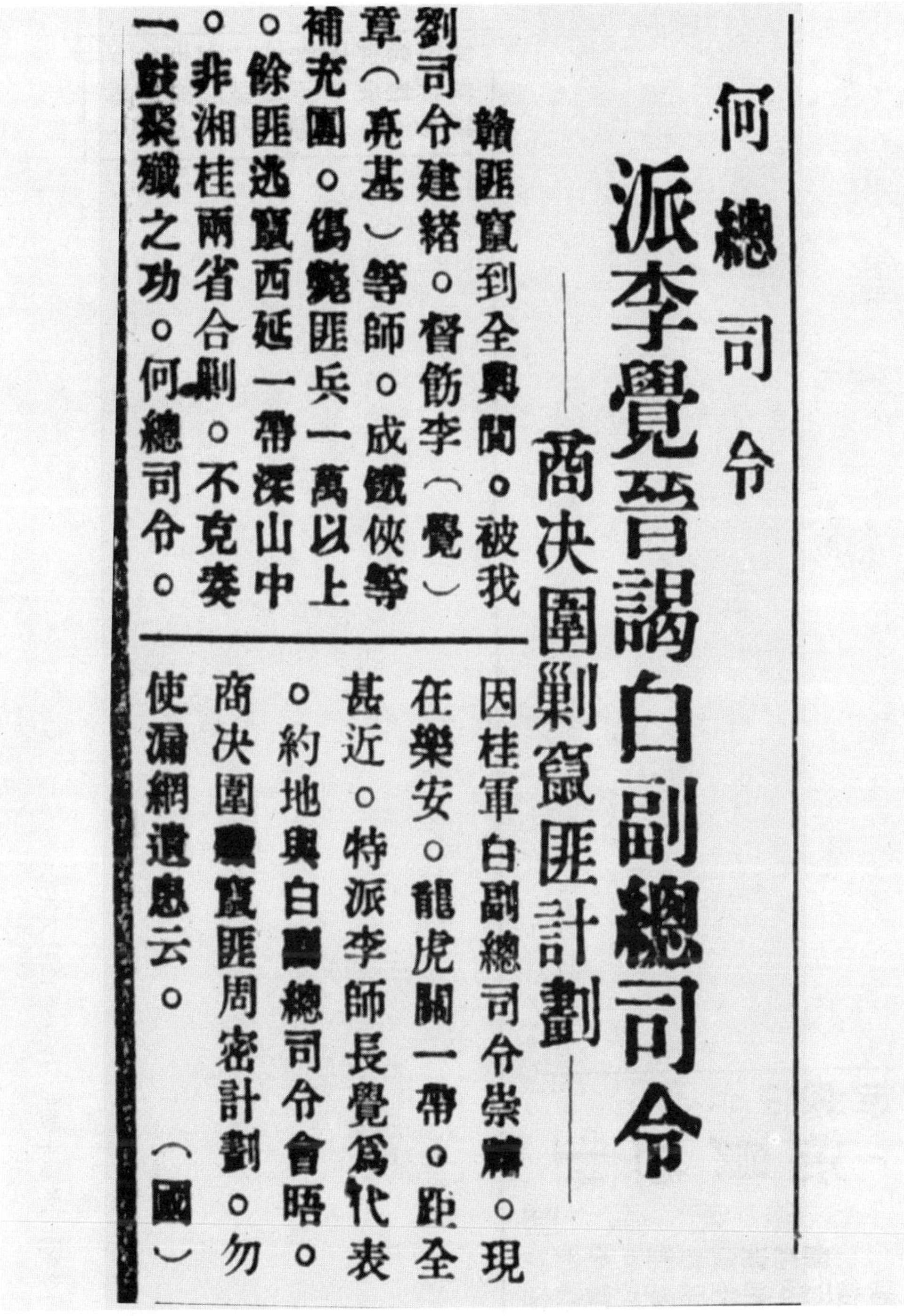

何總司令

派李覺晉謁白副總司令

——商決圍剿竄匪計劃——

贛匪竄到全興間。被我劉司令建緒。督飭李（覺）章（亮基）等師。成鐵俠等補充團。傷斃匪兵一萬以上。餘匪逃竄西延一帶深山中。非湘桂兩省合剿。不克奏一鼓聚殲之功。何總司令。因桂軍白副總司令崇禧。現在樂安。龍虎關一帶。距全甚近。特派李師長覺爲代表。約地與白副總司令會晤。商決圍剿竄匪周密計劃。勿使漏網遺患云。（國）

22. 何总司令派李觉晋谒白副总司令，商决围剿窜匪计划，1934 年 12 月 6 日第 3 版

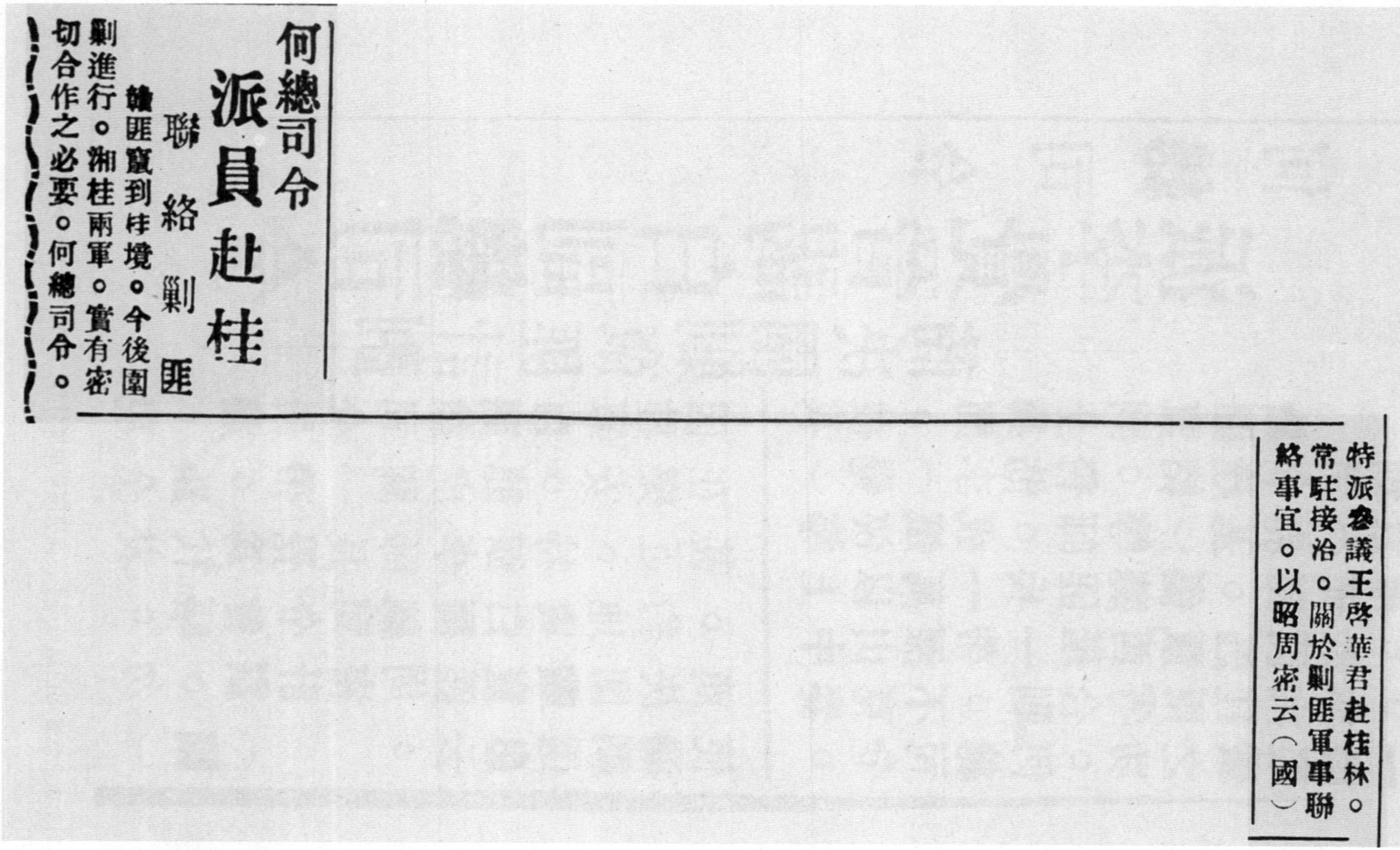

何總司令

派員赴桂

聯絡剿匪

贛匪竄到桂境。今後圍剿進行。湘桂兩軍。實有密切合作之必要。何總司令。特派參議王啓華君赴桂林。常駐接洽。關於剿匪軍事聯絡事宜。以昭周密云（國）

23. 何总司令派员赴桂联络剿匪，1934 年 12 月 7 日第 3 版

全興間擊潰之匪

潰竄桂湘邊深山中

劉建緒進駐武岡堵勦

追勦總部即移駐寶慶

在全興間擊潰之匪。現竄桂湘邊界深山中。湘桂兩軍。決分途堵截。錄前方軍訊如下。

電一……衡州總部五日來電云。(一)殘匪爲本路軍擊潰後。似已向龍勝(廣西縣名)城步方向大山中分竄。情形極爲狼狽。(二)第一兵團劉總指揮建緒。率補充三。四。五各團。支(四日)日經新寧附近。向武岡前進中。(三)陶廣師向梅溪口(桂邊與新寧交界處)方向追勦。沿途斬獲極多。(四)永明。汝城。道縣團隊。連日搜勦散匪。各獲槍數十支。斃匪數百。(五)據俘匪軍官供稱。匪此次經過湘境。實力損失極重。匪部傷亡確在二萬以上。對湘軍之窮追猛進。各縣團隊之蹤擊痛打。極具畏心。匪中有「四川雖好。湖南難闖」之謠。(六)空軍本日未發現大股匪。但沿途炸斃小股匪甚多。并散發傳單數萬分。

電二……全縣四日來電云。(一)萬師長耀煌進抵全縣。准微(五日)日繞出新寧方面。向西追進。截勦逃匪。務期消滅。(二)桂軍夏(威)部。已與我軍聯絡。向匪追勦。沿途繳獲散槍甚多云。(國)

又訊。贛匪西竄桂境。仍圖入黔。湘南各地已無股匪。何總司令。爲便利指揮各部。向桂邊堵勦。并與黔桂各軍。合圍殘匪。勿使再竄湘西黔境起見。決擬二三日內率總部全體員兵移駐寶慶。並派副官處上校校官王先業。率同一部分員兵。於五日由衡赴寶。布置一切。俾便到寶辦公云。(國)

24. 全（州）、兴（安）间击溃之匪溃窜桂湘边深山中，刘建绪进驻武冈堵剿，追剿总部即移驻宝庆，1934 年 12 月 7 日第 3 版

土匪行渡河西竄的原因

——與挽救的方法——

何總司令在衡州對南昌行營剿匪宣傳隊訓話

桂軍見土匪其犯恭城平樂。乃急放棄全州興安灌陽四關防務。將主力盡移恭城平樂之綫。調虎離山之計已售。因而急竄渡河。致我在湘灕二水殲滅土匪之計劃。不能實現。當我們得桂軍向後方移動的消息。我想法子去救濟。我叫劉司令星夜向全州推進。二十八日晚間。我們已有一師兵力到達全州。當晚就在距全州三十里河西地方。發現匪蹤。當初還以爲是少數。等到第二天打聽。才曉得土匪大部已過河了。土匪所以過這樣快。是因爲沒有遭到絲毫抵抗。在興安過的時候。興安城裏只有一團人。閉城而守。所以土匪很快就過了。昨天我們章師打得很好。打了一個很大的勝仗。今天李師又趕上猛攻。現在還在激戰。現在說要在湘灕二水以東。把土匪全部消滅。已是不可能了。消滅一大部是可能的。以後呢。我們還是要想一個方法去挽救。現在一面叫劉司令督部截擊。使土匪竄散。同時消滅他一部份。一面叫薛總指揮向新寧城步武岡一帶急進。會合我十九師先已在當地布防的軍隊堵截。不過要覺得困難一點。因爲那些地方。行軍極爲不便。尤其梅溪口西延一帶難走。要是我們走在土匪的前面還好些。要是在土匪後面來追。那就更困難了。以後湘西的地方。極關重要。因爲以前沒有好多預備。人民亦定是恐慌。有各位去到那邊工作。那人心一定可安定。不過有一件事。請各位留心。（未完）

1/2

25. 土匪行渡河西窜的原因与挽救的方法——何总司令在衡州对南昌行营剿匪宣传队训话，1934 年 12 月 7 日第 3 版

土匪行渡河西竄的原因

——與挽救的方法——

何總司令在衡州對南昌行營剿匪宣傳隊訓話

桂軍見土匪其犯恭城平樂。乃急放棄全州興安灌陽四關防務。將主力盡移恭城平樂之綫。調虎離山之計已售。因而急竄渡河。致我在湘灕二水殲滅土匪之計劃。不能實現。當我們得桂軍向後方移動的消息。我想法子去救濟。我叫劉司令星夜向全州推進。二十八日晚間。我們已有一師兵力到達全州。當晚就在距全州三十里河西地方。發現匪踪。當初還以爲是少數。等到第二天打聽。才曉得土匪大部已過河了。土匪所以過這樣快。是因爲沒有遭到絲毫抵抗。在興安過的時候

（局部图 1）

。興安城裏只有一團人。閉城而守。所以土匪很快就過了。昨天我們章師打得很好。打了一個很大的勝仗。今天李師又趕上猛攻。現在還在激戰。現在說要在湘瀟二水以東。把土匪全部消滅。已是不可能了。消滅一大部是可能的。以後呢。我們還是要想一個方法去挽救。現在一面叫劉司令督部截擊。使土匪竄散。同時消滅他一部份。一面叫薛總指揮與新寧城步武岡一帶急進

。會合我十九師先已在當地布防的軍隊堵截。不過要覺得困難一點。因為那些地方。行軍極為不便。尤其梅溪口西延一帶難走。要是我們走在土匪的前面還好些。要是在土匪後面來追。那就更困難了。以後湘西的地方。極關重要。因為以前沒有好多預備。人民亦定是恐慌。有各位去到那邊工作。那人心一定可安定。不過有一件事。請各位留心。（未完）

（局部图 2）

贛匪大部竄過西延

劉總指揮移駐武岡督剿

各部布防新寗城步截擊

王家烈率部出發鎮遠防剿

贛匪大部。竄過西延後。仍向西北竄走。其大股現到靈川（北）（桂省縣名）城步（南）間之兩渡橋。正西向龍勝縣境進竄。一小部現到城步邊界之黃龍。白洞一帶。係向西北竄走。我湘桂各軍正分途合剿。錄衡州來電如下。（一）殘匪大部。由西延越西南苗兒山。土岡岑向龍勝西竄。先頭竄到兩渡橋附近。一部向城步方向竄走。我軍正分途追剿。匪沿途損失極重。（二）劉總指揮建緒。已抵武岡。指揮所部。猛攻桂邊殘匪。我某師已抵城步。某師亦抵新寧。截擊西竄之匪。陶師尾追殘匪。連日均獲勝利。頗多斬獲。（三）連日前方俘虜。數達三千以上。我軍因迭獲勝利。士氣極爲振奮。（四）蕭賀率匪大部向永順回竄。惟大庸一帶。尚有殘匪。我軍已進駐溪口。卽向殘匪總攻。（五）我空軍在土岡岑。兩渡橋等處。投彈數十枚。斃匪極衆。並繼續散發勸降傳單數萬份。（國）

第一兵團總指揮劉建緒。昨電李代保安司令云。（衡略）匪既遠竄。可卽率陳旅及補充一二兩團長。回湘南辦理綏靖。劉建緒魚（六日）晨參機印。（命）

十六師師長章亮基由全州來電云。（衡略）逃竄西延股匪。經我湘桂大軍。四面夾擊。連日追剿。先後激戰數次。被我軍及桂軍夏（威）部在西延附近石塘墟蓮花塘等處。擊斃匪兵二千餘名。傷匪無算。奪獲亦多。殘匪分向車田哪吒山等處潰竄。現合圍之勢已成。不難於短期內一鼓殲滅也。章亮基微（五）印。

黔省主席王家烈。昨魚（六日）電來湘云。（衡略）贛匪西竄。企圖經湘桂邊境。由黔入川。完成其赤化川（四川）甘（甘肅）新疆。與蘇俄聯絡。打通所謂國際路綫迷夢。凡我軍民。莫不髮指。家烈爲國家存亡。全黔安危起見。定於齊（本日）日率部出發鎮遠。防堵西竄股匪。務望湘桂友軍分道堵剿。毋使漏網等語。（月旦）

26. 赣匪大部窜过西延，刘总指挥移驻武冈督剿，各部防新宁、城步截击，王家烈率部出发镇远防剿，1934 年 12 月 8 日第 3 版

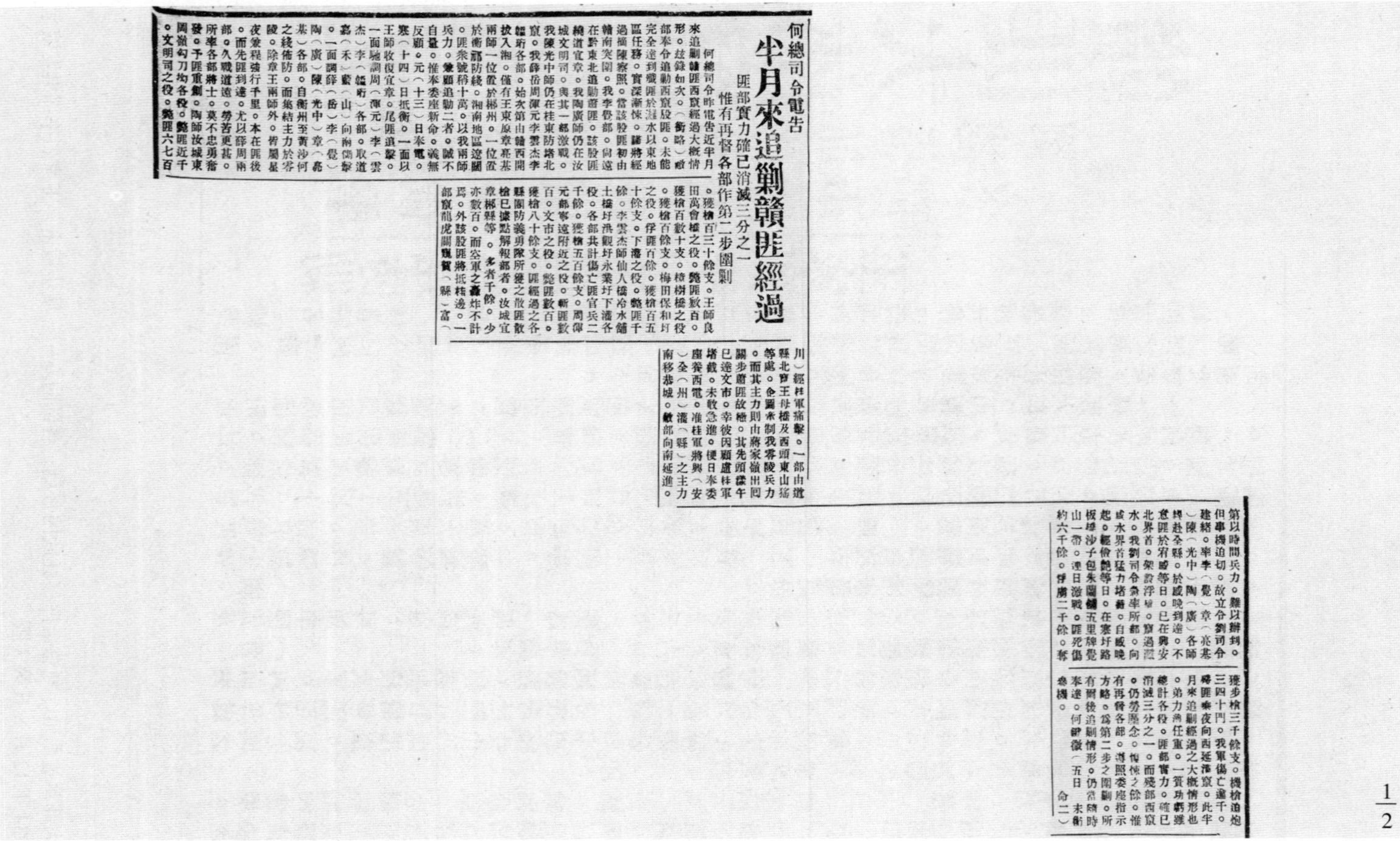

何總司令電告
半月來追剿贛匪經過
匪部實力確已消滅三分之一
惟有再督各部作第二步圍剿

27. 何总司令电告半月来追剿赣匪经过，匪部实力确已消灭三分之一，惟有再督各部作第二步围剿，1934 年 12 月 8 日第 3 版

何總司令電告

半月來追剿贛匪經過

匪部實力確已消滅三分之一

惟有再督各部作第二步圍剿

何總司令昨電告近半月來追剿贛匪西竄經過大概情形。茲錄如次。（銜略）敝部奉令追剿西竄股匪。未能完全達到殲匪於遂水以東地區任務。實深慚悚。謹將經過縷陳察照。當該股匪初由贛南突圍。我李覺部。尚遂在黔東北追剿蕭匪。該股匪取道宜章。我陶廣師仍在汝城文明司。與其一部激戰。我陳光中師仍在桂東防堵北竄。我薛岳周渾元李雲杰李韞珩各部。始次第由贛西開拔入湘。僅有王東原章亮基兩師一位置於郴州。一位置於衡耒防綫。湘南地區遼闊。匪衆號稱十萬。以我兩師兵力。兼顧追剿二者。誠不自量。惟奉委座新命。義無反顧。元（十三）日奉電。寒（十四）日抵衡。一面以王師收復宜章。尾匪追擊。一面號調周（渾元）李（雲杰）李（韞珩）各部。取道嘉（禾）藍（山）向郴側擊。一面調薛（岳）李（覺）陶（廣）陳（光中）章（亮基）各部。自衡州至黃沙河之綫佈防。而集結主力於零陵。除章王兩師外。皆屬星夜兼程強行千里。本在匪後。而先匪到達。尤以薛周兩部。久戰道遠。勞苦更甚。所幸各部將士。莫不忠勇奮發。予匪重創。陶師汝城東閩嶺岣刀均各役。殲匪近千。文明司之役。殲匪六七百。獲槍百三十餘支。王師良田萬會橋之役。殲匪數百。獲槍百數十支。樟樹橋之役。獲槍百餘支。梅田保和圩之役。俘匪百餘。獲槍百五十餘支。下灘之役。殲匪千餘。李雲杰師仙人橋冷水舖土橋圩洪觀圩永業圩下灘各役。各部共計傷亡匪官兵二千餘。獲槍五百餘支。周（渾元）部寧遠附近之役。斬匪數百。文市之役。殲匪數百。獲槍八十餘支。匪經過之各縣團防義勇隊所獲之散匪數槍已據點解報部者。汝城宜章郴縣等。多者千餘。少亦數百。而空軍之轟炸不計匪。外該股匪將抵桂邊。一部竄龍虎關竄賀（縣）富（川）經桂軍猛擊。一部由道縣北野王咁猺及西頭東山猺等處。企圖牽制我零殿兵力。而其主力則由蔣家嶺出同關。步蕭匪故轍。其先頭寒午已達文市。幸彼因顧慮桂軍堵截。未敢急進。刪日奉委座電西竄。准桂軍將興（安）全（州）灌（縣）之主力南移恭城。該部向南延進。

（局部图1）

第以時間兵力。難以辦到。但事機迫切。故立令劉司令建緒。率李（覺）章（亮基）陳（光中）陶（廣）各師程赴全縣。於感晚到達。不意匪於宥感等日。已在興安北界首。架設浮橋。竄過灕水。我劉司令親率所部。向咸水界首猛力堵截。自感晚起。經儉艶等日。在寨圩路板橋沙子包朱蘭鋪五里牌覺山一帶。連日激戰。匪死傷約六千餘。俘虜二千餘。奪獲步槍三千餘支。機槍迫炮三四十門。我軍傷亡逾千。殘匪乘夜向西延潛竄。此半月來追剿經過之大概情形也。弟力微任重。一簣功虧。雖總計各役。匪部實力。確已消滅三分之一。而殘部西竄。仍勞廑念。愧悚之餘。惟有再督各部。遵照委座指示方略。爲第二步之圍剿。所有爾後追剿情形。仍當隨時奉達。何鍵微（五日 未銜叅機。 命二）

（局部图2）

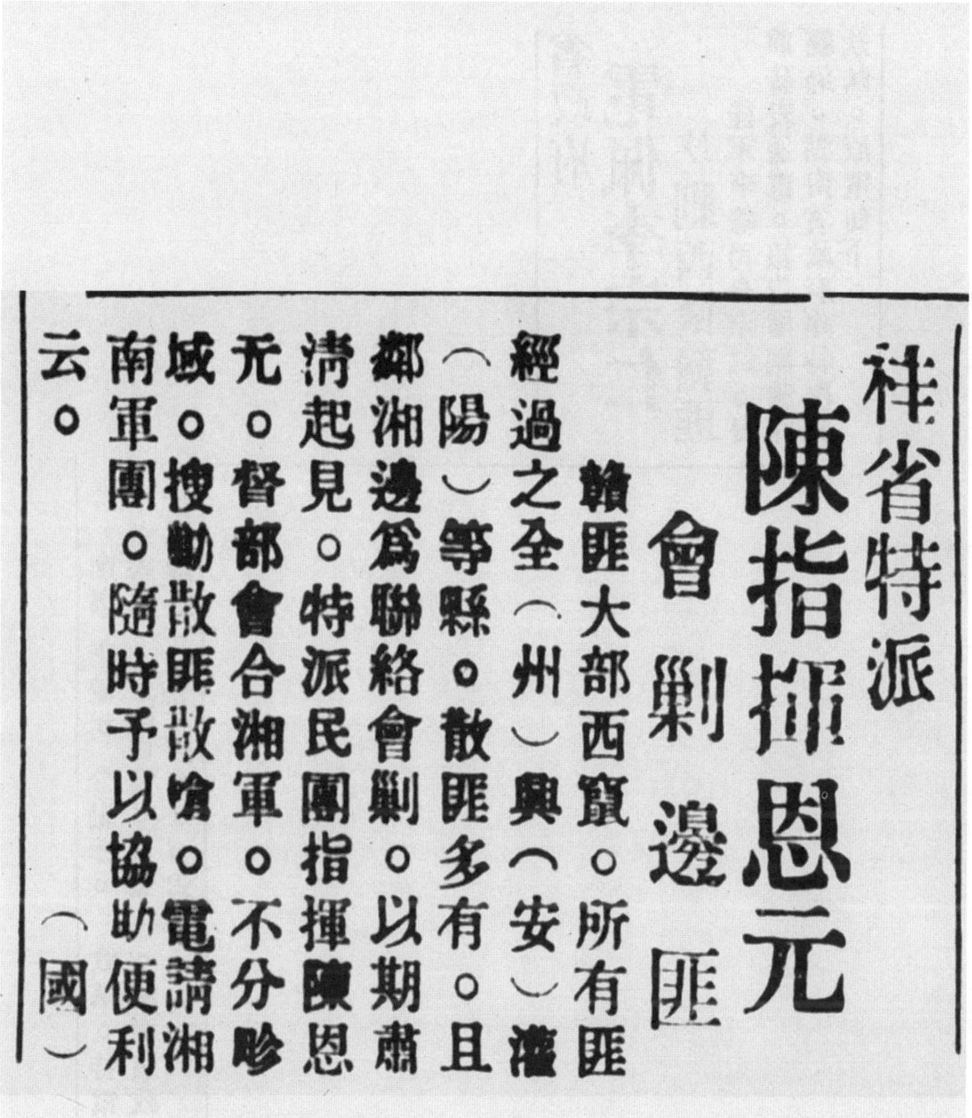

桂省特派
陳指揮恩元
會剿邊匪

贛匪大部西竄。所有匪經過之全（州）與（安）灌（陽）等縣。散匪多有。且鄰湘邊爲聯絡會剿。以期肅清起見。特派民團指揮陳恩元。督部會合湘軍。不分畛域。搜勦散匪散嗆。電請湘南軍團。隨時予以協助便利云。（國）

28. 桂省特派陈指挥恩元会剿边匪，1934 年 12 月 9 日第 3 版

省政府電佩李宗仁
堵剿西竄贛匪

桂軍李總司令宗仁。日前發表通電。報告堵剿贛匪經過。湖南省政府昨特覆電欽佩。原電如下。

南寧李總司令勛鑒。全電奉悉。贛匪西竄。貴軍奮勇堵剿。迭著勛勞。至爲欽佩。特電佈覆。敬頌勛祺。湖南省政府叩齊印（八日、湖）。

29. 省政府电佩李宗仁堵剿西窜赣匪，1934 年 12 月 9 日第 3 版

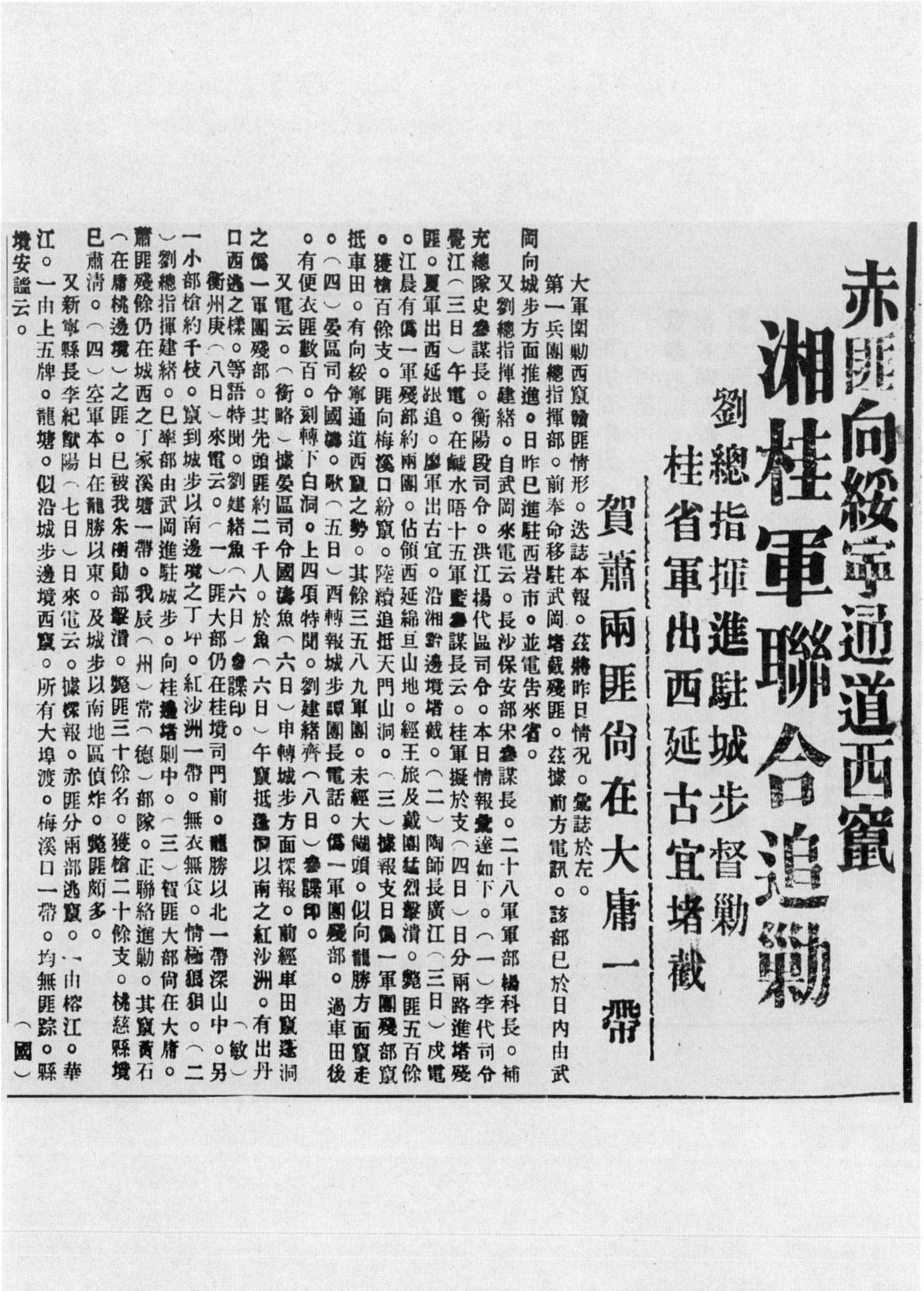

赤匪向綏寗通道西竄

湘桂軍聯合追勦

劉總指揮進駐城步督勦

桂省軍出西延古宜堵截

賀蕭兩匪尚在大庸一帶

大軍圍勦西竄贛匪情形。迭誌本報。茲將昨日情況。彙誌於左。第一兵團總指揮部。前奉命移駐武岡堵截殘匪。茲據前方電訊。該部已於日內由武岡向城步方面推進。日昨已進駐西岩市。並電告來省。又劉總指揮建緒。自武岡來電云。長沙保安部宋參謀長。二十八軍軍部楊科長。補充總隊史參謀長。衡陽段司令。洪江楊代區司令。本日情報彙達如下。（一）李代司令覺江（三日）午電。在鹹水唔十五軍監參謀長云。桂軍擬於支（四日）日分兩路進堵殘匪。夏軍出西延跟追。廖軍出古宜。沿湘黔邊境堵截。（二）陶師長廣江（三日）戌電。江晨有僞一軍殘部約兩團。佔領西延綿亘山地。經王旅及戴團猛烈擊潰。斃匪五百餘。獲槍百餘支。匪向梅溪口紛竄。陸續追抵天門山洞。（三）據報支日僞一軍團殘部竄抵車田。有向綏寗通道西竄之勢。其餘三五八九軍團。未經大鯛頭。似向龍勝方面竄走。（四）晏區司令國濤。歌（五日）西轉報城步譚團長電話。僞一軍團殘部。過車田後。有便衣匪數百。刻轉下白洞。上四項特聞。劉建緒齊（八日）參謀印。又電云。（衡略）據晏區司令國濤魚（六日）申轉城步方面探報。前經車田竄逢洞之僞一軍團殘部。其先頭匪約二千人。於魚（六日）午竄抵逢洞以南之紅沙洲。有出丹口西逃之樣。等語特聞。劉建緒魚（六日）參謀印。（敏）衡州庚（八日）來電云。（一）匪大部仍在桂境司門前。龍勝以北一帶深山中。另一小部槍約千枝。竄到城步以南邊境之丁坪。紅沙洲一帶。無衣無食。情極狼狽。（二）劉總指揮建緒。已率部由武岡進駐城步。向桂邊堵剿中。（三）賀匪大部尚在大庸。蕭匪殘餘仍在城西之丁家溪塘一帶。我辰（州）常（德）部隊。正聯絡進勦。其竄黃石（在庸桃邊境）之匪。已被我朱團勛部擊潰。斃匪三十餘名。獲槍二十餘支。桃慈縣境已肅清。（四）空軍本日在龍勝以東。及城步以南地區偵炸。斃匪頗多。又新寗縣長李紀猷陽（七日）日來電云。據探報。赤匪分兩部逃竄。一由榕江。華江。一由上五牌。龍塘。似沿城步邊境西竄。所有大埠渡。梅溪口一帶。均無匪踪。縣境安謐云。（國）

30.“赤匪”向绥宁、通道西窜，湘桂军联合追剿，刘总指挥进驻城步督剿，桂省军出西延、古宜堵截，贺（龙）、萧（克）两匪尚在大庸一带，1934 年 12 月 10 日第 3 版

追剿總部

本日移駐寶慶

我軍破獲匪婦女隊及赤俄四名
電令湘南各縣搜查散槍散匪

追剿總司令部。移駐寶慶。以便指揮各部。進剿竄匪。其前站係四日由衡開寶。玆已籌備就緒。昨十號。由鄭參謀處長兆熙。率各處職員一大部份開往寶慶。鄭處長並順道到省呈報一切。所餘員兵。概定本日十一號。由郭參謀長持平率開寶慶。昨已電知各方矣。（國）

我劉建緒部。前在全興大道蔴子渡。鹹水一帶。截斷匪後衛隊。斬獲甚衆。曾誌本報。玆昨永州來電報稱。有槍匪一股。因被我軍橫斷。首尾不能相顧。乃竄匿道（縣）零（陵）全（縣）交界之東山猺內。現經我軍搜獲。繳槍數百。內有赤俄四名。匪婦女隊百餘。恐有匪首混迹。現正清查中云。（國）

何總司令以此次股匪西竄。經過湘南雖經我大軍沿途截擊追剿。大股漏竄而零星散匪。遺落不少。昨特電令湘南各縣團隊與縣長。負責清剿搜查散槍。並於各要道。多設盤查哨。切實檢查。嚴防匪類隱匿或兔脫。以除隱患。而靖地方云。（夫）

又訊。湘南各縣殘匪。經李保安司令（覺波）電令段區司令（珩）負責清剿外。玆謀迅予肅清以安閭閻起見。特加派成鐵俠部及陳子賢旅。共同清剿。限期肅清云。（命）

31. 追剿总部本日移驻宝庆，我军破获匪妇女队及“赤俄”四名，电令湘南各县搜查散枪散匪，1934 年 12 月 11 日第 3 版

贛匪大部竄綏通間

湘桂軍正會同追勦

白崇禧電告前方匪情

贛匪三五八九軍團。由西延西竄。經龍勝桂邊猫山。竄到綏寧。通道一帶。匪一軍團。則沿桂湘邊境西北竄。現經城步以南到城綏之間。我湘桂軍正會同進勦。分錄前方電訊如次。

電一……衡州蒸（十日）電云。（一）匪主力。尚在龍勝東北越城岺。金坑一帶。一部由城步以南之紅沙洲。向長安營方面西竄。東山猺附近。遺留殘匪千餘。向四關方面回竄。我軍正分別堵追。不難殲滅。（二）空軍本日。在城步西南橫水寨以西大山。發現匪二三千人。當即投彈。斃匪甚多。

電二……靖縣來電云。匪先頭一部。由桂邊龍勝。蒸（十日）竄通道東南之牙屯堡。及綏（寧）通（道）間之青蕪洲一帶。其在城步之匪。全向長安營西竄。我軍正集中堵勦云云。

電三……興安白副總司令崇禧佳（九日）電云。敝部夏軍（威）已將興安屬王隘。中洞等處之匪擊破。向口口追勦。廖軍（磊）已將龍勝河口。馬蹄街之匪擊破。向口口口追擊。前後俘匪。在興安一處已過三千。其餘各處尚未詳計。俘虜衣帽均有紅邊。係爲匪之基本部隊云云。（國）

32. 赣匪大部窜绥（宁）、通（道）间，湘桂军正会同追剿，白崇禧电告前方匪情，1934 年 12 月 12 日第 3 版

追勦竄匪經過與湘西最近匪况

……何主席十二月十日在擴大紀念週中報告……

查匪部實力號稱一五八九等軍團人數。雖無精確的統計。大概約有十萬左右。由粵邊竄入湘境時。沿途損失約萬餘人。由湘竄入桂境時。又損失數萬。如陶（廣）師於汝城東岡嶺𠀤刀均文明司等役。王（東原）師良田萬會橋樟樹橋梅田堡和圩下灌各役。李（雲杰）師於仙人橋冷水舖土橋圩洪觀圩永業圩下灌各役。周（渾元）部於寧遠附近各役。擊斃匪之官兵。繳獲槍支。多則一二千。少亦數百或數十。其他如汝城宜章郴縣藍山嘉禾臨武各縣。陸續報解行營。多者一二千人。少亦數十百人不等。均有確數可查。股匪竄入桂境之後。因見瀟水一帶。屯有重兵。無法竄過。乃以一部份約萬餘人。向龍虎關灌陽以南潰竄。廣西方面兵力不多。防區過廣。事實上未能處處布防。同時我追剿的部隊。又係遠道追踪追擊。不能兼顧。前面的堵截。因此匪之大部。遂因桂境前面無堵的原因。乘虛渡河。如是在瀟水以東地區殲匪的計劃。未能完成。僅在全興之間。消滅匪之一部。最近在廣西境內。如二三百或數十槍之散匪。被各地軍團繳械俘獲者甚多。其在東山猺與零道間之一股約千餘人。並有俄國人四人在內。昨接廣西方面電告。已將其擊破。又竄入道縣邊境。現正圍剿中。股匪大部。是上月二十六日。乘虛竄渡。我劉總指揮（建緒）所部。係二十七日趕到全州。立即猛追。計二十九日三十日與本月一二等日作戰極烈。匪部死傷六千餘人。俘獲極衆。總計匪部目下所存者。至多不過六萬人了。並據俘虜供稱。匪之無力作戰。係因多屬新兵。因匪在江西出竄之先。追征兵五萬人。結果僅徵得三四萬人。現在無論老兵新兵多已拖得疲癃殘疾。而且脚多走爛。故人數雖多。並無作戰能力。乃覺未能依照計劃。乘此聚殲。眞是多麼一件抱慚的事。本人接得匪已竄渡消息時。乃很迅速的令劉（建緒）部急轉新寧城步。薛（岳）部急轉武岡一帶堵截。另以陶（廣）部向西延梅溪城步尾追。再作第二次的圍剿。同時廣西方面。亦派有兩師兵力。向龍勝追剿。現在匪因桂湘邊區。目下四處均有軍隊包圍堵截。不易竄脫。乃由平日人跡罕到之猺山內繞竄。所以在前二三天我方飛機偵查匪踪不着。就是匪部隱在猺山內。繞竄的緣故。昨接廣西白總指揮電告。現匪已由猺山竄至龍勝以北。綏寧通道以南的地方。又今早據報。匪已竄抵綏（寧）通（道）邊境。我軍目下已拚命的趕到匪的前面堵截。我軍既負追剿之責。今同時又要兼堵截之任。輾轉奔馳。不無疲勞。必須前面有軍堵截。以遲匪的行踪。則我追剿的部隊。才易達到殲匪的任務。尤其是在猺山內去追剿。我軍糧食上更感困難。因爲我們軍隊人數太多。猺山內糧食甚少。（未完）

1/2

33. 追剿窜匪经过与湘西最近匪况——何主席十二月十日在扩大纪念周中报告，1934 年 12 月 12 日第 3 版

追剿竄匪經過與湘西最近匪況

……何主席十二月十日在擴大紀念週中報告……

查匪部實力號稱一五八九等軍團人數。雖無精確的統計。大概約有十萬左右。由粵邊竄入湘境時。沿途損失約萬餘人。由湘竄入桂境時。又損失數萬。如陶（廣）師於汝城東岡嶺马刀均文明司等役。王（東原）師良田萬會橋樟樹橋梅田堡和圩下灘各役。李（雲杰）師於仙人橋冷水舖土橋圩洪觀圩永業圩下灘各役。周（渾元）部於寧遠附近各役。擊斃匪之官兵。繳獲槍支。多則一二千。少亦數百或數十。其他如汝城宜章郴縣藍山嘉禾臨武各縣。陸續報解俘虜。多者一二千人。少亦數十百人不等。均有確數可查。股匪竄入桂境之後。因見灘水一帶。屯有重兵。無法竄過。乃以一部份約萬餘人。向龍虎關灌陽以南潰竄。廣西方面兵力不多。防區過廣。事實上未能處處布防。同時我追剿的部隊。又係遠道躡踪追擊。不能兼顧。前面的堵截。因此匪之大部。遂因桂境前面無堵的原因。乘虛渡河。如是在灘水以東地區殲匪的計劃。未能完成。僅在全興之間。消滅匪之一部。最近在廣西境內。如二三百或數十槍之散匪。被各地軍團繳械俘獲者甚多。其在東山猺與零道間之一股約千餘人。並有俄國人四人在內。昨接廣西方面電告。已將其擊破。又竄入道縣邊境。現正圍剿中。股匪大

（局部图 1）

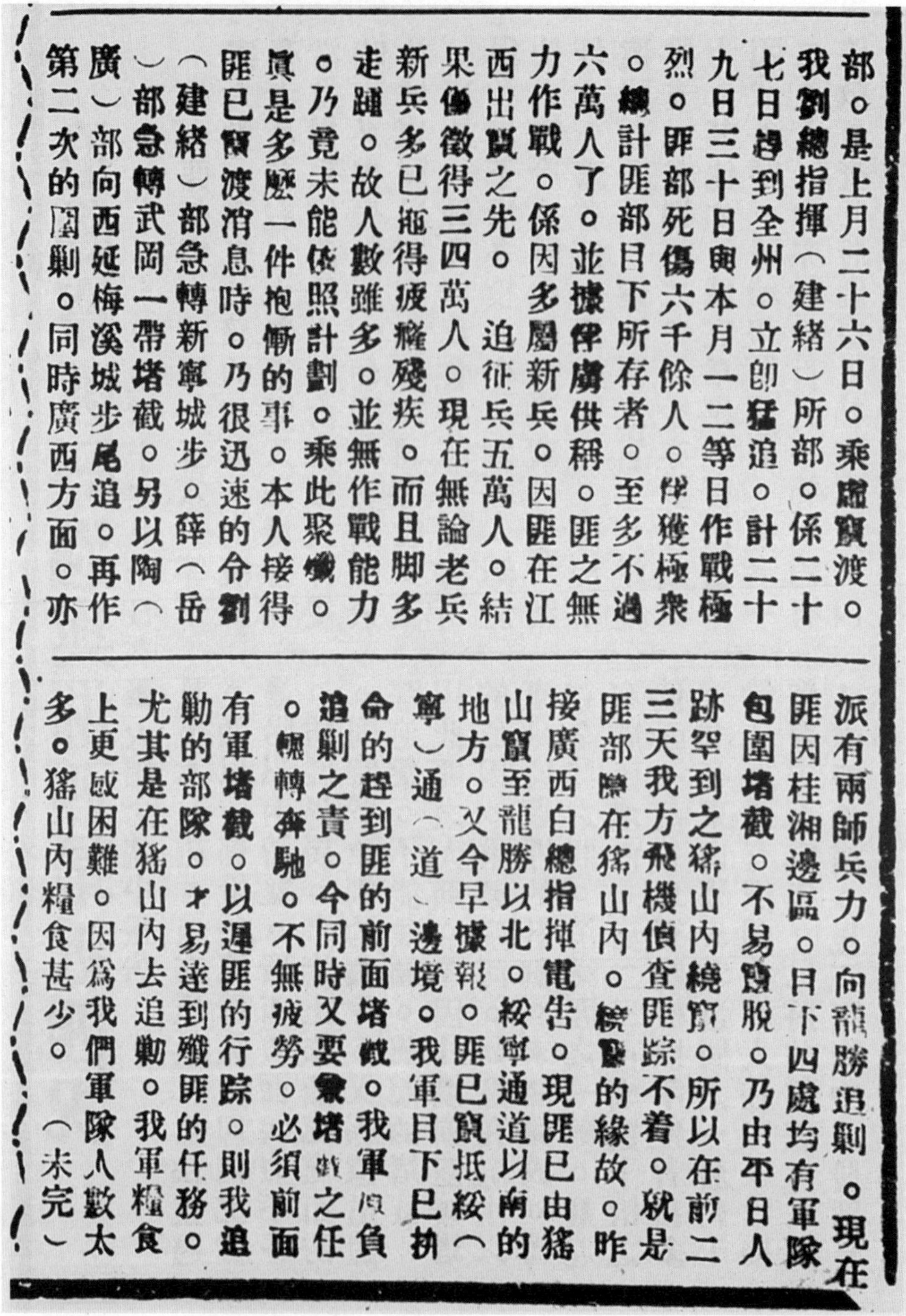
部。是上月二十六日。乘虛竄渡。我劉總指揮（建緒）所部。係二十七日趕到全州。立即猛追。計二十九日三十日與本月一二等日作戰極烈。匪部死傷六千餘人。俘獲極衆。總計匪部目下所存者。至多不過六萬人了。並據俘虜供稱。匪之無力作戰。係因多屬新兵。因匪在江西出竄之先。追征兵五萬人。結果僞徵得三四萬人。現在無論老兵新兵多已拖得疲癃殘疾。而且脚多走跛。故人數雖多。並無作戰能力。乃竟未能依照計劃。乘此聚殲。實是多麼一件抱慚的事。本人接得匪已竄渡消息時。乃很迅速的命劉（建緒）部急轉新寧城步。薛（岳）部急轉武岡一帶堵截。另以陶（廣）部向西延梅溪城步尾追。再作第二次的圍剿。同時廣西方面。亦派有兩師兵力。向龍勝追剿。現在匪因桂湘邊區。日下四處均有軍隊包圍堵截。不易竄脫。乃由平日人跡罕到之猺山內繞竄。所以在前二三天我方飛機偵查匪踪不着。就是匪部隱在猺山內。繞竄的緣故。昨接廣西白總指揮電告。現匪已由猺山竄至龍勝以北。綏寧通道以南的地方。又今早據報。匪已竄抵綏（寧）通（道）邊境。我軍目下已拚命的趕到匪的前面堵截。我軍旣負追剿之責。今同時又要兼堵截之任。輾轉奔馳。不無疲勞。必須前面有軍堵截。以遲匪的行踪。則我追剿的部隊。才易達到殲匪的任務。尤其是在猺山內去追剿。我軍糧食上更感困難。因爲我們軍隊人數太多。猺山內糧食甚少。（未完）

（局部图 2）

桂省將俘匪六千解送湘省

——分十二批交衡陽收容所——

第四集團軍白副總司令崇禧。現將桂軍所俘獲之匪兵。非桂籍者共六千餘名。分十二批解湘處置。已經何總司令覆電同意。白氏遂定於本月二十號將第一批俘匪五百名。由興安起解。請湘省派軍團在黃沙河接收。解衡陽收容所收容感化。昨何總司令已分令遵照矣（國）

34. 桂省将俘匪六千解送湘省，分十二批交衡阳收容所，1934 年 12 月 18 日第 3 版

劉建緒部擊潰匪主力收復通道

斃匪三千餘獲槍三百餘枝

陳渠珍師長進駐乾城督剿

王家烈電告赤匪陷黎平城……

……李宗仁電告追剿竄匪經過

衡匪由桂北竄入通道。經劉總指揮建緒。督飭各部分路進勦。已誌本報。茲將前方昨來捷訊錄下。

電一……寶慶銑（十六）日來電云。（甲）通綏方面。一。陳光中。章亮基。陶廣各師。進擊岩門舖。倒水界。臨口。青蕪洲之匪。我軍大獲全勝。斃匪千餘。俘匪數百。獲槍百餘支。匪狼狽潰竄。寒（十四）日各師。齊向通道攻剿。與匪主力遭遇。發生激烈戰事。我軍奮不顧身。猛烈攻擊。激戰半日。匪部全綫總潰退。當場斃匪三千餘人。內有重要匪首多人。俘匪五百餘人。獲槍三百餘支。當於未刻完全規復通道城。是役匪損失奇重。精銳喪失殆盡。殘匪向新廠（與黔省錦屏交界）方面潰竄。我軍正急追中。又據銑（十六）戌電稱。删（十五）日我某師已追抵新廠。與匪激戰。某某師亦趕到新廠附近。協同包圍殘匪。即可全部解決。二。劉建文部。在岩寨。長安營等處。斃匪甚多。俘匪營長以下百餘名。又嘉禾。臨武。藍山各縣殘匪。連日經我團隊搜剿。即可肅清。共俘匪二千餘名。已解衡辦理。三。偽三十四師長陳匪樹香。確係被我成鐵俠部生擒。因腹部受有重傷。解至中途斃命。已令拍照掩埋。（乙）辰桃方面。四。陳師長渠珍進駐乾城。率部截擊賀蕭殘匪。辰州。桃源防務。極爲鞏固。五。空軍在辰（州）屬長安山斃匪甚衆。（國）

電二……靖縣銑（十六）日來電云。（一）由通道竄新廠馬路口之匪。被我某師擊潰。斃匪數百。殘匪分竄黔境。一部抵老錦屏。一部竄向劍河（黔省之縣名）據俘獲匪軍官供稱。僞一軍團殘部。係由通道新廠西竄。僞三五八九軍團。分由龍勝。及靖邊長安屯西竄。（二）劉總指揮建緒删（十五）抵靖縣。指揮各部入黔痛勦云。（君）

第二團薛總指揮岳。現將所部兩路。向貴州追剿竄匪。以吳司令奇偉所部。由芷江向貴州玉屏銅仁推進追剿。以周司令渾元所部。向貴州天柱追勦。以期一鼓殲滅。均已追入黔境云。（夫）

黔省主席兼第二十五軍軍長王家烈。已由貴陽進駐馬場坪。指揮各旅。向黔邊堵剿竄匪。必要時當推進鎮遠。以便指揮。昨王氏有删（十五）電到湘云。（銜略）頃據前方電話報稱。股匪約六千餘人。在黎平城東五里橋。與我第七旅周芳仁部接觸。激戰約兩小時。斃匪甚多。繼以該匪更漸增加。對我施行包圍。只得放棄黎城。退據距城十里之大坡頂。扼要固守待援。以圖恢復等語。當飭第一旅長杜肇華率部向黎平增援。李指揮成章率各團推進劍河。向機策應。何區指揮韜率團隊增防榕江。期將黎城早日恢復。惟是該匪。慣於乘隙突竄。事實上不免百密一疏。除電各勦匪軍不分畛域。猛力追剿。俾便聯合。早將匪部撲滅外。特電奉聞。王家烈於馬場坪行删（十五）印。（國）

常德通訊。前因蕭賀匪部竄擾湘西。第十軍所部張萬信師。奉令由鄂邊進駐津澧一帶。連日將竄匪擊潰。昨有電到縣云。我師自進駐湘西之臨澧一帶後。即向匪奮勇追剿。連日將匪擊潰。共計斃匪五百以上。俘匪甚衆。除向匪繼續猛追。務絕根株。一面撫綏地方。襄辦善後外。特聞等語。（商）

本社常德特訊。蕭匪大部。向永順塔臥移動。賀匪向辰州急竄。經我陸空軍聯絡痛擊。匪死傷甚重。竄至洪水坪。有退竄大庸模樣。李匪吉宇仍在庸城。我軍先頭。已抵目的地。一俟羅旅到達。即攻庸城云。（命）

桂軍李總司令宗仁。昨電來湘云。湖南省政府勛鑒。齊電敬悉。辱承獎飾逾恆。彌深慚感。敝軍魚齊佳等日。在司門前千家寺江底河口馬蹄街各役。與匪激戰。復斬獲數千。現匪大部。經龍勝邊境之越城嶺向西逃竄。敝軍仍協同友軍跟踪追勦。特電復謝。伏希垂察。弟李宗仁叩元（十三）叅印。（湖）

35. 刘建绪部击溃匪主力收复通道，毙匪三千余获枪三百余支，陈渠珍师长进驻乾城督剿，王家烈电告“赤匪”陷黎平城，李宗仁电告追剿窜匪经过，1934 年 12 月 18 日第 3 版

劉總指揮建緒

通令湘東南各縣宣佈解嚴

水陸交通一律恢復平時狀態
各縣遞步哨所並着同時撤銷

追剿軍第一兵團總指揮部。昨電令湘東南各區司令部。各縣縣長文曰。（銜略）鑒。（一）朱毛股匪。現已竄入桂北地區。我軍正在圍剿殲滅中。（二）湘東南各縣。自電到日起。着即宣布解嚴。所有水陸交通。一律恢復平時狀態。各縣遞步哨所。并着同時撤銷。上二項仰即遵照。此令。總指揮兼軍長劉建緒參印。（正）

36. 刘总指挥建绪通令湘东南各县宣布解严，水陆交通一律恢复平时状态，各县递步哨所并着同时撤销，1934 年 12 月 18 日第 3 版

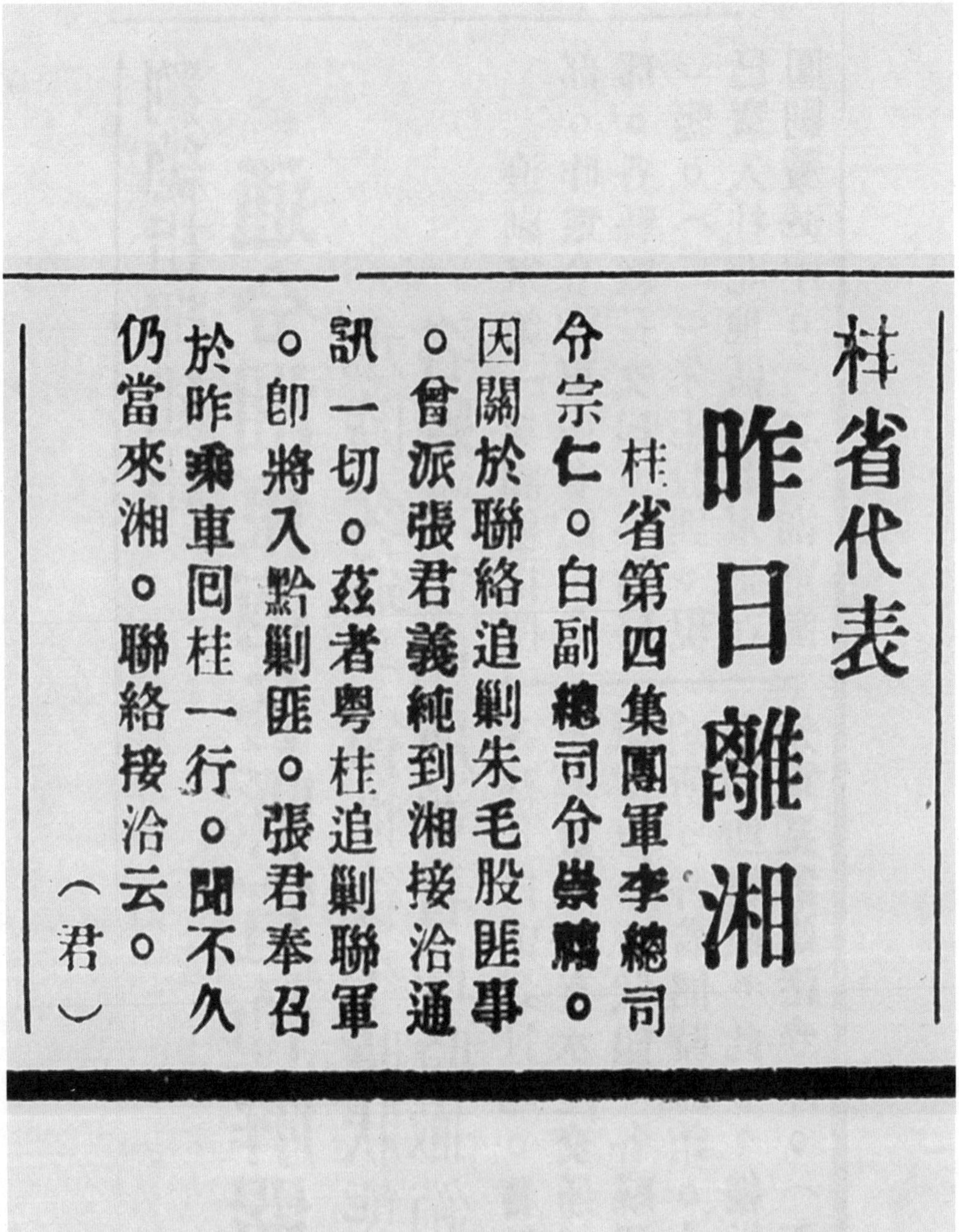

桂省代表 昨日離湘

桂省第四集團軍李總司令宗仁。白副總司令崇禧。因關於聯絡追剿朱毛股匪事。曾派張君義純到湘接洽通訊一切。茲者粵桂追剿聯軍。即將入黔剿匪。張君奉召於昨乘車回桂一行。聞不久仍當來湘。聯絡接洽云。（君）

37. 桂省代表昨日离湘，1934 年 12 月 31 日第 3 版

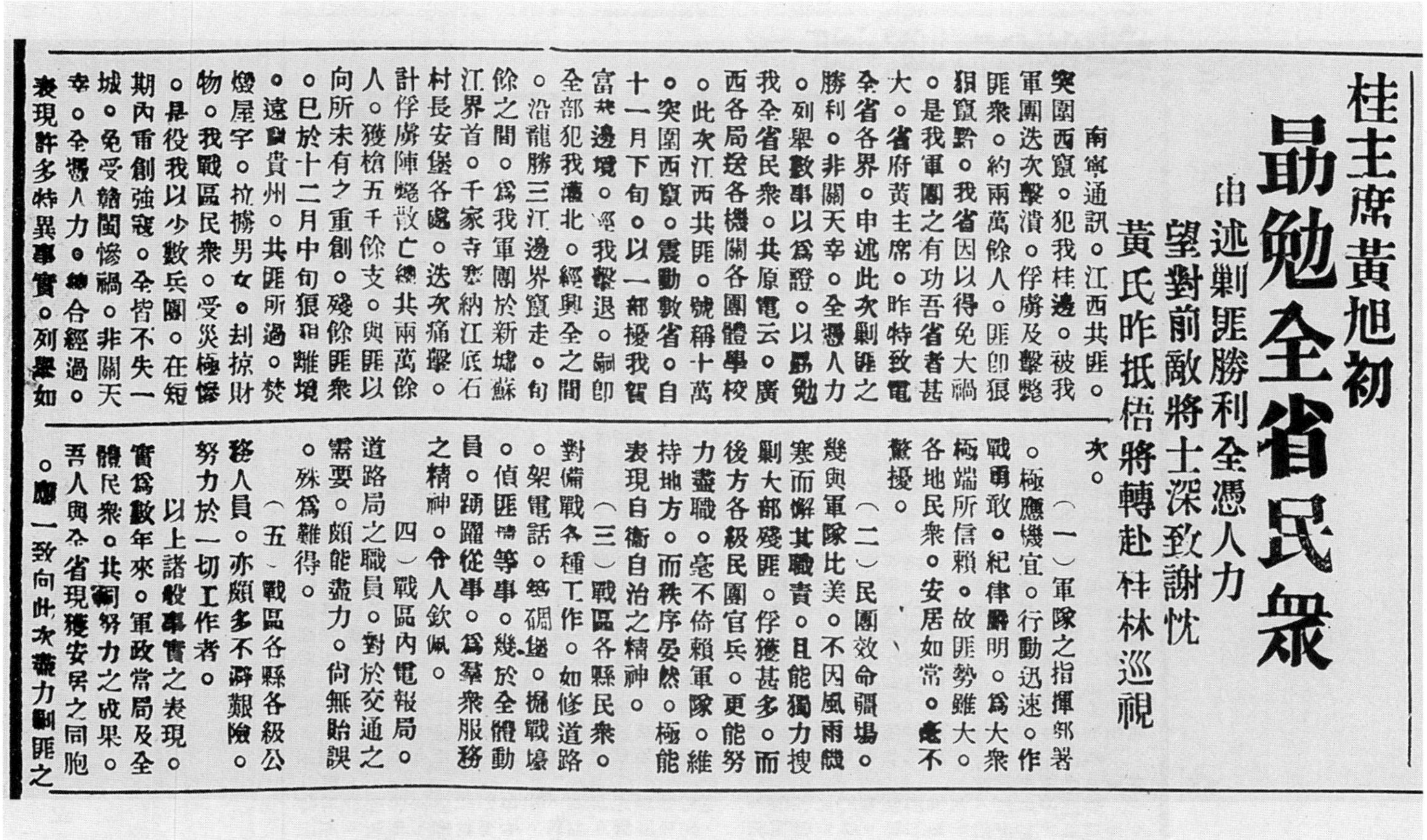

桂主席黃旭初
勗勉全省民衆
申述剿匪勝利全憑人力 望對前敵將士深致謝忱
黃氏昨抵梧將轉赴桂林巡視

南寧通訊。江西共匪。突圍西竄。犯我桂邊。被我軍團迭次擊潰。俘虜及擊斃匪衆。約兩萬餘人。匪卽狼狽竄黔。我省因以得免大禍。是我軍團之有功吾省者甚大。省府黃主席。昨特致電全省各界。申述此次剿匪之勝利。非關天幸。全憑人力。列舉數事以爲證。以勗勉我全省民衆。其原電云。廣西各局從各機關各團體學校。此次江西共匪。號稱十萬。突圍西竄。震動數省。自十一月下旬。以一部擾我賀富川邊境。經我擊退。嗣卽全部犯我灌北。經興全之間。沿龍勝三江邊界竄走。旬餘之間。爲我軍團於新墟蘇江界首。千家寺寨納江底石村長安堡各處。迭次痛擊。計俘虜陣斃散亡總共兩萬餘人。獲槍五千餘支。與匪以向所未有之重創。殘餘匪衆。已於十二月中旬狼狽離境。遠竄貴州。共匪所過。焚燬屋宇。拉擄男女。封掠財物。我戰區民衆。受災極慘。是役我以少數兵團。在短期內痛創強寇。全省不失一城。免受蹂躪慘禍。非關天幸。全憑人力。綜合經過。表現許多特異事實。列舉如次。

（一）軍隊之指揮部署。極應機宜。行動迅速。作戰勇敢。紀律嚴明。爲大衆極端所信賴。故匪勢雖大。各地民衆。安居如常。毫不驚擾。

（二）民團效命疆場。幾與軍隊比美。不因風雨饑寒而懈其職責。且能獨力搜剿大部殘匪。俘獲甚多。而後方各級民團官兵。更能努力盡職。毫不倚賴軍隊。維持地方。而秩序晏然。極能表現自衛自治之精神。

（三）戰區各縣民衆。對備戰各種工作。如修道路。架電話。築碉堡。掘戰壕。偵匪情等事。幾於全體動員。踴躍從事。爲羣衆服務之精神。令人欽佩。

（四）戰區內電報局。道路局之職員。對於交通之需要。頗能盡力。尙無貽誤。殊爲難得。

（五）戰區各縣各級公務人員。亦頗多不避艱險。努力於一切工作者。

以上諸般事實之表現。實爲數年來。軍政當局及全體民衆。共同努力之成果。吾人與全省現獲安居之同胞。應一致向此次盡力剿匪之

38. 桂主席黄旭初勖勉全省民众，申述剿匪胜利全凭人力，望对前敌将士深致谢忱，黄氏昨抵梧（州）将转赴桂林巡视，1935年1月8日第2版（残）

中華民國二十四年一月八日　　全

蔣委員長嘉許粵桂抽調勁旅追剿殘匪

望勇往邁進不分畛域殲匪於黔境

粵陳桂李決於日內會商出兵步驟

王家烈薛岳晤商追剿計劃極圓滿

（廣州特約通訊）贛匪西竄。現已經湘入黔。中央爲迅速殲滅匪部計。勿使竄入四川。致成江西第二。已明令西南動員。該令昨經到粵。陳濟棠。李宗仁。決於日內決定出兵步驟。屆時或召集派調追剿之將領。開一度會議。決定一切追剿軍機。蔣委員長仍恐殘匪狡竄。是以日前業已調令贛閩軍入川協勦。故日來贛閩軍已紛紛準備經贛湘入川圍剿。又據另一消息。陳李白三總司令。與（十一）日電呈中央。由粵桂抽調勁旅。編組追剿軍。嗣陳氏以多日未得中央覆電。又於皓日再電蔣委員長。極言組隊追勦之不可緩。現探悉蔣委員長已有覆電到粵。表示贊同。原電照錄如次。（銜略）與戌電暨伯南兄皓電均經奉悉。兄等對西竄之匪。擬抽調勁旅。編組追剿部隊。會同各友軍繼續窮追。以竟全功。至深感佩。尚望勇往邁進。不分畛域。殲滅於黔境。不使其入川合作。尤所深盼。謹密。弟中正。有（二十五）日戰印。又記者昨赴第二軍部。請見新任副軍長張達。適張氏不暇。派某科長代表接見。據某科長云。張氏自就職後。每日均返部辦公。因本軍軍長係陳濟棠自兼。鮮暇到部。張承陳氏命令辦理。關於派本軍及獨三師入黔追勦共匪一事。本軍現已有準備。俟奉到命令。卽可動員入黔。向共匪追剿。以免爲禍黔川。至獨立第三師李漢魂部。是否奉調入黔。協助本軍追剿。現不得而知。追剿共匪路程。亦未奉到上峯規定。新升第四師師長巫劍虹。經在樂昌防次就職。因第四師所部駐防樂昌一帶故也。至張氏何時到樂昌等地視察。則未有決定云。

（本報漢口七日電）貴陽訊：王家烈於今晨由馬場坪返貴陽。吳副指揮奇偉。今午由貴定乘車抵貴陽。黔省剿匪總指揮猶國才。副指揮何知重。昨日抵貴陽。

貴陽七日電：王家烈於昨晨由馬場坪回貴陽。聞與薛岳總指揮。晤商今後追剿殘匪計劃。極爲圓滿。（廣）

貴陽七日電：黔省勦匪總指揮猶國才。副總指揮何知重。五日抵貴陽。猶何語記者。在馬廠坪曾晤薛岳總指揮。吳奇偉副指揮。對追剿殘匪計劃。有極詳盡之規定。猶何定日內赴前方指揮。（廣）

貴陽七日電：吳副指揮奇偉。昨午由貴定乘車抵貴陽。省府主席王家烈。及各廳處長均往歡迎。（廣）

39. 蒋委员长嘉许粤桂抽调劲旅追剿残匪，望勇往迈进不分畛域歼匪于黔境，粤陈（济棠）、桂李（宗仁）决于日内会商出兵步骤，王家烈、薛岳晤商追剿计划极圆满，1935 年 1 月 8 日第 2 版

何主席報告

朱毛股匪竄過烏江

匪大部已竄達石阡菁口

我一二軍團正分途追截

蕭賀兩匪向大庸潰竄

朱毛股匪闖竄烏江入川。已誌昨報。昨日何主席在擴大紀念週中報告。該兩匪已竄過烏江。一大部份已竄達石阡菁口附近。錄其報告如下。今天將追勦朱毛股匪。與湘西方面剿匪情況作一個簡單的報告。

朱毛股匪竄入黔後情形。曾經一再在紀念週中報告。上星期匪又潰陷施秉黃平。隨被我第二兵團吳奇偉部擊潰。將所陷地方。一律收復。最近匪的主力麕集孫家渡老渡口江界河袁家渡梁家渡岩門洄龍司一帶。圖渡烏江。因江寬水急。又有黔軍侯部阻擊。故連日幾次強渡。均未得逞。迨本月二日匪乃集中全力。猛攻岩門老渡口。又被黔軍擊沉匪衆千餘。卒以雙方兵力懸殊。仍得竄過。一大部份現已竄達石阡菁口附近。除黔軍仍在極力堵截外。我第一二兩兵團部隊。正分途協同桂軍追截中。

湘西方面賀蕭兩匪。早由常桃附近潰竄慈利。上月三十日經我十九師陶（柳）旅協同朱指揮（樹勛）所部。向慈利雙擊。當晚收復慈城。匪向大庸潰竄。我李（覺）郭（汝棟）等部。因羊毛灘太平橋黃石漆家河李公港三陽港一帶。尚有散匪。連日正在此處清剿。一俟將各地散匪肅清。即向大庸進剿。

以上乃最近貴州與湘西方面剿匪情況。目前湖南方面剿匪重心。一般人都認爲已移在湘西。現在湘西擾害之賀蕭兩匪的力量。在軍事上講。固然並不很大。但其蔓延甚廣。加以湘西地方。交通不便。人民痛苦又深。所以欲肅清湘西地方匪禍。解除湘西民衆痛苦。决非很輕易所能作到。必須要費相當的力量與時間。並且就朱毛股匪最近潰竄情形觀察。尤值得我們深切的注意。因爲朱毛股匪。在江西突圍潰出時。原有十萬之衆。由湘南桂北繞道猫山竄入貴州。除經湘桂兩軍。屢次痛剿擊斃與俘獲。以及死亡逃散者外。目下所存殘匪。大概尚有四萬上下。上面已經報告。現已有一部份渡過烏江。萬一他們與賀蕭兩匪聯成一片。則中央剿匪整個計畫。一定會要因此多費些力量與時間。因此我們目前最重要工作。務使朱毛股匪。不能與賀蕭兩匪取得聯絡。如欲赤匪不能聯合。在湖南方面。就要首先肅清湘西。所以說湘西現已成爲剿匪重心與中央整個剿匪計劃有極大的關係。

40. 何主席报告朱（德）、毛（泽东）股匪窜过乌江，匪大部已窜达石阡、菁口，我一、二军团正分途追截，萧（克）、贺（龙）两匪向大庸溃窜，1935 年 1 月 8 日第 3 版

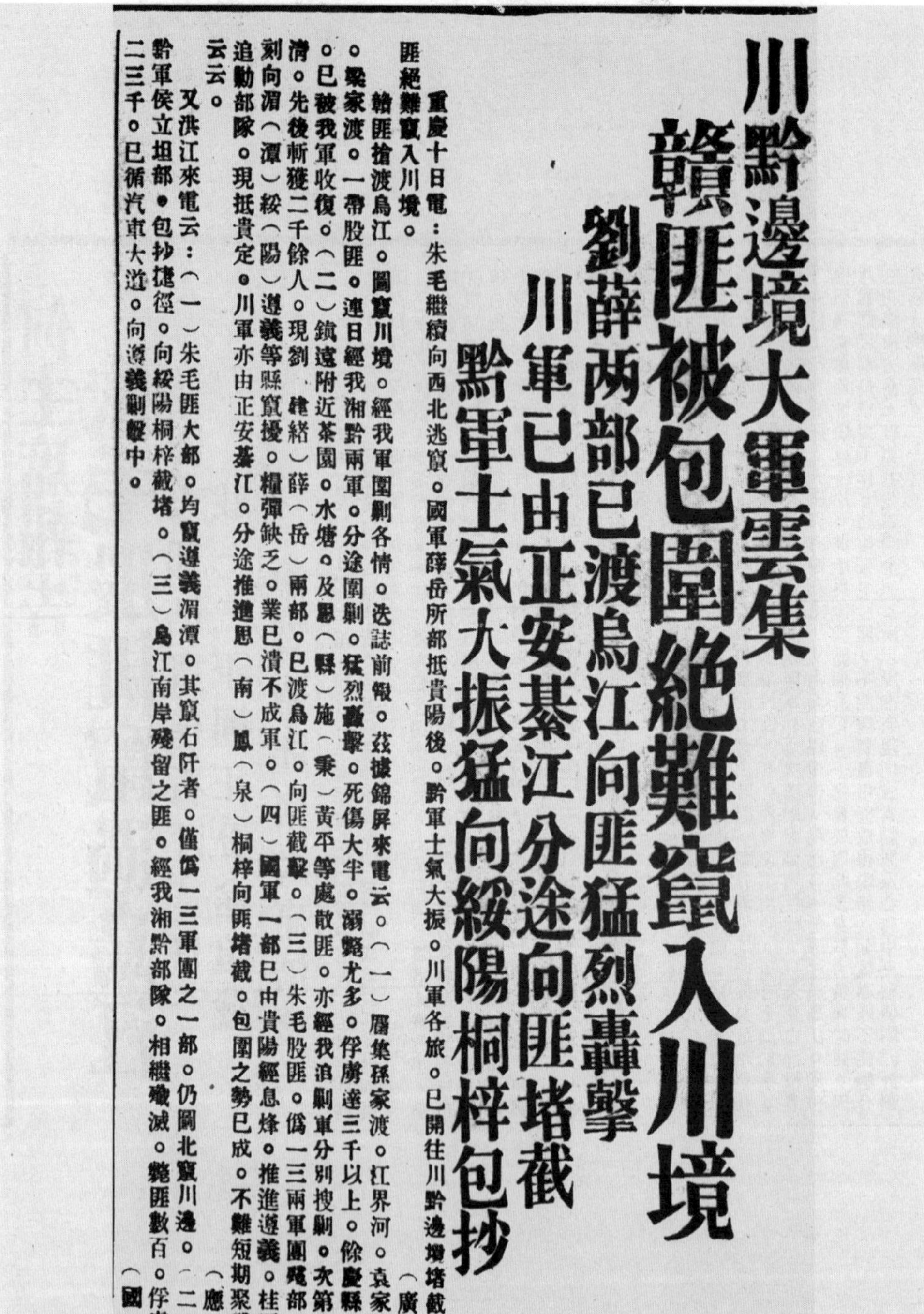

川黔邊境大軍雲集
贛匪被包圍絕難竄入川境
劉薛兩部已渡烏江向匪猛烈轟擊
川軍已由正安綦江分途向匪堵截
黔軍士氣大振猛向綏陽桐梓包抄

重慶十日電：朱毛繼續向西北逃竄。國軍薛岳所部抵貴陽後。黔軍士氣大振。川軍各旅。已開往川黔邊境堵截。匪絕難竄入川境。（廣）

贛匪搶渡烏江。圖竄川境。經我軍圍剿各情。迭誌前報。茲據錦屏來電云。（一）麕集孫家渡。江界河。袁家渡。梁家渡。一帶股匪。連日經我湘黔兩軍。分途圍剿。猛烈轟擊。死傷大半。溺斃尤多。俘虜逹三千以上。餘慶縣城。已被我軍收復。（二）鎮遠附近茶園。水塘。及思（縣）施（秉）黃平等處散匪。亦經我追剿軍分別搜剿。次第肅清。先後斬獲二千餘人。現劉（建緒）薛（岳）兩部。已渡烏江。向匪截擊。（三）朱毛股匪。偽一三兩軍團殘部。刻向湄（潭）綏（陽）遵義等縣竄擾。糧彈缺乏。業已潰不成軍。（四）國軍一部已由貴陽經息烽。推進遵義。桂軍追勦部隊。現抵貴定。川軍亦由正安綦江。分途推進思（南）鳳（泉）桐梓向匪堵截。包圍之勢已成。不難短期聚殲云云。（應）

又洪江來電云：（一）朱毛匪大部。均竄遵義湄潭。其竄石阡者。僅偽一三軍團之一部。仍圖北竄川邊。（二）黔軍侯立坦部。包抄捷徑。向綏陽桐梓截堵。（三）烏江南岸殘留之匪。經我湘黔部隊。相繼殲滅。斃匪數百。俘虜二三千。已循汽車大道。向遵義剿擊中。（國）

41. 川黔边境大军云集，赣匪被包围绝难窜入川境，刘（建绪）、薛（岳）两部已渡乌江向匪猛烈轰击，川军已由正安、綦江分途向匪堵截，黔军士气大振猛向绥阳、桐梓包抄，1935 年 1 月 11 日第 2 版

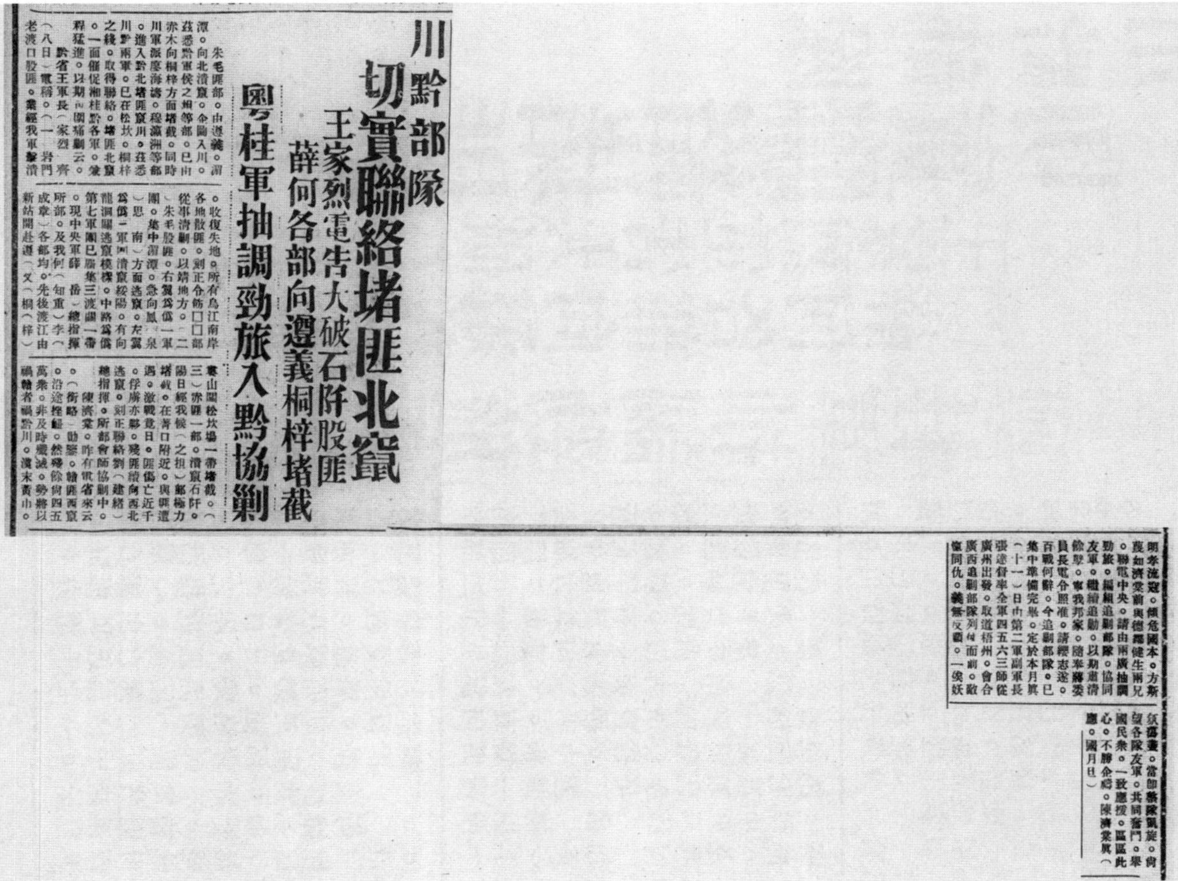

川黔部隊
切實聯絡堵匪北竄
王家烈電告大破石阡股匪
薛何各部向遵義桐梓堵截
粵桂軍抽調勁旅入黔協剿

1/2

42. 川黔部队切实联络堵匪北窜，王家烈电告大破石阡股匪，薛（岳）、何（知重）各部向遵义、桐梓堵截，粤桂军抽调劲旅入黔协剿，1935年1月13日第2版

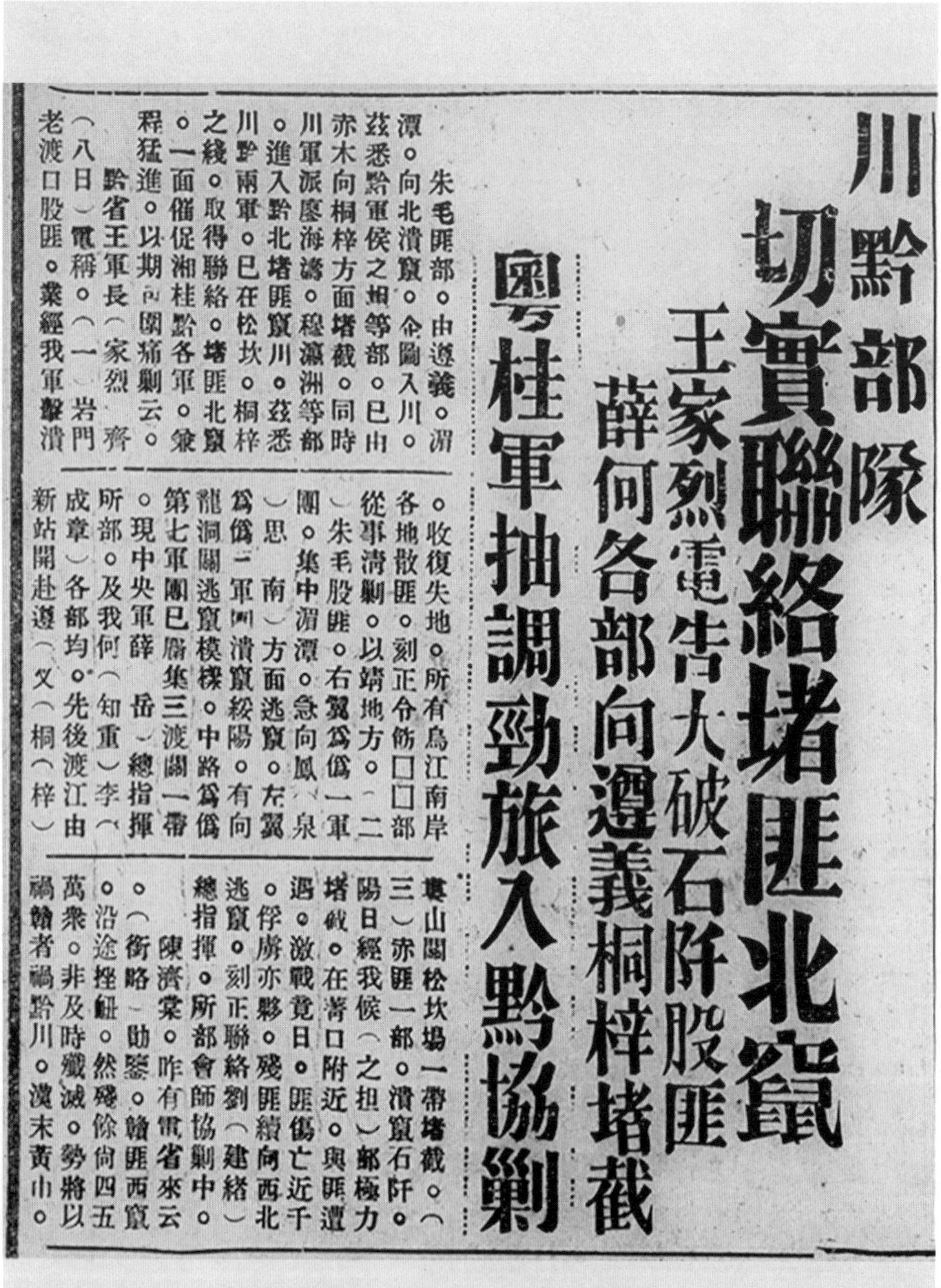
川黔部隊
切實聯絡堵匪北竄
王家烈電告大破石阡股匪
薛何各部向遵義桐梓堵截
粵桂軍抽調勁旅入黔協剿

朱毛匪部。由遵義。湄潭。向北潰竄。企圖入川。玆悉黔軍侯之担等部。已由赤木向桐梓方面堵截。同時川軍派廖海濤。穆瀛洲等部。進入黔北堵匪竄川。玆悉川黔兩軍。已在松坎。桐梓之綫。取得聯絡。堵匪北竄。一面催促湘桂黔各軍。兼程猛進。以期合圍痛剿云。

黔省王軍長（家烈齊（八日）電稱。（一）岩門老渡口股匪。業經我軍擊潰。收復失地。所有烏江南岸各地散匪。刻正令飭□□部從事清剿。以靖地方。（二）朱毛股匪。右翼爲僞一軍團。集中湄潭。急向鳳（泉）思（南）方面逃竄。左翼爲僞二軍團潰竄綏陽。有向龍洞關逃竄模樑。中路爲僞第七軍團巳麕集三渡關一帶。現中央軍薛岳（總指揮所部。及我何（知重）李（成章）各部均。先後渡江由新站關赴遵（义（桐（梓）婁山關松坎場一帶堵截。（三）赤匪一部。潰竄石阡。陽日經我侯（之担）部極力堵截。在湄口附近。與匪遭遇。激戰竟日。匪傷亡近千。俘虜亦夥。殘匪續向西北逃竄。刻正聯絡劉（建緒）總指揮。所部會師協剿中。

陳濟棠。昨有電省來云。（衛路）勛鑒。贛匪西竄。沿途挫衄。然殘餘尚四五萬衆。非及時殲滅。勢將以禍贛者禍黔川。滇末黃巾。

（局部图 1）

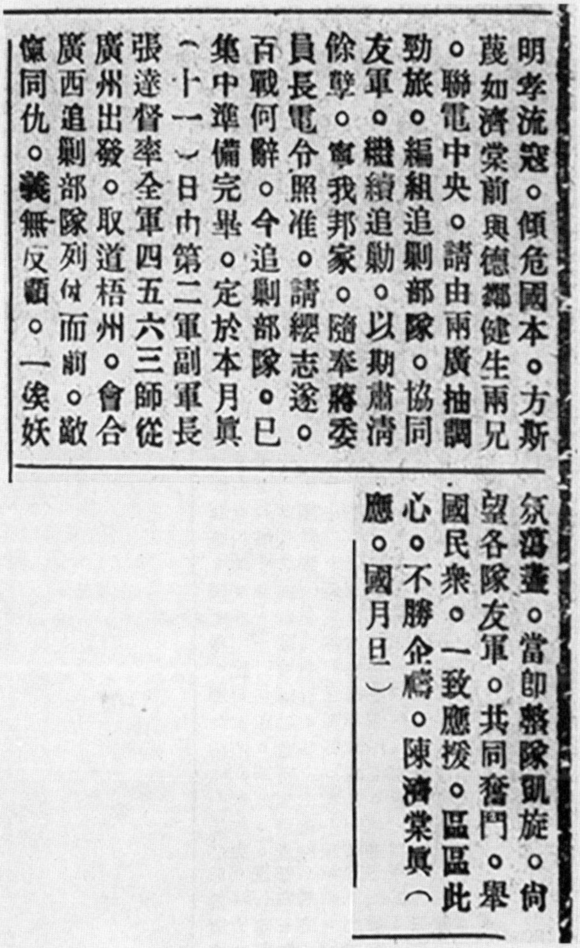
明孝流寇。傾危國本。方斯蔑如濟棠前與德鄰健生兩兄。聯電中央。請由兩廣抽調勁旅。編組追剿部隊。協同友軍。繼續追勦。以期肅清餘孽。寧我邦家。隨奉蔣委員長電令照准。請纓志遂。百戰何辭。今追剿部隊。已集中準備完畢。定於本月眞（十一）日由第二軍副軍長張達督率全軍四五六三師從廣州出發。取道梧州。會合廣西追剿部隊列付而前。敵愾同仇。義無反顧。一俟妖氛蕩盡。當即整隊凱旋。尙望各隊友軍。共同奮鬥。舉國民衆。一致應援。區區此心。不勝企禱。陳濟棠眞（應。國月日）

（局部图 2）

朱毛殘匪

向綏陽婁山方面逃竄

烏江南岸一帶已無匪踪

蔣在珍與王猶切實合作

粵桂商定出兵追剿計劃

昨錦屏來電云：（一）赤匪一部。盤踞石阡。連日經我湘黔兩軍會師夾擊。在菁口附近。發生激烈戰事。斃匪甚夥。俘虜亦多。殘匪由偏刀水向湄潭方面潰竄。當將所陷失地。一律收復。現在烏江南岸。已無匪踪。（二）朱毛股匪。竄陷湄潭後。刻向綏陽婁山方面逃竄。現我中央軍。及川黔湘桂各部隊。均已取得聯絡。集中息烽（桐梓）松坎（綦江）之綫。取大包圍。與赤匪作殊死戰。

黔軍蔣在珍部。向駐黔北川南一帶。與王家烈猶國材不合作。而與雷鳴九等另樹一幟。茲因朱毛匪部。已由遵義。湄潭。向黔北川邊潰竄。彼慨於匪禍慘烈。桑梓疾苦。於本月九日在正安通電各方。決犧牲一切成見。與王猶切實合作。將所部集中正安。永興一帶。堵剿北竄之匪。務掃赤氛。以慰國人之望云。（國）

（本報漢口十三日電）貴陽訊：共匪侵黔部隊。僞一三五各軍團。約兵三萬人。其主力現趨遵義。黔北兵力單薄。侯之坦部竭力堵截。兵力不敷分配。真（十一日）分電王家烈。猶國材。薛岳。吳奇偉。請迅派大軍圍剿。

湖南社廣州訊。陳濟棠。李宗仁。白崇禧。前電中央及蔣委員長。請派部入黔追剿。將委員長至為贊同。並將整個計劃大綱決定。由奉化電覆陳李白等。着即依照迅速出師。陳李兩氏得電。即會同商討。刻聞其計劃已大致決定。即粵桂追剿部隊。向黔南之都江丹江一帶集中。關於出師名義。中央尚未頒發。決再聯電中央。請為決定。統率問題。亦擬向中央荐李宗仁。白崇禧。任正副總司令。張達。夏威任第一二兩縱隊指揮。入黔兵力問題。陳濟棠原擬粵撥兩師。桂撥十團兵力。旋因竄黔共匪。尚有六萬之衆非有相當部隊。應付不易。故陳氏決變更原定計劃。以第二軍第四師巫劍虹。第五師李振良兩部共八團，及第三獨立師李漢魂全部四團。湊成兵力十二團之數。至桂省則決調第七軍廖磊所部。覃聯芳。王贊斌兩師。及第五軍夏威所部。周祖晃。黃鎮國兩師。亦共湊成兵力十二團。統共二十四團。黃鎮國師。則編為先遣隊。推進計劃。則決以某 縱隊。沿桂邊之思恩。推進黔之蕩坡。獨山。都江。繞出貴定鑪山一帶。又以某一縱隊。沿桂北之龍勝。以出通道。一沿古宜以入黎平錦屏云。（湖）

43. 朱（德）、毛（泽东）残匪向绥阳、娄山方面逃窜，乌江南岸一带已无匪踪，蒋在珍与王（家烈）、犹（国才）切实合作，粤桂商定出兵追剿计划，1935 年 1 月 14 日第 2 版

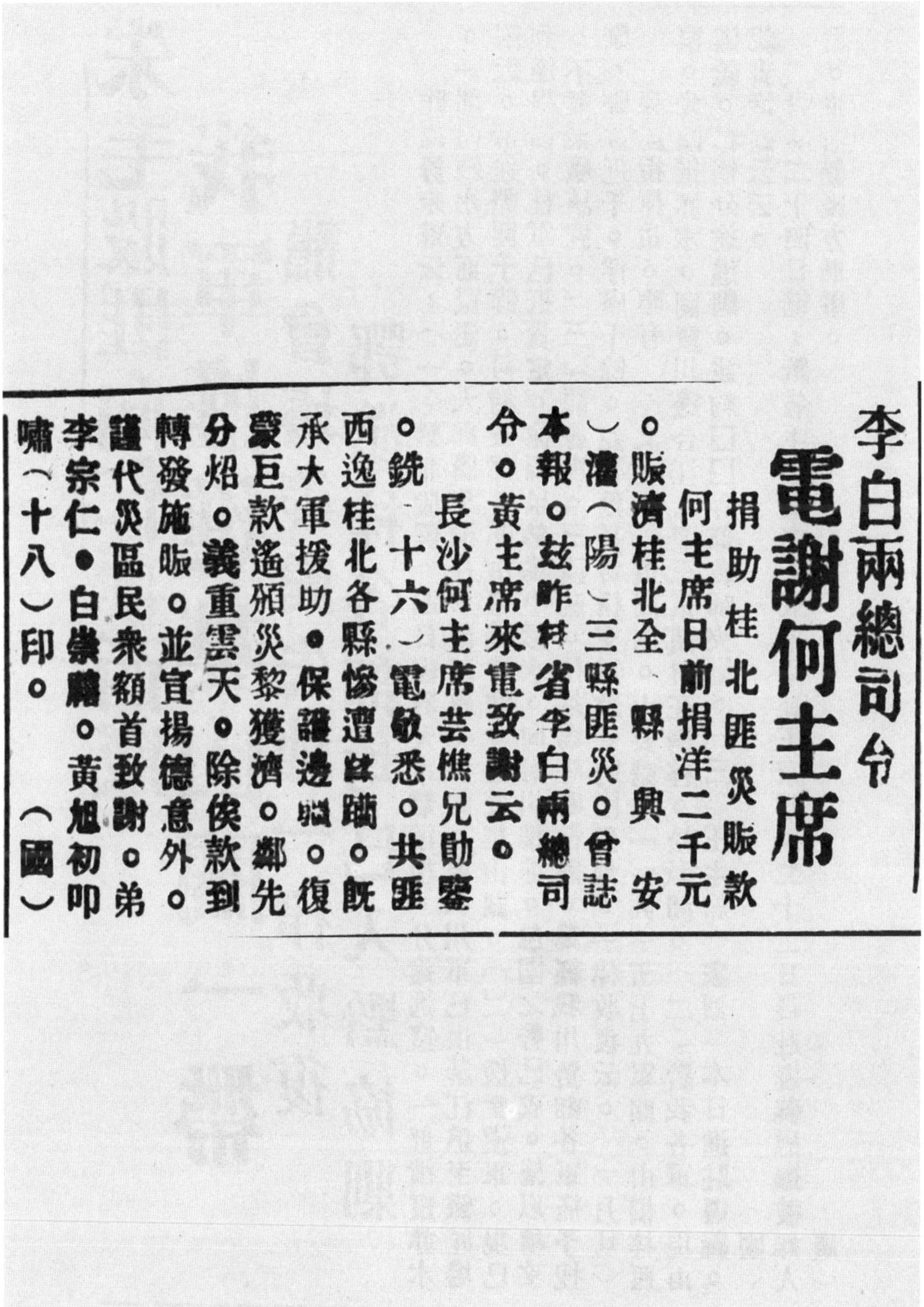

李白兩總司令

電謝何主席

捐助桂北匪災賑款

何主席日前捐洋二千元

。賑濟桂北全縣興安）灌（陽）三縣匪災。曾誌本報。茲昨桂省李白兩總司令。黃主席來電致謝云。

長沙何主席芸樵兄勛鑒。銑（十六）電敬悉。共匪西逸桂北各縣慘遭蹂躪。既承大軍援助。保護邊圉。復蒙巨款遙頒災黎獲濟。鄉先分焰。義重雲天。除俟款到轉發施賑。並宜揚德意外。謹代災區民衆額首致謝。弟李宗仁。白崇禧。黃旭初叩嘯（十八）印。（國）

44. 李（宗仁）、白（崇禧）两总司令电谢何主席捐助桂北匪灾赈款，1935 年 1 月 23 日第 3 版

朱毛股匪向仁懷西竄
我軍推進婁山關一帶
龍會場等處失地一律收復
鄂滇桂各部均已入黔協剿

昨瀘屏來電云：（一）黔北股匪。連日經我大軍擊潰後。分途逃竄。一部潰竄赤水。一部向敘永方面竄走。大部麕集桐梓。續向西北移動。現我川軍已由綦江追至鐵匠場附近。沿途斃匪千餘。何猶各部。亦由遵義推進。迫近婁山關。（二）援黔滇軍。現已到達畢節。桂軍已抵貴定。徐源泉部集中彭水。向南川推進。包圍之勢已成。施以總攻。不難聚殲該匪。（三）龍會場。三渡關。松坎場等處散匪。業經我川黔湘各軍痛予搜剿。斃匪近千。俘虜千餘。並奪獲長短槍支無數。所陷失地。一律收復云。（月旦）

薛總指揮岳。昨有（二十二）電回湘。大要謂（一）匪一五七九軍團。由桐梓西竄。先頭抵赤水。圖竄川邊合江。匪三軍團尚在桐梓。松坎間。（二）黔我各軍。現由遵義。仁懷分途進剿。並約□□等部會師夾剿。（三）王主席（家烈）本日進駐遵義。規畫堵剿云云。（國）

貴陽二十四日電：黔省主席兼二十五軍軍長王家烈。二十二日晨赴遵義慰撫被難人民。並部置後方軍事。（廣）

45. 朱（德）、毛（泽东）股匪向仁怀西窜，我军推进娄山关一带，龙会场等处失地一律收复，鄂滇桂各部均已入黔协剿，1935 年 1 月 25 日第 2 版

王家烈電告
大破馬路河一帶股匪
粵已出兵三師由桂入黔協剿
黔省部隊分編四路追剿竄匪
川沿江各縣防御工事極鞏固

黔省主席兼第二十五軍軍長王家烈。昨來沁（二十七日）電略云。（一）朱毛股匪。一部潰竄赤水。經中央軍第六路剿匪總指揮薛（岳）所部。及我猶（國材）何（知重）各部。追至馬路河上游一帶。與匪遭遇。激戰竟日。肉搏數次。將匪後衛隊截斷。斃匪千餘。俘虜八百餘名。餘匪由猿猴西竄。刻正尾匪窮追中。（二）頃接陳總司令（濟棠）來電。粵軍已出兵三師。由桂入黔協剿。務將該匪殲滅。以除民害等語。特聞云云。

朱毛匪股。現全竄黔西赤水一帶。企圖入川邊敍永。我追剿軍薛岳等部。與黔軍決定猛追。期與川軍夾擊。俾可一鼓聚殲。黔軍長王家烈爲便於指揮。及些戰序列起見。將所部黔軍分編四路。向習水。赤水。仁懷三綫。包圍進剿。一面電請各方面。一致協同助剿矣。（國）（一月旦）

（本報重慶二十八日電）剿匪總部。令川沿江各縣。對期完成炮堡。以資防守。而免張惶失錯。貽誤剿匪軍事。 又電：川南十二縣。刻已成立聯團臨時辦事處。議定公約十二條。設四道防線禦匪。

又電：侯之担被扣後。川黔剿匪。士氣振奮。某某等師長於出發前。預立遺囑。充分表現。有我無敵之精神。

（完）

46. 王家烈电告大破马路河一带股匪，粤已出兵三师由桂入黔协剿，黔省部队分编四路追剿窜匪，川沿江各县防御工事极巩固，1935 年 1 月 29 日第 2 版（残）

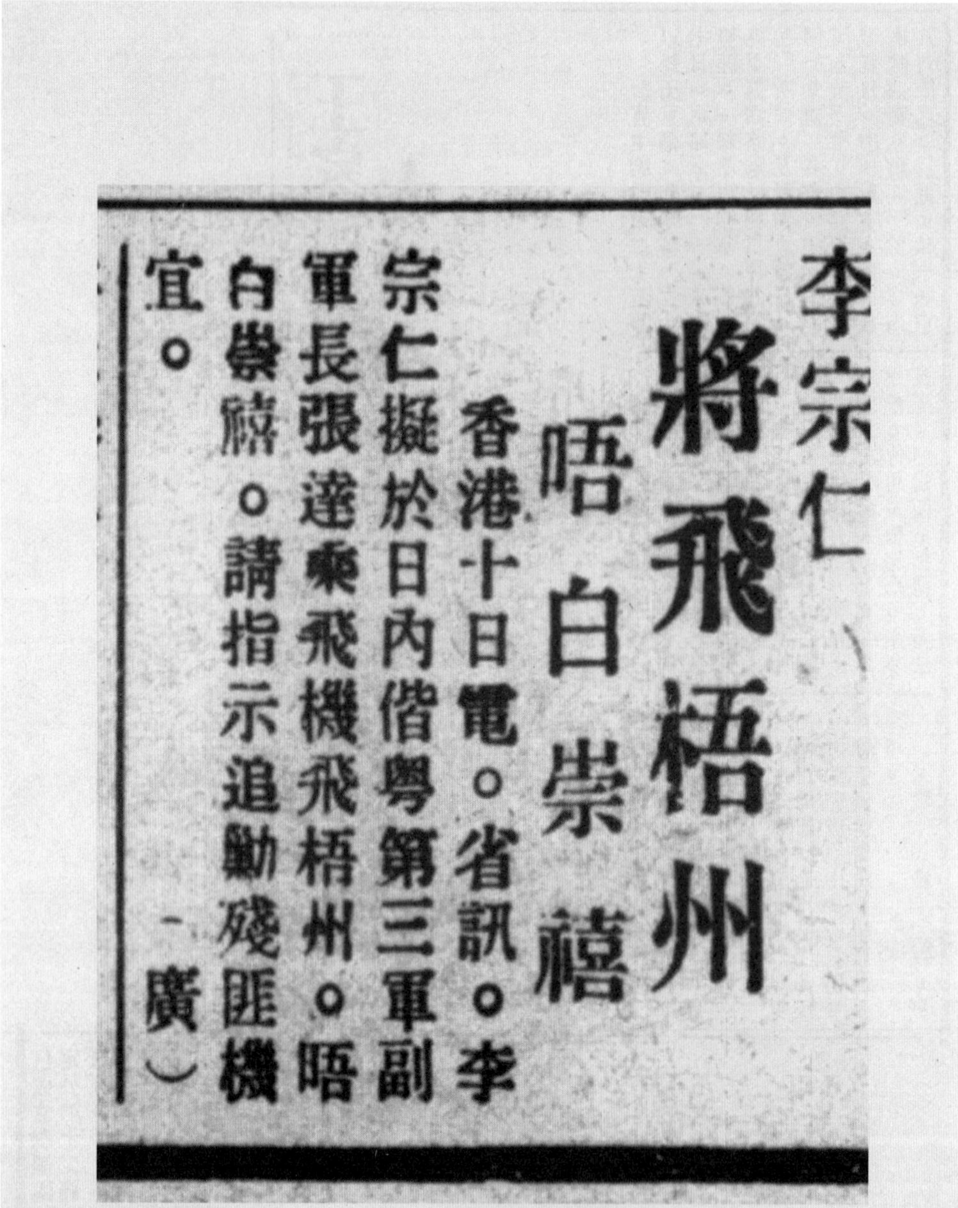

李宗仁
將飛梧州
晤白崇禧

香港十日電。省訊。李宗仁擬於日內偕粵第三軍副軍長張達乘飛機飛梧州。晤白崇禧。請指示追勦殘匪機宜。（廣）

47. 李宗仁将飞梧州晤白崇禧，1935 年 2 月 12 日第 2 版

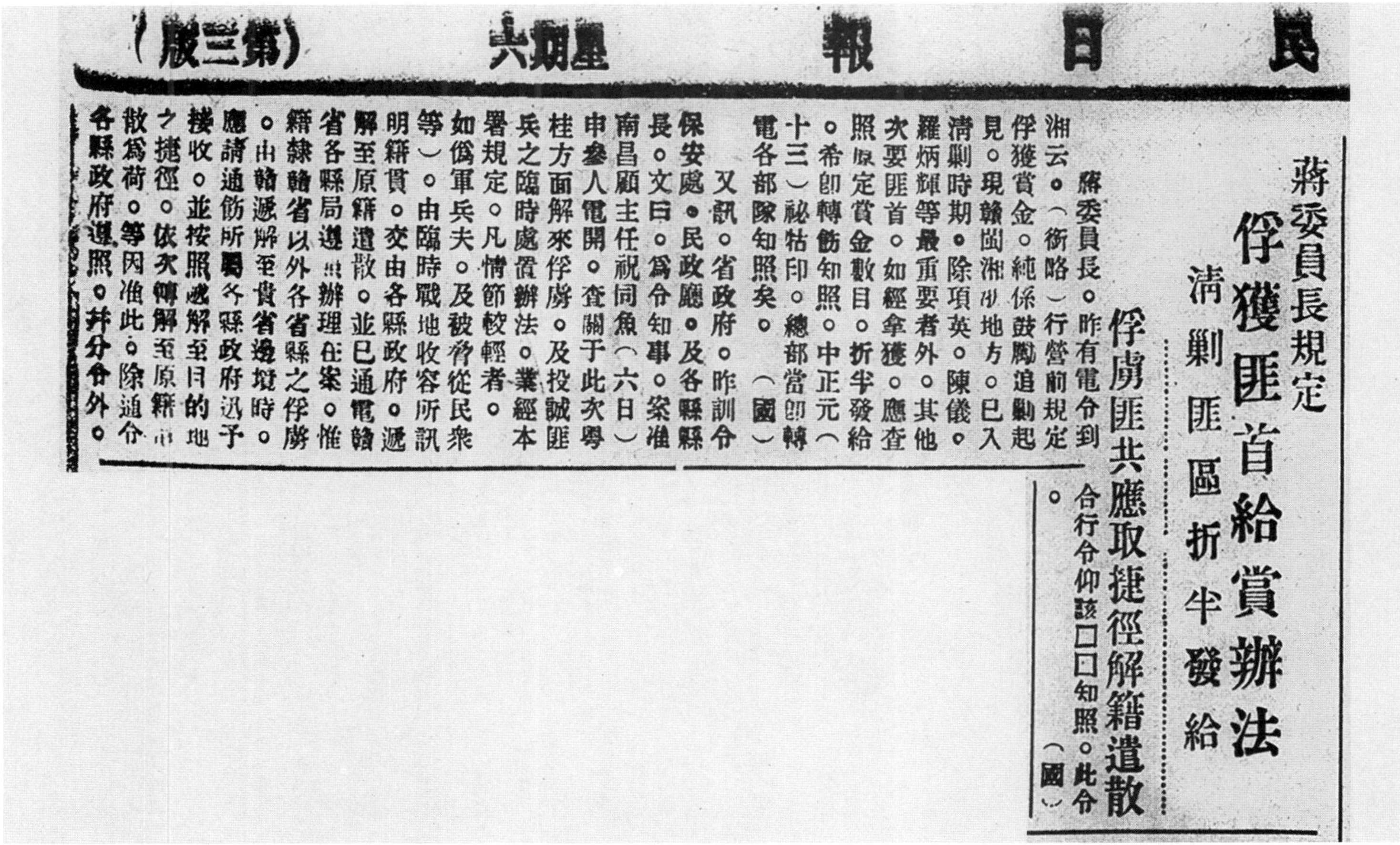

民　日　報　星期六　（第三版）

蔣委員長規定
俘獲匪首給賞辦法
清剿匪區折半發給

俘虜匪共應取捷徑解籍遣散

蔣委員長。昨有電令到湘云。（銜略）行營前規定俘獲賞金。純係鼓勵追剿起見。現贛閩湘少地方。已入清剿時期。除項英。陳儀。羅炳輝等最重要者外。其他次要匪首。如經拿獲。應查照原定賞金數目。折半發給。希即轉飭知照。中正元（十三）祕粘印。總部當即轉電各部隊知照矣。（國）

又訊。省政府。昨訓令保安處。民政廳。及各縣縣長。文曰。爲令知事。案准南昌顧主任祝同魚（六日）申參人電開。查關于此次粵桂方面解來俘虜。及投誠匪兵之臨時處置辦法。業經本署規定。凡情節較輕者。如僞軍兵夫。及被脅從民衆等）。由臨時戰地收容所訊明籍貫。交由各縣政府。遞解至原籍遣散。並已通電贛省各縣局遵照辦理在案。惟籍隸贛省以外各省縣之俘虜。由贛遞解至貴省邊境時。應請通飭所屬各縣政府迅予接收。並按照遞解至目的地之捷徑。依次轉解至原籍市散爲荷。等因准此。除通令各縣政府遵照。并分令外。合行令仰該□□知照。此令（國）。

48. 蒋委员长规定俘获匪首给赏办法，清剿匪区折半发给，俘虏“匪共”应取捷径解籍遣散，1935 年 2 月 16 日第 3 版

绥远社会日报

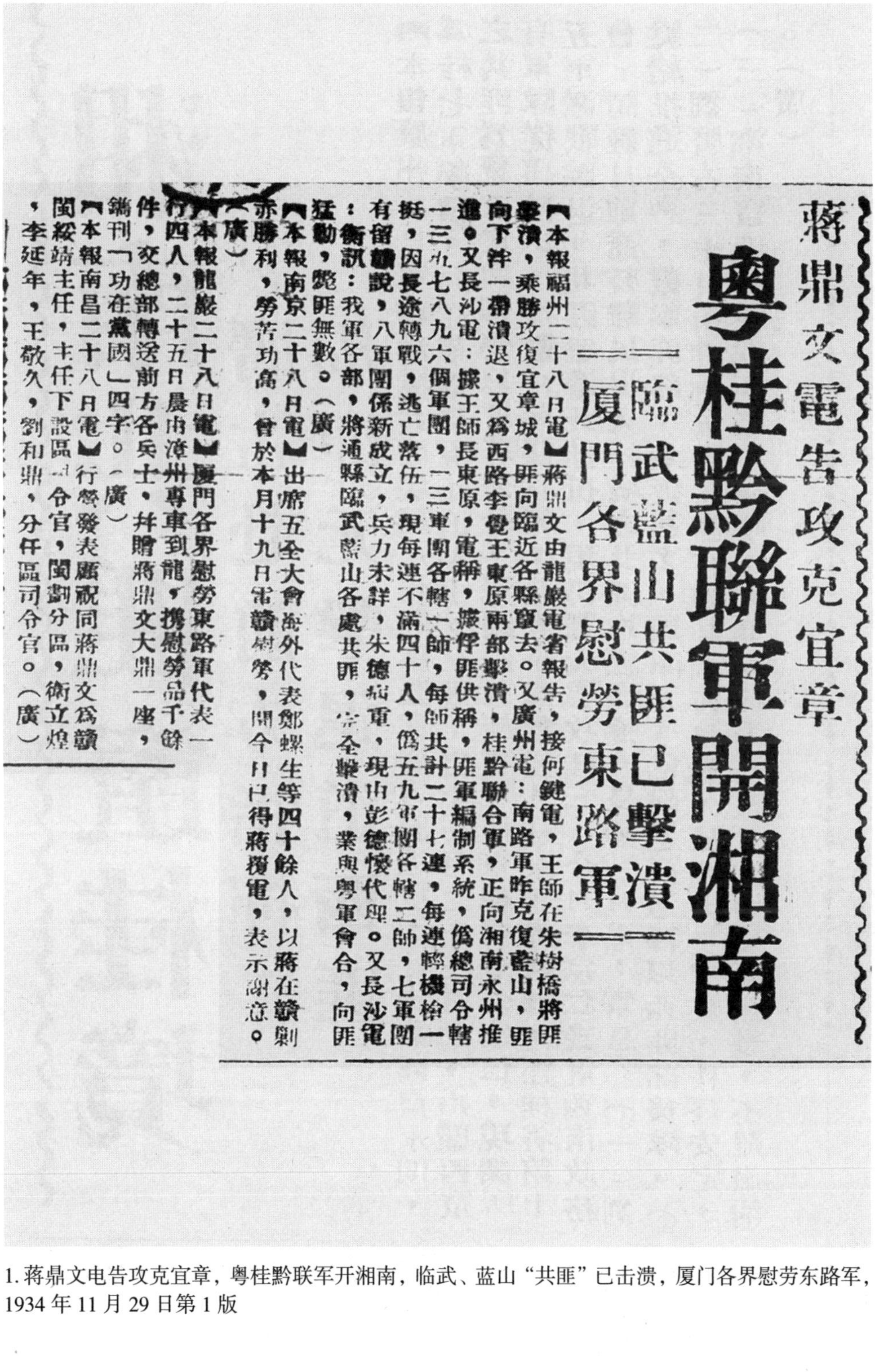

蔣鼎文電告攻克宜章

粵桂黔聯軍開湘南

臨武藍山共匪已擊潰

廈門各界慰勞東路軍

【本報福州二十八日電】蔣鼎文由龍巖電省報告，接何鍵電，王師在朱樹橋將匪擊潰，乘勝攻復宜章城，匪向臨近各縣竄去。又廣州電：南路軍昨克復藍山，匪向下洴一帶潰退，又爲西路李覺王東原兩部擊潰，桂黔聯合軍，正向湘南永州推進。又長沙電：據王師長東原，電稱，據俘匪供稱，匪軍編制系統，僞總司令轄一三九七八九六個軍團，一三軍團各轄一師，每師共計二十七連，每連轄機槍一挺，因長途轉戰，逃亡落伍，現每連不滿四十人，僞五九軍團各轄二師，七軍團有留贛說，八軍團係新成立，兵力未詳，朱德病重，現由彭德懷代理。又長沙電：衡訊：我軍各部，將通縣臨武藍山各處共匪，完全擊潰，業與粵軍會合，向匪猛勦，斃匪無數。（廣）

【本報南京二十八日電】出席五全大會海外代表鄭螺生等四十餘人，以蔣在贛剿赤勝利，勞苦功高，曾於本月十九日電贛慰勞，閱今日已得蔣覆電，表示謝意。（廣）

【本報龍巖二十八日電】廈門各界慰勞東路軍代表一行四人，二十五日晨由漳州專車到龍，携慰勞品千餘件，交總部轉送前方各兵士，并贈蔣鼎文大鼎一座，鐫刊「功在黨國」四字。（廣）

【本報南昌二十八日電】行營發表顧祝同蔣鼎文爲贛閩綏靖主任，主任下設區司令官，閩劃分區，衛立煌，李延年，王敬久，劉和鼎，分任區司令官。（廣）

1. 蒋鼎文电告攻克宜章，粤桂黔联军开湘南，临武、蓝山“共匪”已击溃，厦门各界慰劳东路军，1934 年 11 月 29 日第 1 版

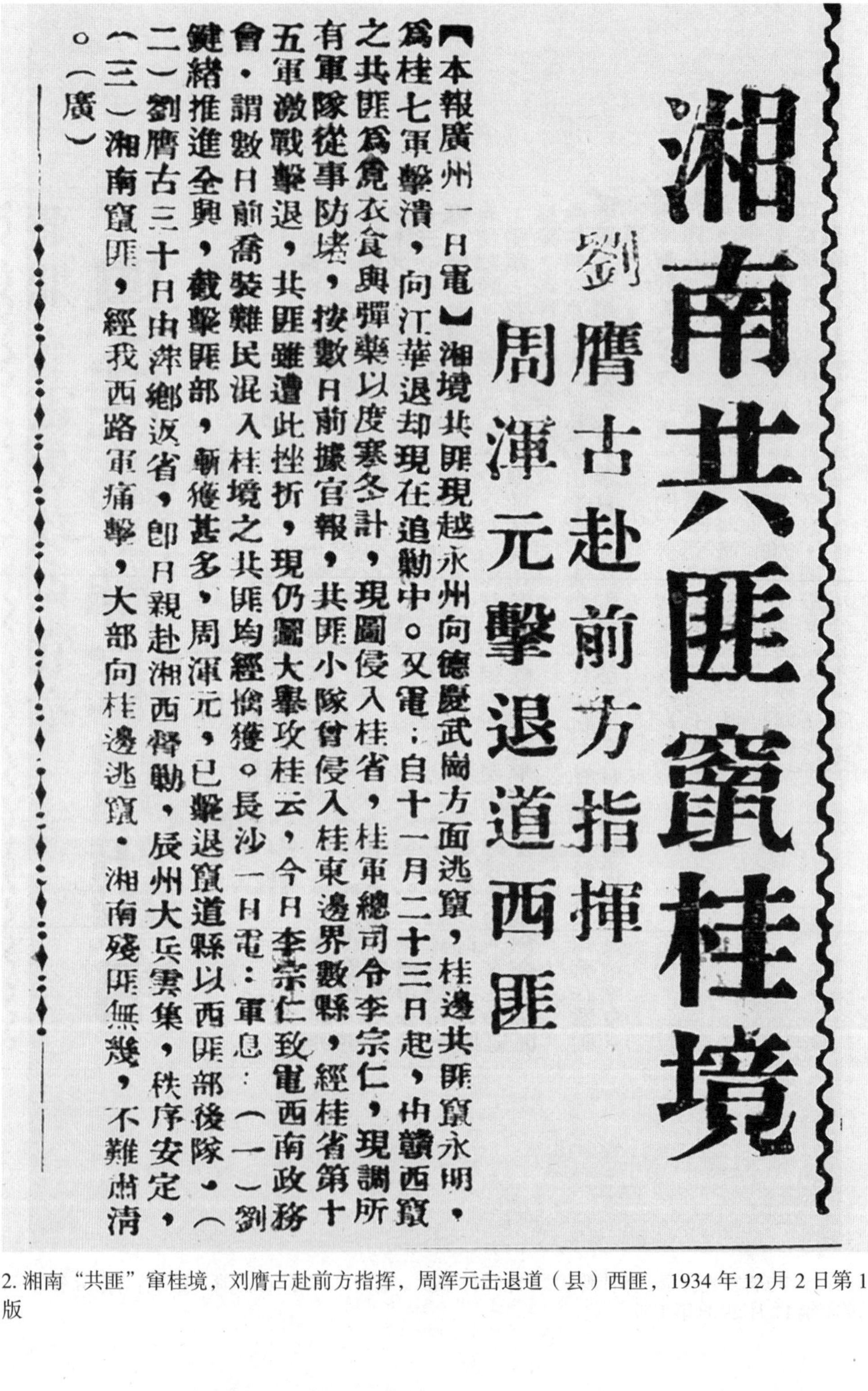

湘南共匪竄桂境

劉膺古赴前方指揮

周渾元擊退道西匪

【本報廣州一日電】湘境共匪現越永州向德慶武崗方面逃竄，桂邊共匪竄永明，爲桂七軍擊潰，向江華退却現在追勦中。又電：自十一月二十三日起，由贛西竄之共匪爲覓衣食與彈藥以度寒冬計，現圖侵入桂省，桂軍總司令李宗仁，現調所有軍隊從事防堵，按數日前據官報，共匪小隊曾侵入桂東邊界數縣，經桂省第十五軍激戰擊退，共匪雖遭此挫折，現仍圖大舉攻桂云，今日李宗仁致電西南政務會，謂數日前喬裝難民混入桂境之共匪均經擒獲。長沙一日電：軍息：（一）劉鍵緒推進全興，截擊匪部，斬獲甚多，周渾元，已擊退竄道縣以西匪部後隊。（二）劉膺古三十日由萍鄉返省，即日親赴湘西督勦，辰州大兵雲集，秩序安定，（三）湘南竄匪，經我西路軍痛擊，大部向桂邊逃竄。湘南殘匪無幾，不難肅清。（廣）

2. 湘南“共匪”窜桂境，刘膺古赴前方指挥，周浑元击退道（县）西匪，1934 年 12 月 2 日第 1 版

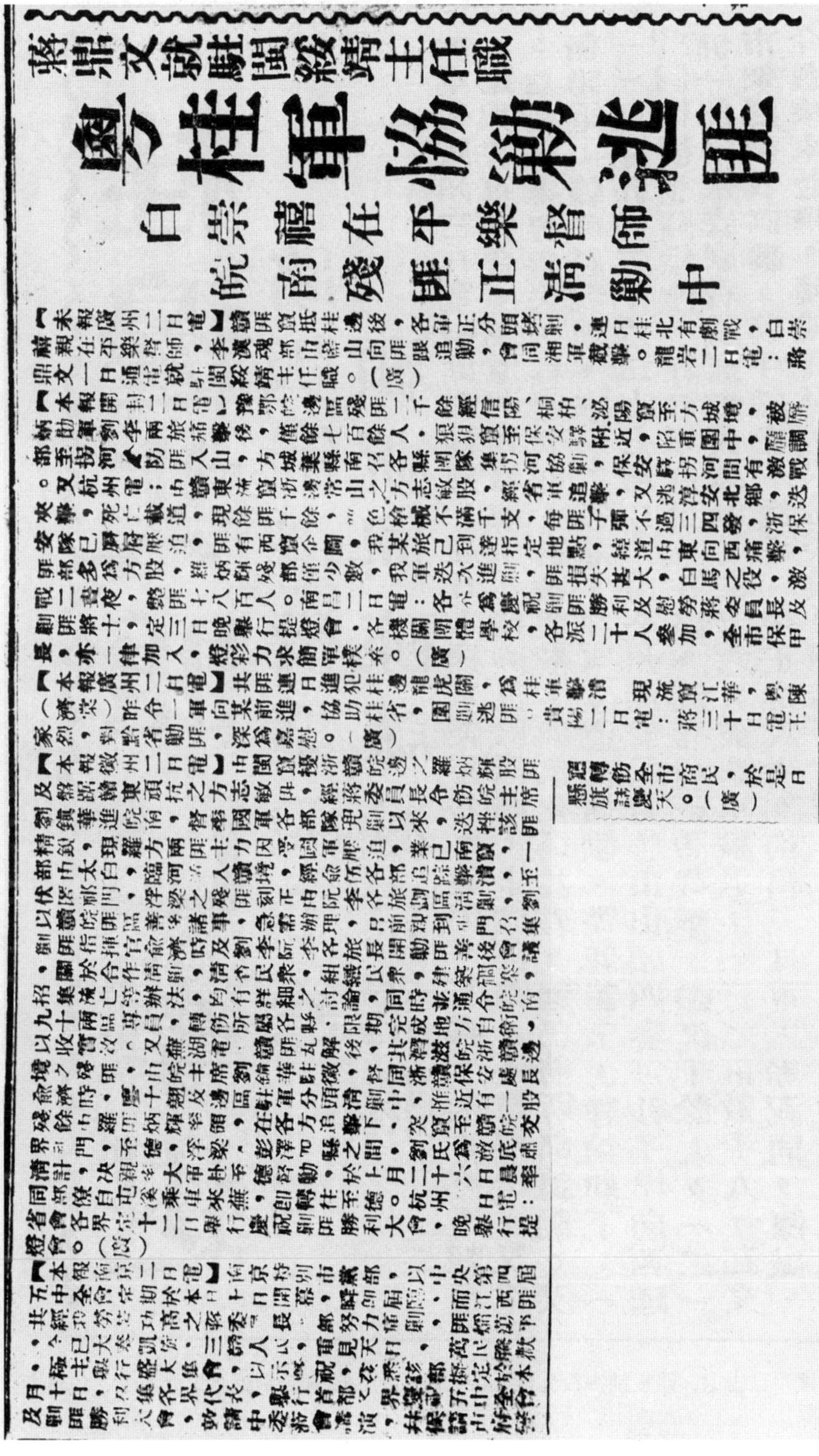
蒋鼎文就驻闽绥靖主任职
粤桂军协剿逃匪
白崇禧在平乐督师
皖南残匪正清剿中

3. 蒋鼎文就驻闽绥靖主任职，粤桂军协剿逃匪，白崇禧在平乐督师，皖南残匪正清剿中，1934 年 12 月 3 日第 1 版

桂邊共匪已擊退

路版鋪一役斃匪千餘

顧祝同陳誠赴京謁蔣

【本報廣州三日電】匪在桂邊，連日與桂軍戰甚烈，匪傷亡甚夥，湘軍克道縣後，正與粵軍會合，越道河西追擊中，殘匪已陷重圍，走頭無路，不難解決。又電：白崇禧電粵報告，桂邊共匪，已被擊散，匪衆死傷甚夥，刻仍飭所部追勦。又衡陽電：贛匪經我周，李，王各部，在寧遠道縣痛勦，斃匪甚衆，詳情如下：（一）匪先頭於二十六二十七兩日，由全州測安元勾牌山山頭四賽十沙子岸向西延浮，四板橋企圖偷渡，經我軍趕至，在路版鋪蔣村一帶截擊，斃匪千餘人，（二）匪一部由永安關右邊竄未貢臘洞，二十六日被我軍擊退，（三）匪數千人，在文市架橋被我側擊，將浮橋撤去圖逃，現正進攻中。南昌三日電：顧祝同，陳誠，今晨乘車赴潯，轉輪晋京，謁蔣委員長報告。（廣）

4. 桂边“共匪”已击退，路板铺一役毙匪千余，顾祝同、陈诚赴京谒蒋（介石），1934 年 12 月 4 日第 1 版

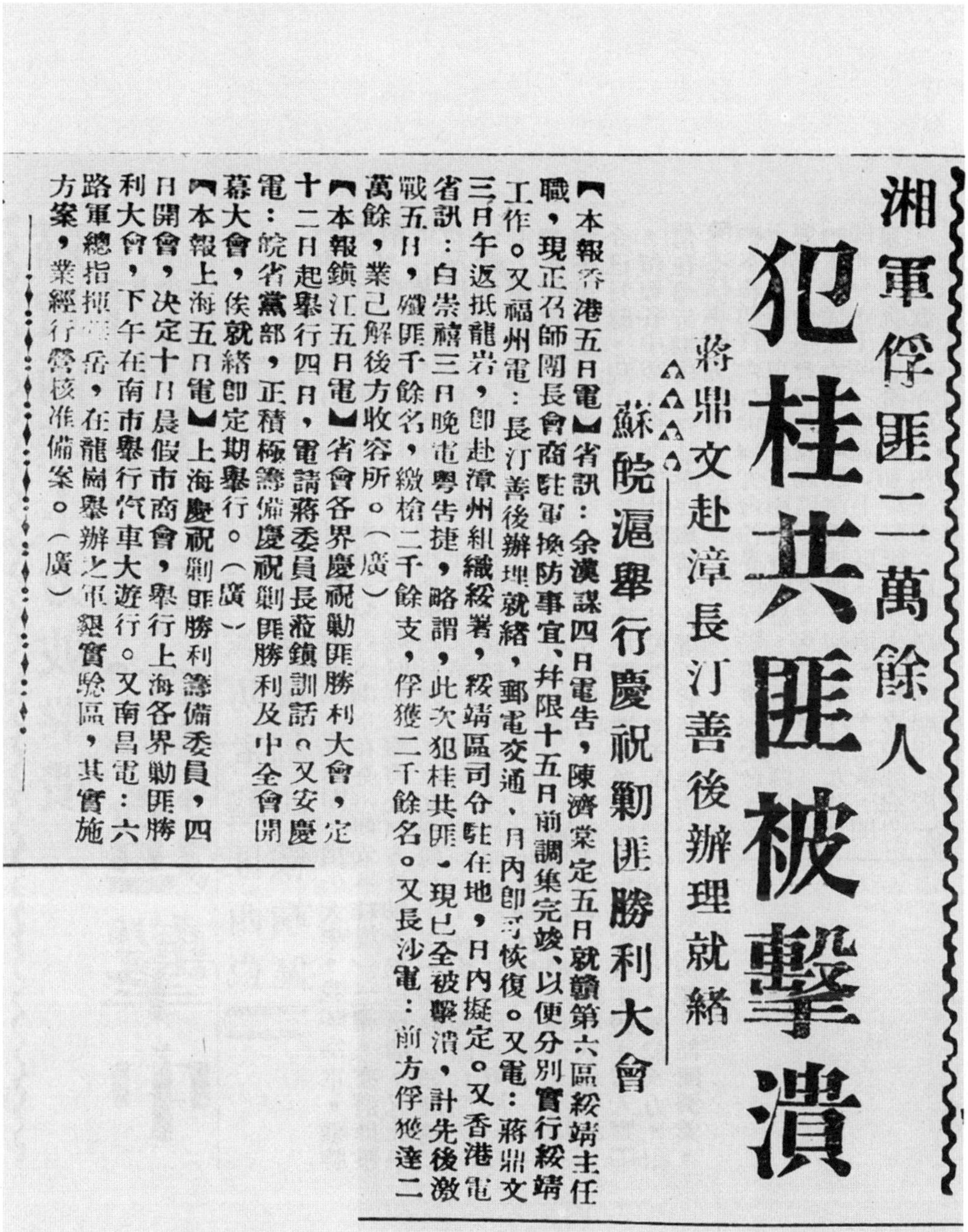

湘軍俘匪二萬餘人
犯桂共匪被擊潰
蔣鼎文赴漳長汀善後辦理就緒
蘇皖滬舉行慶祝剿匪勝利大會

【本報香港五日電】省訊：余漢謀四日電告，陳濟棠定五日就贛第六區綏靖主任職，現正召師團長會商駐軍換防事宜，幷限十五日前調集完竣，以便分別實行綏靖工作。又福州電：長汀善後辦理就緒，郵電交通，月內即可恢復。又電：蔣鼎文三日午返抵龍岩，即赴漳州組織綏署，綏靖區司令駐在地，日內擬定。又香港電省訊：白崇禧三日晚電粵告捷，略謂，此次犯桂共匪，現已全被擊潰，計先後激戰五日，殲匪千餘名，繳槍二千餘支，俘獲二千餘名。又長沙電：前方俘獲達二萬餘，業已解後方收容所。（廣）

【本報鎮江五日電】省會各界慶祝剿匪勝利大會，定十二日起舉行四日，電請蔣委員長蒞鎮訓話。又安慶電：皖省黨部，正積極籌備慶祝剿匪勝利及中全會開幕大會，俟就緒即定期舉行。（廣）

【本報上海五日電】上海慶祝剿匪勝利籌備委員，四日開會，決定十日晨假市商會，舉行上海各界剿匪勝利大會，下午在南市舉行汽車大遊行。又南昌電：六路軍總指揮部，在龍崗舉辦之軍墾實驗區，其實施方案，業經行營核准備案。（廣）

5. 湘军俘匪二万余人，犯桂“共匪”被击溃，蒋鼎文赴漳（州），长汀善后办理就绪，苏皖沪举行庆祝剿匪胜利大会，1934 年 12 月 6 日第 1 版

蕭賀兩匪主力被擊潰

湘桂軍正追擊中

猶國材派隊防堵贛匪西竄
桂李訪粵陳閩劃四綏靖區

【本報廣州六日電】匪在桂連日慘敗，僞一九軍團，損失大半，我陸空軍，乘勝壓追，匪狼狽回竄永明（湘境）附近，湘軍在全州興安（桂境）一帶，亦將匪擊破，由江華永明向桂推進中，白崇禧何鍵，均將赴前方督勦，期早肅清。又北平電：某機關，接貴州勦匪總指揮猶國材來電，原文竟錄如下：（銜略）贛匪第二批竄抵桂邊，有入黔形勢，此間得電訊後，經與師長劍平，統率三團即日開拔南行，並派（一平）入（從）協力堵截，務期俘殲，猶國材叩東（一日）印。重慶一日電：此間軍部所得情報，蕭賀兩匪主力被擊潰，洪江探報，湘桂軍正追擊中（廣）

【本報貴陽六日電】猶國材派所部周文彬團，今日東開，防堵贛匪西竄。（廣）

【本報香港六日電】省訊：李宗仁五日晨語記者，前請假回桂，處理軍政要務，今已月餘、現因孫院長南來，特由邕寧乘機來粵一晤，汪蔣感電主張，切入實際，留粵各中委，多準備出席，竄桂殘匪已受重創，雖分道流竄，已無能爲力，相信在最近期內，必能澈底肅清。又電：省訊：李宗仁五日晨往梅花邨訪陳濟棠，陳述桂軍勦匪詳情。（廣）

【本報鎮江六日電】省會各界舉行勦匪勝利大會，改十日舉行，以便慶祝五中全會開幕，并更名江蘇省會慶祝五中全會開幕及勦匪勝利大會。（廣）

【本報龍岩六日電】閩劃爲四個綏靖區，秩序爲九區（閩北），十區（閩西），十一區（閩南），十二區（閩東），九區司令官劉和鼎駐延平，十區衛立煌駐龍岩，十一區李延年駐泉州，十二區王敬玖駐福州（廣）

6. 萧（克）、贺（龙）两匪主力被击溃，湘桂军正追击中，犹国才派队防堵赣匪西窜，桂李（宗仁）访粤陈（济棠），闽划四绥靖区，1934 年 12 月 7 日第 1 版

昌化殘匪已擊退

蕭賀兩匪徘徊湘黔邊境
王家烈日內赴前方指揮

【本報杭州七日電】竄潰昌化小六都殘匪，昨復向西北竄逃，正逢我軍趙團某營，激戰數小時，斃匪甚衆，並獲械彈甚多，匪不支、潰向績溪邊境竄退、我軍正在追擊中。又電：共匪被我軍擊潰受重創後，竄西延以北一帶山中，一部竄龍勝，劉建緒四日率部到新寧，並派部隊馳赴城步截擊，陶廣師在大帽嶺斃匪五六百，獲槍千餘枝，又我軍在城步附近拿獲假裝江西難民之匪探百餘名。又長沙電：據報，劉建緒所部各師，在全縣西南之覺山大捷後，一日抵鹹水，麻子渡，與匪激戰，斃匪二千餘，獲槍千餘支，又麻子渡與石塘圩之間有匪四五千，我軍與桂軍正在圍剿，匪一股由麻子渡界首等處渡過離水，向西北逃竄，文市，界首間尚有匪大部、企圖逃竄、我軍正截剿中，又在全縣南大肚嶺，白沙之匪一部，一日經某師擊潰，頗多斬獲，我空軍在麻子渡，南石渡，馬鞍山，蓬塘及文市至石塘圩大嶺背各發現匪數千，匪在山頭附近架遊動浮橋四座及全縣南循蘸塘附近浮橋五座，均經空軍投彈炸毀，我某某兩軍追匪抵文市，俘斃匪後衛約千人，湘南已無股匪，又何鍵為便利指揮起見，昨更定追剿軍軍隊區分追剿總司令直轄追剿軍第一第二兵團總指揮，劉膺古任預備兵團指揮。又廣州電：網國材電稱，赤匪第二批竄抵桂邊，有入黔勢，已命吳劍平率三團入桂協堵，王家烈三四日內親赴前方指揮。又電：桂息：朱毛殘匪萬人竄桂，在石團塘被桂軍擊潰後，向寗遠潰退，文市一役斃匪二千餘，蕭賀股匪全部徘徊湘黔邊境，有向湘西進犯模樣·桂軍第七師正向匪主力抄擊。南京七日電：首都各界，以中央第四屆五中全會瞬即開幕，黨國大計，極待商討，極應熱烈慶祝，竭誠擁護，又贛省匪區完全收復，匪禍次第蕩平，亦應表示慶祝，特由京市黨部發起 定於本月十日上午十時，召集各界代表，在該部大禮堂，舉行首都各界慶祝第四屆五中全會暨勦匪勝利大會，是日全市懸旗慶祝，娛樂場所，一律半價售票，并請蔣委員長及全體中委，蒞會演講（廣）

【本報重慶七日電】川軍在秀山邊境擒獲之偽師長王光澤，已解至龍潭。經田旅審訊，原為蕭克部團長，願意反共，又偽川陝省蘇維埃現移設通江毛浴鎮。北平七日電：平市各民衆團體，前電慰蔣委員長及勦匪將士，蔣已電覆致謝，略謂、贛閩匪巢雖經克復，流竄餘孽，當待肅清，遠承慰勞感奮彌深等語。（廣）

7. 昌化残匪已击退，萧（克）、贺（龙）两匪徘徊湘黔边境，王家烈日内赴前方指挥，1934 年 12 月 8 日第 1 版

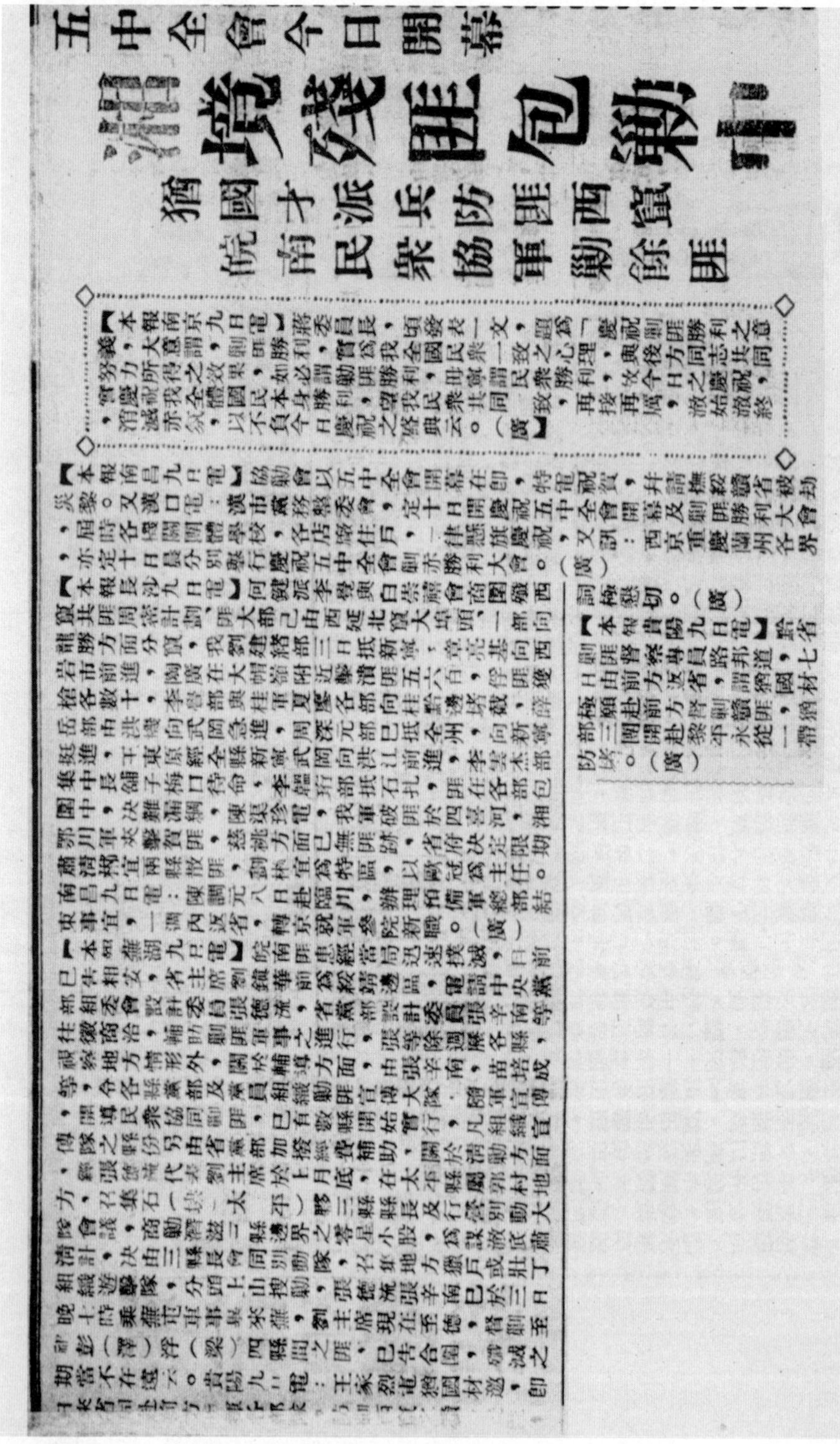

五中全會今日開幕

湘境殘匪包剿中

猶國才派兵防匪西竄

皖南民衆協勦餘匪

8. 五中全会今日开幕，湘境残匪包剿中，犹国才派兵防匪西窜，皖南民众协军剿余匪，1934年12月10日第1版

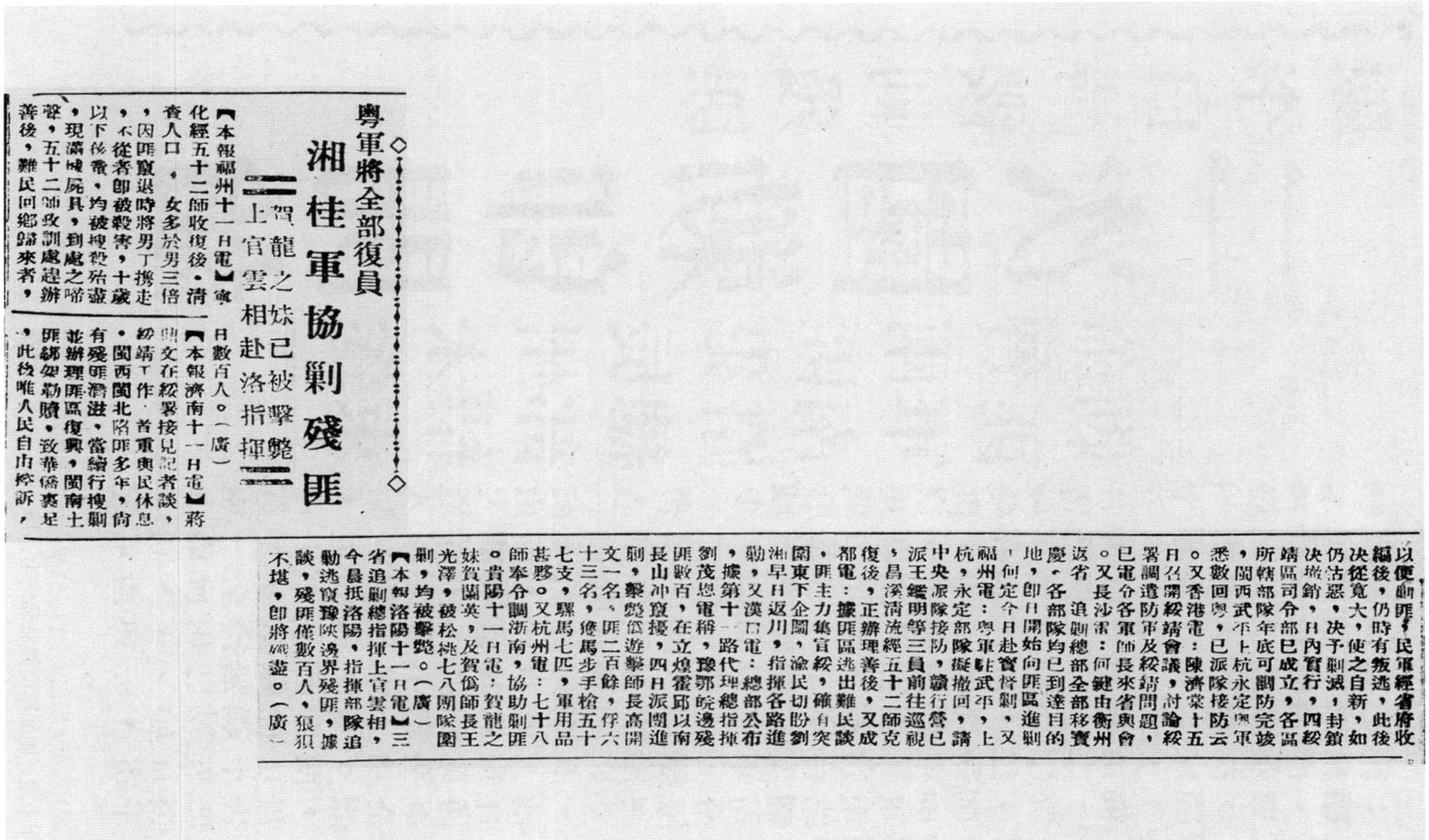

粵軍將全部復員

湘桂軍協剿殘匪

賀龍之妹已被擊斃

上官雲相赴洛指揮

【本報福州十一日電】寧化經五十二師收復後，清查人口，女多於男三倍，因匪竄退時將男丁攜走，不從者即被殺害，十歲以下幼童，均被槍殺殆盡，現滿城屍具，到處之啼聲，五十二師收訓處趕辦善後，難民回鄉歸來者，日數百人。（廣）

【本報濟南十一日電】蔣鼎文在綏署接見記者談，綏靖工作，首重與民休息。閩西閩北，陷匪多年，向有殘匪潛滋，當繼續搜剿，並辦理匪區復興，閩南土匪綁架勒贖，致華僑裹足，此後唯人民自由控訴，

以便剿匪；民軍經省府收編後，仍時有叛逃，此後決從寬大，使之自新，如仍怙惡，決予剿滅，封鎖決撤銷，日內實行，四綏靖區司令部巳成立，各區所轄部隊年底可調防完竣，閩西武平上杭永定粵軍悉數回粵，已派隊接防，云。又香港電：陳濟棠十五日召開綏靖會議，討論綏署調遣防軍及綏靖問題，已電令各軍師長來省與會。又長沙電：何鍵由衡州返省，追剿總部全部移贛慶、各部隊均已到達目的地，即日開始向匪區進剿，何定今日赴資督剿，又福州電：粵軍駐武平，上杭，永定部隊擬撤回，請中央派隊接防，贛行營已派王鑑明等三員前往巡視，昌溪清流經五十二師克復後，正辦理善後，又成都電：據匪區逃出難民談，匪主力集官綏，確自突閩東下企圖，淪民切盼劉湘早日返川，指揮各路進勦，又漢口電：總部公布，據第十一路代理總指揮劉茂恩電稱，豫鄂皖邊殘匪數百，在立煌霍邱以南長山冲竄擾，四日派團進剿，擊斃偽遊擊師長高開文一名、匪二百餘，俘六十三名，獲馬步手槍五十七支，騾馬七匹，軍用品甚夥。又杭州電：七十八師奉令調浙南，協助剿匪。貴陽十一日電：賀龍之妹賀闢英，及賀僞師長王光澤，被松桃七八團隊圍剿，均被擊斃。（廣）

【本報洛陽十一日電】三省追剿總指揮上官雲相，今晨抵洛陽，指揮部隊追勦逃竄豫陝邊界殘匪，據談，殘匪僅數百人、狼狽不堪，即將殲盡。（廣）

9. 粤军将全部复员，湘桂军协剿残匪，贺龙之妹已被击毙，上官云相赴洛（阳）指挥，1934 年 12 月 12 日第 1 版

陳李白請纓剿殘匪

二次圍剿即開始

蕭賀兩匪犯辰州未遂

剿匪軍南路總部結束

【本報廣州十五日電】殘匪竄集龍勝城步一帶，企圖由大道入黔，蕭賀兩匪，近又犯辰州未逞，湘桂軍在正向匪方推進，二次圍剿，即開始。又電：粵一集團軍總司令陳濟棠，桂四集團軍總副司令李宗仁、白崇禧，電中央黨部，五全會、西南執行部，政委會，請纓追擊共匪，略謂・贛匪殘餘西竄，若任其竄黔擾川，與賀蕭餘匪聯成一氣，則匪禍之烈，不堪設想，又竊以為共匪不除，國難無已，一切救國計劃　盡屬空談，粵桂兩省軍旅，素以捍國衛民為職志，擬即抽調勁旅，編練進剿部隊，由李宗仁統率，會合友軍，繼續窮追，以竟全功。南京十五日電：贛，粵，閩，湘，鄂，剿匪軍南路總司令陳濟棠，前日通電全國，報告已遵干十二月五日將五省剿匪軍南路總司部結束。（廣）

10. 陈（济棠）、李（宗仁）、白（崇禧）请缨剿残匪，二次围剿即开始，萧（克）、贺（龙）两匪犯辰州未遂，剿匪军南路总部结束，1934 年 12 月 16 日第 1 版

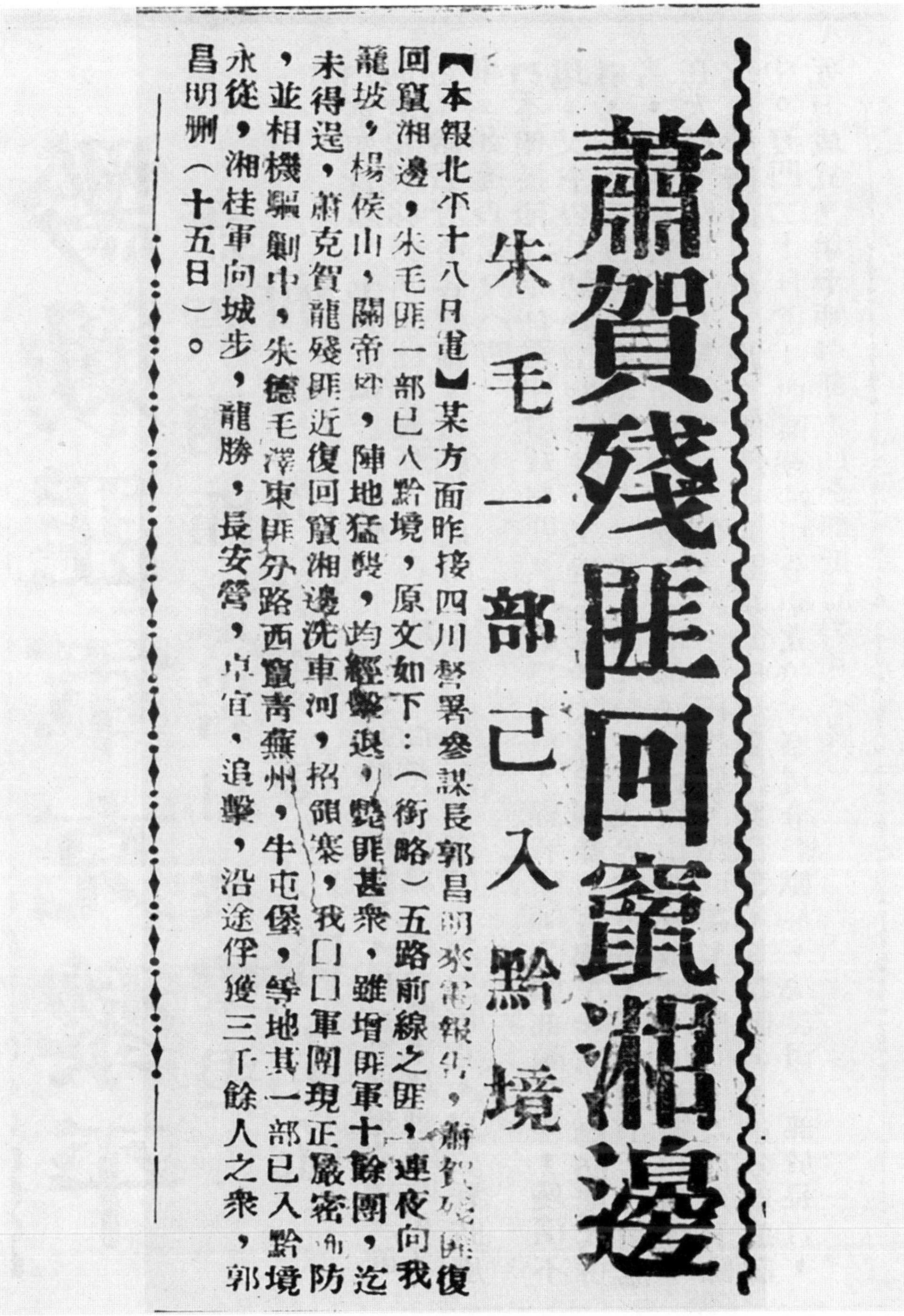

蕭賀殘匪回竄湘邊

朱毛一部已入黔境

【本報北平十八日電】某方面昨接四川督署參謀長郭昌明來電報告，蕭賀殘匪復回竄湘邊，朱毛匪一部已入黔境，原文如下：（銜略）五路前線之匪，連夜向我龍坡，楊侯山，關帝岭，陣地猛襲，均經擊退，斃匪甚衆，雖增匪軍十餘團，迄未得逞，蕭克賀龍殘匪近復回竄湘邊洗車河，招頭寨，我□□軍團現正嚴密布防，並相機驅剿中，朱德毛澤東匪分路西竄青蕪州，牛屯堡，等地其一部已入黔境永從，湘桂軍向城步，龍勝，長安營，卓宜，追擊，沿途俘獲三千餘人之衆，郭昌明删（十五日）。

11. 萧（克）、贺（龙）残匪回窜湘边，朱（德）、毛（泽东）一部已入黔境，1934 年 12 月 19 日第 1 版

黔勦匪軍克黎平

蕭賀兩匪竄岩口被擊退

湘南團隊搜獲散匪千餘

【本報貴陽二十日電】黔軍周旅，於十五日拂曉向匪猛攻，已將黎平城克復，匪向老錦屏移動，又桂軍周師，由古宜經下江向榕江前進，協助黔軍堵勦殘匪。又電：黔省府令各機關，以勦匪期間工作緊張，公私應酬，着即停止，以免耗時廢事，如違查究。（廣）

【本報長沙二十日電】蕭賀兩匪，向岩口逃竄，經我陳師先頭部隊痛擊，殘潰不堪，又李覺赴醴陵檢閱團隊。又黔電：猶國才自關嶺晉省謁王主席，商防堵共匪事，王分設行營於遵義鎮遠，所部在湘桂黔三省交界處布防，王令猶出兵三團協勦，須王猶會面後可開拔。又電：湘南嘉禾臨武藍山等縣散匪，連日經我團隊，在大村，四眼橋，黃金坪，八嶺一帶，積極搜勦，斃匪甚多，俘匪千六百八十餘名，解衡山訊辦，並獲偽營長供出匪偽政治委員劉賢等，首要數名，正分別追訊中。廈門二十日電：西區綏靖司令衛立煌、副司令李默菴，決設司令部於長汀，元日成立，第十師李部，已全部抵龍岩。（廣）

12. 黔剿匪军克黎平，萧（克）、贺（龙）两匪窜岩口被击退，湘南团队搜获散匪千余，1934年12月21日第1版

劉湘即赴前線視察

龍勝殘匪退湘邊

寧都開追悼陣亡將士大會

僞師長王光澤被槍决

【本報南京二十一日電】贛粵閩湘鄂剿匪軍北路第三路軍，定於本月二十五日在寧都舉行追悼陣亡將士大會，據國府息，國府除由林主席送橫額一方弔輓該路軍陣亡將士外，並於日昨電派江西省政府主席熊式輝代表國府，前往致祭。（廣）

【本報重慶二十一日電】各路前方時有匪擾，均遭嚴陣痛擊，山家寺匪亦他竄，二路羅師擒匪甚衆，二十三師正派隊搆築工事。探報，儀魁城內新到匪團，其中女性千餘人，因赤區內壯丁傷亡逃散日衆，不得已將婦女參配入伍。又廣州電：黔軍猶國才部一日可抵黎平永從，侯之擔部集中貴陽，候命開拔，據桂空軍探悉，僞匪三五兩軍閏十二日晚進窺龍勝，即被桂軍迎擊，並用空軍偵察匪向湘邊潰退。重慶二十一日電，劉湘奉蔣委員長命，將僞師長王光澤就地槍決，昨電龍潭田鍾毅執行。（廣）

【本報鄭州二十一日電】上官雲相偕郝夢麟，二十日下午三時乘專車由濟過鄭赴漢，錢宗澤等十數人在站歡迎，據談係晉謁張副司令，報告追剿赤匪經過。（廣）

【本報重慶二十一日電】劉湘連日召集軍政要員，會商軍政各事宜，稍緩即赴前線視察，督率各軍團剿川北共匪。（廣）

【本報廈門二十一日電】汀漳公路，全線通車，現繼續開築長汀至瑞金公路，閩贛交通將日漸便利（廣）

13. 刘湘即赴前线视察，龙胜残匪退湘边，宁都开追悼阵亡将士大会，“伪师长”王光泽被枪决，1934 年 12 月 22 日第 1 版

陳楚楠等電慰蔣委員長

桂軍入黔追剿逃匪

蕭賀大部仍在湘境

【本報廣州二十四日電】桂四集團組兩縱隊入黔追剿逃匪，委十七軍夏威為第一追擊縱隊司令，集中龍門機前進，委七軍長廖磊為二縱隊司令，由湘境繞出江協助黔軍防剿。又長治電：蕭賀大部仍在湘境。南昌二十四日電：三路軍總部，定二十四年元旦，召開寧都黨政軍民聯歡會，并舉行廣（昌）寧（都）正式通車典禮。（廣）

【本報福州二十四日電】閩綏靖主任蔣鼎文，二十三日午由厦飛省，陳主席及各委員，均到塲歡迎，蔣定四五日內即返漳州。（廣）

【本報南京二十四日電】新嘉坡老同志陳楚楠等，電慰蔣委員長云，蔣委員長（介石）志兄勛鑒，我公蕩平內亂，安內攘外大計，已歷半程，勞苦功高，同僑擁戴，仰祈繼續努力，以竟全功，陳楚楠等同叩。（廣）

14. 陈楚楠等电慰蒋委员长，桂军入黔追剿逃匪，萧（克）、贺（龙）大部仍在湘境，1934 年 12 月 25 日第 1 版

桂追勦部隊已抵黎平

蔣組參謀團入川

發佈命令監督勦匪

【本報南昌二十七日電】行營爲對川勦匪作戰上監督指導計，特組參謀團，委第一廳長賀國光爲主任，賀於前日返省，辦理調任各人員及處理行營事務，一週後赴滇轉川。該團副主任楊吉輝，第一處長王又康、副處長李爲倫，第二處長劉依仁，副蕭霖，政訓處長康濟，總務處長柏良，處長以下人員由行營調用，又電賀國光對記者談，川軍近覺非澈底服從中央指揮不能勦滅赤匪，委員長特組參謀團，前往代表發佈命令，擬年底啟程，在導會合軍委會一部份人員赴滇入川。又長沙電：省府代理主席曹典球二十四日在紀念週報告，進犯德之匪，連日經我大軍水陸並進，向匪痛擊，匪勢不支，已由河洑向大庸方面退竄，我追勦軍第六路司令李覺二十三日進駐常城，正聯絡各路友軍急進圍勦，又徐源泉二十一日電湘略稱，據張師長（萬信）號（二十日）電略稱，竄犯常德股匪經職督率所屬，並聯絡各友軍會師進勦，與匪遭遇於常（德）臨（澧）間之大銃樓，當即接觸，激戰約四小時，幸我官兵沉着應戰，卒將該匪擊潰，斃匪八百餘名，獲槍四百餘枝等語，除令勛跟踪追勦，務絕根株外，特聞。又廣州電：桂追勦部隊已抵黎平，與黔軍取得聯絡，十五日匪六千人在黎平被黔軍痛擊，傷亡甚衆，十六日匪渡清江河，黔軍現在追擊中。福州二十七日電：閩省黨部，二十日晚宴蔣主任鼎文，蔣暢談勦匪經過，謂國人必須嚴密訓練，使成有組織之民衆，黨政軍各部，誠意合作，各級負担人員，尤應協力以赴。（廣）

【本報天津二十七日電】津市赴贛慰勞團，省府代表兪該團調查主任富維驥於二十六日下午赴平，與市黨部及各團體代表馬亮等集合，卽晚由平漢路赴贛慰勞勦匪有功將士。（廣）

15. 桂追剿部队已抵黎平，蒋（介石）组参谋团入川，发布命令监督剿匪，1934 年 12 月 28 日第 1 版

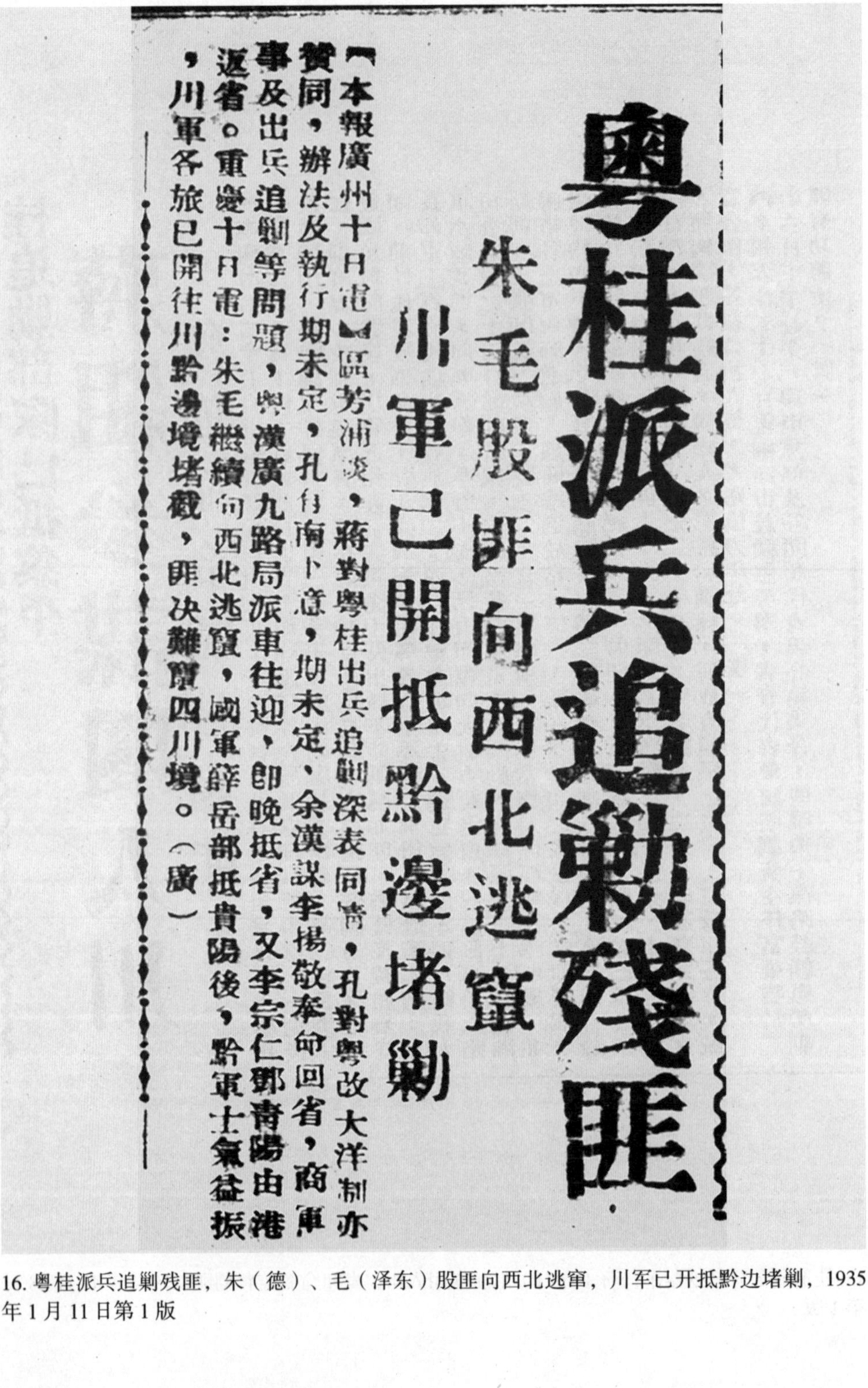

粵桂派兵追剿殘匪

朱毛股匪向西北逃竄

川軍已開抵黔邊堵剿

【本報廣州十日電】區芳浦談，蔣對粵桂出兵追剿深表同情，孔對粵改大洋制亦贊同，辦法及執行期未定，孔有南下意，期未定，余漢謀李揚敬奉命回省，商軍事及出兵追剿等問題，與漢廣九路局派車往迎，即晚抵省，又李宗仁鄧青陽由港返省。重慶十日電：朱毛繼續向西北逃竄，國軍薛岳部抵貴陽後，黔軍士氣益振，川軍各旅已開往川黔邊境堵截，匪決難竄四川境。（廣）

16. 粤桂派兵追剿残匪，朱（德）、毛（泽东）股匪向西北逃窜，川军已开抵黔边堵剿，1935年1月11日第1版

桂剿匪軍開抵黔南

陳濟棠通電出師剿匪

駐川參謀團已抵重慶

【本報巴縣十三日電】駐川參謀團賀國光等一行，七日由漢抵宜昌，因等候澤所率領之政訓人員，至九日始由宜入川，十二日晚可抵重慶，又電：朱毛大部，集中遵義，猛攻婁山關，一部正向桐梓進展，援黔川軍，已達桐梓，北岸之匪，無何動作，南岸匪深慮由遵義竄川，申匯至一千六百元，地方銀行，連日擠兌，昨晨金融界開會，決定發抵借證千萬元。又貴陽電：此匪主力三萬，向遵義附近集中北竄，欲犯川邊之秀山酉陽，以與蕭賀會合，貴陽省會，可保無虞，桂軍開抵黔南都勻。又重慶電：朱毛繼續向西北逃竄，侯之担部在前方與匪接觸，國軍薛岳部抵貴陽。廣州十三日電：陳濟棠十一日通電出師進剿殘匪，原電謂，贛匪西竄，沿途挫敗，然殘匪尚有四五萬衆，非即時殲滅，勢將以禍贛者禍黔川，濟棠前與德鄰建生兩兄聯請中央，請由兩粵抽調勁旅，組織進剿部隊，協同友軍繼續追剿，以期肅清餘孽，寧我邦家，隨奉蔣委員長電令，照准請求，志遂百戰何辭，今追剿部隊已集中準備完畢，定於本月十一日由廣州出發，取道梧州會合廣西追剿部隊，列陣而前，敵愾同仇，義無反顧，一俟妖氛蕩盡，當即整隊凱旋，尚望各路友軍，共同奮鬥，舉國民衆，一致應援云。（廣）

17. 桂剿匪军开抵黔南，陈济棠通电出师剿匪，驻川参谋团已抵重庆，1935 年 1 月 14 日第 1 版

蕭賀殘匪竄集大滸一帶

粵桂軍大舉進剿

烏江南岸已無匪踪

【本報漢口十五日電】蔣委員長因牙痛，在奉化休養、現完全告痊、王以哲部，將移駐荆州宜昌沙市，剿匪軍事進展，宜昌形成軍事要區。又上海電：川旅滬同鄉會，電國府行政院軍委會，請中央派兵，由宜萬兼程入川追堵，勿使匪共，因地形之關係，形成負隅。又巴縣電：賀國光談，匪主力不過四十團，經沿途追剿，已無大能力，中央決以全力剿滅川匪，參謀團使命，在協助剿匪執行賞罰，新聞界與參謀團合作，築路修碉堡辦法，對川北徐匪加以圍困。又漢口電：匪先頭似抵松坎，川北匪近仍常作小部襲，均經擊退，並無激戰，聞匪首徐（向前）等，集通江（四川地）商戰略。又香港電：粵軍二團，爲第二軍全部及獨立第三師，必要時，可增派，粵桂軍編組爲「粵桂追剿軍」、總司令李宗仁由廣州抵桂，桂軍廖磊率周祖晃覃連芳各四團，夏威率黃鎮國王贊斌韋雲淞各四共二十團，現抵貴定，向匪進攻。又錦屏電稱，朱毛匪部經我追勦軍及黔軍抄捷徑分別截擊猛追，袁宏渡，梁宏渡，江海界一帶殘匪，業經我軍分途擊潰，將所陷地方一律收復，岩門老凄口匪衆連日亦經我軍將其擊潰，斃匪千餘，俘虜無數，現烏江南岸已無匪踪。長沙十五日電：李覺，郭汝棟，今日由桃源返省，向何鍵呈報匪情，請示機宜，據李語記者，賀蕭殘匪現竄集大滸一帶，經我李樹勛部節節痛擊，斃匪無數。（廣）

18. 萧（克）、贺（龙）残匪窜集大浒一带，粤桂军大举进剿，乌江南岸已无匪踪，1935 年 1 月 16 日第 1 版

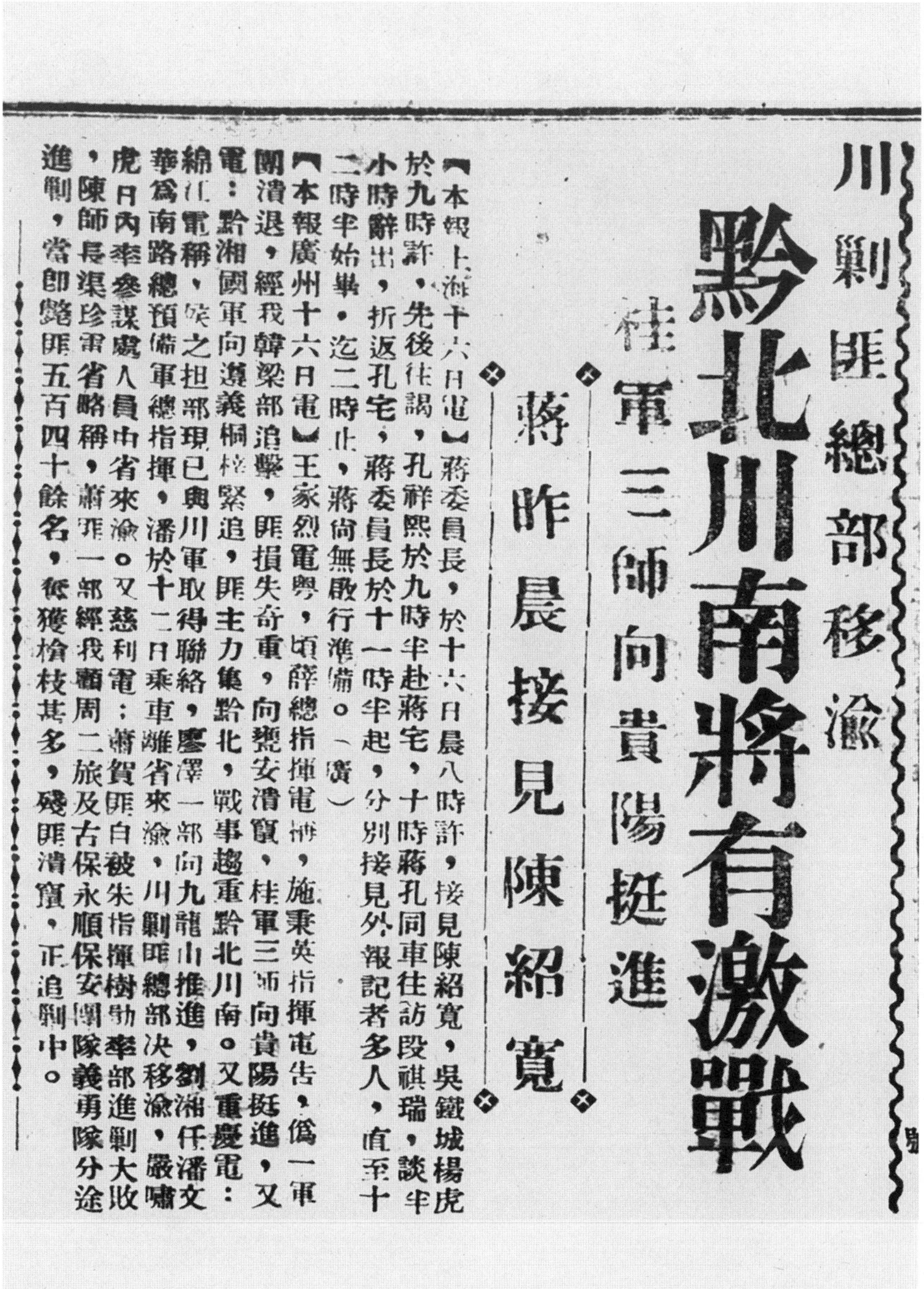

川剿匪總部移渝

黔北川南將有激戰

桂軍三師向貴陽挺進

蔣昨晨接見陳紹寬

【本報上海十六日電】蔣委員長，於十六日晨八時許，接見陳紹寬，吳鐵城楊虎於九時許，先後往謁，孔祥熙於九時半赴蔣宅，十時蔣孔同車往訪段祺瑞，談半小時辭出，折返孔宅，蔣委員長於十一時半起，分別接見外報記者多人，直至十二時半始畢，迄二時止，蔣尚無啟行準備。（廣）

【本報廣州十六日電】王家烈電粵，頃薛總指揮電稱，施秉英指揮電告，偽一軍團潰退，經我韓梁部追擊，匪損失奇重，向甕安潰竄，桂軍三師向貴陽挺進，又電：黔湘國軍向遵義桐梓緊追，匪主力集黔北，戰事趨重黔北川南。又重慶電：綿江電稱，侯之担部現已與川軍取得聯絡，廖澤一部向九龍山推進，劉湘任潘文華為南路總預備軍總指揮，潘於十二日乘車離省來渝，川剿匪總部決移渝，任嚴嘯虎日內率參謀處人員由省來渝。又慈利電：蕭賀匪自被朱指揮樹勛率部進剿大敗，陳師長渠珍電省略稱，蕭匪一部經我顧周二旅及古保永順保安團隊義勇隊分途進剿，當即斃匪五百四十餘名，奪獲槍枝甚多，殘匪潰竄，正追剿中。

19. 川剿匪总部移渝，黔北川南将有激战，桂军三师向贵阳挺进，蒋（介石）昨晨接见陈绍宽，1935 年 1 月 17 日第 1 版

新闻报

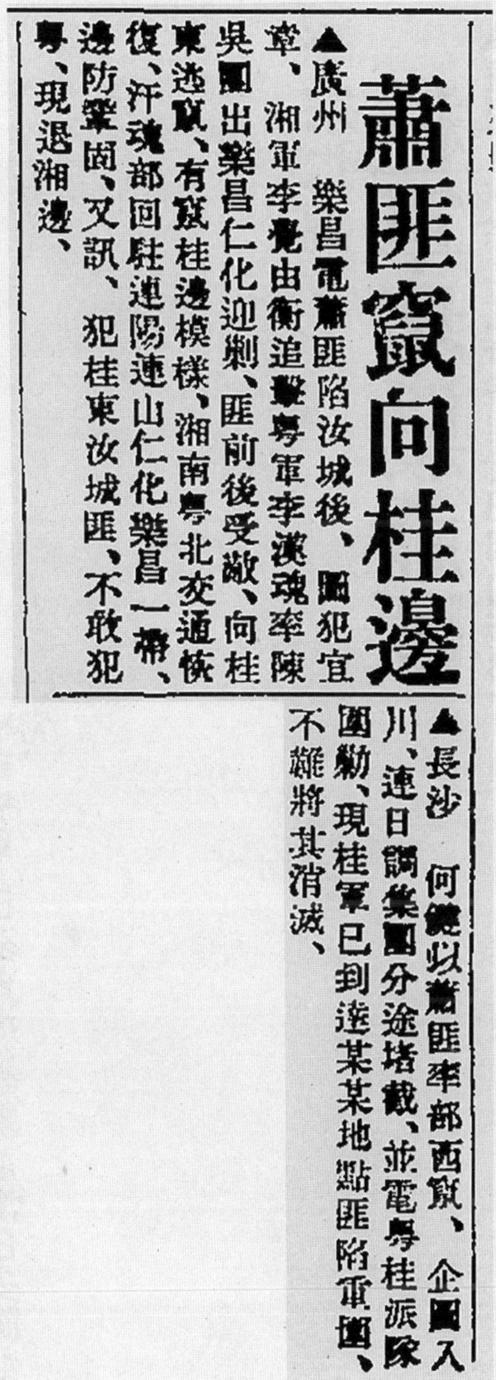

蕭匪竄向桂邊

▲廣州　樂昌電蕭匪陷汝城後、圖犯宜章、湘軍李覺由衡追擊粵軍李漢魂率陳吳圍出樂昌仁化迎剿、匪前後受敵、向桂東逃竄、有竄桂邊模樣、湘南粵北交通恢復、汗魂部回駐連陽連山仁化樂昌一帶、邊防鞏固、又訊、　犯桂東汝城匪、不敢犯粵、現退湘邊、

▲長沙　何鍵以蕭匪率部西竄、企圖入川、連日調集圍分途堵截、並電粵桂派隊圍勦、現桂軍已到達某某地點匪陷重圍、不難將其消滅、

1. 萧匪窜向桂边，1934 年 8 月 25 日第 4 版

李宗仁調

桂軍堵勦蕭匪

▲香港　李宗仁電令駐桂林□□□師□團即開□□、會同粵湘軍堵剿蕭李殘匪、

鎮三十里許、突來股匪四百餘人、經駐軍擊退、廿五日復經一度小騷擾、經黃營長率部痛擊、已全部潰退、現屯溪已安謐如常、

2. 李宗仁调桂军堵剿萧匪，1934 年 8 月 29 日第 4 版

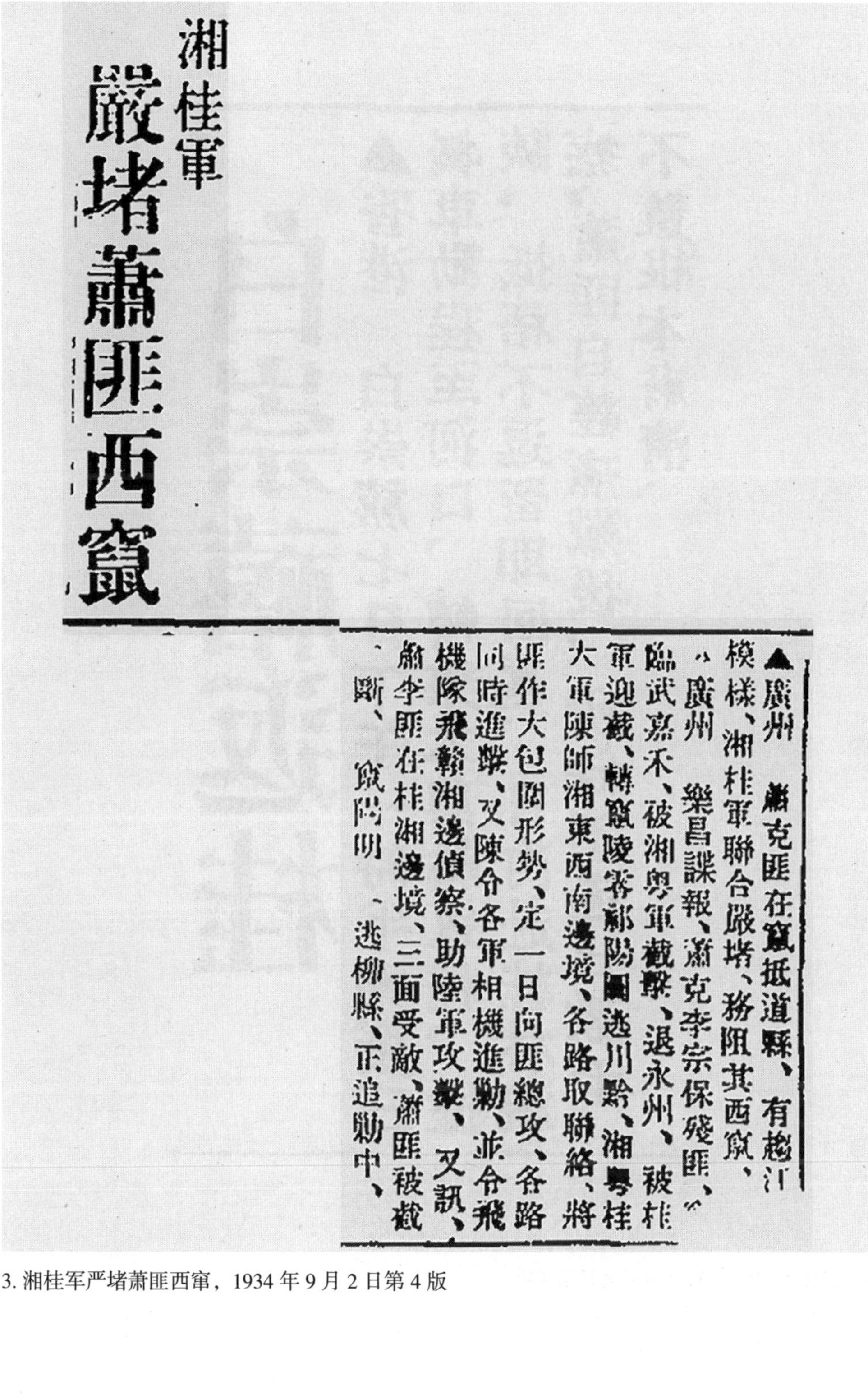
湘桂軍嚴堵蕭匪西竄

▲廣州 蕭克匪在竄抵道縣、有趨江模樣、湘桂軍聯合嚴堵、務阻其西竄、

▲廣州 樂昌諜報、蕭克李宗保殘匪、▲臨武嘉禾、被湘粵軍截擊、退永州、被桂軍迎截、轉竄陵零郴陽圖逃川黔、湘粵桂大軍陳師湘東西南邊境、各路取聯絡、將匪作大包圍形勢、定一日向匪總攻、各路同時進擊、又陳令各軍相機進剿、並令飛機隊飛贛湘邊偵察、助陸軍攻擊、又訊、蕭李匪在桂湘邊境、三面受敵、蕭匪被截斷、竄陽明 、逃柳縣、正追剿中、

3. 湘桂军严堵萧匪西窜，1934 年 9 月 2 日第 4 版

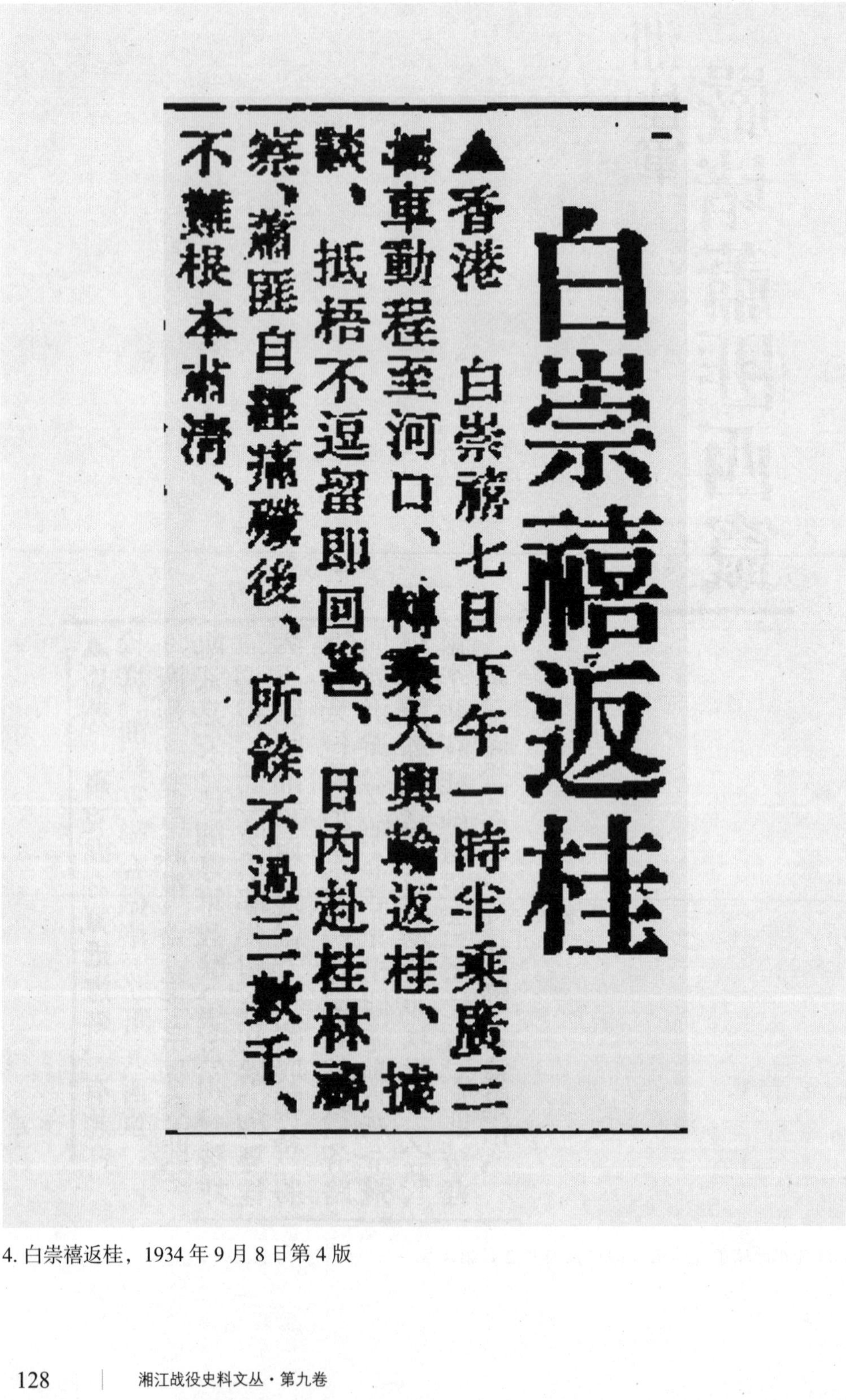

白崇禧返桂

▲香港　白崇禧七日下午一時半乘廣三路車動程至河口、轉乘大興輪返桂、據談、抵梧不逗留即回邕、日內赴桂林視察、蕭匪自經痛殲後、所餘不過三數千、不難根本肅清、

4. 白崇禧返桂，1934 年 9 月 8 日第 4 版

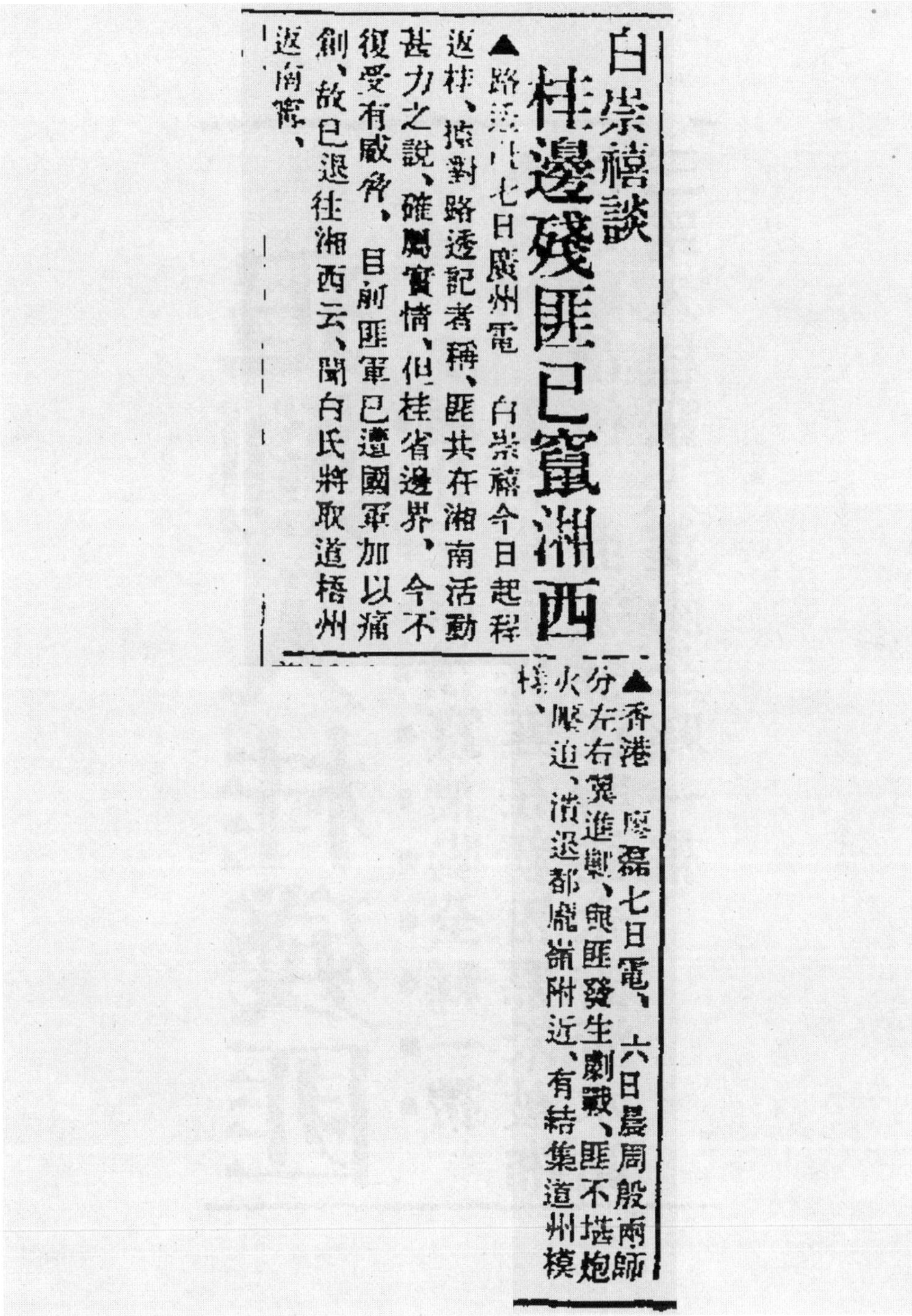

白崇禧談
桂邊殘匪已竄湘西

▲路透七日廣州電　白崇禧今日起程返桂、據對路透記者稱、匪共在湘南活動甚力之說、確屬實情、但桂省邊界、今不復受有威脅、目前匪軍已遭國軍加以痛創、故已退往湘西云、聞白氏將取道梧州返南寗、

▲香港　廖磊七日電、六日晨周殷兩師分左右翼進剿、與匪發生劇戰、匪不堪炮火壓迫、潰退都龐嶺附近、有結集道州模樣、

5. 白崇禧谈桂边残匪已窜湘西，1934 年 9 月 9 日第 3 版

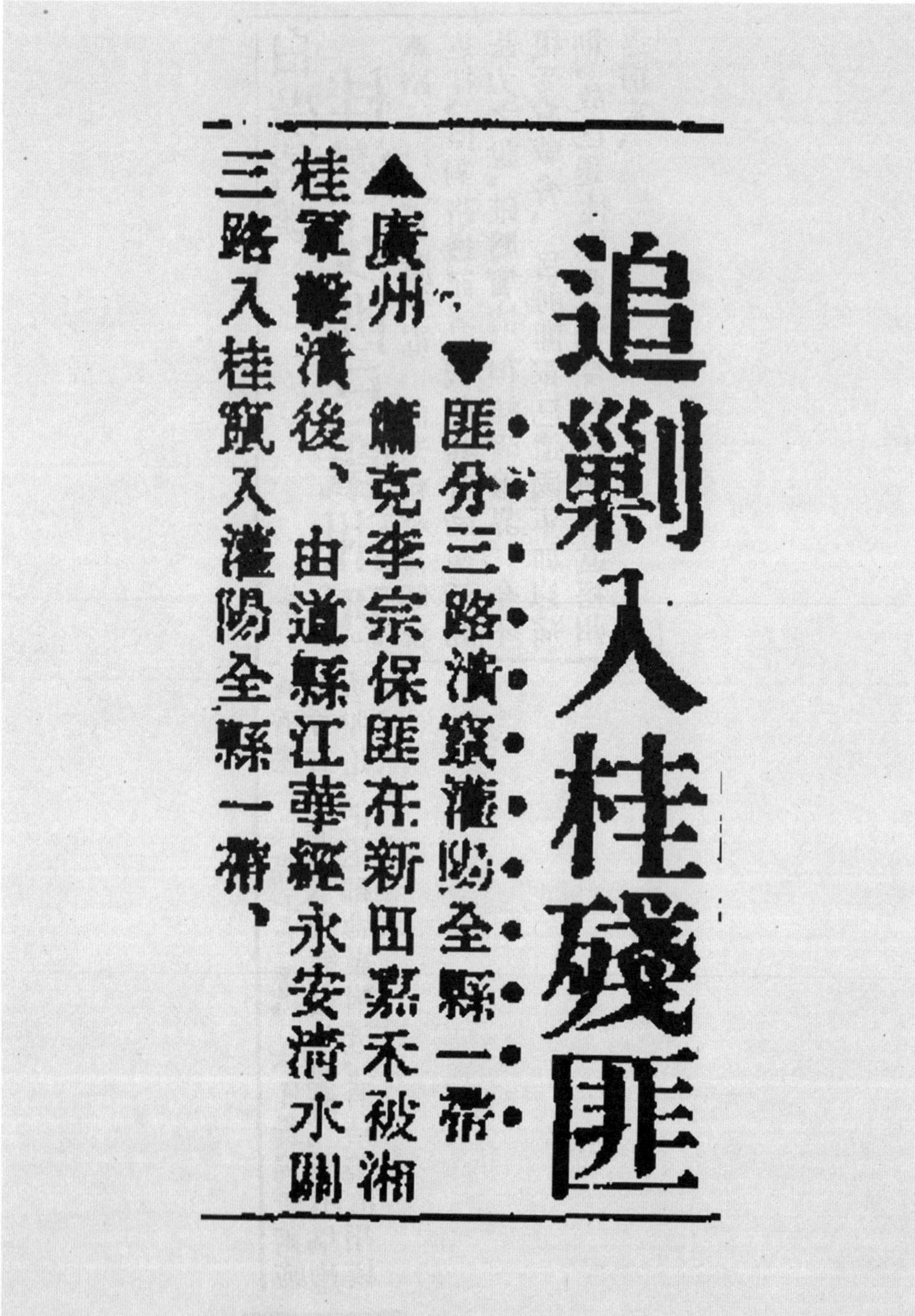

追剿入桂殘匪

匪分三路潰竄灌陽全縣一帶

▲廣州▼蕭克李宗保匪在新田縣禾被湘桂軍擊潰後、由道縣江華經永安濤水關三路入桂竄入灌陽全縣一帶、

6. 追剿入桂残匪，匪分三路溃窜灌阳、全县一带，1934 年 9 月 12 日第 4 版

桂軍剿匪大勝

捕虜匪軍三百人

▲日聯社十二日香港電 廣西省政府接到江西共產黨被中央軍壓迫侵入桂省之情報後、調動軍隊前往討伐、據由梧州來電、廣西軍三日在灌陽與共軍衝突、擊破共軍、捕虜三百人、

▲福州 白崇禧電李宗仁、桂北安定、陳李對粵桂湘邊境之殘匪、已商決、分令各軍戒備、並電粵湘當局知照、

7. 桂军剿匪大胜，捕虏匪军三百人，1934 年 9 月 13 日第 4 版

蕭匪又向北竄

▲長沙 蕭匪竄到黔境錦屏後、向天柱北竄、黔派王伯勳堵剿、據俘匪供、匪四九五十五一等團長徐志英劉式楷張鴻基在桂湘邊境陣亡、

8. 萧匪又向北窜，1934 年 9 月 23 日第 6 版

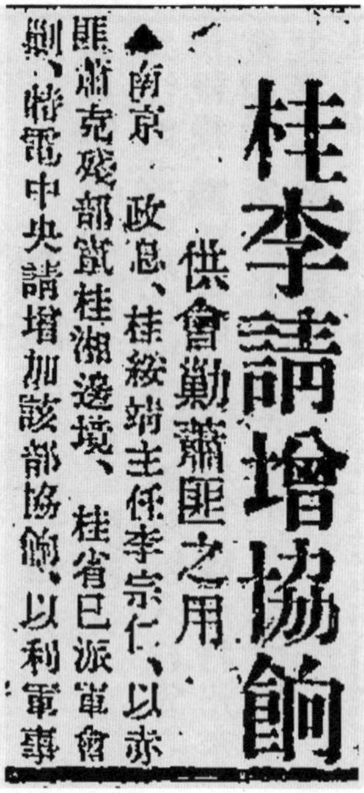

桂李請增協餉

供會勦蕭匪之用

▲南京 政息、桂綏靖主任李宗仁、以赤匪蕭克殘部竄桂湘邊境、桂省已派軍會剿、特電中央請增加該部協餉、以利軍事

9. 桂李（宗仁）请增协饷，供会剿萧匪之用，1934 年 9 月 25 日第 4 版

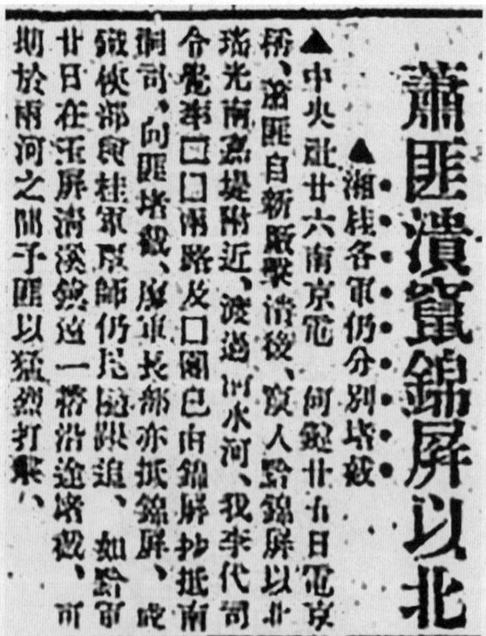

蕭匪潰竄錦屏以北

▲湘桂各軍仍分別堵截

▲中央社廿六南京電 何鍵廿五日電京稱、蕭匪自新厰擊潰後、竄入黔錦屏以北瑞光南嘉提附近、渡過洧水河、我李代司令覺率四口兩路及口關已由錦屏抄抵南洞司、向匪堵截、廖軍長部亦抵錦屏、與敵陝部與桂軍原師仍尾隨跟追、如湘省廿日在玉屏清溪鎮迫一帶沿途堵截、而期於兩河之間予匪以猛烈打擊、

10. 萧匪溃窜锦屏以北，湘桂各军仍分别堵截，1934 年 9 月 27 日第 5 版

蕭匪實力損盡

▲長沙　李覺電、蕭匪到黔後、圖北竄川邊、我桂湘軍二十五日在錦屛三穗間截勦一日夜、將匪主力擊破、斃匪近千、爲匪西竄來最大損失、　匪轉南竄、仍追剿中、貴州各界電謝湘桂軍入黔助剿蕭匪、

11. 萧匪实力损尽，1934 年 9 月 28 日第 6 版

西路軍

擊潰蕭匪主力

▲中央社廿八日長沙電　李代司令覺、廿五日由前方電呈來省、略稱蕭匪入黔後、冀圖北竄川邊、職部與桂軍周師布置於三穗之線、堵其北竄、廿四日匪竄到孟有三穗之東南、經職部五五旅迎頭痛擊、激戰三小時、將匪擊潰、跟追至王橋與蕭匪主力相遇、戰鬥更烈、我友軍周師由寨寨趕到夾擊、相持至酉刻、匪死亡山積、勢不能支、乃轉向八卦河南竄、現正與黔友軍聯絡圍勦中、是役匪死傷近千人、俘獲甚衆、爲該匪試竄以來最大損失、

12. 西路军击溃萧匪主力，1934 年 9 月 30 日第 7 版

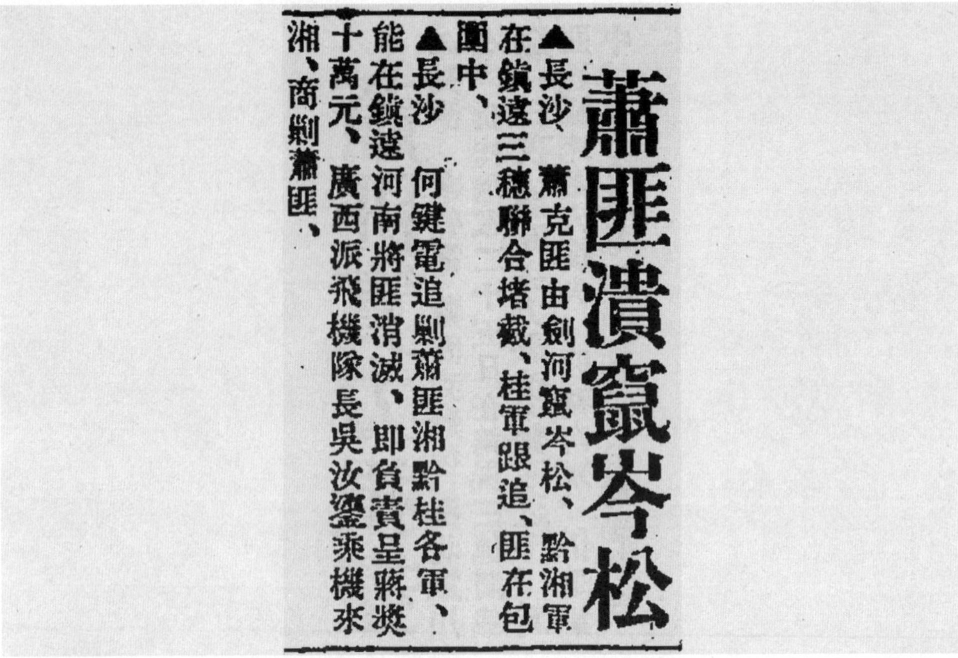

蕭匪潰竄岑松

▲長沙、蕭克匪由劍河竄岑松、黔湘軍在鎮遠三穗聯合堵截、桂軍跟追、匪在包圍中、

▲長沙 何鍵電追剿蕭匪湘黔桂各軍、能在鎮遠河南將匪消滅、即負責呈蔣獎十萬元、廣西派飛機隊長吳汝鎏乘機來湘、商剿蕭匪、

13. 萧匪溃窜岑松，1934 年 10 月 3 日第 4 版

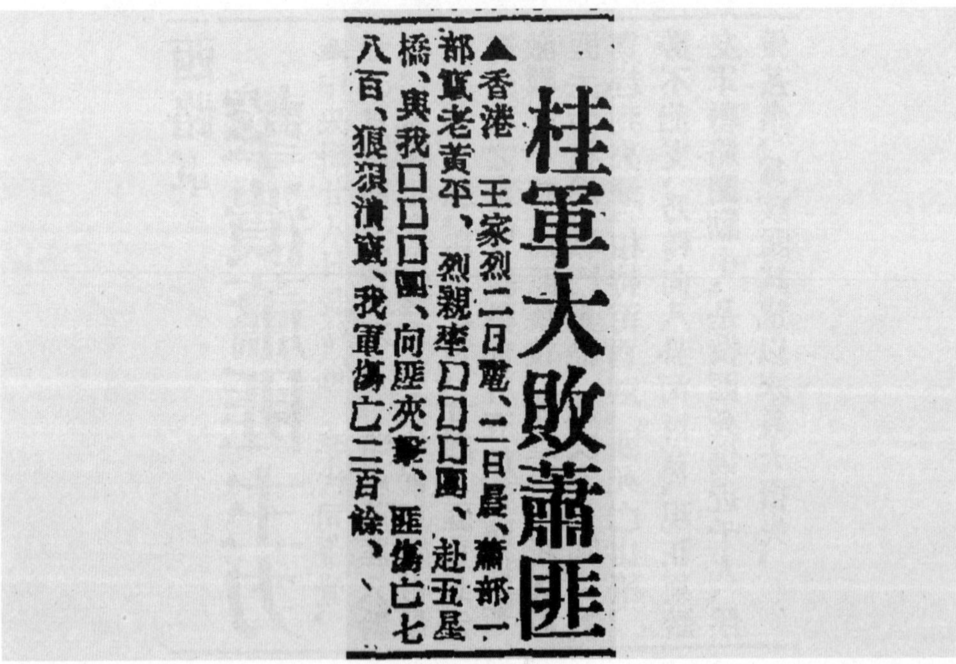

桂軍大敗蕭匪

▲香港 王家烈二日電、二日晨、蕭部一部竄老黃平、烈親率□□□□團、赴五星橋、與我□□□團、向匪夾擊、匪傷亡七八百、狼狽潰竄、我軍傷亡二百餘、、

14. 桂军大败萧匪，1934 年 10 月 7 日第 7 版

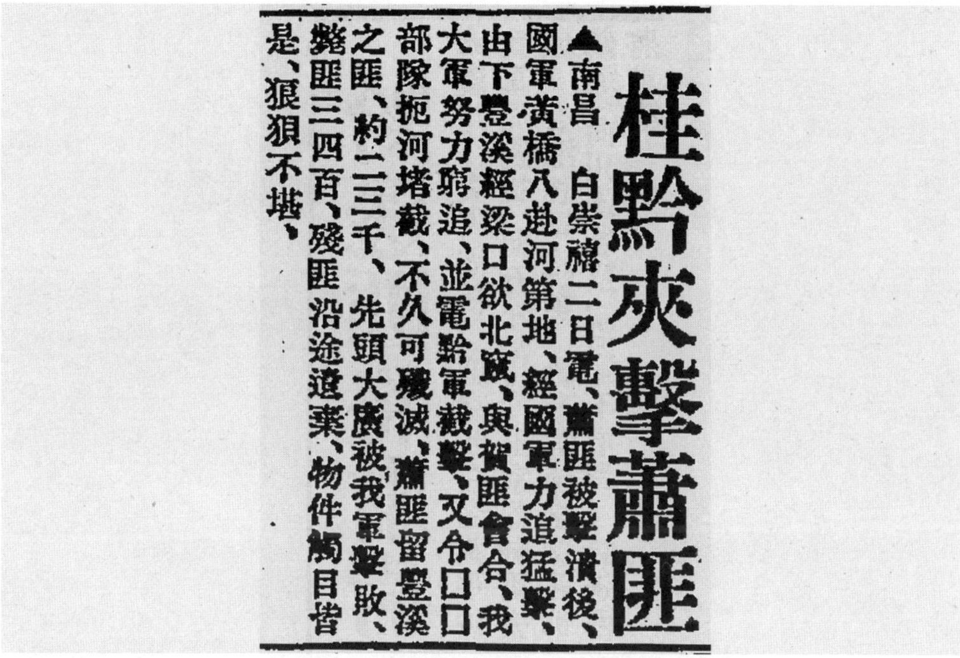

桂黔夾擊蕭匪

▲南昌　白崇禧二日電、蕭匪被擊潰後、國軍黃橋八挞河第地、經國軍力追猛擊、由下疊溪經梁口欲北竄、與賀匪會合、我大軍努力窮追、並電黔軍截擊、又令口口部隊扼河堵截、不久可殲滅、蕭匪留疊溪之匪、約二三千、先頭大廣被我軍擊敗、殘匪三四百、殘匪沿途遺棄、物件觸目皆是、狼狽不堪、

15. 桂黔夾击萧匪，1934 年 10 月 9 日第 6 版

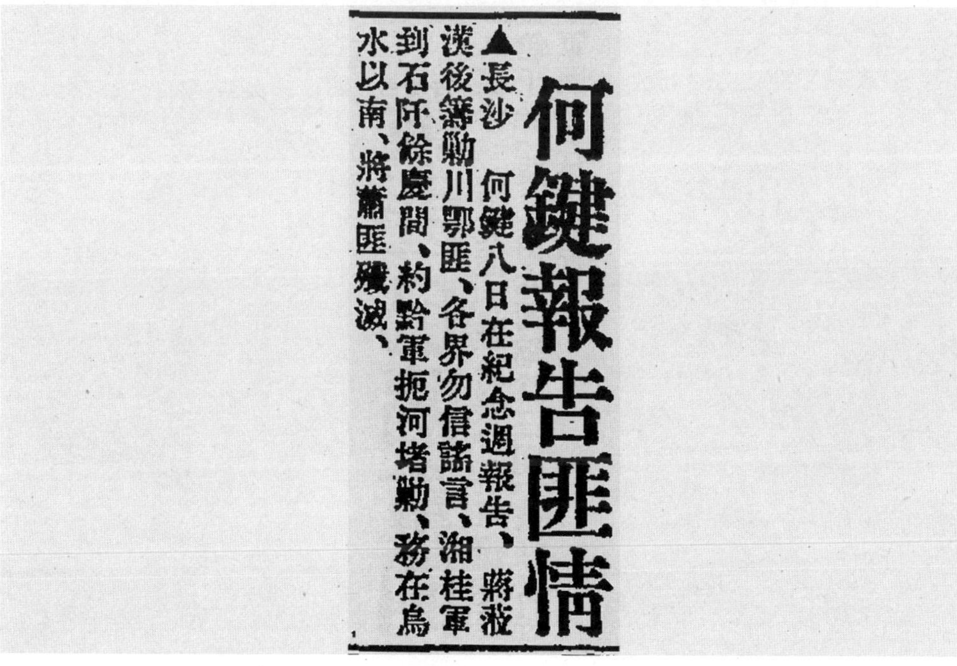

何鍵報告匪情

▲長沙　何鍵八日在紀念週報告、蔣溆漢後籌勦川鄂匪、各界勿信謠言、湘桂軍到石阡餘慶間、約黔軍扼河堵勦、務在烏水以南、將蕭匪殲滅、

16. 何键报告匪情，1934 年 10 月 9 日第 6 版

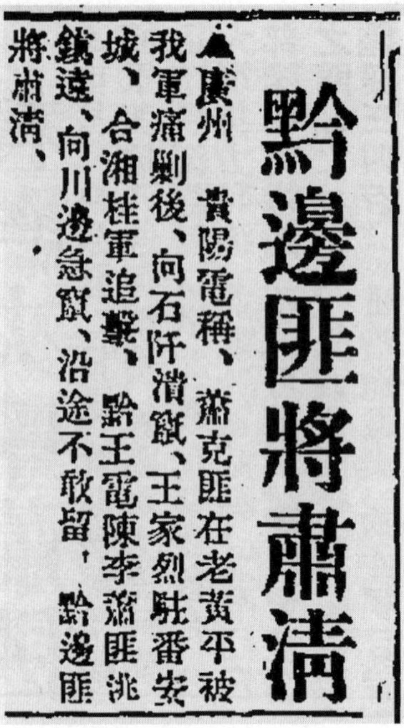

黔邊匪將肅清

▲貴州 貴陽電稱、蕭克匪在老黃平被我軍痛剿後、向石阡潰竄、王家烈駐番安城、合湘桂軍追擊、黔王電陳李蕭匪逃鎮遠、向川邊急竄、沿途不敢留、黔邊匪將肅清、

17. 黔边匪将肃清，1934 年 10 月 16 日第 4 版

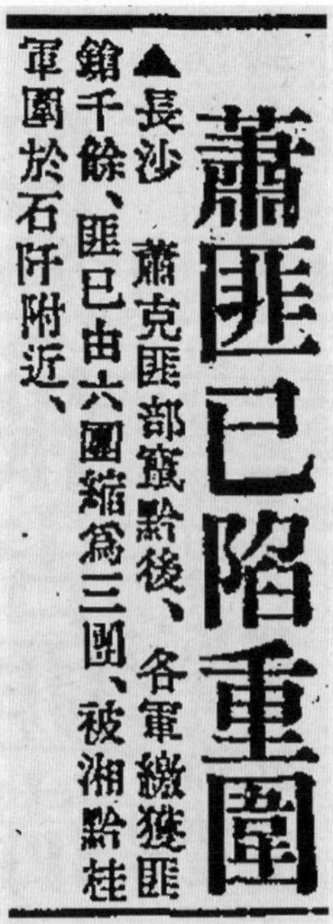

蕭匪已陷重圍

▲長沙 蕭克匪部竄黔後、各軍繳獲匪鎗千餘、匪已由六圍縮爲三圍、被湘黔桂軍圍於石阡附近、

18. 萧匪已陷重围，1934 年 10 月 19 日第 6 版

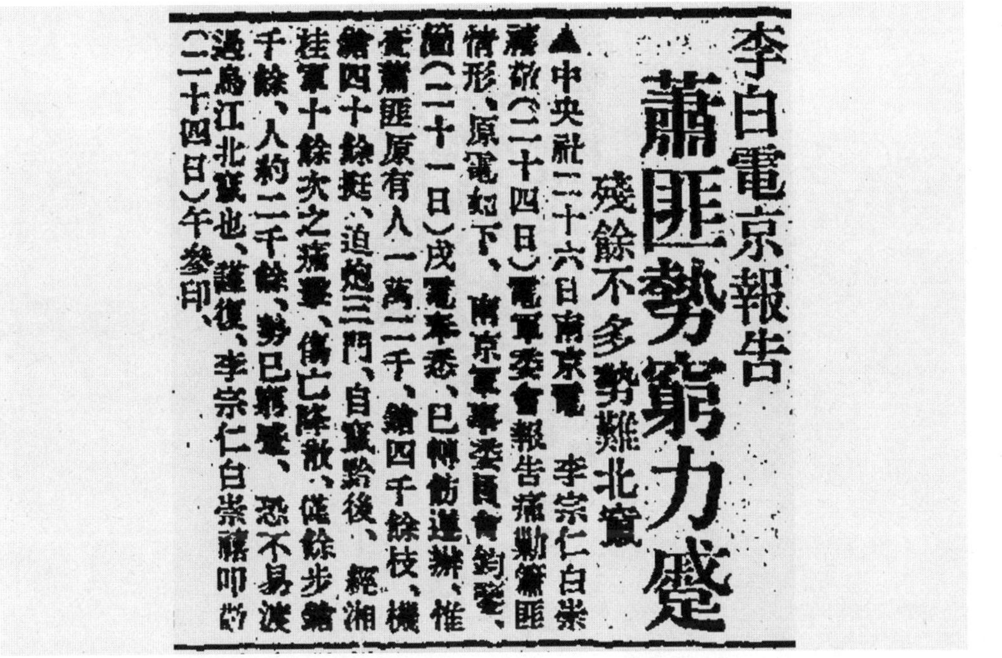

李白電京報告

蕭匪勢窮力蹙

殘餘不多勢難北竄

▲中央社二十六日南京電　李宗仁白崇禧敬(二十四日)電軍委會報告痛勦蕭匪情形、原電如下、南京軍事委員會鈞鑒、馬(二十一日)戌電奉悉、已轉飭遵辦、惟查蕭匪原有人一萬二千、鎗四千餘枝、機鎗四十餘挺、迫炮三門、自竄黔後、經湘桂軍十餘次之痛擊、傷亡降散、僅餘步鎗千餘、人約二千餘、勢已窮蹙、恐不易渡過烏江北竄也、謹復、李宗仁白崇禧叩敬(二十四日)午參印、

19. 李（宗仁）、白（崇禧）电京报告萧匪势穷力蹙，残余不多势难北窜，1934 年 10 月 27 日第 4 版

蕭賀殘匪

兩旬內可肅清

▲王家烈進駐思南跟蹤追剿

▲蔣電猶國才與王幷力聚殲

▲中央社廿六日貴陽電　蕭匪被黔軍圍剿、現率匪五六百、潰梯凱棲小雞場一帶、僞主席任弼時負重傷、僞團長鄒鵬被擊斃、僞師長龍雲副師長吳厚仁等部、被擊潰於四方鎮、奪獲匪械甚多、俘匪約三千、生擒千餘、現王家烈與廖磊李覺在石千會商、決於兩旬內將蕭賀兩部完全肅清、

▲中央社廿六日貴陽電　川黔軍現已取得確切聯絡、王家烈由石阡進駐思南、跟蹤追剿、期在短期內將蕭賀兩匪完全撲滅、

▲中央社廿六日貴陽電　蔣委員長電猶國才、希與王家烈激勵黔軍、一致堵截、幷力聚殲蕭賀殘匪、

20. 萧（克）、贺（龙）残匪两旬内可肃清，王家烈进驻思南跟踪追剿，蒋（介石）电犹国才与王并力聚歼，1934 年 10 月 28 日第 3 版

白崇禧準備

親赴桂北剿匪

▲中央社六日香港電　白崇禧電粵、請將親赴桂北布防、堵截蕭部殘匪、

21. 白崇禧准备亲赴桂北剿匪，1934 年 11 月 7 日第 5 版

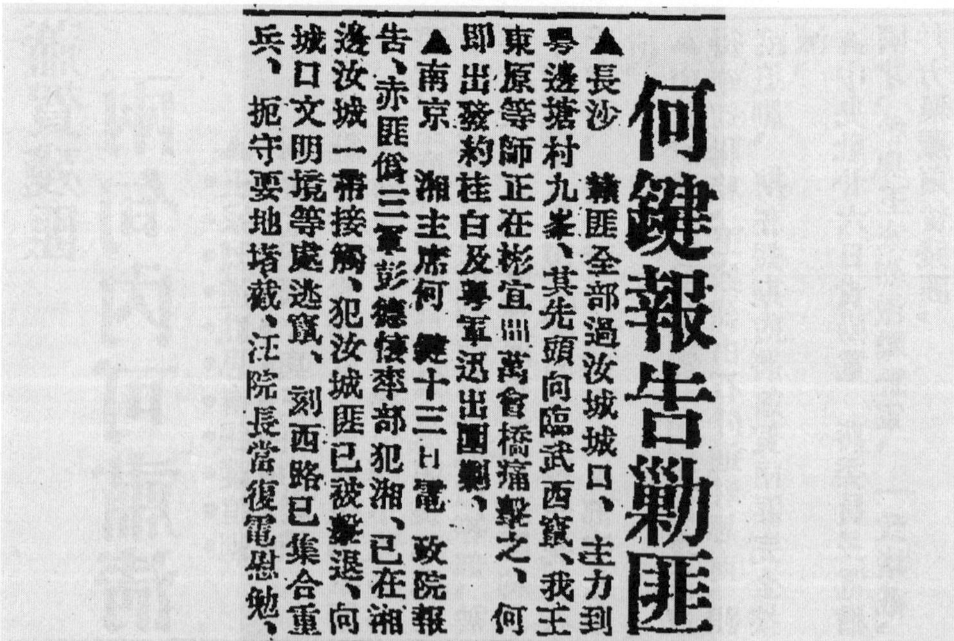

何鍵報告剿匪

▲長沙　贛匪全部過汝城城口、主力到粵邊猪村九峯、其先頭向臨武西竄、我王東原等師正在彬宜川萬會橋痛擊之、何即出發約桂白及粵軍迅出圍剿、

▲南京　湘主席何鍵十三日電致院報告、赤匪僞三軍彭德懷李部犯湘、已在湘邊汝城一帶接觸、犯汝城匪已被擊退、向城口文明境等處逃竄、剡西路已集合重兵、扼守要地堵截、汪院長當復電慰勉、

22. 何键报告剿匪，1934 年 11 月 14 日第 4 版

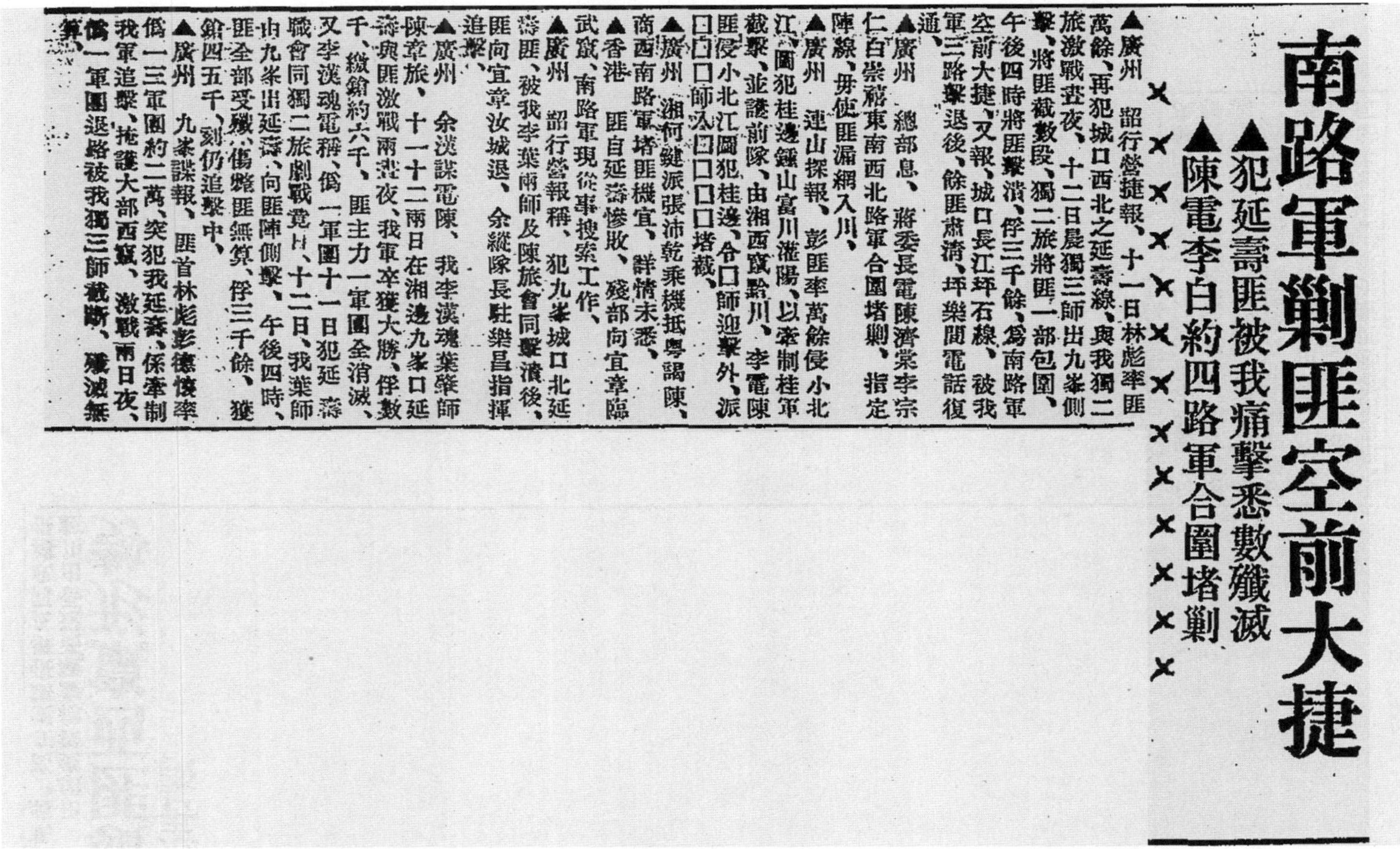

南路軍剿匪空前大捷

▲犯延壽匪被我痛擊悉數殲滅

▲陳電李白約四路軍合圍堵剿

▲廣州　韶行營捷報、十一日林彪率匪萬餘、再犯城口西北之延壽線、與我獨二旅激戰竟夜、十二日晨獨三師出九峯側擊、將匪截數段、獨二旅將匪一部包圍、午後四時將匪擊潰、俘三千餘、爲南路軍空前大捷、又報、城口長江坪石線、被我軍三路擊退後、餘匪竄濟、坪樂間電話復通、

▲廣州　總部息、蔣委長電陳濟棠李宗仁白崇禧東南西北路軍合圍堵剿、指定陣線、毋使匪漏網入川、

▲廣州　連山探報、彭匪率萬餘侵小北江、圖犯桂邊鍾山富川灌陽、以牽制桂軍截擊、並謀前隊、由湘西竄黔川、李電陳匪侵小北江圖犯桂邊、令口師迎擊外、派口白口師△口口口口堵截、

▲廣州　湘何鍵派張沛乾乘機抵粵謁陳、商西南路軍堵匪機宜、詳情未悉、

▲香港　匪自延壽慘敗、殘部向宜章臨武竄、南路軍現從事搜索工作、

▲廣州　韶行營報稱、犯九峯城口北延壽匪、被我李葉兩師及陳旅會同擊潰後、匪向宜章汝城退、余縱隊長駐樂昌指揮追擊、

▲廣州　余漢謀電陳、我李漢魂葉肇師陳章旅、十一十二兩日在湘邊九峯口延壽與匪激戰兩晝夜、我軍卒獲大勝、俘數千、繳鎗約六千、匪主力一軍團全消滅、又李漢魂電稱、僞一軍團十一日犯延壽職會同獨二旅劇戰竟日、十二日、我葉師由九峯出延壽、向匪陣側擊、午後四時、匪全部受殲、傷斃匪無算、俘三千餘、獲鎗四五千、刻仍追擊中、

▲廣州　九峯諜報、匪首林彪彭德懷率僞一三軍團約二萬、突犯我延壽、係牽制我軍追擊、掩護大部西竄、激戰兩日夜、僞一軍團退路被我獨三師截斷、殲滅無算、

23. 南路军剿匪空前大捷，犯延寿匪被我痛击悉数歼灭，陈（济棠）电李（宗仁）、白（崇禧）约四路军合围堵剿，1934 年 11 月 15 日第 4 版

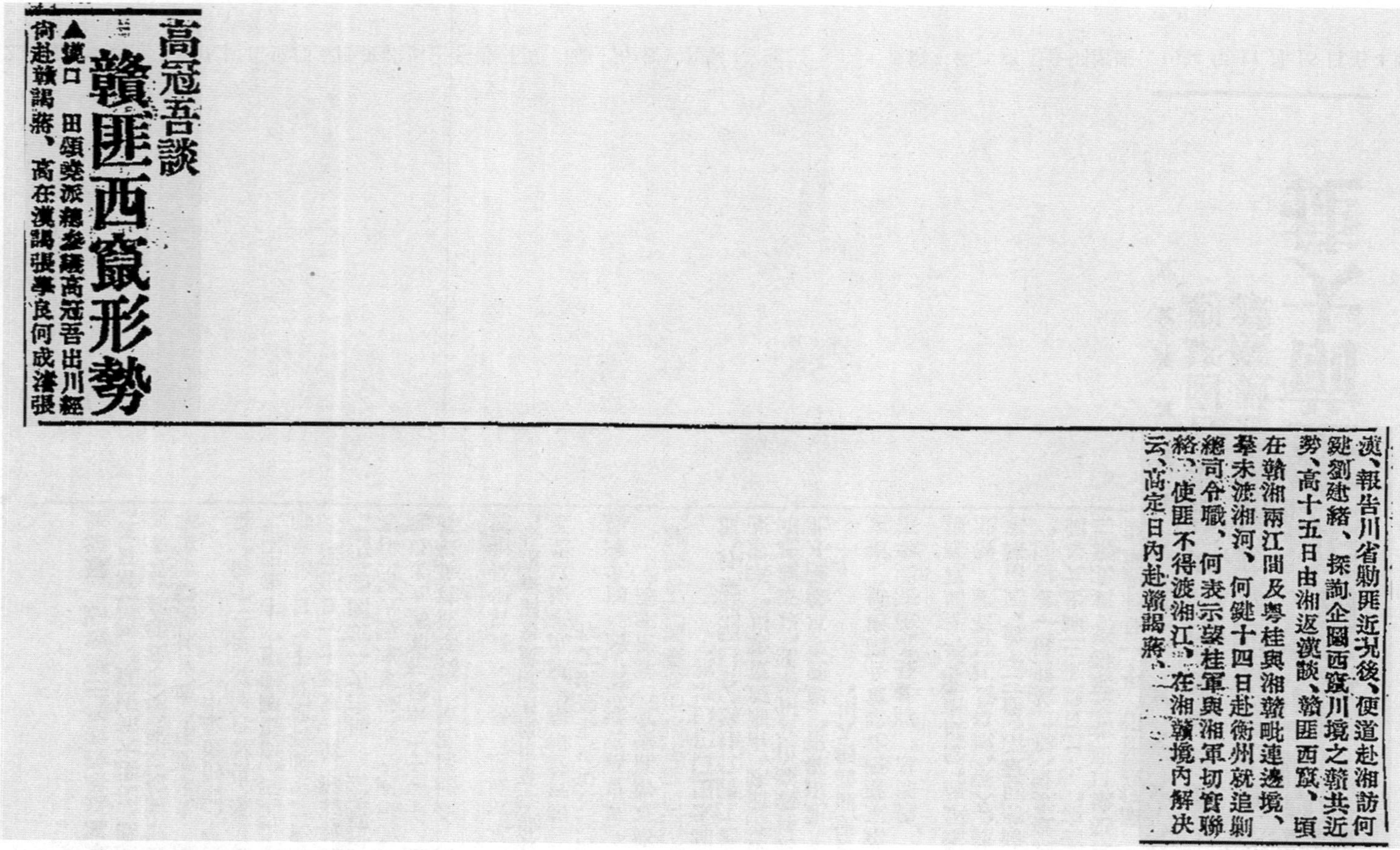

高冠吾談
贛匪西竄形勢

▲漢口 田頌堯派總參議高冠吾出川經宜赴贛謁蔣、高在漢謁張學良何成濬張羣、報告川省剿匪近況後、便道赴湘訪何鍵劉建緒、探詢企圖西竄川境之贛共近勢、高十五日由湘返漢談、贛匪西竄、頭在贛湘兩江間及粵桂與湘贛毗連邊境、擊未渡湘河、何鍵十四日赴衡州就追剿總司令職、何表示望桂軍與湘軍切實聯絡、使匪不得渡湘江、在湘贛境內解決云、高定日內赴贛謁蔣、

24. 高冠吾谈赣匪西窜形势，1934 年 11 月 16 日第 4 版

李白抵桂林

▲中央社十九日香港電 梧息、李宗仁白崇禧十七日抵桂林、策劃勦匪軍事、李來粵期未定、

25. 李（宗仁）、白（崇禧）抵桂林，1934 年 11 月 20 日第 4 版

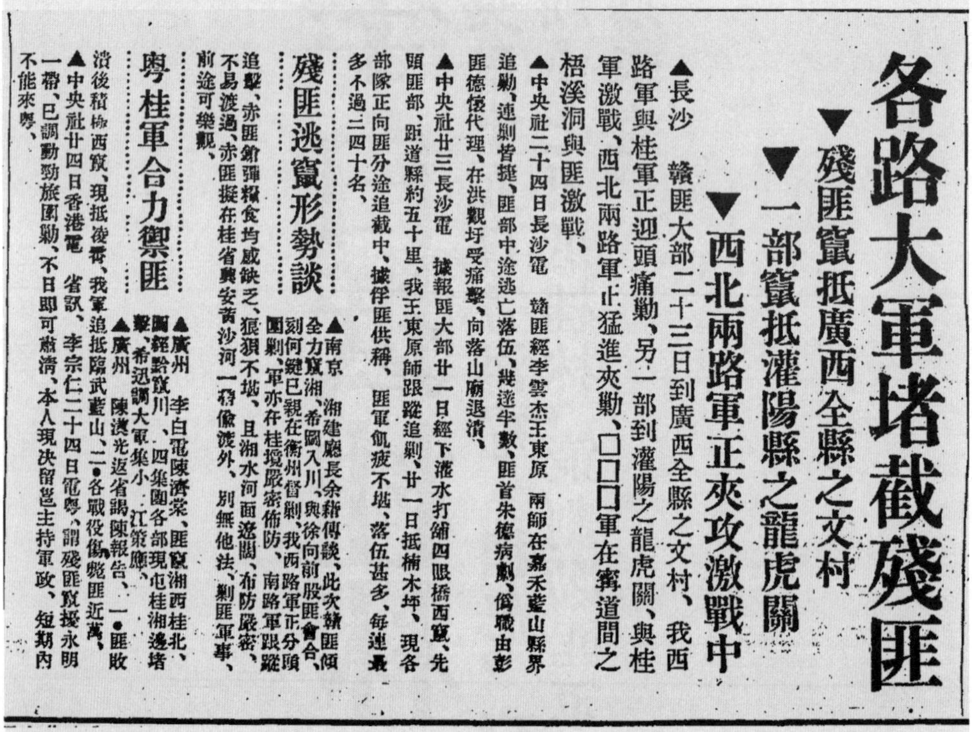

各路大軍堵截殘匪

▼殘匪竄抵廣西全縣之文村
▼一部竄抵灌陽縣之龍虎關
▼西北兩路軍正夾攻激戰中

▲長沙 贛匪大部二十三日到廣西全縣之文村、我西路軍與桂軍正迎頭痛剿、另一部到灌陽之龍虎關、與桂軍激戰、西北兩路軍正猛進夾剿、□□□軍在寗道間之梧溪洞與匪激戰、

▲中央社二十四日長沙電 贛匪經李雲杰王東原兩師在嘉禾藍山縣界追剿、連剿皆捷、匪部中途逃亡落伍、幾達半數、匪首朱德病劇、僞職由彭匪德懷代理、在洪觀圩受痛擊、向落山廟退潰、

▲中央社廿三長沙電 據報匪大部廿一日經下灌水打鋪四眼橋西竄、先頭匪部、距道縣約五十里、我王東原師跟蹤追剿、廿一日抵楠木坪、現各部隊正向匪分途追截中、據俘匪供稱、匪軍飢疲不堪、落伍甚多、每連最多不過三四十名、

殘匪逃竄形勢談

▲南京 湘建廳長余籍傳談、此次贛匪傾全力竄湘、希圖入川、與徐向前股匪會合、刻何鍵已親在衡州督剿、我西路軍正分頭圍剿、軍亦在桂境嚴密佈防、南路軍跟蹤追擊、赤匪餉彈糧食均感缺乏、狼狽不堪、且湘水河面遼闊、布防嚴密、不易渡過、赤匪擬在桂省興安苦沙河一帶偷渡外、別無他法、剿匪軍事、前途可樂觀、

粵桂軍合力禦匪

▲廣州 李白電陳濟棠、匪竄湘西桂北、圖經黔竄川、四集團各部現屯桂湘邊堵擊、希迅調大軍集小江策應、

▲廣州 陳濟光返省謁陳報告、一•匪敗潰後積極西竄、現抵渡香、我軍追抵臨武藍山、二•各戰役傷斃匪近萬、

▲中央社廿四日香港電 省訊、李宗仁二十四日電粵、謂殘匪竄擾永明一帶、已調勁旅圍剿、不日即可蕩清、本人現決留邕主持軍政、短期內不能來粵、

26. 各路大军堵截残匪，残匪窜抵广西全县之文村，一部窜抵灌阳县之龙虎关，西北两路军正夹攻激战中，1934 年 11 月 25 日第 4 版

行營公布剿匪捷報

▼劉膺古等擊潰殘匪

▼藍山潰匪向黔西竄

▲中央社廿六日南昌電　行營廿六日公布進剿殘匪捷報如下、據劉膺古廿一日戌電稱、我朱師各部、最近進剿情況、及斬獲數目如下、(一)唐團十四日在永修附淡塘擊潰偽獨立團六分區等部、在太山嶺擊潰偽特務隊、斬匪十餘名、俘匪數十名、十六日在玉象山擊潰殘匪、獲槍約二百餘枝、十八日俘偽指導員田純一名、匪兵十九名、又當晚該團陳營抄剿湘界以北轎庵偽汪蘇維埃、斃匪政委一、(二)諸團十四日進剿南華山、將該處八百餘之殘匪擊散、搗毀偽機關數處、焚匪碉堡數座、又該團李營進剿永南茅園山之偽獨立第五團之一部、斬獲槍七枝、機槍及步炮數架、俘男女匪五十餘、十七日進該匪至西村一帶、斃二十餘、傷數十、俘五六十名、(三)唐團十七日率兵兩營進剿盤踞遂川北鄉湘南之偽獨立第四團、於十九日在牛田以北水口附近與偽警衛營游擊隊等遭遇、當經擊潰斃匪十餘、傷二十餘、俘偽支部書記陳耀明一名、匪徒廿一、奪槍數枝、現正繼續偵匪潛剿中、(廿六日中央社電)

▲長沙　赣匪竄道縣全縣間、另一部向道北王母橋永明濂陽一帶掩護西竄、其後隊被周渾元李雲杰部及空軍猛剿、斃匪二三千、獲槍千餘、匪憑道縣河西岸阻、我追擊、

▲南京　西路總部駐京辦事處廿六日公布該路剿匪軍電、(一)竄遠之匪於梗日擊潰、在該縣天堂圩與周渾元李雲杰王東原等部激戰、我軍從空轟擊、斃匪二三千、獲槍千餘支、(二)敬(廿四)晨周渾元部向道縣大道追擊、匪利用梧溪洞五六里長之隘道、節節抗戰、萬師由右迂廻繞出其後、匪始不支、向把截河以西潰退、沿河西岸頑抗、我軍大追及擊、因水深天晚、隔河對峙、是役除空軍轟斃匪甚多、(三)汝城陳縣長敬午電、該縣團隊近又俘匪一千四百、繳槍甚多、宜章何縣長有電、俘匪千餘、獲槍三千餘支、正訊辦中、(四)本日空軍二三兩隊分往寧遠及文市龍虎關一帶偵察、據報寧遠之匪正向四眼橋竄走、一部在後掩護、投彈多個、均命中、龍虎關尚無匪蹤、又有申電云、(一)本午空軍二隊飛往道縣江華永明一帶偵察、在江華之上江高橋附近發現匪部、當投彈轟炸、並用機槍掃射、匪多死傷、(二)匪主力四五萬、在道縣千佛寺之線一部萬餘人、在道縣北王母橋附近一部萬餘人向永明北之上江圩附近進、(三)匪後隊萬餘迷日在寧遠西南線我軍節節痛擊、斃匪甚衆、逃亡亦多、

▲路透社廿六日廣州電　先導社消息、湖南共匪、自知無力堅守藍山等處、昨乃直撲永州、擬取道桂邊界之全州而竄入黔省、幸全州駐粵軍頗衆、早有預防、迎頭痛擊、共匪倏出不意、頓即潰散、死傷不少、殘衆向道州與寧遠方面退走、廣州市黨部昨晚發起各團體代表會議、討論派員慰勞粵軍事、議決組織慰勞團、於十二月一日出發、分赴東北兩路線向前敵軍士慰勞、

▲廣州　留行營捷報稱、據李副師長電稱、我軍克臨武、陳廿日率陳吳何三團向匪追擊、廿一日抵楚江、廿二日抵囮心、廿三日達藍山城郊、匪不敢戀戰、稍觸即退、狼狽向江華潰竄、我軍午後入藍城、俘匪及輜重甚多、葉肇率陳葉宋三團傍晚抵藍城安民、辦善後、續向江華道縣追擊、並電西路軍迎截、

▲廣州　王贊斌電四集團粵辦事處、偽三軍團千餘廿三日突襲永州河壩、被我軍擊退、

▲廣州　湘探報林匪率萬餘向江華永明道州急竄、前隊抵永川絲埠頭白牙市、沿途無戰事、

▲廣州　據報、藍山潰匪八千、由江華圖犯桂北、我軍備迎擊龍虎關黃沙河各隘、佈大軍扼守、又訊大隊匪竄桂邊、圖由桂北經黔入川、李白委夏威為前敵總指揮、準備迎擊、白駐桂林策劃軍務、廿三日偕廖磊赴興全視察、

▲廣州　探報彭匪率偽三軍團及偽中央各部約四萬廿三日由永明抵灌陽、前隊與桂軍黃鎮國師接觸、白赴前線督師、

▲南昌　赣省府以會昌業已收復、該縣遭匪損失奇重、特電會昌縣長歐陽幹迅入城招撫流亡辦理善後、

▲香港　李漢魂二十五日由連縣偕空軍三隊長吳建文飛韶、謁余漢謀商追剿計劃、二十六日乘原機回連、

▲中央社二十五日長沙電　李雲杰王東原兩部、在寧遠道縣嘉禾間、與匪戰甚烈、擊破匪主力軍、斃匪俘匪各千餘名、匪首朱德彭德懷親在陣內搏抗戰、受我軍壓迫不得逞、

1/2

27. 行营公布剿匪捷报，刘膺古等击溃残匪，蓝山溃匪向黔西窜，1934 年 11 月 27 日第 4 版

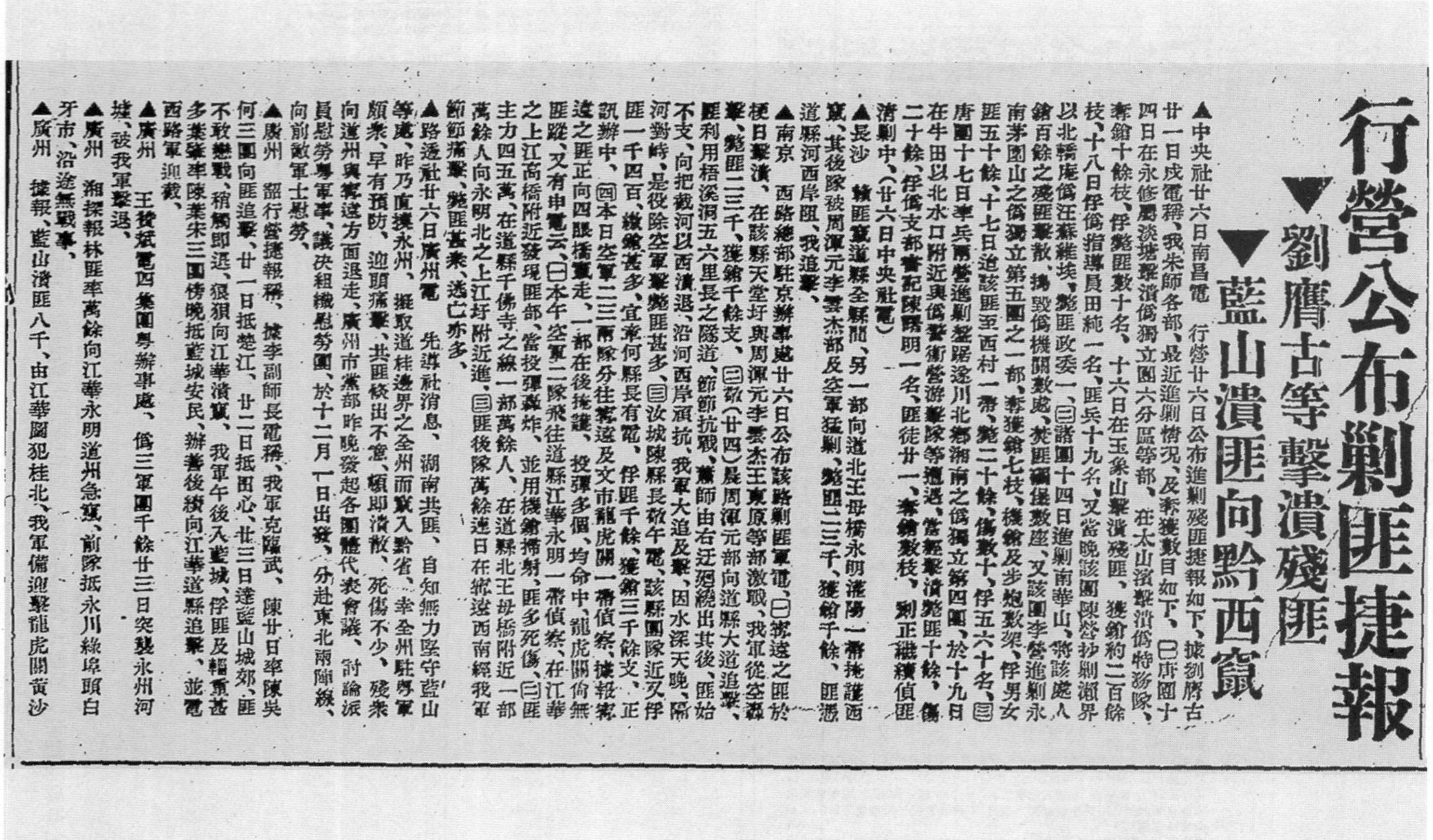

行營公布剿匪捷報

▼劉膺古等擊潰殘匪

▼藍山潰匪向黔西竄

▲中央社廿六日南昌電 行營廿六日公布進剿殘匪捷報如下、據劉膺古廿一日戌電稱、我朱師各部、最近進剿情況、及奪獲數目如下、㈠唐團十四日在永修層淡塘擊潰偽獨立團六分區等部、在太山嶺擊潰偽特務隊、奪槍十餘枝、俘殘匪數十名、十六日在玉象山擊潰殘匪、獲槍約二百餘枝、十八日俘偽指導員田純一名、匪兵十九名、又當晚該團陳營抄剿潮界以北轎庵偽汪蘇維埃、殘匪政委一、㈡諸團十四日進剿南華山、將該處八槍百餘之殘匪擊散、搗毀偽機關數處、焚匪碉堡數座、又該團李營進剿永南茅園山之偽獨立第五團之一部、奪獲槍七枝、機槍及步炮數架、俘男女匪五十餘、十七日追該匪至西村一帶、斃二十餘、傷數十、俘五六十名、㈢唐團十七日率兵兩營進剿盤踞遂川北鄉湘南之偽獨立第四團、於十九日在牛田以北水口附近與偽警衛營游擊隊等遭遇、當經擊潰斃匪十餘、傷二十餘、俘偽支部書記陳踐明一名、匪徒廿一、奪槍數枝、現正繼續偵匪清剿中、(廿六日中央社電)

▲長沙 贛匪竄道縣全縣間、另一部向道北王母橋永明瀟陽一帶掩護西竄、其後隊被周渾元李雲杰部及空軍猛剿、斃匪二三千、獲槍千餘、匪憑道縣河西岸頑、我追擊、

▲南京 西路總部駐京辦事處廿六日公布該路剿匪軍電、㈠寧遠之匪於梗日擊潰、在該縣天堂圩與周渾元李雲杰王東原等部激戰、我軍從空轟擊、斃匪二三千、獲槍千餘支、㈡敬(廿四)晨周渾元部向道縣大道追擊、匪利用梧溪洞五六里長之隘道、節節抗戰、蔣師由右迂迴繞出其後、匪始不支、向把截河以西潰退、沿河西岸頑抗、我軍大追及擊、因水深天晚、隔河對峙、是役除空軍擊斃匪甚多、㈢汝城陳縣長敬午電、該縣團隊近又俘匪一千四百、繳槍甚多、宜章何縣長有電、俘匪千餘、獲槍三千餘支、正訊辦中、㈣本日空軍二三兩隊分往寧遠及文市龍虎關一帶偵察、據報寧遠之匪正向四眼橋竄走、一部在後掩護、投彈多個、均命中、龍虎關尙無匪蹤、又有申電云、㈠本午空軍二隊飛往道縣江華永明一帶偵察、在江華之上江高橋附近發現匪部、當投彈轟炸、並用機槍掃射、匪多死傷、㈡匪主力四五萬、在道縣千佛寺之線一部萬餘人、在道縣北王母橋附近一部萬餘人向永明北之上江圩附近進、㈢匪後隊萬餘連日在寧遠西南經我軍節節痛擊、斃匪甚衆、逃亡亦多、

▲路透社廿六日廣州電 先導社消息、湖南共匪、自知無力堅守藍山等處、昨乃直撲永州、擬取道桂邊界之全州而竄入黔省、幸全州駐粵軍頃來、早有預防、迎頭痛擊、共匪僥出不意、頓即潰散、死傷不少、殘衆向道州與寧遠方面退走、廣州市黨部昨晚發起各團體代表會議、討論派員慰勞粵軍事、議決組織慰勞團、於十二月一日出發、分赴東北兩陣線、向前敵軍士慰勞、

▲廣州 韶行營捷報稱、據李副師長電稱、我軍克臨武、陳廿日率陳吳何三團向匪追擊、廿一日抵楚江、廿二日抵田心、廿三日達藍山城郊、匪不敢戀戰、稍觸即退、狼狽向江華潰竄、我軍午後入藍城、俘匪及輜重甚多、葉發率陳葉朱三團傍晚抵藍城安民、辦善後續向江華道縣追擊、並電西路軍迎截、

▲廣州 王贊斌電四集團粵辦事處、僞三軍團千餘廿三日突襲永州河堤、被我軍擊退、

▲廣州 湘探報林匪率萬餘向江華永明道州急竄、前隊抵永川綠埠頭白牙市、沿途無戰事、

▲廣州 捷報、藍山潰匪八千、由江華圖犯桂北、我軍備迎擊龍虎關黃沙

（局部图 1）

河谷陰、佈大軍扼守、又飭大隊匪竄桂邊、圖由桂北經黔入川、李白委夏
威爲前敵總指揮、準備迎擊、白駐桂林策劃軍務、廿三日偕廖磊赴興安
視察、

▲廣州　探報彭匪率僞三軍團及僞中央各部約四萬廿三日由永明抵灌
陽、前隊與桂軍黃鎮國師接觸、白赴前線督師、

▲南昌　贛省府以會昌業已收復、該縣遭匪損失奇重、特派會昌縣長歐
陽華迅入城招撫流亡辦理善後、

▲香港　李漢魂二十五日由連縣偕容軍三隊長吳廷文飛韶、謁余漢謀商
追剿計劃、二十六日乘原機回連、

▲中央社二十五日長沙電　李雲杰王東原兩部、在寧遠道縣嘉禾間、與
匪戰甚烈、擊破匪主力軍、斃匪俘匪各千餘名、匪首朱德彭德懷親在陣內
指揮抗戰、受我軍壓迫不得逞、

（局部图 2）

湘桂邊匪迭遭慘敗

▲龍虎關永安關各線均有激戰
▲白崇禧赴長樂督師士氣大振
▲李宗仁電政會入桂匪均被擒

○○○○——▲▲▲▼▼▼——○○○○

湘粵軍會合收復道縣

▲廣州 四集團參謀長張任民語記者、大隊匪現抵湘桂邊境、圖越黔邊竄川湘桂大軍、正分途截擊、桂北湘西連日發生激戰、白崇禧赴平樂督戰、

▲廣州 坪石諜報李師長漢魂率部由藍山向匪跟追前鋒抵典寧會同國湘軍截擊正激戰中又報匪抵湘後分前後左右衛四路西竄掩護偽中央紅軍委會及朱毛等匪首前進大隊現抵湘西桂北被國湘桂大軍分道截擊、

▲廣州 白崇禧自平樂電粵稱、偽一九軍團廿三四日擾我富川賀縣邊境、被我十五軍夏部擊潰、斬獲甚多、廿五日龍虎關方面匪與我七軍激戰、彭林匪主力衛攻我永安關清水關、與我王贊斌黃鎮國師接觸、各線激戰中、

△路透社廿八日廣州電 自十一月廿三日起、由贛西竄之共匪、覓衣食與彈藥以度寒冬計、現圖侵入桂省、桂軍總司令李宗仁現調所有軍隊、從事防堵、按數日前據官報、共匪小隊曾侵入桂東邊界數縣、繼桂省第十五軍激戰擊退、共匪雖遭此挫衂、現仍圖大舉攻桂云、今日李宗仁致電西南政務會、謂數日前喬裝難民混入桂境之共匪、均經擒獲云、

▲中央社二十七日長沙電 衡息、我周渾元李雲杰王東原各部、將道縣臨武藍山各處共匪完全擊潰、業與粵軍獨三師會合向匪猛剿、殘匪無幾、

▲長沙 我李雲杰等部二十六日收復道縣、正渡河急追、劉建緒部聯絡桂軍、在全灌一帶堵截、白崇禧親到龍虎關、督飭第七軍將桃川匪部擊潰、殘匪甚衆、匪先頭漸向西延逃竄、

▲桂林 據廖軍長二十六日午電稱、本晨匪得江華大股增援、向我陣地衝鋒十餘次、均經擊退、現仍在龍虎關前方、與我相持中、

28. 湘桂边匪迭遭惨败，龙虎关、永安关各线均有激战，白崇禧赴长乐督师士气大振，李宗仁电政会入桂匪均被擒，湘粤军会合收复道县，1934 年 11 月 29 日第 4 版

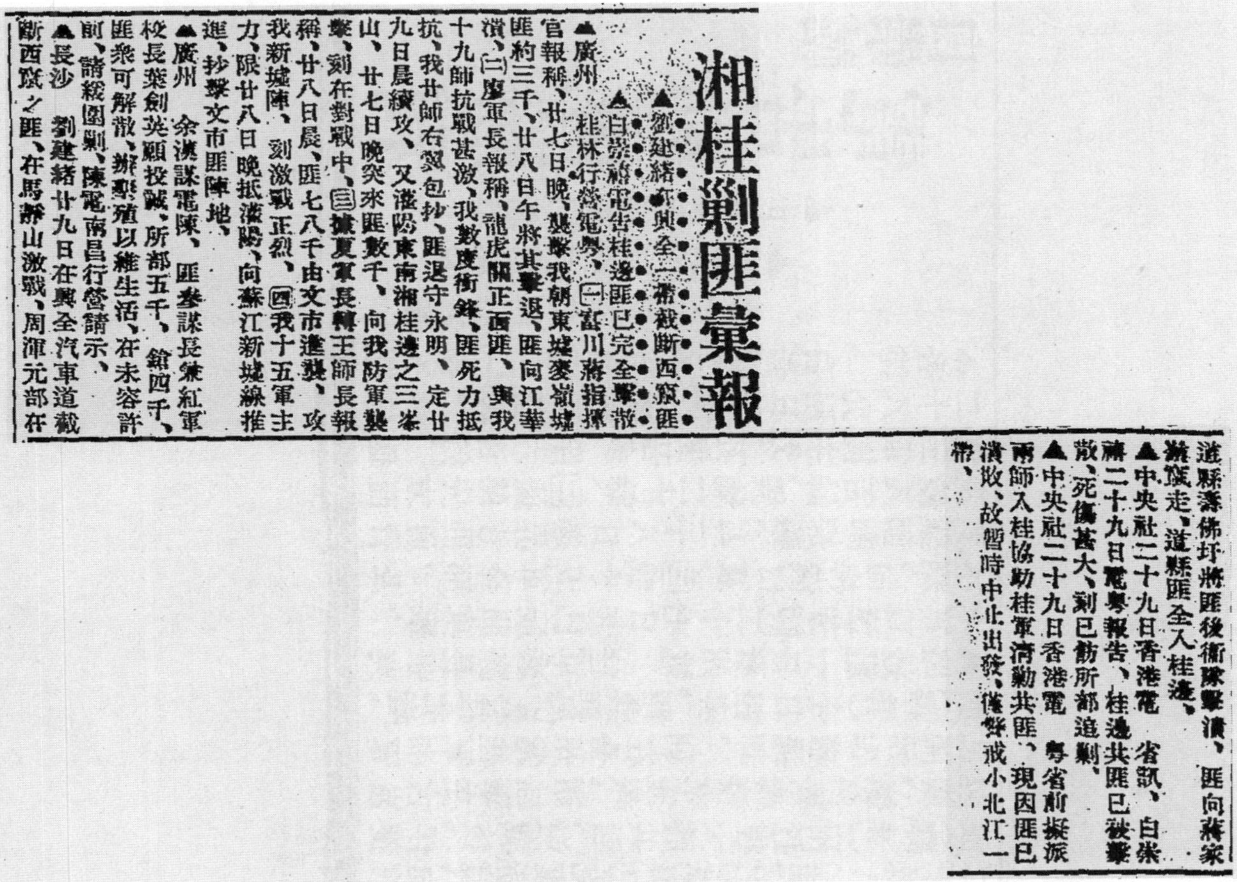

湘桂剿匪彙報

▲劉建緒在興全一帶截斷西竄匪

▲白崇禧電告桂邊匪已完全擊散

▲廣州　桂林行營電粵、㈠韋川蔣指揮官報稱、廿七日晚、匪襲我朝東城麥嶺城匪約三千、廿八日午將其擊退、匪向江華潰、㈡廖軍長報稱、龍虎關正面匪、與我十九師抗戰甚激、我數度衝鋒、匪死力抵抗、我廿師右翼包抄、匪退守永明、定廿九日晨續攻、又灌陽東南湘桂邊之三峯山、廿七日晚突來匪數千、向我防軍襲擊、剿在對戰中、㈢據夏軍長韓王師長報稱、廿八日晨、匪七八千由文市進襲、攻我新城陣、剿激戰正烈、㈣我十五軍主力、限廿八日晚抵灌陽、向蘇江新城線推進、抄擊文市匪陣地、

▲廣州　余漢謀電陳、匪參謀長兼紅軍校長葉劍英願投誠、所部五千、餘四千、匪衆可解散、辦墾殖以維生活、在未容許前、請綏圍剿、陳電南昌行營請示、

▲長沙　劉建緒廿九日在興全汽車道截斷西竄之匪、在馬鋪山激戰、周渾元部在道縣壽佛圩將匪後衛隊擊潰、匪向蔣家嶺竄走、道縣匪全入桂邊、

▲中央社二十九日香港電　省訊、白崇禧二十九日電粵報告、桂邊共匪已被擊散、死傷甚大、剿已飭所部追剿、

▲中央社二十九日香港電　粵省前擬派兩師入桂協勦桂軍清勦共匪、現因匪已潰敗、故暫時中止出發、僅飭戒小北江一帶、

29. 湘桂剿匪汇报：刘建绪在兴（安）、全（州）一带截断西窜匪，白崇禧电告桂边匪已完全击散，1934 年 12 月 1 日第 3 版

白崇禧

電告剿匪勝利

▲廿九第五師奪回新墟

▲興安方面匪向梅溪竄

▲十五軍全部開始攻擊

▲香港 白崇禧二十九日電、㈠我五師二十八九兩日下午一時奪回新墟、匪係僞三軍團主力、死傷甚多、俘六百餘、獲步鎗八百餘、機鎗二十餘、㈡據興安方面黄鎮國師探報、二十八日過界首匪通宵不絕、向梅溪口竄、㈢我十五軍全部、及七軍覃連芳師二十七日起已展開攻擊、

▲路透社一日廣州電 桂軍參謀長張英明(譯音)今日語客、謂共匪侵入桂北者、已開始作總退却、刻在全州爲桂軍湘軍包圍、據白崇禧續來捷報、謂桂軍在古嶺渡(譯音)附近復大勝共匪、激戰後、俘獲二千餘人、桂第七軍頃已克復新墟、向前推進、擊敗共匪於石塘(譯音)云、

30. 白崇禧电告剿匪胜利，廿九第五师夺回新墟，兴安方面匪向梅溪窜，十五军全部开始攻击，1934 年 12 月 2 日第 4 版

白崇禧赴

龍虎關勦殘匪

▲廣州 白崇禧自平樂電粵辦事處、一、我十五軍本午佔據新墟、當面匪爲僞三軍團主力、衆匪甚多、二、右翼蘇江線匪約萬餘、昨晚向永明北退、本午由永安關增援、雙方復戰、我黃師俘匪六百、繳鎗八百餘、機鎗廿餘挺、本夜覃師繞出石塘準備拂曉攔腰痛擊、三、與安黃鎮山江華永明趨龍虎關入桂夾擊、令李振球師移廣寗、四會策應、令海軍部派艦六艘、駛西江衆衛江防、並令駐小北江各部兼顧、白率部堵擊、將僞一九團擊潰、斬獲無算、匪向北竄、三十日白由平樂赴龍虎關督剿、

▲桂林 (一)據富巡將指揮官報告、昨晚襲我朝東圩麥嶺圩兩處之匪、約共有三千左右、今晨經調兵增援、上午九時將其擊退、匪向江華方面逃竄、我軍正在追擊中、(二)據第七軍廖軍長報告、龍虎關當面之匪、與我十九師對戰甚激、我軍數次衝鋒、匪均死力抵抗、傍晚我二十四師由右翼包圍、匪始後退、現仍據守永明、現準備明晨繼續攻擊、又本日上午十一時、灌陽東南湘桂邊界之三峯山、突來共匪人數未詳、經我防軍擊退後、下午四時、匪衆增加、仍向我軍反攻、目下尚在對戰中、(三)據夏軍轉王師長贊斌報告、本日上午十時、匪約七千左右、由文市方面南進、攻我新圩陣地、職部王團困守陣地抗戰、目下仍在對戰中、(四)我十五軍主力、今晚可抵灌陽、經令明晨向蘇江新圩之線展開、攻擊文市方面之匪、特聞、第四集團軍總司令桂林行營參謀處沁亥遂、

31. 白崇禧赴龙虎关剿残匪，1934 年 12 月 3 日第 4 版

王家烈赴前方佈防

▲中央社二日貴陽電 李宗仁電何鍵、請派師至全州堵截竄匪、王家烈日內由貴陽赴前方佈置防堵工事、今日行營先行出發、所有軍隊、全由王直接指揮、前設之前敵總指揮部已撤銷、蔣委員長電王家烈、對黔省剿匪深爲嘉慰、

32. 王家烈赴前方布防，1934 年 12 月 3 日第 4 版

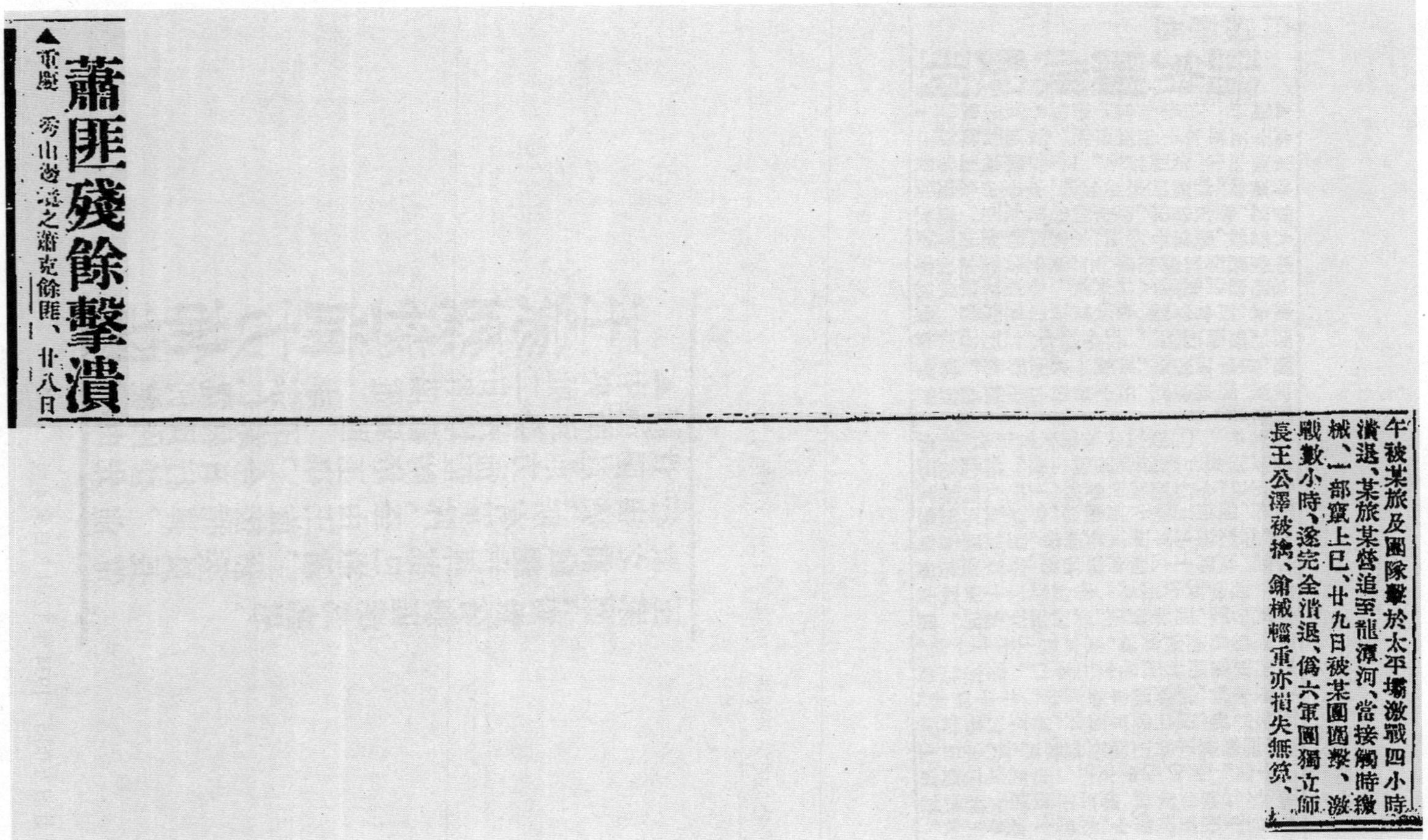

蕭匪殘餘擊潰

▲重慶 秀山邊境之蕭克餘匪、廿八日午被某旅及團隊擊於太平壩激戰四小時潰退、某旅某營追至龍潭河、當接觸時繳械、一部竄上巳、廿九日被某團圍擊、激戰數小時、遂完全潰退、僞六軍團獨立師長王公澤被擒、鎗械輜重亦損失無算、

33. 萧匪残余击溃，1934 年 12 月 3 日第 4 版

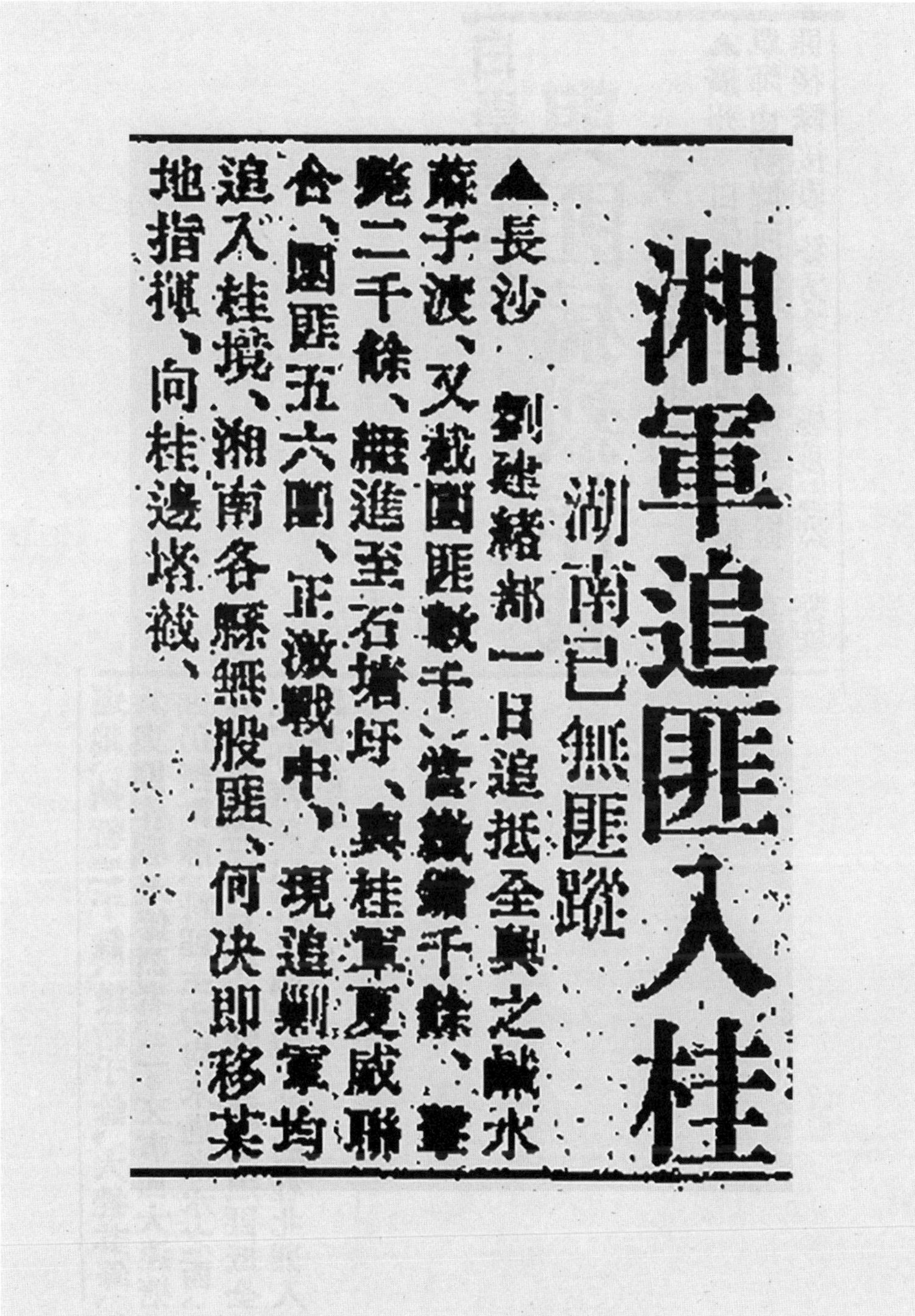

湘軍追匪入桂

湖南已無匪蹤

▲長沙　劉建緒部一日追抵全興之鹹水蘇子渡、又截圍匪數千、繳槍千餘、擊斃二千餘、繼進至石塘圩、與桂軍夏威聯合、圍匪五六萬、正激戰中、現追剿軍均追入桂境、湘南各縣無股匪、何決即移某地指揮、向桂邊堵截、

34. 湘军追匪入桂，湖南已无匪踪，1934 年 12 月 3 日第 4 版

白崇禧電告

與匪猛烈作戰

▼斃匪遍地斬擒二千

▲廣州　白崇禧一日電稱、一、據報本晨覃師由新墟向石塘線截擊至古嶺、與彭匪後隊接戰、雙方突擊、極度猛烈、斃匪遍地、擒斬二千餘、繳鎗千餘、大挫其鋒、爲與匪作戰最慘烈者、二、文市西大逕塘匪仍無動靜、料匪主力尚未過湘水之西、薛岳電陳三十日李三師由邵陽追匪抵全州、分兩路向龍虎關抄擊、並將桂北匪入黔路截斷、

35. 白崇禧电告：与匪猛烈作战，毙匪遍地斩擒二千，1934 年 12 月 4 日第 4 版

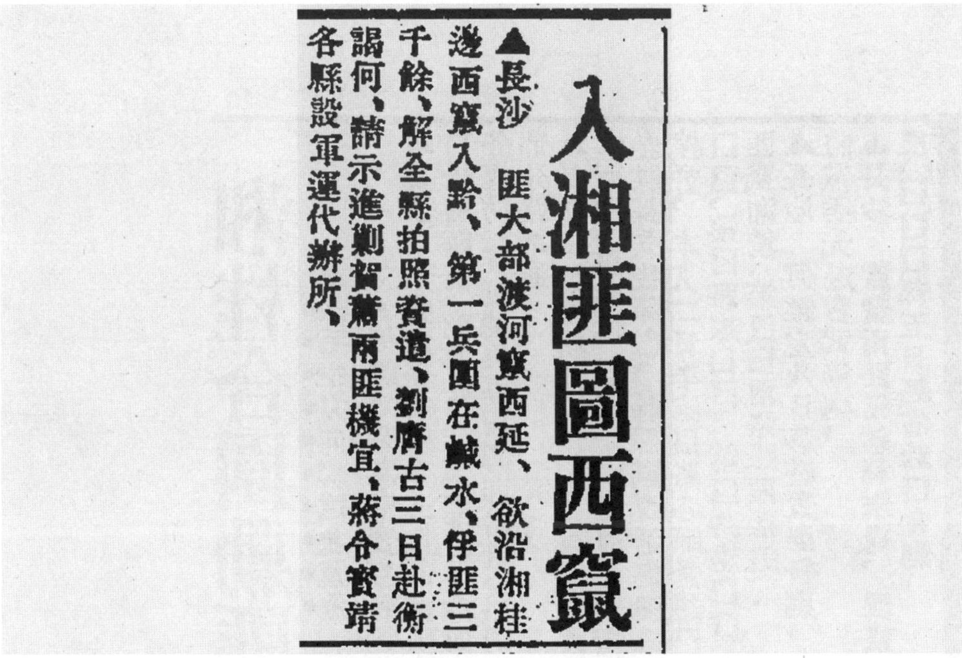

入湘匪圖西竄

▲長沙　匪大部渡河竄西延、欲沿湘桂邊西竄入黔、第一兵團在鹹水、俘匪三千餘、解全縣拍照資遣、劉膺古三日赴衡謁何、請示進剿賀蕭兩匪機宜、蔣令贛請各縣設軍運代辦所、

36. 入湘匪图西窜，1934 年 12 月 4 日第 4 版

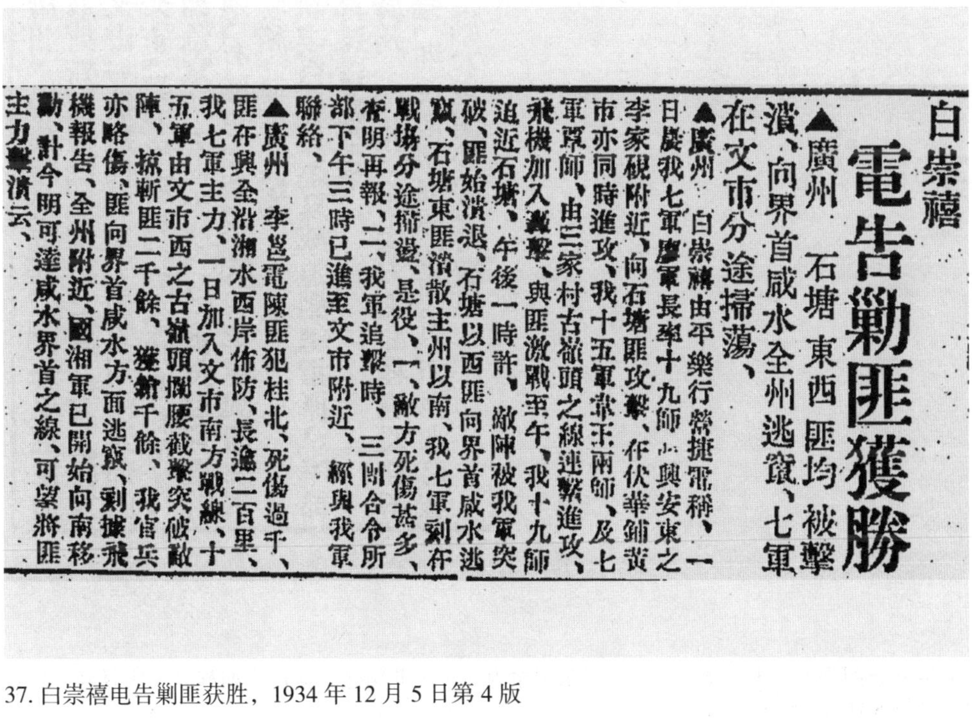

白崇禧電告剿匪獲勝

▲廣州　石塘東西匪均被擊潰、向界首咸水全州逃竄、七軍在文市分途掃蕩、

▲廣州　白崇禧由平樂行營捷電稱、一日晨我七軍廖軍長率十九師□興安東之李家硯附近、向石塘匪攻擊、仟伏華鋪黃市亦同時進攻、我十五軍韋王兩師、及七軍覃師、由三家村古嶺頭之線迅緊進攻、飛機加入轟擊、與匪激戰至午、我十九師追近石塘、午後一時許、敵陣被我軍突破、匪始潰退、石塘以西匪向界首咸水逃竄、石塘東匪潰散主州以南、我七軍剿存戰場分途掃蕩、是役、（一）敵方死傷甚多、確查明再報、（二）我軍追擊時、三團合令所部下午三時已進至文市附近、續與我軍聯絡、

▲廣州　李邕電陳匪犯桂北、死傷過千、匪在興全沿湘水西岸佈防、長逾二百里、我七軍主力、一日加入文市南方戰線、十五軍由文市西之古嶺頭攔腰截擊突破敵陣、擒斬匪二千餘、獲槍千餘、我官兵亦略傷、匪向界首咸水方面逃竄、剛據飛機報告、全州附近、國湘軍已開始向南移動、計今明可達咸水界首之線、可望將匪主力擊潰云、

37. 白崇禧电告剿匪获胜，1934 年 12 月 5 日第 4 版

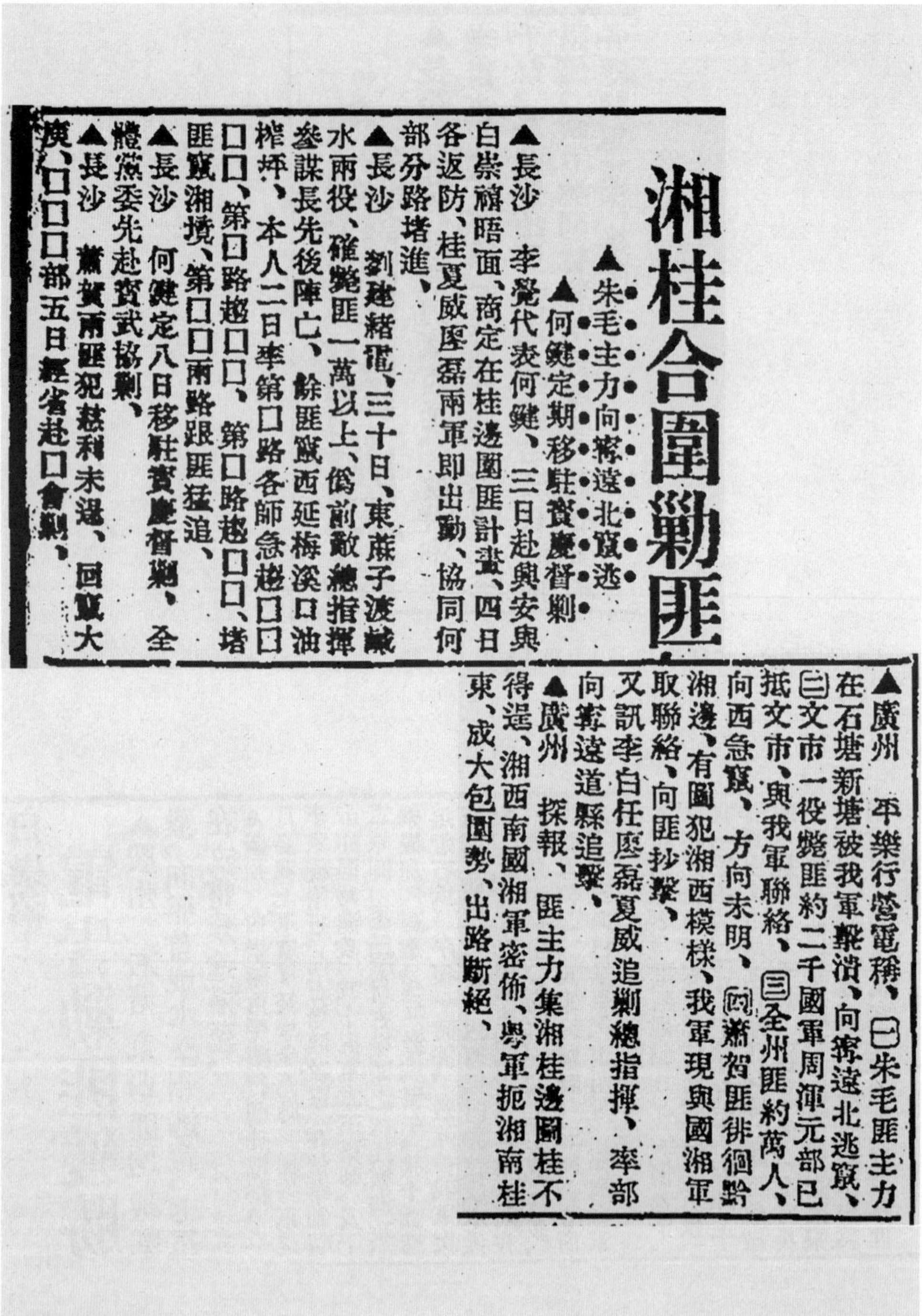

湘桂合圍剿匪

▲朱毛主力向寧遠北竄逃

▲何鍵定期移駐寶慶督剿

▲長沙　李覺代表何鍵、三日赴興安與白崇禧晤面、商定在桂邊圍匪計畫、四日各返防、桂夏威廖磊兩軍即出動、協同何部分路堵進、

▲長沙　劉建緒電、三十日、東蔴子渡鹹水兩役、確斃匪一萬以上、僞前敵總指揮參謀長先後陣亡、餘匪竄西延梅溪口油榨坪、本八二日李第口路各師急趨口口口口口、第口路趨口口、第口路趨口口、堵匪竄湘境、第口口兩路跟匪猛追、

▲長沙　何鍵定八日移駐寶慶督剿、至體燊委先赴寶武協剿、

▲長沙　蕭賀兩匪犯慈利未逞、回竄大庸、口口口部五日經省趕口會剿、

▲廣州　平樂行營電稱、㈠朱毛匪主力在石塘新墟被我軍擊潰、向寧遠北逃竄、㈡文市一役斃匪約二千國軍周渾元部已抵文市、與我軍聯絡、㈢全州匪約萬人、向西急竄、方向未明、㈣蕭賀匪徘徊黔湘邊、有圖犯湘西模樣、我軍現與國湘軍取聯絡、向匪抄擊、

又訊李白任廖磊夏威追剿總指揮、李部向寧遠道縣追擊、

▲廣州　探報、匪主力集湘桂邊圖桂不得逞、湘西南國湘軍密佈、粵軍扼湘南桂東、成大包圍勢、出路斷絕、

38. 湘桂合围剿匪，朱（德）、毛（泽东）主力向宁远北窜逃，何键定期移驻宝庆督剿，1934年12月6日第5版

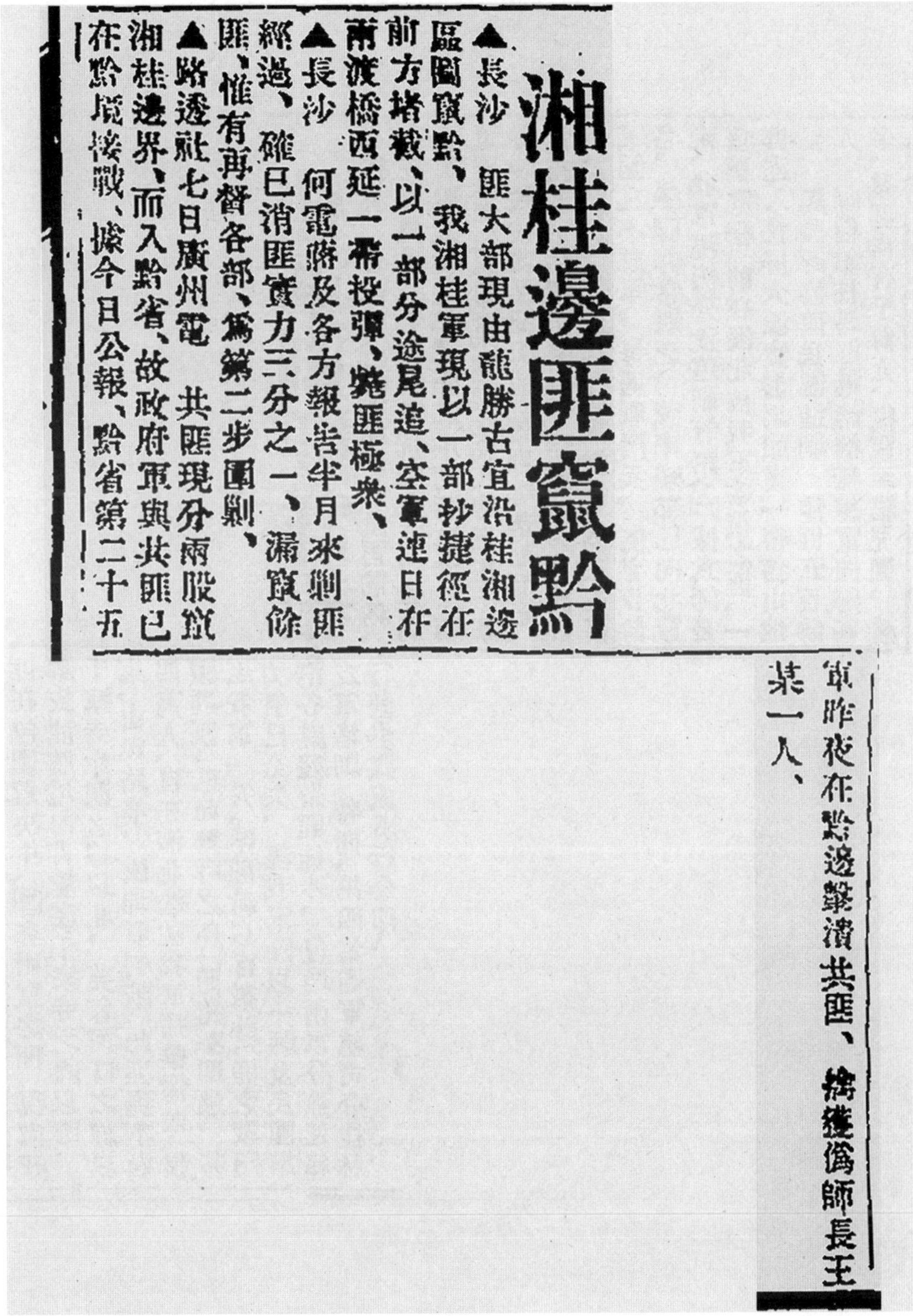

湘桂邊匪竄黔

▲長沙　匪大部現由龍勝古宜沿桂湘邊區圖竄黔、我湘桂軍現以一部抄捷徑在前方堵截、以一部分途尾追、空軍連日在南渡橋西延一帶投彈、斃匪極衆、

▲長沙　何電蔣及各方報告半月來剿匪經過、確已消匪實力三分之一、漏竄餘匪、惟有再督各部、爲第二步圍剿、

▲路透社七日廣州電　共匪現分兩股竄湘桂邊界、而入黔省、故政府軍與共匪已在黔境接戰、據今日公報、黔省第二十五軍昨夜在黔邊擊潰共匪、擄獲僞師長王某一人、

39. 湘桂边匪窜黔，1934 年 12 月 8 日第 3 版

桂軍剿匪詳報

△桂林 各報館、㈠據夏軍長魚酉電稱、昨在興安屬千家寺與我軍抗戰之匪、爲僞五軍團蕭政堂部、匪軍左側衛第十三師蕭匪、與僞政委朱瑞、昨夜八時正在千家寺晚餐、被我梁團衝逃、該匪等落荒而走、當夜我軍佔領千家寺、俘獲甚多、據匪供、匪自經新墟芬塘城擊潰後、僞三五兩軍團已不成軍、每遇戰鬥兵、僅有廿餘名、子彈非常缺乏、蕭率殘部已向北竄走、我軍現仍分途追剿等語、㈡據章師長魚酉電稱、前在灌北被我軍擊潰之匪、一部逃入灌屏大源寶蓋馬頭嶺一帶猺山地區、經職師協同民團進剿、俘匪五百餘人、奪獲鎗枝馬匹電話機無線電機等甚多、殘匪尚有千餘人、復竄至猫兒園、殘匪在包圍解決中、㈢查西竄之匪、現尚在興安龍勝境內靑龍底千家寺之線以西、千家寺中洞之線以北、芙蓉河口之線以東、山奧路窄、依地形判斷、此匪現不過四萬人、自在灌北迭被我軍痛擊慘敗、狼狽逃竄、已如驚弓之鳥、聞鎗聲即逃、甚至我軍一人、俘匪鎗以百數計、匪之戰鬥力實已全失、現我軍除以一師及民團肅淸各處殘留匪徒外、復增兩軍分途連絡友軍堵剿、特聞、第四集團軍總司令桂林行營參謀處虞行參印、

40. 桂军剿匪详报，1934 年 12 月 9 日第 4 版

白崇禧返邕

▲香港　白崇禧七日由興安啓程返邕、追勦事宜、交廖磊負責、

▲路透社九日廣州電　據今日此間所接之官場報告、侵犯桂省之共匪皆已潰敗、向西北退走、第四軍團之主隊、刻向梅溪口殺奪等處追擊潰匪、湘軍亦助勦、同時桂軍復越向黔邊、會同黔軍截擊之、桂林民團刻在境內搜捕共匪餘孽、

41. 白崇禧返邕，1934 年 12 月 10 日第 4 版

三省會師 聚殲湘邊殘匪

▲長沙 匪三五八九軍團、沿桂北猫山竄湘邊、九日在綏寗通道間之長安堡雙江口一帶、發現匪一軍團、由城步向綏寗西竄、均圖趨黔、薛岳部在靖通、劉建緒部在城綏截勦、電促王家烈部扼黔邊堵截、桂軍側擊、匪在三省大軍包圍中、賀蕭兩匪八日由大庾犯辰州、經陳渠珍師擊退、向永順竄走、李覺部協同桂軍、將匪桂東山猺匪股解決、俘赤俄四名、婦女隊百餘、匪兵數百、

▲路透社十日廣州電 桂林桂軍司令部今日來電報稱、桂軍在桂黔邊界興安地方激戰後、俘共匪三千名、又稱、共匪由贛省西竄者、原有七萬名以上、今僅存四萬名、若輩仍圖取道黔境入川云、

▲長沙 何鍵以贛東匪遠竄、電湖南各縣、十日起解嚴、責成李覺綏靖、

42. 三省会师聚歼湘边残匪，1934 年 12 月 11 日第 6 版

陳李請纓

殘匪竄入黔川爲患無窮
乘其喘息不遑急宜猛攻
李宗仁願統率勁旅窮追
請頒明令並請指示機宜

▲廣州 陳濟棠李宗仁白崇禧聯電五中全會及國府、朱毛匪西竄、號稱十萬、氣焰緊張、是予我軍最好消滅之機會、途經信豐安息城口延壽九峯良田臨武桃川四關文市新墟界首支業石塘等處、經我粵湘桂各軍節節兜剿、已殲滅過半、餘匪現約五萬、轉向湘黔邊境、所過之地、廬舍爲墟、非各路大軍繼續追剿、不能根本肅清、若任其轉黔竄川、則其禍烈、不堪設想、查川黔粗轂西南、形勢險峻、遠非贛閩無險可恃之比、濟棠等承各方獎勉、益應當仁不讓、繼續努力、竊以爲共匪不除、國難無已、一切救國計劃、皆屬空談、擬抽調勁旅、編組追剿部隊、由宗仁統率、會同各路友軍、繼續窮追、如蒙採納、請頒明令、用專責成、並請蔣委員長隨時指示機宜、俾便遵循、

43. 陈（济棠）、李（宗仁）请缨，残匪窜入黔川为患无穷，乘其喘息不遑急宜猛攻，李宗仁愿统率劲旅穷追，请颁明令并请指示机宜，1934 年 12 月 14 日第 4 版

湘黔夾擊殘匪

▲長沙　匪先頭由郛道竄向黔邊、後隊在湘桂毗連之綏寧龍勝間、黔派軍□□團由□□向湘邊迎堵、我劉建緒抵□□薛岳抵□□、指揮追堵、

▲長沙　李宗仁派張義純十三日抵省謁何商勦匪、

▲長沙　犯辰桃之賀蕭兩匪、經陳渠珍劉運乾等部痛勦、已回竄大庸、

▲廣州　白電陳李、職駐桂林主勦匪軍事、本軍決入黔追擊、與友軍合圍、據報毛匪已離隊入川、與葉挺賀龍商聯絡西竄、匪現由朱德主持、

44. 湘黔夹击残匪，1934 年 12 月 14 日第 4 版

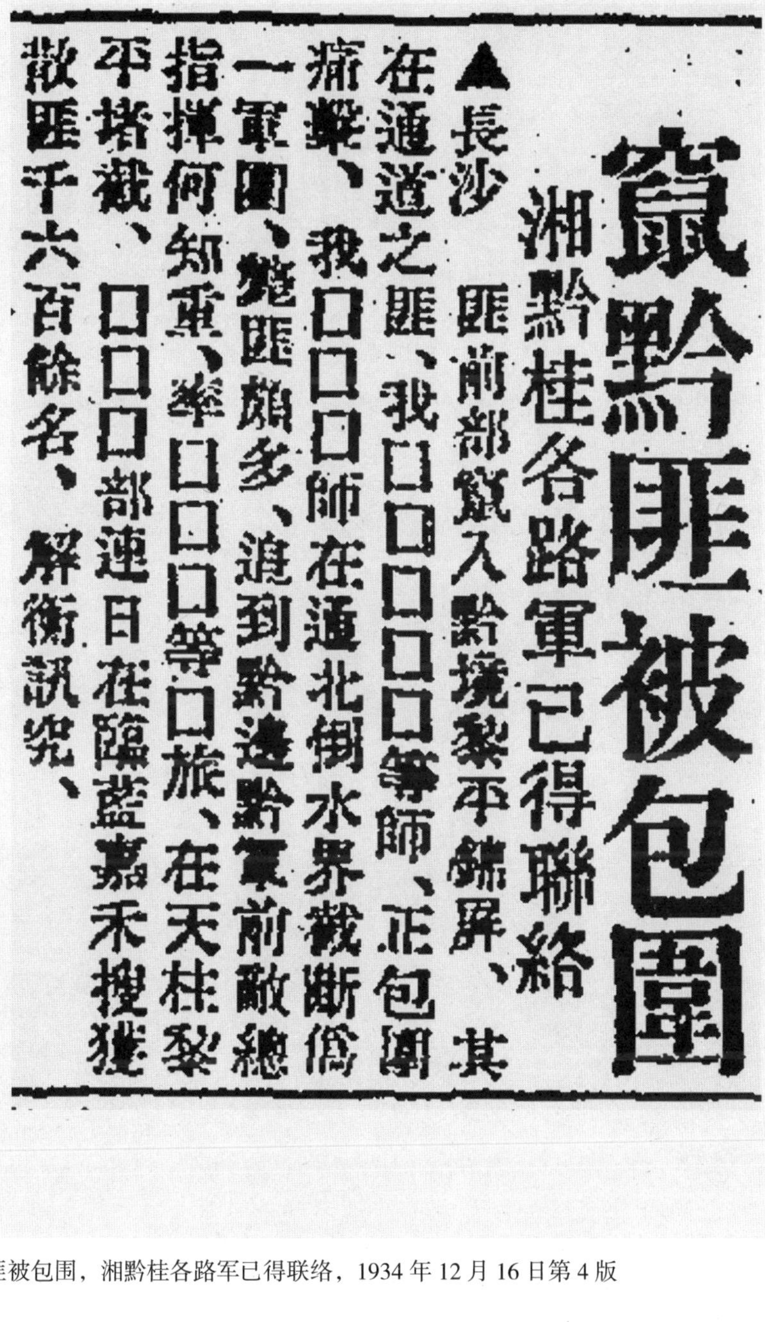

竄黔匪被包圍

湘黔桂各路軍已得聯絡

▲長沙 匪前部竄入黔境黎平錦屏、其在通道之匪、我口口口口口等師、正包圍痛擊、我口口口師在通北倒水界截斷僞一軍團、斃匪頗多、追到黔邊黔軍前敵總指揮何知重、率口口口口等口旅、在天柱黎平堵截、口口口部連日在臨藍嘉禾搜獲散匪千六百餘名、解衡訊究、

45. 窜黔匪被包围，湘黔桂各路军已得联络，1934 年 12 月 16 日第 4 版

新闻夜报

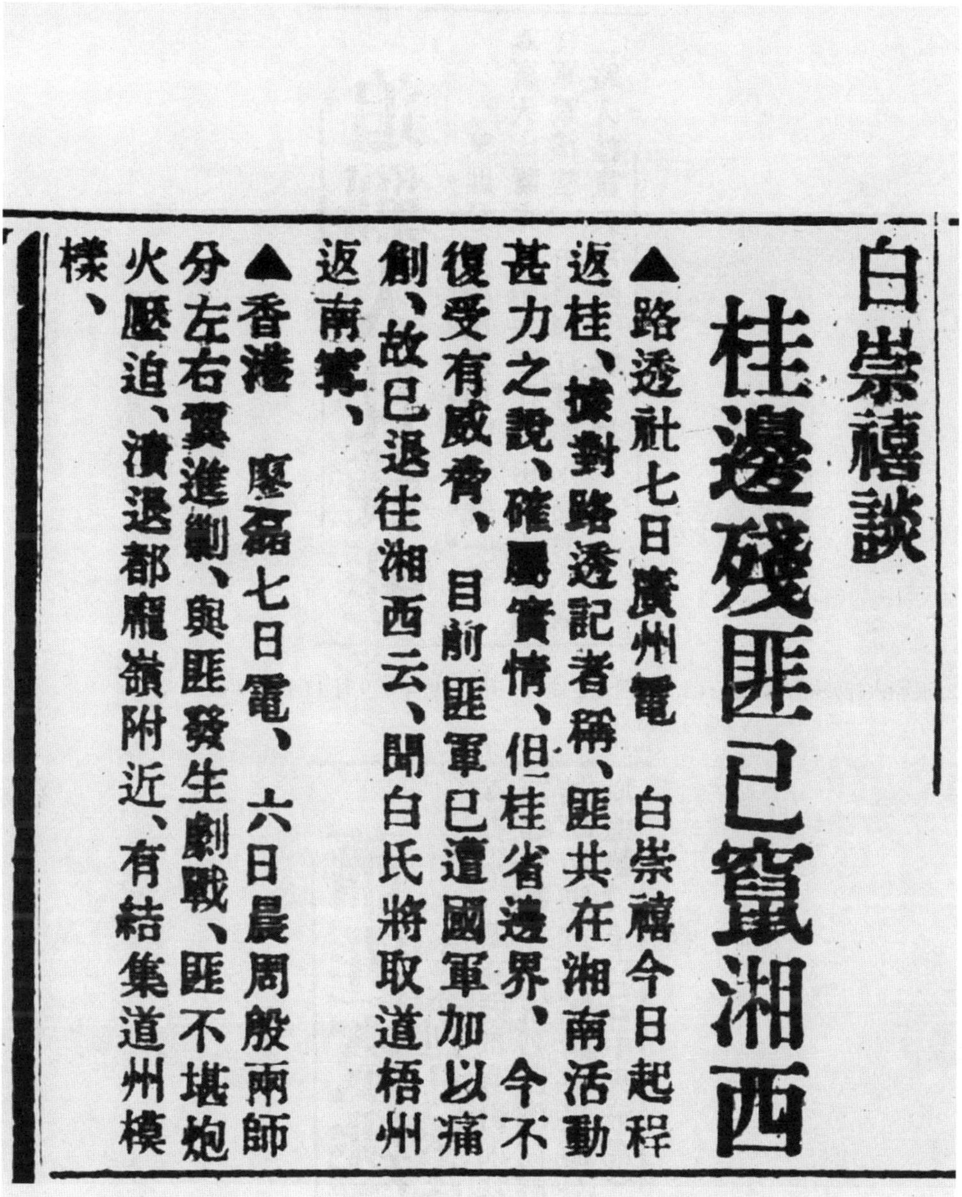

白崇禧談

桂邊殘匪已竄湘西

▲路透社七日廣州電　白崇禧今日起程返桂、據對路透記者稱、匪共在湘南活動甚力之說、確屬實情、但桂省邊界、今不復受有威脅、　目前匪軍已遭國軍加以痛創、故已退往湘西云、聞白氏將取道梧州返南寧、

▲香港　廖磊七日電、　六日晨周殷兩師分左右夾進剿、與匪發生劇戰、匪不堪炮火壓迫、潰退都龐嶺附近、有結集道州模樣、

1. 白崇禧谈：桂边匪已窜湘西，1934 年 9 月 8 日第 1 版

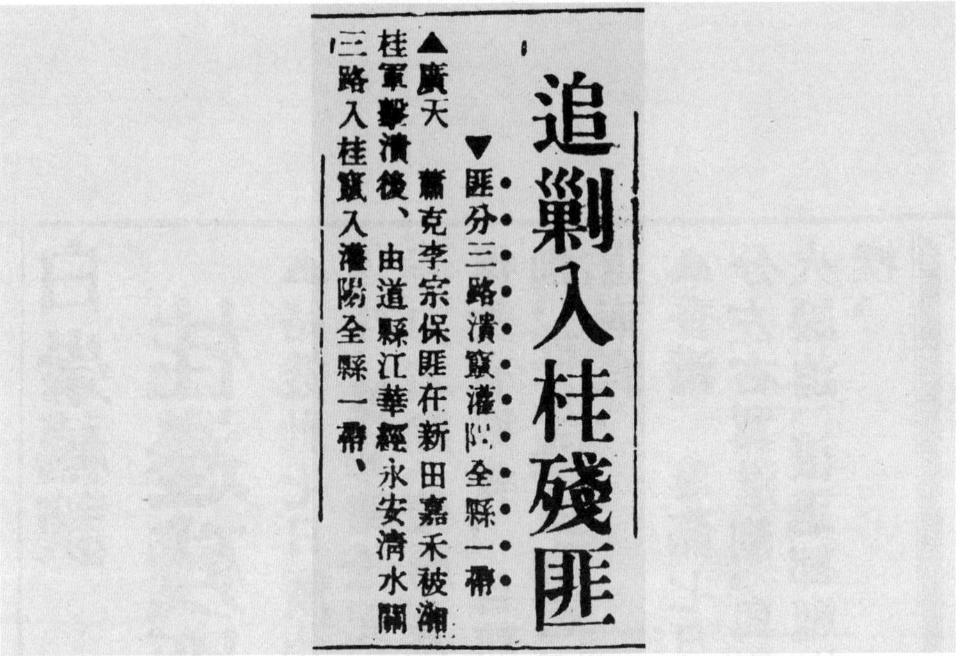

追剿入桂殘匪

▼匪分三路潰竄灌陽全縣一帶

▲廣天 蕭克李宗保匪在新田嘉禾被湘桂軍擊潰後、由道縣江華經永安濟水關三路入桂竄入灌陽全縣一帶、

2. 追剿入桂残匪，匪分三路溃窜灌阳、全县一带，1934 年 9 月 11 日第 1 版

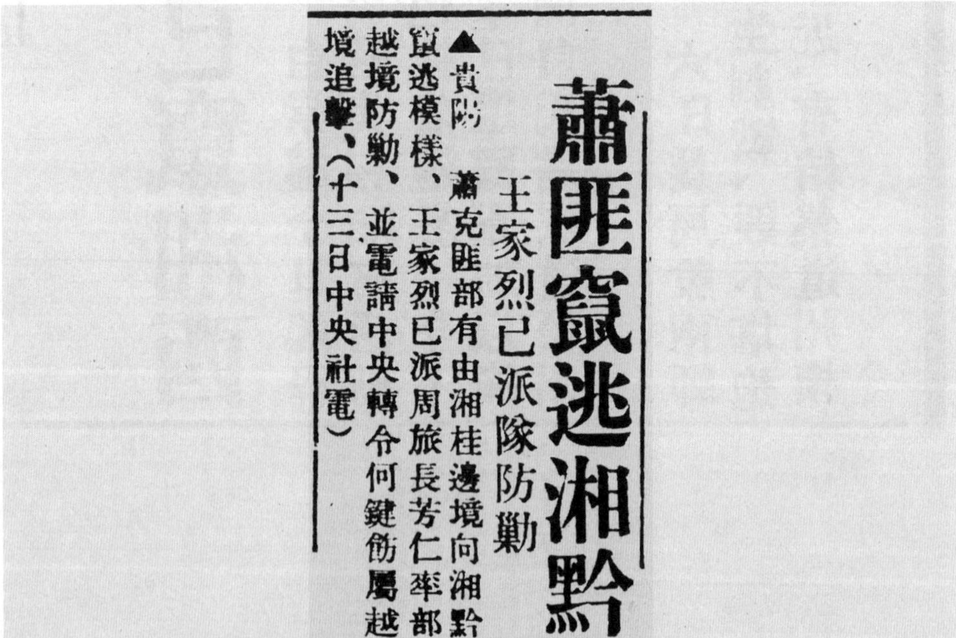

蕭匪竄逃湘黔

王家烈已派隊防勦

▲貴陽 蕭克匪部有由湘桂邊境向湘黔竄逃模樣、王家烈已派周旅長芳仁率部越境防勦、並電請中央轉令何鍵飭屬越境追擊、（十三日中央社電）

3. 萧匪窜逃湘黔，王家烈已派队防剿，1934 年 9 月 14 日第 2 版

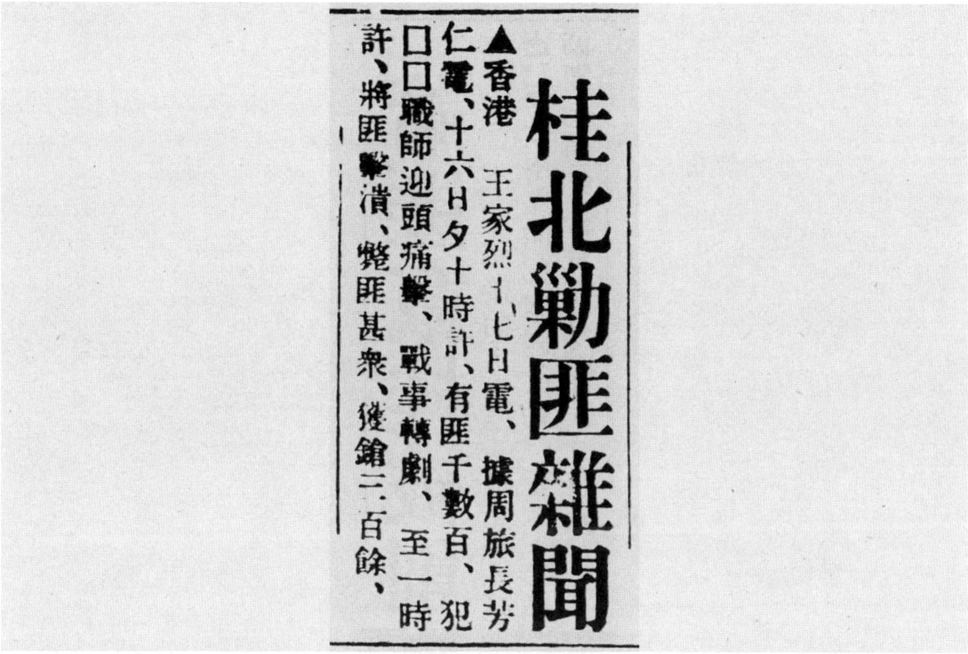

桂北勦匪雜聞

▲香港　王家烈十七日電、據周旅長芳仁電、十六日夕十時許、有匪千數百、犯口口職師迎頭痛擊、戰事轉劇、至一時許、將匪擊潰、斃匪甚衆、獲鎗三百餘、

4. 桂北剿匪杂闻，1934 年 9 月 19 日第 1 版

蕭匪又向北竄

▲長沙　蕭匪竄到黔境錦屏後、向天柱北竄、黔派王伯勳堵勦、據俘匪供、匪四九五十五一等團長徐志英劉式楷張鴻基在桂湘邊境陣亡、

5. 萧匪又向北窜，1934 年 9 月 22 日第 2 版

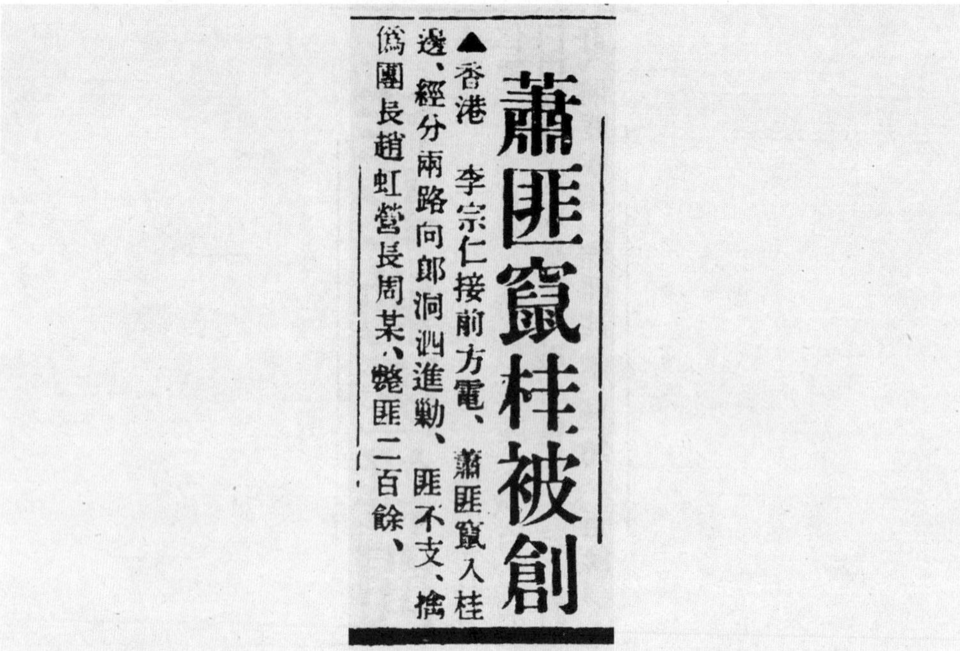

蕭匪竄桂被創

▲香港 李宗仁接前方電、蕭匪竄入桂邊、經分兩路向郎洞泗進勦、匪不支、擒偽團長趙虹營長周某、斃匪二百餘、

6. 萧匪窜桂被创，1934 年 9 月 28 日第 1 版

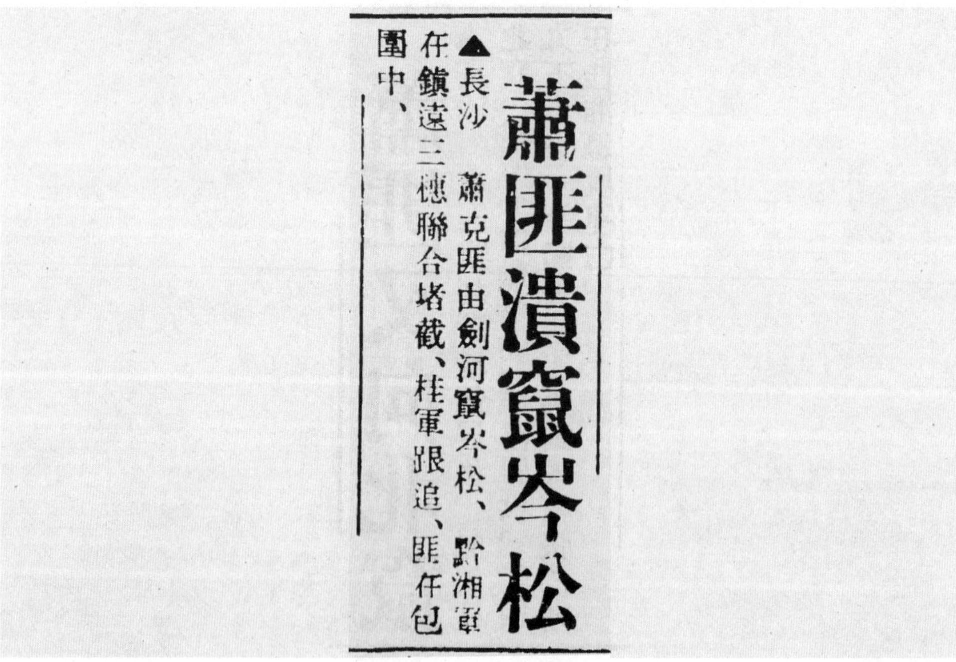

蕭匪潰竄岑松

▲長沙 蕭克匪由劍河竄岑松、黔湘軍在鎮遠三穗聯合堵截、桂軍跟追、匪在包圍中、

7. 萧匪溃窜岑松，1934 年 10 月 2 日第 1 版

贛勦匪軍獲勝

古龍崗即日可下

▲南昌　國軍八日晨進攻鎮口堵、與僞廿一廿三兩師激戰、將匪擊潰、斃匪百餘、俘匪數十、獲鎗十餘支、匪退太陽峯、梁師九日晨復進至該地、匪憑固頑抗戰竟日、我軍奮勇直前、又將太陽峯高地佔領、斃匪無算、俘匪百餘、獲機鎗二挺、步鎗五十餘支、我軍亦有傷亡、距古龍崗僅十里、候佔各線碉堡完成、古龍崗即日可下、

▲中央社十一日南昌電　我軍十日分向古龍岡及興國進攻、預計數日內可下、蕭匪亦經湘桂黔各軍包圍、短期內可殲滅、

8. 贛剿匪军获胜，古龙岗即日可下，1934 年 10 月 12 日第 1 版

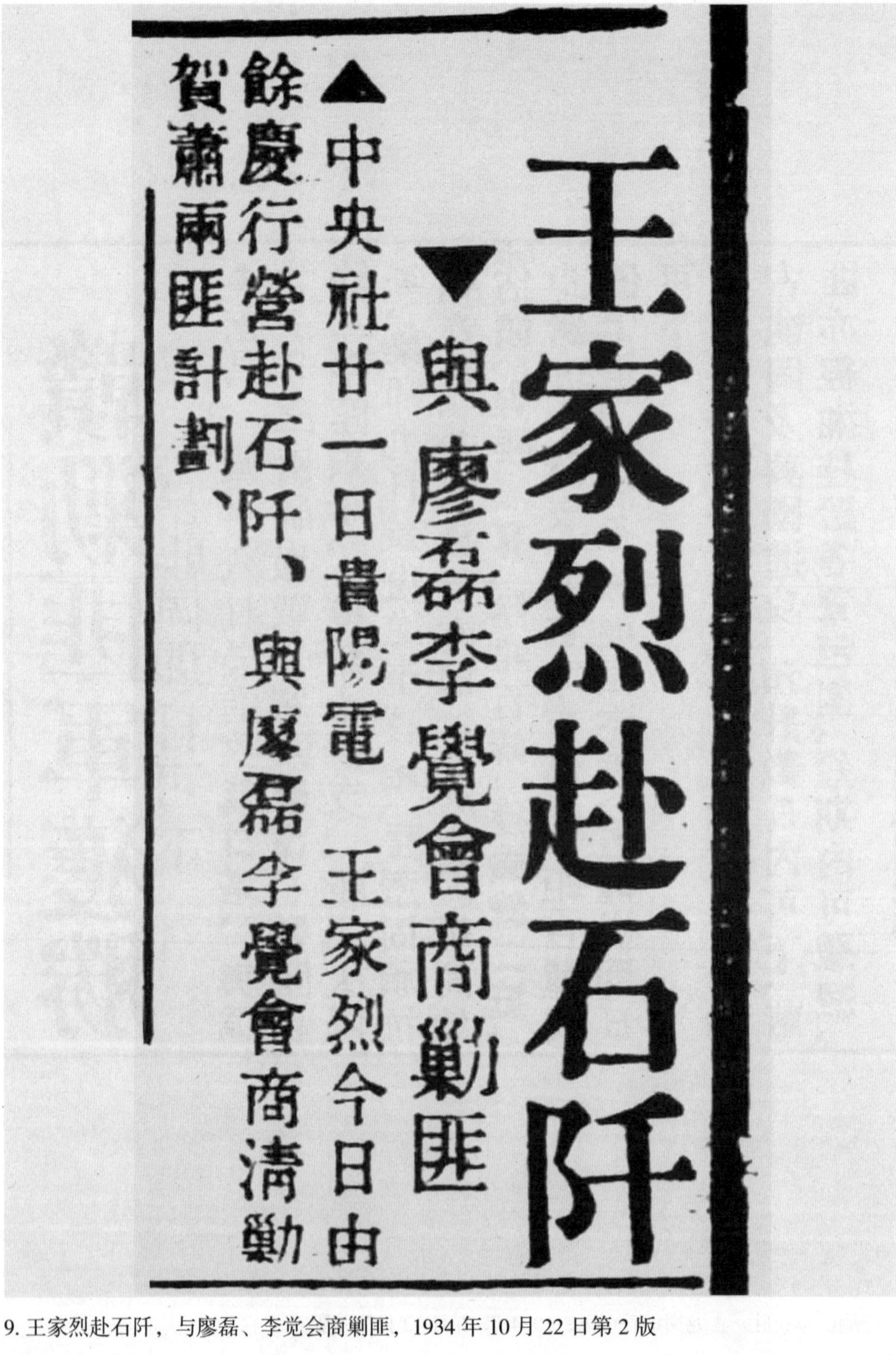

王家烈赴石阡

▼與廖磊李覺會商剿匪

▲中央社廿一日貴陽電 王家烈今日由餘慶行營赴石阡、與廖磊李覺會商清剿賀蕭兩匪計劃、

9. 王家烈赴石阡，与廖磊、李觉会商剿匪，1934 年 10 月 22 日第 2 版

粵軍勦匪大捷

▲廣州　韶行營捷報、十一日林彪率匪萬餘、再犯城庭西北之延封線、與我獨二旅激戰晝夜、十二日晨獨三師出九峯側擊、將匪截數段、獨二旅將匪一部包圍、午後四時將匪擊潰、俘三千餘、爲南路軍空前大捷、又報、城口長江坪石線、被我軍三路擊退後、餘匪肅淸、坪樂間電話復通、

▲廣州　總部息、蔣委長電陳濟棠李宗仁白崇禧東南西北路軍合圍堵剿、指定陣線、毋使匪漏網入川、

▲廣州　連山探報、彭匪率萬餘侵小北江、圖犯桂邊鍾山富川灌陽、以牽制桂軍截擊、並護前隊、由湘西竄黔川、李電陳匪侵小北江圖犯桂邊、令□師迎擊外、派□□□師入□□□□□堵截、

▲廣州　湘何鍵派張沛乾乘機抵粵謁陳、商西南路軍堵匪機宜、詳情未悉、

10. 粤军剿匪大捷，1934 年 11 月 14 日第 2 版

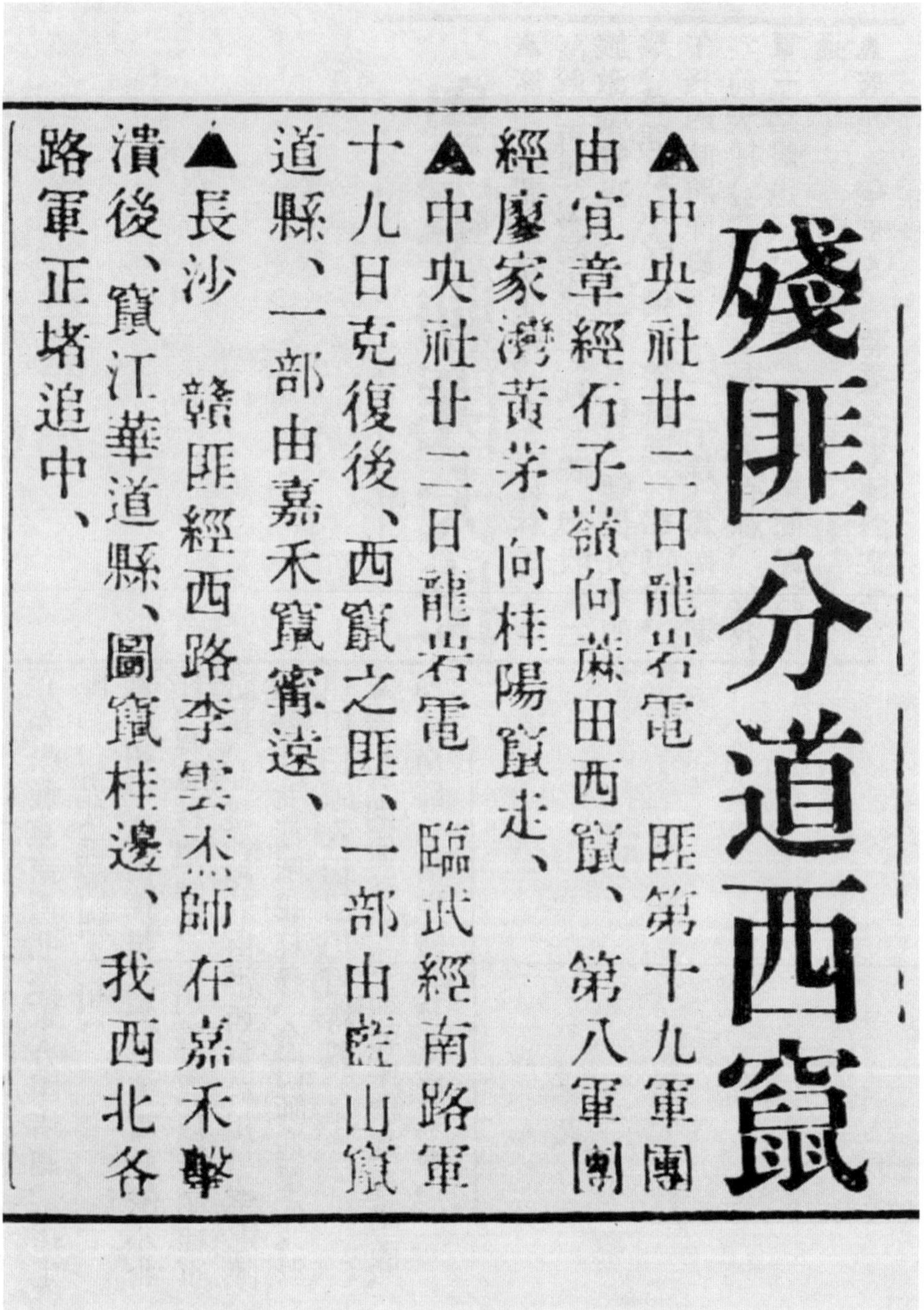

殘匪分道西竄

▲中央社廿二日龍岩電 匪第十九軍團由宜章經石子嶺向蕨田西竄、第八軍團經廖家灣黃茅、向桂陽竄走、

▲中央社廿二日龍岩電 臨武經南路軍十九日克復後、西竄之匪、一部由藍山竄道縣、一部由嘉禾竄寧遠、

▲長沙 贛匪經西路李雲杰師在嘉禾擊潰後、竄江華道縣、圖竄桂邊、我西北各路軍正堵追中、

11. 残匪分道西窜，1934 年 11 月 23 日第 2 版

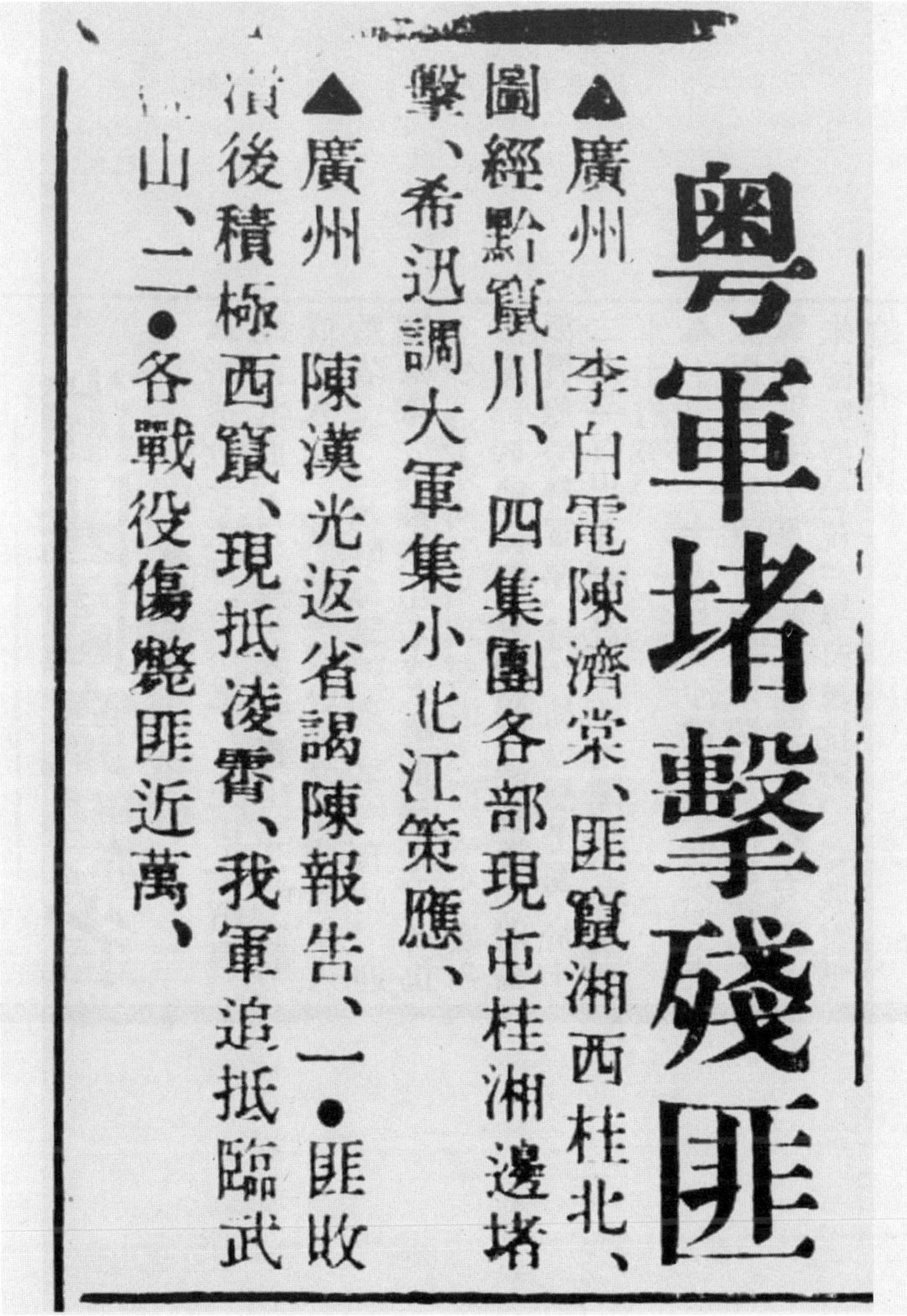

粵軍堵擊殘匪

▲廣州 李白電陳濟棠、匪竄湘西桂北、圖經黔竄川、四集團各部現屯桂湘邊堵擊、希迅調大軍集小北江策應、

▲廣州 陳漢光返省謁陳報告、一●匪敗竄後積極西竄、現抵凌霄、我軍追抵臨武山、二一●各戰役傷斃匪近萬、

12. 粤军堵击残匪，1934 年 11 月 24 日第 2 版

湘匪圖竄黔省

▲被迎頭痛擊

▲路透社廿六日廣州電　先導社消息、湖南共匪、自知無力堅守藍山等處、昨乃直撲永州、擬取道桂邊界之全州而竄入黔省、幸全州駐粵軍頗衆、早有預防、迎頭痛擊、共匪倏出不意、頓即潰散、死傷不少。殘衆向道州與寧遠方面退走、廣州市黨部昨晚發起各團體代表會議、討論派員慰勞粵軍事、議決組織慰勞團、於十二月一日出發、分赴東北兩陣線、向前敵軍士慰勞、

▲中央社二十五日長沙電　李雲杰王東原兩部在寧遠道縣嘉禾間、與匪戰甚烈、擊破匪主力軍、斃匪俘匪各千餘名、匪首朱德彭德懷親在陣肉搏抗戰、受我軍壓迫、不得逞、

13. 湘匪图窜黔省被迎头痛击，1934 年 11 月 26 日第 1 版

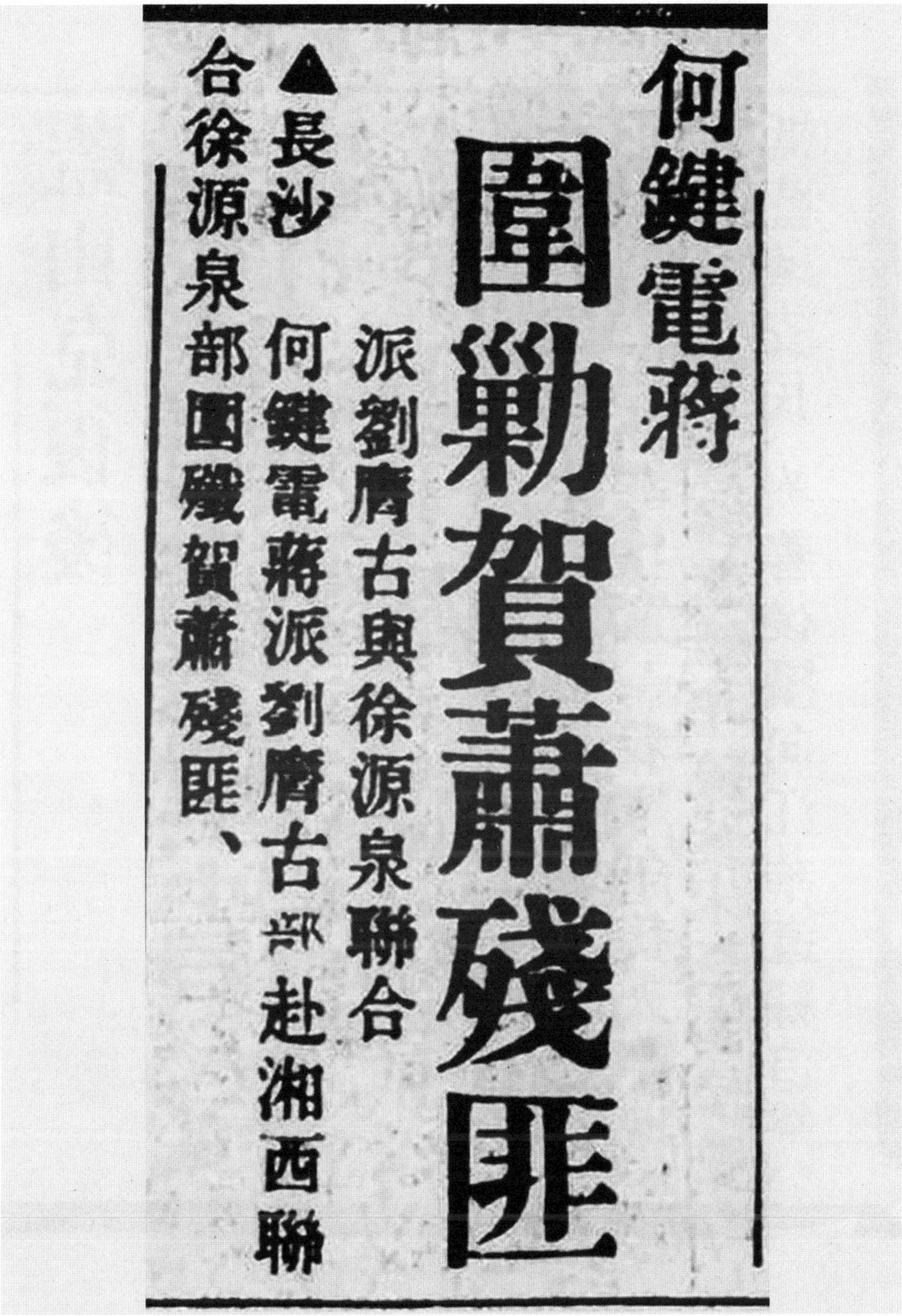

何鍵電蔣

圍剿賀蕭殘匪

派劉膺古與徐源泉聯合

▲長沙　何鍵電蔣派劉膺古部赴湘西聯合徐源泉部圍殲賀蕭殘匪、

14. 何键电蒋（介石）：围剿贺（龙）、萧（克）残匪，派刘膺古与徐源泉联合，1934 年 11 月 26 日第 2 版

藍山克復後
匪向江華潰竄

▲廣州　韶行營捷報稱、據李副師長電稱、我軍克臨武、陳廿日率陳吳何三團向匪追擊、廿一日抵楚江、廿二日抵田心、廿三日達藍山城郊、匪不敢戀戰、稍觸即退、狼狽向江華潰竄、我軍午後入藍城、俘匪及輜重甚多葉肇率陳葉朱三團傍晚抵藍城安民、辦善後續向江華道縣追擊、

15. 蓝山克复后匪向江华溃窜，1934 年 11 月 26 日第 1、2 版（2–1）

並電西路軍迎截、

▲廣州 王贊斌電四集團粵辦事處、僞三軍團千餘廿三日突襲永州河墟、被我軍擊退、

▲廣州 湘探報林匪率萬餘向江華永明道州急竄、前隊抵永川綠埠頭白牙市、沿途無戰事、

▲廣州 據報、藍山潰匪八千、由江華圖犯桂北、我軍備迎擊龍虎關黃沙河各隘、佈大軍扼守、又訊大隊匪竄桂邊、圖由桂北經黔入川、李白委夏威爲前敵總指揮、準備迎擊、白駐桂林策劃軍務、廿三日偕廖磊赴興全視察、

▲廣州 探報彭匪率僞三軍團及僞中央各部約四萬廿三日由永明抵灌陽、前隊與桂軍黃鎮國師接觸、白赴前線督師、

15. 蓝山克复后，匪向江华溃窜，1934 年 11 月 26 日第 1、2 版（2–2）

粵桂邊界殘匪

▲已被我十五軍擊潰

▲白崇禧赴平樂督戰

▲李漢魂由藍山追匪

▲廣州　四集團參謀長張任民語記者、大隊匪現抵湘桂邊境、圖越黔邊竄川國、湘桂大軍、正分途截擊、桂北湘西連日發生激戰、白赴平樂督戰、

▲廣州　坪石諜報李師長漢魂率部由藍山向匪跟追前鋒抵典華會同國湘軍截擊正激戰中又報匪抵湘後分前後左右衞四路西竄掩護僞中央紅軍委會及朱毛等匪首前進大隊現抵湘西桂北被國湘桂大軍分道截擊、

▲廣州　白崇禧自平樂電粵稱、僞一九軍團廿三四日擾我富川賀縣邊境、被我十五軍夏部擊潰、斬獲甚多、廿五日龍虎關方面匪與我七軍激戰、彭林匪主力復攻我永安關清水關、與我王贊斌黃鎮國師接觸、各線激戰中、

▲路透社廿八日廣州電　自十一月廿二日起、由贛西竄之共匪、覓衣食與彈藥以度寒冬計、現圖侵入桂省、桂軍總司令李宗仁現調所有軍隊、從事防堵、按數日前據官報、共匪小隊曾侵入桂東邊界數縣、繼桂省第十五軍激戰擊退、共匪雖遭此挫衂、現仍圖大舉攻桂云、今日李宗仁致電西南政務會、謂數日前喬裝難民混入桂境之共匪、均經擒獲云、

16. 粤桂边界残匪已被我十五军击溃，白崇禧赴平乐督战，李汉魂由蓝山追匪，1934 年 11 月 28 日第 2 版

贛行營電桂當局堵匪

▲南京　軍訊、自贛東閩西竄出共匪主力一三五軍團、經蔣委員長預調得力軍隊、層迭設防、暨湘省各師、分頭迎擊、實力消失甚鉅、現該匪改採聚零爲整策略、集中殘餘、力向桂邊猛竄、有全力圖桂模樣、桂邊形勢、一時頗見緊張、現南昌行營除令中央追剿各軍、盡力跟追、並電粵方南路各軍協剿外、聞昨今兩日均有電致桂省當局李宗仁白崇禧等、請力事防堵、毋令該省完善之區、復遭匪禍、據某軍事家觀察、此次共匪無險可守、國軍一方以飛機跟追轟擊、一方穩紮穩打、必可於最近期間、將竄匪實力、全部消滅、

17. 赣行营电桂当局堵匪，1934 年 11 月 29 日第 1 版

白崇禧電粵

桂邊匪已擊散

△粵省中止派隊入桂協助

△中央社二十九日香港電 省訊、白崇禧二十九日電粵報告、桂邊共匪已被擊散、死傷甚大、刻已飭所部追剿、

△中央社二十九日香港電 粵省前擬派兩師入桂協助桂軍清勦共匪、現因匪已潰敗、故暫時中止出發、僅警戒小北江一帶、

18. 白崇禧电粤：桂边匪已击散，粤省中止派队入桂协助，1934 年 11 月 30 日第 1 版

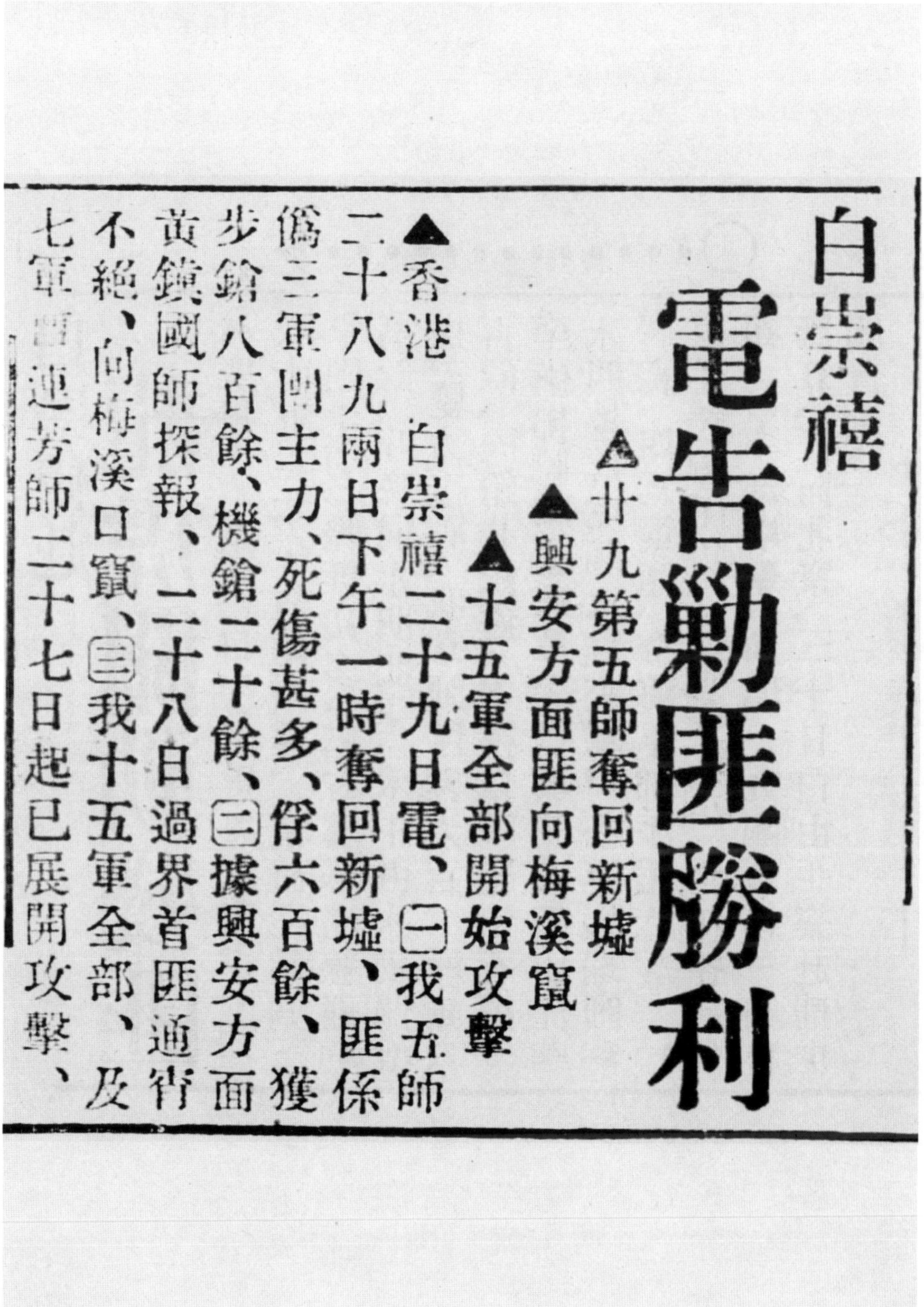

白崇禧

電告勦匪勝利

▲廿九第五師奪回新墟

▲興安方面匪向梅溪竄

▲十五軍全部開始攻擊

▲香港 白崇禧二十九日電、㈠我五師二十八九兩日下午一時奪回新墟、匪係僞三軍團主力、死傷甚多、俘六百餘、獲步鎗八百餘、機鎗二十餘、㈢據興安方面黃鎮國師探報、二十八日過界首匪通宵不絕、向梅溪口竄、㈢我十五軍全部、及七軍覃連芳師二十七日起已展開攻擊、

19. 白崇禧电告剿匪胜利，廿九第五师夺回新墟，兴安方面匪向梅溪窜，十五军全部开始攻击，1934 年 12 月 1 日

白崇禧赴

龍虎關剿殘匪

【廣州】白崇禧自平樂電粵辦事處、一我十五軍本午佔據新墟、當面匪爲僞三軍團主力、斃匪甚多、二右翼蘇江線匪約萬餘、昨晚向永明北退、本午由永安關增援、雙方復戰、我韋師俘匪六百、繳鎗八百餘、機鎗廿餘挺、本夜覃師繞出石塘、準備拂曉攔腰痛擊、三、興安黃鎮山江華永明邀龍虎關入桂夾擊、令李振球師移廣寧、四爲策應、令海軍部派艦六艘、駛西江鞏衛江防、並令駐小 北江各部兼顧、白率部堵擊、將僞一九團擊潰、斬獲無算、匪向北竄、三十日白由平樂赴龍虎關督剿、

20. 白崇禧赴龙虎关剿残匪，1934 年 12 月 2 日第 1 版

白崇禧電告

與匪猛烈作戰

▼斃匪遍地斬擒二千

▲廣州 白崇禧一日電稱一、據報本晨覃師由新墟向石塘線截擊至古嶺、與彭匪後隊接戰、雙方突擊、極度猛烈、斃匪遍地、擒斬二千餘、繳鎗千餘、大挫其鋒、爲與匪作戰最慘烈者、二●文市西大連塘匪仍無動靜、料匪主力尚未過湘水之西、辟岳電陳二十日率三師由祁陽追匪抵全州、分兩路向龍虎關抄擊、並將桂北匪入黔路截斷、

21. 白崇禧电告：与匪猛烈作战，毙匪遍地斩擒二千，1934 年 12 月 2 日第 2 版

白崇禧電告剿匪獲勝

▲廣州 石塘東西匪均被擊潰、向界首咸水全州逃竄、七軍在文市分途掃蕩、

▲廣州 白崇禧由平樂行營捷電稱、一日晨我七軍廖軍長率十九師淮興安東之李家硯附近、向石塘匪攻擊、在伏華鋪黃市亦同時進攻、我十五軍韋王兩師、及七軍覃師、由三家村古嶺頭之線連繫進攻、飛機加入轟擊、與匪激戰至午、我十九師迫近石塘、午後一時許、敵陣被我軍突破、匪始潰退、石塘以西匪向界首咸水逃竄、石塘東匪潰散主州以南、我七軍刻在戰場分途掃盪、是役一、敵方死傷甚多、查明再報、二、我軍追擊時、三團合令所部下午三時已進至文市附近、經與我軍聯絡、

▲廣州 李崑電陳匪犯桂北、死傷過千、匪在興全沿湘水西岸佈防、長逾二百里、我七軍主力、一日加入文市南方戰線、十五軍由文市西之古嶺頭攔腰截擊突破敵陣、掠斬匪二千餘、獲鎗千餘、我官兵亦略傷、匪向界首咸水方面逃竄、刻據飛機報告、全州附近、國湘軍已開始向南移動、計今明可達咸水界首之線、可望將匪主力擊潰云、

22. 白崇禧电告剿匪获胜，1934 年 12 月 4 日第 1、2 版

朱毛匪在石塘被擊潰後

向寗遠北逃竄

▲蕭賀殘匪似圖竄湘西

▲但國軍密佈恐難得逞

▲廣州 平樂行營電稱、㈠朱毛匪主力在石塘新塘被我軍擊潰、向寗遠北逃竄、㈡文市役斃匪約二千、國軍周渾元部已抵文市、與我軍聯絡、㈢全州匪約萬人、向西急竄、方向未明、㈣蕭賀匪徘徊黔湘邊、圖犯湘西模樣、我軍現與國湘軍取聯絡、向匪抄擊、又訊李白任廖磊夏威追剿總指揮、率部向寗遠道縣追擊、

▲廣州 探報、匪主力集湖桂邊圖桂不得逞、湘西南國湘軍密佈、粵軍扼湘南桂東、成大包圍勢、出路斷絕、

23. 朱（德）、毛（泽东）匪在石塘被击溃后向宁远北逃窜，萧（克）、贺（龙）残匪似图窜湘西，但国军密布恐难得逞，1934 年 12 月 5 日第 2 版

白崇禧在
興安與匪劇戰
石塘克復後進佔咸水
殘匪向通梅溪口逃竄
興安全境與匪戰五日

▲香港 白興安行營電陳濟棠李宗仁、㈠石塘墟 麻子渡伏華舖 匪經我軍擊潰後、即開始追擊、 進佔咸水、羅江之線殘匪、向通梅溪口逃竄、㈡與我軍戰鬥匪係僞一三五軍團、 數約二萬餘匪悉向咸水之江等竄去綜各方情報、 匪衆尚有五六萬、㈢現令十五軍追勦外、 七軍繞桂黔邊協友軍堵截、 ㈣我在興安全境與匪劇戰五日、我軍死官兵數十餘、 斃匪千餘、俘二千餘、繳鎗二千五百餘、俘匪內桂籍約五百、留桂處置外、餘多湘贛籍、 應否解中央、抑交湘處置候電示、

24. 白崇禧在兴安与匪剧战，石塘克复后进占咸水，残匪向通梅溪口逃窜，兴安全境与匪战五日，1934 年 12 月 6 日第 1 版

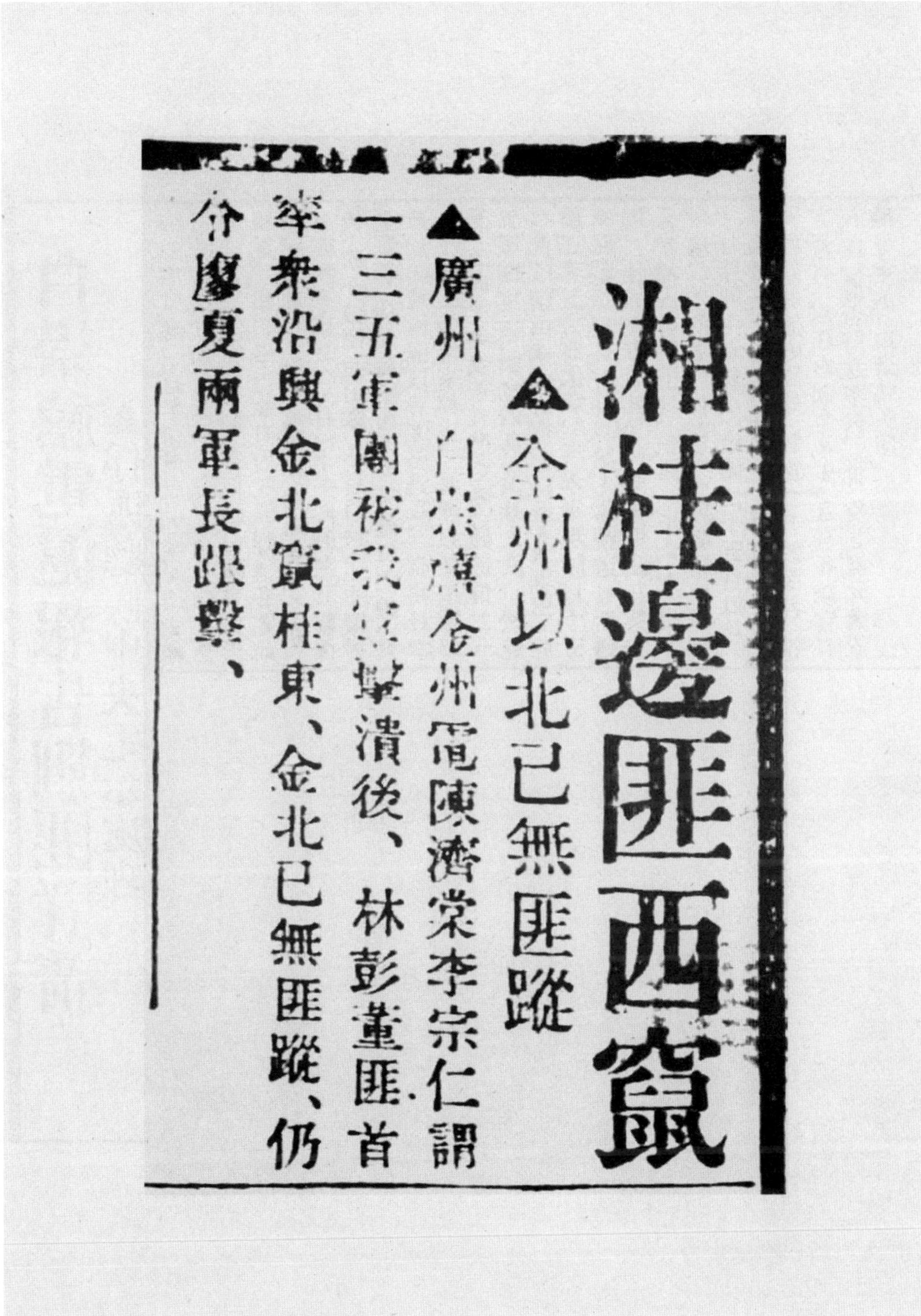

湘桂邊匪西竄

▲全州以北已無匪蹤

▲廣州　白崇禧全州電陳濟棠李宗仁謂一三五軍團被我擊潰後、林彭董匪首率衆沿興全北竄桂東、全北已無匪蹤、仍令廖夏兩軍長跟擊、

25. 湘桂边匪西窜，全州以北已无匪踪，1934 年 12 月 9 日第 2 版

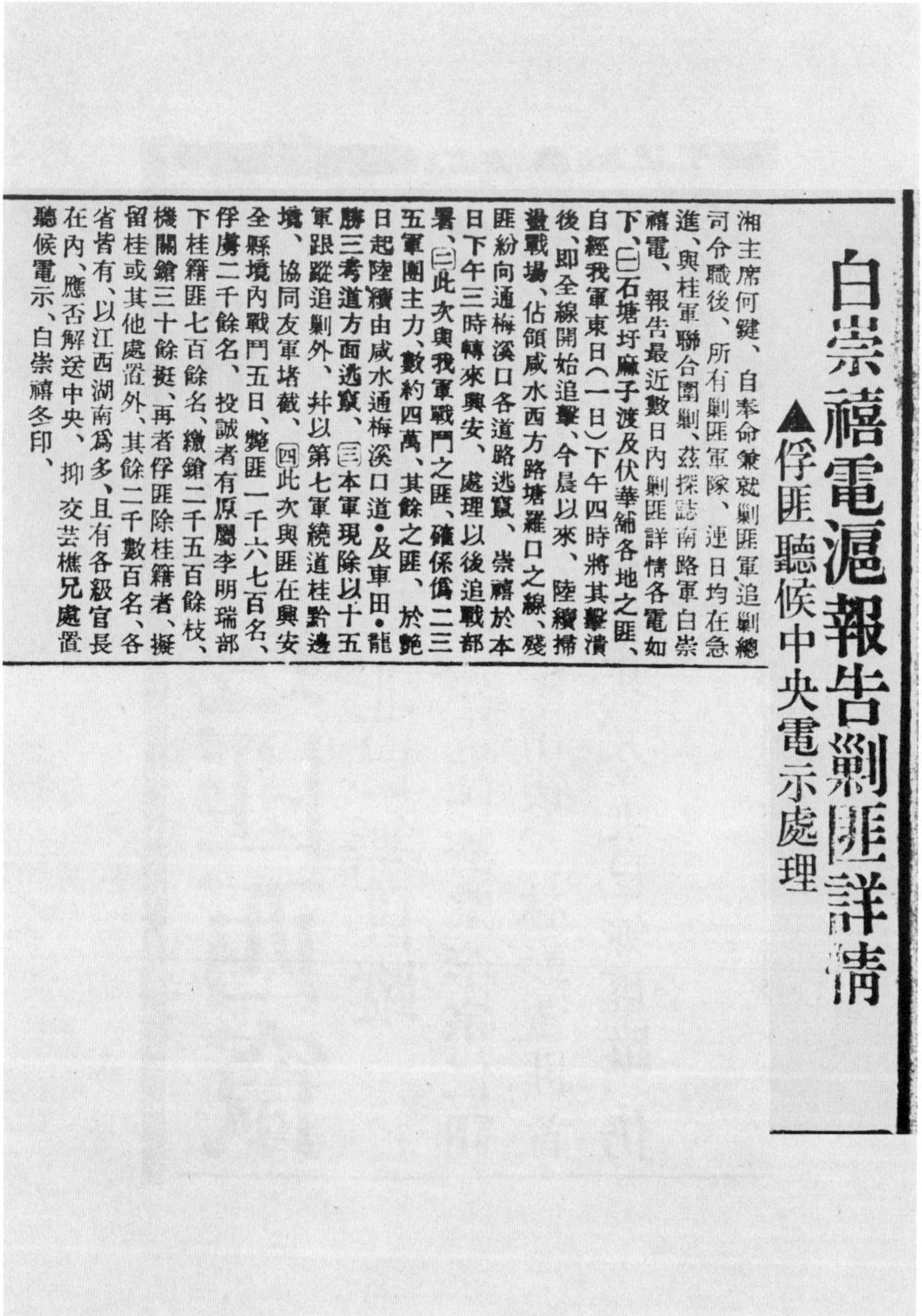

白崇禧電滬報告剿匪詳情

▲俘匪聽候中央電示處理

湘主席何鍵、自奉命兼就剿匪軍追剿總司令職後、所有剿匪軍隊、連日均在急進、與桂軍聯合圍剿、茲探誌南路軍白崇禧電、報告最近數日內剿匪詳情各電如下、㈠石塘圩麻子渡及伏華舖各地之匪、自經我軍東日（一日）下午四時將其擊潰後、即全線開始追擊、今晨以來、陸續掃蕩戰場、佔領咸水西方路塘羅口之線、殘匪紛向通梅溪口各道路逃竄、崇禧於本日下午三時轉來興安、處理以後追戰部署、㈡此次與我軍戰鬥之匪、確係僞二三五軍團主力、數約四萬、其餘之匪、於艷日起陸續由咸水通梅溪口道・及車田・龍勝三考道方面逃竄、㈢本軍現除以十五軍跟蹤追剿外、幷以第七軍繞道桂黔邊境、協同友軍堵截、㈣此次與匪在興安全縣境內戰鬥五日、斃匪一千六七百名、俘虜二千餘名、投誠者有原屬李明瑞部下桂籍匪七百餘名、繳鎗二千五百餘枝、機關鎗三十餘挺、再者俘匪除桂籍者、擬留桂或其他處置外、其餘二千數百名、各省皆有、以江西湖南爲多、且有各級官長在內、應否解送中央、抑交芸樵兄處置、聽候電示、白崇禧冬印、

26. 白崇禧电沪报告剿匪详情，俘匪听候中央电示处理，1934 年 12 月 9 日第 3 版

陳濟棠等電中央

請予追剿名義

▲廣州 陳濟棠 李宗仁白崇禧 聯電國府、匪竄通縣、迫近黔東、川湘黔軍雖已到防堵追剿、仍虞力薄、粵桂軍抽調追剿會商定妥、請予追剿名義、補助開拔軍費、俾濟棠等編組大軍、跟蹤追剿、以收時效、並擬編分兩路、由粵桂部隊擔任、附上編制表、請核示、

27. 陈济棠等电中央请予追剿名义，1934 年 12 月 20 日第 2 版

桂軍剿匪勝利

▲俘匪五千解祁陽

▲廣州　桂俘匪五千、廿三日集黃沙河入湘、護解至祁陽、交湘軍接收、

28. 桂军剿匪胜利，俘匪五千解祁阳，1934 年 12 月 25 日第 2 版

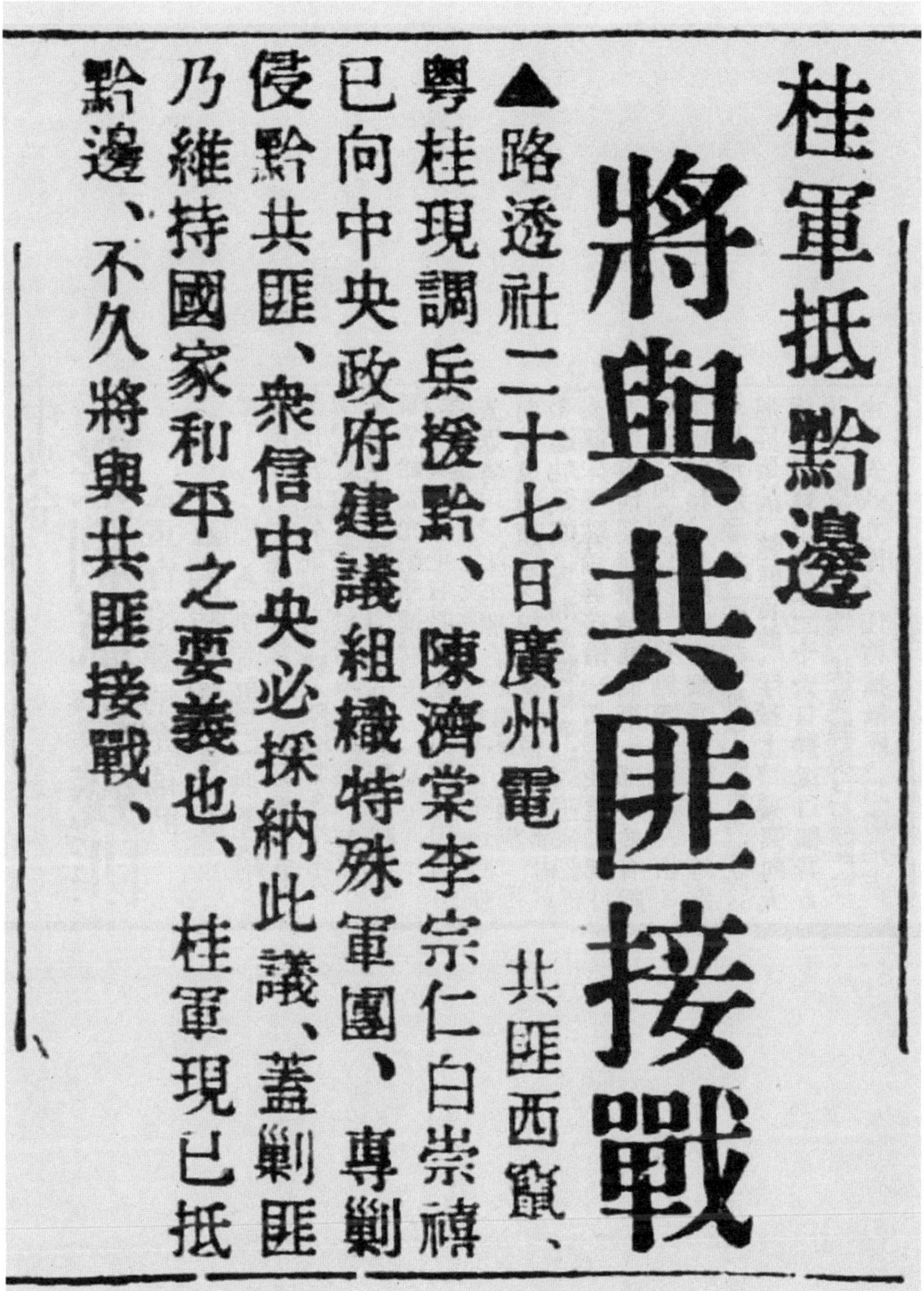

桂軍抵黔邊

將與共匪接戰

▲路透社二十七日廣州電　共匪西竄、粵桂現調兵援黔、陳濟棠李宗仁白崇禧已向中央政府建議組織特殊軍團、專剿侵黔共匪、衆信中央必採納此議、蓋剿匪乃維持國家和平之要義也、　桂軍現已抵黔邊、不久將與共匪接戰、

29. 桂军抵黔边，将与“共匪”接战，1934 年 12 月 27 日第 1 版

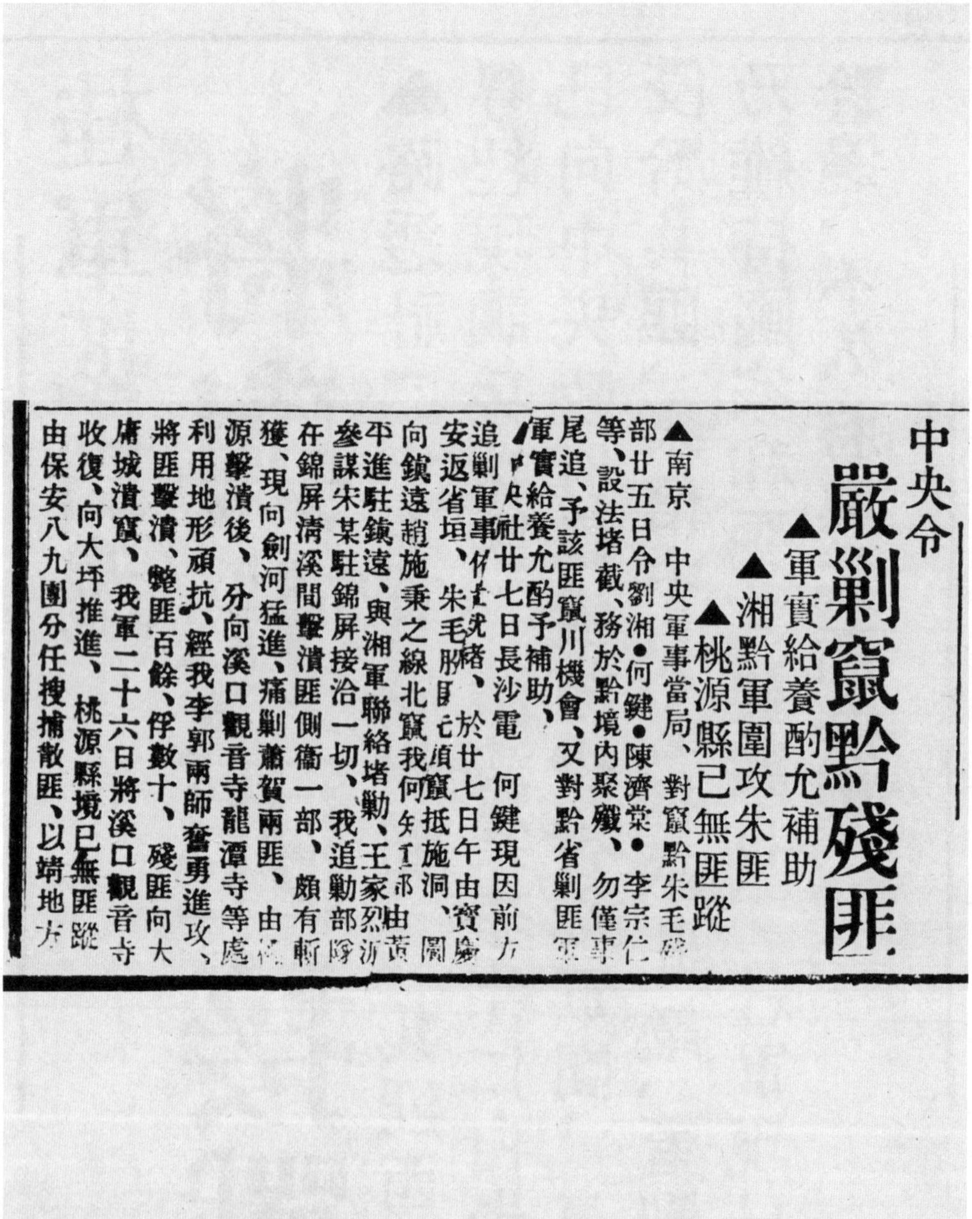

中央令

嚴剿竄黔殘匪

▲軍實給養酌允補助

▲湘黔軍圍攻朱匪

▲桃源縣已無匪蹤

▲南京 中央軍事當局、對竄黔朱毛殘部廿五日令劉湘·何鍵·陳濟棠·李宗仁等、設法堵截、務於黔境內聚殲、勿僅事尾追、予該匪竄川機會、又對黔省剿匪軍軍實給養允酌予補助、

▲中央社廿七日長沙電 何鍵現因前方追剿軍事佈置就緒、於廿七日午由寶慶安返省垣、朱毛股匪已頃竄抵施洞、闔向鎮遠趙施秉之線北竄我何知重部由黃平進駐鎮遠、與湘軍聯絡堵勦、王家烈派參謀朱某駐錦屏接洽一切、我追勦部隊在錦屏清溪間擊潰匪側衛一部、頗有斬獲、現向劍河猛進、痛剿蕭賀兩匪、由桃源擊潰後、分向溪口觀音寺龍潭寺等處利用地形頑抗、經我李郭兩師奮勇進攻、將匪擊潰、斃匪百餘、俘數十、殘匪向大庸城潰竄、 我軍二十六日將溪口觀音寺收復、向大坪推進、 桃源縣境已無匪蹤由保安八九團分任搜捕散匪、以靖地方

30. 中央令严剿窜黔残匪，军实给养酌允补助，湘黔军围攻朱匪，桃源县已无匪踪，1934 年 12 月 28 日第 1 版

追匪軍事

趨重黔北川南

▲廣州　王家烈電粵、頃薛總指揮電稱、施秉英指揮電告、僞一軍團退、經我韓梁部追擊、匪損失奇重、向甕安潰竄、

▲廣州　又電、桂軍三師向貴陽挺進、

▲廣州　十二日消息、黔湘國軍向遵義桐梓緊追、匪主力集黔北、戰事趨黔北川南、

▲中央社九日貴陽電　貴陽各界民衆昨午假省黨部大禮堂開會、歡迎薛岳總指揮、吳奇偉副指揮、及六路軍武裝同志、到省主席王家烈及各界民衆千餘人、薛吳及四軍副軍長陳芝馨均有演說、對中央軍追剿經過及任務、暨今後剿匪應注意之點講釋頗詳、

31. 追匪军事趋重黔北川南，1935 年 1 月 12 日第 2 版

粵桂滇

聯絡剿匪計劃

滇軍即向黔邊推進

▲廣州 葉琪電陳濟棠李宗仁、抵滇謁龍主席、對粵桂滇聯絡剿共表贊同、准依計劃向黔邊推進、

32. 粤桂滇联络剿匪计划，滇军即向黔边推进，1935 年 1 月 22 日第 2 版

新中华报

1. 声讨电片片飞来，粤桂晋鲁均拥护中央，闽“伪府”联络“共匪”图扰粤闽赣交界，粤陈（济棠）调重兵防堵，1933 年 11 月 29 日第 2 版

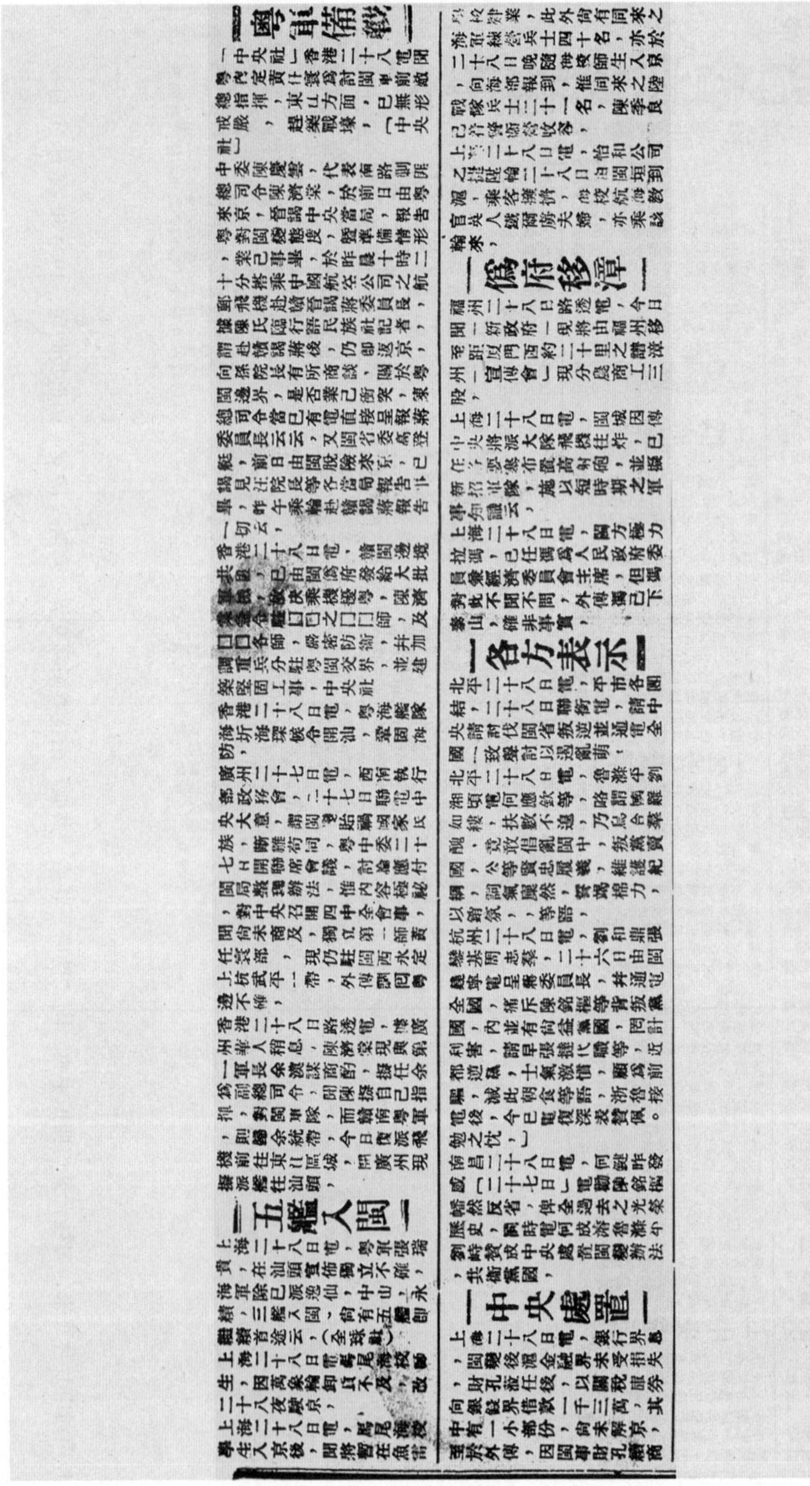

(局部图 1)

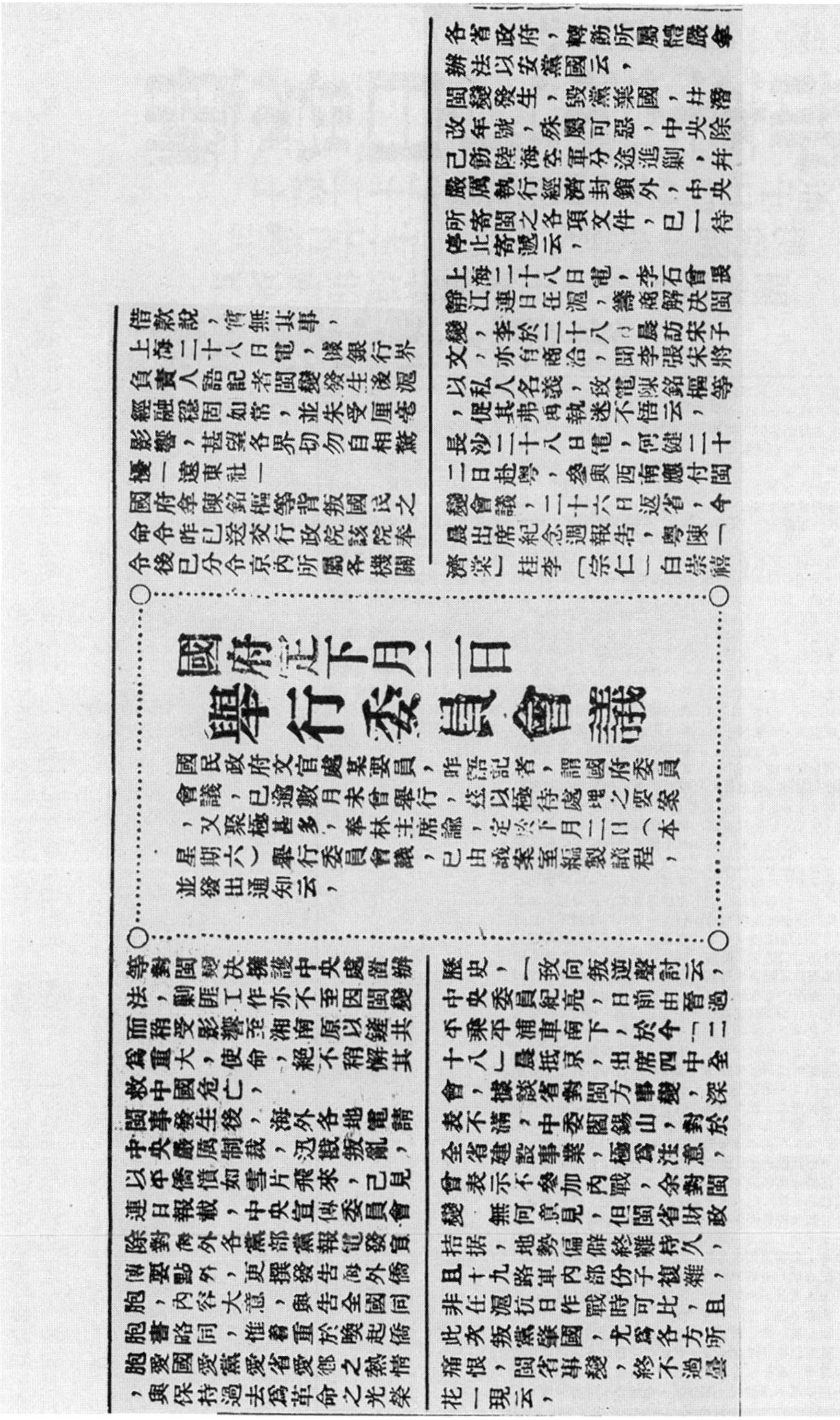

借款說，實無其事，上海二十八日電，據銀行界負責人語記者，閩變發生後，滬金融穩固如常，並未受匯兌影響，甚望各界切勿自相驚擾（遠東社）

國府令陳銘樞等背叛國民之命令，昨已送交行政院，該院奉令後，已分令京內所屬各機關

各省政府，轉飭所屬隨時拿辦，以安黨國云，閩變發生，毀黨叛國，并擅改年號，殊屬可惡，中央除已飭陸海空軍分途進剿，并嚴厲執行經濟封鎖外，中央所寄閩之各項文件，已一律停止寄遞云，

國府定下月二日

舉行委員會議

國民政府文官處某要員，昨語記者，謂國府委員會議，已逾數月未曾舉行，茲以極待處理之要案，又聚極甚多，奉林主席諭，定於下月二日（本星期六）舉行委員會議，已由議案室編製議程，並發出通知云，

（局部图 2）

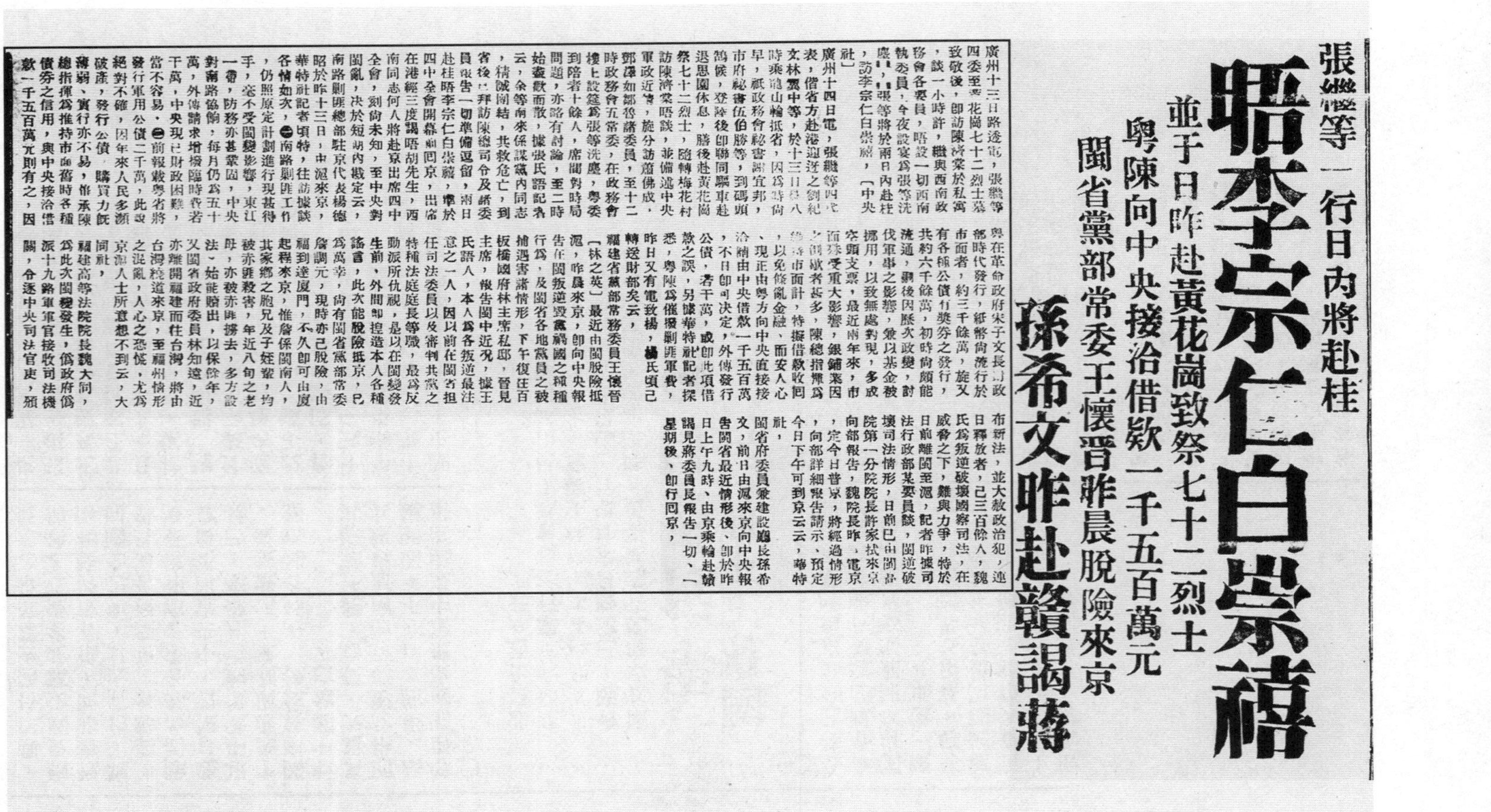

張繼等一行日內將赴桂晤李宗仁白崇禧

並于日昨赴黃花崗致祭七十二烈士

粵陳向中央接洽借欵一千五百萬元

閩省黨部常委王懷晉昨晨脫險來京

孫希文昨赴贛謁蔣

2. 张继等一行日内将赴桂晤李宗仁、白崇禧，并于日昨赴黄花岗致祭七十二烈士，粤陈（济棠）向中央接洽借款一千五百万元，闽省党部常委王怀晋昨晨脱险来京，孙希文昨赴赣谒蒋（介石），1933 年 12 月 15 日第 2 版

廣州十三日路透電，張繼等四委至黃花崗七十二烈士墓致敬後，即訪陳濟棠於私寓，談一小時許，繼與西南政務會各要員，晤談一切西南執委員，今夜設宴爲張等洗塵，張等將於兩日內赴桂，訪李宗仁白崇禧，〔中央社〕

廣州十四日電，張繼等四代表，偕省方赴港迎迓之劉紀文林翼中等，於十三日晨八時乘龍山輪抵省，因爲時尚早，祇政務會秘書謝宜邦，市府秘書伍伯勝等，到碼頭鵠候，登陸後即聯同驅車赴退思園休息，膳後赴黃花崗祭七十二烈士，隨轉梅花村訪陳濟棠晤談，並備述中央軍政近情，旋分訪蕭佛成、鄧澤如鄒魯諸委員，至十二時政務會五常委，在政務會樓上設筵爲張等洗塵，粵委到陪者十餘人，席間對時局問題，亦略有討論，至二時始盡歡而散，據張氏語記者云，余等南來係謀黨內同志，精誠團結，共救危亡，到省後已拜訪陳總司令及諸委員報告一切準備逗留，兩日赴桂晤李宗仁白崇禧，傳於四中全會開幕前回京，出席在港經三度謁晤胡先生，西南同志何人將赴京出席四中全會，刻尚未知，至中央對閩亂，決於短期內戡定云，

南路剿匪總部駐京代表楊德昭於昨十三日，由滬來京，華特社記者頃特，往訪據談各情如次，㈠南路剿匪工作，仍照原定計劃進行現甚得手，毫不受閩變影響，東江一帶，防務亦甚鞏固，中央對南路協餉，每月仍爲五十萬，外傳請求增撥臨時費若干萬，中央現已財政困難，當不容易，㈡前報載粵省將發行軍用公債二千萬，此說絕對不確，因年來人民多瀕破產，發行公債，購買力既薄弱，實行亦不易，惟承陳總指揮爲推持市面舊時各種債券之信用，與中央接洽借款一千五百萬元則有之，因粵在革命政府宋子文長財政部時代發行，紙幣尚流行於市面者，約三千餘萬，旋又有各種公債有獎券之發行，共約六千餘萬，初時尚頗能流通，嗣後因歷次政變，討伐軍事之影響，衆以基金被挪用，以致無處對現，多成空頭支票，最近兩年來，市面殊受重大影響，銀鋪業因之倒歇者甚多，陳總指揮爲維持市面計，特擬借款收回，以免條亂金融、而安人心、現正由粵方向中央直接接洽，補由中央借款一千五百萬，不日即可決定，外傳發行公債，若干萬，或即此項借款之誤，另據華特社記者探悉，粵陳爲催撥剿匪軍費，昨日又有電致楊，楊氏頃已轉送財部矣云，

福建省黨部常務委員王懷晉〔林之英〕最近由閩脫險抵滬，昨晨來京，即向中央報告在閩叛逆毁黨禍國之種種行爲，及閩省各地黨員之被捕遇害諸情形，下午復往百板橋國府林主席私邸，晉見主席，報告閩中近況，據王氏語人，本人爲各叛逆最注意之一人，因以前在閩省担任司法委員以及審判共黨之特種法庭庭長等職，最爲反動派所仇視，是以在閩變發生前，外間即揑造本人各種謠言，此次能脫險抵京，已爲萬幸，尚有閩省黨部常委詹調元，現時亦已脫險，由福到達廈門，不久即可由廈起程來京，惟詹係閩南人，其家鄉之胞兄及子姪輩，均被赤匪殺害，年近八旬之老母，亦被赤匪擄去，多方設法，始能贖出，以保餘年，又閩省政府委員林知遠，近亦離開福建而往台灣，將由台灣繞道來京，至福州情形之混亂，人心之恐慌，尤爲京滬人士所意想不到云，大同社，

福建高等法院院長魏大同，爲此次閩變發生，僞政府僞派十九路軍軍官接收司法機關，令逐中央司法官吏，頒布新法，並大赦政治犯，連日釋放者，已三百餘人，魏氏爲叛逆破壞國家司法，在威脅之下，雖與力爭，特於日前離閩至滬，記者昨據司法行政部某要員談，閩逆破壞司法情形，日前已由閩高院第一分院院長許家拭來京向部報告，魏院長昨電京，，定今日晉京，將經過情形，向部詳細報告請示、預定今日下午可到京云云，華特社，

閩省府委員兼建設廳長孫希文，前日由滬來京向中央報告閩省最近情形後、即於昨日上午九時、由京乘輪赴贛謁見蔣委員長報告一切、一星期後、即行回京，

（局部图）

商談時局結果甚佳

張繼等昨日赴桂

孫科等繼續南下問題現尚談不到

俞濟時對記者談浙防務甚爲鞏固

韓復榘飭屬防範閩逆

廣州十四日電，張繼等四中委連日與西南各委，商談時局，結果甚佳，粵方職責較輕之各中委，均將北上出席四中全會，張等定十五日乘堅如艦赴桂，已電約李宗仁，白崇禧到梧會晤，中央社

日昨西電傳中央爲促進團結，早日實現，將請立法院長孫科，考試院長戴傳賢，續往港粵與西南各中委晤商，記者昨(十五)晤孫院長，據云，中央本有此意，擬請余等前往，張溥泉先生等日下以後，刻尚無詳細報告到京，故此問題，現尚談不到云

杭州十五日電，俞濟時十五日對記者談，赴贛及邊境視察保安處所屬部隊，並考查保安第三分隊所轄各縣保衛團情形，據稱渠此次曾赴贛邊玉山廣豐，上饒，白沙關等處，防務甚週密，匪決難逞，外傳閩化縣境，由溪口白沙關之間，兹係匪區，路斷行人說，實皆訛傳，惟壕嶺關至白沙關間之一路涼亭壁上，尚有赤匪標語未刷去，已嚴飭就地軍政機關，負責洗去、又油溪口至開化間之壠頭村爲贛浙要道，現築有堡壘多座，各配機槍多架，由武裝村民防守，雖大股匪衆亦難飛越，浙邊極安云，中央社，

自閩變發生後，中央曾通令全國各方，嚴防叛亂，山東省政府主席韓復榘，特令飭所屬各市縣政府，切實辦理、并呈報軍事委員會鑒核、原電略稱、自國難發生以來、全國一致、力求團結、以期挽救危亡、乃陳銘樞等、忽于此時、在福州糾合所謂第三黨重要份子，自立名目、實行叛亂、同時勾結共匪，助其煽虐、若任其猖獗、爲患國家、不堪設想、除分令該省縣市政府切實防範外、謹呈鑒核、等語、

增於每人四錢，至五錢，據收稅方面稱，食鹽銷數減少乃公賣結果，此實錯誤，蓋規定倘有增加必要，譬如冬季醃臘時，可以准予多買，並不致妨害銷路，至於匪區銷路減少，正我們所希望者，當我等成立公賣時，甚顧慮油鹽商人，因此失業，然據考查結果、毫無妨礙，因外縣油鹽商人，多半附營副業，又令渠等參加公賣，故對失業不成問題，購買上，則略有不便處因現規定之公賣區域，按照當地入口數量規定支配，不得越區購買，不若從前可自由購買，現正在計劃減除，此種不方便辦法，至公賣以後，效果甚宏據匪區逃出人民稱，匪區淡食者極多，且有因無鹽而投誠者，臨川之東館，及上饒宜黃等地，常發生搶鹽情事，足證匪缺鹽油需要孔殷，倘能繼續嚴密封鎖，必能制匪死命也，然自閩亂發生，叛逆供給土匪鹽米藥品，使封鎖政策，感受極大影響，無異我們網了三面他把一面打開甚使人痛心，幸閩亂不能持久，最近即可消滅，剿匪工作，不過暫時延長，

3. 商谈时局结果甚佳，张继等昨日赴桂，孙科等继续南下问题现尚谈不到，俞济时对记者谈浙防务甚为巩固，韩复渠饬属防范闽逆，1933 年 12 月 16 日第 2 版

廣州十四日電，張繼等四中委連日與西南各委，商談時局，結果甚佳，粵方職責較輕之各中委，均將北上出席四中全會，張等定十五日乘堅如艦赴桂，已電約李宗仁，白崇禧到梧會晤，中央社日昨西電傳中央爲促進團結，早日實現，將請立法院長孫科，考試院長戴傳賢，續往港粵與西南各中委晤商，記者昨(十五)晤孫院長，據云，中央本有此意，擬請徐等前往，張溥泉先生等日下以後，刻尚無詳細報告到京，故此問題，現尚談不到云，

杭州十五日電，俞濟時十五日對記者談，赴贛及邊境視察保安處直屬部隊，並考查保安第三分隊所轄各縣保衛團情形，據稱渠此次曾赴贛邊玉山廣豐，上饒，白沙關等處，防務甚週密，匪決難逞，外傳開化縣境，由溪口白沙關之間，並係匪區，路斷行人說，實皆訛傳，惟壕嶺關至白沙關間之一路涼亭壁上，尚有赤匪標語未刷去，已嚴飭就地軍政機關，負責洗去、又油溪口至開化間之壕頭村爲贛浙要道，現築有堡壘多座，各配機槍多架，由武裝村民防守，雖大股匪衆亦難飛越，浙邊極安云，

中央社，自閩變發生後、中央曾通令全國各方、嚴防叛亂，山東省政府主席韓復榘、特令飭[illegible]各市縣政府、切實辦理、幷呈報軍事委員會鑒核、頃電略稱、自國難發生以來、全國一致、力求團結、以期挽救危亡、乃陳銘樞等、忽于此時、在福州糾合所謂第三黨重要份子、自立名目、實行叛亂、同時勾結共匪，助其肆虐、若任其猖獗、爲患國家、不堪設想、除分令該省縣市政府切實防範外、謹呈鑒核、等語、

增於每人四錢，至五錢，據收稅方面稱，食鹽銷數減少乃公賣結果，此實錯誤，蓋規定倘有增加必要，譬如冬季醃臘時，可以准予多買，並不致妨害銷路，至於匪區銷路減少，正我儕所希望者，當我等成立公賣時，甚顧慮油鹽商人，因此失業，然據考查結果、毫無妨礙，因外縣汕鹽商人，多半附營副業，又令渠等參加公賣，故對失業不成問題，購買上，則略有不便處因現規定之公賣區域，按照當地入口數量規定支配，不得越區購買，不若從前可自由購買，現正在計劃減除，此種不方便辦法，至公賣以後，效果甚宏據匪區逃出人民稱，匪區淡食者極多，且有因無鹽而投誠者，臨川之東館，及上饒宜黃等地，常發生搶鹽情事，足證匪缺鹽油需要孔殷，倘能繼續嚴密封鎖，必能制匪死命也，然自閩亂發生，叛逆供給士匪鹽米藥品，使封鎖政策，感受極大影響，無異我們網了三面他把一面打開甚使人痛心，幸閩亂不能持久，最近即可消滅，剿匪工作，不過暫時延長，

（局部图）

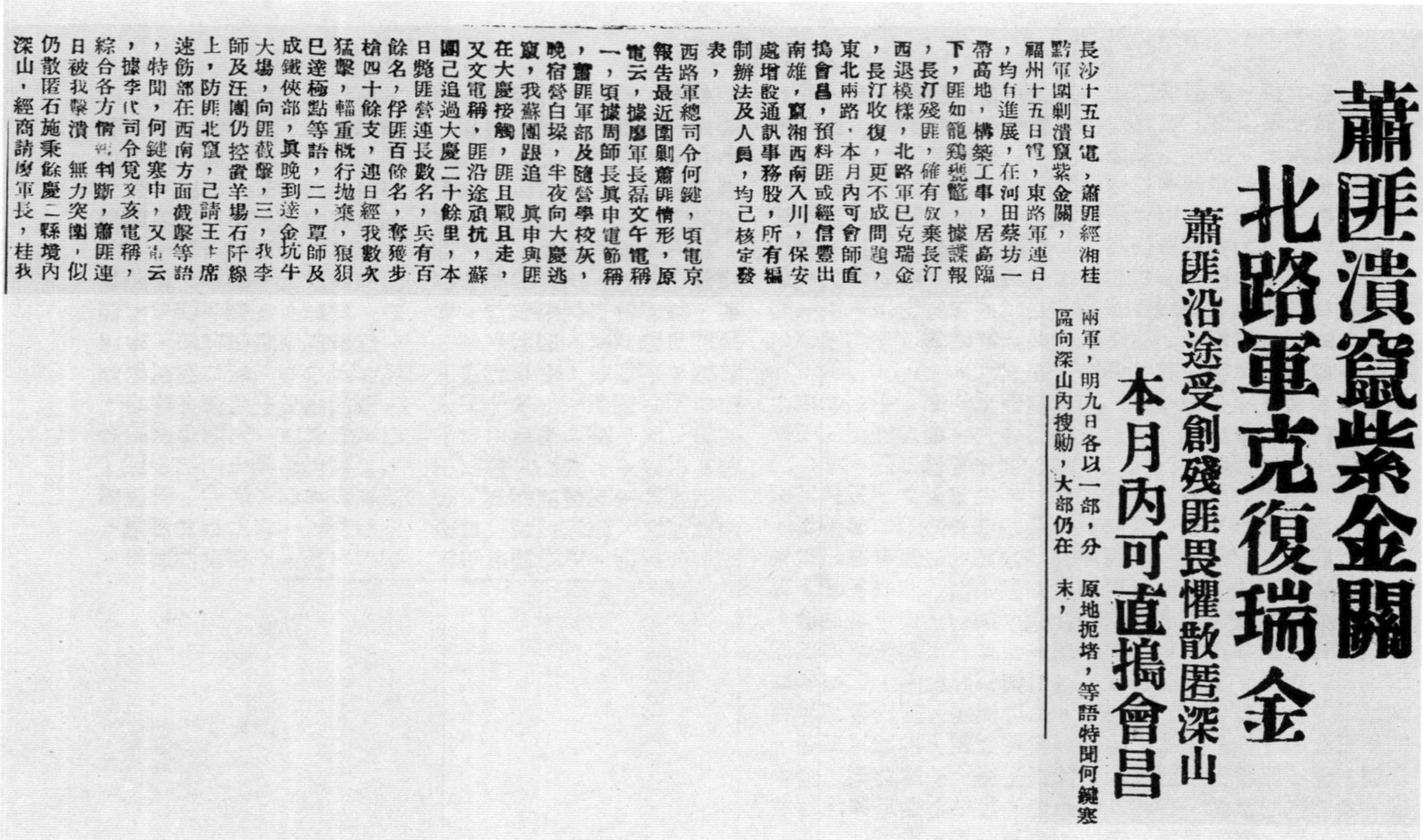

蕭匪潰竄紫金關
北路軍克復瑞金
蕭匪沿途受創殘匪畏懼散匿深山
本月內可直搗會昌

長沙十五日電，蕭匪經湘桂黔軍圍剿潰竄紫金關，福州十五日電，東路軍連日均有進展，在河田蔡坊一帶高地，構築工事，居高臨下，匪如籠鷄甕鱉，據諜報長汀殘匪，確有放棄長汀西退模樣，匪，北路軍已克瑞金，長汀收復，更不成問題，東北兩路，本月內可會師直搗會昌，預料匪或經信豐出南雄，竄湘西南入川，保安處增設通訊事務股，所有編制辦法及人員，均已核定發表，

西路軍總司令何鍵，頃電京報告最近圍剿蕭匪情形，原電云，據廖軍長磊文午電稱，一，頃據周師長眞申電節稱，蕭匪軍部及隨營學校灰晚，宿營白埭，半夜向大慶逃竄，我蘇團跟追，眞申與匪在大慶接觸，匪且戰且走，又文電稱，匪沿途頑抗，蘇團已追過大慶二十餘里，本日斃匪營連長數名，兵有百餘名，俘匪百餘名，奪獲步槍四十餘支，連日經我數次猛擊，輜重概行拋棄，狼狽已達極點等語，二，覃師及成鐵俠部，眞晚到達金坑牛大場，向匪截擊，三，我李師及汪團仍控黃羊場石阡線上，防匪北竄，已請王主席速飭部在西南方面截擊等語，特聞，何鍵寒申，又元云，據李代司令覺文亥電稱，綜合各方情報判斷，蕭匪連日被我擊潰，無力突圍，似仍散匿石施秉餘慶二縣境內深山，經商請廖軍長，桂我兩軍，明九日各以一部，分區向深山內搜勦，大部仍在原地扼堵，等語特聞何鍵寒末，

4. 萧匪溃窜紫金关，北路军克复瑞金，萧匪沿途受创残匪畏惧散匿深山，本月内可直捣会昌，1934 年 10 月 16 日第 2 版

▲李宗仁　廣州二十二日電，梧州電，李宗仁前日午由粵偕夫人郭德潔，副官邱劍成等，乘廣三車到三水，轉輪返梧，今晨九時已抵梧，與當地軍政人員晤談後，即乘公路車四邕，業於下午三時許到達，聞李氏短期內仍將來粵

5. 时人行踪[①]，1934 年 10 月 23 日第 2 版

① 此为原标题，此处仅截取李宗仁部分。

湘黔各軍 清掃蕭匪

貴陽二十二日電，蕭匪於十五日偷渡烏江，被黔軍擊退，折回塘頭，及川峨壩附近，被湘黔軍夾擊奪，獲槍械甚多，現蕭匪僅率偽四十團，及五十四團千餘人，其餘十個團均擊潰於石施鎮，餘各縣間桂湘黔各軍，正分頭清掃中，

6. 湘黔各军清扫萧匪，1934 年 10 月 23 日第 2 版

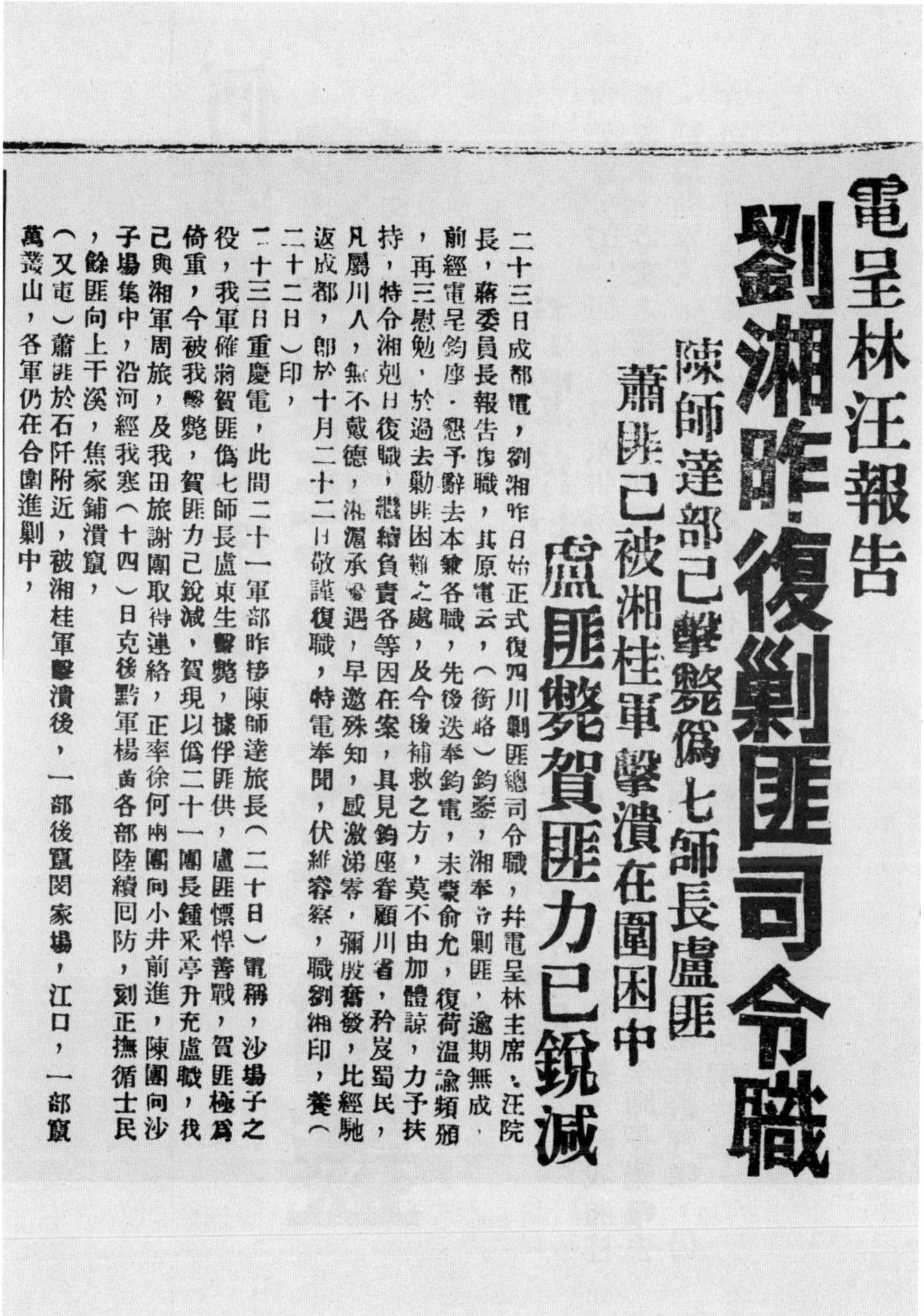

電呈林汪報告

劉湘昨復剿匪司令職

陳師達部已擊斃僞七師長盧匪

蕭匪已被湘桂軍擊潰在圍困中

盧匪斃賀匪力已銳減

二十三日成都電，劉湘昨日始正式復四川剿匪總司令職，幷電呈林主席、汪院長，蔣委員長報告復職，其原電云，（銜略）鈞鑒，湘奉令剿匪，逾期無成，前經電呈鈞座，懇予辭去本兼各職，先後迭奉鈞電，未蒙俞允，復荷溫諭頻頒，再三慰勉，於過去勦匪困難之處，及今後補救之方，莫不由加體諒，力予扶持，特令湘剋日復職，繼續負責各等因在案，具見鈞座眷顧川省，矜恤蜀民，凡屬川人，無不戴德，湘渥承優遇，早邀殊知，感激涕零，彌殷奮發，比經馳返成都，即於十月二十二日敬謹復職，特電奉聞，伏維睿察，職劉湘印，養（二十二日）印，

二十三日重慶電，此間二十一軍部昨接陳師達旅長（二十日）電稱，沙場子之役，我軍確將賀匪僞七師長盧東生擊斃，據俘匪供，盧匪慓悍善戰，賀匪極爲倚重，今被我擊斃，賀匪力已銳減，賀現以僞二十一團長鍾采亭升充盧職，我已與湘軍周旅，及我田旅謝團取得連絡，正率徐何兩團向小井前進，陳團向沙子場集中，沿河經我寨（十四）日克後黔軍楊黃各部陸續囘防，刻正撫循士民，餘匪向上干溪，焦家鋪潰竄，

（又電）蕭匪於石阡附近，被湘桂軍擊潰後，一部後竄閔家場，江口，一部竄萬叢山，各軍仍在合圍進剿中，

7. 电呈林（森）、汪（精卫）报告：刘湘昨复剿匪司令职，陈师达部已击毙“伪七师长”卢匪，萧匪已被湘桂军击溃在围困中，卢匪毙贺匪力已锐减，1934 年 10 月 24 日第 2 版

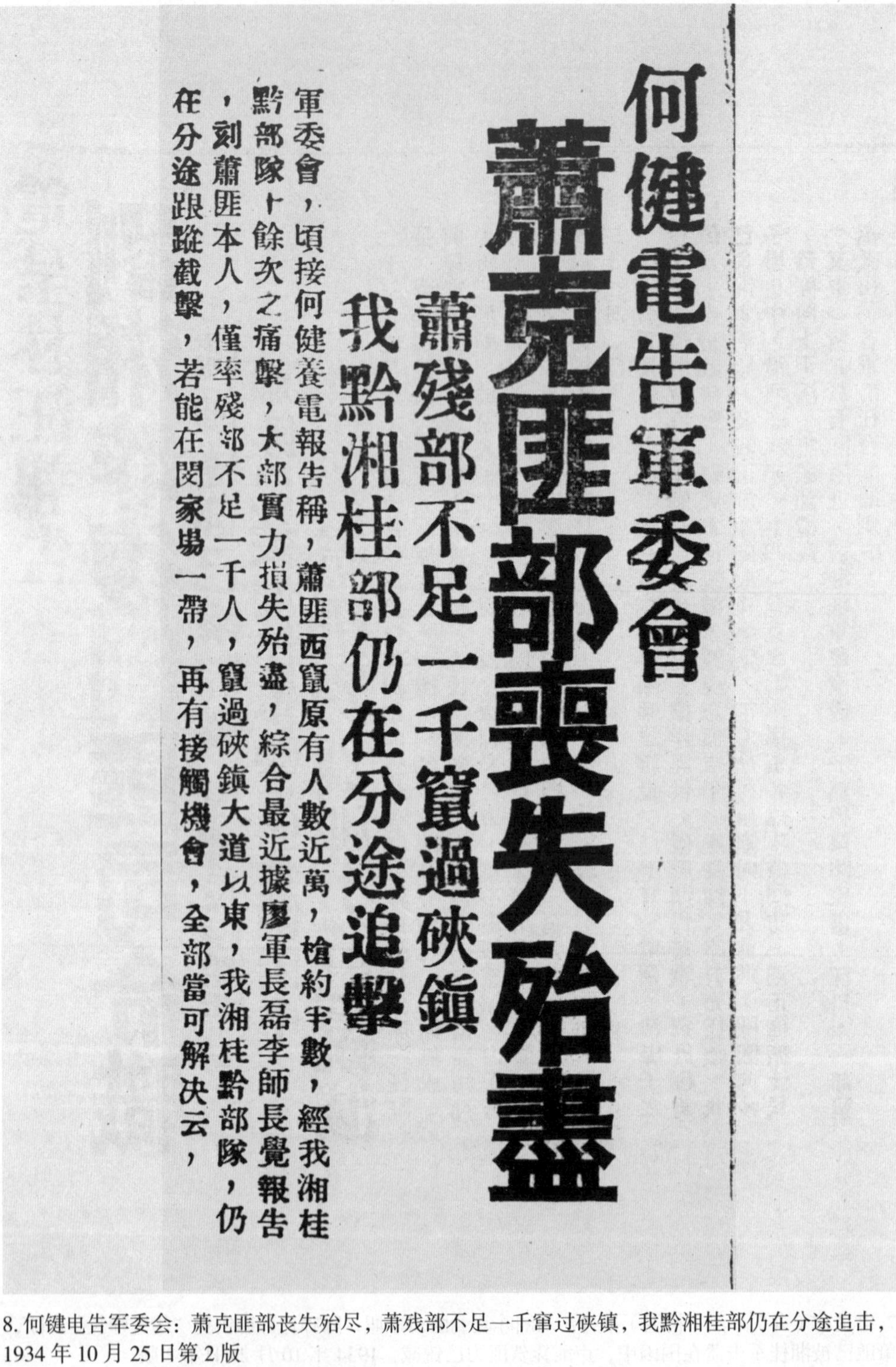

何健電告軍委會

蕭克匪部喪失殆盡

蕭殘部不足一千竄過硤鎮

我黔湘桂部仍在分途追擊

軍委會，頃接何健養電報告稱，蕭匪西竄原有人數近萬，槍約半數，經我湘桂黔部隊十餘次之痛擊，大部實力損失殆盡，綜合最近據廖軍長磊李師長覺報告，刻蕭匪本人，僅率殘部不足一千人，竄過硤鎮大道以東，我湘桂黔部隊，仍在分途跟蹤截擊，若能在閔家場一帶，再有接觸機會，全部當可解决云，

8. 何键电告军委会：萧克匪部丧失殆尽，萧残部不足一千窜过硖镇，我黔湘桂部仍在分途追击，1934 年 10 月 25 日第 2 版

李白電軍委會

報告痛剿蕭匪情形

贛匪傾巢南竄南路軍迎頭痛擊

蟯匪逾萬餘退老巢

李宗仁，白崇禧二十四日，電軍委會報告痛剿蕭匪情形，原電如下，南京軍委會鈞鑒，箇，二十一，戰電奉悉，已轉飭遵辦，惟查蕭匪原有人一萬二千，槍四千餘枝，機槍四十餘挺，迫砲三門，自竄黔後，經湘桂軍十餘次之痛擊，傷亡降散，僅餘步槍千餘，人約二千餘，勢已窮蹙，恐不易渡過烏江北竄也，謹復，李宗仁，白崇禧叩敬，二十四，午叅印，

廣州二十六日電，贛匪朱毛等探悉，京粵正在力謀團結，恐合圍勢成，難以突圍，特於前日起，由贛老巢傾力南竄，幸一集團南路剿匪軍分頭迎擊，在安遠古陂新田韓坊安息各地，剿匪軍奮勇接戰，將匪擊潰，匪衆傷亡遍野，數計萬餘，陳濟棠并派空軍第一機隊前往轟炸，跟蹤追擊，殘匪已向老巢退竄，省市得一集團剿匪捷訊，人心大安，一度跌落之幣價，今漸復原，

長沙二十五日電，據報蕭匪克殘部，經湘桂軍追剿一部，由石阡銅仁間向北逃竄，現到平寨，石窰，我謝振團十九日申時追抵平寨，沿途與匪後衛迭次接觸，頗有奪獲，

9. 李（宗仁）、白（崇禧）电军委会报告痛剿萧匪情形，赣匪倾巢南窜南路军迎头痛击，蟯匪逾万余退老巢，1934 年 10 月 27 日第 2 版

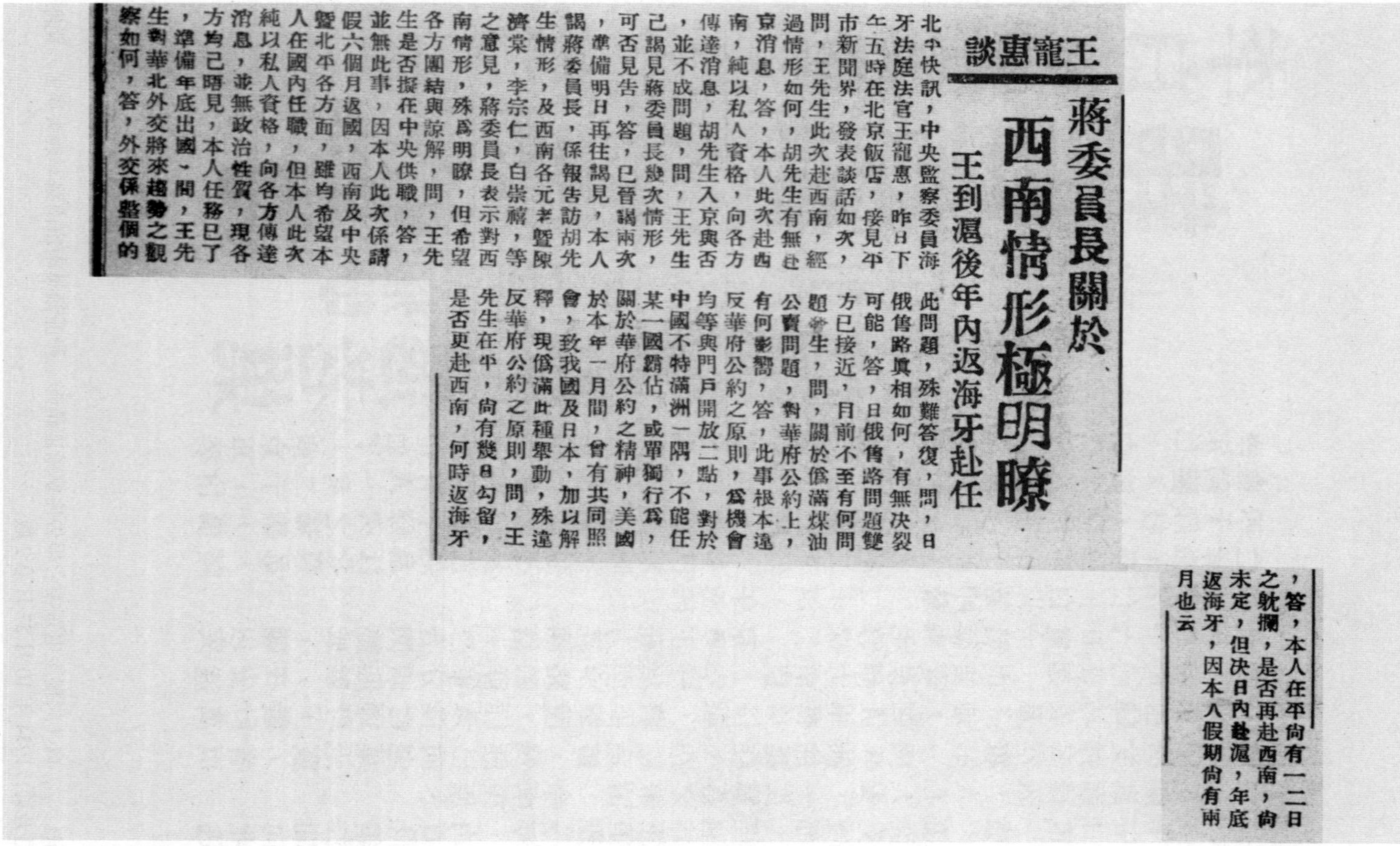

王寵惠談

蔣委員長關於西南情形極明瞭

王到滬後年內返海牙赴任

北平快訊，中央監察委員海牙法庭法官王寵惠，昨日下午五時在北京飯店，接見平市新聞界，發表談話如次，問，王先生此次赴西南經過情形如何，胡先生有無赴京消息，答，本人此次赴西南，純以私人資格，向各方傳達消息，胡先生入京與否，並不成問題，問，王先生己謁見蔣委員長幾次情形，可否見告，答，已晉謁兩次，準備明日再往謁見，本人謁蔣委員長，係報告訪胡先生情形，及西南各元老暨陳濟棠，李宗仁，白崇禧等之意見，蔣委員長表示對西南情形，殊爲明瞭，但希望各方團結與諒解，問，王先生是否擬在中央供職，答，並無此事，因本人此次係請假六個月返國，西南及中央暨北平各方面，雖均希望本人在國內任職，但本人此次純以私人資格，向各方傳達消息，並無政治性質，現各方均已晤見，本人任務已了，準備年底出國，問，王先生對華北外交將來趨勢之觀察如何，答，外交係整個的此問題，殊難答復，問，日俄售路真相如何，有無決裂可能，答，日俄售路問題雙方已接近，月前不至有何問題發生，問，關於僞滿煤油公賣問題，對華府公約上有何影響，答，此事根本違反華府公約之原則，爲機會均等與門戶開放二點，對於中國不特滿洲一隅，不能任某一國霸佔，或單獨行爲，關於華府公約之精神，美國於本年一月間，曾有共同照會，致我國及日本，加以解釋，現僞滿此種舉動，殊違反華府公約之原則，問，王先生在平尚有幾日勾留，是否更赴西南，何時返海牙，答，本人在平尚有一二日之躭擱，是否再赴西南，尚未定，但決日內赴滬，年底返海牙，因本人假期尚有兩月也云

10. 王宠惠谈：蒋委员长关于西南情形极明了，王到沪后年内返海牙赴任，1934 年 11 月 4 日第 2 版

劉湘電告各方

川匪將澈底剿滅

玉田匪燄復熾難民逃避絡繹不絕

岳部毀徐匪兵工廠捕獲匪首甚衆

陳李將會商清匪計劃

廣州六日電，贛匪突圍，自被兩路軍分途深擊，受創逃敗後，現匪主力已竄盘贛西湘東一帶，連日復被湘軍迎擊，傷亡頗多，又擬逃回老巢，聞匪首朱德，周思來，及俄人李特等，現在該境進退維谷，確已身陷重圍，在束手待斃中，又電，陳濟棠，接李宗仁電告，定十五日由桂來粵，商樸滅赤匪計劃，陳擬俟李到省，即由西南兩路軍聯合進勦，俾收分工合作，早日肅清之效，

北平六日電，長城外興隆山窪中，近發現有組織之匪數百，希圖竄擾薊縣，懷柔，平谷北部，薊密區公署，得訊後，已飭代該三縣長注意佈防，

天津六日電，路息唐山公安局，籌備冬防，昨天演習實彈射擊，玉田匪焰復熾，因匪陷僵持狀態，難民冒雨來唐避難者絡繹不絕，

成都航訊，劉湘電各方謂，（上略）五路宣漢前面之匪復於感（二十七日）夜向我黃金口陣地猛攻，同時磨刀塘，以左又發現股匪，當經我軍分別擊退，我軍仍保守原陣地，賀匪一股，進竄酉境，亦被我陳田兩部悉數擊潰，匪向濯河壩馬家場協水嶺一帶潰竄，刻正尾追中，決可澈底殲滅之也，餘情續達，劉湘東（一日）下云，又此間接王家烈電，劉湘謂，蕭匪殘餘無多，請速飭所部，切取聯絡殲滅殘匪，賀匪竄至羊角腦，被川軍田旅擊退，遂跟蹤追擊云，

西安航訊，開墾黃龍山，本省軍政當局，業經擬定計劃，其第一步剿匪工作，經四十二師柳彥彪旅長，率部隊督勦以來，山中積匪，已告肅清，茲悉柳旅長昨三十電省方報告，略謂黃龍山積匪，經該旅痛剿後，梁（占魁），賈（德功）二匪，現已竄至甘肅大白山一帶，薛汝蘭團當即跟蹤追至　縣境內，柳旅長本人，現率隊搜剿山中零匪，惟爲一勞永逸計，特請省令環山各縣，於所在境界內，嚴加搜剿零匪，以收肅清之效云，（按大太白山在隴東慶陽縣境內），

長沙六日電，據報蕭賀兩股殘匪北竄入川，經我湘黔各軍追勦，已潰不成軍，三日四日復遭川軍田鄒兩路部隊，向匪部迎頭痛擊，與匪激戰於銅鼓台涼風一帶，斃匪千餘，殘部紛向興隆坪竄，走現正在追勦中，

南昌六日電，據岳森一日電稱，職部向黃金洞徐匪彥剛股圍勦，在羅官壩搗毀僞兵工廠等機關，奪獲機械器具等件甚多，旋馳往亂泥湖搜捕擒獲要匪甚多人，徐匪乘夜脫逃後，又在牛雀坦一帶，與第二分區及僞軍區指揮部之獨立營遭遇，斃匪甚多，並擊傷僞僑第九師長，現任軍醫司令參謀長李尊一名，該匪已全部消滅，

11. 刘湘电告各方川匪将彻底剿灭，玉田匪焰复炽难民逃避络绎不绝，岳部毁徐匪兵工厂捕获匪首甚众，陈（济棠）、李（宗仁）将会商清匪计划，1934 年 11 月 7 日第 2 版

廣州六日電，贛匪突圍，自被南路軍分途渫擊，受創逃敗後，現匪主力已竄盘贛西湘東一帶，連日復被湘軍迎擊，傷亡頗多，又擬逃回老巢，聞匪首朱德，周思來，及俄人李特等，現在該境進退維谷，確己身陷重圍，在束手待斃中，又電，陳濟棠，接李宗仁電告，定十五日由桂來粵，商樸滅赤匪計劃，陳擬俟李到省，即由西南兩路軍聯合進勦，俾收分工合作，早日肅清之效，

北平六日電，長城外興隆山窪中，近發現有組織之匪數百，希圖竄擾薊縣，懷柔，平谷北部，薊密區公署，得訊後，已飭代該三縣長注意佈防，

天津六日電，路息唐山公安局，籌備冬防，昨天演習實彈射擊，玉田匪焰復熾，因匪陷僵持狀態，難民冒雨來唐避難者絡繹不絕，

成都航訊，劉湘電各方謂，（上略）五路宣漢前面之匪復於感（二十七日）夜向我黃金口陣地猛攻，同時磨刀塘，以左又發現股匪，當經我軍分別擊退，我軍仍保守原陣地，賀匪一股，進竄酉境，亦被我陳田兩部悉數擊潰，匪向濯河壩馬家場協水嶺一帶潰竄，刻正尾追中，決可澈底殲滅之也，餘情續達，劉湘東（一日）下云，又此間接王家烈電，劉湘謂，蕭匪殘餘無多，請速飭所部，切取聯絡殲滅殘匪，賀匪竄至羊角腦，被川軍田旅擊退，遂跟蹤追擊云，

西安航訊，開墾黃龍山，本省軍政當局，業經擬定計劃，其第一步剿匪工作，經四十二師柳彥彪旅長，率部隊督勦以來，山中積匪，已告肅清，茲悉柳旅長昨三十電省方報告，略謂黃龍山積匪，經該旅痛剿後，梁（占魁），賈（得功）二匪，現已竄至甘肅大白山一帶，薛汝蘭團當即跟蹤追至 縣境內，柳旅長本人，現率隊搜剿山中零匪，惟為一勞永逸計，特請省令環山各縣，於所在境界內，嚴加搜剿零匪，以收肅清之效云，（按大太白山在隴東慶陽縣境內），

長沙六日電，據報蕭賀兩股殘匪北竄入川，經我湘黔各軍追勦，己潰不成軍，三日四日復遭川軍田鄒兩路部隊，向匪部迎頭痛擊，與匪激戰於銅鼓台涼風一帶，斃匪千餘．殘部紛向興隆坪竄，走現正在追勦中，

南昌六日電，據岳森一日電稱，職部向黃金洞徐匪彥剛股圍勦，在羅官壩搗毀偽兵工廠等機關，奪獲機械器具等件甚多，旋馳往亂泥湖搜捕擒獲要匪甚多人，徐匪乘夜脫逃後，又在牛雀坦一帶，與第二分區及偽軍區指揮部之獨立營遭遇，斃匪甚多，並斃傷前僑第九師長，現任軍醫司令參謀長李尊一名，該匪己全部消滅，

（局部图）

何鍵赴衡籌追剿指揮部

桂軍將肅剿贛匪

劉湘東下謁蔣並聯絡各路剿匪軍

宜章等地殘匪受重創現在清剿中

馬蘭峪改下月接收

長沙十五日電，何鍵十四日上午乘汽車赴衡州，組織追剿總司令部指揮各部，追剿竄匪，陪往者，有劉大使文島，李師長覺，奉調隨行職●，有總部參謀長郭持平，辦公廳主任淩璋，參課處長鄭兆熙黨政處長何浩若，副官長熊士鼎等何於啓節之先令派總部副參謀長吳家驄爲長沙後方留守主任，代行西路及第四路兩總部後方一切事宜，省府主席，仍推曹委●典琢代行，關於省會治安一切事宜，諭令保安司令部會警備司令部，負責辦理云，

西路軍總司令何鍵寒日電京，報告湘南堵剿贛匪情形，原電云，綜合劉司令建緒，段區司令珩文電稱，（一）我王東原師韓團眞日將郴南黃泥坳亡匪出潰擊，繼續向直章前進堵出，至萬會橋附近，與僞第三軍團第四師槍約千餘之匪遭遇，匪分三路向我包圍，我韓團丁營當佔領陣地迎出時我右翼，又到匪部激戰愈烈，丁營長率兵兩連齊頭猛衝，匪始潰退，現仍續向直方向截出中，（二）我歐保安團何營扼守直章一帶碉堡，被匪圍攻三日，戰鬥極烈，匪死傷數百，文日匪猛攻，我守兵據工事抵禦中，又我各狙出隊，不斷分途狙出，眞夜在張村斃匪三十餘名，奪獲步槍六枝，（三）陶師長及胡指揮部，眞晨由汝城出發，追出到磻溪五里墩一帶，與匪千餘激戰，將匪出潰，現仍追剿中等語，特聞，何鍵寒，（十四）未印

軍息贛閩邊區殘匪，經我大軍圍剿後已損失大半，尤自閩境老巢之長汀與贛境老巢之瑞金先後克復後，匪已失其根據地，極見惶恐，玆悉閩境尚有匪區爲清流甯化兩縣，我東路軍均已進抵城下，匪已無抵抗能力，旦夕可下，并在閩駐軍，以巳無問題，大軍紛向贛境推進協剿，至贛匪剿下所佔據者，僅會昌雩都兩縣，我軍自克復瑞金後，刻已開始向會雩圍剿，本月以內，贛閩境內之殘匪，即可完全肅清，數年以來之剿匪工作，可從此告一結束云，

昨據由贛來京某高級軍官談共匪放棄閩贛邊根據地之長汀瑞金雩都僞中央區僅以少數殘匪略爲牽制而以主力突過贛沒分三路向湘邊西竄一路由大庾經崇義而西一路由南康出崇義一路由贛東岸渡江入上猶匪徒因畏飛機轟炸多晝伏夜行據前綫電告西竄赤匪除被我軍擊斃外被俘匪徒爲數亦衆，且匪中糧秣食鹽等項皆感缺乏凡匪經過之處，暴卒死亡者，觸目皆是，我軍跟蹤追擊使其無休息整理之機匪部損失極鉅且我西北兩路早知赤匪狡計在贛東湘邊各要隘積極會剿而我川黔兩軍亦迎頭堵截匪已在四面包圍中故赤匪肅清之期當不在遠云，

四川善後督辦劉湘，業已離宜赴漢，日內即赴潯晉謁蔣委●長，報告川省軍政各情，并請示一切，記者昨據本京某軍事機關消息，劉氏此次東下，純係與各路剿匪軍取得聯絡會同圍剿，以便早日完成剿匪軍事云，

廣州十六日電，一集團總部，接李宗仁，白崇禧寒日電告，贛匪竄擾湘贛邊境，已派王贊斌，廖磊兩部，星夜出發，刻巳馳抵小北江駐防，即將對匪開始圍剿，

12. 何键赴衡（州）筹追剿指挥部，桂军将肃剿赣匪，刘湘东下谒蒋（介石）并联络各路剿匪军，宜章等地残匪受重创现在清剿中，马兰峪改下月接收，1934 年 11 月 17 日第 2 版

長沙十五日電，何鍵十四日上午乘汽車赴衡州，組織追勦總司令部指揮各部，追勦竄匪，陪往者，有劉大使文島，李師長覺，奉調隨行職•，有總部參謀長郭持平，辦公廳主任凌璋，參謀處長鄭兆熙黨政處長何浩若，副官長熊士鼎等何於啓節之先令派總部副參謀長吳家騄為長沙後方留守主任，代行西路及第四路兩總部後方一切事宜，省府主席，仍推曹委•典璟代行，關於省會治安一切事宜，諭令保安司令部會警備司令部，負責辦理云，

西路軍總司令何鍵寒日電京，報告湘南堵勦贛匪情形，原電云，綜合劉司令建緒，段區司令珩文電稱，（一）我王東原師韓團眞日將郴南黃泥坳亡匪出潰擊，繼續向直章前進堵出，至萬會橋附近，與偽第三軍團第四師槍約千餘之匪遭遇，匪分三路向我包圍，我韓團丁營當佔領陣地迎出時我右翼，又到匪部激戰愈烈，丁營長率兵兩連齊頭猛衝，匪始潰退，現仍續向直方向截出中，（二）我歐保安團何營扼守直章一帶碉堡，被匪圍攻三日，戰鬥極烈，匪死傷數百，文日匪猛攻，我守兵據工事抵禦中，又我各狙出隊，不斷分途狙出，眞夜在張村斃匪三十餘名，奪獲步槍六枝，（三）陶師長及胡指揮部，眞晨由汝城出發，追出到磻溪五里墩一帶，與匪千餘激戰，將匪出潰，現仍追勦中等語，特聞，何鍵寒，（十四）未印

軍息贛閩邊區殘匪，經我大軍圍勦後已損失大半，尤自閩境老巢之長汀與贛境老巢之瑞金先後克復後，匪已失其根據地，極見惶恐，茲悉閩境尚有匪區為清流甯化兩縣，我東路軍均已進抵城下，匪已無抵抗能力，旦夕可下，并在閩駐軍，以巳無問題，大軍紛向贛境推進協勦，至贛匪剿下所佔據者，僅會昌雩都兩縣，我軍自克復瑞金後，剿已開始向會雩圍勦，本月以內，贛閩境內之殘匪，即可完全肅清，數年以來之勦匪工作，可從此告一結束云，

昨據由贛來京某高級軍官談共匪放棄閩贛邊根據地之長汀瑞金雩都偽中央區僅以少數殘匪略為牽制而以主力突過贛沒分三路向湘邊西竄一路由大庾經崇義而西一路由南康出崇義一路由贛東岸渡江入上猶匪徒因畏飛機轟炸多晝伏夜行據前綫電告西竄赤匪除被我軍擊斃外被俘匪徒為數亦衆，且匪中糧秣食鹽等項皆感缺乏凡匪經過之處，暴卒死亡者，觸目皆是，我軍跟蹤追擊使其無休息整理之機匪部損失極鉅且我西北兩路早知赤匪狡計在贛東湘邊各要隘積極會勦而我川黔兩軍亦迎頭堵截匪已在四面包圍中故赤匪肅清之期當不在遠云，

四川善後督辦劉湘，業已離宜赴漢，日內即赴潯晉謁蔣委•長，報告川省軍政各情，并請示一切，記者昨據本京某軍事機關消息，劉氏此次東下，純係與各路勦匪軍取得聯絡會同圍勦，以便早日完成勦匪軍事云，

廣州十六日電，一集團總部，接李宗仁，白崇禧寒日電告，贛匪竄擾湘贛邊境，已派王贊斌，廖磊兩部，星夜出發，刻巳馳抵小北江駐防，即將對匪開始圍勦，

（局部图）

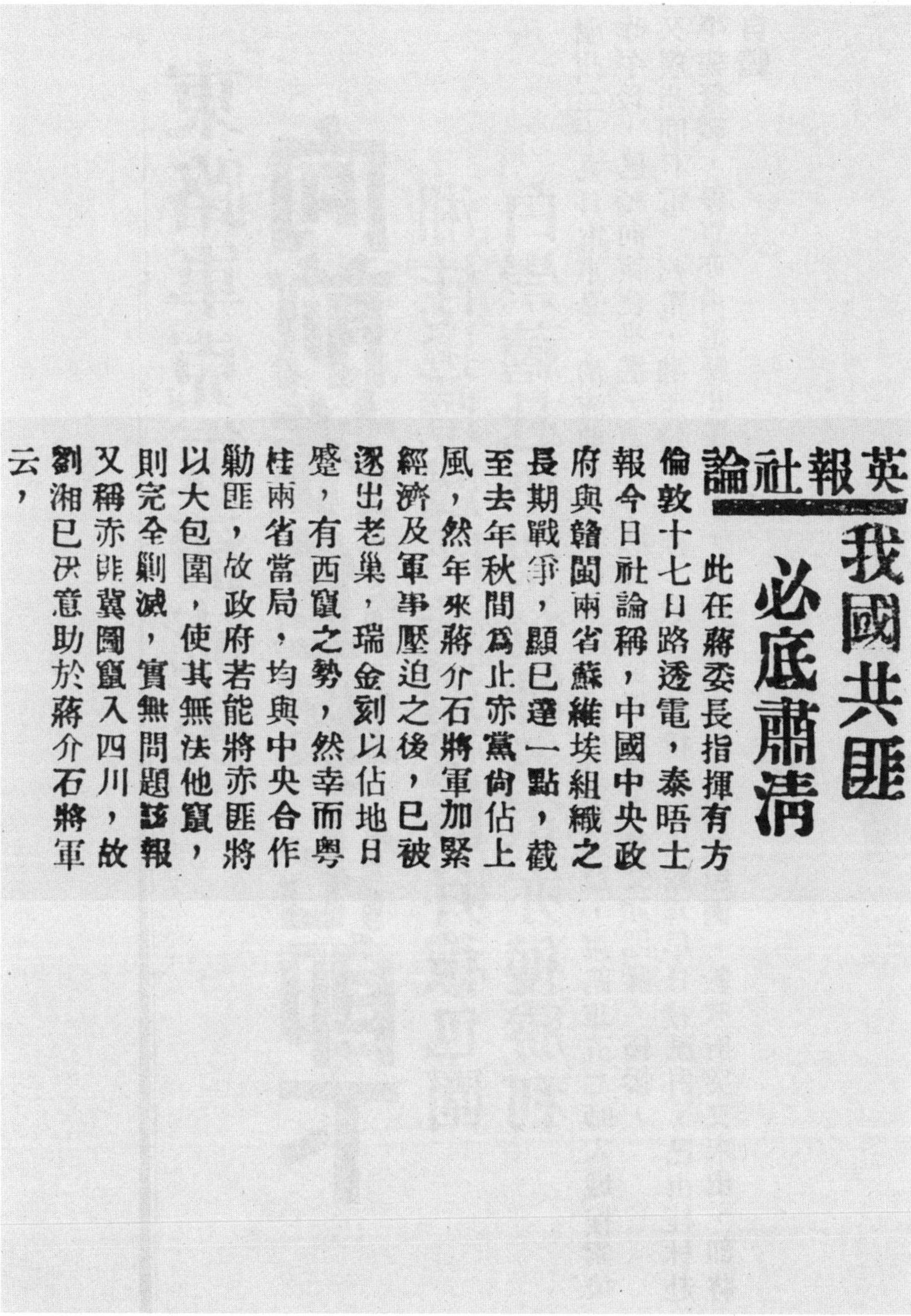

英報社論

我國共匪必底肅清

此在蔣委長指揮有方

倫敦十七日路透電，泰晤士報今日社論稱，中國中央政府與贛閩兩省蘇維埃組織之長期戰爭，顯已達一點，截至去年秋間爲止，赤黨尚佔上風，然年來蔣介石將軍加緊經濟及軍事壓迫之後，已被逐出老巢，瑞金刻以佔地日蹙，有西竄之勢，然幸而粵桂兩省當局，均與中央合作勦匪，故政府若能將赤匪將以大包圍，使其無法他竄，則完全勦滅，實無問題，該報又稱赤匪冀圖竄入四川，故劉湘已决意助於蔣介石將軍云，

13. 英报社论：我国“共匪”必底肃清，此在蒋委长指挥有方，1934 年 11 月 18 日第 2 版

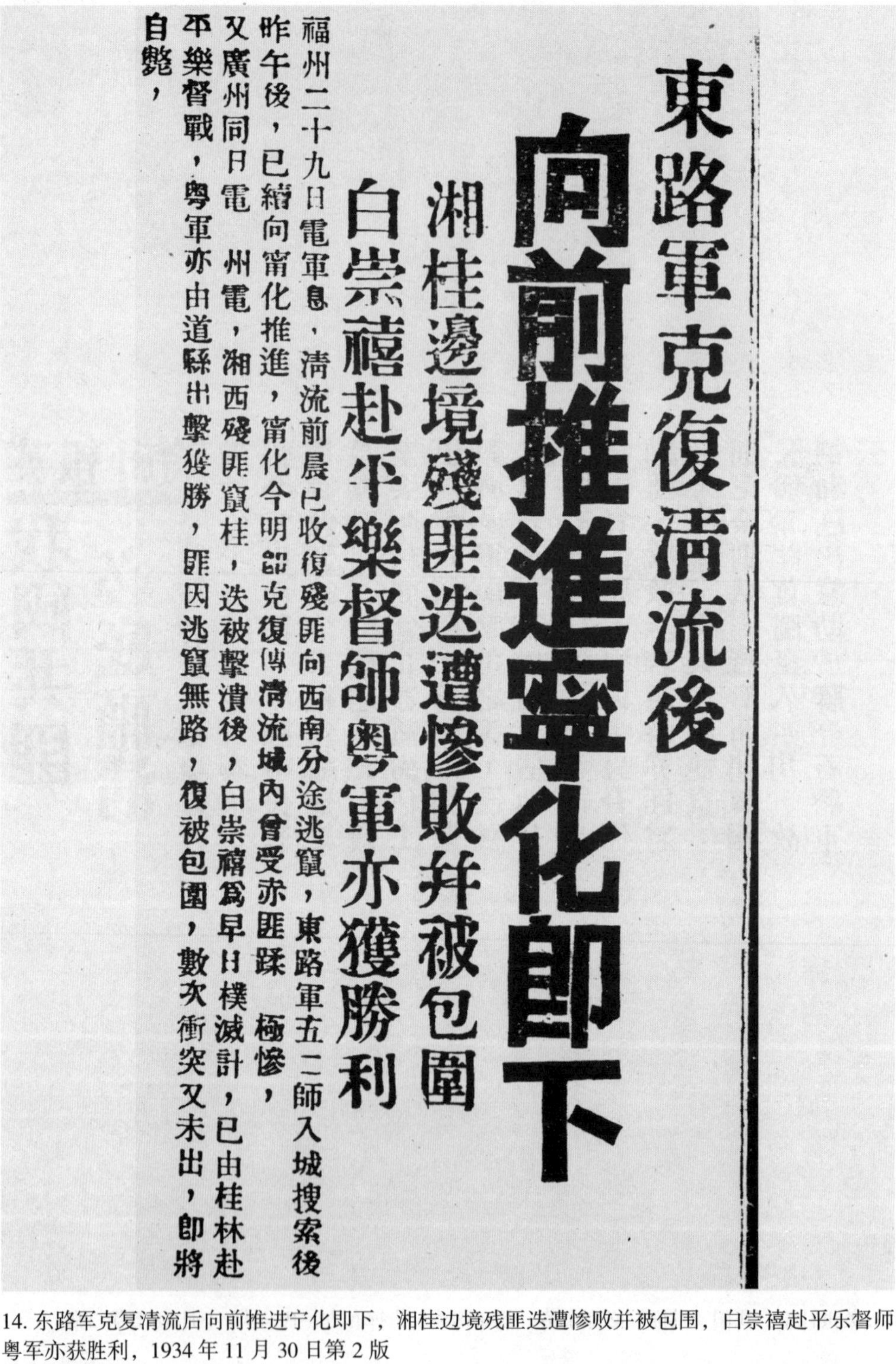

東路軍克復清流後

向前推進寧化即下

湘桂邊境殘匪迭遭慘敗幷被包圍

白崇禧赴平樂督師粵軍亦獲勝利

福州二十九日電軍息，清流前晨已收復殘匪向西南分途逃竄，東路軍五二師入城搜索後昨午後，已續向甯化推進，甯化今明可克復傳清流城內曾受赤匪蹂　極慘，又廣州同日電　州電，湘西殘匪竄桂，迭被擊潰後，白崇禧爲早日樸滅計，已由桂林赴平樂督戰，粵軍亦由道縣出擊獲勝，匪因逃竄無路，復被包圍，數次衝突又未出，即將自斃，

14. 东路军克复清流后向前推进宁化即下，湘桂边境残匪迭遭惨败并被包围，白崇禧赴平乐督师粤军亦获胜利，1934 年 11 月 30 日第 2 版

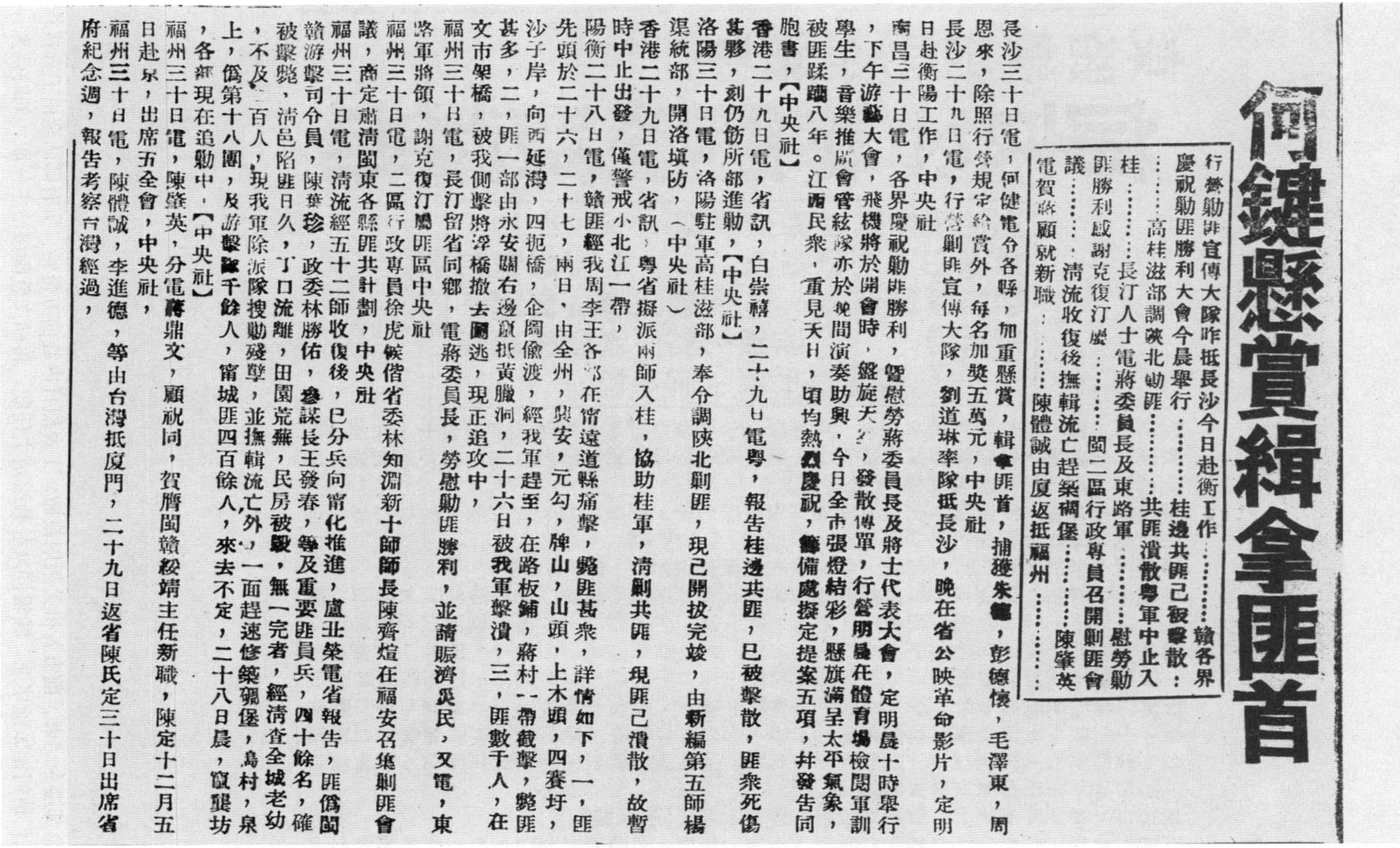

何鍵懸賞緝拿匪首

行營勦匪宣傳大隊昨抵長沙今日赴衡工作……贛各界
慶祝勦匪勝利大會今晨舉行……桂邊共匪已被擊散：
……高桂滋部調陝北勦匪……共匪潰散粵軍中止入
桂……長汀人士電蔣委員長及東路軍……慰勞勦
匪勝利感謝克復汀屬……閩二區行政專員召開勦匪會
議……清流收復後撫輯流亡趕築碉堡……陳肇英
電賀蔣顧就新職……陳體誠由廈返抵福州……

長沙三十日電，何健電令各縣，加重懸賞，緝拿匪首，捕獲朱德，彭德懷，毛澤東，周恩來，除照行營規定給賞外，每名加獎五萬元，中央社

長沙二十九日電，行營勦匪宣傳大隊，劉道琳率隊抵長沙，晚在省公映革命影片，定明日赴衡陽工作，中央社

南昌三十日電，各界慶祝勦匪勝利，暨慰勞蔣委員長及將士代表大會，定明晨十時舉行，下午游藝大會，飛機將於開會時，盤旋天空，發散傳單，行營明晨在體育場檢閱軍訓學生，音樂推廣會管絃隊亦於晚間演奏助興，今日全市張燈結彩，懸旗滿呈太平氣象，被匪蹂躪八年。江西民衆，重見天日，咸均熱烈慶祝，籌備處擬定提案五項，并發告同胞書，【中央社】

香港二十九日電，省訊，白崇禧，二十九日電粵，報告桂邊共匪，已被擊散，匪衆死傷甚夥，刻仍飭所部進勦，【中央社】

洛陽三十日電，洛陽駐軍高桂滋部，奉令調陝北勦匪，現已開拔完竣，由新編第五師楊渠統部，開洛塡防，（中央社）

香港二十九日電，省訊，粵省擬派兩師入桂，協助桂軍，清勦共匪，現匪已潰散，故暫時中止出發，僅警戒小北江一帶，

陽衡二十八日電，贛匪經我周李王各部在甯遠道縣痛擊，斃匪甚衆，詳情如下，一，匪先頭於二十六，二十七，兩日，由全州，興安，元勾，牌山，山頭，上木頭，四賽圩，沙子岸，向西延灣，四扼橋，企圖偷渡，經我軍趕至，在路板鋪，蔣村一帶截擊，斃匪甚多，二，匪一部由永安關右邊竄抵黃臘洞，二十六日被我軍擊潰，三，匪數千人，在文市架橋，被我側擊將浮橋撤去圖逃，現正追攻中，

福州三十日電，長汀留省同鄉，電蔣委員長，勞慰勦匪勝利，並請賑濟災民，又電，東路軍將領，謝克復汀屬匪區中央社

福州三十日電，二區行政專員徐虎候偕省委林知淵新十師師長陳齊煊在福安召集勦匪會議，商定肅清閩東各縣匪共計劃，中央社

福州三十日電，清流經五十二師收復後，已分兵向甯化推進，盧興榮電省報告，匪僞閩贛游擊司令員，陳華珍，政委林勝佑，參謀長王發春，等及重要匪員兵，四十餘名，確被擊斃，清邑陷匪日久，丁口流離，田園荒蕪，民房被燬，無一完者，經清查全城老幼，不及二百人，現我軍除派隊搜勦殘孽，並撫輯流亡外，一面趕速修築碉堡，烏村，泉上，僞第十八團，及游擊隊千餘人，甯城匪四百餘人，來去不定，二十八日晨，竄襲坊，各鄉現在追勦中，【中央社】

福州三十日電，陳肇英，分電蔣鼎文，顧祝同，賀膺閩贛綏靖主任新職，陳定十二月五日赴泉，出席五全會，中央社，

福州三十日電，陳體誠，李進德，等由台灣抵廈門，二十九日返省陳氏定三十日出席省府紀念週，報告考察台灣經過，

15. 何键悬赏缉拿匪首，行营剿匪宣传大队昨抵长沙今日赴衡工作，赣各界庆祝剿匪胜利大会今晨举行，桂边“共匪”已被击散，高桂滋部调陕北剿匪，“共匪”溃散粤军中止入桂，长汀人士电蒋委员长及东路军，慰劳剿匪胜利感谢克复汀属，闽二区行政专员召开剿匪会议，清流收复后抚辑流亡赶筑碉堡，陈肇英电贺蒋（鼎文）、顾（祝同）就新职，陈体诚由厦返抵福州，1934 年 12 月 1 日第 2 版

東路總部遵令結束

前方各機關限期裁撤

王家烈日內赴前方督剿……所有部隊全由王直接指揮……李宗仁請何健派師堵匪……顧祝同就駐贛綏靖主任職……蔣鼎文就閩綏靖主任職……劉峙就豫保安司令職……

龍岩二日電，東路總部奉命結束，其所轄前方各戰時組織之機關，均限於十一月底全部裁撤，至蔣鼎文奉委爲駐閩綏靖主任，聞就東路總部，按新編制改組，綏靖署地點，仍在漳州，俟蔣返閩籌備組織，【中央社】

貴陽三十日電，王家烈日內由貴陽赴前方佈置工事，今日行營先行出發，所有軍隊，全由王直接指揮，前設之前敵總指揮，已撤銷，【中央社】

貴陽三十日電，李宗仁電何鍵，請派師至全州堵截贛匪，【中央社】

南昌一日來電　顧祝同一日通電就駐贛綏靖主任職云，（銜略）奉軍事委員會委員長南昌行營皓（十九日）已電節開，所有贛，粵，閩，湘，鄂，五省剿匪東南西北各路軍預備軍等戰鬥序列，着即於十一月三十日取銷，又奉南昌行營敬敬（二十四日）酉電節開，任顧祝同爲駐贛綏靖主任，所有綏靖部署，着自十二月一日起施行，除呈請國府任命任狀，關防另案頒發外，特電遵照，各等因，奉此，遵於十一日三十日結束北路總司令部，十二月一日在吉安成立駐贛綏靖公署，先行就職視事，擇期補行宣誓典禮，自惟庸駑，謬膺重寄，汲深綆短，覆餗堪虞，尚祈時賜訓誨，俾免隕越，謹電報聞，伏維垂察，駐贛綏靖主任顧祝同叩東，【中央社】

龍岩二日電，蔣鼎文一日通電就駐閩綏靖主任職，【中央社】

開封一日電，劉峙一日通電，就保安司令職，略云，案奉國民政府命令，任命劉峙兼河南全省保安司令等因，遵於本月一日敬謹宣，就職，猥以軨材，謬膺寵命，汲深綆短，隕越堪虞，尚乞時賜箴規，俾資循率，無任感禱，劉峙叩東（一日）印，【中央社】

16. 东路总部遵令结束，前方各机关限期裁撤，王家烈日内赴前方督剿，所有部队全由王直接指挥，李宗仁请何键派师堵匪，顾祝同就驻赣绥靖主任职，蒋鼎文就闽绥靖主任职，刘峙就豫保安司令职，1934 年 12 月 3 日第 2 版

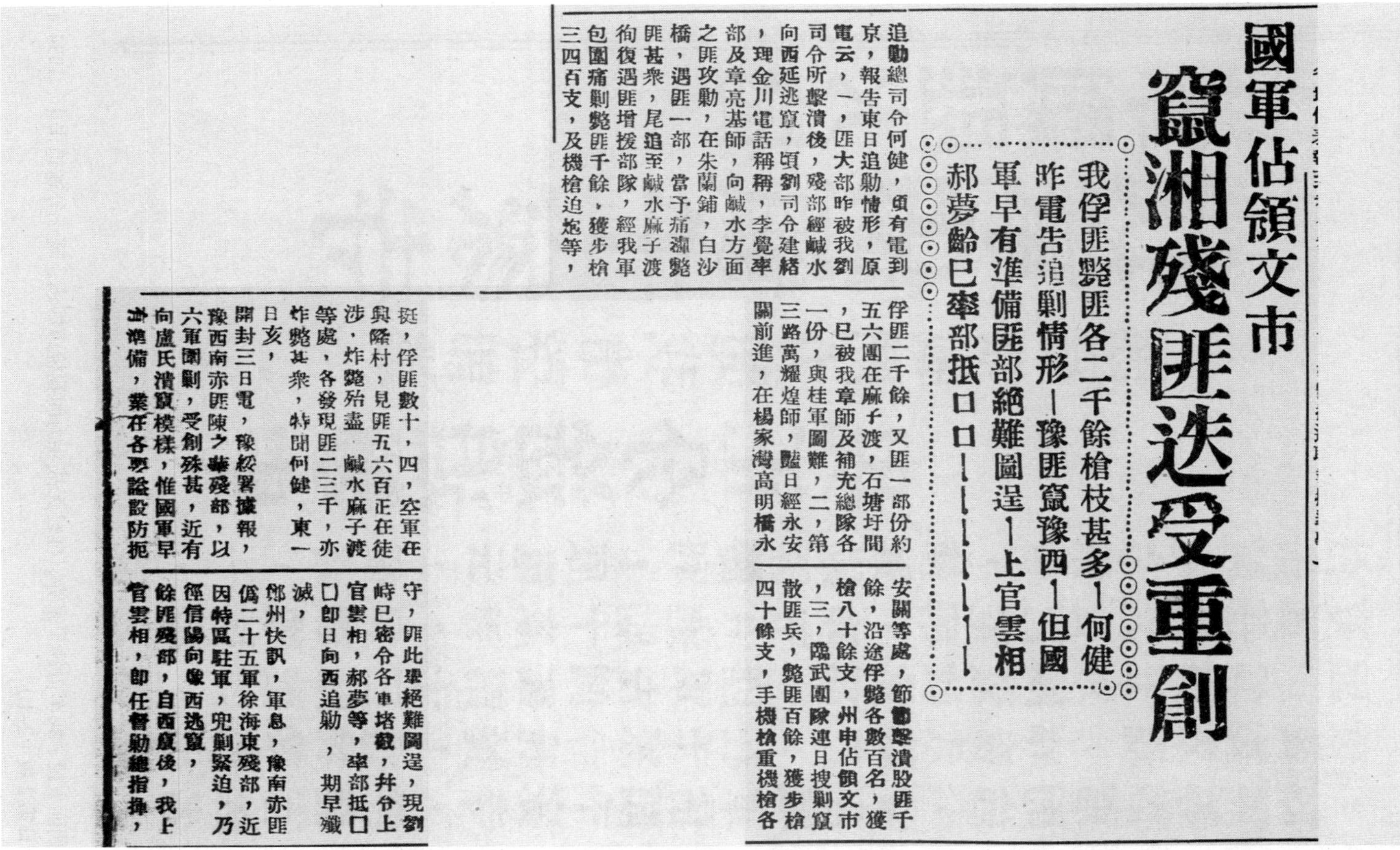

國軍佔領文市

竄湘殘匪迭受重創

我俘匪斃匪各二千餘槍枝甚多—何健昨電告追剿情形—豫匪竄豫西—但國軍早有準備匪部絕難圖逞—上官雲相郝夢齡已率部抵口口

追勦總司令何健，頃有電到京，報告東日追勦情形，原電云，一，匪大部昨被我劉司令所擊潰後，殘部經鹹水向西延逃竄，頃劉司令建緒，理金川電話稱稱，李覺率部及章亮基師，向鹹水方面之匪攻勦，在朱蘭鋪，白沙橋，遇匪一部，當予痛濫斃匪甚衆，尾追至鹹水麻子渡徇復遇匪增援部隊，經我軍包圍痛剿斃匪千餘，獲步槍三四百支，及機槍迫炮等，俘匪二千餘，又匪一部份約五六團在麻子渡，石塘圩間，已被我章師及補充總隊各一份，與桂軍圖難，二，第三路萬耀煌師，瞻日經永安關前進，在楊家灣高明橋永安關等處，節節擊潰股匪千餘，沿途俘斃各數百名，獲槍八十餘支，州申佔領文市，三，臨武團隊連日搜剿竄散匪兵，斃匪百餘，獲步槍四十餘支，手機槍重機槍各挺，俘匪數十，四，空軍在與隆村，見匪五六百正在徒涉，炸斃殆盡，鹹水麻子渡等處，各發現匪二三千，亦炸斃甚衆，特聞何健，東一日亥，

開封三日電，豫綏署據報，豫西南赤匪陳之華殘部，以六軍團剿，受創殊甚，近有向盧氏潰竄模樣，惟國軍早有準備，業在各要隘設防扼守，匪此番絕難圖逞，現劉峙已密令各軍堵截，并令上官雲相，郝夢等，率部抵口口即日向西追勦，期早殲滅，

郾州快訊，軍息，豫南赤匪僞二十五軍徐海東殘部，近因特區駐軍，兜剿緊迫，乃經信陽向豫西逃竄，餘匪殘部，自西竄後，我上官雲相，即任督勦總指揮，

17. 国军占领文市，窜湘残匪迭受重创，我俘匪毙匪各二千余枪支甚多，何键昨电告追剿情形，豫匪窜豫西，但国军早有准备匪部绝难图逞，上官云相、郝梦龄已率部抵□□，1934 年 12 月 4 日第 2 版

桂軍剿匪大捷

我軍佔領千家寺

匪已無戰鬥力聞我槍聲即逃

現正分途追擊中

白崇禧電京報告，桂軍剿匪勝利，原電云，銜略，「，據夏軍長魚六日酉電稱，昨五日進剿千家寺，與職隊抗戰之匪，爲僞五軍團董政堂部，匪軍左側衞第十三師董匪，與僞政委朱瑞，昨夜八時正，在千家寺晚餐，適我梁團衝進，該匪等落荒而逃，當夜職軍佔領千家寺，俘匪百餘名，

18. 桂军剿匪大捷，我军占领千家寺，匪已无战斗力闻我枪声即逃，现正分途追击中，1934 年 12 月 10 日第 2 版（2–1）

獲槍五六十枝，重機槍一挺，馬數十匹，據匪供董匪殘部，自經新圩石塘圩被擊潰，僞三五兩軍團，已不能作戰，匪軍見我放槍即逃，每連戰鬥兵僅有二十餘名，子彈非常缺乏，董率殘部已向北竄走，職部現分途追剿等語，二逃入灌屬太源室髻馬頭山一帶猺山地區之匪，經我王師會同民團追剿後，俘擄五百人，現剩千餘人，後竄至貓兒園，現正在包圍解決中，三，綜合情況，西竄之匪，現尚在興安龍勝境內，靑靛底千家寺之線以西，千家寺丁洞之線以東地區，山高路窄，依地形判斷，殘匪現存人數不多，自在灌此，被痛擊慘敗，狼狽逃竄，聞我槍聲即逃，甚至我軍一排俘匪繳槍常以百數計，匪之戰鬥力，實已全失，現留一師及民團搜剿殘匪，白崇禧叩虞七日戊行參中央社

18. 桂军剿匪大捷，我军占领千家寺，匪已无战斗力闻我枪声即逃，现正分途追击中，1934 年 12 月 10 日第 2 版（2–2）

陳 李

元旦就粵桂綏靖主任職

香港十三日電，省訊，陳濟棠，李宗仁，擬明年元旦分別在廣州南甯就粵桂綏靖主任職，中央社，

19. 陈（济棠）、李（宗仁）元旦就粤桂绥靖主任职，1934 年 12 月 14 日第 3 版

國軍搜剿龍崗匪巢

斃偽政委楊盛富生擒偽財政部長等

擊破兩縣府現正搜剿中

南昌二十四日電，九十八師五八三團，向龍崗搜剿匪巢，在上坪擊潰殘匪，斃贛偽赤衛二師政委楊盛富，生擒偽龍崗財政部長楊仲•等，偽龍崗永豐兩縣府，悉破獲，又該師五八八團，在上陽柘擊潰偽獨立第四團，理正追蹤搜剿，中央社，

▲▲蕭賀殘匪又擬回竄▼▼

▲▲余漢謀即赴韶指揮▼▼

廣州二十四日電，余漢謀自奉委爲韶關行營主任後，己派副官處職員多人，前往佈置，尅日成立，又陳濟棠以據報蕭賀殘匪，經湘黔聯軍痛擊不支，又擬竄回大庾，特命余漢謀早日北上，赴韶指揮截擊，余己定日內離省，乘車前往，又電，陳（濟棠）就粵綏靖主任後，對贛南收復匪區善後各事，極存注，關於該區綏靖辦法，己與余（漢謀）議定，如下七項，原則，一、搜索餘匪，二，實施教育感化，三，清查戶口，趕辦保甲，四：資遣難民回籍，五、施行災區急振，六，開闢公路，七，分區嚴禁烟賭云，

▲▲西竄殘匪被擊潰後▼▼

▲▲李宗仁等請振濟災▼▼

桂軍總司令李宗仁，總指揮白崇禧，桂省付主席黃旭初等，以此次閩贛殘匪西竄，現雖將其擊潰，予以重創，但桂邊灌陽等縣，曾受赤匪殘害，地方糜爛不堪，常地人民悉成餓殍，無不待哺嗷嗷，該省府雖經籌施急振一次，然杯水車薪，究屬無濟於事，因於本月二十日特聯名電請中央及國府行政院呼籲振濟，乞即籌撥鉅款，振此災黎，行政院據電後，聞己於昨日（二十四）訓令財政部，及振務委員會、迅即妥議辦法，早日核復，用安災民云，

▲▲陝南駐軍積極訓練▼▼

▲▲劃一操場野外動作▼▼

漢中特訊，駐此間陸軍第[illegible]軍軍長孫蔚如氏，近以所部年來分防陝南各縣，剿匪清亂，未稍暇，特令各旅團輪流調回南鄭，集中訓練，除早晚出操時間、派參謀長（紹庭）張參謀處長（之因）及參謀人員，赴操場嚴密監督，按預定教育計劃，確實施行，且於每日上午十一時半，召集各師團營連附值日官舉行幹部演習一次，討論翌日操作之課目外，並於每月終舉行尉官考試一次，以期均衡提高官兵普通智識，聞各部隊日來生氣渤渤，精神十分緊張云云，

▲▲川省民衆代表來京▼▼

▲▲請中央軍入川剿匪▼▼

四川達縣民衆代表陳炳堃，王履新，日前由川來京，呈請中央黨部，國民政府，行政院，軍事委員會等中央各機關，請願，二事，一，赤匪徐向前，張國燾，程昌浩，張琴秋，王維周各股，蟠據通江，南江，巴州一帶，若不乘機撲滅，勢必滋蔓難圖，應請中央速派大軍入川，一鼓剿滅，二，通南巴一帶，避匪難民，會集達縣，以及達縣本地難民，總計不下四十餘萬人，飢寒交迫，無以爲生，應請中央速撥鉅款救濟，昨日上午，陳炳堃，王履新二代表，復至行政院請見汪院長，面述以上二事，當由汪院長派員接見，對於所請各節，俟考核以後，再行批復云云，本社記者昨晤二代表於旅邸，據稱達縣一邑，去年曾被匪陷，嗣經克復，人民所蒙損害甚大，本年復由達縣人民，供給剿匪軍米三萬石，以致民間痛苦更甚，田賦錢糧，現已徵至民國四十九年，當地軍部旅長所發行之銅元票及紙幣，充斥民間，目前每元可兌換錢票二十八千，是以民不聊生，難以盡述，川民盼望中央軍隊入川，已如大旱之望雲霓云，

20. 国军搜剿龙岗匪巢，毙“伪政委”杨盛富生擒“伪财政部长”等，击破两县府现正搜剿中，1934 年 12 月 25 日第 2 版

大同日报

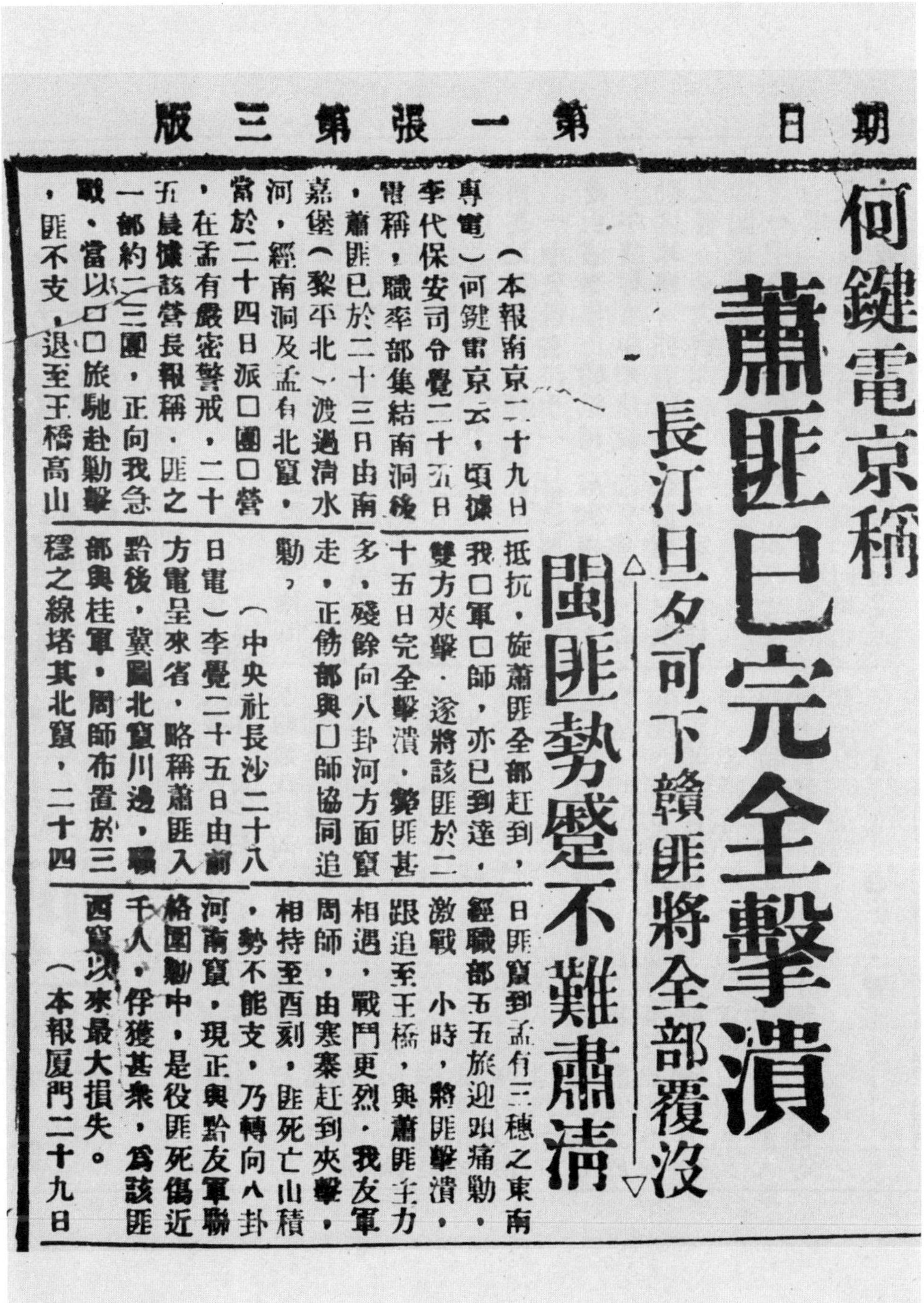

期日　第一張第三版

何鍵電京稱

蕭匪已完全擊潰

長汀旦夕可下贛匪將全部覆沒

閩匪勢蹙不難肅清

（本報南京二十九日專電）何鍵電京云，頃據李代保安司令覺二十五日電稱，職率部集結南洞後，蕭匪已於二十三日由南嘉堡（黎平北）渡過清水河，經南洞及孟存北竄，當於二十四日派口團口營，在孟有嚴密警戒，二十五晨據該營長報稱，匪之一部約二三團，正向我急戰，當以口口旅馳赴勦擊，匪不支，退至王橋高山抵抗，旋蕭匪全部赶到，我口軍口師，亦已到達，雙方夾擊，遂將該匪於二十五日完全擊潰，斃匪甚多，殘餘向八卦河方面竄走，正飭部與口師協同追勦，

（中央社長沙二十八日電）李覺二十五日由前方電呈來省，略稱蕭匪入黔後，冀圖北竄川邊，職部與桂軍，周師布置於三穩之線堵其北竄，二十四日匪竄到孟有三穗之東南經職部五五旅迎頭痛勦，激戰小時，將匪擊潰，跟追至王橋，與蕭匪主力相遇，戰鬥更烈，我友軍周師，由寨秦赶到夾擊，相持至酉刻，匪死亡山積，勢不能支，乃轉向八卦河南竄，現正與黔友軍聯絡圍勦中，是役匪死傷近千人，俘獲甚衆，爲該匪西竄以來最大損失。

（本報厦門二十九日

1. 何键电京称萧匪已完全击溃，长汀旦夕可下赣匪将全部覆没，闽匪势蹙不难肃清，1934 年 9 月 30 日第 3 版

東路軍克復河田

梁華盛師佔領太陽峯一帶高地

蕭克殘匪撲滅可期

（中央社漳州九日電）我九十兩師六日佔領河田。

（中央社南昌十一日電）六路先頭梁華盛師，八日向鎮寇塔等地進勦，將匪衆擊潰，退太陽峯一帶，九日該處激戰竟日，卒於申刻將太陽峯冷水婆家段以南高地線完全佔領，斃匪獲槍無算。

（中央社香港十一日電）蔣伯誠九日夜由省乘佛山輪抵港，寓大東酒店。十日午談粵省年來建設，確有進步。南路勦匪軍事，亦有進展。余因留粵日久，又值五全大會開會在即，故定十二日乘加蘭總統輪北返。

（中央社南昌特訊）白崇禧冬（二日）電：蕭匪（克）於有（二十五）日被我軍擊潰後，企圖竄過黃橋，向東北逃逝，被我某部兩營截擊，勢極窮促，遂轉竄八卦河，當派兵兩團，於有（二十六日）晨向該處進勦，匪驚魄未定，略爲接觸，即向大廣逃竄，復經該兩團跟踪猛追，匪被迫由下豐溪經梁口企圖北竄，與賀匪會合，已派大軍繼續猛追，並電黔軍準備截擊，及令鎮遠部隊扼河堵截，以期殲滅。該匪於鎮遠河以南地區，查匪自八卦河被我軍猛追兩日，匪沿途遺棄傷匪甚多，行李物件，觸目皆是，其狼狽已達極點。並有散匪匿於山上，俟我軍到達，即持械投誠者不少，該匪肉骨瘦如柴，可見匪之戰鬥力薄弱，若得再痛擊一二次，當可消滅。又該匪留在豐溪之匪約二三千，先竄至大廣，被我某師迎頭痛擊，斃匪三四百等語。

2. 东路军克复河田，梁华盛师占领太阳峰一带高地，萧克残匪扑灭可期，1934 年 10 月 12 日第 4 版

汀匪確有西退模樣

北路軍克復瑞金

東北兩路本月內可會師直搗會昌

蕭克殘匪竄紫金關

（中央社福州十五日電）（一）東路軍連日均有進展，在河田蔡坊一帶高地，構築工事，居高臨下，匪如籠雞甕鱉。據諜報：長汀殘匪，確有棄汀西退模樣，北路軍已克瑞金，長汀收復，更不成問題。東北兩路，本月內可會師，直搗會昌，預料匪或經信豐出南雄竄湘西南入川。（二）崇安建陽路工已竣，即日開始通車。省賑務處撥款兩千圓，抽選強壯難民，修築鼓山馬路，以工代賑，長樂路工，五日開始趕築，限十二日內築竣通車，並添設電政管理分局。

（中央社南昌十四日電）（一）據前方電話，十四日午前，我周縱隊克復興國城，俘獲無算，正在清查中。匪第一第五兩軍團，是役傷亡極大，潰不成股，紛向龍岡頭及寧都方向逃竄，我軍除以一部清掃戰場並修築興國附近高地碉樓外，其餘大部仍跟踪追擊中。（二）行營據前方確報：（一）蕭致中師，十二日晨向牛形河江壩之匪，攻擊至巳時，將該處之匪陣地完全攻佔，復乘勝追擊五六里，匪狼狽不堪，即紛向龍岡頭不方竄去，是役計俘匪連長以下十餘名，斃匪數百，獲槍二十五枝。（二）萬耀煌十二日晨續向興國以北文陂一帶高地之匪猛攻擊，傷第五軍團之十三三十四兩師，據堡頑抗，經我官兵奮勇猛攻，至巳刻將該地完全佔領，斬獲頗多，現潰向文陂北端一線高地之匪攻擊。

（中央社長沙十五日電）蕭匪經湘桂黔軍剿勦，潰竄紫金關。

3.（长）汀匪确有西退模样，北路军克复瑞金，东北两路本月内可会师直捣会昌，萧克残匪窜紫金关，1934 年 10 月 16 日第 3 版

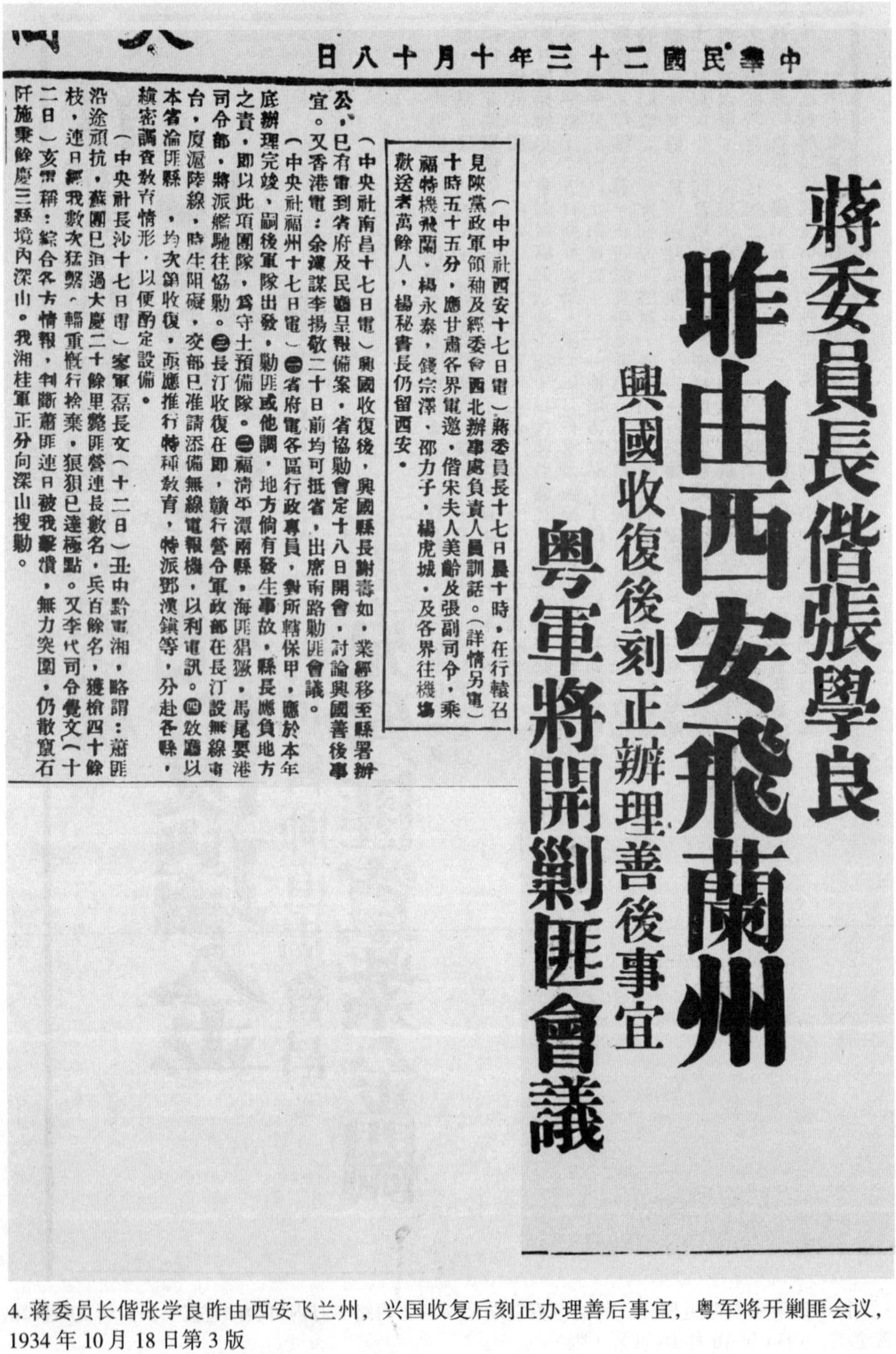

中華民國二十三年十月十八日

蔣委員長偕張學良昨由西安飛蘭州

興國收復後刻正辦理善後事宜

粵軍將開剿匪會議

（中中社西安十七日電）蔣委員長十七日晨十時，在行轅召見陝黨政軍領袖及經委會西北辦事處負責人員訓話。（詳情另電）十時五十五分，應甘肅各界電邀，偕宋夫人美齡及張副司令，乘福特機飛蘭，楊永泰，錢宗澤，邵力子，楊虎城，及各界往機場歡送者萬餘人，楊秘書長仍留西安。

（中央社南昌十七日電）興國收復後，興國縣長謝壽如，業經移至縣署辦公，已有電到省府及民廳呈報備案，省協剿會定十八日開會，討論興國善後事宜。又香港電：余漢謀李揚敬二十日前均可抵省，出席南路剿匪會議。

（中央社福州十七日電）㈠省府電各區行政專員，對所轄保甲，應於本年底辦理完竣，嗣後軍隊出發，剿匪或他調，地方倘有發生事故，縣長應負地方之責，即以此項團隊，爲守土預備隊。㈡福清平潭兩縣，海匪猖獗，馬尾要港司令部，將派艦馳往協剿。㈢長汀收復在即，贛行營令軍政部在長汀設無線電台，廈漏陸線，時生阻礙，交部已准請添備無線電報機，以利電訊。㈣教廳以本省淪匪縣，均次第收復，亟應推行特種教育，特派鄧濆鎮等，分赴各縣，縝密調查教育情形，以便酌定設備。

（中央社長沙十七日電）寥軍磊長文（十二日）丑由黔電湘，略謂：蕭匪沿途頑抗，蘇團已追過大慶二十餘里，斃匪營連長數名，兵百餘名，獲槍四十餘枝，連日經我數次猛擊，輜重概行捨棄，狼狽已達極點。又李代司令覺文（十二日）亥電稱：綜合各方情報，判斷蕭匪連日被我擊潰，無力突圍，仍散竄石阡施秉餘慶三縣境內深山。我湘桂軍正分向深山搜剿。

4. 蒋委员长偕张学良昨由西安飞兰州，兴国收复后刻正办理善后事宜，粤军将开剿匪会议，1934 年 10 月 18 日第 3 版

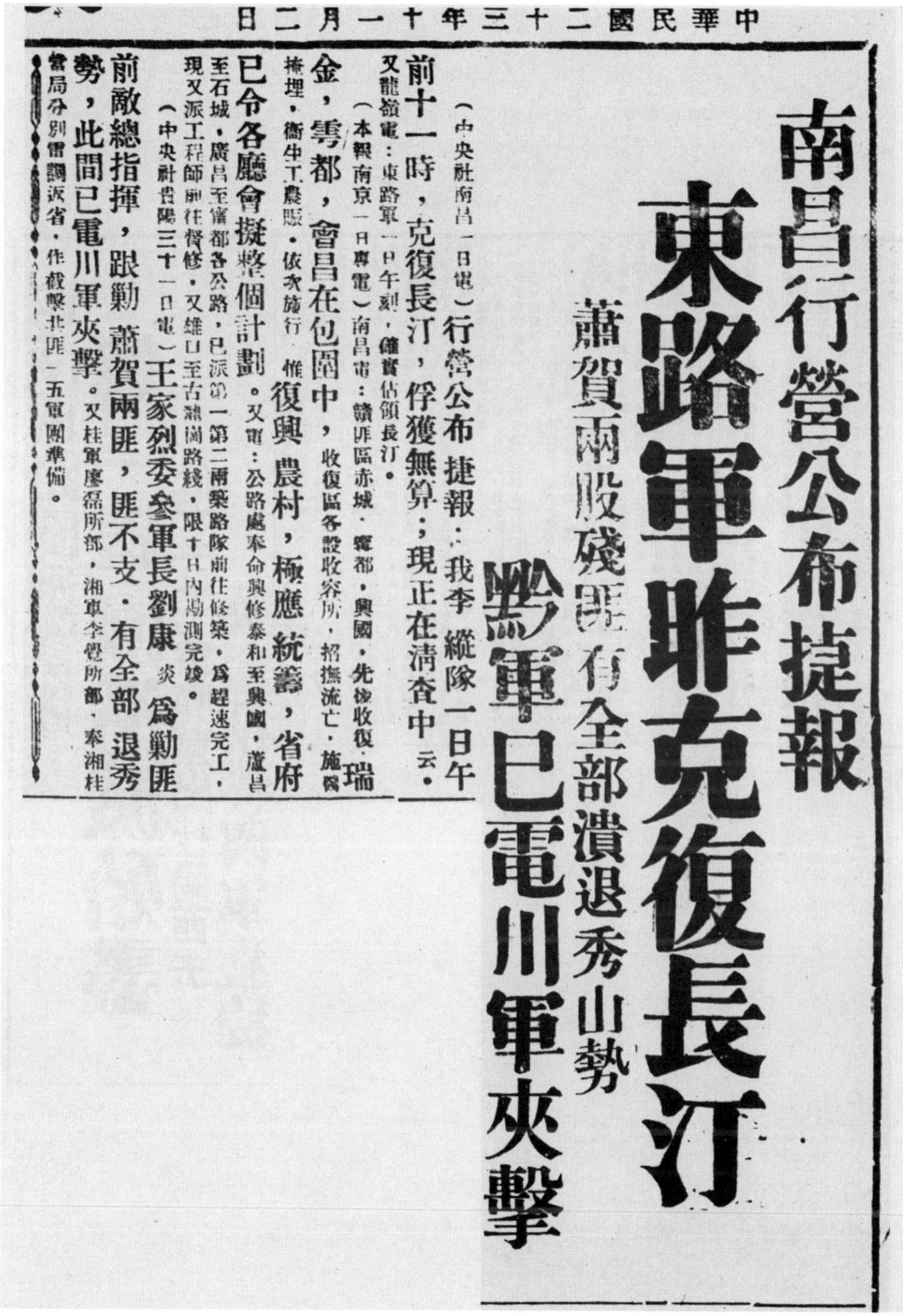

中華民國二十三年十一月二日

南昌行營公布捷報

東路軍昨克復長汀

蕭賀兩股殘匪有全部潰退秀山勢

黔軍已電川軍夾擊

（中央社南昌一日電）行營公布捷報：我李縱隊一日午前十一時，克復長汀，俘獲無算；現正在清查中云。又龍嶺電：東路軍一日午刻，確實佔領長汀。

（本報南京一日專電）南昌電：贛匪區赤城．寧都．興國．先後收復．瑞金，雩都，會昌在包圍中，收復區各設收容所，招撫流亡．施救掩埋．衛生工農賑．依次施行 惟復興農村，極應統籌，省府已令各廳會擬整個計劃。又電：公路處奉命與修泰和至興國．廣昌至石城，廣昌至寧都各公路，已派第一第二兩築路隊前往修築，為趕速完工，現又派工程師前往督修，又雄口至古龍岡路綫，限十日內勘測完竣。

（中央社貴陽三十一日電）王家烈委參軍長劉康炎為剿匪前敵總指揮，跟剿蕭賀兩匪，匪不支，有全部退秀勢，此間已電川軍夾擊。又桂軍廖磊所部，湘軍李覺所部，奉湘桂當局分別電調返省，作截擊共匪一五軍團準備。

5. 南昌行营公布捷报，东路军昨克复长汀，萧（克）、贺（龙）两股残匪有全部溃退秀山势，黔军已电川军夹击，1934 年 11 月 2 日第 3 版

西南兩路圍剿竄匪

僞一軍團消滅殆盡

僞三五七軍團竄出桂陽西去

英報稱譽國軍獲捷

（本報上海十七日專電）福州電：（一）蔣鼎文電告報告朱毛股匪，向仁化樂昌西竄，我西路軍王東原師，在萬會橋與會汀戰，匪潰退。（二）長汀明溪清流等縣克復後，當局派員在各縣辦理善後招撫流亡。省賑務會定二十二日續送留省難民回鄉安業。

（中央社龍岩十七日電）（一）匪一軍團兩部八千人在郴州宜章間之良田地方，爲西南兩路軍合剿，已剿滅殆盡。僞三五七軍團竄出桂陽西去。（二）東路軍收復長汀瑞金後，閩西勦匪軍事即告完成，此後收復匪區善後，由當地行政官辦理外，軍隊工作，將全注重興修公路，築碉堡，及肅清流竄之散匪。公路在趕築者，中屋村至長汀線七十里，至遲本月底可完成，在測量者，長汀至瑞金線八十里，長汀至石城線百二十里。在計劃中者，有連城長汀線，連城寧化建寧線，連城永安歸化線等，俟各軍防地定妥，即由各該地駐軍負責興築，以符　總理兵工築路之遺訓。

（中央社南昌十七日電）省府奉行營令擬訂收復匪區善後辦法，十七日晨十一時各機關開會商討，決由各機關分別擬訂計劃，限各彙集呈送行營，行營定二十三日開會審查。

（中央社）倫敦十七日路透電，泰晤士報今日社論稱：中國中央政府，與贛閩兩省組織之長期戰爭，殆已達一頂點，截至去年秋間爲止，赤黨尚佔上風，然年來蔣介石將軍，加緊經濟及軍事壓迫之後，已被逐出老巢瑞金，剿以匪地日蹙，有西竄之勢，然幸而粵桂兩省當局，均與中央合作勦匪，故政府若能將赤匪加以大包圍，使其無法他竄，則完全勦滅，實無問題。該報又稱：赤匪竄圖竄入四川，故劉湘已決意求助于蔣介石將軍云。

（中央社南昌十七日電）省黨部十七日召集各機關團體開會，商討慰勞傷病官兵勦匪將士，暨新復區同胞事宜，當經推定省黨部省政府政訓處協勦會市政會公安局七機關負責籌備。又天津電：津各界以瑞金克復，工商兩團體，十七日特電蔣委員長及各路勦匪將士表示慰勞，市黨部亦於十七日電蔣委員長慰勞，並定日內召集各界，舉行慶祝會，以資激勵。又北平電：晉省黨部十七日電蔣委員長及勦匪將士慰勞略謂，赤匪爲禍，舉國共憤，幸賴鈞座督勦，將士效命，犂庭掃穴，消滅醜類，尚祈乘勝進勦，速竟全功等語。又電：平市各民衆團體十七日聯名電慰蔣委員長，及東路勦匪將士，原電略謂赤匪盤踞金瑞，於今七載，幸賴鈞座神威，指揮有方，暨各將士忠勇用命，卒得克復，捷報傳來，舉國歡欣，從此赤匪根據既失，不難一鼓蕩平，尚祈再接再厲，以竟全功，特電慰勞，伏乞鑒察等語。

（中央社首都十七日電）出席五全會海外代表黃壬戌等四十八人十七日電蔣委員長慰賀勦匪勝利有「尙祈繼承　總理遺志繼續努力海外全體同志僑胞，當一致擁護」等語。

6. 西南两路围剿窜匪，“伪一军团”消灭殆尽，“伪三、五、七军团”窜出桂阳西去，英报称誉国军获捷，1934 年 11 月 18 日第 3 版

（本報上海十七日專電）福州電：（一）蔣鼎文電省報告朱毛股匪，向仁化樂昌西竄，我西路軍王東原師，在萬會橋與會激戰，匪潰退。（二）長汀明溪清流等縣克復後，當局派員在各縣辦理善後招撫流亡。省賑務會定二十二日續送留省難民回鄉安業。

（中央社龍岩十七日電）（一）匪一軍團兩部八千人在柳州宜章間之良田地方，爲西南兩路軍合剿，已消滅殆盡。僞三五七軍團竄出桂陽西去。（二）東路軍收復長汀瑞金後，閩西勦匪軍事即告完成，此後收復匪區善後，由當地行政官辦理外，軍隊工作，將全注重興修公路，築碉寨，及肅清流竄之散匪。公路在趕築者，中屋村至長汀線七十里，至遲本月底可完成。在測量者，長汀至瑞金線八十里，長汀至石城線白二十里。在計劃中者，有連城長汀線，連城寧化建寧線，連城永安歸化線等，俟各軍防地定妥，即由各該地駐軍負責興築，以符　總理兵工築路之遺訓。

（中央社南昌十七日電）省府奉行營令擬訂收復匪區善後辦法，十七日晨十一時各廳開會商討，決由各機關分別擬訂計劃，限各彙集呈送行營，行營定二十三日開會審查。

（中央社）倫敦十七日路透電，泰晤士報今日社論稱：中國中央政府，與贛閩兩省組織之長期戰爭，現已達一頂點，截至去年秋間爲止，赤黨尚佔上風，然年來蔣介石將軍，加緊經濟及軍事壓迫之後，已被逐出老巢瑞金，劉以匪地已燬，有西竄之勢，然幸而粵桂兩省當局，均與中央合作勦匪，故政府若能將赤匪加以大包圍，使其無法他竄，則完全勦滅，實無問題。該報又稱：赤匪竄圖竄入四川，故劉湘已決意求助于蔣介石將軍云。

（中央社南昌十七日電）省黨部十七日召集各機關團體開會，商討慰勞傷病官兵勦匪將士，暨新復區同胞事宜，當經推定省黨部省政府政訓處協勦會市政會公安局七機關負責籌備。又天津電：津各界以瑞金克復，工商兩團體、十七日特電蔣委員長及各路勦匪將士表示慰勞，市黨部亦於十七日電蔣委員長慰勞，並定日內召集各界，舉行慶祝會，以資激勵。又北平電：晉省黨部十七日電蔣委員長及勦匪將士慰勞略謂，赤匪爲禍，舉國共憤，幸賴鈞座督勦，將士效命，犂庭掃穴，消滅醜類，尚祈乘勝進勦，速竟全功等語。又電：平市各民衆團體十七日聯名電慰蔣委員長、及東路勦匪將士，原電略謂赤匪盤踞金瑞，於今七載，幸賴鈞座神威，指揮有方，暨各將士忠勇用命，卒得克復，捷報傳來，舉國歡欣，從此赤匪根據既失，不難一鼓殲平，尚祈再接再厲，以竟全功，特電慰勞，伏乞鑒察等語。

（中央社首都十七日電）出席五全會海外代表黃壬戌等四十八人十七日電蔣委員長慰賀勦匪勝利有「倘祈繼承　總理遺志繼續努力海外全體同志僑胞，當一致擁護」等語。

（局部图）

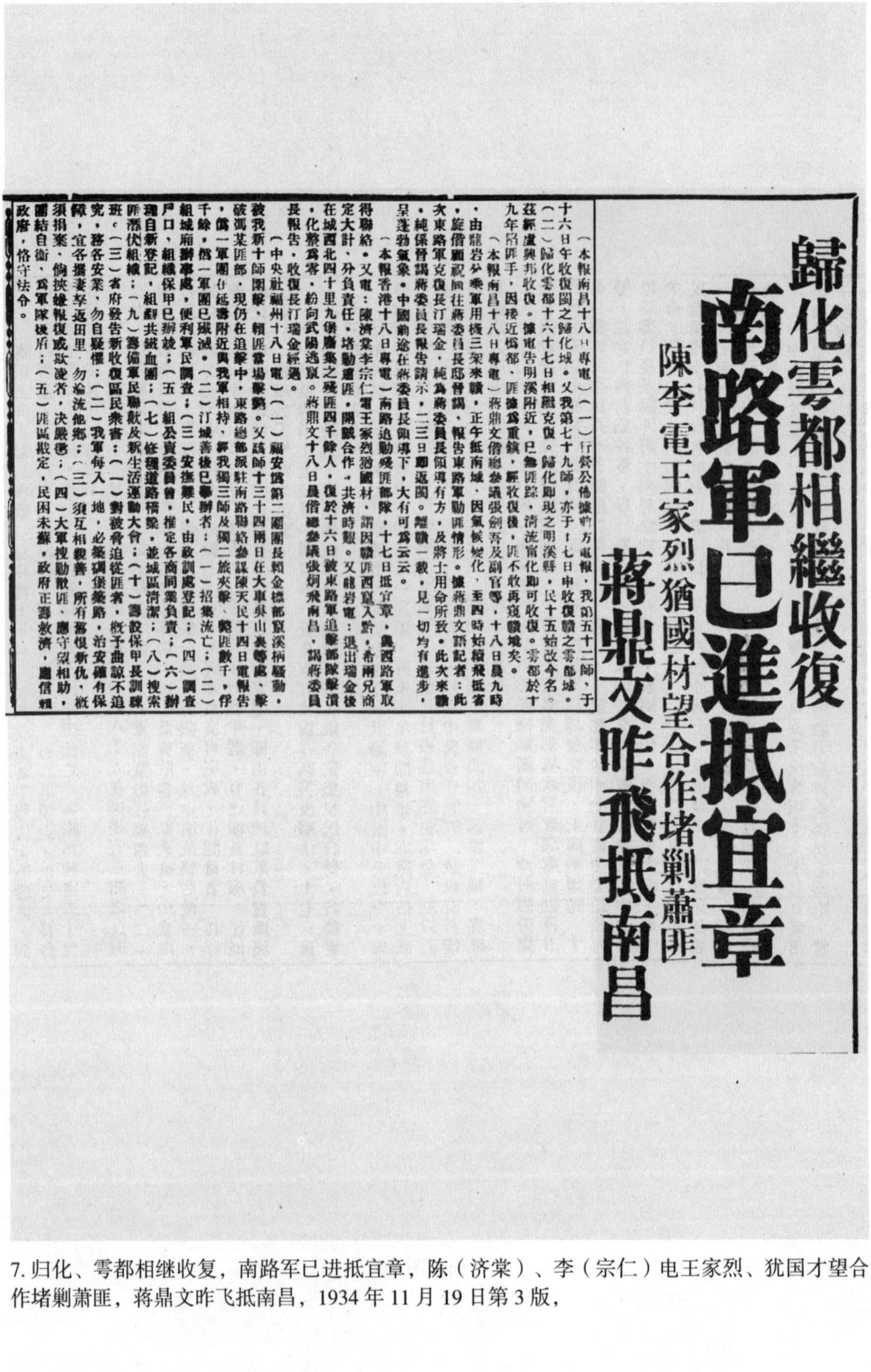

歸化雩都相繼收復

南路軍已進抵宜章

陳李電王家烈猶國材望合作堵剿蕭匪

蔣鼎文昨飛抵南昌

（本報南昌十八日專電）（一）行營公佈據前方電報，我第五十二師，于十六日午收復閩之歸化城。又我第七十九師，亦于十七日申收復贛之雩都城。（二）歸化雩都十六十七日相繼克復。歸化即現之明溪，民十五始改今名。茲經盧興邦收復。據電告明溪附近，已無匪踪，清流當化即可收復。雩都於十九年陷匪手，因接近寧都，匪據爲重鎮，現收復後，匪不敢再窺贛境矣。

（本報南昌十八日專電）蔣鼎文偕總參議張劍吾及副官等，十八日晨九時，由龍岩分乘軍用機三架來贛，正午抵南城，因氣候變化，至四時始續飛抵省，旋偕顧祝同往蔣委員長邸晉謁，報告東路軍勦匪情形。據蔣鼎文語記者：此次東路軍克復長汀瑞金，純爲蔣委員長領導有方，及將士用命所致。此次來贛，純係晉謁蔣委員長報告請示，二三日即返閩。離贛一載，見一切均有進步，呈蓬勃氣象。中國前途在蔣委員長領導下，大有可爲云云。

（本報香港十八日專電）南路追勦殘匪部隊，十七日抵宜章，與西路軍取得聯絡。又電：陳濟棠李宗仁電王家烈猶國材，謂因贛匪西竄入黔，希兩兄商定大計，分負責任，堵勦竄匪，開誠合作，共濟時艱。又龍岩電：退出瑞金後在城西北四十里九堡麕集之殘匪四千餘人，復於十六日被東路軍追擊部隊擊潰，化整爲零，紛向武陽逃竄。蔣鼎文十八日晨偕總參議張炯飛南昌，謁蔣委員長報告，收復長汀瑞金經過。

（中央社福州十八日電）（一）福安保第二團團長賴金標部竄溪柄騷動，被我新十師圍擊，賴匪當場擊斃。又該師十三十四兩日在大車與山表等處，擊破馮某匪部，現仍在追擊中。東路總部派駐南路聯絡參謀陳天民十四日電報告，僞一軍團在延壽附近與我軍相持，經我獨三師及獨二旅夾擊，斃匪數千，俘千餘，僞一軍團已殲滅。（二）汀城善後已舉辦者：（一）招集流亡；（二）組城廂辦事處，便利軍民調查；（三）安撫難民，由政訓處登記；（四）調查戶口，組織保甲已辦竣；（五）組公賣委員會，推定各商同業負責；（六）辦理自新登記，組織剷共鐵血團；（七）修理道路橋梁，並城區清潔；（八）搜索匪潛伏組織；（九）籌備軍民聯歡及新生活運動大會；（十）籌設保甲長訓練班。（三）省府發告新收復區民衆書：（一）對被脅迫從匪者，概予曲諒不追究，務各安業，勿自疑懼；（二）我軍每入一地，必築碉堡築路，治安確有保障，宜各攜妻孥返田里，勿淪流他鄉；（三）須互相親善，所有舊恨新仇、概須捐棄，倘挾嫌報復或欺凌者，決嚴懲；（四）大軍搜勦散匪，應守望相助，團結自衛，爲軍隊後盾；（五）匪區戡定，民困未蘇，政府正籌救濟，應信賴政府，恪守法令。

7. 归化、雩都相继收复，南路军已进抵宜章，陈（济棠）、李（宗仁）电王家烈、犹国才望合作堵剿萧匪，蒋鼎文昨飞抵南昌，1934 年 11 月 19 日第 3 版，

（本報南昌十八日專電）（一）行營公佈據前方電報，我第五十二師，于十六日午收復閩之歸化城。又我第七十九師，亦于十七日申收復贛之零都城。（二）歸化零都十六十七日相繼克復。歸化即現之明溪縣，民十五始改今名。茲經盧興邦收復。據電告明溪附近，已無匪踪，清流甯化即可收復。零都於十九年陷匪手，因接近贛都，匪據為重鎮，經收復後，匪不敢再窺贛境矣。

（本報南昌十八日專電）蔣鼎文偕總參議張劍吾及副官等，十八日晨九時，由龍岩分乘軍用機三架來贛，正午抵南城，因氣候變化，至四時始續飛抵省，旋偕顧祝同往蔣委員長邸晉謁，報告東路軍勦匪情形。據蔣鼎文語記者：此次東路軍克復長汀瑞金，純為蔣委員長領導有方，及將士用命所致。此次來贛，純係晉謁蔣委員長報告請示，二三日即返閩。離贛一載，見一切均有進步，呈蓬勃氣象。中國前途在蔣委員長領導下，大有可為云云。

（本報香港十八日專電）南路追勦殘匪部隊，十七日抵宜章，與西路軍取得聯絡。又電：陳濟棠李宗仁電王家烈猶國材，謂因贛匪西竄入黔，希兩兄商定大計，分負責任，堵勦竄匪，開誠合作，共濟時艱。又龍岩電：退出瑞金後在城西北四十里九堡麕集之殘匪四千餘人，復於十六日被東路軍追擊部隊擊潰，化整為零，紛向武陽逃竄。蔣鼎文十八日晨偕總參議張炯飛南昌，謁蔣委員長報告，收復長汀瑞金經過。

（中央社福州十八日電）（一）福安偽第二團團長賴金標部竄溪柄騷動，被我新十師圍擊，賴匪當場擊斃。又該師十三十四兩日在大車與山裏等處，擊破馮某匪部，現仍在追擊中。東路總部派駐南路聯絡參謀陳天民十四日電報告，偽一軍團仍在延壽附近與我軍相持，經我獨三師及獨二旅夾擊，斃匪數千，俘千餘。偽一軍團已殲滅。（二）汀城善後已舉辦者：（一）招集流亡；（二）組城廂辦事處，便利軍民調查；（三）安撫難民，由政訓處登記；（四）調查戶口，組織保甲已辦竣；（五）組公賣委員會，推定各商同業負責；（六）辦理自新登記，組劃共鐵血團；（七）修理道路橋樑，並城區清潔；（八）搜索匪潛伏組織；（九）籌備軍民聯歡及新生活運動大會；（十）籌設保甲長訓練班。（三）省府發告新收復區民衆書：（一）對被脅迫從匪者，概予曲諒不追究，務各安業，勿自疑懼；（二）我軍每入一地，必築碉堡築路，治安確有保障，宜各攜妻挈返田里，勿淪流他鄉；（三）須互相親善，所有舊恨新仇，概須捐棄，倘挾嫌報復或欺凌者，決嚴懲；（四）大軍搜勦散匪，應守望相助，團結自衛，為軍隊後盾；（五）匪區戡定，民困未蘇，政府正籌救濟，應信賴政府，恪守法令。

（局部图）

东海日报

蔣委員長在甘公畢
偕張飛往寧夏
贛匪已成弩末不久可殲滅
蕭匪化整爲零各軍圍剿中

【蘭州十九日電】蔣委員長十九日上午在省府對黨政及各界領袖訓話，勉以勵行新生活，取外人之長，以補我之短，十一時赴機場對駐蘭部隊訓話，沿途萬人，嚴肅之至，十一時餘，蔣委員長偕張學良等乘機飛甯夏，預計下午即可到達

（廈門廿日電）軍事負責當局對記者談石城瑞金興國次第攻克，匪在贛邊附近，决難立足，不出兩月當可將整個匪區收復，長汀僅一空城，東路軍進駐不成問題，匪已成弱弩之末，即可完成殲滅云。

（桂州廿日電）蕭匪已化整爲零，最大部僅二千多人，由蕭匪親自率領，擬竄萬重山一帶，當被剿匪軍跟剿，匪紛紛四散，傷亡甚衆，主家烈現正會同湘桂軍督圍搜剿　短時可望肅清。

1. 蒋委员长在甘公毕，偕张（学良）飞往宁夏，赣匪已成弩末不久可歼灭，萧匪化整为零各军围剿中，1934 年 10 月 21 日第 2 版

蔣委員長乘機返陝

東路軍乘勝向長汀推進

川剿匪事中央已定辦法

【西安二十日電】蔣委員長偕夫人宋美齡女士張副司令及隨員等，今晨由甯夏飛返西安，午到達，邵力子楊虎城各省委黨委及各界領袖，均往機場歡迎，蔣等下機後，即分乘汽車入城，赴綏署行轅。

【廈門廿一日專電】蔣鼎文令前方部隊即向長汀推進。

【南昌廿一日專電】萍鄉安福蓮花三縣匪巢，已完全為國軍搗毀，西路陳師已進駐太市，另四團進駐爛坪。

【南昌廿一日專電】國軍在鴉橋北與匪激戰半夜，擊斃偽三師長彭國魂，大勝，仍進剿中。

【南京二十一日專電】中央對川剿匪事，已定有妥善辦法。

【漢口二十一日專電】川總部十八日漢稱，自蕭匪入黔後，恐其與賀匪聯合，特令達旅率兵四團往剿，旋據探報，賀匪由秀山同陷黔屬沿河，即令力戰收復，現殘匪竄淇灘上壩，正會合田旅及黔軍李旅圍剿。

【廣州二十一日電】桂黔軍連日在黔圍剿蕭匪，十五日在大慶斃匪百餘，俘百餘，獲槍四十餘支，匪殘部潰竄山中。

【廣州二十一日下午八時發專電】駐粵主任王節之談，黔省各將領，現合作一致剿匪，猶國材車鳴翼均先後入貴陽，蔣丕緒亦派代表駐貴，王家烈近以剿共軍事繁忙，請猶國材以民廳長兼代主席，至剿共軍事，會合桂湘軍進行順利。

【香港二十一日電】余漢謀十八日下午六時乘廣韶車抵省。李揚敬十八日由汕起程來省。

【廈門二十一日電】東路軍近在前線查獲大批匪探，此輩均佩帶與國軍同樣之臂章符號。

【廈門二十一日電】陳聯芬王固磐發起組剿匪將士慰勞團。

2. 蒋委员长乘机返陕，东路军乘胜向长汀推进，川剿匪事中央已定办法，1934 年 10 月 22 日第 2 版

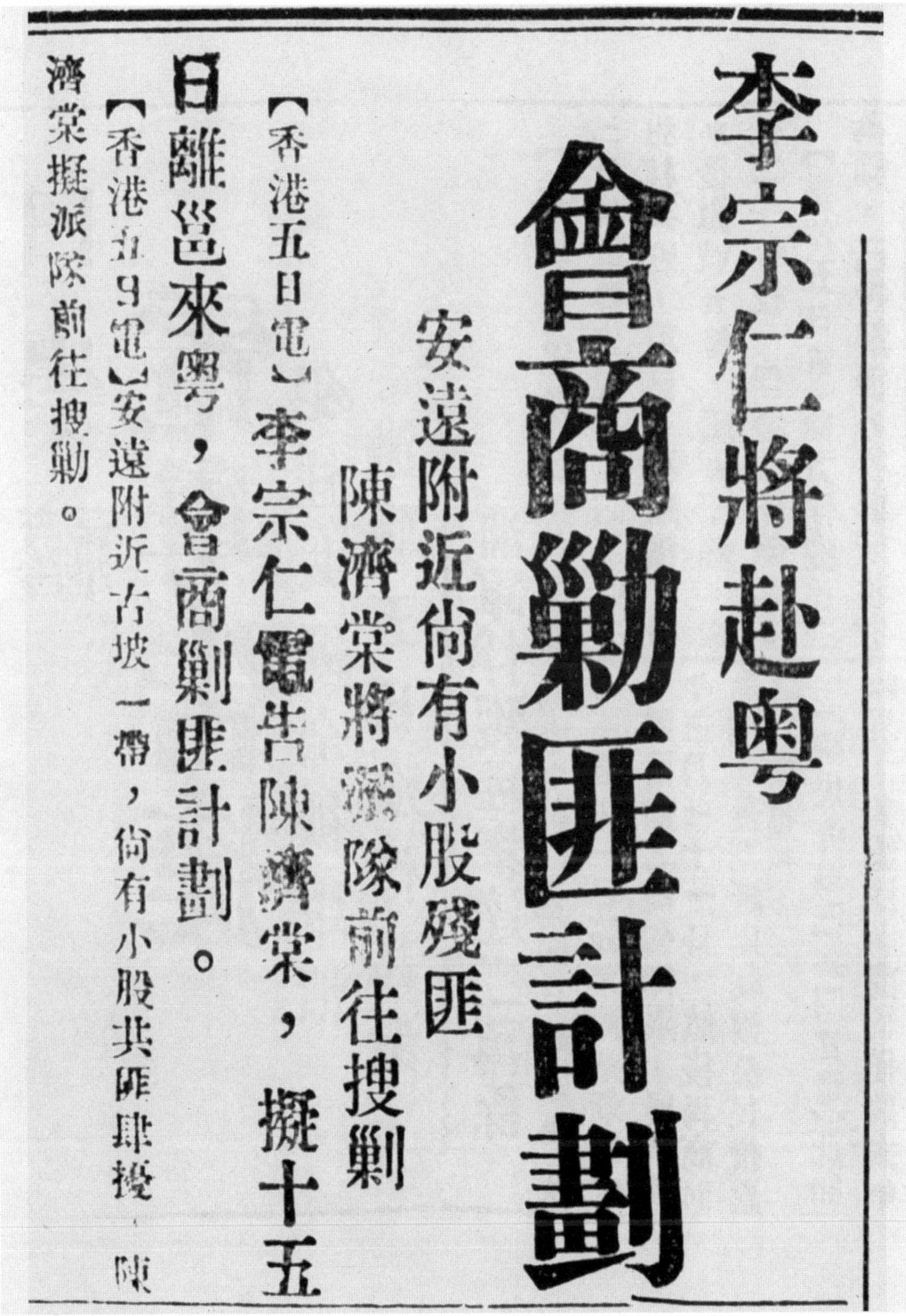

李宗仁將赴粵
會商勦匪計劃
安遠附近尚有小股殘匪
陳濟棠將派隊前往搜剿

【香港五日電】李宗仁電告陳濟棠，擬十五日離邕來粵，會商剿匪計劃。

【香港五日電】安遠附近古坡一帶，尚有小股共匪肆擾，陳濟棠擬派隊前往搜剿。

3. 李宗仁将赴粤会商剿匪计划，安远附近尚有小股残匪，陈济棠将派队前往搜剿，1934 年 11 月 7 日第 2 版

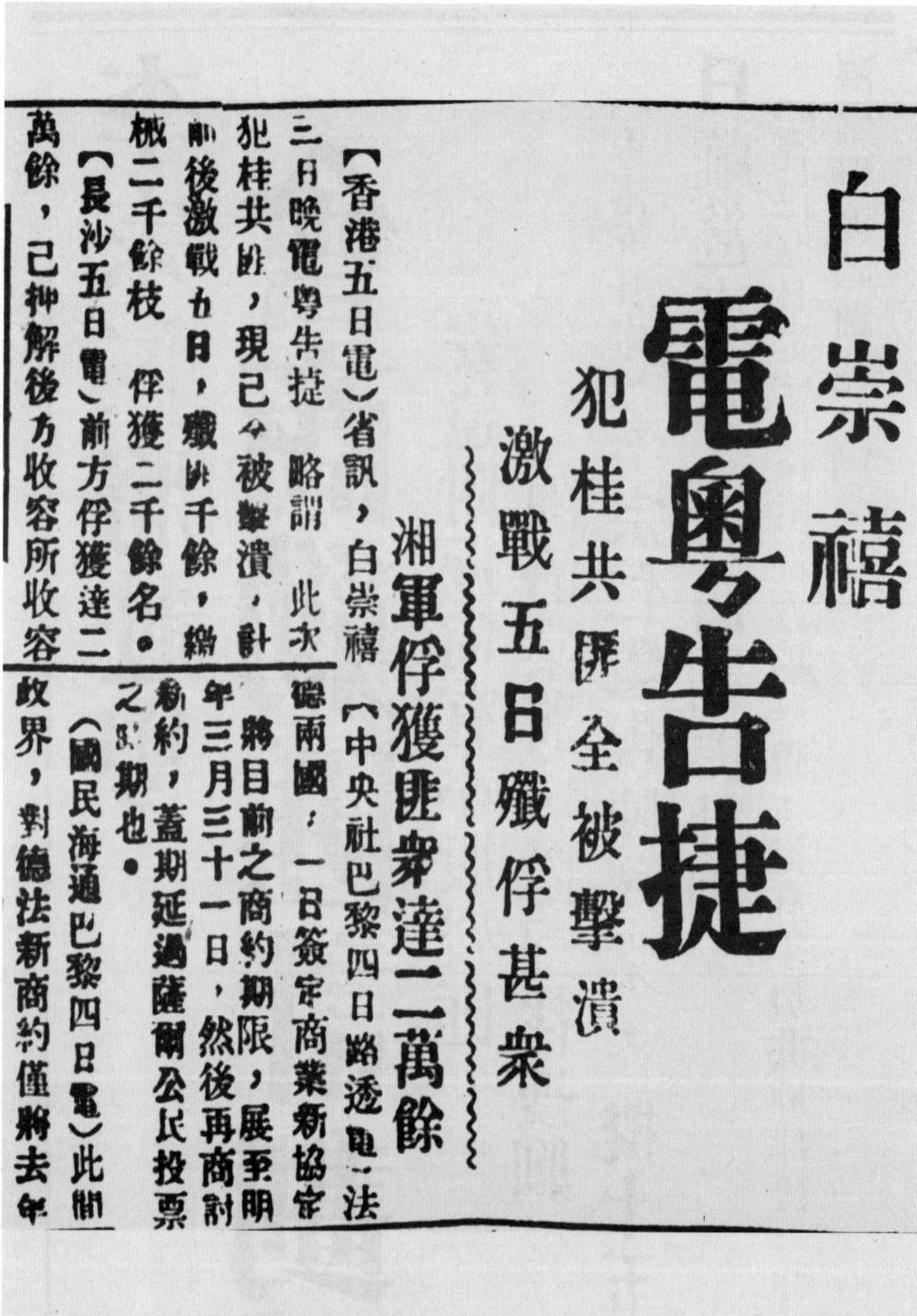

白崇禧電粵告捷

犯桂共匪全被擊潰

激戰五日殲俘甚衆

【香港五日電】省訊，白崇禧三日晚電粵告捷 略謂 此次犯桂共匪，現已全被擊潰，計前後激戰五日，殲匪千餘，繳械二千餘枝 俘獲二千餘名。

湘軍俘獲匪衆達二萬餘

【長沙五日電】前方俘獲達二萬餘，已押解後方收容所收容

【中央社巴黎四日路透電】法德兩國，一日簽定商業新協定，將目前之商約期限，展至明年三月三十一日，然後再商訂新約，蓋期延過薩爾公民投票之時期也。

【國民海通巴黎四日電】此間政界，對德法新商約僅將去年

4. 白崇禧电粤告捷，犯桂“共匪”全被击溃，激战五日歼俘甚众，湘军俘获匪众达二万余，1934年12月6日第2版（残）

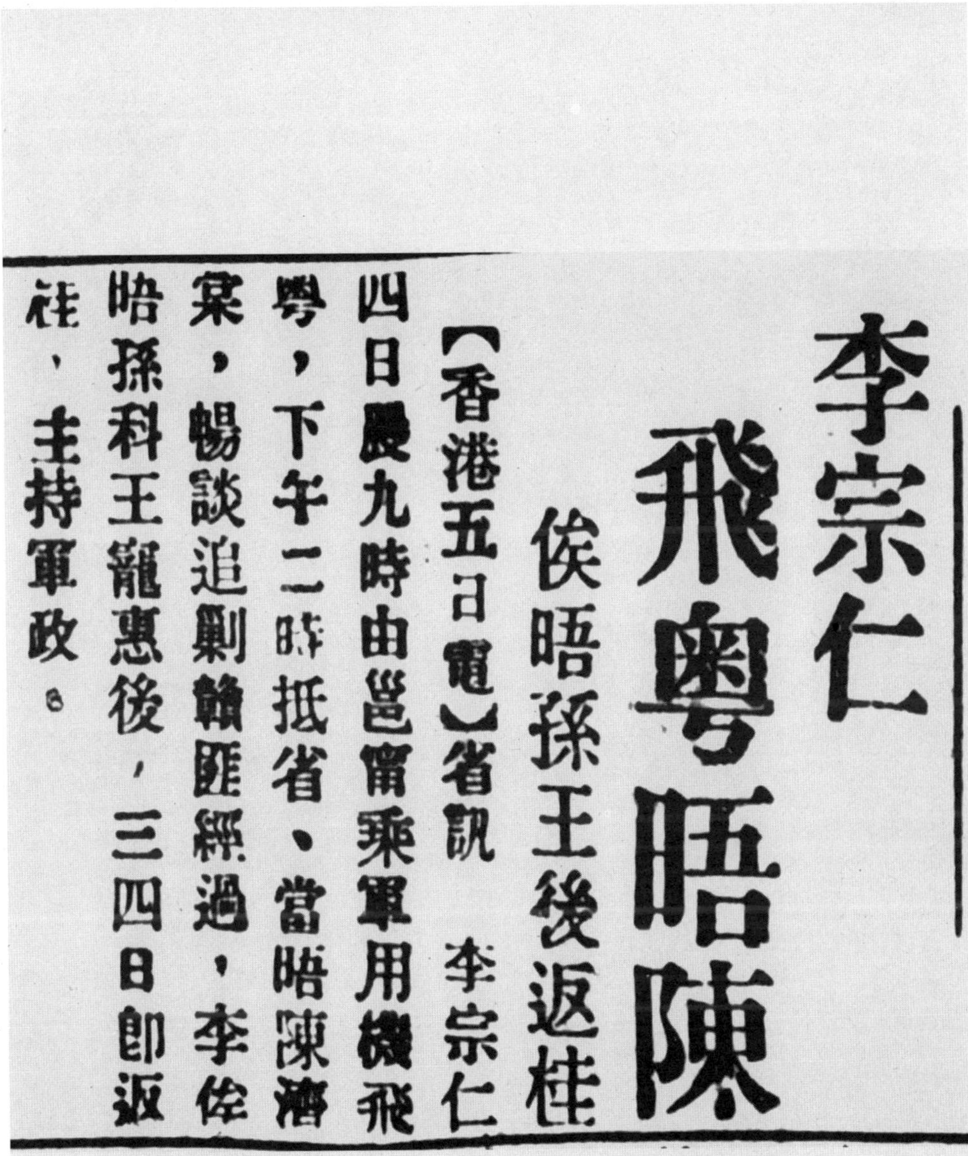

李宗仁飛粵晤陳

俟晤孫王後返桂

【香港五日電】省訊 李宗仁四日晨九時由邕備乘軍用機飛粵，下午二時抵省、當晤陳濟棠，暢談追剿贛匪經過，李俟晤孫科王寵惠後，三四日卽返桂、主持軍政。

5. 李宗仁飞粤晤陈（济棠），俟晤孙（科）、王（宠惠）后返桂，1934 年 12 月 6 日第 2 版

新新新闻

日报
赣匪全肃清
窜湘残匪已陷包围中
瑞金克复省府委马祥曜为县长已赴任
入湘残匪有窜宜章模样乐仁形势和缓
湘何请蒋莅湘坐镇

1. 日报称赣匪全肃清，窜湘残匪已陷包围中，瑞金克复省府委马祥曜为县长已赴任，人湘残匪有窜宜章模样，乐（昌）、仁（化）形势和缓，湘何（键）请蒋（介石）莅湘坐镇，1934年11月15日第2版

何鍵在衡陽就新職

（長沙電）何鍵定十五日在衡州就追剿總司令新職，劉文島代表蔣監誓，長沙總部事派吳家祿代行省府主席由曹典球代行，省會治安由保安警備兩部負責，十四日

（南昌電）湘主席何鍵，鄂主席張羣，日內將分道來贛，謁蔣委員長請示，十四日

（長沙電）徐源泉派張萬信師聯絡湘軍，會剿蕭賀兩匪，十四日

南路剿匪空前大勝利

匪第一軍團林彪被我軍完全消滅

蔣電粵桂勿使漏匪竄川

南京電，何鍵十二日電京報告，謂據劉司令建緒齊電稱，據陶師長微電稱，槍匪一大股，由連球岩上橋圩竄抵東岡嶺南嶺山山上，已派出槍匪千餘，下山在附近村落封擄，職得報後，即派兵往剿，與匪肉搏，斬剿匪至三百餘名之多，匪屍狼藉，各官兵在匪手搶奪自動步槍一枝，步槍四八枝，俘匪三十餘名，匪登時潰散遁泰山內，時已黃昏，致未窮追，據俘匪供稱，匪三軍團德彭懷部，匪三師九團，三營，營步一連，機槍一排，步槍七枝，機排機槍二挺，團直轄機連一六挺，口號打倒湖南省白區，至此已跑十三天，晝畏飛機，全在夜間行動等語，詳情另告等語，特聞，十四日

香港電，余漢謀十二日電，昨在距九峯二十餘里延壽相持之僞一及九軍團，今午爲葉師獨三師獨五旅夾擊，斃匪四五千，獲鎗八千餘，俘數千，僞九兩軍團已全部消滅。

香港另息，匪一軍團林彪部十二日與二師二旅獨三師在延壽九峯間激戰一晝夜，被我軍完全消滅，獲鎗六七千。匪傷亡無算，現我軍仍在追剿中，匪以該部軍團戰鬥力最強，此次被我軍殲滅，殘匪不成問題，另息，林彪有被擊斃說，

廣州電總部息，蔣委員長電陳濟棠李宗仁白崇禧東南西北路軍合圍堵剿，指定陣線，毋使匪漏網入川，

廣州電連山探報，彭匪率萬餘侵小北江，圖犯桂邊鍾山富川灕陽，以牽制桂軍截擊，並護前隊，由湘西竄黔川，李電陳匪侵小江沘圖犯桂邊，令口師迎擊外，派口口師入口口口堵截

廣州電湘何鍵派張沛乾乘機抵粵謁陳商西南路軍堵匪機宜，詳情未悉

香港電匪自延壽慘敗，殘部向宜章臨武竄，南路軍現從事搜索工作，

廣州電留行營報稱，犯九峯城口北延壽匪，被我李葉兩師及陳旅會同擊潰後，匪向宜章汝城退，余縱隊長駐樂昌指揮追擊，

香港電粵機偵得匪主力在宜章臨武間，匪行軍爲避機轟炸計，每人頭上插樹枝，聞機聲即團聚一起，由機下望，每誤爲樹林，此計己爲空軍窺破，連日出發，遇見類似樹林者，即轟炸，匪死傷數千，延壽一役僞一九軍團僅有千餘人逃脫，向宜章竄，此爲開戰以來，南路空前大勝，（十三日）

2. 何键在衡阳就新职，南路剿匪空前大胜利，匪第一军团林彪被我军完全消灭，蒋（介石）电粤桂勿使漏匪窜川，1934 年 11 月 17 日第 2 版

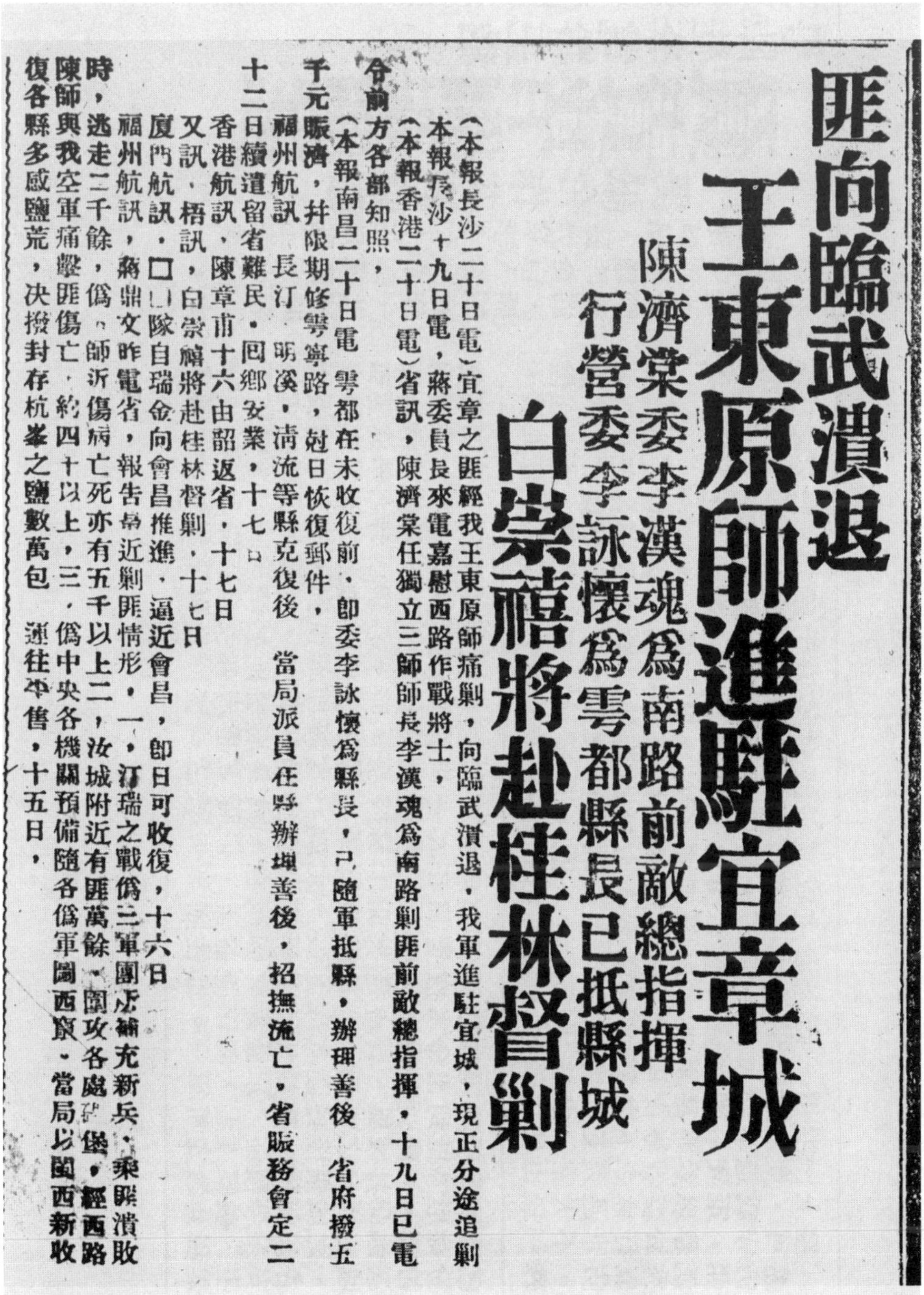

匪向臨武潰退

王東原師進駐宜章城

陳濟棠委李漢魂為南路前敵總指揮

行營委李詠懷為雩都縣長已抵縣城

白崇禧將赴桂林督剿

（本報長沙二十日電）宜章之匪經我王東原師痛剿，向臨武潰退，我軍進駐宜城，現正分途追剿

本報長沙十九日電，蔣委員長來電嘉慰西路作戰將士，

（本報香港二十日電）省訊，陳濟棠任獨立三師師長李漢魂為南路剿匪前敵總指揮，十九日巳電令前方各部知照，

（本報南昌二十日電）雩都在未收復前，即委李詠懷為縣長，已隨軍抵縣，辦理善後，省府撥五千元賑濟，并限期修雩寧路，尅日恢復郵件，

福州航訊 長汀、明溪、清流等縣克復後，當局派員任縣辦理善後，招撫流亡，省賑務會定二十二日續遣留省難民，回鄉安業，十七日

香港航訊，陳章甫十六由韶返省，十七日

又訊，梧訊，白崇禧將赴桂林督剿，十七日

廈門航訊，口口隊自瑞金向會昌推進，逼近會昌，即日可收復，十六日

福州航訊，蔣鼎文昨電省，報告最近剿匪情形，一、汀瑞之戰偽三軍團添補充新兵，乘隙潰敗時，逃走二千餘，偽□師近傷病亡死亦有五千以上，二、汝城附近有匪萬餘，圍攻各處碉堡，經西路陳師與我空軍痛擊，匪傷亡約四千以上，三、偽中央各機關預備隨各偽軍闖西竄，當局以閩西新收復各縣多感鹽荒，決撥封存杭峯之鹽數萬包，運往平售，十五日，

3. 匪向临武溃退，王东原师进驻宜章城，陈济棠委李汉魂为南路前敌总指挥，行营委李咏怀为雩都县长已抵县城，白崇禧将赴桂林督剿，1934 年 11 月 21 日第 2 版

粤陳桂李電黔王猶

負責堵剿蕭匪

開誠合作共濟時艱

香港航訊，陳濟棠李宗仁十三日電王家烈，猶國材，謂因贛匪西竄入黔，希兩兄商定大計，分負責任，堵剿蕭匪，開誠合作，共濟時艱，十七日，

蕭賀竄回咸豐

龍潭通信，蕭賀兩匪於前月二十九日在甘隆口會合後、斯時蕭賀兩人均在該地，據我方偵探確實調查，人槍確有五千左右，機槍數十支，迫擊砲二十幾門、幷召集兩部軍事政治人材開會，籌劃兩部善後事宜，該兩部屬人員因行軍過於疲勞，多主投誠，嗣經蕭賀兩匪多力疏通和威遙，而部屬人員，仍主張不與國軍衝突，幷議決假道西城竄回咸豐老巢一帶，以待時機，此則西城失陷之遠因也、繼而湘軍周燮卿旅及田旅謝團星夜由秀山跟蹤追擊，匪勢不支，會一度退守黔省之天堂山上，我軍以森林過大無隆可守，恐於行軍不利，遂仍開返秀原防，殊周旅謝團將返秀山，遶旅退守沿河之際，蕭賀兩匪即率所部于卅日晨由南腰界坂溪窪進遙西城沿途步哨掩護數十里，形勢異常嚴重，大有攻陷西城之後轉攻龍潭、當時田旅部隊係集中秀龍兩地，復因西龍兩處電線被毀，消息阻隔，人心惶惶．頓成恐怖現象。匪部先頭部隊抵西城時，即將縣府監獄損壞，並將縣府李科長馬應務鄉政局長電話兵一併擄去，西城商家乾元堂房屋燒燬，損失約在二十萬元左右，後經田旅聞報，即派孟團及警備大隊張紹卿前往救援，是日孟團前衛抵分水嶺時，時已黃昏。即命宿營，次日晨向西陽出發，而匪部以大軍開到聞風逃颼矣，孟團于抵西城之後，佈告安民外，幷呈報收復經過情形．聞西城前恐被共匪蹂躪逃亡之民衆．現巳紛紛返城，各安生業，秩序巳恢復以前狀態云云．（六日）

4. 粤陈（济棠）、桂李（宗仁）电黔王（家烈）、犹（国才）负责堵剿萧匪，开诚合作共济时艰，1934 年 11 月 21 日第 6 版

南路前鋒已達藍山

贛匪由江華竄抵永明

白崇禧桂林組四集團軍行營重兵置邊境

中央及湘軍向湘南追剿

（本報上海二十三日專電）南路軍克復臨武，前鋒已達藍山。匪由江華竄抵永明，已與桂師發生激戰，白崇禧在桂林，組四集團軍行營督剿，並調重兵佈置桂省邊境，中央軍及湘軍正向湖南追剿，（記者按永明距廣西灌縣不百里，距全州約二百里，離黔邊甚近。

漢口航訊，湘軍王陶兩師收復郴宜間之良田萬[illegible]橋，汝宜間之文明司後跟蹤追剿，沿途斃匪甚衆，大部向臨武及粵七橋鷓鴣坪西竄，正與粵軍聯絡會剿，又賀匪曾一度竄陷永順，經陳師克復，匪竄桑植邊境，（二十日）

廈門航訊，漳訊，軍息東路第三師自瑞金東古城南進，十九日抵會昌東郊，殘匪有放棄竄西模樣，料二十日或二十一日可收復，河田至長汀公路已竣工，長汀至瑞金公路亦在兵工續築中，二十龍溪航訊，東路軍二十日攻會昌，即日可下，漳龍護路處因汀漳間殘餘散匪已告肅清，在本月底結束，（二十日）

廈門航訊，軍息，匪內訌甚烈，偽軍委吳保新在贛被指為改組派槍斃，閩軍區第一作戰分區指揮部及獨立營五百餘竄上杭東牛隘嶺，閩西剿匪一支隊進抵坑口搜剿，匪多投誠，（二十日）

南昌航訊 瑞金甯都石城興國雩都會昌六縣，經行營劃為特別行政區，從教育建設衛生三點着手。實行校長鄉長里長制，校長推行教育，消滅赤匪遺毒，鄉長組織農村，恢復生產，里長訓練人民，鞏固自衛能力，

5. 南路前锋已达蓝山，赣匪由江华窜抵永明，白崇禧桂林组四集团军行营重兵置边境，中央及湘军向湘南追剿，1934 年 11 月 24 日第 2 版

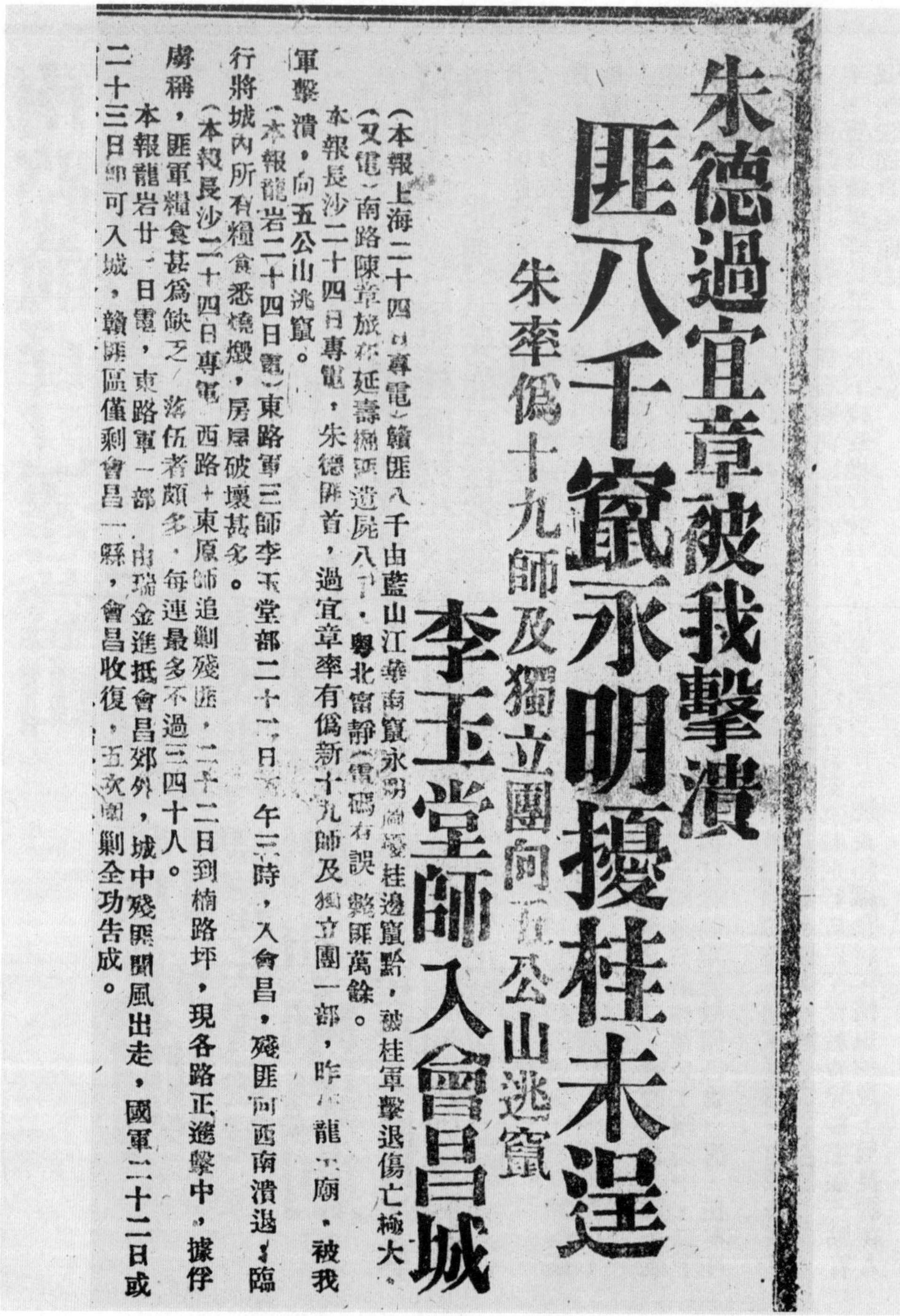

朱德過宜章被我擊潰
匪八千竄永明擾桂未逞
朱率偽十九師及獨立團向五公山逃竄
李玉堂師入會昌城

(本報上海二十四日專電)贛匪八千由藍山江華南竄永明南擾桂邊竄黔，被桂軍擊退傷亡極大。(又電)南路陳章旅在延壽擊匪遺屍八千，粵北當靜(電碼有誤)斃匪萬餘。

本報長沙二十四日專電，朱德匪首，過宜章率有偽新十九師及獨立團一部，昨在龍王廟，被我軍擊潰，向五公山逃竄。

(本報龍岩二十四日電)東路軍三師李玉堂部二十二日下午三時，入會昌，殘匪向西南潰逃，臨行將城內所有糧食悉燒燬，房屋破壞甚多。

(本報長沙二十四日專電)西路+東原師追剿殘匪，二十二日到楠路坪，現各路正進擊中，據俘虜稱，匪軍糧食甚爲缺乏，落伍者頗多，每連最多不過三四十人。

本報龍岩廿一日電，東路軍一部由瑞金進抵會昌郊外，城中殘匪聞風出走，國軍二十二日或二十三日即可入城，贛匪區僅剩會昌一縣，會昌收復，五次圍剿全功告成。

6. 朱德过宜章被我击溃，匪八千窜永明扰桂未逞，朱率“伪十九师”及独立团向五公山逃窜，李玉堂师入会昌城，1934 年 11 月 25 日第 2 版

殘匪逃竄形勢談

南京訊，湘建廳長余籍傳談，此次贛匪傾全力竄湘，希圖入川，與徐向前股匪會合，刻何鍵已親往衡州督剿，我西路軍正分頭圍剿，在桂境嚴衛布防，南路軍跟蹤追擊，赤匪槍彈糧食，均感缺乏，狼狽不堪，且湘水河面遼闊，布防嚴密，不易渡過，赤匪擬在桂省與安黃沙河一帶偷渡外，別無他法，剿匪軍事，前途樂觀，

7. 残匪逃窜形势谈，1934 年 11 月 27 日第 2 版

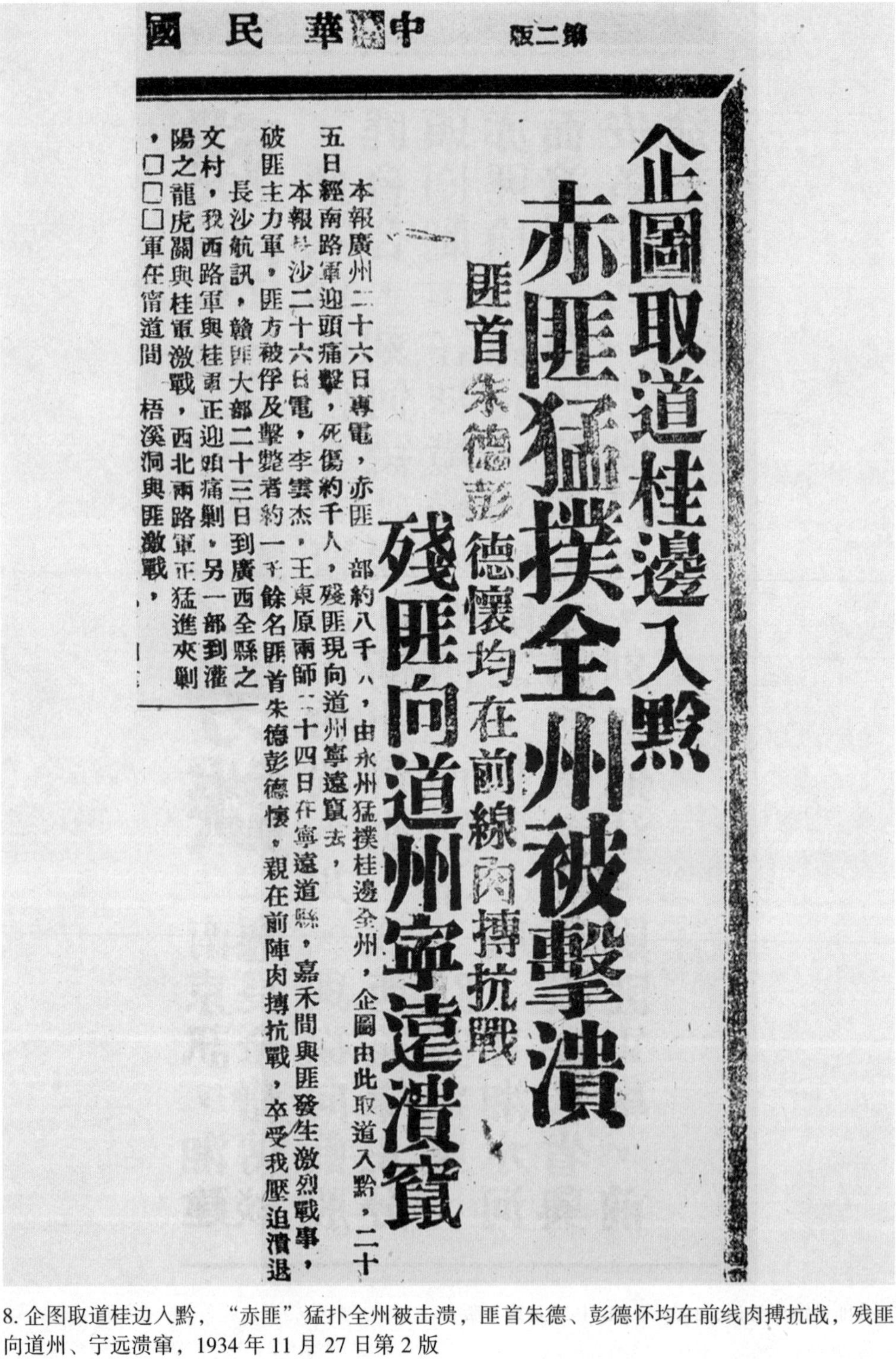

中華民國　第二版

企圖取道桂邊入黔
赤匪猛撲全州被擊潰
匪首朱德彭德懷均在前線肉搏抗戰
殘匪向道州寧遠潰竄

本報廣州二十六日專電，赤匪部約八千八，由永州猛撲桂邊全州，企圖由此取道入黔，二十五日經南路軍迎頭痛擊，死傷約千人，殘匪現向道州寧遠竄去，

本報長沙二十六日電，李雲杰，王東原兩師二十四日在寧遠道縣，嘉禾間與匪發生激烈戰事，破匪主力軍，匪方被俘及擊斃者約一千餘名匪首朱德彭德懷，親在前陣肉搏抗戰，卒受我壓迫潰退

長沙航訊，贛匪大部二十三日到廣西全縣之文村，我西路軍與桂軍正迎頭痛剿，另一部到灌陽之龍虎關與桂軍激戰，西北兩路軍正猛進夾剿，□□□軍在甯道間　梧溪洞與匪激戰，

8. 企图取道桂边入黔，“赤匪”猛扑全州被击溃，匪首朱德、彭德怀均在前线肉搏抗战，残匪向道州、宁远溃窜，1934 年 11 月 27 日第 2 版

粵桂軍合力禦匪

廣州訊，李白電陳濟棠，匪竄湘西桂北，圖經黔竄川，四集團各部現屯桂湘邊堵擊，希迅調大軍集小北江策應，

廣州訊，陳漢光返省謁陳報告，一，匪敗潰後積極西竄，現抵淩霄，我軍追擊臨武、藍山，二，各戰役傷斃匪近萬。

中央社二十四日香港電省訊，李宗仁二十四日電粵，謂殘匪竄擾永明一帶，已調勁旅圍剿，不日即可肅清，本人現決留邕主持軍政，短期內不能來粵，

9. 粤桂军合力御匪，1934 年 11 月 27 日第 2 版

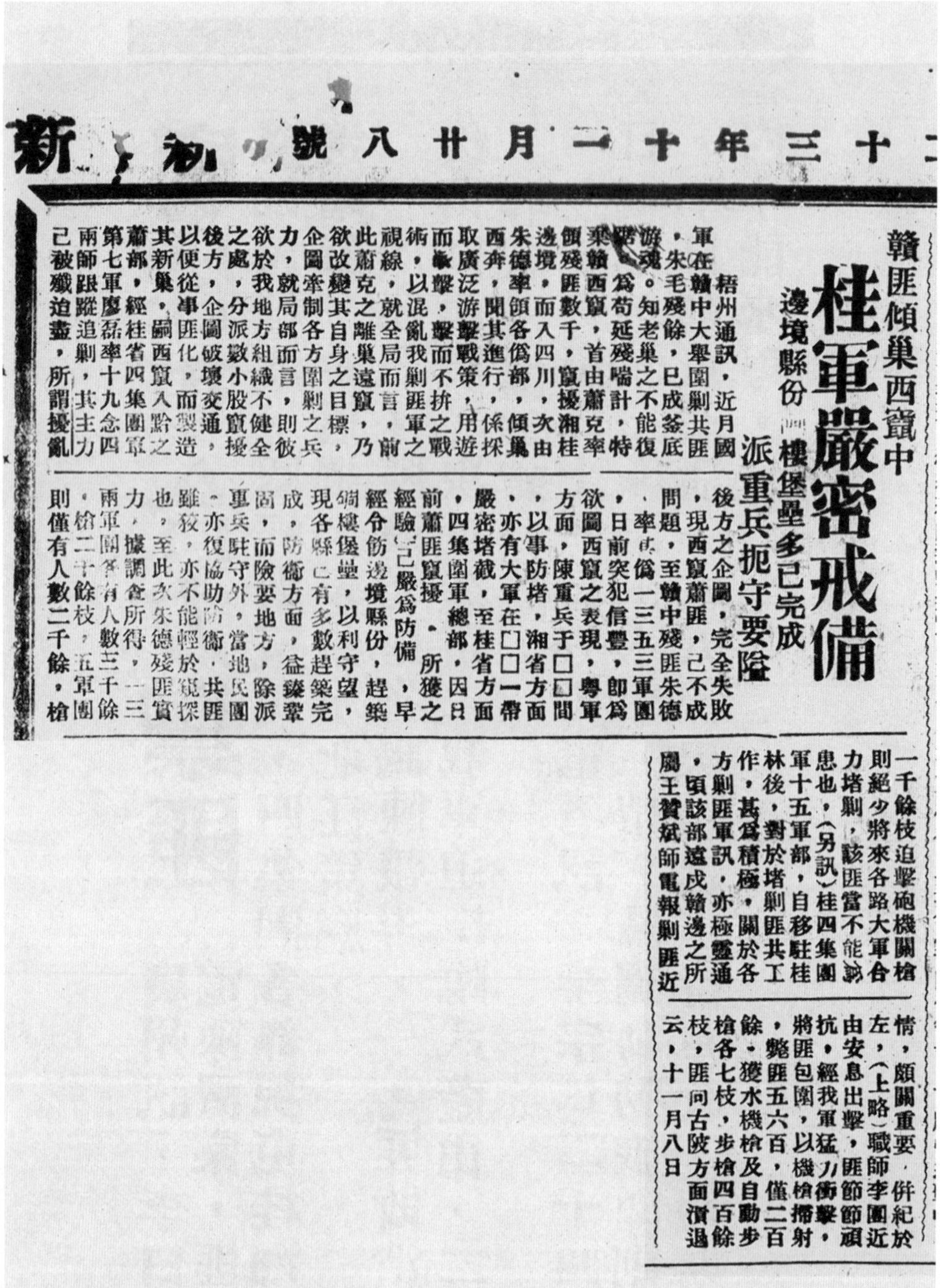

二十三年十一月廿八號　初　新

贛匪傾巢西竄中
桂軍嚴密戒備
邊境縣份碉樓堡壘多已完成
派重兵扼守要隘

梧州通訊，近月國軍在贛中大舉圍剿共匪，朱毛殘餘，巳成釜底游魂。知老巢之不能復[illegible]，為苟延殘喘計，特棄贛西竄，首由蕭克率領殘匪數千，竄擾湘桂邊境，而入四川，次由朱德率領各偽部，傾巢西奔，聞其進行，係採取廣泛游擊戰策，用遊而敝擊，擊而不拚之戰術，以混亂我剿匪軍之視線，就全局而言，前此蕭克之離巢遠竄，乃欲改變其自身之目標，企圖牽制各方圍剿之兵力，就局部而言，則彼欲於我地方組織不健全之處，分派數小股竄擾後方，企圖破壞交通，以便從事匪化，而製造其新巢，嗣西竄入黔之蕭部，經桂省四集團軍第七軍廖磊率十九念四兩師跟蹤追剿，其主力已被殲殆盡，所謂擾亂後方之企圖，完全失敗，現西竄蕭匪，己不成問題，至贛中殘匪朱德、率[illegible]偽一三五三軍團，日前突犯信豐，即為欲圖西竄之表現，粵軍方面，陳重兵于□□間，以事防堵，湘省方面，亦有大軍在□□一帶，嚴密堵截，至桂省方面，四集團軍總部，因日前蕭匪竄擾，所獲之經驗，已嚴為防備，早經令飭邊境縣份，趕築碉樓堡壘，以利守望，現各縣已有多數趕築完成，防衛方面，益臻鞏固，而險要地方，除派重兵駐守外，當地民團、亦復協助防衛，共匪雖狡，亦不能輕於窺探也，至此次朱德殘匪實力，據調查所得，一三兩軍團約有人數三千餘，槍二十餘枝，五軍團則僅有人數二千餘，槍一千餘枝迫擊砲機關槍則絕少將來各路大軍合力堵剿，該匪當不能為患也，

（另訊）桂四集團軍十五軍部，自移駐桂林後，對於堵剿匪共工作，甚為積極，關於各方剿匪軍訊，亦極靈通，頃該部遠戍贛邊之所屬王贊斌師電報剿匪近情，頗關重要，併紀於左，（上略）職師李團近由安息出擊，匪節節頑抗，經我軍猛力衝擊，將匪包圍，以機槍掃射，斃匪五六百，僅二百餘，獲水機槍及自動步槍各七枝，步槍四百餘枝，匪向古陂方面潰過云，十一月八日

10. 赣匪倾巢西窜中，桂军严密戒备，边境县份碉楼堡垒多已完成，派重兵扼守要隘，1934年11月28日第2版

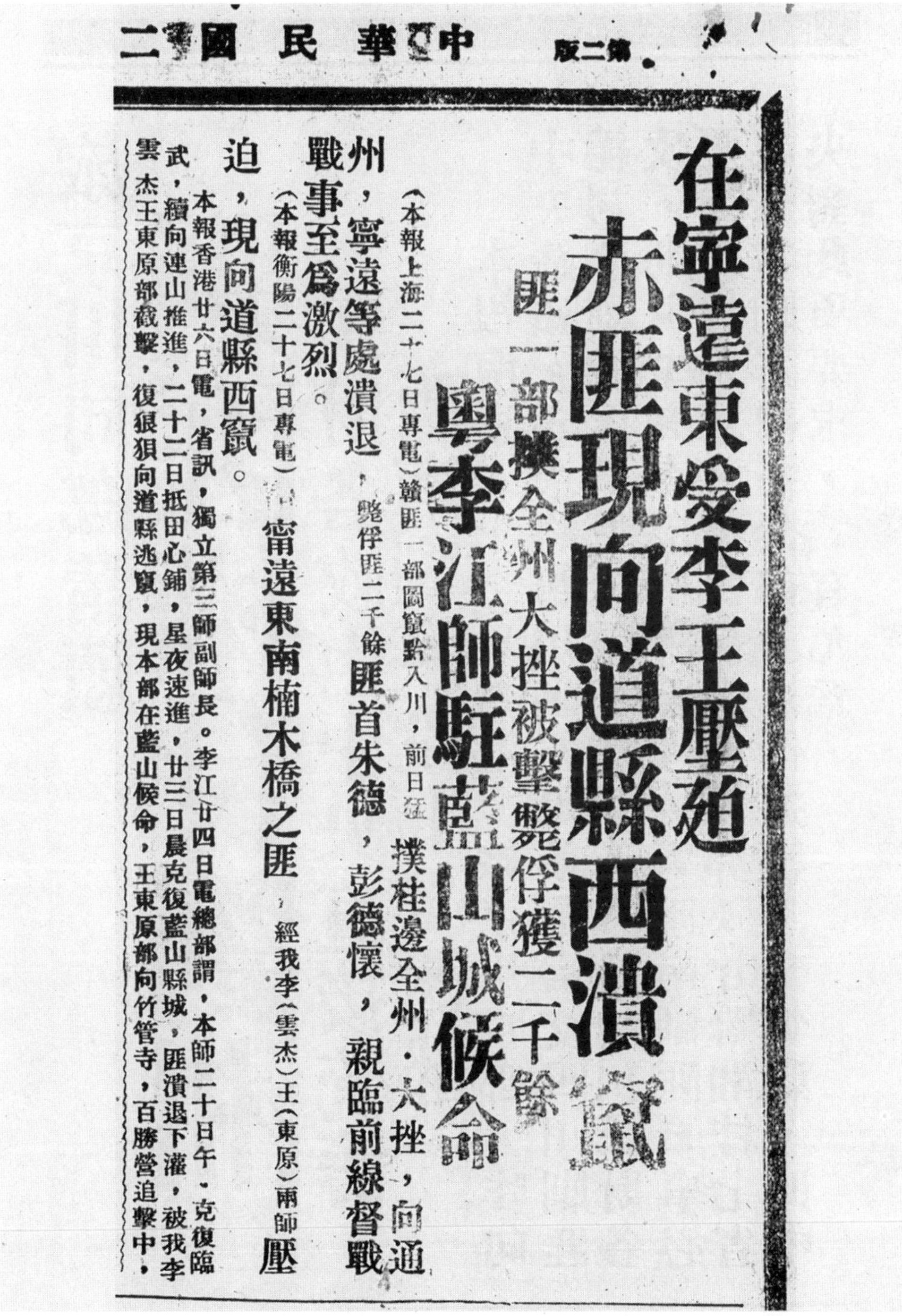

中華民國二　第二版

在寧遠東受李王壓迫
赤匪現向道縣西潰竄
匪一部撲全州大挫被擊斃俘獲二千餘
粵李江師駐藍山城候命

（本報上海二十七日專電）贛匪一部圖竄黔入川，前日猛撲桂邊全州・大挫，向通州，寧遠等處潰退，斃俘匪二千餘匪首朱德，彭德懷，親臨前線督戰戰事至爲激烈。

（本報衡陽二十七日專電）甯遠東南楠木橋之匪，經我李（雲杰）王（東原）兩師壓迫，現向道縣西竄。

本報香港廿六日電，省訊，獨立第三師副師長。李江廿四日電總部謂，本師二十日午，克復臨武，續向連山推進，二十二日抵田心鋪，星夜速進，廿三日晨克復藍山縣城，匪潰退下灌，被我李雲杰王東原部截擊，復狼狽向道縣逃竄，現本部在藍山候命，王東原部向竹管寺，百勝營追擊中，

11. 在宁远东受李（云杰）、王（东原）压迫，“赤匪”现向道县西溃窜，匪一部扑全州大挫被击毙俘获二千余，粤李江师驻蓝山城候命，1934 年 11 月 28 日第 2 版

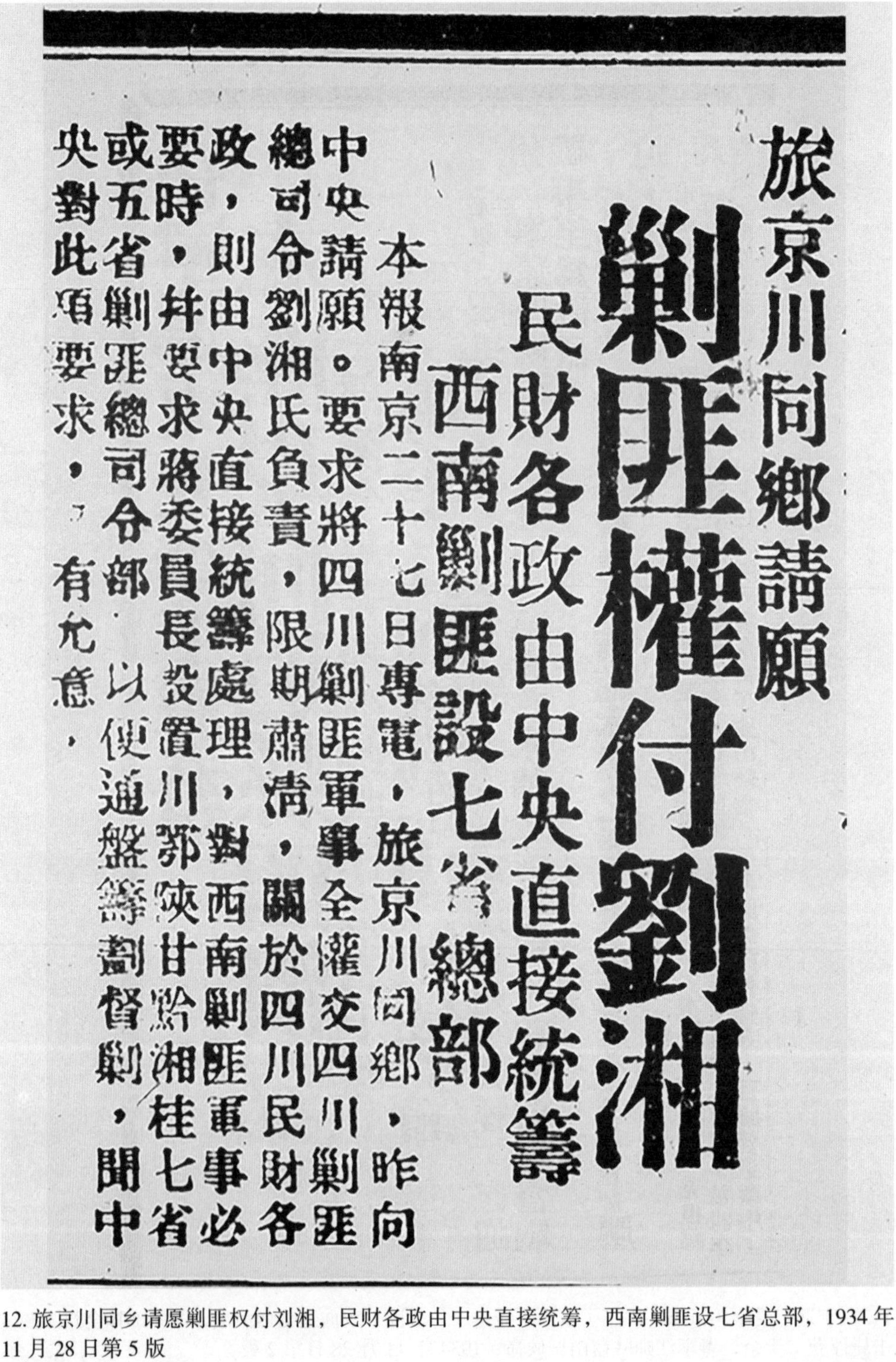

旅京川同鄉請願

剿匪權付劉湘

民財各政由中央直接統籌

西南剿匪設七省總部

本報南京二十七日專電，旅京川同鄉，昨向中央請願。要求將四川剿匪軍事全權交四川剿匪總司令劉湘負責，限期肅清，關於四川民財各政，則由中央直接統籌處理，對西南剿匪軍事必要時，并要求將委員長設置川鄂陝甘黔湘桂七省或五省剿匪總司令部，以便通盤籌劃督剿，聞中央對此項要求，有允意，

12. 旅京川同乡请愿剿匪权付刘湘，民财各政由中央直接统筹，西南剿匪设七省总部，1934 年 11 月 28 日第 5 版

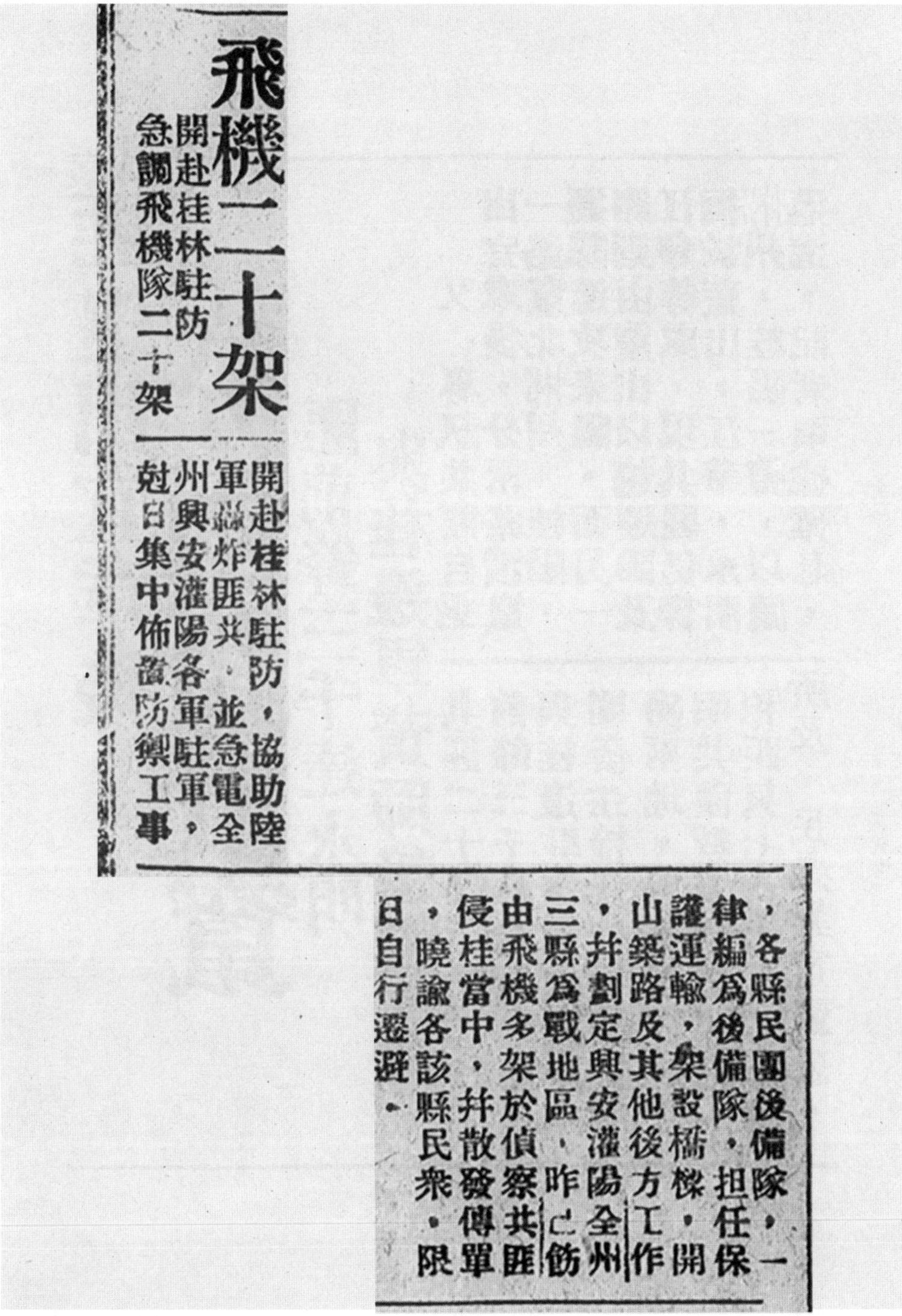

飛機二十架

開赴桂林駐防

急調飛機隊二十架

開赴桂林駐防，協助陸軍轟炸匪共，並急電全州興安灌陽各軍駐軍，尅日集中佈置防禦工事

，各縣民團後備隊，一律編為後備隊，擔任保護運輸，架設橋樑，開山築路及其他後方工作，并劃定興安灌陽全州三縣為戰地區，昨已飭由飛機多架於偵察共匪侵桂當中，并散發傳單，曉諭各該縣民衆，限日自行遷避。

13. 飞机二十架开赴桂林驻防，1934 年 11 月 29 日第 2 版

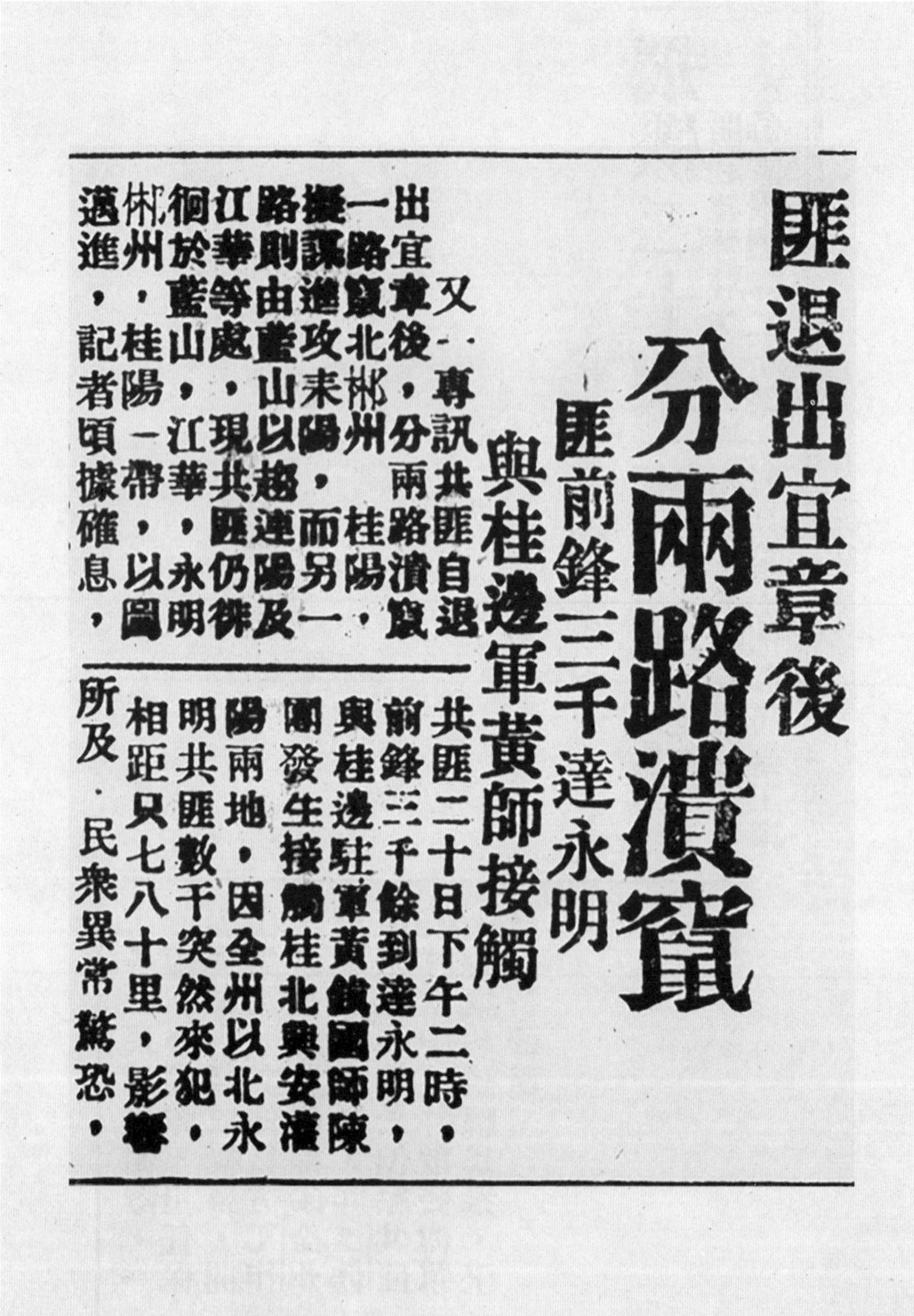

匪退出宜章後

分兩路潰竄

匪前鋒三千達永明

與桂邊軍黃師接觸

又··專訊共匪自退出宜章後，分兩路潰竄，一路竄北郴州桂陽，擬謀進攻耒陽，而另一路則由藍山以趨達陽及江華等處，現共匪仍徘徊於藍山，江華，永明，郴州，桂陽一帶，以圖遇進，記者頭據確息，

共匪二十日下午二時，前鋒三千餘到達永明，與桂邊駐軍黃鎮國師陳團發生接觸桂北興安灌陽兩地，因全州以北永明共匪數千突然來犯，相距只七八十里，影響所及，民衆異常驚恐，

14. 匪退出宜章后分两路溃窜，匪前锋三千达永明，与桂边军黄师接触，1934 年 11 月 29 日第 2 版

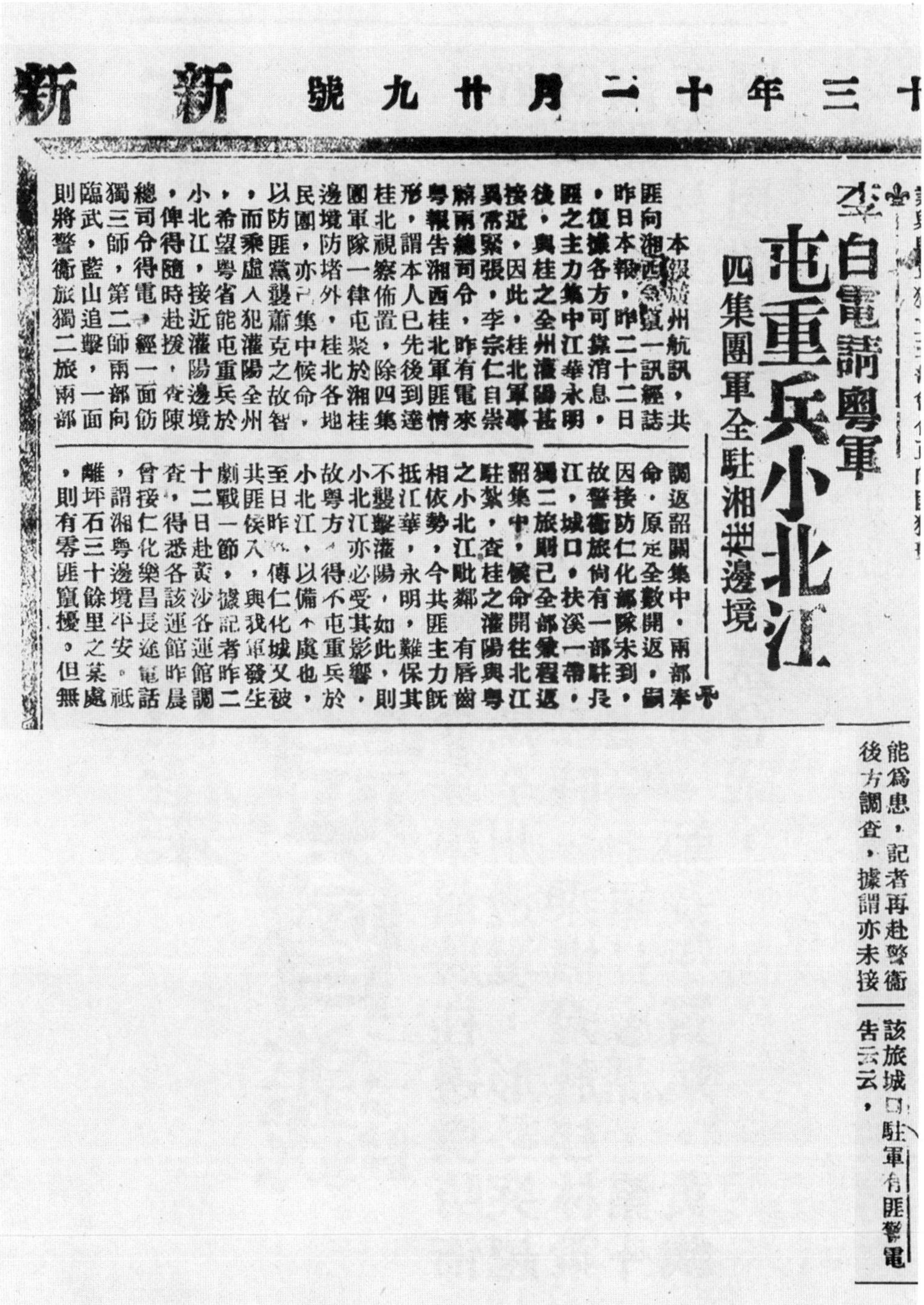
新新　十三年十一月廿九號

李白電請粵軍屯重兵小北江

四集團軍全駐湘桂邊境

能爲患，記者再赴警衛後方調查，據謂亦未接該旅城口駐軍有匪警電告云云，

15. 李（宗仁）、白（崇禧）电请粤军屯重兵小北江，四集团军全驻湘桂边境，1934 年 11 月 29 日第 2 版

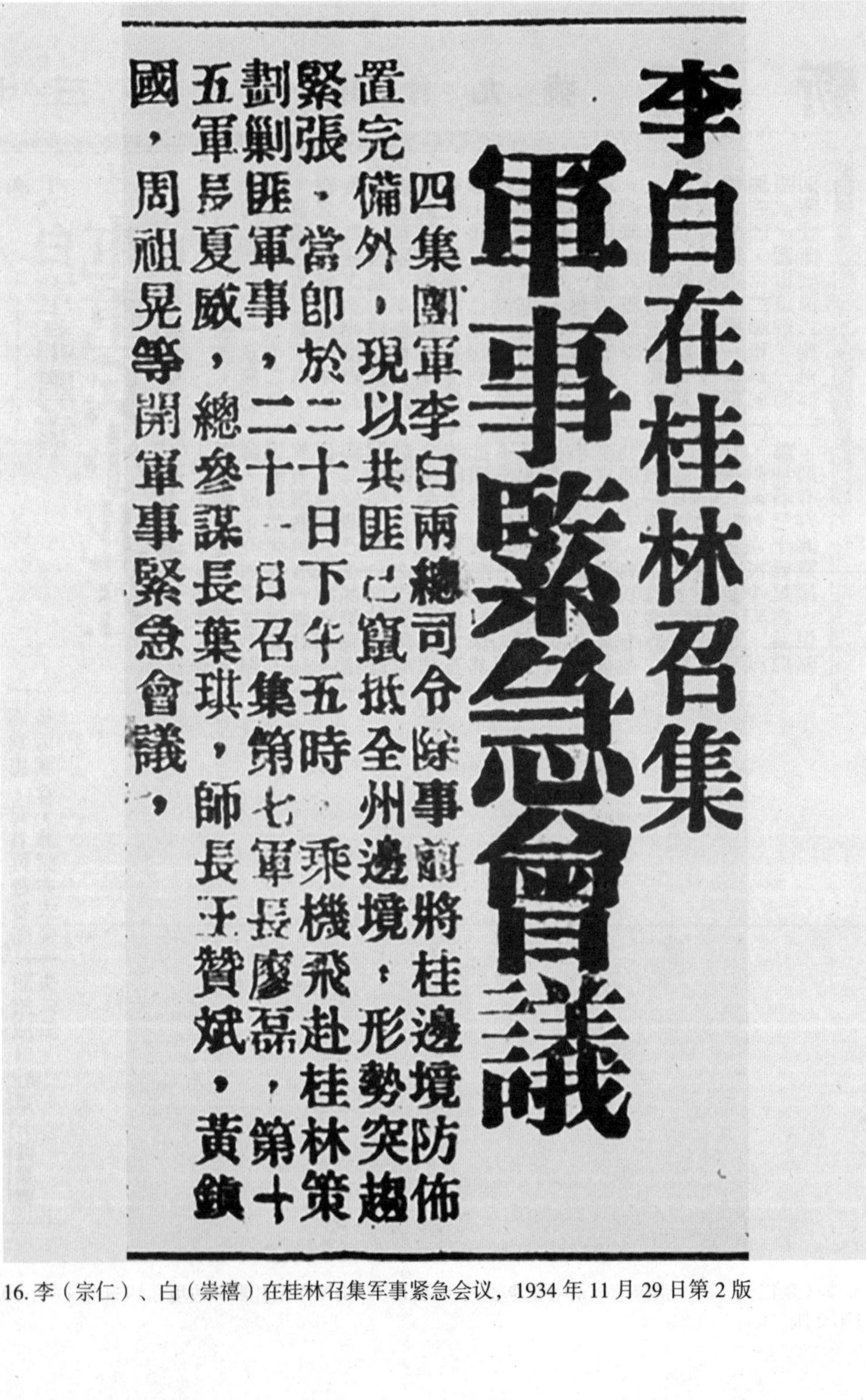

李白在桂林召集軍事緊急會議

四集團軍李白兩總司令除事前將桂邊境防佈置完備外，現以共匪已竄抵全州邊境，形勢突趨緊張，當即於二十日下午五時乘機飛赴桂林策劃剿匪軍事，二十一日召集第七軍長廖磊，第十五軍長夏威，總參謀長葉琪，師長王贊斌，黃鎮國，周祖晃等開軍事緊急會議，

16. 李（宗仁）、白（崇禧）在桂林召集军事紧急会议，1934 年 11 月 29 日第 2 版

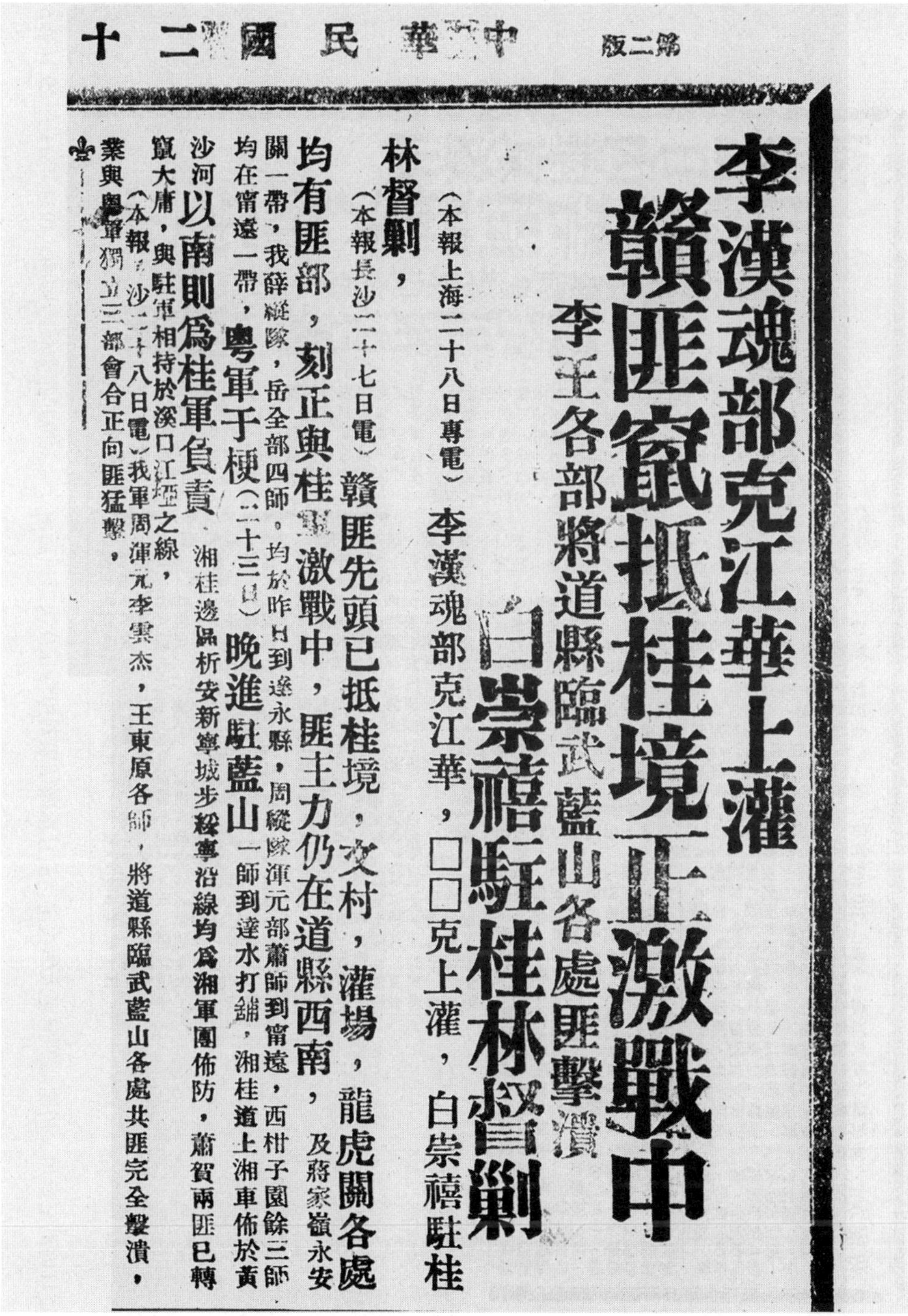

第二版　中華民國二十

李漢魂部克江華上灌

贛匪竄抵桂境正激戰中

李王各部將道縣臨武藍山各處匪擊潰

白崇禧駐桂林督剿

（本報上海二十八日專電）李漢魂部克江華，□□克上灌，白崇禧駐桂林督剿，

（本報長沙二十七日電）贛匪先頭已抵桂境，文村，灌場，龍虎關各處均有匪部，刻正與桂□激戰中，匪主力仍在道縣西南，及蔣家嶺永安關一帶，我薛縱隊，岳全部四師，均於昨日到達永縣，周縱隊渾元部蕭師到甯遠，西柑子園餘三師均在甯遠一帶，粵軍于梗（二十三日）晚進駐藍山一師到達水打舖，湘桂道上湘車佈於黃沙河以南則爲桂軍負責湘桂邊區析安新寧城步綏寧沿線均爲湘軍團佈防，蕭賀兩匪已轉竄大庸，與駐軍相持於溪口江埡之線，

（本報長沙二十八日電）我軍周渾元李雲杰，王東原各師，將道縣臨武藍山各處共匪完全擊潰，業與粵軍獨立三部會合正向匪猛擊，

17. 李汉魂部克江华、上灌，赣匪窜抵桂境正激战中，李（云杰）、王（东原）各部将道县、临武、蓝山各处匪击溃，白崇禧驻桂林督剿，1934 年 11 月 29 日第 2 版

刘湘定日内离京返川

川剿匪等问题大体决定

前日诊断结果刘患糖尿症决返川治疗后

刘电川报告接洽圆满

18. 刘湘定日内离京返川，川剿匪等问题大体决定，前日诊断结果刘患糖尿症决返川后治疗，刘电川报告接洽圆满，1934年11月29日第5版

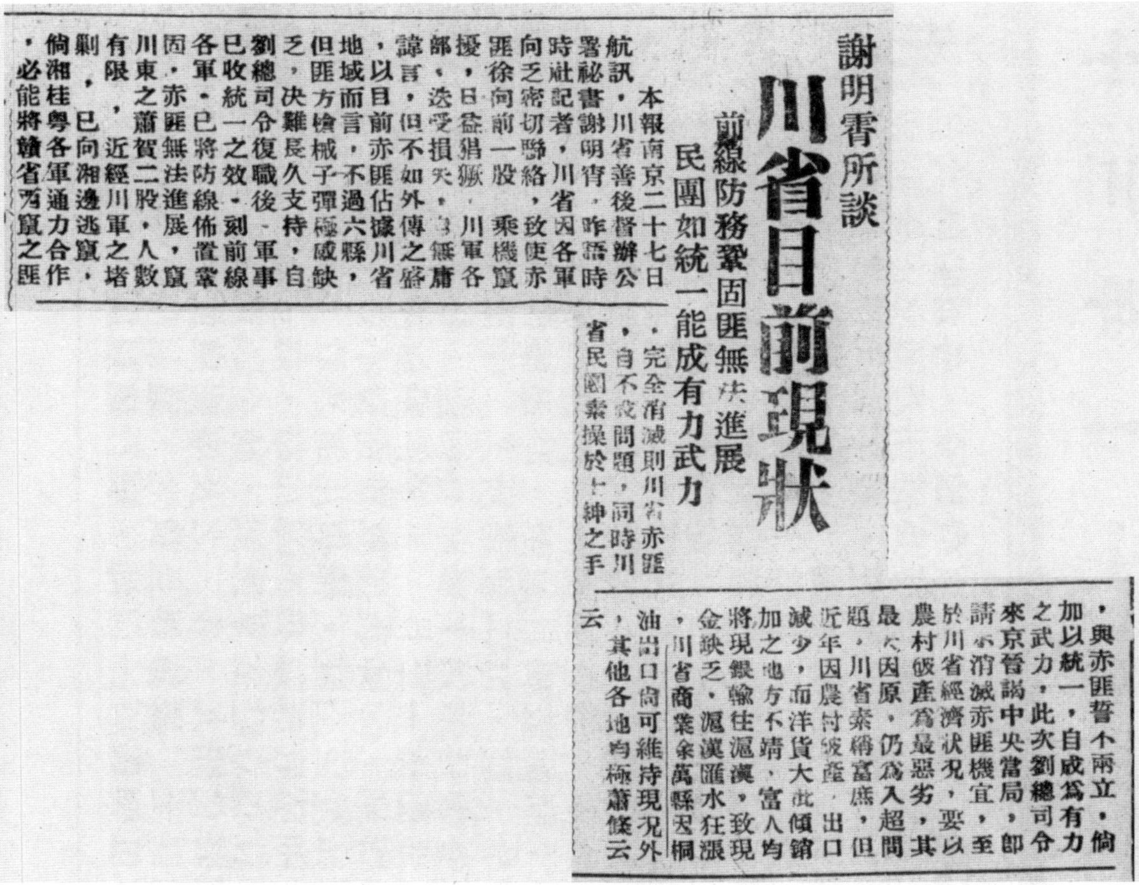

谢明霄所談

川省目前現狀

前線防務鞏固匪無法進展

民團如統一能成有力武力

本報南京二十七日航訊，川省善後督辦公署秘書謝明霄，昨語時社記者，川省因各軍向乏密切聯絡，致使赤匪徐向前一股，乘機竄擾，日益猖獗，川軍各部、迭受損失，[illegible]無庸諱言，但不如外傳之[illegible]，以目前赤匪佔據川省地域而言，不過六縣，但匪方槍械子彈極感缺乏，決難長久支持，自劉總司令復職後，軍事已收統一之效，刻前線各軍，已將防線佈置嚴密，赤匪無法進展，竄川東之蕭賀二股，人數有限，近經川軍之堵剿，已向湘邊逃竄，倘湘桂粵各軍通力合作，必能將贛省殘竄之匪，完全消滅，則川省赤匪，自不成問題，同時川省民團素操於士紳之手，與赤匪誓不兩立，倘加以統一，自成為有力之武力，此次劉總司令來京晉謁中央當局，即請示消滅赤匪機宜，至於川省經濟狀況，要以農村破產為最惡劣，其最大原因，仍為入超，但問題，川省素稱富庶，但近年因農村破產，出口減少，而洋貨大批傾銷，加之地方不靖，富人均將現銀輸往滬漢，致現金缺乏，滬漢匯水狂漲，川省商業，除萬縣之桐油出口尚可維持現況外，其他各地均極蕭條云云。

19. 谢明霄所谈川省目前现状，前线防务巩固匪无法进展，民团如统一能成有力武力，1934年11月29日第5版

十三年十一月三十

湘南形勢

共匪主力自逃竄湘南後、省軍隊均啣尾追擊，向湘南包圍進剿，查南路軍於十九日收復臨武縣城後，共匪主力分兩路經嘉禾新出寧遠江華永明道縣，向全州永州方面過竄，其原定以三分之匪軍犯祁陽，零陵，直趨寶慶，入川計劃，路有變更，因西北兩路大軍，己經源源開往堵截，王東原陶廣各師乂分爲二路尾隨追擊中，故不敢向該處西竄，乃故徘湘省之西南桂邊、繼續竄進，企圖通過全州，沿桂黔入川，同時又因沿途道路綺嶇，行旅維艱，共匪輜重極多，所有笨重用品，及老弱病兵，一律沿途遺散，至南路軍收復臨武之後，原擬繼續窮追，但因交通梗塞，運輸不便、且湘南殘部，亟待搜索，故自二十日後，我軍各部尙留滯粵湘交界各地，查獨立第三師駐臨武，第一教導師布防連縣星子東陂，第一師全部駐九峯唐村石橋坪石一帶，第二師駐延壽，至宜章間，獨立第三旅駐城口至延壽間，警衞旅分防仁化至樂昌間，陳總司令濟棠巳下令各部聯絡湘桂將匪包圍，如無追擊之必要，則暫駐原防候命，就近肅清湘南殘餘，

20. 湘南形势，1934 年 11 月 30 日第 2 版

星期五

桂北剿匪軍事緊張

李宗仁緩赴粵

匪犯桂人數無多戰鬥力弱

本報廣州特約航訊，記者昨（二十二）得睹四集團參謀長兼西南政務會委員張任民，據語稱，共匪已進擾桂北邊陲，四集團軍前鋒已與共匪發生接觸，但來犯共匪爲數無多、戰鬥力全無，我軍當必予以痛創，共匪犯桂人數若干，尙未得知，李（宗仁）總司令因共匪侵桂，剿匪軍事緊張，未暇來粵，何時啓程，當非短時間可決定云云，

21. 桂北剿匪军事紧张，李宗仁缓赴粤，匪犯桂人数无多战斗力弱，1934 年 11 月 30 日第 3 版

新聞

贛匪連日猛撲桂邊

李宗仁飛調大軍堵剿

全州潰匪退黃沙河一帶集中主力準備再攻

湘粵軍會合向匪進剿

（本報上海二十九日專電）贛匪連日猛攻桂邊數縣，圖在桂過冬李宗仁飛調大軍堵剿，獲匪探多名，

本報香港二十九日專電，省訊，赤匪猛撲全州、被擊潰後，刻退黃沙河一帶，桂軍與南路[illegible]部，已嚴密戒備，集中主力，準備再度進攻，

本報廣州二十九日專電，西路軍某某兩部，已開至東安，增防湘西，防務極鞏固，

本報長沙二十九日專電，我周渾元、李雲杰、王東原各部，將下瀟水打鋪之匪，完全擊潰，業與粵軍獨立二師，會合向匪追剿

22. 赣匪连日猛扑桂边，李宗仁飞调大军堵剿，全州溃匪退黄沙河一带集中主力准备再攻，湘粤军会合向匪进剿，1934 年 11 月 30 日第 3 版

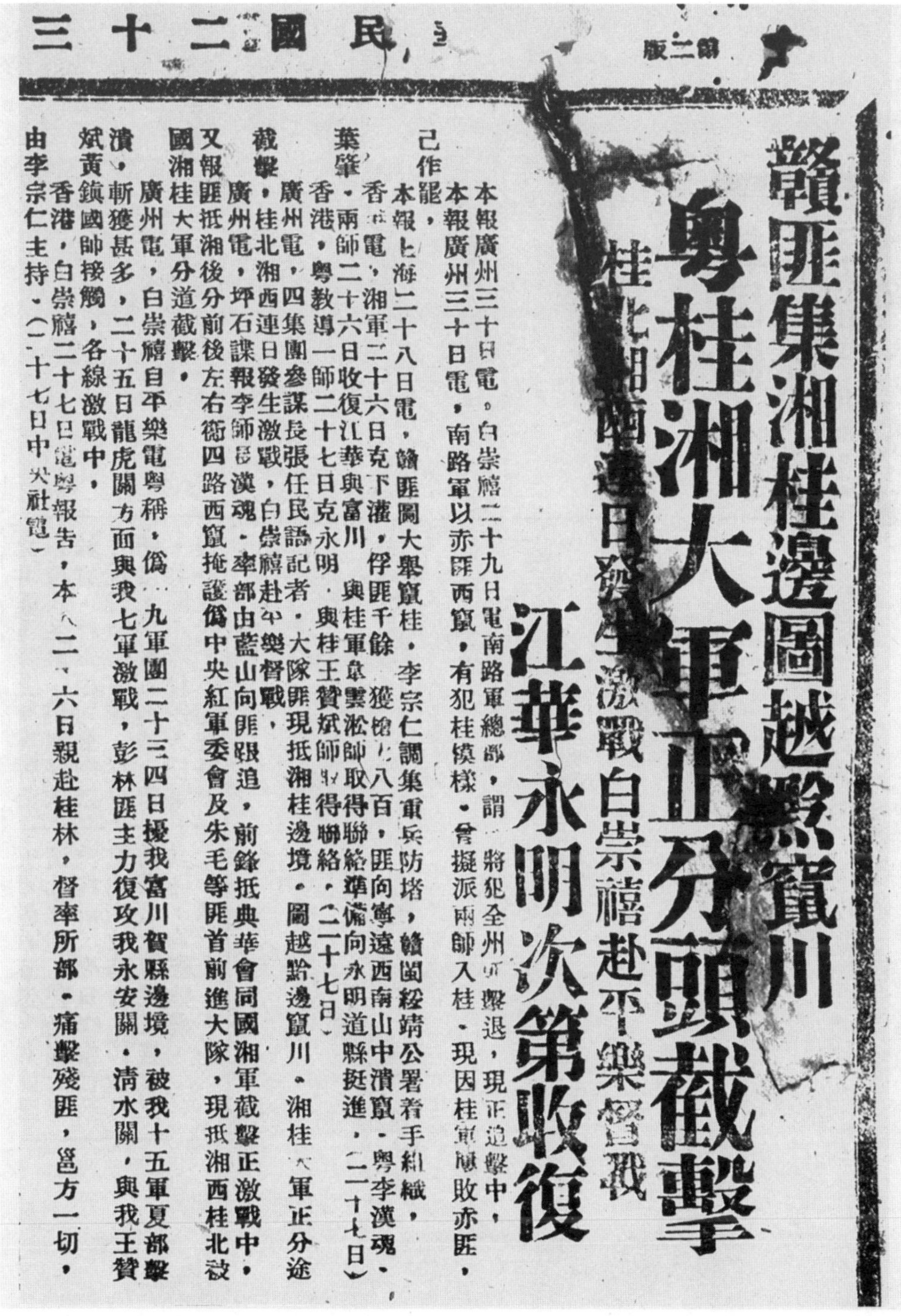

民國二十三　第二版

贛匪集湘桂邊圖越黔竄川

粵桂湘大軍正分頭截擊

桂北湘西連日發生激戰白崇禧赴平樂督戰

江華永明次第收復

本報廣州三十日電，白崇禧二十九日電南路軍總部，謂將犯全州匪擊退，現正追擊中，本報廣州三十日電，南路軍以赤匪西竄，有犯桂模樣，會擬派兩師入桂，現因桂軍擊敗赤匪，己作罷，

本報上海二十八日電，贛匪圖大舉竄桂，李宗仁調集重兵防堵，贛閩綏靖公署着手組織，

香港電，湘軍二十六日克下灌，俘匪千餘，獲槍七八百，匪向寧遠西南山中潰竄，粵李漢魂、葉肇兩師二十六日收復江華與富川，與桂軍梟雲淞師取得聯絡，準備向永明道縣挺進，（二十七日）

香港電，粵教導一師二十七日克永明，與桂王贊斌師取得聯絡，（二十七日）

廣州電，四集團參謀長張任民語記者，大隊匪現抵湘桂邊境，圖越黔邊竄川，湘桂大軍正分途截擊，桂北湘西連日發生激戰，白崇禧赴平樂督戰，

廣州電，坪石諜報李師長漢魂，率部由藍山向匪跟追，前鋒抵典華會同國湘軍截擊正激戰中，又報匪抵湘後分前後左右衛四路西竄掩護偽中央紅軍委會及朱毛等匪首前進大隊，現抵湘西桂北被國湘桂大軍分道截擊，

廣州電，白崇禧自平樂電粵稱，偽九軍團二十三四日擾我富川賀縣邊境，被我十五軍夏部擊潰，斬獲甚多，二十五日龍虎關方面與我七軍激戰，彭林匪主力復攻我永安關、清水關，與我王贊斌黃鎮國師接觸，各線激戰中，

香港，白崇禧二十七日電粵報告，本（二）六日親赴桂林，督率所部，痛擊殘匪，邕方一切由李宗仁主持，（二十七日中央社電）

23. 赣匪集湘桂边图越黔窜川，粤桂湘大军正分头截击，桂北湘西连日发生激战白崇禧赴平乐督战，江华、永明次第收复，1934 年 12 月 1 日第 2 版

贛匪圖入桂

覓衣食與彈藥

廣州電　自十一月二十三日起，由贛西竄之共匪，覓衣食與彈藥以度寒冬計，現圖侵入桂省，桂軍總司令李宗仁現調所有軍隊，從事防堵，按數日前據官報，共匪小隊曾侵入桂東邊界數縣，經桂省第十五軍激戰擊退。共匪雖遭此挫衄，現仍圖大舉攻桂云，今日李宗仁致電西南政務會，謂數日前喬裝難民混入桂境之共匪，均經擒獲，

24. 赣匪图入桂觅衣食与弹药，1934 年 12 月 1 日第 2 版

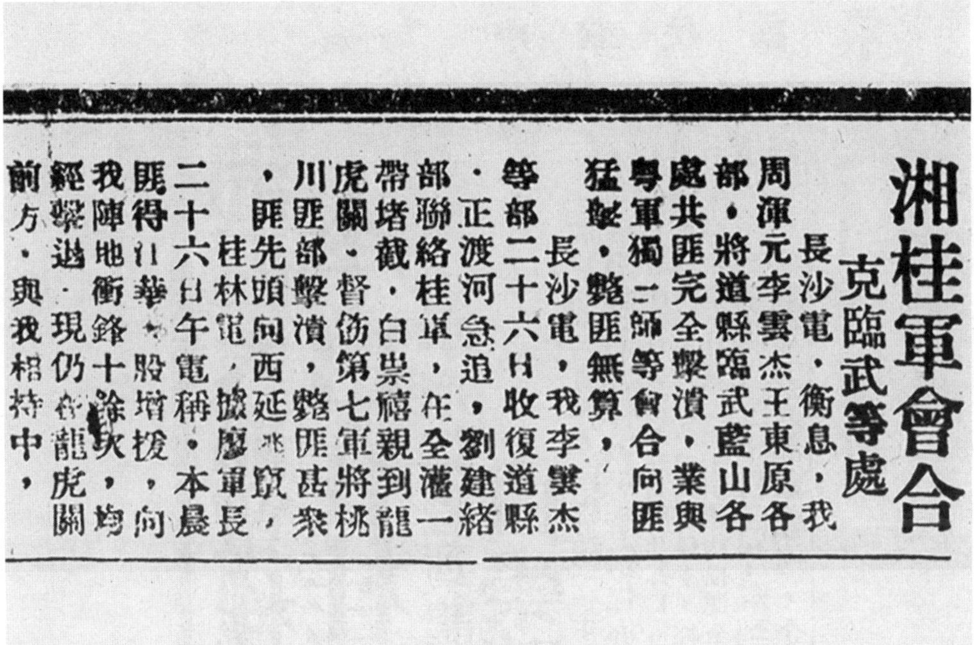

湘桂軍會合

克臨武等處

長沙電・衡息・我周渾元李雲杰王東原各部・將道縣臨武藍山各處共匪完全擊潰・業與粵軍獨二師等會合，向匪猛擊・鏖匪無算，

長沙電，我李覺杰等部二十六日收復道縣・正渡河急追，劉建緒部聯絡桂軍，在全灌一帶堵截・白崇禧親到龍虎關、督飭第七軍將桃川匪部擊潰，鏖匪甚衆，匪先頭向西延水竄，

桂林電，據廖軍長二十六日午電稱・本晨匪得廿[illegible][illegible]股增援，向我陣地衝鋒十餘次，均經擊退・現仍在龍虎關前方・與我相持中，

25. 湘桂军会合，克临武等处，1934 年 12 月 1 日第 2 版

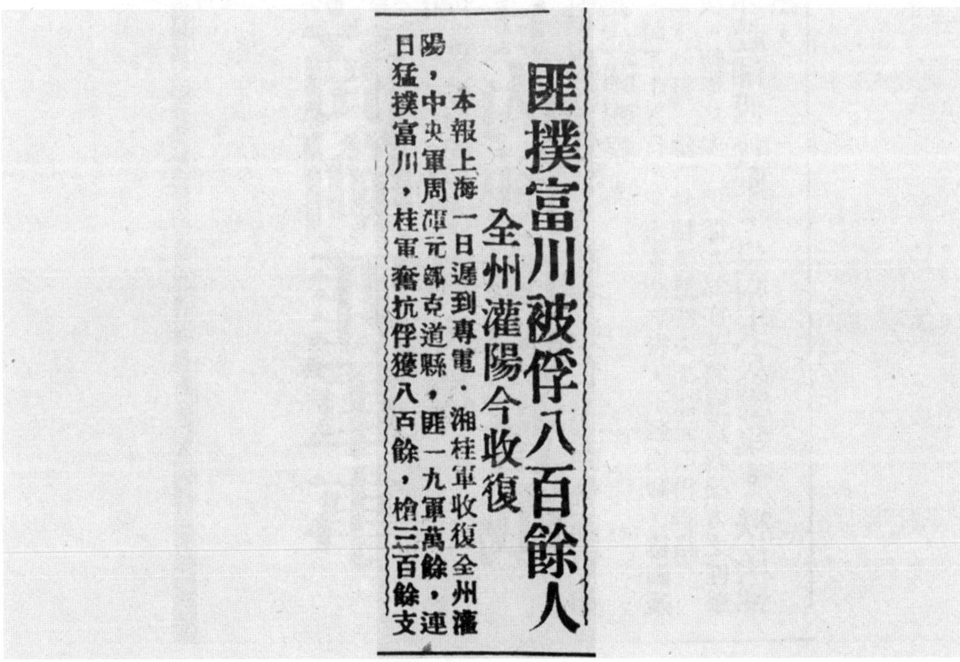

匪撲富川被俘八百餘人

全州灌陽今收復

本報上海一日遞到專電・湘桂軍收復全州灌陽，中央軍周渾元部克道縣，匪一九軍萬餘，連日猛撲富川，桂軍奮抗俘獲八百餘，槍三百餘支

26. 匪扑富川被俘八百余人，全州、灌阳今收复，1934 年 12 月 2 日第 2 版

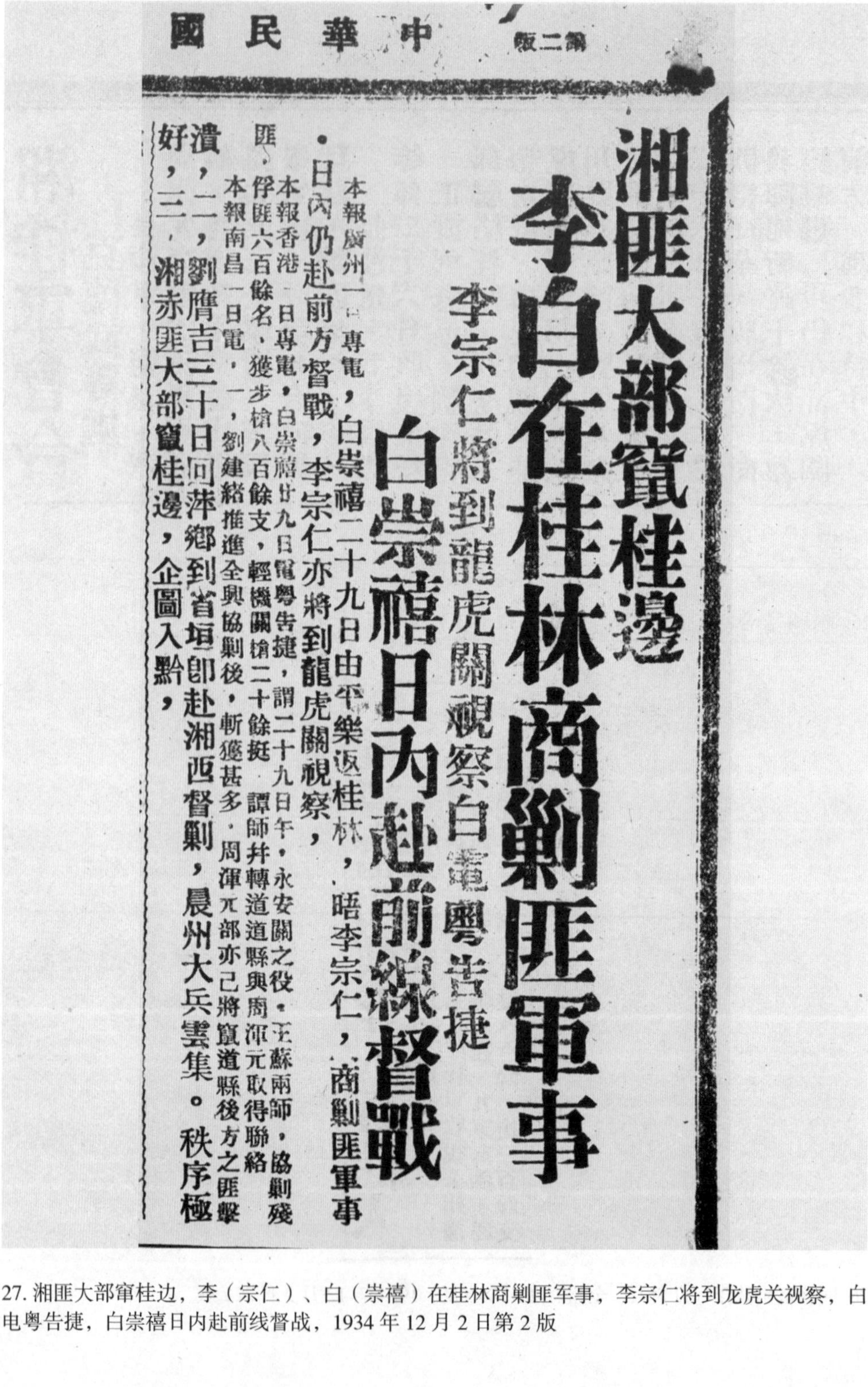

中華民國 第二版

湘匪大部竄桂邊
李白在桂林商剿匪軍事
李宗仁將到龍虎關視察白電粵告捷
白崇禧日內赴前綫督戰

本報廣州一日專電，白崇禧二十九日由平樂返桂林，晤李宗仁，商剿匪軍事・日內仍赴前方督戰，李宗仁亦將到龍虎關視察，

本報香港一日專電，白崇禧廿九日電粵告捷，謂二十九日午，永安關之役，王蘇兩師，協剿殘匪，俘匪六百餘名，獲步槍八百餘支，輕機關槍二十餘挺，譚師幷轉道道縣與周渾元取得聯絡

本報南昌一日電，一，劉建緒推進全興協剿後，斬獲甚多，周渾元部亦已將竄道縣後方之匪擊潰，二，劉膺吉三十日回萍鄉到省垣即赴湘西督剿，晨州大兵雲集。秩序極好，三，湘赤匪大部竄桂邊，企圖入黔，

27. 湘匪大部窜桂边，李（宗仁）、白（崇禧）在桂林商剿匪军事，李宗仁将到龙虎关视察，白电粤告捷，白崇禧日内赴前线督战，1934 年 12 月 2 日第 2 版

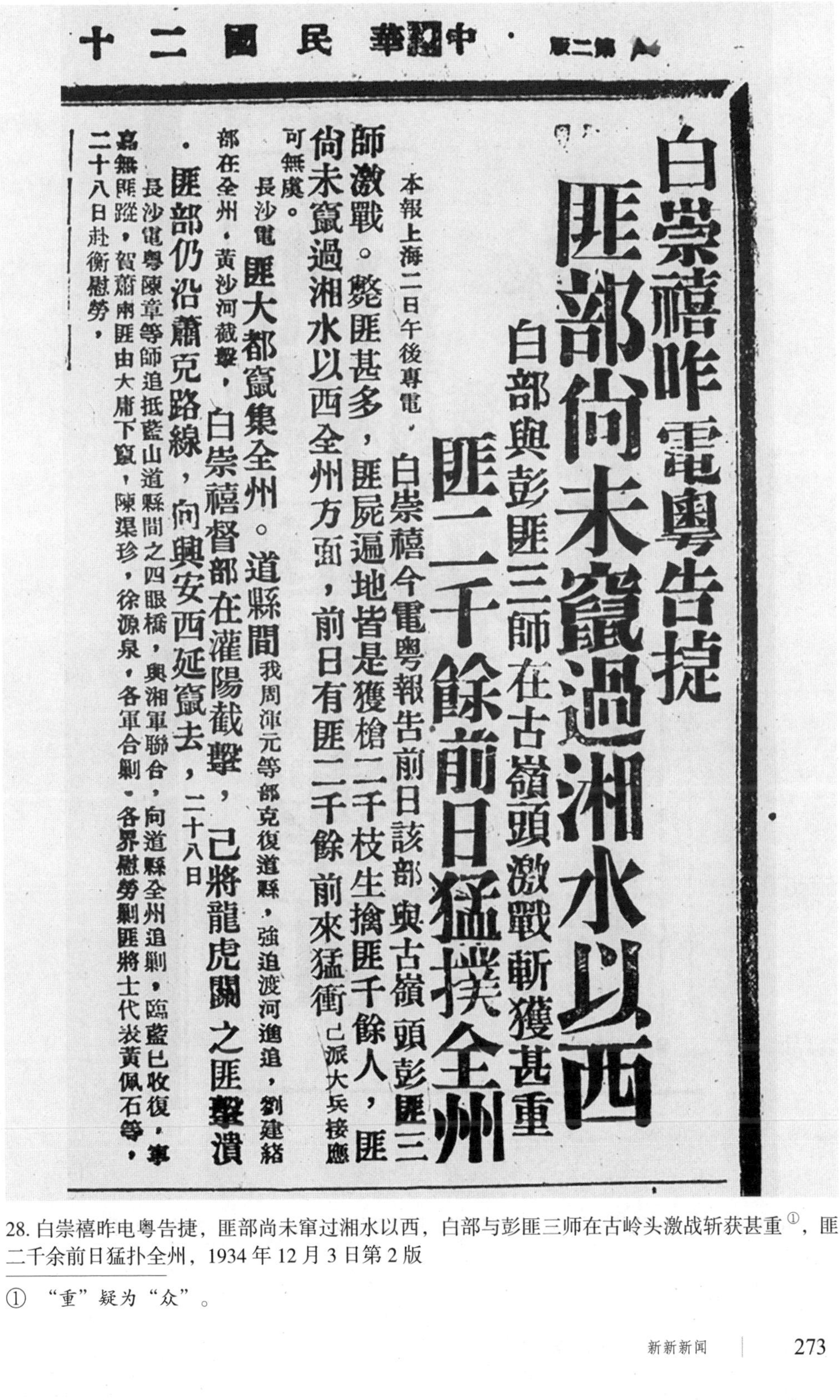

第二版 · 中華民國二十

白崇禧昨電粵告捷

匪部尚未竄過湘水以西

白部與彭匪三師在古嶺頭激戰斬獲甚重

匪二千餘前日猛撲全州

本報上海二日午後專電，白崇禧今電粵報告前日該部與古嶺頭彭匪三師激戰。斃匪甚多，匪屍遍地皆是獲槍二千枝生擒匪千餘人，匪尚未竄過湘水以西全州方面，前日有匪二千餘前來猛衝已派大兵接應可無虞。

長沙電 匪大都竄集全州。道縣間我周渾元等部克復道縣，強迫渡河進追，劉建緒部在全州、黃沙河截擊，白崇禧督部在灌陽截擊，已將龍虎關之匪擊潰。匪部仍沿蕭克路線，向興安西延竄去，二十八日

長沙電粵陳章等師追抵藍山道縣間之四眼橋，與湘軍聯合，向道縣全州追剿，臨藍已收復，寧嘉無匪蹤，賀蕭兩匪由大庸下竄，陳渠珍，徐源泉，各軍合剿。各界慰勞剿匪將士代表黃佩石等，二十八日赴衡慰勞，

28. 白崇禧昨电粤告捷，匪部尚未窜过湘水以西，白部与彭匪三师在古岭头激战斩获甚重[1]，匪二千余前日猛扑全州，1934 年 12 月 3 日第 2 版

① “重”疑为“众”。

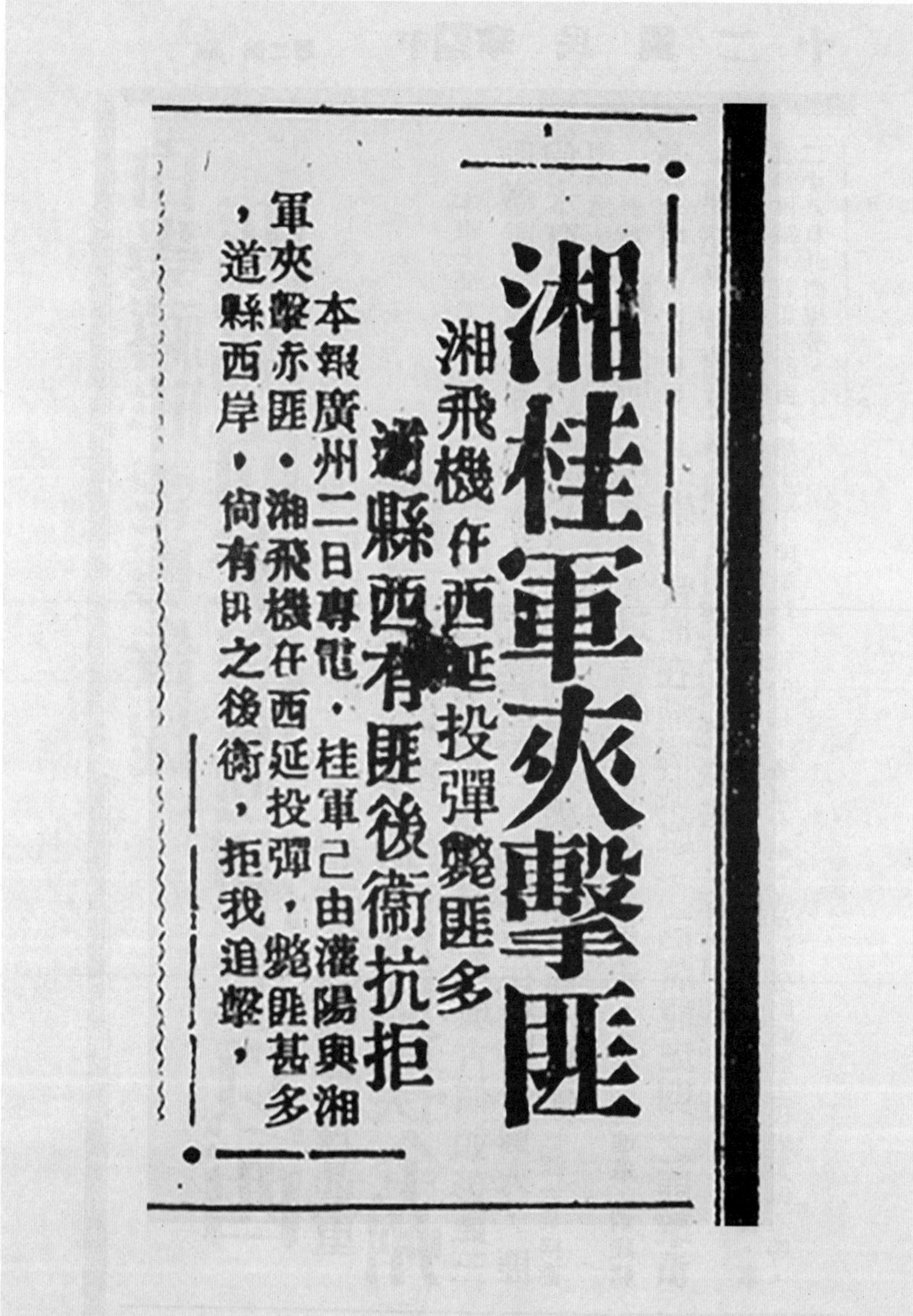

湘桂軍夾擊匪

湘飛機在西延投彈斃匪多

道縣西有匪後衛抗拒

本報廣州二日專電，桂軍已由灌陽與湘軍夾擊赤匪，湘飛機在西延投彈，斃匪甚多，道縣西岸，倘有匪之後衛，拒我追擊，

29. 湘桂军夹击匪，湘飞机在西延投弹毙匪多，道县西有匪后卫抗拒，1934年12月3日第2版

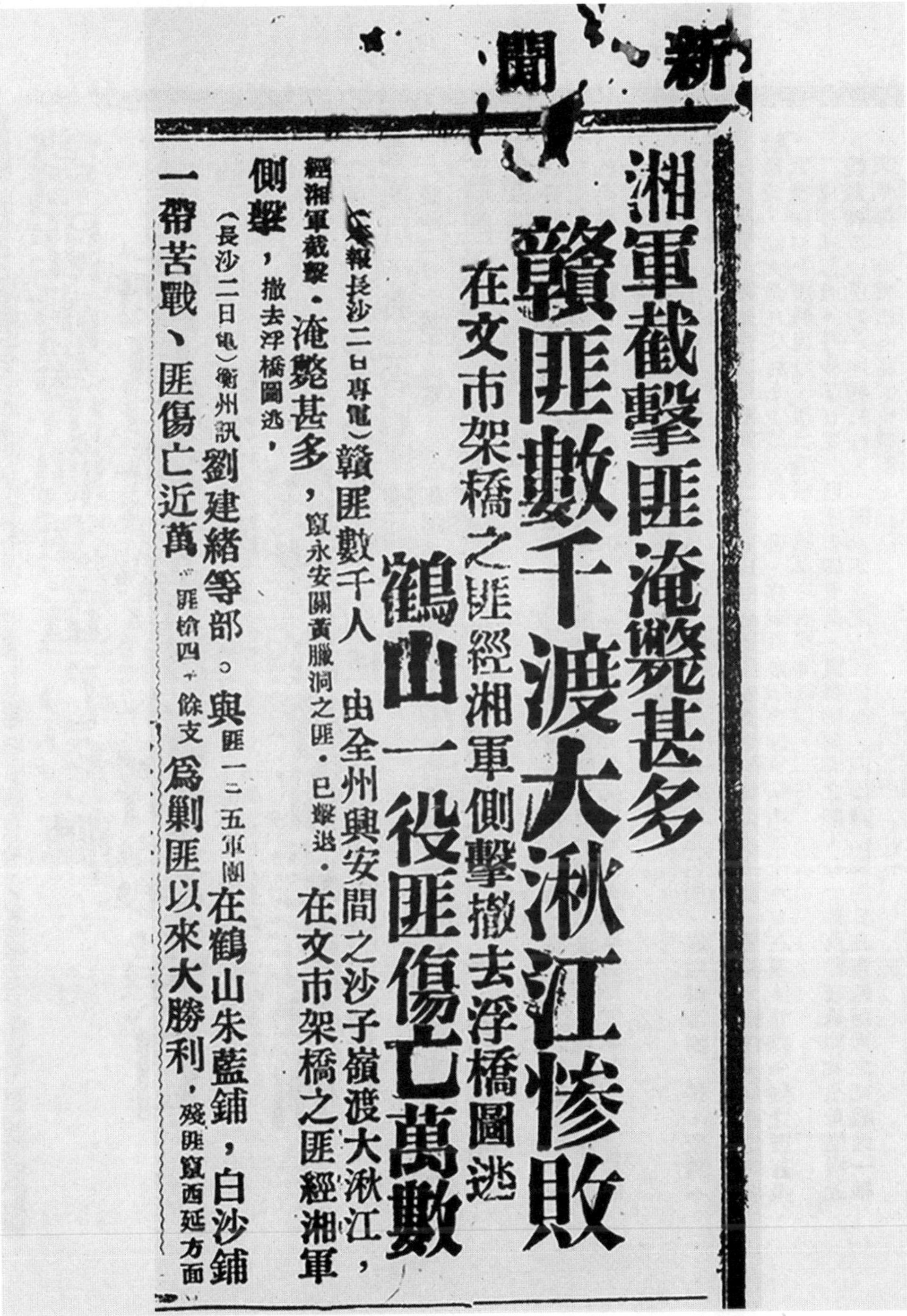
新聞

湘軍截擊匪淹斃甚多

贛匪數千渡大湫江慘敗

在文市架橋之匪經湘軍側擊撤去浮橋圖逃

鶴山一役匪傷亡萬數

（本報長沙二日專電）贛匪數千人由全州興安間之沙子嶺渡大湫江，在文市架橋之匪經湘軍

經湘軍截擊・淹斃甚多，竄永安關黃臘洞之匪・已擊退・

側擊，撤去浮橋圖逃，

（長沙二日電）衡州訊劉建緒等部。與匪一二五軍團在鶴山朱藍鋪，白沙鋪

一帶苦戰、匪傷亡近萬，匪槍四千餘支爲剿匪以來大勝利，殘匪竄西延方面

30. 湘军截击匪淹毙甚多，赣匪数千渡大湫江惨败，在文市架桥之匪经湘军侧击撤去浮桥图逃，鹤山一役匪伤亡万数，1934 年 12 月 3 日第 3 版

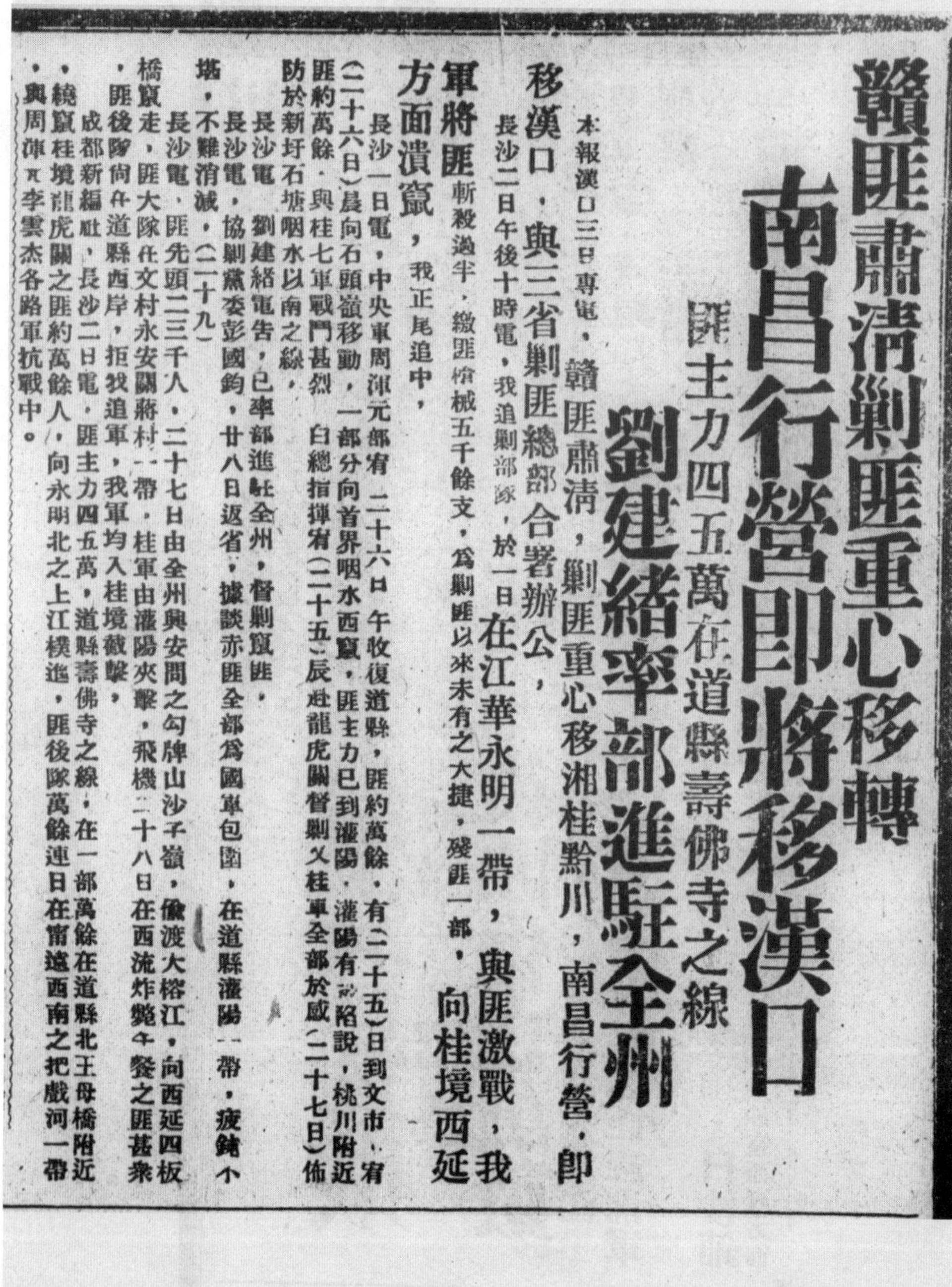

贛匪肅清剿匪重心移轉

南昌行營即將移漢口

匪主力四五萬在道縣壽佛寺之線

劉建緒率部進駐全州

本報漢口三日專電，贛匪肅清，剿匪重心移湘桂黔川，南昌行營，即移漢口，與三省剿匪總部合署辦公，

長沙二日午後十時電，我追剿部隊，於一日在江華永明一帶，與匪激戰，我軍將匪斬殺過半，繳匪槍械五千餘支，爲剿匪以來未有之大捷，殘匪一部，向桂境西延方面潰竄，我正尾追中，

長沙一日電，中央軍周渾元部宥（二十六日）午收復道縣，匪約萬餘，有（二十五）日到文市，宥（二十六日）晨向石頭嶺移動，一部分向首界咽水西竄，匪主力已到灌陽，灌陽有被陷說，桃川附近匪約萬餘，與桂七軍戰鬥甚烈，白總指揮宥（二十五）辰赴龍虎關督剿，又桂軍全部於感（二十七日）佈防於新圩石塘咽水以南之線，

長沙電，劉建緒電告，已率部進駐全州，督剿竄匪，

長沙電，協剿黨委彭國鈞，廿八日返省，據談赤匪全部爲國軍包圍，在道縣灌陽一帶，疲餓不堪，不難消滅，（二十九）

長沙電，匪先頭二三千人，二十七日由全州與安間之勾牌山沙子嶺，偷渡大榕江，向西延四板橋竄走，匪大隊在文村永安關蔣村一帶，桂軍由灌陽夾擊，飛機二十八日在西流炸斃午餐之匪甚衆，匪後隊尚在道縣西岸，拒我追軍，我軍均入桂境截擊，

成都新編社，長沙二日電，匪主力四五萬，道縣壽佛寺之線，在一部萬餘在道縣北王母橋附近，總竄桂境龍虎關之匪約萬餘人，向永明北之上江圩進，匪後隊萬餘連日在甯遠西南之把戲河一帶，與周渾元李雲杰各路軍抗戰中。

31. 赣匪肃清剿匪重心移转，南昌行营即将移汉口，匪主力四五万在道县寿佛寺之线，刘建绪率部进驻全州，1934 年 12 月 4 日第 2 版

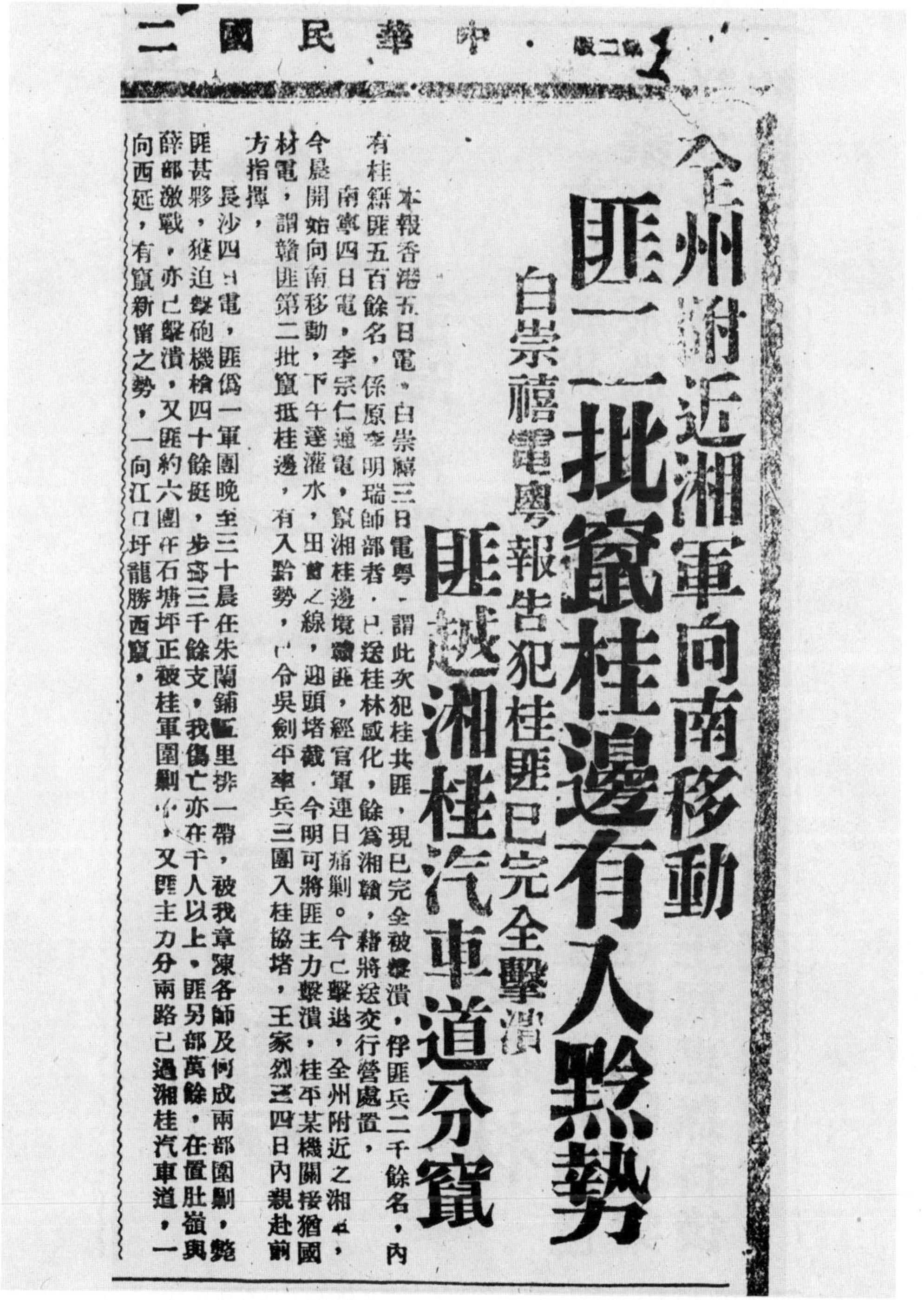

第二版 · 中華民國二

全州附近湘軍向南移動
匪二批竄桂邊有入黔勢
白崇禧電粵報告犯桂匪已完全擊潰
匪越湘桂汽車道分竄

本報香港五日電。白崇禧三日電粵，謂此次犯桂共匪，現已完全被擊潰，俘匪兵二千餘名，內有桂籍匪五百餘名，係原李明瑞師部者，已送桂林感化，餘爲湘贛，籍將送交行營處置，南寧四日電，李宗仁通電，竄湘桂邊境贛匪，經官軍連日痛剿。今已擊退，全州附近之湘軍，今晨開始向南移動，下午達灌水，田黄之線，迎頭堵截，今明可將匪主力擊潰，桂平某機關接猶國材電，謂贛匪第二批竄抵桂邊，有入黔勢，已令吳劍平率兵三團入桂協堵，王家烈亦四日內親赴前方指揮，

長沙四日電，匪僞一軍團晚至三十晨在朱蘭鋪匾里排一帶，被我章陳各師及何成兩部圍剿，斃匪甚夥，獲迫擊砲機槍四十餘挺，步槍三千餘支，我傷亡亦在千人以上，匪另部萬餘，在蕉肚嶺與薛部激戰，亦已擊潰，又匪約六團在石塘坪正被桂軍圍剿中，又匪主力分兩路已過湘桂汽車道，一向西延，有竄新甯之勢，一向江口圩龍勝西竄，

32. 全州附近湘军向南移动，匪二批窜桂边有入黔势，白崇禧电粤报告犯桂匪已完全击溃，匪越湘桂汽车道分窜，1934 年 12 月 6 日第 2 版

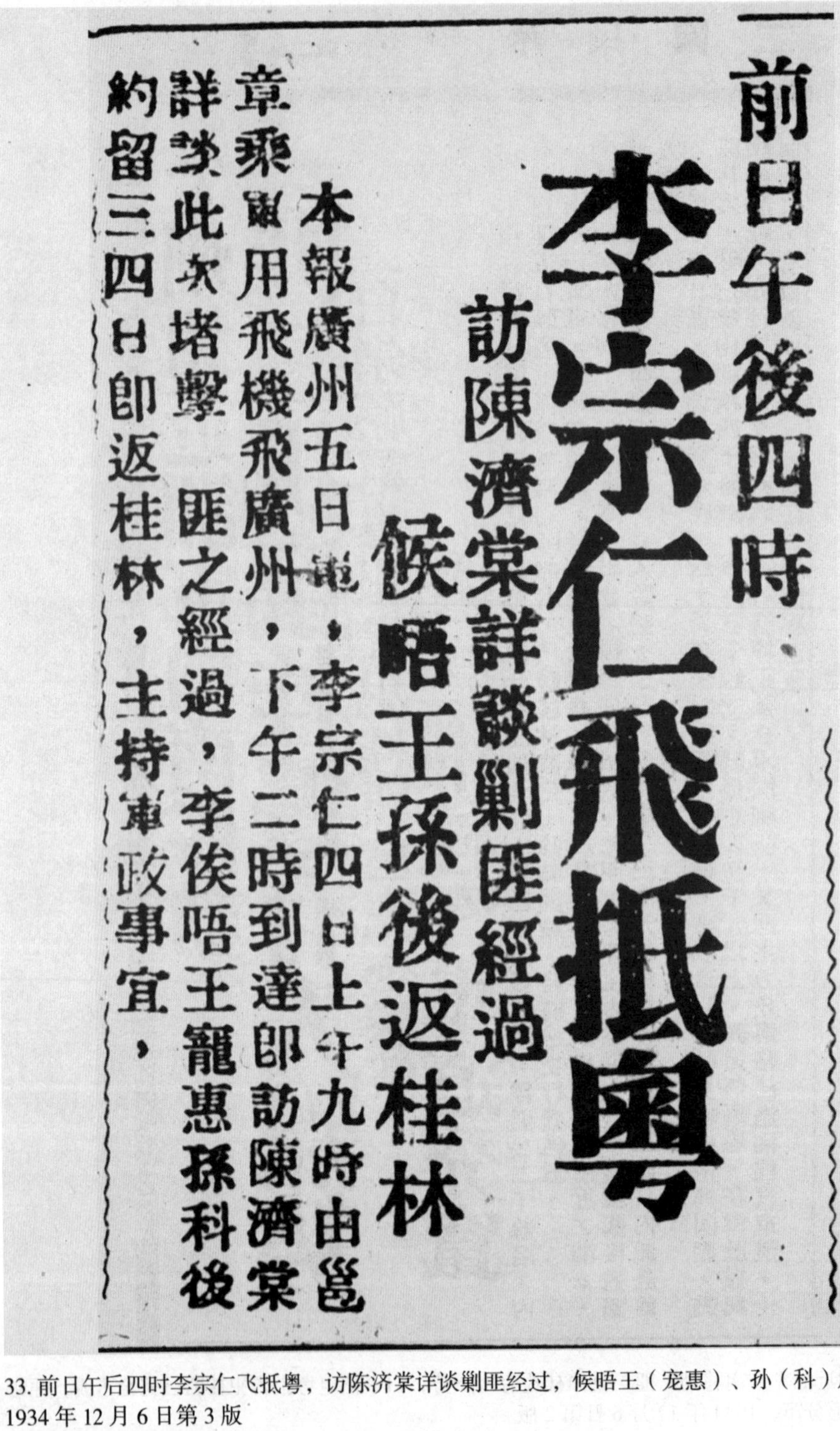

前日午後四時
李宗仁飛抵粵
訪陳濟棠詳談剿匪經過
候晤王孫後返桂林

本報廣州五日電，李宗仁四日上午九時由邕寧乘專用飛機飛廣州，下午二時到達即訪陳濟棠詳談此次堵擊匪之經過，李俟晤王寵惠孫科後約留三四日即返桂林，主持軍政事宜，

33. 前日午后四时李宗仁飞抵粤，访陈济棠详谈剿匪经过，候晤王（宠惠）、孙（科）后返桂林，1934 年 12 月 6 日第 3 版

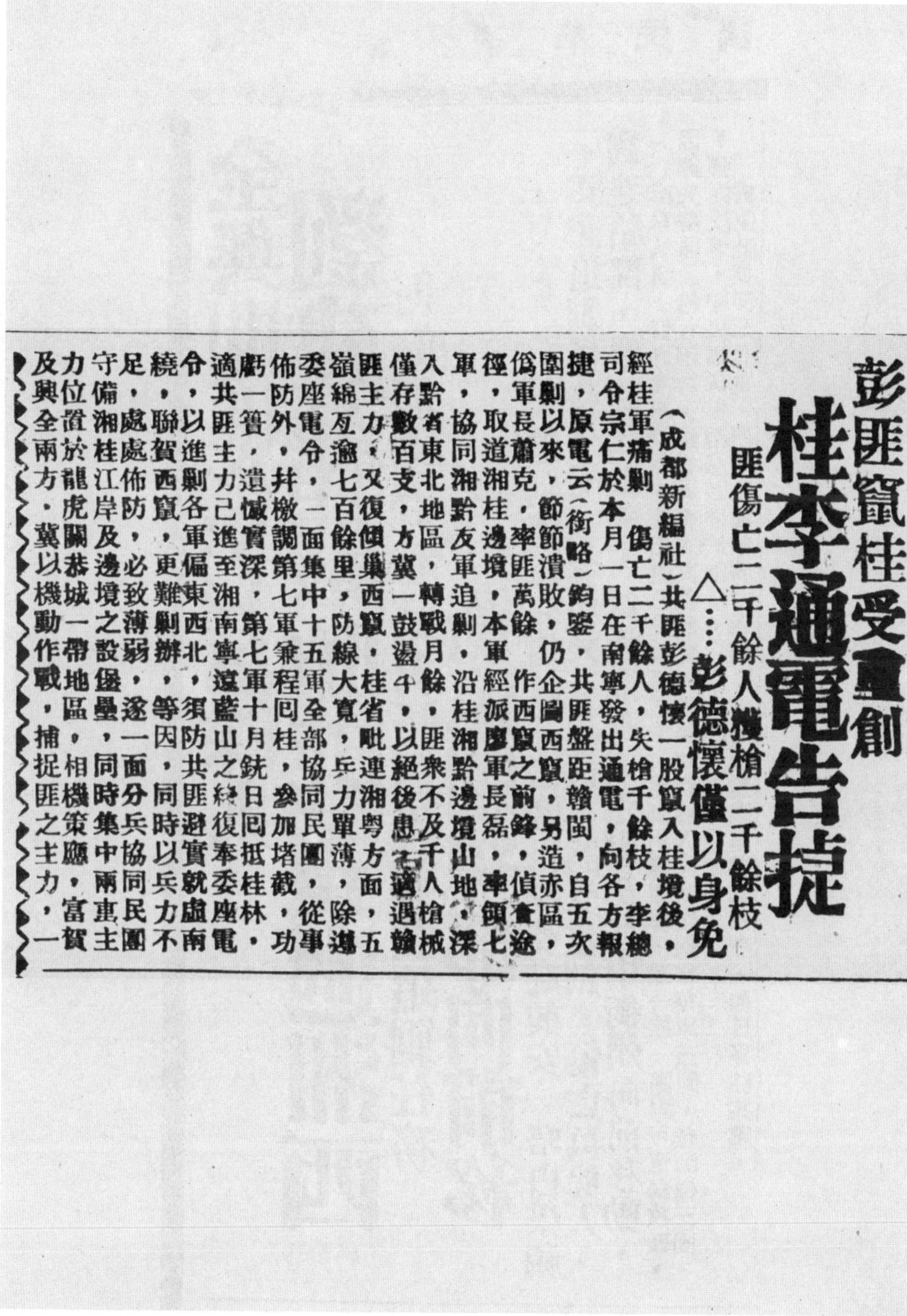
彭匪竄桂受重創

桂李通電告捷

匪傷亡二千餘人獲槍二千餘枝

△……彭德懷僅以身免

（成都新編社）共匪彭德懷一股竄入桂境後，經桂軍痛剿傷亡二千餘人，失槍千餘枝，李總司令宗仁於本月一日在南寧發出通電，向各方報捷，原電云（銜略）鈞鑒，共匪盤踞贛閩，自五次圍剿以來，節節潰敗，仍企圖西竄，另造赤區，偽軍長蕭克，率匪萬餘，作西竄之前鋒，偵查途徑，取道湘桂邊境，本軍經派廖軍長磊，率領七軍，協同湘黔友軍追剿，沿桂湘黔邊境山地，深入黔省東北地區，轉戰月餘，匪衆不及千人槍械僅存數百支，方冀一鼓盪平，以絕後患，[illegible]適遇贛匪主力，又復傾巢西竄，桂省毗連湘粵方面，五嶺綿亙逾七百餘里，防線大寬，兵力單薄，除邀委座電令，一面集中十五軍全部協同民團，從事佈防外，并檄調第七軍兼程回桂，參加堵截，功虧一簣，遺械實深，第七軍十月銑日回抵桂林，適共匪主力己進至湘南寧遠藍山之綫，復奉委座電令，以進剿各軍偏東西北，須防共匪避實就虛南繞，聯賀西竄，更難剿辦，等因，同時以兵力不足，處處佈防，必致薄弱，遂一面分兵協同民團守備湘桂江岸及邊境之設堡壘，同時集中兩重主力位置於龍虎關恭城一帶地區，相機策應，富賀及興全兩方，冀以機動作戰，捕捉匪之主力，一

34. 彭匪窜桂受重创，桂李（宗仁）通电告捷，匪伤亡二千余人获枪二千余支，彭德怀仅以身免，1934 年 12 月 7 日

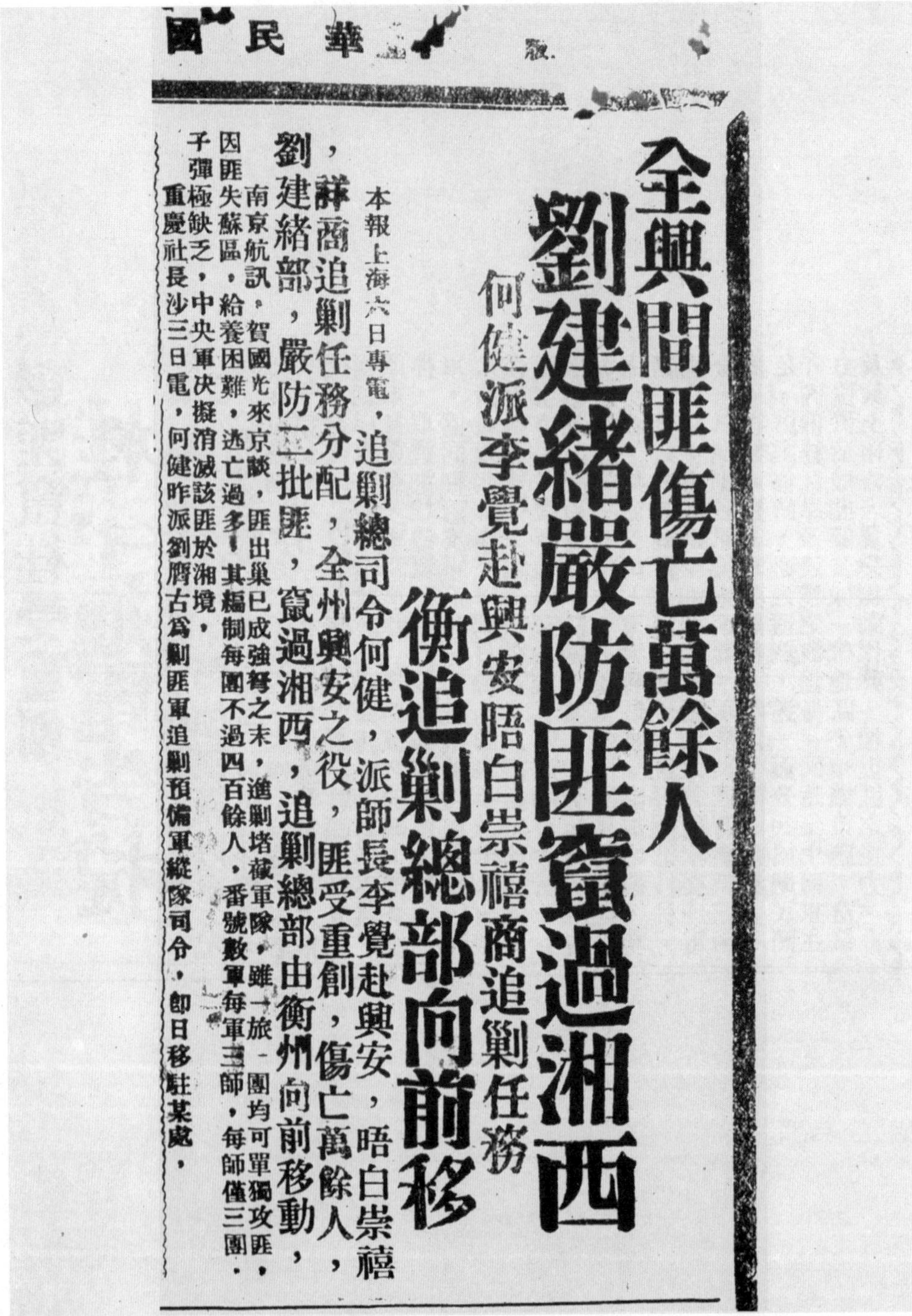

國民華報

全興間匪傷亡萬餘人

劉建緒嚴防匪竄過湘西

何健派李覺赴興安晤白崇禧商追剿任務

衡追剿總部向前移

本報上海六日專電，追剿總司令何健，派師長李覺赴興安，晤白崇禧，詳商追剿任務分配，全州興安之役，匪受重創，傷亡萬餘人，劉建緒部，嚴防二批匪，竄過湘西，追剿總部由衡州向前移動，

南京航訊，賀國光來京談，匪出巢已成強弩之末，進剿堵截軍隊，雖一旅一團均可單獨攻匪；因匪失蘇區，給養困難，逃亡過多，其編制每團不過四百餘人，番號數軍每軍三師，每師僅三團，子彈極缺乏，中央軍決擬消滅該匪於湘境，

重慶社長沙三日電，何健昨派劉膺古爲剿匪軍追剿預備軍縱隊司令，卽日移駐某處，

35. 全（州）、兴（安）间匪伤亡万余人，刘建绪严防匪窜过湘西，何键派李觉赴兴安晤白崇禧商追剿任务，衡（州）追剿总部向前移，1934 年 12 月 7 日

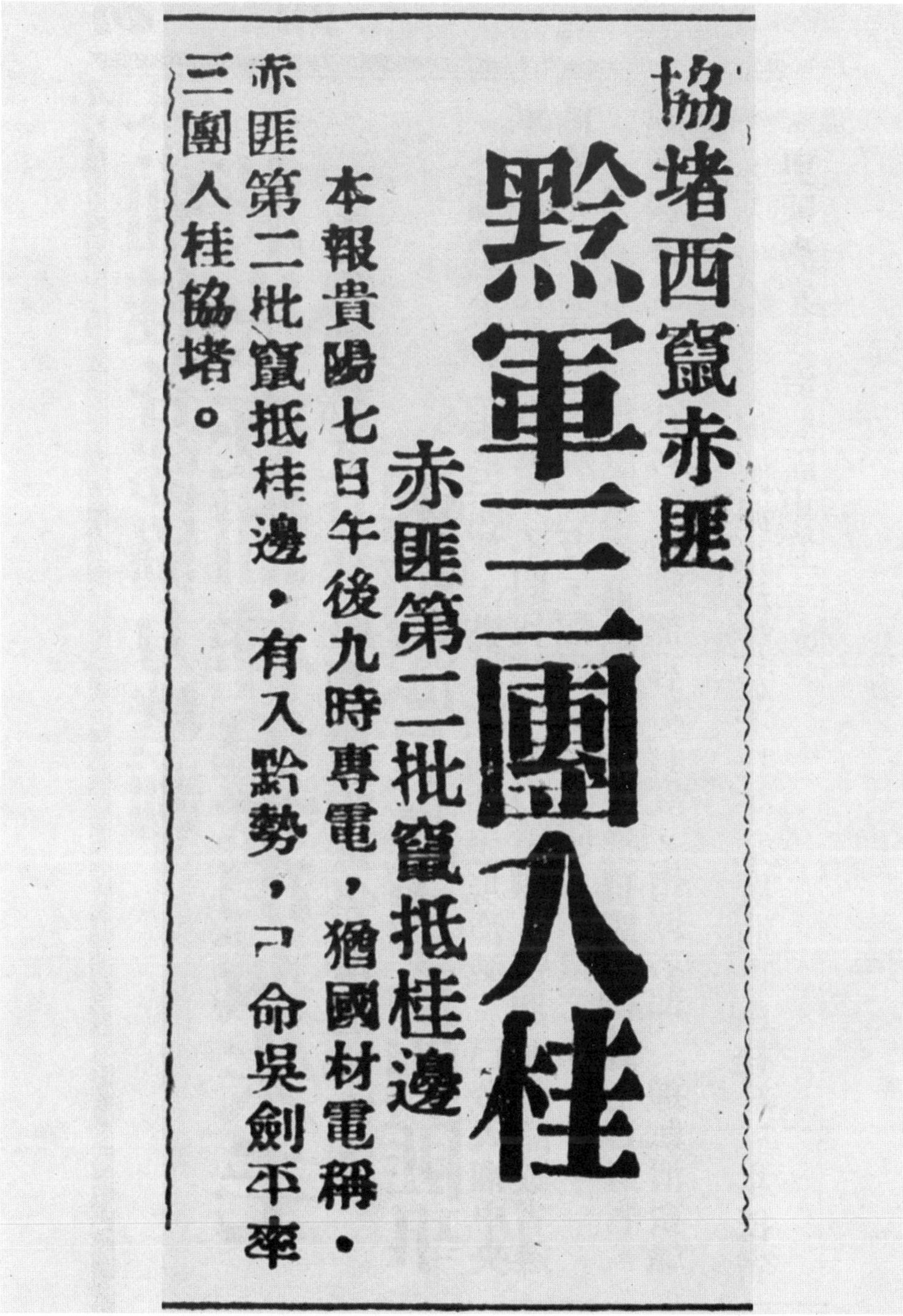

協堵西竄赤匪

黔軍三團入桂

赤匪第二批竄抵桂邊

本報貴陽七日午後九時專電，猶國材電稱，赤匪第二批竄抵桂邊，有入黔勢，已命吳劍平率三團入桂協堵。

36. 协堵西窜“赤匪”，黔军三团入桂，“赤匪”第二批窜抵桂边，1934 年 12 月 8 日第 5 版

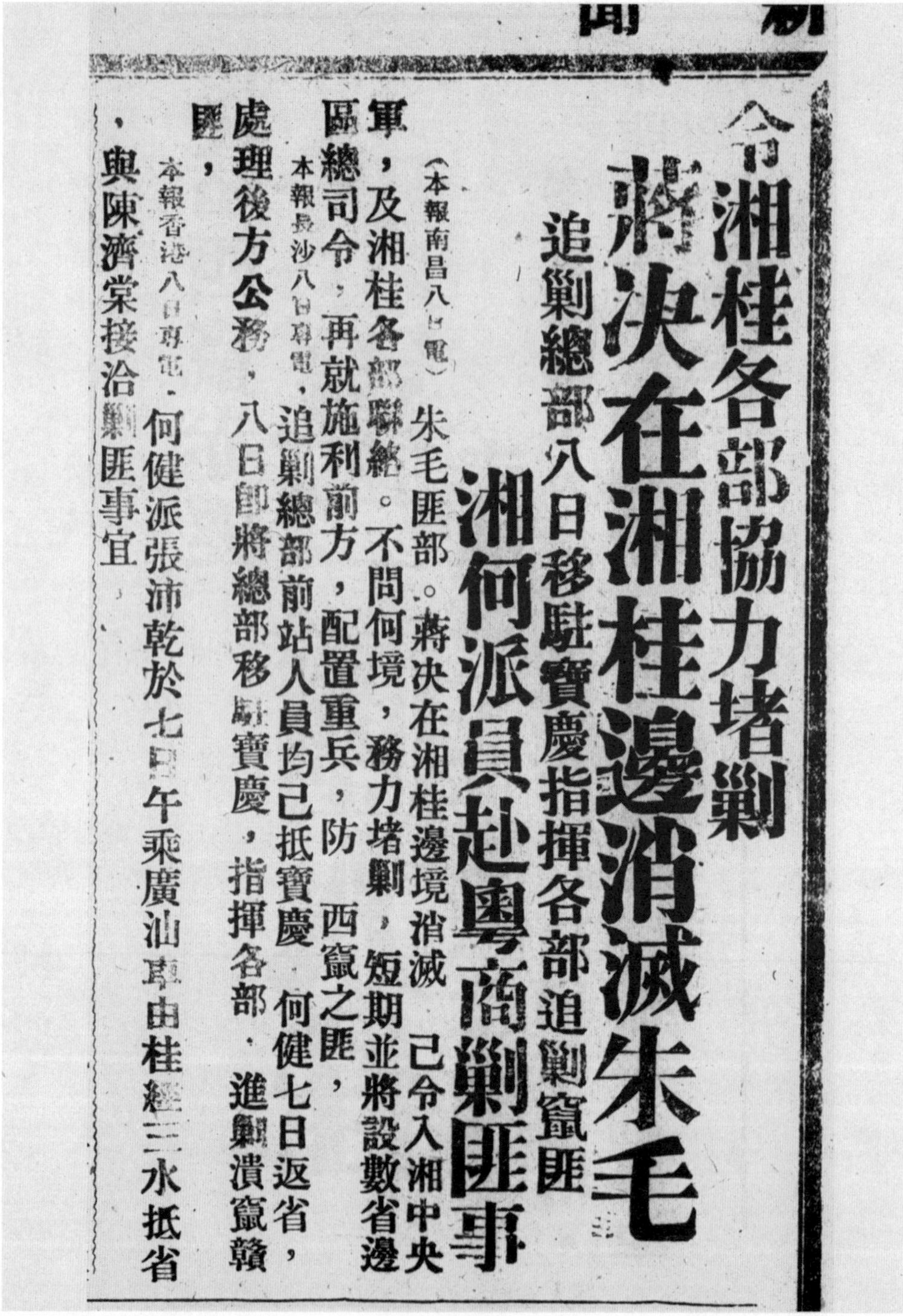

令湘桂各部協力堵剿

蔣決在湘桂邊消滅朱毛

追剿總部八日移駐寶慶指揮各部追剿竄匪

湘何派員赴粵商剿匪事

（本報南昌八日電）朱毛匪部。蔣決在湘桂邊境消滅，已令入湘中央軍，及湘桂各部聯絡。不問何境，務力堵剿，短期並將設數省邊區總司令，再就施利前方，配置重兵，防西竄之匪，

本報長沙八日專電，追剿總部前站人員均已抵寶慶，何健七日返省，處理後方公務，八日即將總部移駐寶慶，指揮各部，進剿潰竄贛匪，

本報香港八日專電，何健派張沛乾於七日午乘廣汕車由桂經三水抵省，與陳濟棠接洽剿匪事宜，

37. 令湘桂各部协力堵剿，蒋（介石）决在湘桂边消灭朱（德）、毛（泽东），追剿总部八日移驻宝庆指挥各部追剿窜匪，湘何（键）派员赴粤商剿匪事，1934 年 12 月 9 日第 3 版

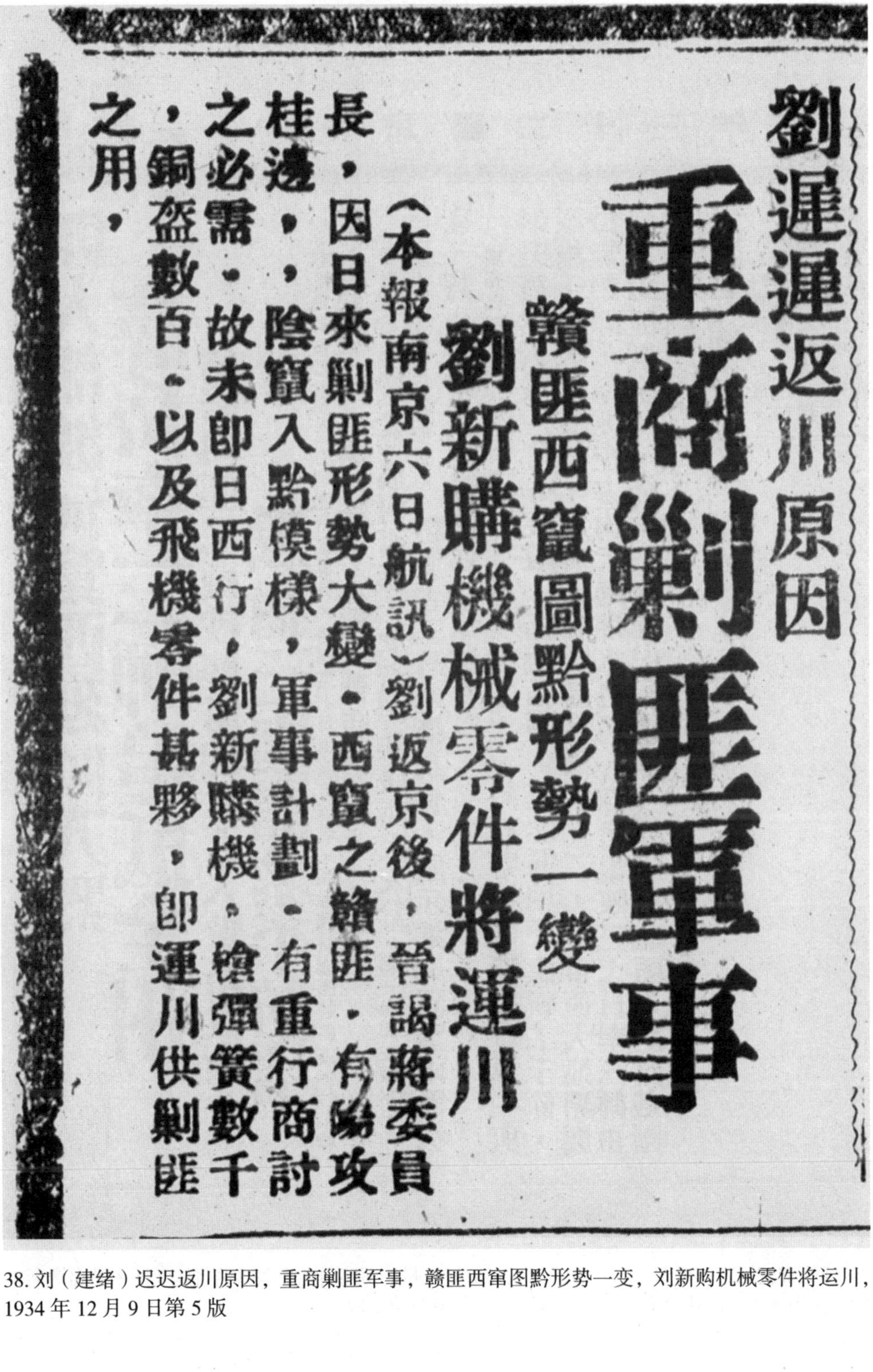

劉遲遲返川原因

重商剿匪軍事

贛匪西竄圖黔形勢一變

劉新購機械零件將運川

（本報南京六日航訊）劉返京後，晉謁蔣委員長，因日來剿匪形勢大變，西竄之贛匪，有脅攻桂邊，，陰竄入黔模樣，軍事計劃，有重行商討之必需，故未即日西行，劉新購機，槍彈贊數千，銅盔數百，以及飛機零件甚夥，即運川供剿匪之用，

38. 刘（建绪）迟迟返川原因，重商剿匪军事，赣匪西窜图黔形势一变，刘新购机械零件将运川，1934 年 12 月 9 日第 5 版

第二版　中華民國二十三年十二

匪大部渡河竄西延圖入黔
薛岳率三師追抵全州
兩路向龍虎關抄襲將桂北匪入黔路截斷
黔猶三團開黎平防堵

本報貴陽九日電，黔省剿匪督察專員，路邦道七日由前方返省，謂猶國材極願赴前方，督剿贛匪，猶部三團已開往黎平永縱一帶防堵。

長沙電訊。匪大部渡河西延，欲沿湘桂邊西竄入黔，第一兵團在鹹水，俘匪三千餘，解全縣拍照資遣。劉膺古三日赴衡謁何。請示進剿賀蕭兩匪機宜。蔣令寶靖各縣設軍運代辦所。

廣州電訊；白崇禧一日電稱，一，據報本晨覃師由新墟向石塘線截擊至古嶺，與彭匪後隊接戰，雙方突擊，極度猛烈，斃匪遍地，擒斬二千餘，繳槍千餘，大挫其鋒，為與匪作戰最慘烈者，二，文市西大連塘匪仍無動靜，料匪主力尚未過湘水之西。薛岳電陳三十日率三師由祁陽追匪抵全州，分兩路向龍虎關抄擊，并將桂北匪入黔路截斷

黔王約猶一同赴前方

本報貴陽九日電，王家烈電猶國材，邀即日來省，同赴前方，指導各部隊，防剿西竄之贛省殘匪，語極懇切。

39. 匪大部渡河窜西延图入黔，薛岳率三师追抵全州，两路向龙虎关抄袭将桂北匪入黔路截断，黔犹（国才）三团开黎平防堵，1934 年 12 月 10 日第 2 版

蔣令瑞金六縣設政治局

何鍵期在湘水滅竄匪

何將剿匪軍分五路截擊賀匪竄湘南擊退

匪聲言擾桂李白抵桂林

本報上海二十二日專電，蔣令瑞金，興國，石城，雩都，會昌，寧都設特區政治局教養民衆，

本報衡州二十一日電，西竄之匪，連日經湘軍堵擊，俘獲頗多，何健將剿匪軍分爲五路，委五個追剿司令截擊，期在湘水附近將匪消滅，

本報衡州二十一日電，賀匪前欲竄湘南，刻已擊退，

本報衡州二十一日電，蔣委員長電何健嘉慰陶廣師，剿匪得力，

香港航訊梧息，李宗仁白崇禧十七日抵桂林，策劃剿匪軍事，李來粵期未定，（十九日）

（桂林十八日電）白崇禧電告，據臨武電話，李蘊珩李雲杰師在桂陽，據塘村偵探稱，朱德確于元（十三）晚經過石司，第二軍團一抵良田，其最後匪部係一軍團，李漢魂銑（十六）電稱，前馮軼裴部副官，被匪擄去者，此次來報告，贛匪全部號稱十萬大部左隊，通過宜章向桂陽前進，朱德係寒（十四）日到宜，前在九峯作戰之匪係左側行，周渾元部已到郴州，薛岳部已到衡州，匪共在延壽附近爲我軍擊潰後，即分兩部·僞一八九軍團爲左翼，經塘村白石宜章到臨武，聲言擾桂，僞三五軍團爲右翼經文明司宜章向桂陽方面擾竄，我獨一師第二師在白石宜章節節截剿，斃匪甚多，余指揮官銑電稱，本午我一師彭廖兩團，將塘村附近匪共連餘擊潰，收復塘村，李師長漢魂率教導師篠（十七）重星子連縣一帶防堵，二師及獨立第三師向篝口宜章城進攻，一師暫駐塘村候命，李雲杰師在嘉禾與匪對峙中，

（桂林十七日電）我王師張旅已收復良田，匪大部向宜章以西退却，一部向保和圩西竄，據探報，匪主力似向臨武方面逃竄，中央軍周縱隊，九六師及九二師一部，寒（十四）日抵郴州，轉在郴資道中，薛縱隊本部及歐師元（十三）日到蓮花西六十里之□□□唐兩師到長芳一帶，陳旅周團銑（十六）向保和圩在灘門附近擊潰匪衆數百，已令陳旅向保和圩進剿，王師主力擬沿公路向宜章追剿，刪（十五）日二十三師李雲杰部四團到桂陽，劉軍長及軍部由衡陽移永林，篠（十七）晨匪部到嘉禾之石涼店子及藍山二十餘里之土橋圩等語，

（長沙航訊）西路軍陶廣，王東原，兩師，將汝安之匪追擊出境，十六午收復宜章縣城，斬獲千餘，匪大部竄粵邊星子連州湘邊臨武間，省黨部委員留黃家聲駐會，餘二十全赴衡，領導湖南各縣民衆，協助剿匪，何派何浩若二十日約金融界報告剿匪情況，（十八日）

香港航訊，陳濟棠因軍餉支絀，電蔣請中央補助剿匪臨時軍費，蔣電飭蔣伯誠與陳濟棠詳商。蔣伯誠十八日謁陳商此事，十八日

又訊，宜章匪因南西路進兵壓迫，退出宜章，□□師參謀部十八日電告該師及□□師與□□旅入湘追剿，十五日抵宜章，匪不敢停留，向青州方面逃竄，宜章已無匪蹤，十八日

又訊，陳章甫十八日談，湘南匪將繼續西竄，匪一度入城口後，全城商店化爲焦土，損失百餘萬十八日，

又訊，繆培南十九日在聯合紀念週報告。匪前鋒到臨武藍山一帶，良田宜章已無匪蹤，若各路友軍竭力追擊，不難消滅云。十九日，

又訊，何鍵十九日電告，僞五軍團竄據汝城之東通天廟鬼谷坡，經我鍾光仁旅堵擊，斃匪八百餘，匪向牛田山林竄，十九日專電，

又訊，李揚敬十七抵梅縣，定二十日赴筠門嶺視防，十九日，

2|1

40. 蒋（介石）令瑞金六县设政治局，何键期在湘水灭窜匪，何将剿匪军分五路截击贺匪窜湘南击退，匪声言扰桂，李（宗仁）、白（崇禧）抵桂林，1934 年 12 月 22 日第 2 版

蔣令瑞金六縣設政治局

何鍵期在湘水滅竄匪

何將剿匪軍分五路截擊賀匪竄湘南擊退

匪聲言擾桂李白抵桂林

本報上海二十二日專電，蔣令瑞金，興國，石城，雩都，會昌，寧都設特區政治局教養民衆，

本報衡州二十一日電，西竄之匪，連日經湘軍堵擊，俘獲頗多，何健將剿匪軍分爲五路，委五個追剿司令截擊，期在湘水附近將匪消滅，

本報衡州二十一日電，賀匪前欲竄湘南，刻已擊退，

本報衡州二十一日電，蔣委員長電何健嘉慰陶廣師，剿匪得力，

香港航訊梧息，李宗仁白崇禧十七日抵桂林，策劃剿匪軍事，李來粵期未定，（十九日）

（桂林十八日電）白崇禧電告，據臨武電話，李蘊珩李雲杰師在桂陽，據塘村偵探稱，朱德確于元（十三）晚經過石司，第二軍團，抵良田，其最後匪部係一軍團，李漢魂銑（十六）電稱，前馮軼裴（部副官，被匪擄去者，此次來報告，贛匪全部號稱十萬大部左隊通過宜章向桂陽前進，朱德係寒（十四）日到宜，前在九峯作戰之匪係左側行，周渾元部已到郴州，薛岳部已到衡州，匪共在延壽附近爲我軍擊潰後，即分兩部，偽一八九軍團爲左翼，經塘村白石宜章到臨武，聲言擾桂，偽三五軍團爲右翼經文明司宜章向桂陽方面擾竄，我獨一師第二師在白石宜章節節截剿，斃匪甚多，余指揮官銑電稱，本午我一師彭廖兩團，將塘村附近匪共連餘擊潰，收復塘村，李師長漢魂率教導師篠（十七）重星子連縣一帶防堵，二師及獨立第三師向籌口宜章城進攻，一師暫駐塘村候命，李雲杰師在嘉禾與匪對峙中，

（局部图 1）

與匪對峙中，
（桂林十七日電）我王師張旅已收復良田，匪大部向宜章以西退却，一部向保和圩西竄，據探
報，匪主力似向臨武方面遁竄，中央軍周縱隊九六師及九二師一部，寒（十四）日抵郴州，轉在郴資
道中，薛縱隊本部及歐師元（十三）日到蓮花西六十里之□□唐兩師到長芳一帶，陳旅周團銑（十
六）向保和圩在灘門附近擊潰匪衆數百，已令陳旅向保和圩進剿，王師主力擬沿公路向宜章追剿
，刪（十五）日二十三師李雲杰部四團到桂陽，劉軍長及軍部由衡陽移永林，篠（十七）晨匪部到嘉禾
之石涼店子及藍山二十餘里之土橋圩等語，
（長沙航訊）西路軍陶廣，王東原，兩師，將汝安之匪追擊出境，十六午收復宜章縣城，斬獲千
餘，匪大部竄粵邊星子連州湘邊臨武間，省黨部委員留黃家聲駐會，餘二十仝赴衡，領導湖南各縣
民衆，協助剿匪，何派何浩若二十日約金融界報告剿匪情況，（十八日）
香港航訊 陳濟棠因軍餉支絀，電蔣請中央補助剿匪臨時軍費，蔣電飭蔣伯誠與陳濟棠詳商，
蔣伯誠十八日謁陳商此事，十八日
又訊，宜章匪因南西路進兵壓迫，退出宜章，□□師參謀部十八日電告該師及□□師與□□旅
入湘追剿，十五日抵宜章，匪不敢停留，向青州方面逃竄，宜章己無匪蹤，十八日
又訊，陳章甫十八日談，湘南匪將繼續西竄，匪一度入城口後，全城商店化爲焦土，損失百餘
萬，十八日，
又訊，繆培南十九日在聯合紀念週報告，匪前鋒到臨武藍山一帶，良田宜章己無匪蹤，若各路
友軍竭力追擊，不難消滅云，十九日，
又訊，何鍵十九日電告，僞五軍團竄據汝城之東通天廟鬼谷坡，經我鍾光仁旅堵擊，斃匪八百
餘，匪向牛田山林竄，十九日專電，
又訊，李揚敬十七抵梅縣，定二十日赴筠門嶺視防，十九日，

（局部图 2）

第四集團軍剿匪勝利

西南執行部嘉慰李白

殺敵致果互奏膚功具見指揮有方

尚希乘此餘威清除漏網以竟全功

本報廣州航訊，西南執行部，昨電李白兩總司令，嘉慰第四集團軍剿匪勝利，電云，南寧第四集團李總司令宗仁，白總司令崇禧并轉全體將士勛鑒，全電誦悉，此次共匪傾巢南犯，毒燄所至，廬舍爲墟，經我第一集團軍大挫匪鋒于前，今我第四集團軍復猛摧醜類于后，殺敵致果，互奏膚功，具見指揮有方，將士忠勇，披覽來電，良念賢勞，除報告本部第四六次常會外，特電嘉慰，尚幸乘此餘威，清除漏網，竟一簣之全功，措黨國于磐石，本部有厚望焉，中央執行委員西南執行部、眞印，

41. 第四集团军剿匪胜利，西南执行部嘉慰李（宗仁）、白（崇禧），杀敌致果互奏肤功具见指挥有方，尚希乘此余威清除漏网以竟全功，1934 年 12 月 24 日第 3 版

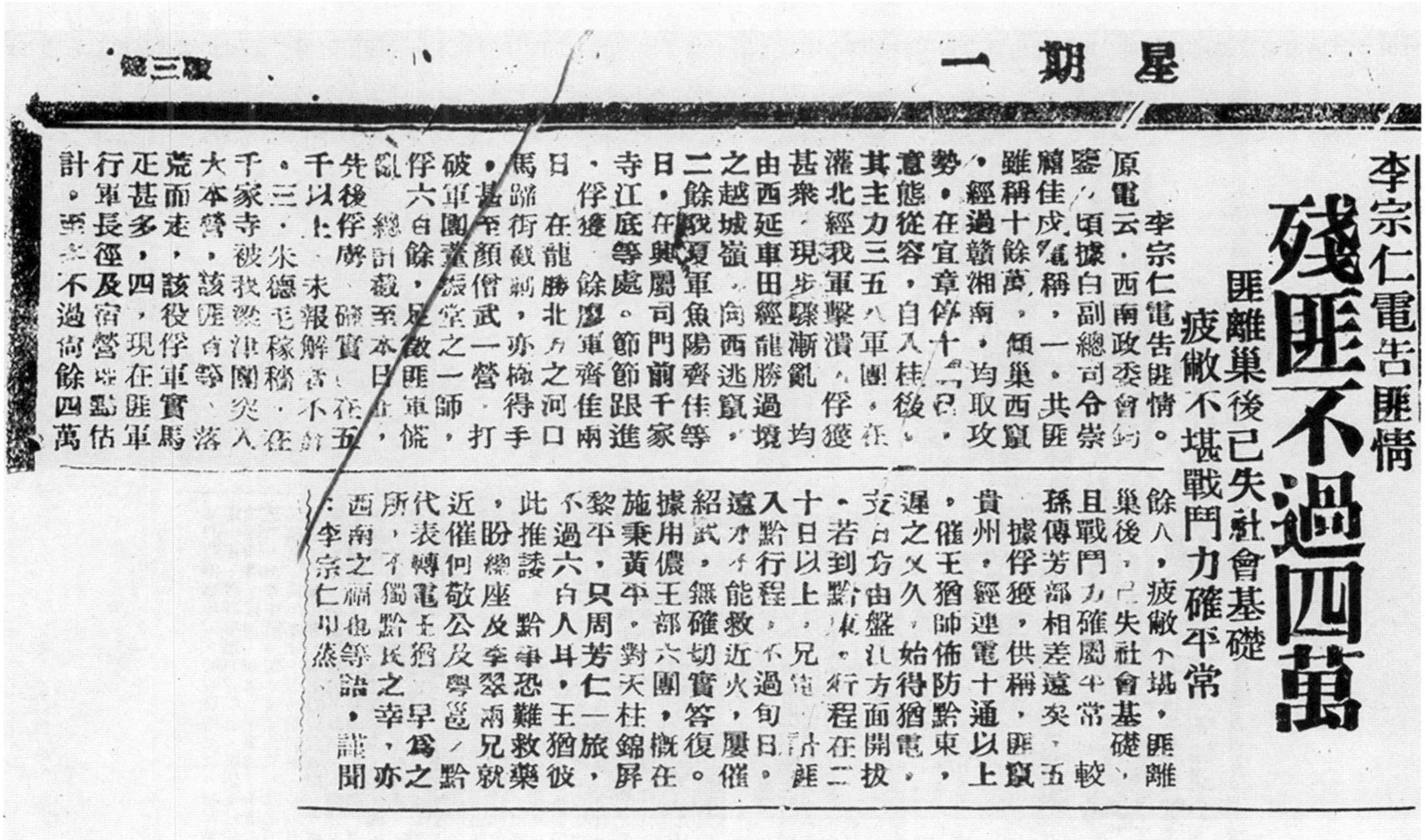
星期一
第三版
李宗仁電告匪情
殘匪不過四萬
匪離巢後已失社會基礎
疲敝不堪戰鬥力確平常

42. 李宗仁电告匪情，残匪不过四万，匪离巢后已失社会基础，疲敝不堪战斗力确平常，1934 年 12 月 24 日第 3 版

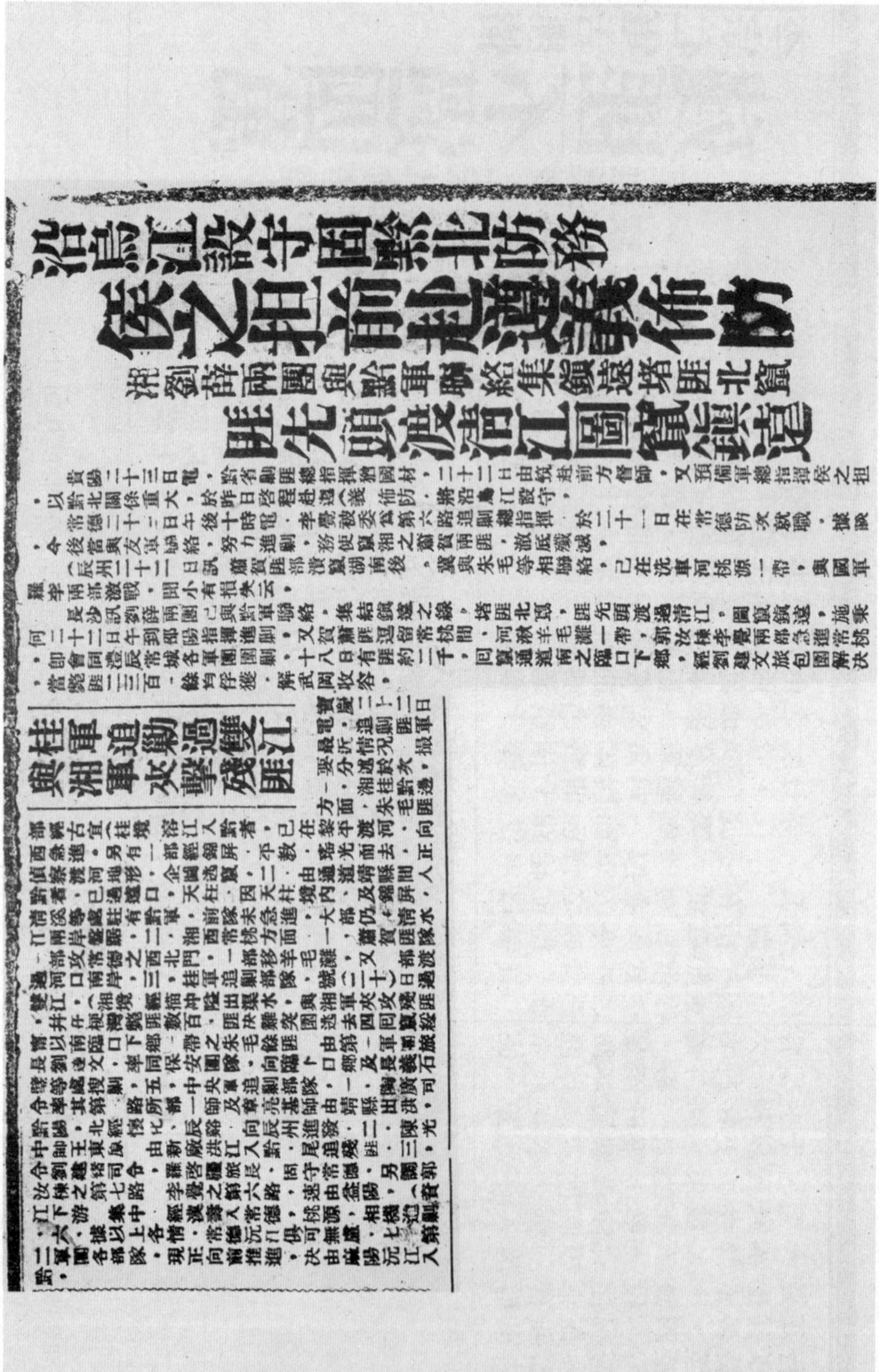

沿烏江設守固黔北防務

侯之担前赴遵義佈防

湘劉薛兩團與黔軍聯絡集鎮遠堵匪北竄

匪先頭渡清江圖竄鎮遠

43. 沿乌江设守固黔北防务，侯之担前赴遵义布防，湘刘（建绪）、薛（岳）两团与黔军联络集镇远堵匪北窜，匪先头渡清江图窜镇远，1934年12月25日第2版

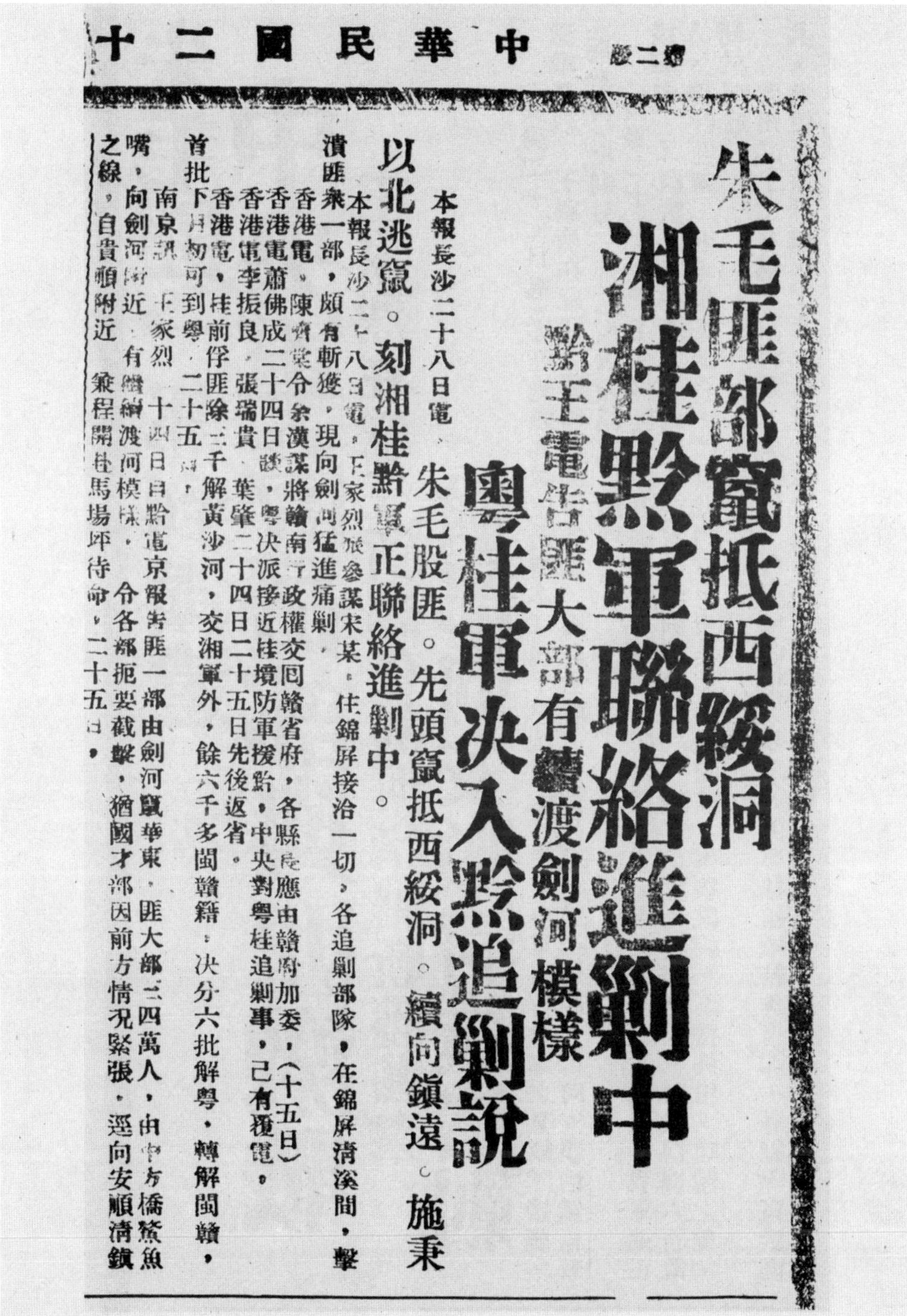

中華民國二十　第二版

朱毛匪部竄抵西綏洞
湘桂黔軍聯絡進剿中
黔王電告匪大部有續渡劍河模樣
粵桂軍決入黔追剿說

本報長沙二十八日電 朱毛股匪。先頭竄抵西綏洞。續向鎮遠。施秉以北逃竄。刻湘桂黔軍正聯絡進剿中。

本報長沙二十八日電，王家烈派參謀宋某，住錦屏接洽一切，各追剿部隊，在錦屏清溪間，擊潰匪衆一部，頗有斬獲，現向劍河猛進痛剿。

香港電，陳濟棠令余漢謀將贛南行政權交回贛省府，各縣長應由贛府加委，（十五日）

香港電蕭佛成二十四日談，粵決派接近桂境防軍援黔，中央對粵桂追剿事，已有覆電。

香港電李振良，張瑞貴，葉肇二十四日二十五日先後返省。

香港電，桂前俘匪除三千解黃沙河，交湘軍外，餘六千多閩贛籍，決分六批解粵，轉解閩贛，首批下月初可到粵，二十五日，

南京訊 王家烈十四日日黔電京報告匪一部由劍河竄華東，匪大部三四萬八，由中方橋蕉魚嘴，向劍河附近，有繼續渡河模樣，令各部扼要截擊，猶國才部因前方情况緊張，逕向安順清鎮之線，自貴陽附近兼程開赴馬場坪待命，二十五日，

44. 朱（德）、毛（泽东）匪部窜抵西绥洞，湘桂黔军联络进剿中，黔王（家烈）电告匪大部有续渡剑河模样，粤桂军决入黔追剿说，1934 年 12 月 29 日第 2 版

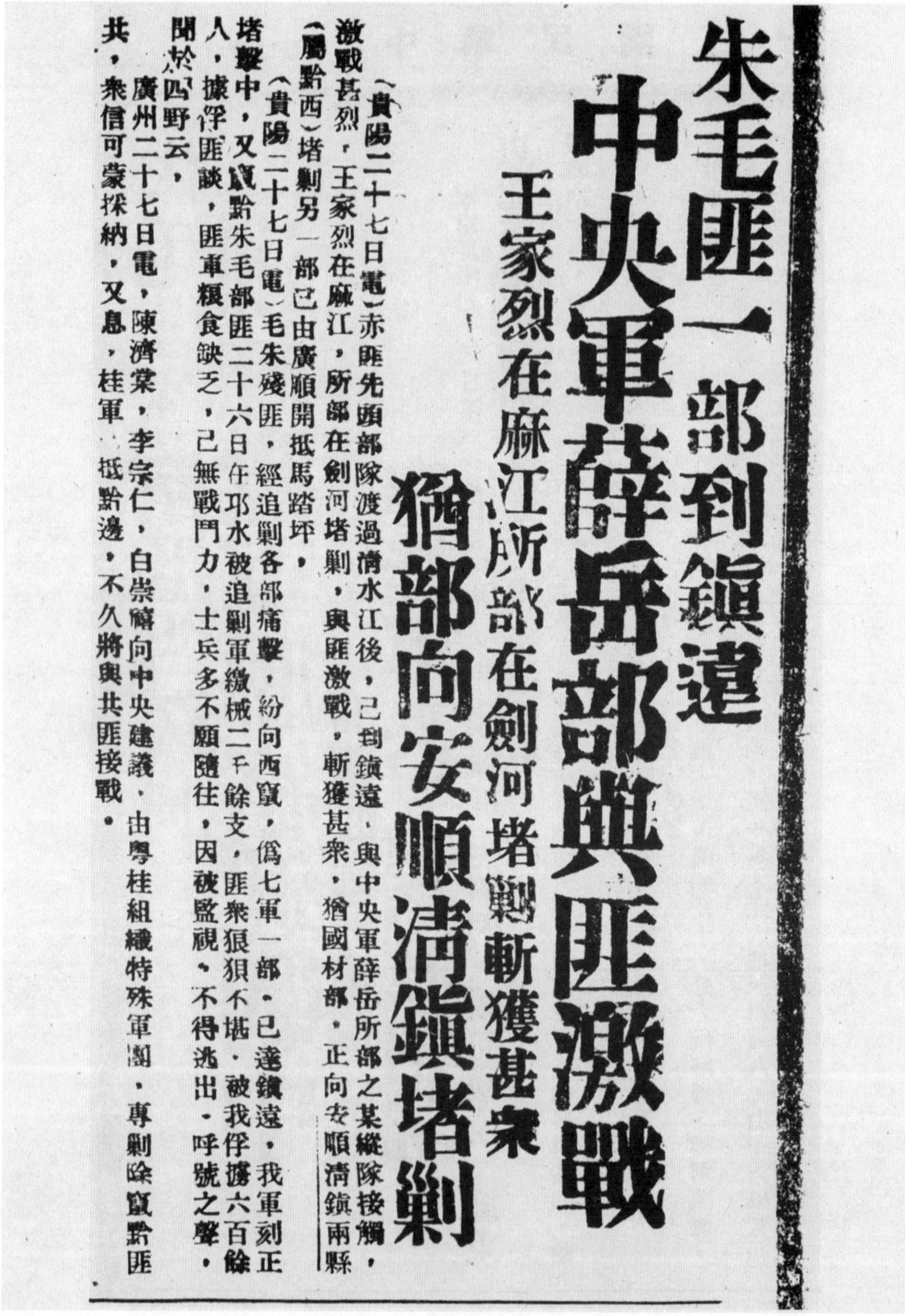

朱毛匪一部到鎮遠

中央軍薛岳部與匪激戰

王家烈在麻江所部在劍河堵剿斬獲甚衆

猶部向安順清鎮堵剿

（貴陽二十七日電）赤匪先頭部隊渡過清水江後，已到鎮遠，與中央軍薛岳所部之某縱隊接觸，激戰甚烈，王家烈在麻江，所部在劍河堵剿，與匪激戰，斬獲甚衆，猶國材部，正向安順清鎮兩縣（屬黔西）堵剿另一部已由廣順開抵馬踏坪，

（貴陽二十七日電）毛朱殘匪，經追剿各部痛擊，紛向西竄，偽七軍一部，已達鎮遠，我軍刻正堵擊中，又竄黔朱毛部匪二十六日在邛水被追剿軍繳械二千餘支，匪衆狼狽不堪，被我俘擄六百餘人，據俘匪談，匪軍粮食缺乏，已無戰鬥力，士兵多不願隨往，因被監視，不得逃出，呼號之聲，聞於四野云，

廣州二十七日電，陳濟棠，李宗仁，白崇禧向中央建議，由粵桂組織特殊軍團，專剿除竄黔匪共，衆信可蒙採納，又息，桂軍，抵黔邊，不久將與共匪接戰。

45. 朱（德）、毛（泽东）匪一部到镇远，中央军薛岳部与匪激战，王家烈在麻江所部在剑河堵剿斩获甚众，犹部向安顺、清镇堵剿，1934 年 12 月 30 日第 2 版

（川西北社漢口專電）孫軍長到省將飛漢中，胡師長日內將飛廣元，陝南之匪，經官軍力剿，現已漸次平靖云，

川西北社漢口專電，中央已令胡宗南師接防昭廣．令上官雲相率領蕭郝各部向萬源城口推進，委員長行營參謀團．準于日內率特務隊入川．蔣委員長不久將來川視察

又電．聞蔣委員長擬於宜昌增設行營

又電，南昌行營已由賀國光辦理結束，行營人員調三分之二入川，餘撥漢口總部．

川西北社重慶電．蔣委員長電令川軍酌派部隊助守黔境之烏江沿河，西竄之匪，沿途死傷逃亡甚多，中央仍照原計劃加緊追剿，并調集湘鄂桂黔各軍合力堵擊．總部已遵令派定兩旅尅日入黔，

46. 无标题，1934 年 12 月 30 日第 5 版

匪竄鎮被擊潰仍退施洞

黔軍何知重部進駐鎮遠

追剿軍在錦清間擊潰匪側衛部向劍河猛追

滇軍三旅開盤江堵剿

本報貴陽十日電、赤匪二千餘人，於二十七日，被黔軍擊潰，匪現已退至九里橋附近，貴陽二十八日電、朱毛先頭匪部渡河到達施洞口後，即向鎮遠前進，玉屏黔軍何知重部，急向鎮遠馳援，將匪擊潰，匪仍退守施洞口一線，匪部現向施秉黃平方向警戒，大部沿清江河西岸扼守，三穗有匪一部，極狼狽，似在整頓休息中，王家烈部杜旅，仍扼守施（秉）黃（平）之線，（長沙二十八日電）朱毛匪部，先頭部隊，已進至施洞，經何知重部，在玉屏，鎮遠，會同湘軍堵剿，匪敗潰，現正追擊中。

昆明二十七日遲到貴，滇龍以朱毛竄黔，形勢猖獗，為增加堵剿力量，刻已準備五旅兵力備用，并將先開一旅進駐盤江，注意黔西一帶，餘二旅為預備隊，日內即開拔，該軍共旅二千餘人，軍實甚充，至深入黔腹地進剿一節，尚須待蔣委員長命令到來，方可開動。

香港二十八日電、省訊，白崇禧擬元旦後來粵一行，晤陳濟棠李宗仁，商追剿事。

貴陽二十八日電、朱毛先頭部隊，已竄抵施洞，圖向鎮遠施秉線北竄，何知重部，由黃平進駐鎮遠，與湘軍聯絡堵剿，追剿軍在錦屏清溪間擊潰匪軍側衛一部，現向劍河猛追中。

長沙二十八日電，王家烈派參謀宋某，往錦屏接洽一切，我追剿部隊。在錦屏清溪間擊潰匪衆一部頗有斬獲。現向劍河猛進痛剿。

47. 匪窜镇被击溃仍退施洞，黔军何知重部进驻镇远，追剿军在锦（平）、清（溪）间击溃匪侧卫部向剑河猛追，滇军三旅开盘江堵剿，1934 年□月□日第 2 版

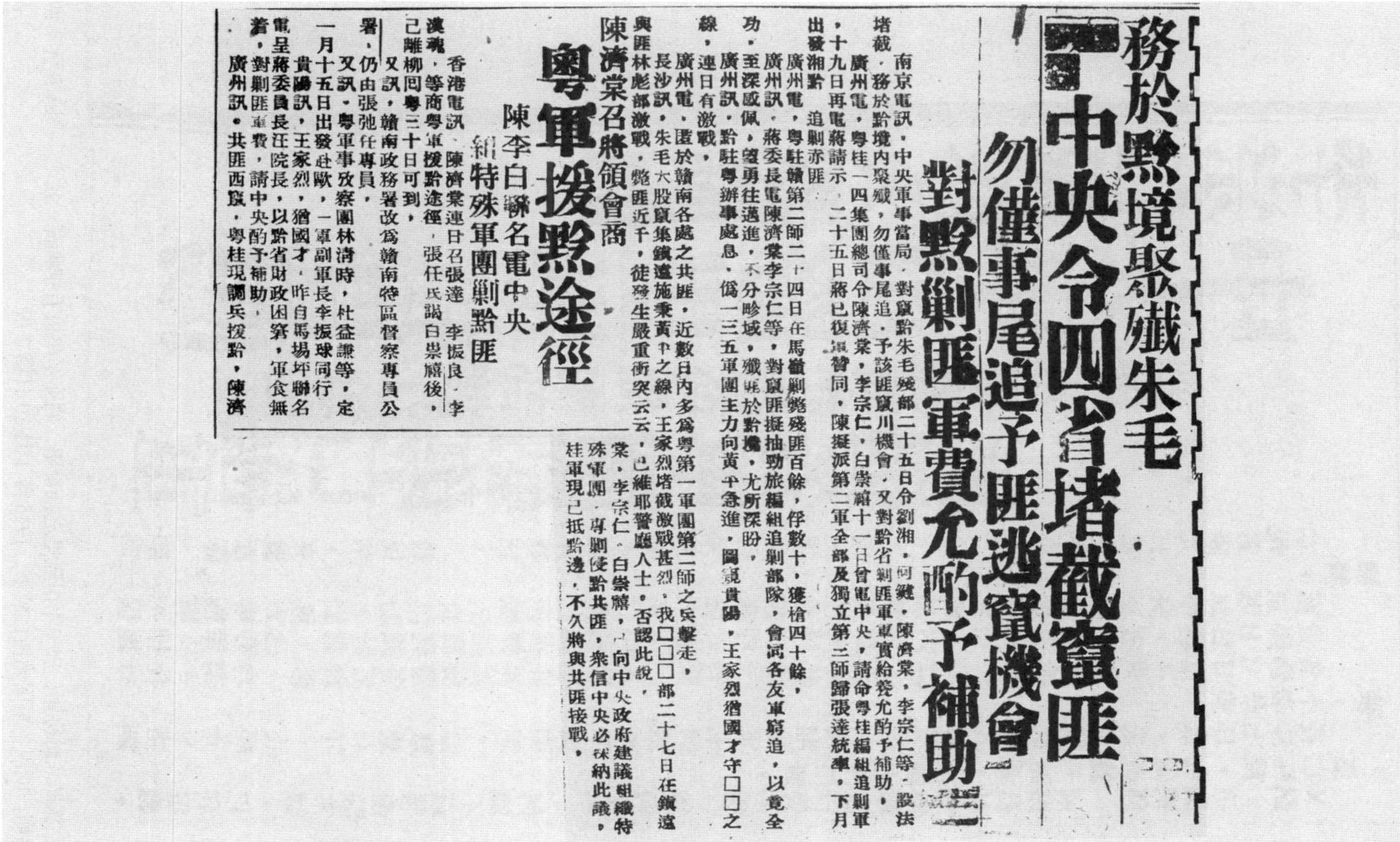

務於黔境聚殲朱毛
中央令四省堵截竄匪
勿僅事尾追予匪逃竄機會
對黔剿匪軍費允酌予補助

南京電訊，中央軍事當局，對竄黔朱毛殘部二十五日令劉湘、何鍵、陳濟棠、李宗仁等，設法堵截，務於黔境內聚殲，勿僅事尾追，予該匪竄川機會，又對黔省剿匪軍軍實給養允酌予補助，

廣州電，粵桂一四集團總司令陳濟棠，李宗仁，白崇禧十一日會電中央，請命粵桂編組追剿軍，十九日再電蔣請示，二十五日蔣已復電贊同，陳擬派第二軍全部及獨立第三師歸張達統率，下月出發湘黔追剿赤匪

廣州電，粵駐贛第二師二十四日在馬嶺剿斃殘匪百餘，俘數十，獲槍四十餘，

廣州訊，蔣委長電陳濟棠李宗仁等，對竄匪擬抽勁旅編組追剿部隊，會同各友軍窮追，以竟全功，至深感佩，望勇往邁進，不分畛域，殲匪於黔邊，尤所深盼，

廣州訊，黔駐粵辦事處息，僞一三五軍團主力向黃平急進，圖竄貴陽，王家烈猶國才守□□之線，連日有激戰，

廣州電，匪於贛南各處之共匪，近數日內多爲粵第一軍團第二師之兵擊走，

長沙訊，朱毛大股竄集鎮遠施秉黃平之線，王家烈堵截激戰甚烈，我□□□部二十七日在鎮遠與匪林彪部激戰，斃匪近千，徒發生嚴重衝突云云，已維耶警廳人士，否認此說，

粵軍援黔途徑
陳濟棠召將領會商
陳李白聯名電中央
組特殊軍團剿黔匪

香港電訊，陳濟棠連日召張達、李振良、李漢魂，等商粵軍援黔途徑，張任氏謁白崇禧後，已離柳回粵，三十日可到，

又訊，贛南政務署改爲贛南行區督察專員公署，仍由張弛任專員，

又訊，粵軍事考察團林濤時，杜益謙等，定一月十五日出發赴歐，一軍副軍長李振球同行，

貴陽訊，王家烈，猶國才，昨自馬場坪聯名電呈蔣委員長汪院長，以黔省財政困窘，軍食無着，對剿匪軍費，請中央酌予補助，

廣州訊，共匪西竄，粵桂現調兵援黔，陳濟棠，李宗仁、白崇禧，已向中央政府建議組織特殊軍團，專剿侵黔共匪，衆信中央必採納此議，桂軍現已抵黔邊，不久將與共匪接戰，

48. 务于黔境聚歼朱（德）、毛（泽东），中央令四省堵截窜匪，勿仅事尾追予匪逃窜机会，对黔剿匪军费允酌予补助，1935 年 1 月 4 日第 1 版

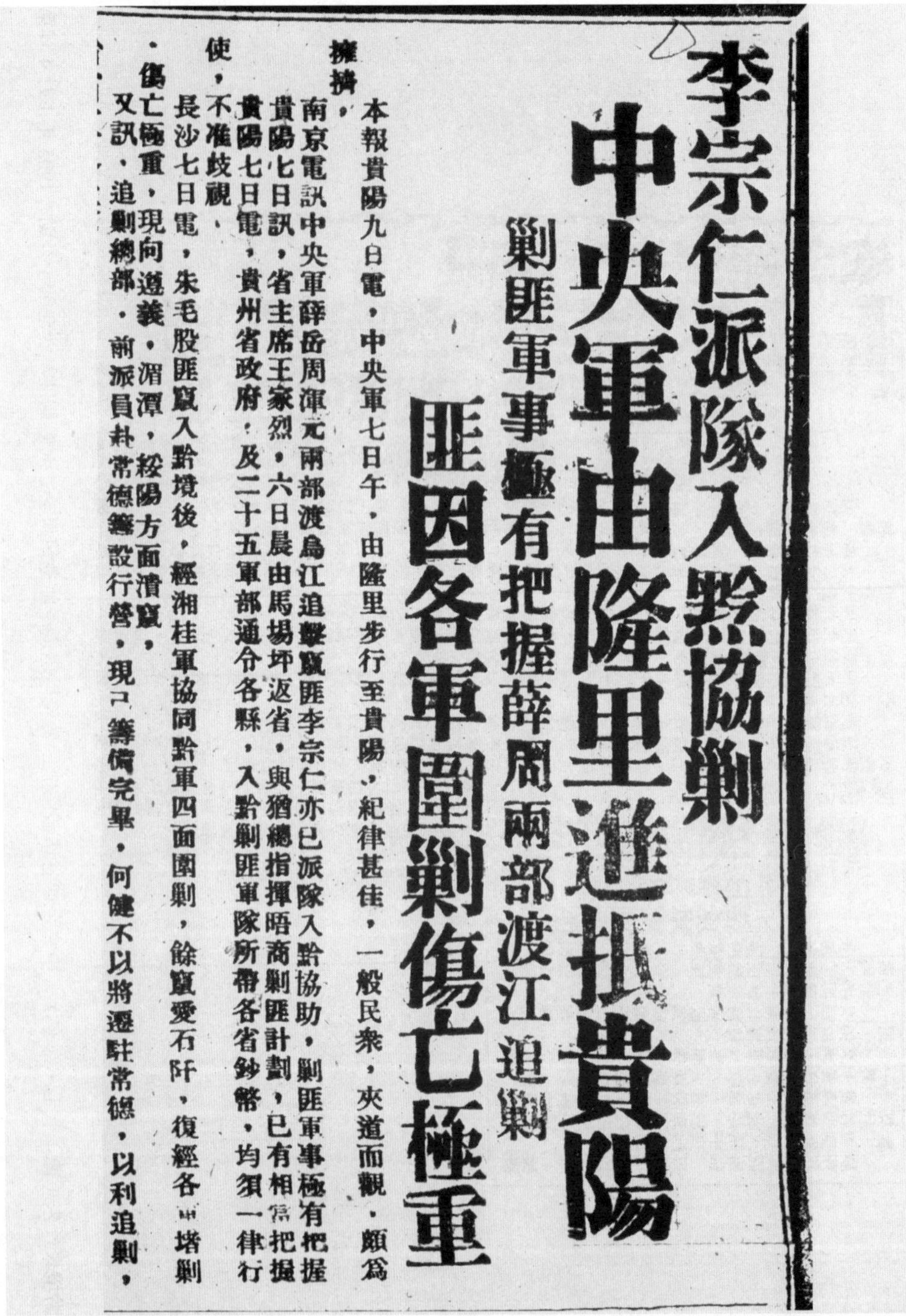

李宗仁派隊入黔協剿

中央軍由隆里進抵貴陽

剿匪軍事極有把握薛周兩部渡江追剿

匪因各軍圍剿傷亡極重

本報貴陽九日電，中央軍七日午，由隆里步行至貴陽，紀律甚佳，一般民衆，夾道而觀，頗爲擁擠，

南京電訊中央軍薛岳周渾元兩部渡烏江追擊竄匪李宗仁亦已派隊入黔協助，剿匪軍事極有把握

貴陽七日訊，省主席王家烈，六日晨由馬場坪返省，與猶總指揮晤商剿匪計劃，已有相當把握

貴陽七日電，貴州省政府，及二十五軍部通令各縣，入黔剿匪軍隊所帶各省鈔幣，均須一律行使，不准歧視，

長沙七日電，朱毛股匪竄入黔境後，經湘桂軍協同黔軍四面圍剿，餘竄瓮石阡，復經各軍堵剿傷亡極重，現向遵義，湄潭，綏陽方面潰竄，

又訊，追剿總部，前派員赴常德籌設行營，現已籌備完畢，何健不以將遷駐常德，以利追剿，

49. 李宗仁派队入黔协剿，中央军由隆里进抵贵阳，剿匪军事极有把握薛（岳）、周（浑元）两部渡江追剿，匪因各军围剿伤亡极重，1935 年 1 月 10 日第 2 版

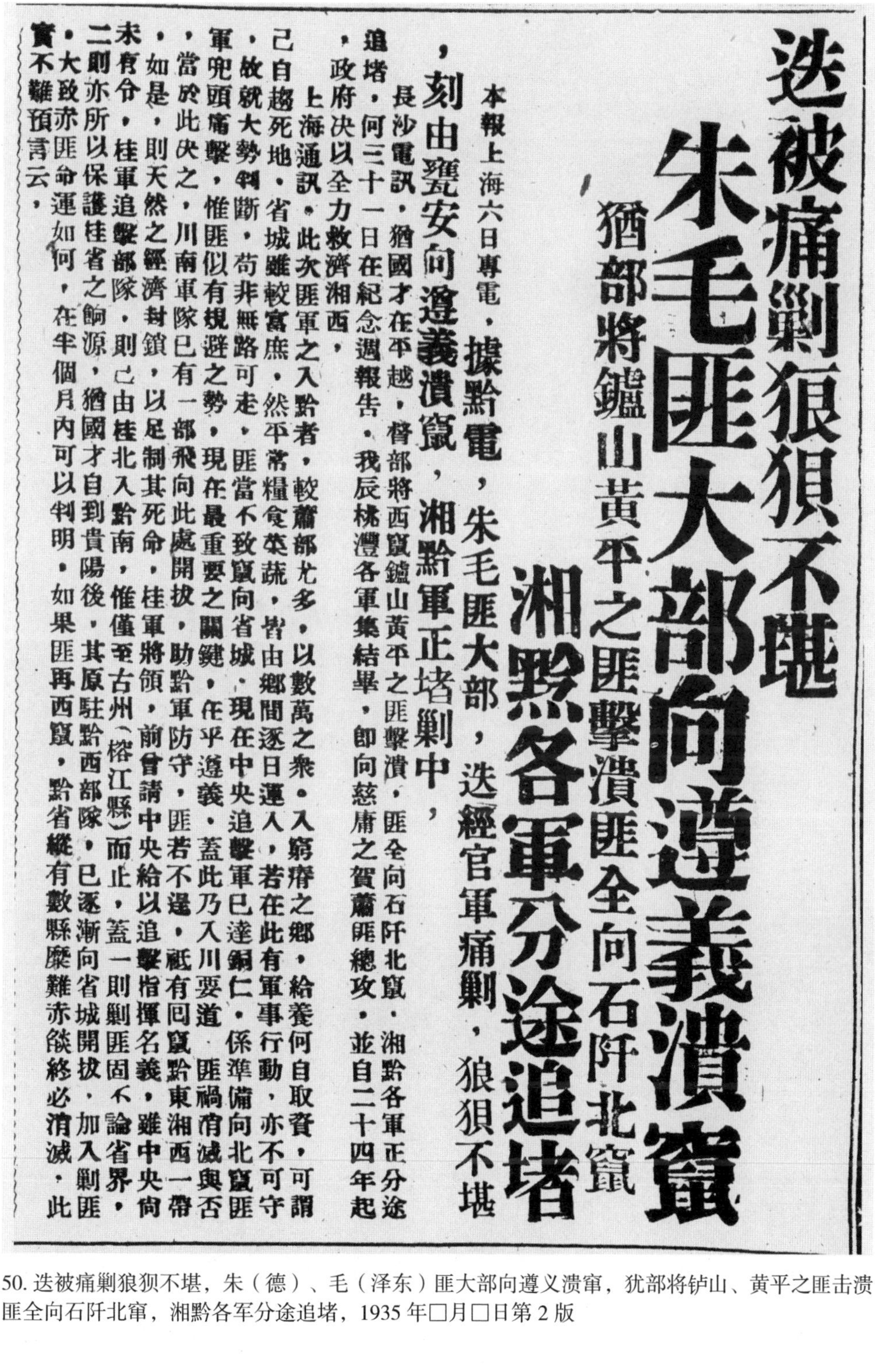

迭被痛剿狼狽不堪

朱毛匪大部向遵義潰竄

猶部將鏟山黃平之匪擊潰匪全向石阡北竄

湘黔各軍分途追堵

本報上海六日專電，據黔電，朱毛匪大部，迭經官軍痛剿，狼狽不堪，刻由甕安向遵義潰竄，湘黔軍正堵剿中，

長沙電訊，猶國才在平越，督部將西竄鏟山黃平之匪擊潰，匪全向石阡北竄，湘黔各軍正分途追堵，何三十一日在紀念週報告，我辰桃澧各軍集結畢，即向慈庸之賀蕭匪總攻，並自二十四年起，政府決以全力救濟湘西，

上海通訊，此次匪軍之入黔者，較蕭部尤多，以數萬之衆，入窮瘠之鄉，給養何自取資，可謂己自趨死地，省城雖較富庶，然平常糧食菜蔬，皆由鄉間逐日運入，若在此有軍事行動，亦不可守，故就大勢判斷，苟非無路可走，匪當不致竄向省城，現在中央追擊軍已達銅仁，係準備向北竄匪軍兜頭痛擊，惟匪似有規避之勢，現在最重要之關鍵，在平遵義，蓋此乃入川要道，匪禍消滅與否，當於此決之，川南軍隊已有一部飛向此處開拔，助黔軍防守，匪若不退，祇有回竄黔東湘西一帶，如是，則天然之經濟封鎖，以足制其死命，桂軍將領，前曾請中央給以追擊指揮名義，雖中央向未有令，桂軍追擊部隊，則已由桂北入黔南，惟僅至古州(榕江縣)而止，蓋一則剿匪固不論省界，二則亦所以保護桂省之餉源，猶國才自到貴陽後，其原駐黔西部隊，已逐漸向省城開拔，加入剿匪，大致赤匪命運如何，在半個月內可以判明，如果匪再西竄，黔省縱有數縣糜爛，赤燄終必消滅，此實不難預言云，

50. 迭被痛剿狼狈不堪，朱（德）、毛（泽东）匪大部向遵义溃窜，犹部将铲山、黄平之匪击溃匪全向石阡北窜，湘黔各军分途追堵，1935 年□月□日第 2 版

朝　报

泰晤士報備致贊揚

蔣決消滅共匪

粵桂當局均與中央合作

【倫敦十七日路透電】泰晤士報今日社論稱、中國中央政府、與贛閩兩省蘇維埃組織之長期戰爭、顯已達一頂點、截至去年秋間爲止、赤黨尚佔上風、然年來蔣介石將軍、加緊經濟及軍事壓迫之後、已被逐出老巢瑞金、刻以佔地日蹙、有西竄之勢、然幸而粵桂兩省當局、均與中央合作剿匪、故政府若能將赤匪、加以大包圍、使其無法他竄、則完全剿滅、實無問題、該報又稱、赤匪冀圖竄入四川、劉湘已決意求助於蔣介石將軍云、

1. 泰晤士报备致赞扬，蒋（介石）决消灭“共匪”，粤桂当局均与中央合作，1934 年 11 月 18 日第 2 版

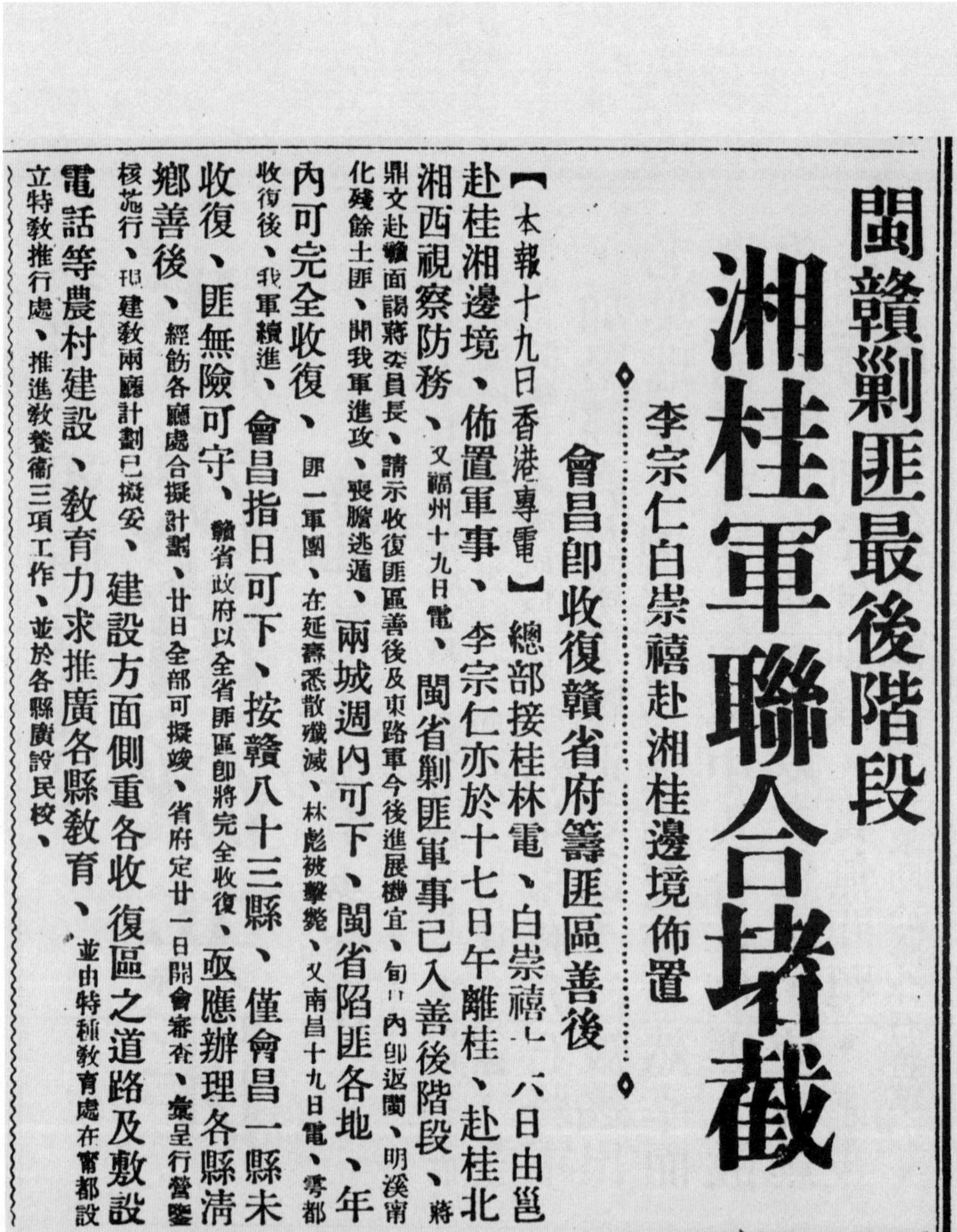

閩贛剿匪最後階段

湘桂軍聯合堵截

李宗仁白崇禧赴湘桂邊境佈置

會昌即收復贛省府籌匪區善後

【本報十九日香港專電】總部接桂林電、白崇禧十六日由邕赴桂湘邊境、佈置軍事、李宗仁亦於十七日午離桂、赴桂北湘西視察防務、又福州十九日電、閩省剿匪軍事已入善後階段、蔣鼎文赴贛面謁蔣委員長、請示收復匪區善後及東路軍今後進展機宜、旬日內即返閩、明溪甯化殘餘土匪、聞我軍進攻、喪膽逃遁、兩城週內可下、閩省陷匪各地、年內可完全收復、匪一軍團、在延壽悉散殲滅、林彪被擊斃、又南昌十九日電、雩都收復後、我軍續進、會昌指日可下、按贛八十三縣、僅會昌一縣未收復、匪無險可守、贛省政府以全省匪區即將完全收復、亟應辦理各縣清鄉善後、經飭各廳處合擬計劃、廿日全部可擬竣、省府定廿一日開會審查、彙呈行營鑒核施行、現建教兩廳計劃已擬妥、建設方面側重各收復區之道路及敷設電話等農村建設、教育力求推廣各縣教育、並由特種教育處在甯都設立特教推行處、推進教養衛三項工作、並於各縣廣設民校、

2. 闽赣剿匪最后阶段，湘桂军联合堵截，李宗仁、白崇禧赴湘桂边境布置，会昌即收复赣省府筹匪区善后，1934 年 11 月 20 日第 1 版

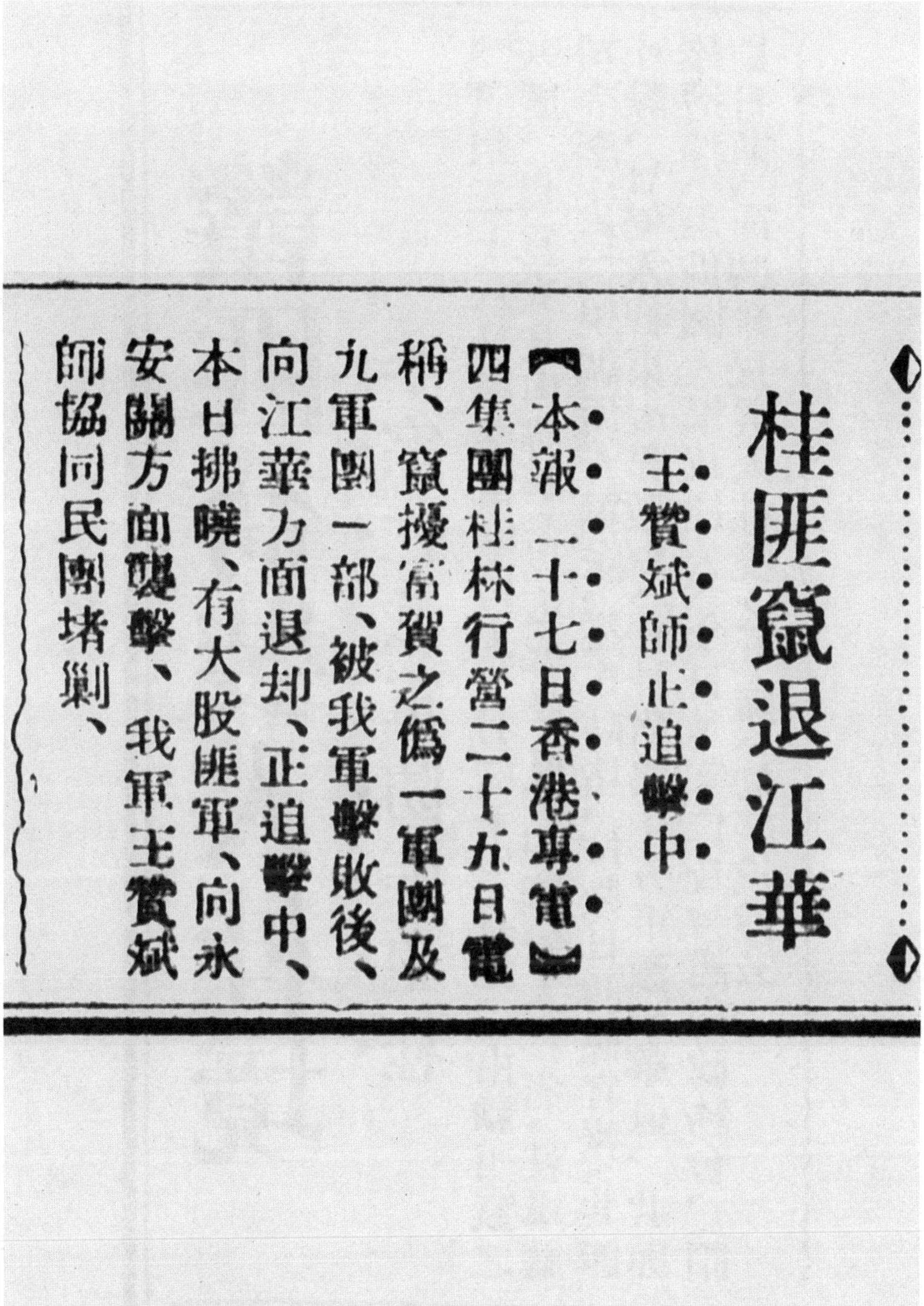

桂匪竄退江華

王贊斌師正追擊中

【本報二十七日香港專電】四集團桂林行營二十五日電稱、竄擾富賀之僞一軍團及九軍團一部、被我軍擊敗後、向江華方面退却、正追擊中、本日拂曉、有大股匪軍、向永安關方面襲擊、我軍王贊斌師協同民團堵剿、

3. 桂匪窜退江华，王赞斌师正追击中，1934 年 11 月 28 日第 1 版

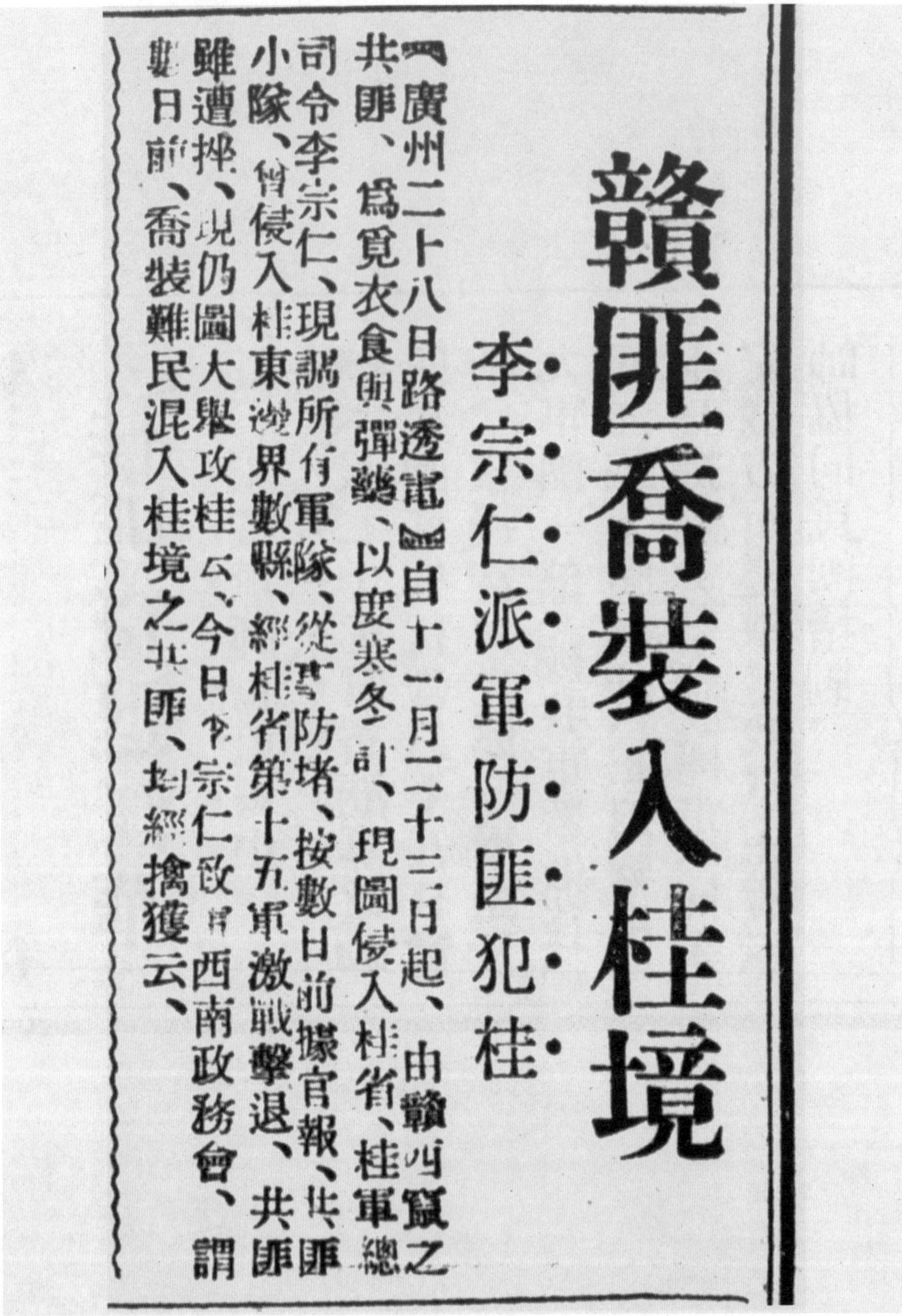

贛匪喬裝入桂境

李宗仁派軍防匪犯桂

【廣州二十八日路透電】自十一月二十三日起、由贛西竄之共匪、爲覓衣食與彈藥、以度寒冬計、現圖侵入桂省、桂軍總司令李宗仁、現調所有軍隊、從事防堵、按數日前據官報、共匪小隊、曾侵入桂東邊界數縣、經桂省第十五軍激戰擊退、共匪雖遭挫、現仍圖大舉攻桂云、今日李宗仁致電西南政務會、謂數日前、喬裝難民混入桂境之共匪、均經擒獲云、

4. 赣匪乔装入桂境，李宗仁派军防匪犯桂，1934 年 11 月 29 日第 1 版

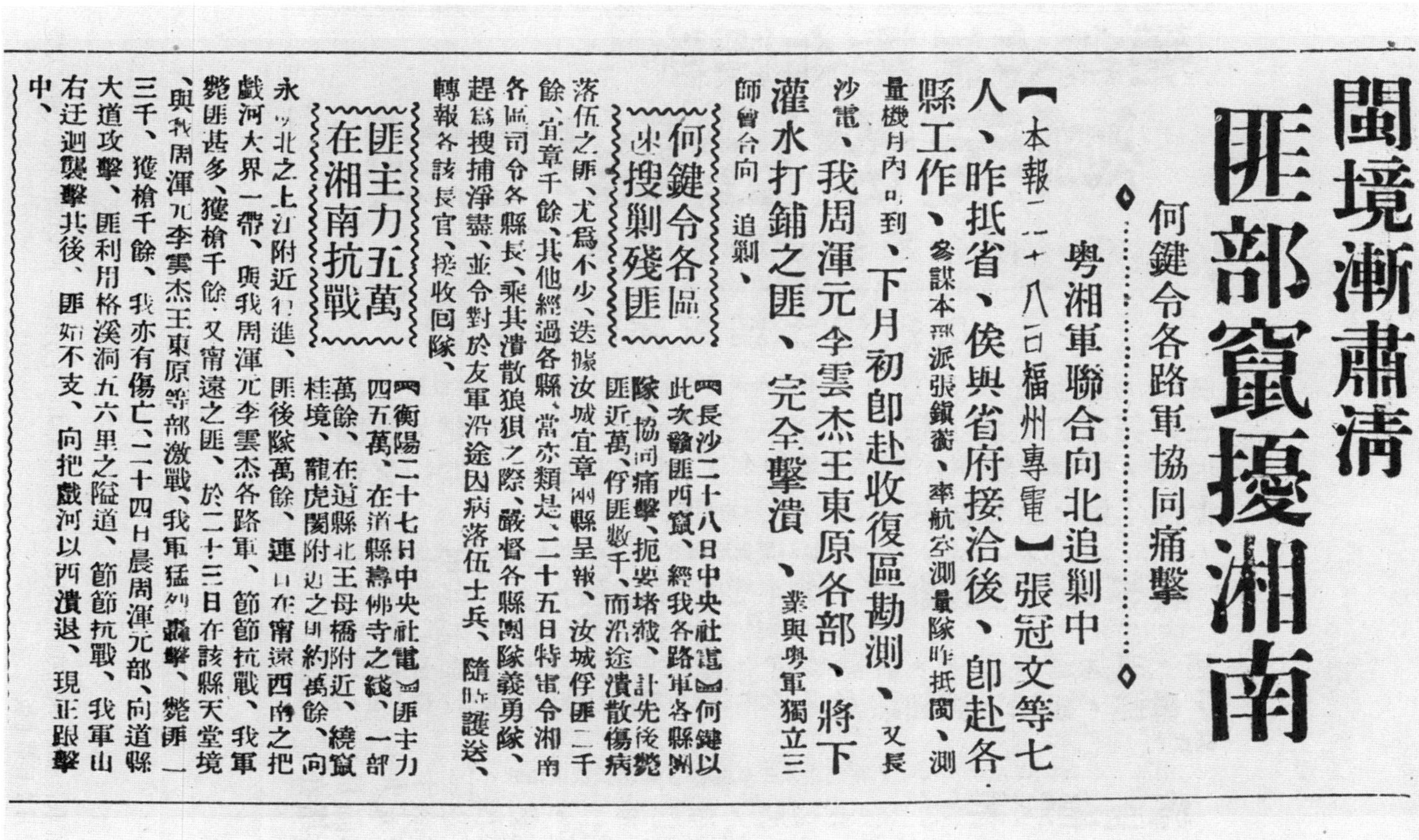

閩境漸肅清

匪部竄擾湘南

何鍵令各路軍協同痛擊

粵湘軍聯合向北追剿中

【本報二十八日福州專電】張冠文等七人、昨抵省、俟與省府接洽後、即赴各縣工作、參謀本部派張鎮衡、率航空測量機月內可到、下月初即赴收復區勘測、又長沙電、我周渾元李雲杰王東原各部、將下灌水打鋪之匪、完全擊潰、業與粵軍獨立三師會合向 追剿、

何鍵令各區 迅搜剿殘匪

【長沙二十八日中央社電】何鍵以此次贛匪西竄、經我各路軍各縣團隊、協同痛擊、扼要堵截、計先後斃匪近萬、俘匪數千、而沿途潰散傷病落伍之匪、尤爲不少、迭據汝城宜章兩縣呈報、汝城俘匪二千餘、宜章千餘、其他經過各縣、當亦類是、二十五日特電令湘南各區司令各縣長、乘其潰散狼狽之際、嚴督各縣團隊義勇隊、趕爲搜捕淨盡、並令對於友軍沿途因病落伍士兵、隨時護送、轉報各該長官、接收回隊、

匪主力五萬 在湘南抗戰

【衡陽二十七日中央社電】匪主力四五萬、在道縣壽佛寺之綫、一部萬餘、在道縣北王母橋附近、繞竄桂境、龍虎關附近之匪約萬餘、向永明北之上江附近行進、匪後隊萬餘、連日在甯遠西南之把戲河大界一帶、與我周渾元李雲杰各路軍、節節抗戰、我軍斃匪甚多、獲槍千餘、又甯遠之匪、於二十三日在該縣天堂境、與我周渾元李雲杰王東原等部激戰、我軍猛烈轟擊、斃匪一三千、獲槍千餘、我亦有傷亡、二十四日晨周渾元部、向道縣大道攻擊、匪利用桁溪洞五六里之隘道、節節抗戰、我軍由右迂迴襲擊其後、匪始不支、向把戲河以西潰退、現正跟擊中、

5. 闽境渐肃清，匪部窜扰湘南，何键令各路军协同痛击，粤湘军联合向北追剿中，1934 年 11 月 29 日第 2 版

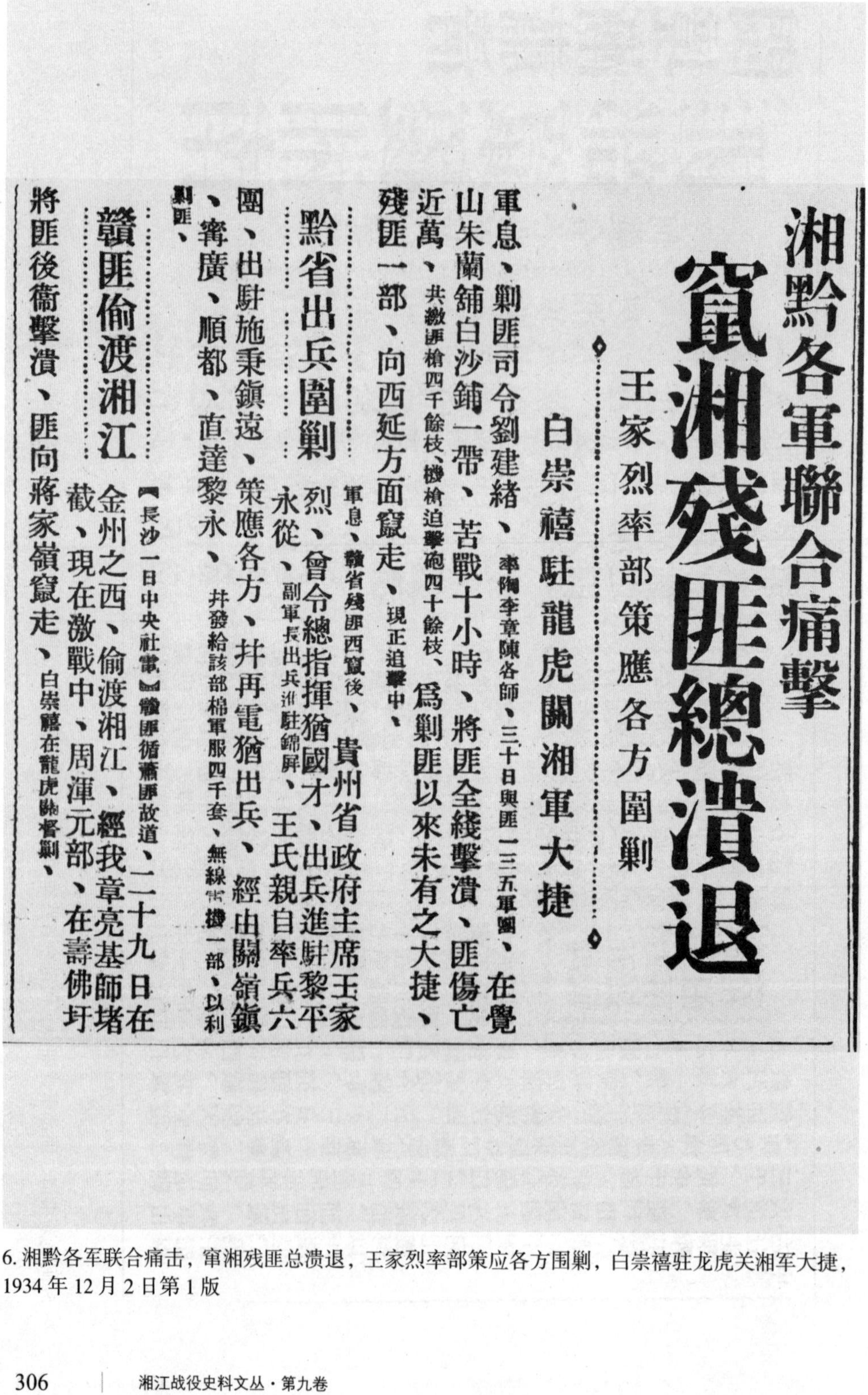

湘黔各軍聯合痛擊
竄湘殘匪總潰退
王家烈率部策應各方圍剿
白崇禧駐龍虎關湘軍大捷

軍息、剿匪司令劉建緒、率陶李章陳各師、三十日與匪一三五軍團、在覺山朱蘭鋪白沙鋪一帶、苦戰十小時、將匪全綫擊潰、匪傷亡近萬、共繳匪槍四千餘枝、機槍迫擊砲四十餘枝、爲剿匪以來未有之大捷、殘匪一部、向西延方面竄走、現正追擊中、

黔省出兵圍剿

軍息、贛省殘匪西竄後、貴州省政府主席王家烈、曾令總指揮猶國才、出兵進駐黎平永從、副軍長出兵泚駐錦屏、王氏親自率兵六團、出駐施秉鎮遠、策應各方、并再電猶出兵、經由關嶺鎮、寧廣、順都、直達黎永、并發給該部棉軍服四千套、無線電機一部、以利剿匪、

贛匪偷渡湘江

【長沙一日中央社電】贛匪循蕭匪故道、二十九日在金州之西、偷渡湘江、經我章亮基師堵截、現在激戰中、周渾元部、在壽佛圩將匪後衛擊潰、匪向蔣家嶺竄走、白崇禧在龍虎關督剿、

6. 湘黔各军联合痛击，窜湘残匪总溃退，王家烈率部策应各方围剿，白崇禧驻龙虎关湘军大捷，1934 年 12 月 2 日第 1 版

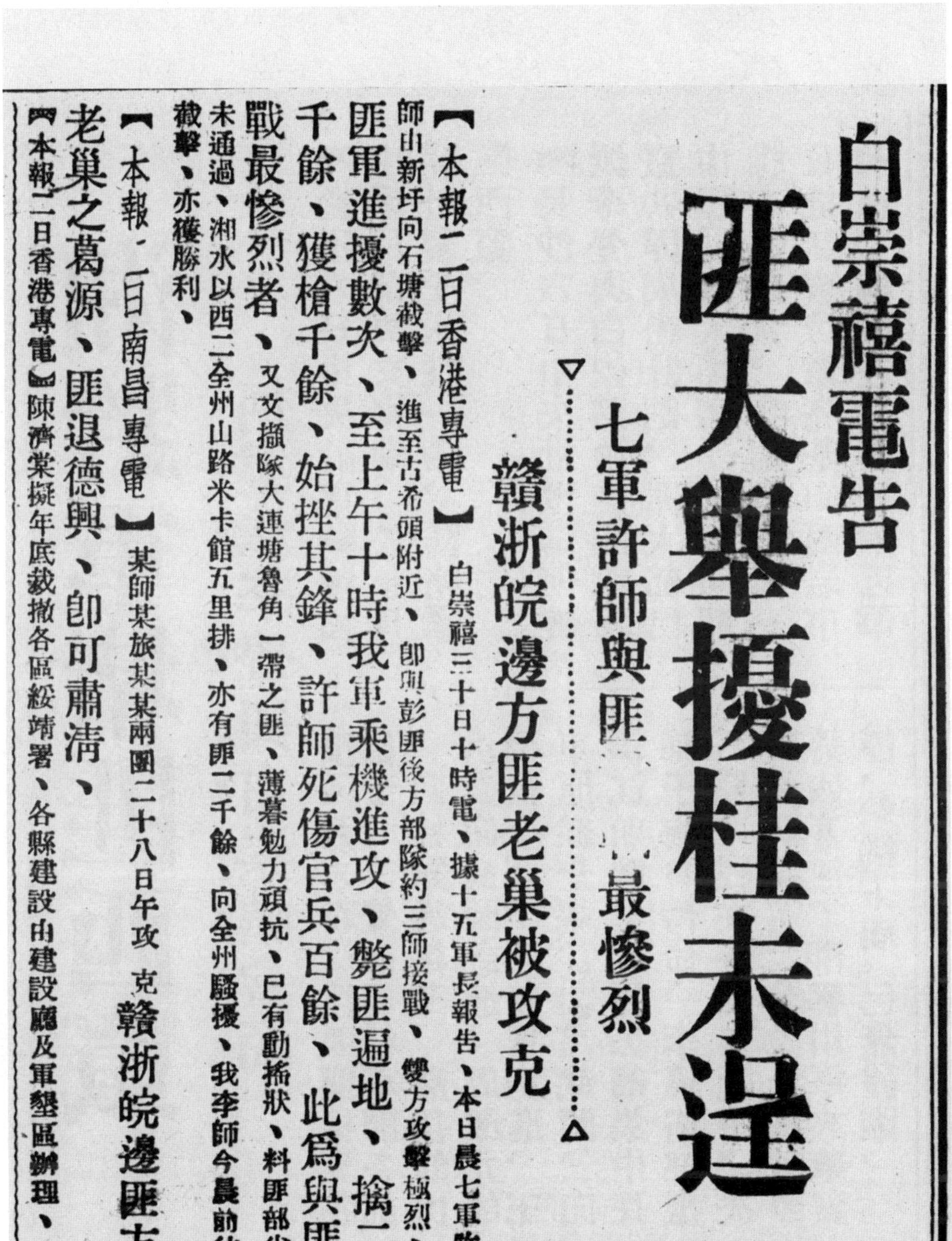

白崇禧電告

匪大舉擾桂未逞

七軍許師與匪[illegible]最慘烈

贛浙皖邊方匪老巢被攻克

【本報二日香港專電】白崇禧三十日十時電、據十五軍長報告、本日晨七軍許師由新圩向石塘截擊、進至古希頭附近、卽與彭匪後方部隊約三師接戰、雙方攻擊極烈、匪軍進擾數次、至上午十時我軍乘機進攻、斃匪遍地、擒二千餘、獲槍千餘、始挫其鋒、許師死傷官兵百餘、此爲與匪戰最慘烈者、又文撫隊大連塘魯角一帶之匪、薄暮勉力頑抗、已有動搖狀、料匪部尚未通過、湘水以西二全州山路米卡館五里排、亦有匪二千餘、向全州騷擾、我李師今晨前往截擊、亦獲勝利、

【本報二日南昌專電】某師某旅某某兩團二十八日午攻克贛浙皖邊匪方老巢之葛源、匪退德興、卽可肅淸、

【本報二日香港專電】陳濟棠擬年底裁撤各區綏靖署、各縣建設由建設廳及軍墾區辦理、

7. 白崇禧电告匪大举扰桂未逞，七军许师与匪（激战）最惨烈，赣浙皖边方匪老巢被攻克，1934 年 12 月 3 日第 1 版

湘黔軍堵匪西竄

·何鍵派李覺與白崇禧會商·

【貴陽六日中央社電】猶國才派所部周文彬團、於今日開赴黎平永從一帶、防堵[illegible]匪西竄、

【長沙六日中央社電】何鍵派李覺與白崇禧會商圍殲西竄共匪周密計劃、匪大部已由延北竄大埠頭、一部向龍勝方面分竄、我劉建緒部三日抵新甯、章亮基向西岩市前進、陶廣在大帽嶺附近擊潰匪五六百、俘匪獲槍夏各數十、李覺部與桂軍廖各部、向桂黔邊堵截、薛岳部由洪橋向武岡急進、周渾元部已抵全州、向新甯挺進、王東原經全縣、新甯、武岡、向洪江前進、李雲杰部集中長鋪子梅口待命、李韞珩部抵石期、匪在各部包圍中、決難漏網、陳渠珍電、我軍破匪於四喜河、湘鄂川軍夾擊賀匪、慈桃方面、已無匪蹤、

8. 湘黔军堵匪西窜，何键派李觉与白崇禧会商，1934 年 12 月 7 日第 1 版

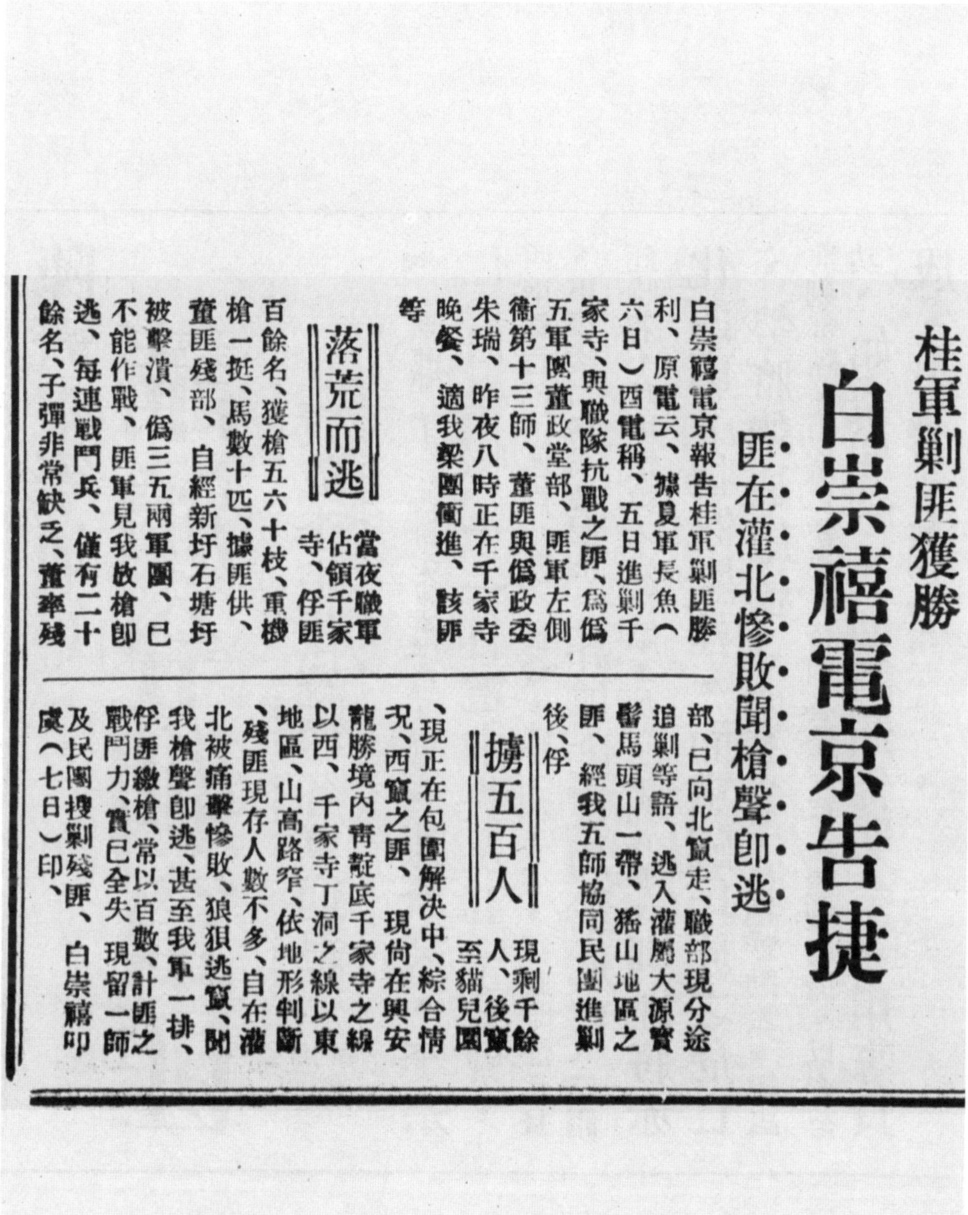

桂軍剿匪獲勝

白崇禧電京告捷

匪在灌北慘敗聞槍聲即逃

白崇禧電京報告桂軍剿匪勝利、原電云、據夏軍長魚（六日）酉電稱、五日進剿千家寺、與職隊抗戰之匪、爲僞五軍團董政堂部、匪軍左側衛第十三師、董匪與僞政委朱瑞、昨夜八時正在千家寺晚餐、適我梁團衝進、該匪等

落荒而逃

當夜職軍佔領千家寺、俘匪百餘名、獲槍五六十枝、重機槍一挺、馬數十匹、據匪供、董匪殘部、自經新圩石塘圩被擊潰、僞三五兩軍團、已不能作戰、匪軍見我放槍即逃、每連戰鬥兵、僅有二十餘名、子彈非常缺乏、董率殘部、已向北竄走、職部現分途追剿等語、逃入灌屬大源寶鬙馬頭山一帶、貓山地區之匪、經我五師協同民團進剿後、俘

擄五百人

現剩千餘人、後竄至貓兒園、現正在包圍解決中、綜合情況、西竄之匪、現尚在興安龍勝境內青靛底千家寺之線以西、千家寺丁洞之線以東地區、山高路窄、依地形判斷、殘匪現存人數不多、自在灌北被痛擊慘敗、狼狽逃竄、聞我槍聲即逃、甚至我軍一排、俘匪繳槍、常以百數、計匪之戰鬥力、實已全失、現留一師及民團搜剿殘匪、白崇禧叩虞（七日）印、

9. 桂军剿匪获胜，白崇禧电京告捷，匪在灌（阳）北惨败闻枪声即逃，1934年12月10日第2版

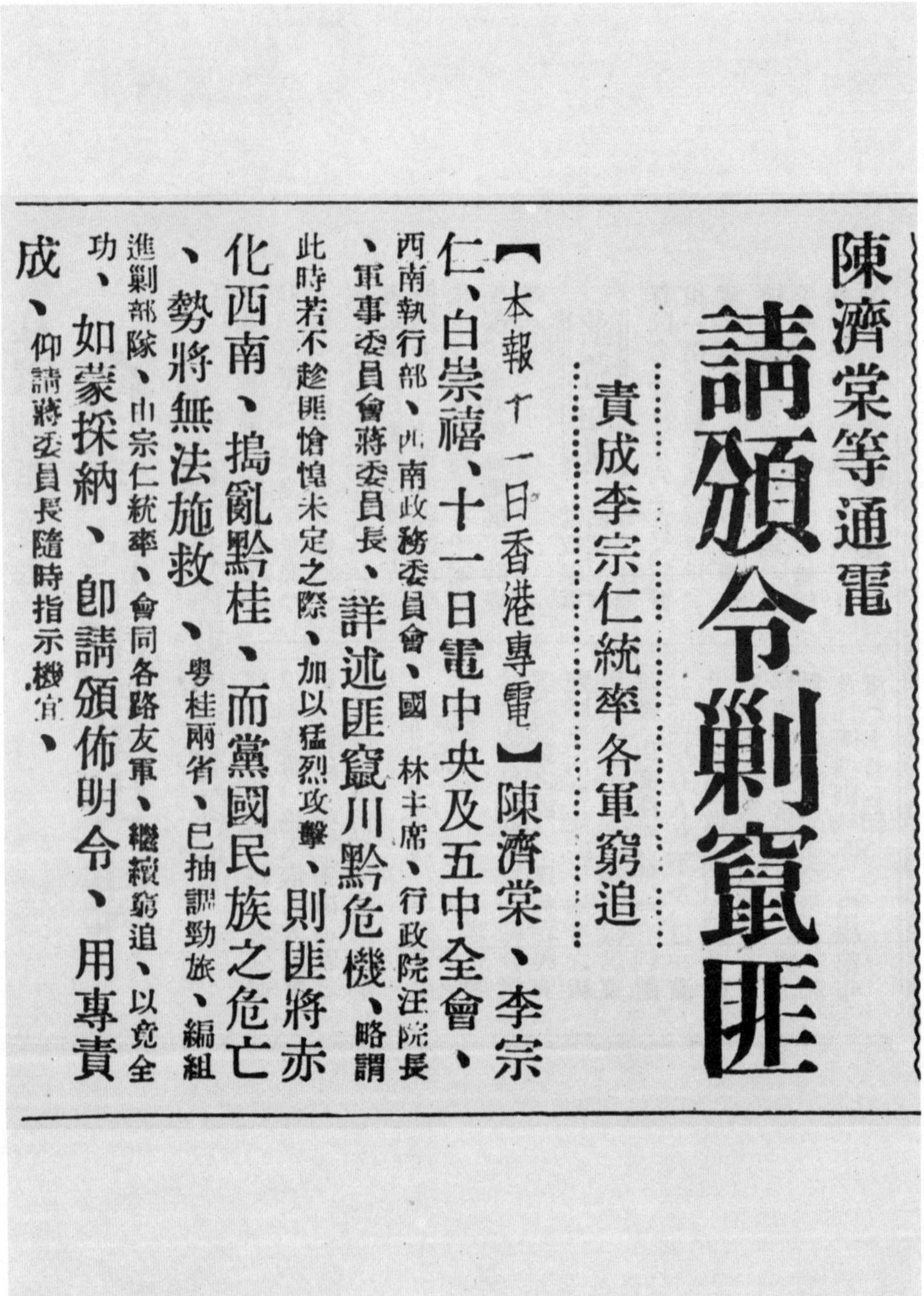

陳濟棠等通電

請頒令剿竄匪

責成李宗仁統率各軍窮追

【本報十一日香港專電】陳濟棠、李宗仁、白崇禧、十一日電中央及五中全會、西南執行部、西南政務委員會、國　林主席、行政院汪院長、軍事委員會蔣委員長、詳述匪竄川黔危機、略謂此時若不趁匪愴惶未定之際、加以猛烈攻擊、則匪將赤化西南、搗亂黔桂、而黨國民族之危亡、勢將無法施救、粵桂兩省、已抽調勁旅、編組進剿部隊、由宗仁統率、會同各路友軍、繼續窮追、以竟全功、如蒙採納、即請頒佈明令、用專責成、仰請蔣委員長隨時指示機宜、

10. 陈济棠等通电请颁令剿窜匪，责成李宗仁统率各军穷追，1934 年 12 月 12 日第 2 版

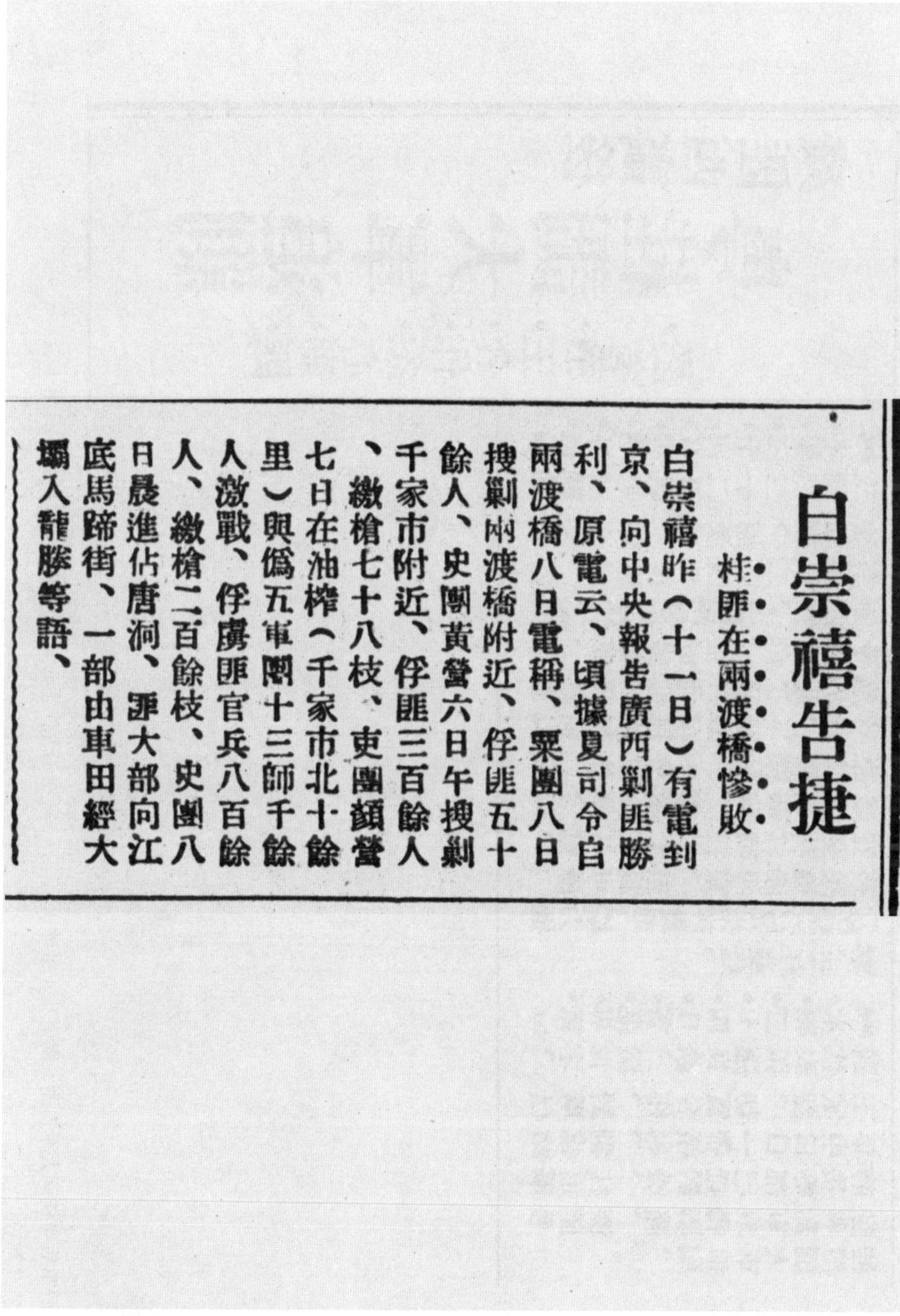

白崇禧告捷

桂匪在兩渡橋慘敗

白崇禧昨（十一日）有電到京、向中央報告廣西剿匪勝利、原電云、頃據夏司令自兩渡橋八日電稱、粟團八日搜剿兩渡橋附近、俘匪五十餘人、史團黃營六日午搜剿千家市附近、俘匪三百餘人、繳槍七十八枝、史團顏營七日在油榨（千家市北十餘里）與僞五軍團十三師千餘人激戰、俘虜匪官兵八百餘人、繳槍二百餘枝、史團八日晨進佔唐洞、匪大部向江底馬蹄街、一部由車田經大壩入龍勝等語、

11. 白崇禧告捷，桂匪在两渡桥惨败，1934 年 12 月 12 日第 3 版

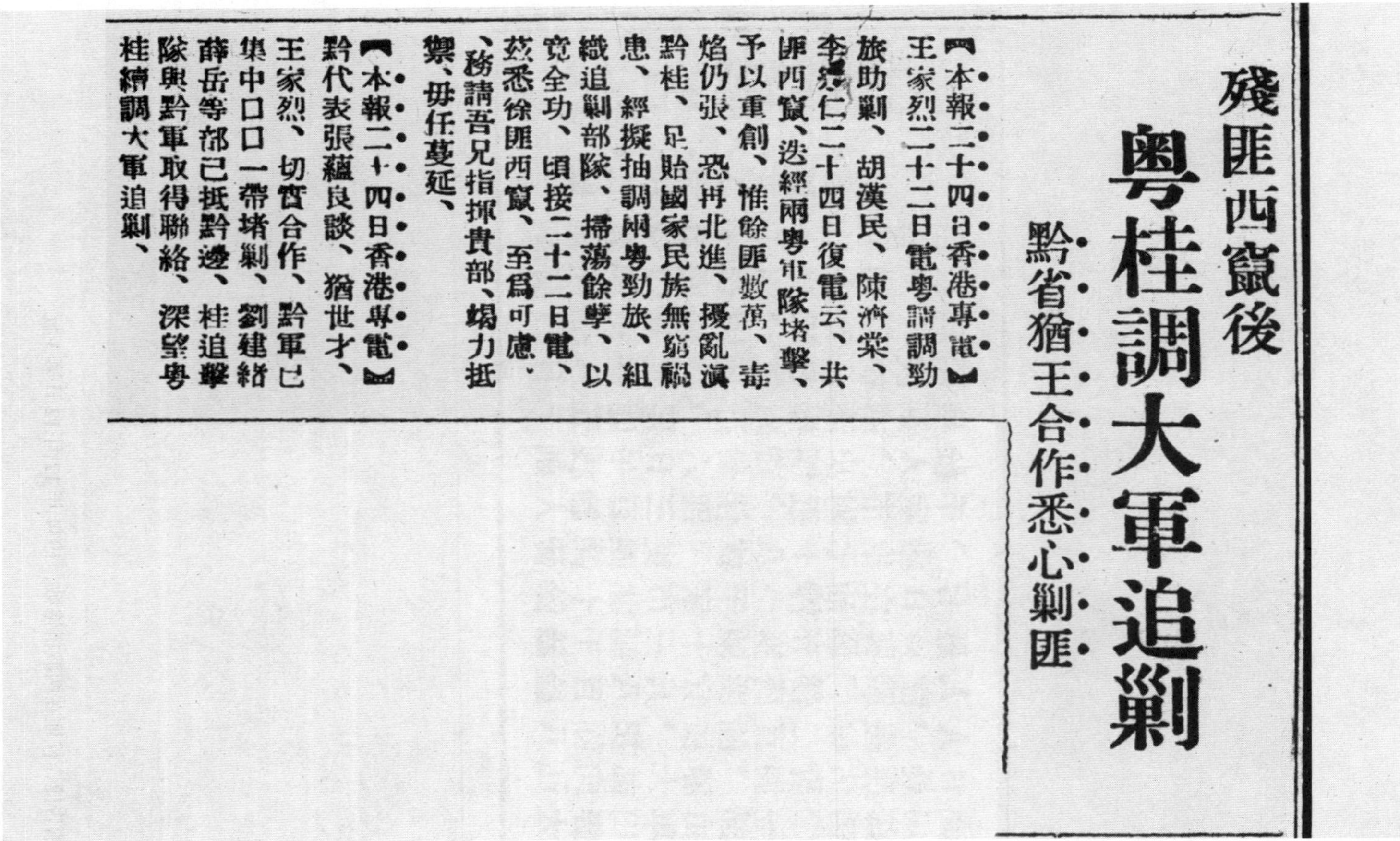

殘匪西竄後

粵桂調大軍追剿

黔省猶王合作悉心剿匪

【本報二十四日香港專電】王家烈二十二日電粵請調勁旅助剿、胡漢民、陳濟棠、李宗仁二十四日復電云、共匪西竄、迭經兩粵軍隊堵擊、予以重創、惟餘匪數萬、毒焰仍張、恐再北進、擾亂滇黔桂、足貽國家民族無窮禍患、經擬抽調兩粵勁旅、組織追剿部隊、掃蕩餘孽、以竟全功、頃接二十二日電、茲悉徐匪西竄、至爲可慮、務請吾兄指揮貴部、竭力抵禦、毋任蔓延、

【本報二十四日香港專電】黔代表張蘊良談、猶世才、王家烈、切實合作、黔軍已集中口口一帶堵剿、劉建緒薛岳等部已抵黔邊、桂追擊隊與黔軍取得聯絡、深望粵桂續調大軍追剿、

12. 残匪西窜后粤桂调大军追剿，黔省犹（世才）①、王（家烈）合作悉心剿匪，1934 年 12 月 25 日第 1 版

① “世才”疑为“国才”。

新夜报

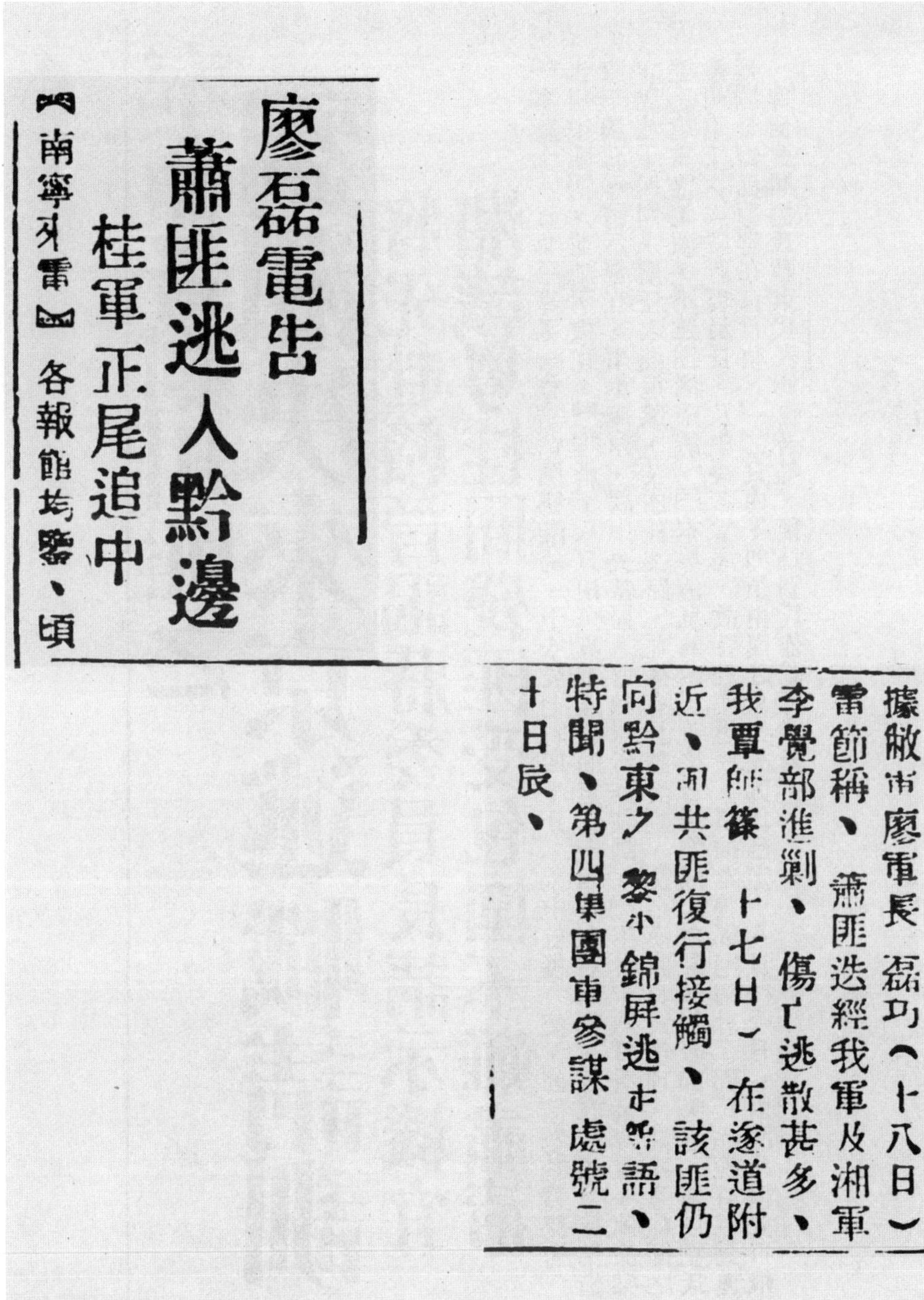

廖磊電告

蕭匪逃入黔邊

桂軍正尾追中

【南寧來電】各報館均鑒、頃據敝部廖軍長磊功（十八日）電節稱、蕭匪逃經我軍及湘軍李覺部進剿、傷亡逃散甚多、我覃師篠（十七日）在遂道附近、與共匪復行接觸、該匪仍向黔東之黎平錦屏逃竄等語、特聞、第四集團軍參謀處號二十日辰、

1. 廖磊电告萧匪逃入黔边，桂军正尾追中，1934 年 9 月 21 日第 1 版

奉命督剿川匪之
劉湘決來京述職請訓
將先赴贛晉謁蔣委員長請示機宜
湘贛粵桂間殘匪受包圍不難肅清

[illegible]本社十八日北平專電[illegible]曾擴情應劉湘約、十八晨七時四十分、乘中航機、[illegible]漢、即偕劉赴贛謁蔣、報告川中匪情、並請示機宜、[illegible]本社十八日南京專電[illegible]劉湘定二十四日左右來京、現在漢候曾擴情偕同東下謁蔣、請示機宜、事畢來京、謁中央當局、述職報告並請訓、[illegible]本社十八日香港專電[illegible]陳濟棠選定勁旅十四團、擔任入湘追擊、某團任某路、並擬有具體計劃、交余漢謀負責辦理、湘贛粵桂間之殘匪已處重大包圍、不難逐漸肅清、[illegible]本埠消息[illegible]四川善後督辦劉湘氏之駐滬代表鄧鳴階、前以劉氏擬離川東下、謁晤蔣委員長、及中央各當局、故特赴漢迓候、頃據本埠鄧宅消息、鄧氏昨晚有電到滬、稱劉督辦已約定在京會晤、一二日內、即須由漢赴京、故鄧氏已定十八日（今日）由漢乘機先行飛京、俾便會同劉氏駐京代表傅眞吾等、預爲劉氏佈置行轅云、

2. 奉命督剿川匪之刘湘决来京述职请训，将先赴赣晋谒蒋委员长请示机宜，湘赣粤桂间残匪受包围不难肃清，1934 年 11 月 18 日第 1 版

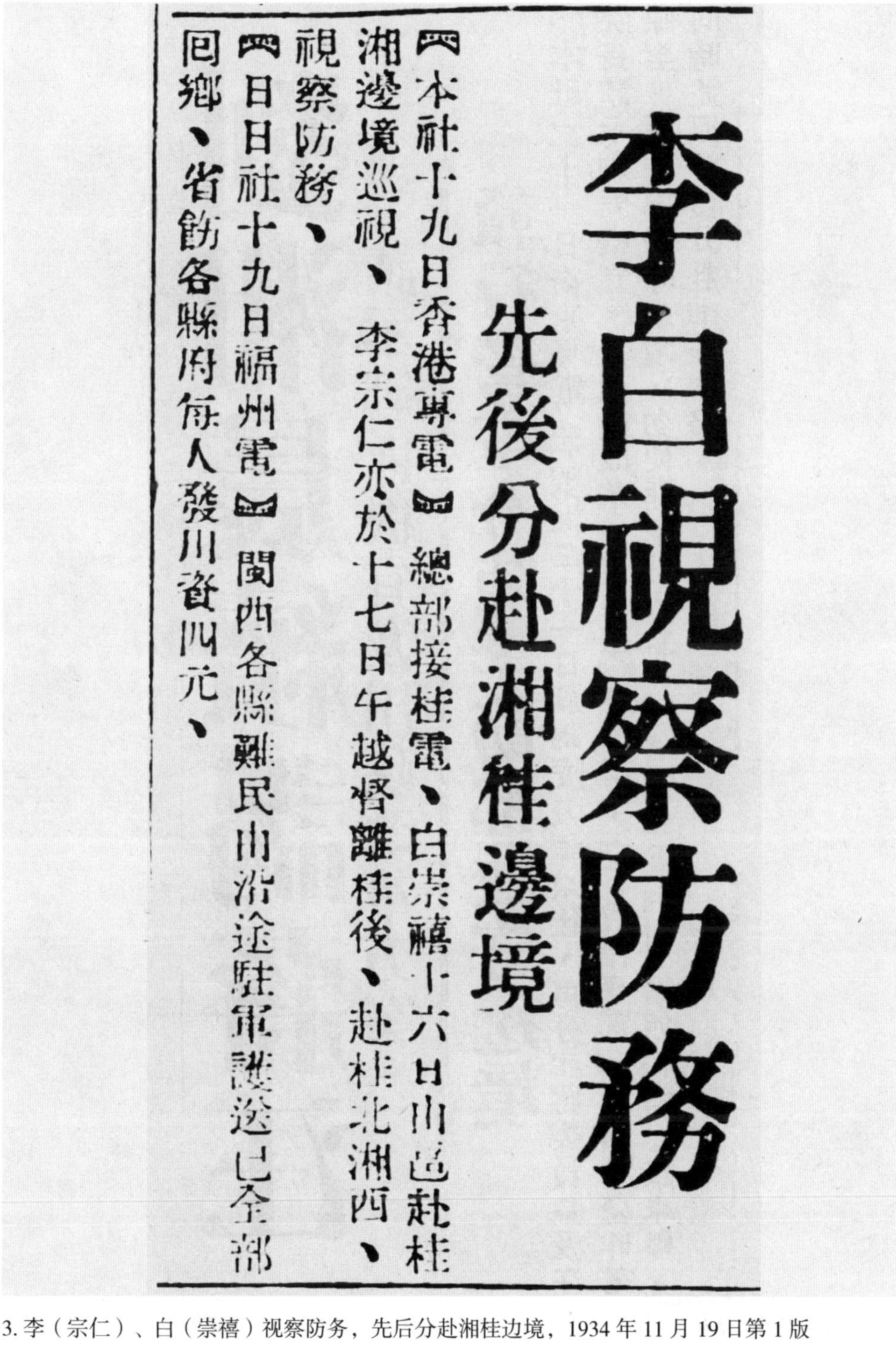

李白視察防務

先後分赴湘桂邊境

【本社十九日香港專電】總部接桂電、白崇禧十六日由邕赴桂湘邊境巡視、李宗仁亦於十七日午越督離桂後、赴桂北湘西、視察防務、

【日日社十九日福州電】閩西各縣難民由沿途駐軍護送已全部回鄉、省飭各縣府派人發川資四元、

3. 李（宗仁）、白（崇禧）视察防务，先后分赴湘桂边境，1934 年 11 月 19 日第 1 版

劉湘晨續謁蔣汪

請示剿匪機宜及川政改革方案

贛行營電令陳李飭部嚴守邊境

〔本社二十一日南京專電〕劉湘二十一日晨謁陵及譚墓後、再分謁蔣委員長及汪院長請示剿匪機宜、及川政改革方案、〔本社二十一日香港專電〕南昌行營昨電陳李、着飭部嚴守邊境、勿使匪退桂入黔、陳濟棠昨電湘何、請派聯絡參謀來粵、同時並擬派員分赴湘桂聯絡、

4. 刘湘晨续谒蒋（介石）、汪（精卫），请示剿匪机宜及川政改革方案，赣行营电令陈（济棠）、李（宗仁）饬部严守边境，1934 年 11 月 21 日第 1 版

中常會議決

電慰剿匪軍將士

通過修理孔廟案另開財務撫卹會

余漢謀告捷擊潰贛南殘匪

【本社二十二日南京專電】中央二十二日晨六時、開一四八次常會、出席葉楚傖、居正等三十餘人、由汪兆銘主席、決案（一）修理曲阜孔廟經費、由政院派工程專家會同魯省府前往勘察估計、造具概算後、按照募集辦法募集之、（二）中國童子軍全國理事會會議規程准備案、（三）致電獎勉剿匪將士、（四）推覃振出席下週報告、常會之後於九時二十分、召開中央財務委員會、出席常委葉楚傖、陳果夫、邵元冲、林森等五人、通過財務案十餘件、財委會後、舉行撫卹委員會、通過撫卹案二十餘件、

【本社二十二日香港專電】余漢謀二十日電、贛南匪區殘匪千餘、由金鷄月嶺竄抵古陂、向剿共團進攻、鄧琪昌團往援、將匪包圍、斃僞政委徐某、排長十餘、匪三百、俘百餘、獲槍一八三枝、機槍二、餘匪向金鷄月嶺竄、【外論社譯上海日報長沙訊】竄潰湘南之共匪、因迴避中央剿匪軍之截堵、近分兩路西竄、一路從桂陽西南經寧遠向廣西灌陽、一路從藍山經江華向廣西富州、追剿總司令何鍵氏、令前敵步隊聯絡夾擊、以現在情勢觀之、共匪不能反抗、急欲求路云、

2|1

5. 中常会议决电慰剿匪军将士，通过修理孔庙案另开财务抚恤会，余汉谋告捷击溃赣南残匪，1934 年 11 月 22 日第 1 版

中常會議決

電慰剿匪軍將士

通過修理孔廟案另開財務撫卹會

余漢謀告捷擊潰贛南殘匪

【本社二十二日南京專電】中央二十二日晨六時、開一四八次常會、出席葉楚傖、居正等三十餘人、由汪兆銘主席、決案(一)修理曲阜孔廟經費、由政院派工程專家會同魯省府前往勘察估計、造具概算後、按照募集辦法募集之、(二)中國童子軍全國理事會會議規程准備案、(三)致電獎勉剿匪將士、(四)推覃振出席下週報告、常會之後於九時二十分、召開中央財務委員會、出席常委葉楚傖、陳果夫、邵元冲、林森等五人、通過財務案十餘件、財委會後、舉行撫卹委員會、通過撫卹案二十餘件、

（局部图 1）

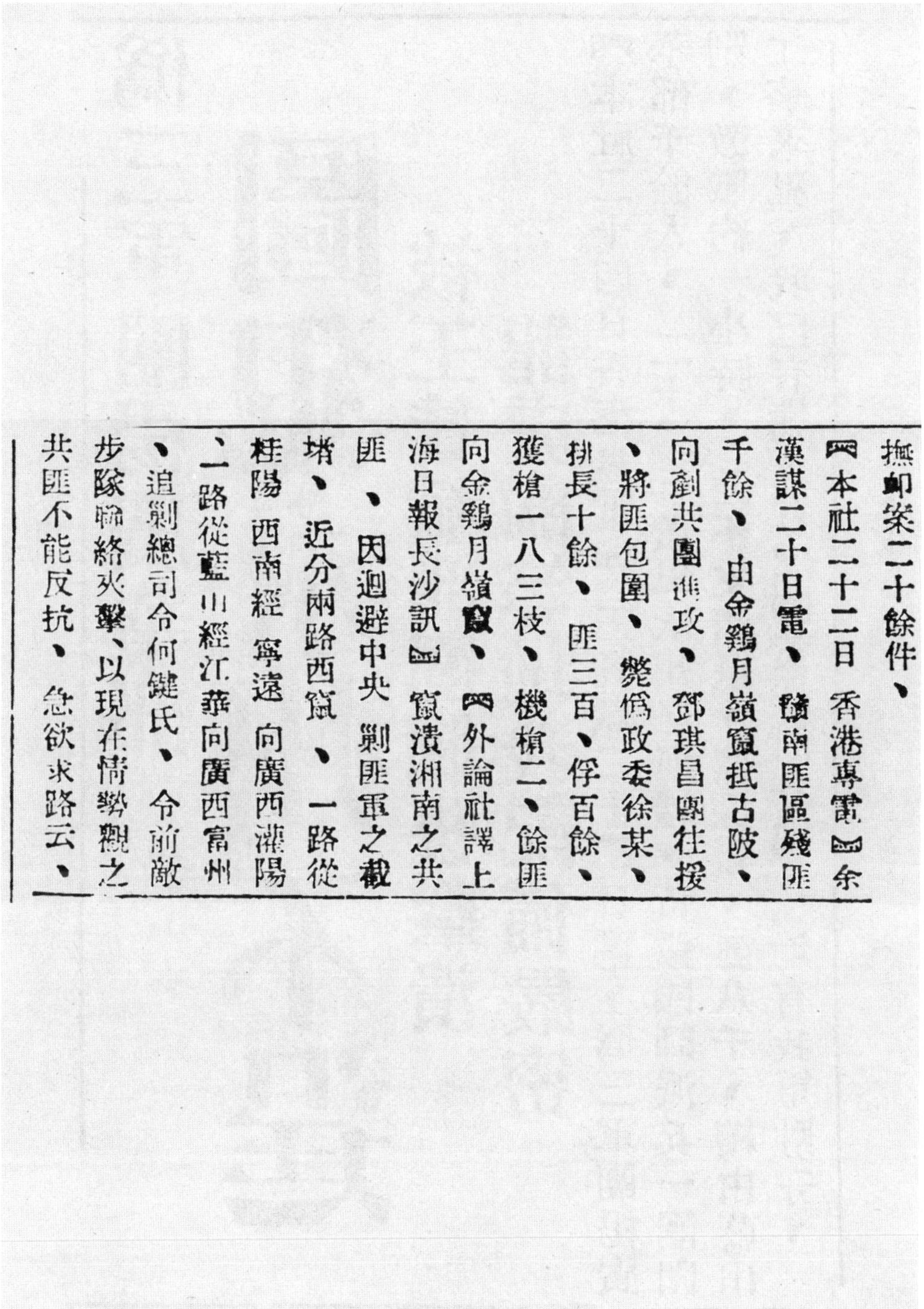

撫卹案二十餘件、
【本社二十二日 香港專電】余漢謀二十日電、贛南匪區殘匪千餘、由金鷄月嶺竄抵古陂、向劉共圍進攻、鄧琪昌團往援、將匪包圍、斃僞政委徐某、排長十餘、匪三百、俘百餘、獲槍一八三枝、機槍二、餘匪向金鷄月嶺竄、【外論社譯上海日報長沙訊】竄潰湘南之共匪、因廻避中央　剿匪軍之截堵、近分兩路西竄、一路從桂陽 西南經 寧遠 向廣西灌陽、一路從藍山經江華向廣西富州、追剿總司令何鍵氏、令前敵步隊聯絡夾擊、以現在情勢觀之、共匪不能反抗、急欲求路云、

（局部图 2）

僞三軍團楊廣華部
圖犯永州不逞
被王贊斌部圍剿後擊潰
龍虎關等地我配備嚴密

〔本社二十四日香港專電〕王贊斌二十二日電、僞三軍團楊廣華部千餘人、二十二日晨犯永州之河墟、黃鎮國師派兵一團圍剿、激戰約一小時、匪不支潰退、據探報、匪八千、續由藍山江華來犯、我已有備、龍虎關黃沙河各地、均有我軍駐守、

6.“伪三军团”杨广华部图犯永州不逞，被王赞斌部围剿后击溃，龙虎关等地我配备严密，1934 年 11 月 24 日第 1 版

匪撲永州大敗

被南路軍迎頭痛擊

殘衆現向道州退走

【路透二十六日廣州電】先導社消息、湖南共匪自知無力堅守藍山等處、昨乃直撲永州、擬取道桂邊界之全州而竄入黔省、幸全州駐粵軍頗衆、早有預防迎頭痛擊、共匪倏出不意、頓即潰散、死傷不少、殘衆向道州與寧遠方面退走、廣州市黨部昨晚發起各團體代表會議、討論派員慰勞粵軍事、議決組織慰勞團、於十二月一日出發、分赴東北兩陣線、向前敵軍士慰勞、

7. 匪扑永州大败，被南路军迎头痛击，残众现向道州退走，1934年11月26日第1版

輿論一斑

殘匪應嚴防其西竄

杏贛匪之終必突圍西竄，早在識者意計之中。本年六月，何鍵特作廣州之游，最大任務，卽爲晤商粵桂軍事領袖，預籌贛匪脫圍後共同堵截之方略，此係一公開秘密，至今儘可覆按。自八月蕭克股匪，突出贛南，轉西以進湘南，間道入黔，卒抵川黔邊境，達到其會合賀龍之目的。世人因是對於湘粵軍之能否截擊共匪主力竄往湘川，重懷疑問。迨十月下旬，贛匪主力，逐漸由贛縣上游，出南路軍防地之信豐，南康，大庾等處，進陷崇義，十一月一日復竄逵湘邊汝城，經湘軍迎擊，幸未得逞，乃又回竄粵邊，繞道以入湘之宜章臨武血據之。窺其意殆欲經郴州耒陽寶慶武岡，突出湘西，以入川黔，幸而國軍兵力甚厚，宜章臨武，先後經湘粵各部隊收復。本月十六七日李宗仁白崇禧復赴湘桂邊布置防務，預料此次贛匪主力，不易循蕭克故道，遠走黔川，然而所可慮者，國軍現皆以全力布防於湘南，而蕭賀合股以後，雖一度進陷四川之酉陽，隨卽棄去，移師湘西，突入永順，其地距辰沅僅二百數十里，故昨日外訊，湘西外國教士，已奉有警戒命令，準備避難；抑賀龍之於湘西，縱橫出入，不計次數，現在合蕭賀之力，固不難走慈庸以窺常德，威脅長沙，脫曰不然，頓兵湘西，亦足以爲贛匪西竄之先導，此非杞人之憂，地利與人事，固在在可慮也。吾人猶憶蕭匪[illegible]圍以後，國軍尾追，捷報迭至，結果則蕭賀卒合，損失綦微，卽[illegible]近進陷四川酉陽，亦屬川軍放棄。據聞匪軍未到酉城前數日，駐軍田部將駐酉一營撤去，並將酉陽民練，亦復調往秀山龍潭一帶，幸另一部隊之旅長達某聞警馳援，蕭賀乃倉皇退出，而田部竟貪功誑報，克復酉陽，實則眞相恰得其反，駐軍如此，匪禍焉得不烈？以此爲例，則湘西陳渠珍之惟知養兵害民，無力剿匪，又正與不肖川軍異曲同工。吾人迴溯賀龍近年在湘西各屬，幾出幾進之經過，卽不啻爲鐵的事實之說明。政府今日對於剿匪之追擊，如僅知側重湘南，粵桂兩省如僅求送匪出境，則湘西之賀蕭，得地利人事之便，足以破壞政府追擊計劃，蓋充分有其可能性，竊願政府宜速爲之計也。（十一、二十三、天津大公報「匪區之追擊與清理」）

8. 残匪应严防其西窜，1934 年 11 月 26 日第 4 版

共匪力圖竄桂

李宗仁電粵政會報告

喬裝難民之匪均擒獲

【路透二十八日廣州電】自十一月二十三日起由贛西竄之共匪、為覓衣食與彈藥以度寒冬計、現圖侵入桂省、桂軍總司令李宗仁現調所有軍隊、從事防堵、按數日前據官報、共匪小隊曾侵入桂東邊界數縣、經桂省第十五軍激戰擊退、共匪雖遭此挫衄、現仍圖大舉攻桂云、今日李宗仁致電西南政務會、謂數日前喬裝難民混入桂境之共匪、均經擒獲云、

9.“共匪”力图窜桂，李宗仁电粤政会报告，乔装难民之匪均擒获，1934 年 11 月 28 日第 1 版

南路剿匪捷報

白芝營股匪被擊潰

【本埠消息】本埠桂省關係方面、頃接桂林第四集團軍發來剿匪告捷電云、十五軍夏威部韋淞雲師有（二十六日）晨在富川邊境白芝營附近、與匪萬餘接觸、激戰一晝夜、當被我軍擊潰、紛向界牌方面逃竄、是役斃匪六百餘、俘匪一百餘、獲槍三百餘、據俘匪供稱、當面之匪係一九軍團、數近萬餘、爲其主力之左側衛、其主力向永全前進、又稱匪前進時以先頭部隊化裝鄉民、挑擔賣物、其散在各處之乞丐卜卦算命男女、多係匪之化裝偵探等語、

10. 南路剿匪捷报，白芝营股匪被击溃，1934 年 12 月 1 日第 1 版

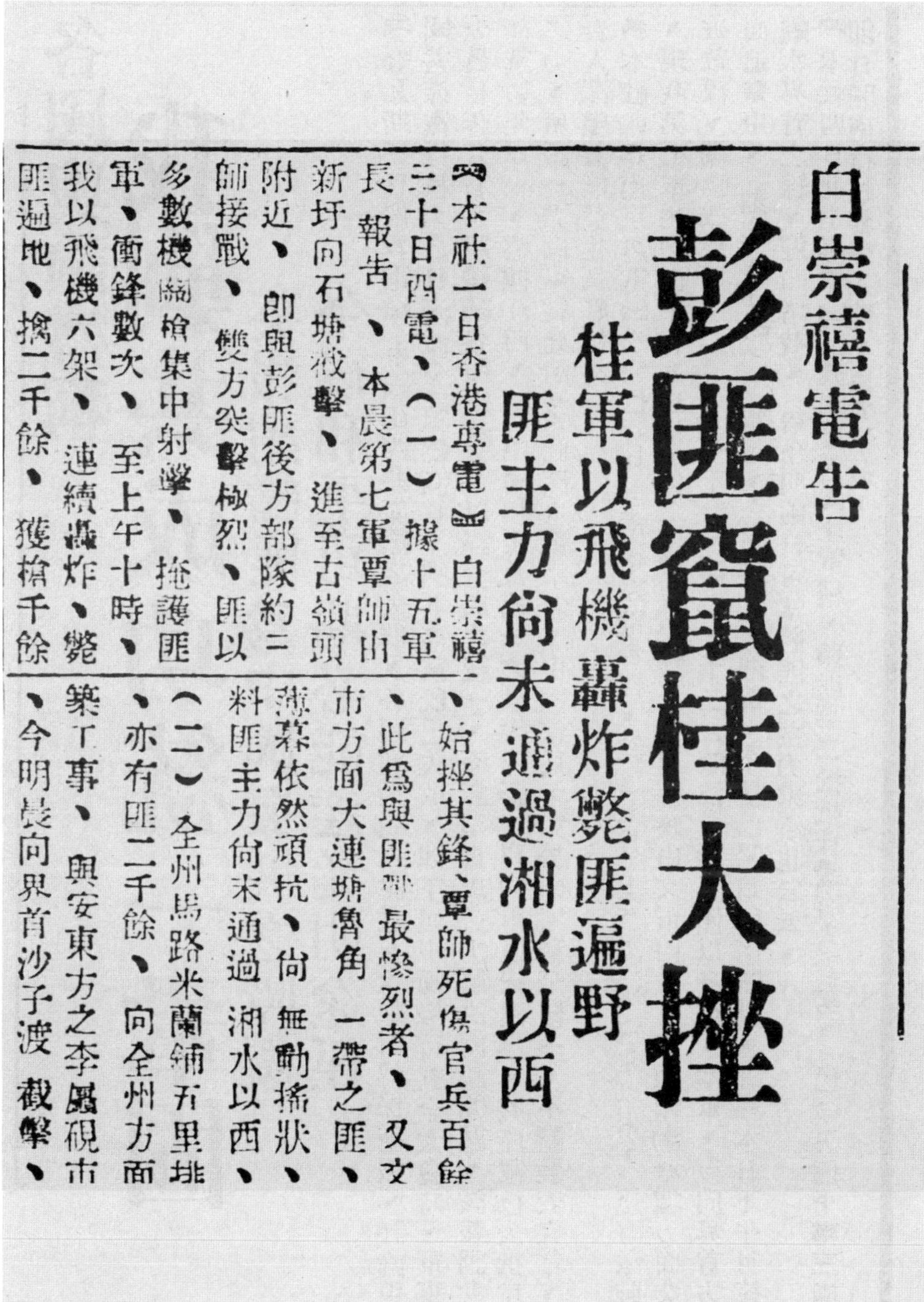

白崇禧電告

彭匪竄桂大挫

桂軍以飛機轟炸斃匪遍野

匪主力尚未通過湘水以西

【本社一日香港專電】白崇禧三十日酉電、（一）據十五軍長報告、本晨第七軍覃師由新圩向石塘截擊、進至古嶺頭附近、即與彭匪後方部隊約三師接戰、雙方突擊極烈、匪以多數機關槍集中射擊、掩護匪軍、衝鋒數次、至上午十時、我以飛機六架、連續轟炸、斃匪遍地、擒二千餘、獲槍千餘、始挫其鋒、覃師死傷官兵百餘、此爲與匪戰最慘烈者、又文市方面大連塘魯角一帶之匪、薄暮依然頑抗、尙無動搖狀、料匪主力尚未通過湘水以西、（二）全州馬路米蘭鋪五里排、亦有匪二千餘、向全州方面築工事、與安東方之李屬硯市、今明晨向界首沙子渡截擊、

11. 白崇禧电告彭匪窜桂大挫，桂军以飞机轰炸毙匪遍野，匪主力尚未通过湘水以西，1934 年 12 月 2 日第 1 版

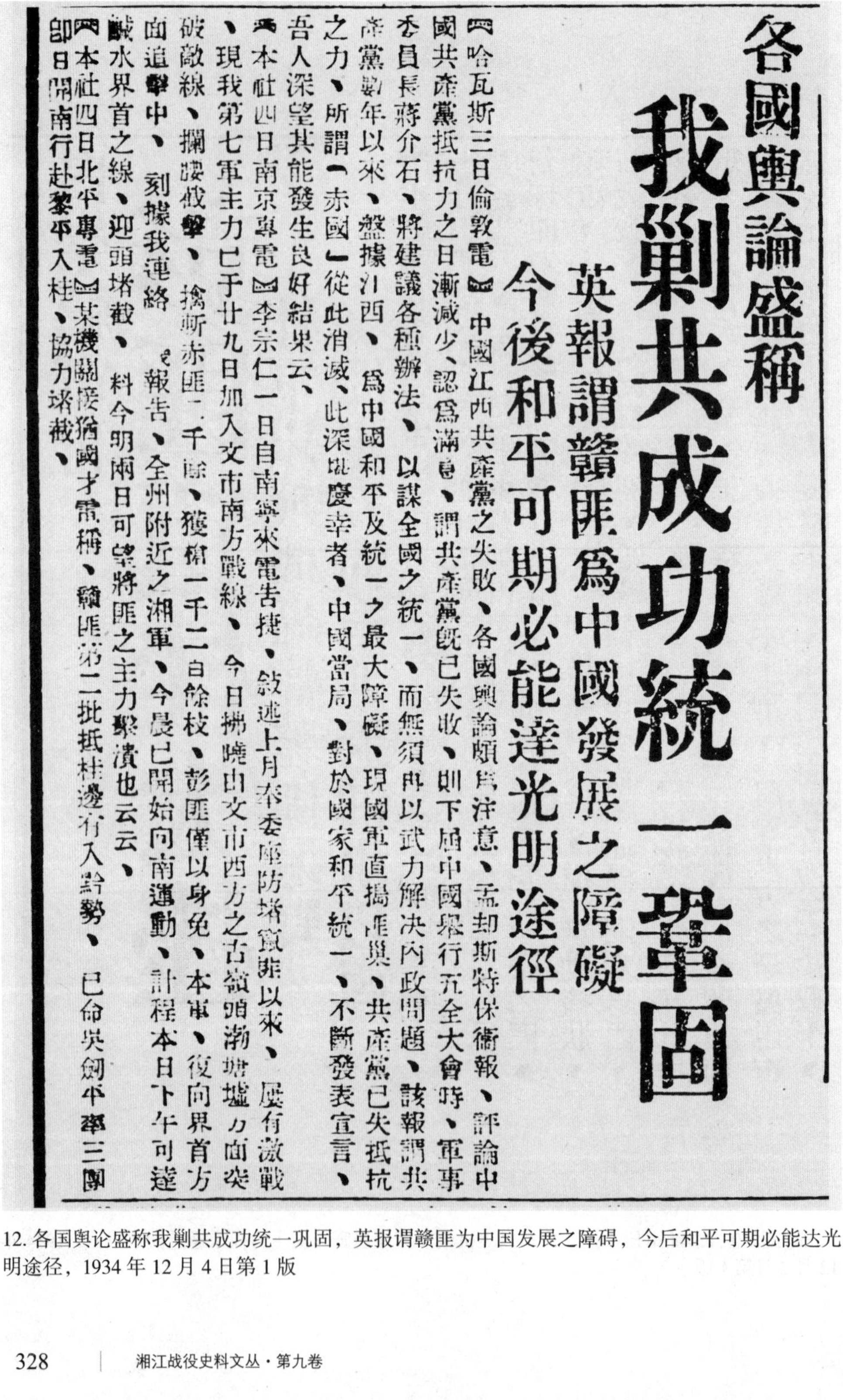

各國輿論盛稱
我剿共成功統一鞏固
英報謂贛匪爲中國發展之障礙
今後和平可期必能達光明途徑

【哈瓦斯三日倫敦電】中國江西共產黨之失敗、各國輿論頗爲注意、孟却斯特保衞報、評論中國共產黨抵抗力之日漸減少、認爲滿意、謂共產黨旣已失敗、則下屆中國舉行五全大會時、軍事委員長蔣介石、將建議各種辦法、以謀全國之統一、而無須再以武力解决內政問題、該報謂共產黨數年以來、盤據江西、爲中國和平及統一之最大障礙、現國軍直搗匪巢、共產黨已失抵抗之力、所謂「赤國」從此消滅、此深堪慶幸者、中國當局、對於國家和平統一、不斷發表宣言、吾人深望其能發生良好結果云、

【本社四日南京專電】李宗仁一日自南寧來電告捷、敍述上月奉委座防堵竄匪以來、屢有激戰、現我第七軍主力已于廿九日加入文市南方戰線、今日拂曉由文市西方之古嶺頭渤塘墟方面突破敵線、攔腰截擊、擒斬赤匪二千餘、獲槍一千二百餘枝、彭匪僅以身免、本軍、復向界首方面追擊中、刻據我連絡已報告、全州附近之湘軍、今晨已開始向南運動、計程本日下午可達鹹水界首之線、迎頭堵截、料今明兩日可望將匪之主力擊潰也云云、

【本社四日北平專電】某機關接猶國才電稱、贛匪第一批抵桂邊有入黔勢、已命吳劍平率三團即日開南行赴黎平入桂、協力堵截、

12. 各国舆论盛称我剿共成功统一巩固，英报谓赣匪为中国发展之障碍，今后和平可期必能达光明途径，1934 年 12 月 4 日第 1 版

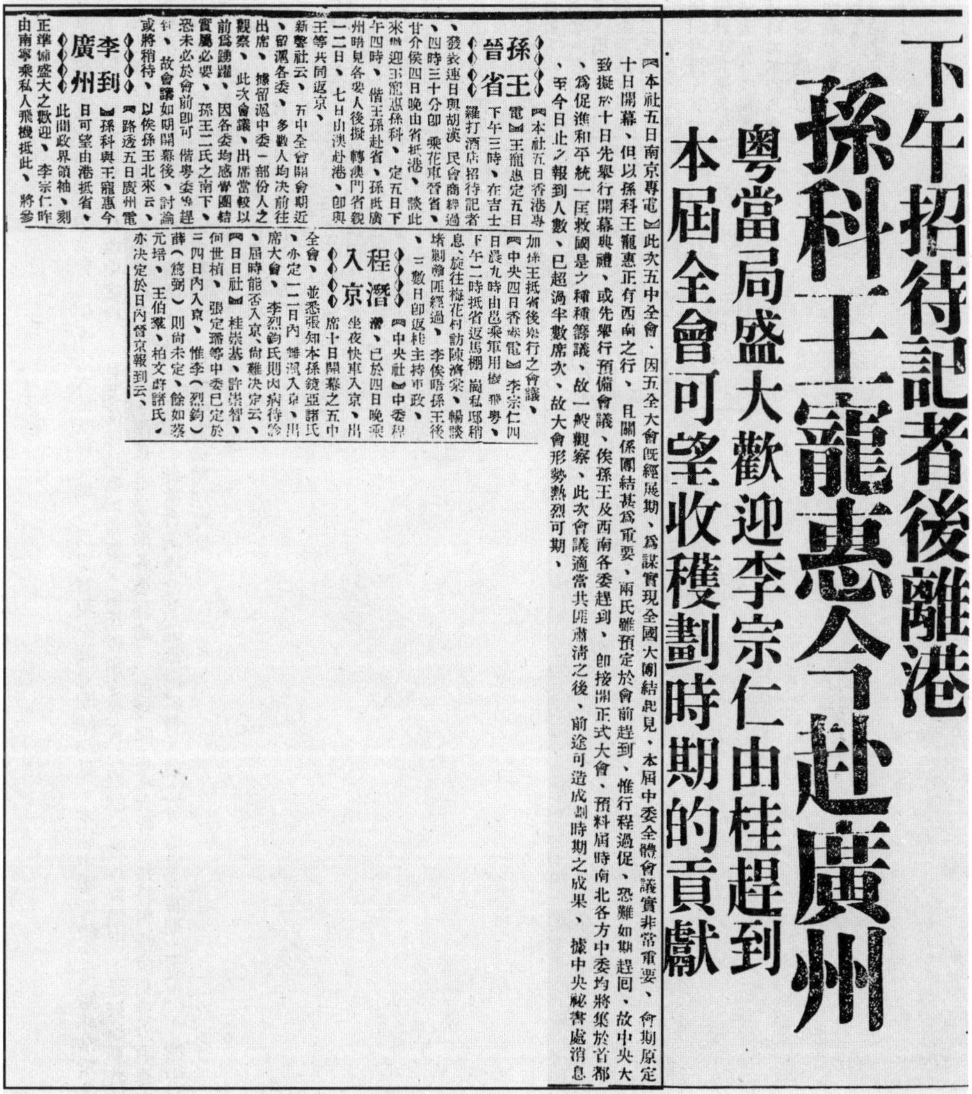

下午招待記者後離港
孫科王寵惠今赴廣州
粵當局盛大歡迎李宗仁由桂趕到
本屆全會可望收穫劃時期的貢獻

【本社五日南京專電】此次五中全會、因五全大會既經展期、爲謀實現全國大團結起見、本屆中委全體會議實非常重要、會期原定十日開幕、但以孫科王寵惠正有西南之行、且關係團結甚爲重要、兩氏雖預定於會前趕到、惟行程過促、恐難如期趕回、故中央大致擬於十日先舉行開幕典禮、或先舉行預備會議、俟孫王及西南各委趕到、即接開正式大會、預料屆時南北各方中委均將集於首都、爲促進和平統一匡救國是之種種籌議、故一般觀察、此次會議適當共匪肅清之後、前途可造成劃時期之成果、據中央秘書處消息、至今日止之報到人數、已超過半數席次、故大會形勢熱烈可期、

孫王晉省

【本社五日香港專電】王寵惠定五日下午三時、在吉士羅打酒店招待記者、發表連日與胡漢民會商經過、四時三十分即乘花車晉省、甘介侯四日晚由省抵港、談此來爲迎王寵惠孫科、定五日下午四時、偕王孫赴省、孫抵廣州晤見各要人後擬轉澳門省親一二日、七日由澳赴港、即與王等共同返京、新聲社云、五中全會開會期近、留滬各委、多數人均決前往出席、據留滬中委一部份人之觀察、此次會議、出席當較以前爲踴躍、因各委均感覺團結實屬必要、孫王二氏之南下、恐未必於會前即可偕粵委趕到、故會議如期開幕後、討論或將稍待、以俟孫王北來云、

李到廣州

【路透五日廣州電】孫科與王寵惠今日可望由港抵省、此間政界領袖、刻正準備盛大之歡迎、李宗仁昨由南寧乘私人飛機抵此、將參加孫王抵省後舉行之會議、

【中央四日香港電】李宗仁四日晨九時由邕乘軍用機飛粵、下午二時抵省返馬棚崗私邸稍息、旋往梅花村訪陳濟棠、暢談堵剿贛匪經過、李俟晤孫王後、三數日即返桂主持市政、

程潛入京

【中央社】中委程潛、已於四日晚乘坐夜快車入京、出席十日開幕之五中全會、並悉張知本孫鏡亞諸氏、亦定一二日內離滬入京、出席大會、李烈鈞氏則因病待診、屆時能否入京、尚難決定云、【日日社】桂崇基、許崇智、何世楨、張定璠等中委已定於三四日內入京、惟李（烈鈞）薛（篤弼）則尚未定、餘如蔡元培、王伯群、柏文蔚諸氏、亦決定於日內晉京報到云、

13. 下午招待记者后离港，孙科、王宠惠今赴广州，粤当局盛大欢迎李宗仁由桂赶到，本届全会可望收获划时期的贡献，1934 年 12 月 5 日第 1 版

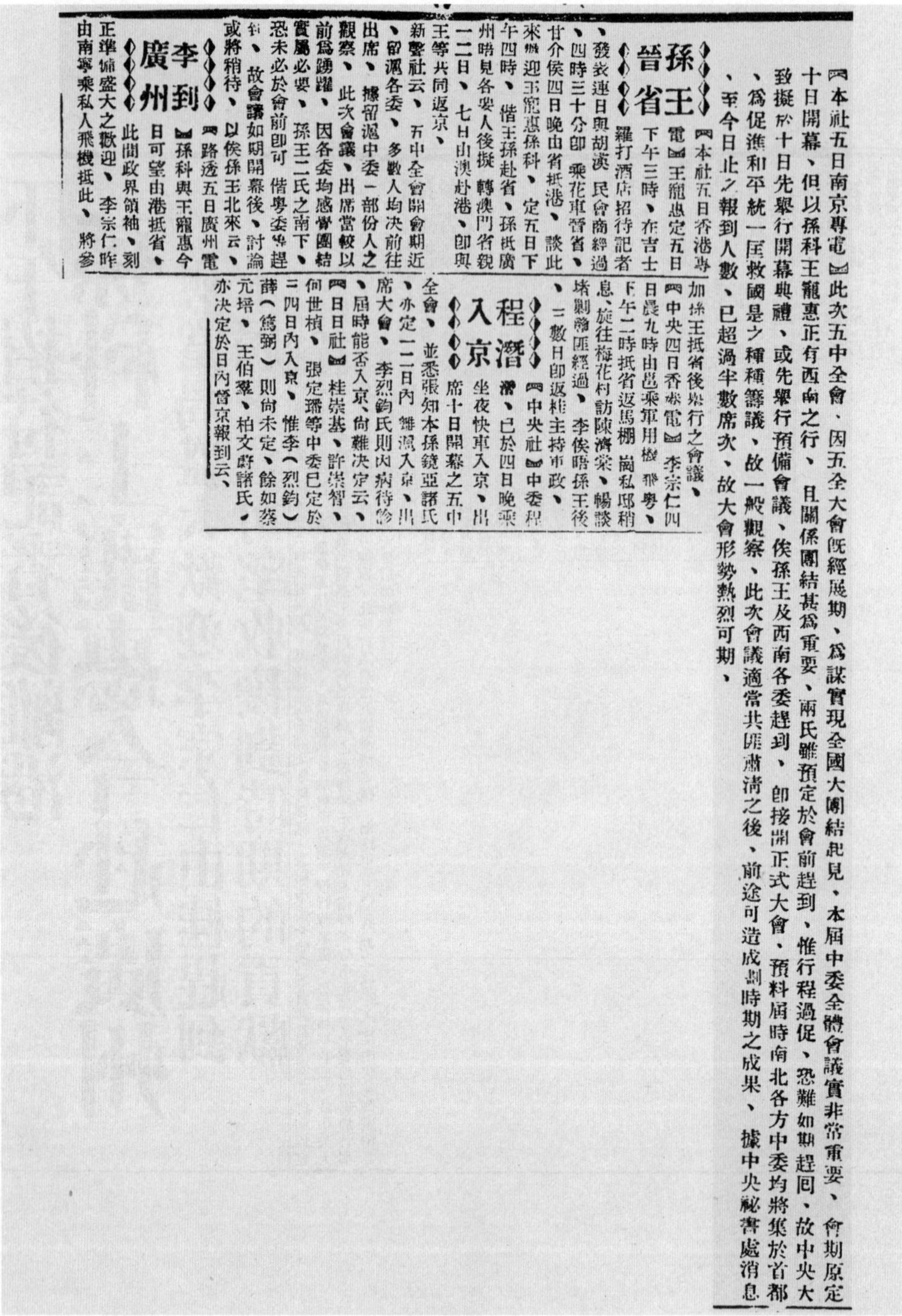

（本社五日南京專電）此次五中全會、因五全大會既經展期、爲謀實現全國大團結起見、本屆中委全體會議實非常重要、會期原定十日開幕、但以孫科王寵惠正有西南之行、且關係團結甚爲重要、兩氏雖預定於會前趕到、惟行程過促、恐難如期趕回、故中央大致擬於十日先舉行開幕典禮、或先舉行預備會議、俟孫王及西南各委趕到、即接開正式大會、預料屆時南北各方中委均將集於首都、爲促進和平統一匡救國是之種種籌議、故一般觀察、此次會議適當共匪肅清之後、前途可造成劃時期之成果、據中央祕書處消息、至今日止之報到人數、已超過半數席次、故大會形勢熱烈可期、

孫王晉省

（本社五日香港專電）王寵惠定五日下午三時、在吉士羅打酒店招待記者、發表連日與胡漢民會商經過、四時三十分即乘花車晉省、甘介侯四日晚由省抵港、談此來爲迎王寵惠孫科、定五日下午四時、偕王孫赴省、孫抵廣州晤見各要人後擬轉澳門省親一二日、七日由澳赴港、即與王等共同返京、新聲社云、五中全會開會期近、留滬各委、多數人均決前往出席、據留滬中委一部份人之觀察、此次會議、出席當較以前爲踴躍、因各委均感覺團結實屬必要、孫王二氏之南下、恐未必於會前即可偕粵委等趕到、故會議如期開幕後、討論或將稍待、以俟孫王北來云、

李到廣州

（路透五日廣州電）孫科與王寵惠今日可望由港抵省、此間政界領袖、刻正準備盛大之歡迎、李宗仁昨由南寧乘私人飛機抵此、將參加孫王抵省後舉行之會議、（中央四日香港電）李宗仁四日晨九時由邕乘軍用機飛粵、下午二時抵省返馬棚崗私邸稍息、旋往梅花村訪陳濟棠、暢談堵剿殘匪經過、李俟晤孫王後、二數日即返桂主持市政、

程潛入京

（中央社）中委程潛、已於四日晚乘坐夜快車入京、出席十日開幕之五中全會、並悉張知本孫鏡亞諸氏、亦定一二日內離滬入京、出席大會、李烈鈞氏則因病待診、屆時能否入京、尚難決定云、（四日日社）桂崇基、許崇智、何世楨、張定璠等中委已定於三四日內入京、惟李（烈鈞）薛（篤弼）則尚未定、餘如蔡元培、王伯群、柏文蔚諸氏、亦決定於日內晉京報到云、

（局部图）

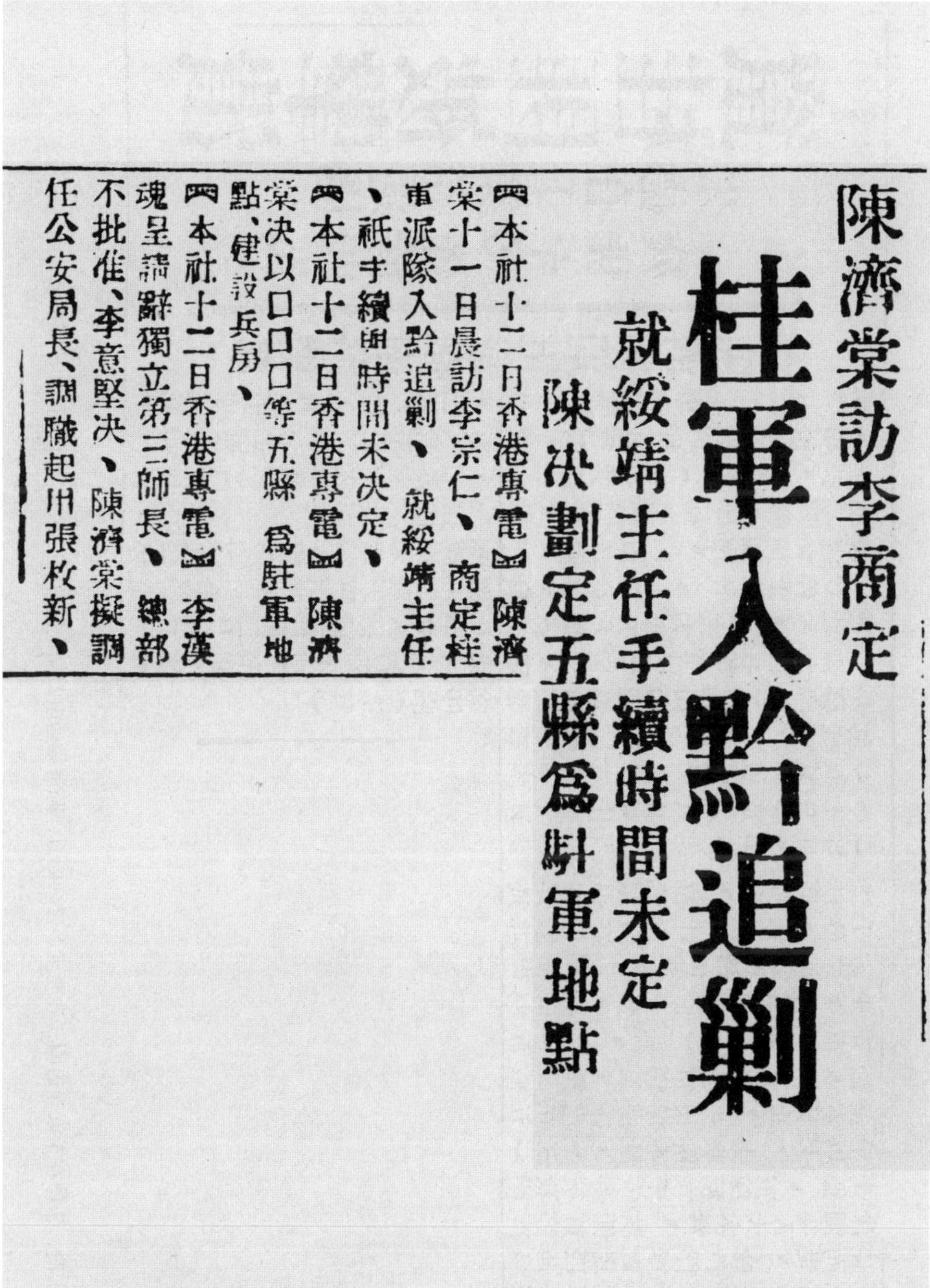

陳濟棠訪李商定
桂軍入黔追剿
就綏靖主任手續時間未定
陳決劃定五縣爲駐軍地點

【本社十二月香港專電】陳濟棠十一日晨訪李宗仁、商定桂軍派隊入黔追剿、就綏靖主任、祇手續與時間未決定、

【本社十二日香港專電】陳濟棠決以□□□等五縣爲駐軍地點、建設兵房、

【本社十二日香港專電】李漢魂呈請辭獨立第三師長、總部不批准、李意堅決、陳濟棠擬調任公安局長、調職起用張枚新、

14. 陈济棠访李（宗仁）商定桂军入黔追剿，就绥靖主任手续时间未定，陈决划定五县为驻军地点，1934 年 12 月 12 日第 1 版

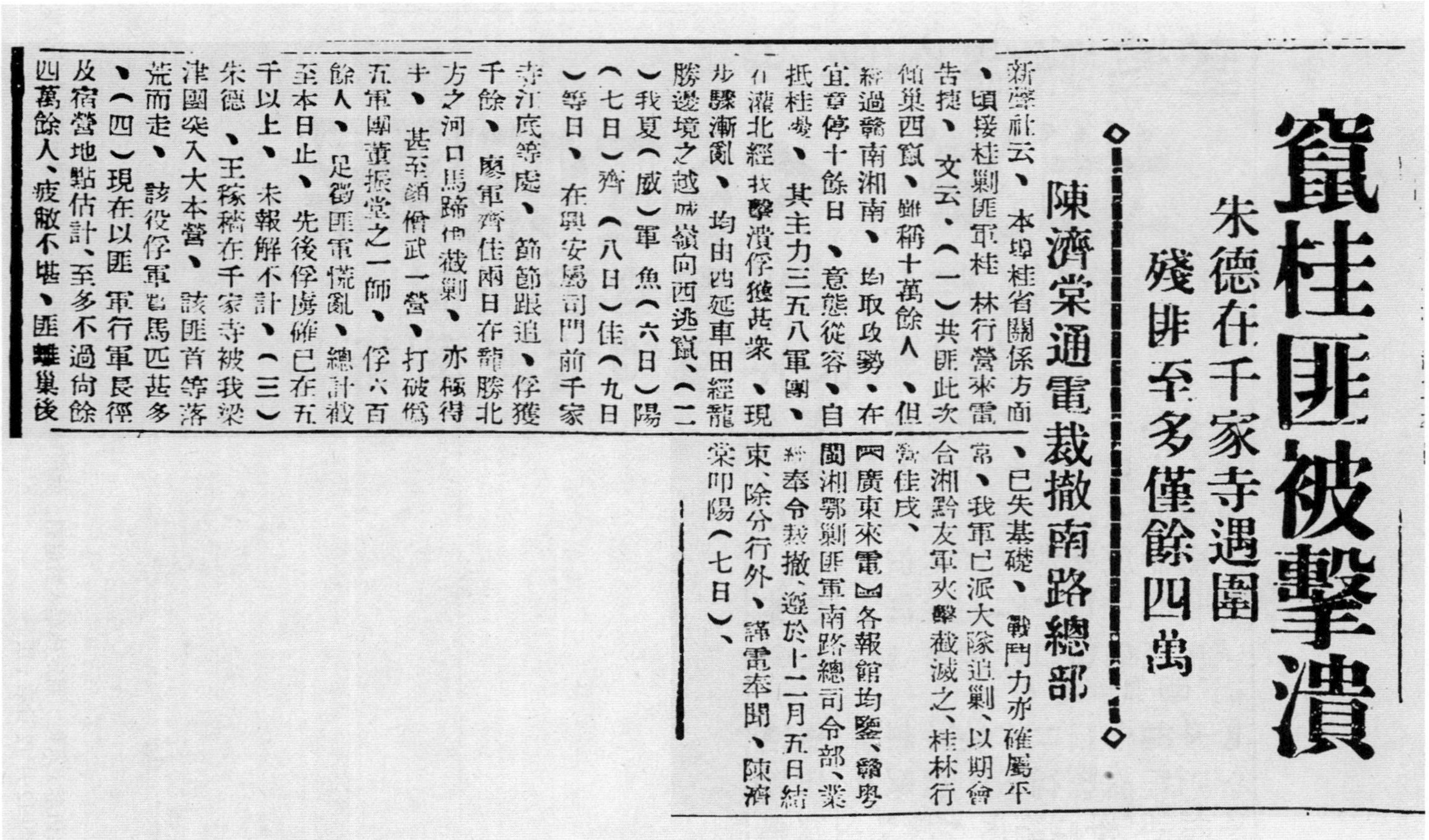

竄桂匪被擊潰

朱德在千家寺遇圍
殘匪至多僅餘四萬

新聲社云、本埠桂省關係方面、頃接桂剿匪軍桂 林行營來電告捷、文云、（一）共匪此次傾巢西竄、雖稱十萬餘人、但經過贛南湘南、均取攻勢、在宜章停十餘日、意態從容、自抵桂邊、其主力三五八軍團、在灌北經我擊潰俘獲甚衆、現步驟漸亂、均由西延車田經龍勝邊境之越城嶺向西逃竄、（二）我夏（威）軍魚（六日）陽（七日）齊（八日）佳（九日）等日、在興安屬司門前千家寺江底等處、節節跟追、俘獲千餘、廖軍齊佳兩日在龍勝北方之河口馬蹄街截剿、亦極得手、甚至頭偷武一營、打破僞五軍團贊振堂之一師、俘六百餘人、足證匪軍慌亂、總計截至本日止、先後俘虜確已在五千以上、未報解不計、（三）朱德、王稼穡在千家寺被我梁津國突入大本營、該匪首等落荒而走、該役俘軍官馬匹甚多、（四）現在以匪 軍行軍長徑及宿營地點估計、至多不過尚餘四萬餘人、疲敝不堪、匪雖巢後、巳失基礎、戰鬥力亦確屬平常、我軍已派大隊追剿、以期會合湘黔友軍夾擊截滅之、桂林行營佳戌、

陳濟棠通電裁撤南路總部

（廣東來電）各報館均鑒、贛粵閩湘鄂剿匪軍南路總司令部、業經奉令裁撤、遵於十二月五日結束、除分行外、謹電奉聞、陳濟棠叩陽（七日）、

15. 窜桂匪被击溃，朱德在千家寺遇围，残匪至多仅余四万，陈济棠通电裁撤南路总部，1934 年 12 月 13 日第 1 版

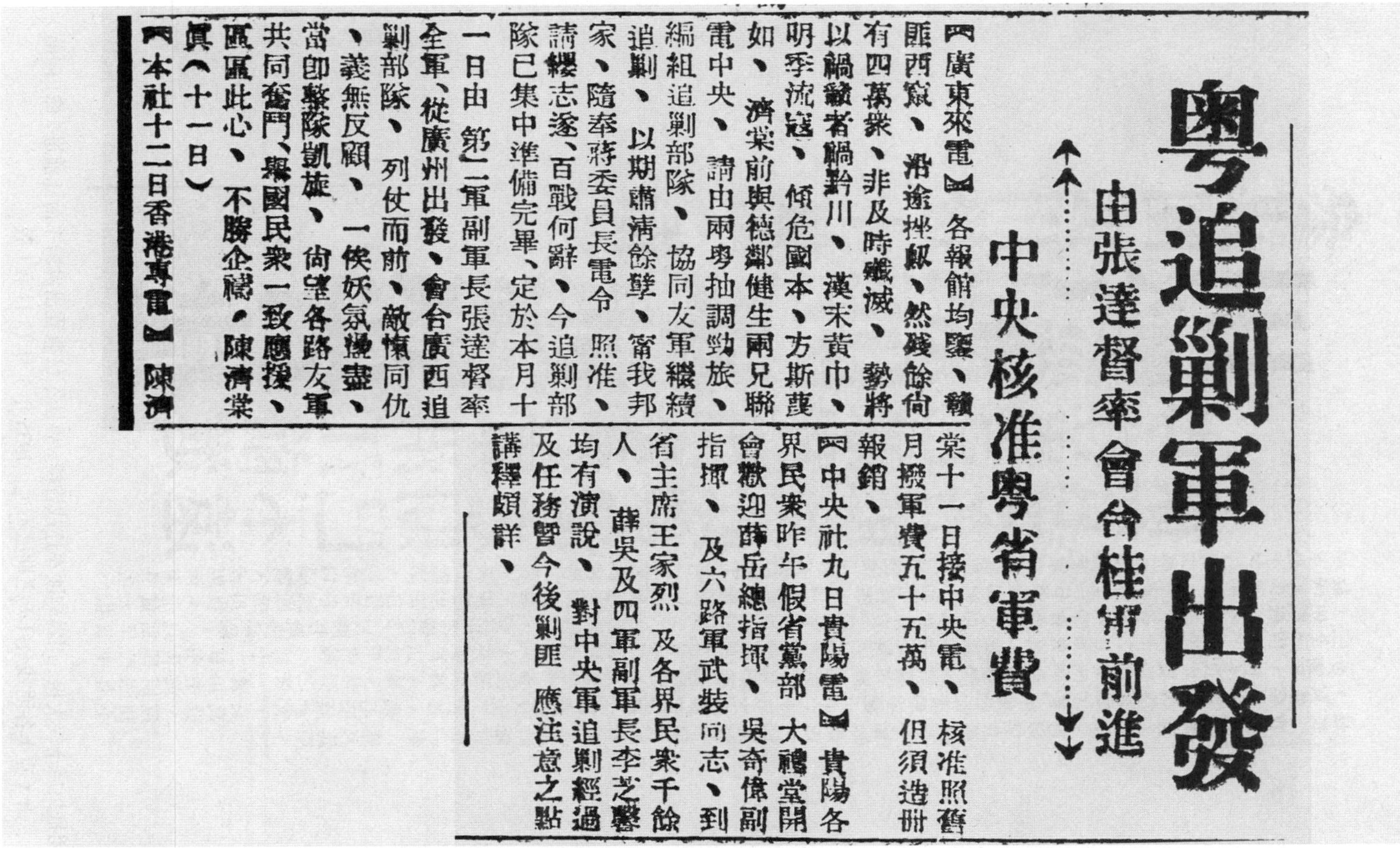

粵追剿軍出發

由張達督率會合桂軍前進

中央核准粵省軍費

〔廣東來電〕各報館均鑒、贛匪西竄、沿途挫衂、然殘餘尙有四萬衆、非及時殲滅、勢將以禍贛者禍黔川、漢末黃巾、明季流寇、傾危國本、方斯蔑如、濟棠前與德鄰健生兩兄聯電中央、請由兩粵抽調勁旅、編組追剿部隊、協同友軍繼續追剿、以期肅淸餘孽、甯我邦家、隨奉蔣委員長電令、照准、請纓志遂、百戰何辭、今追剿部隊已集中準備完畢、定於本月十一日由第二軍副軍長張達督率全軍、從廣州出發、會合廣西追剿部隊、列仗而前、敵愾同仇、義無反顧、一俟妖氛盪盡、當即整隊凱旋、尙望各路友軍共同奮鬥、舉國民衆一致應援、區區此心、不勝企禱、陳濟棠眞（十一日）

〔本社十二日香港專電〕陳濟棠十一日接中央電、核准照舊月撥軍費五十五萬、但須造册報銷、

〔中央社九日貴陽電〕貴陽各界民衆昨午假省黨部大禮堂開會歡迎薛岳總指揮、吳奇偉副指揮、及六路軍武裝同志、到省主席王家烈及各界民衆千餘人、薛吳及四軍副軍長李芝馨均有演說、對中央軍追剿經過及任務暨今後剿匪應注意之點講釋頗詳、

16. 粤追剿军出发，由张达督率会合桂军前进，中央核准粤省军费，1935 年 1 月 12 日第 1 版

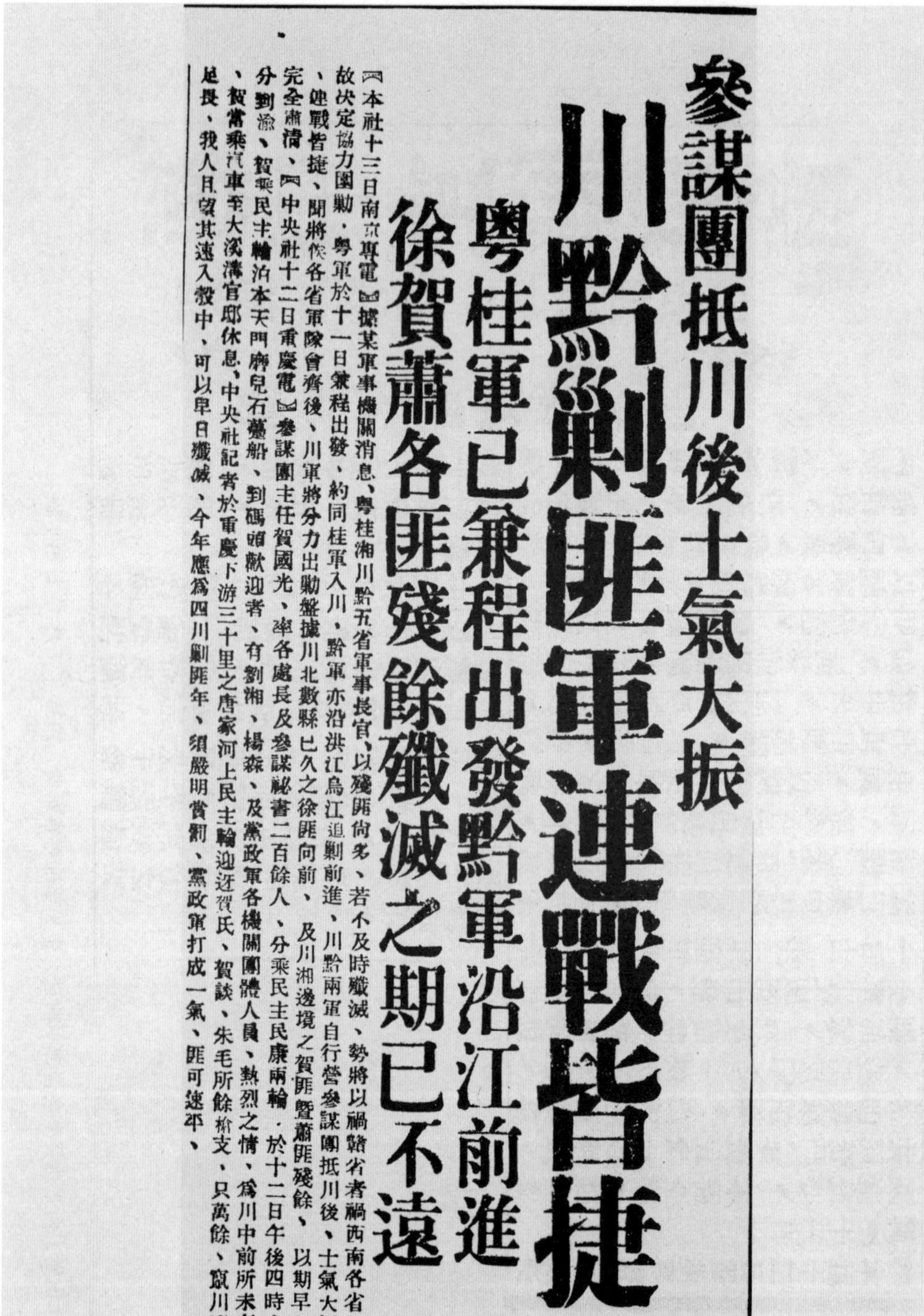

參謀團抵川後士氣大振

川黔剿匪軍連戰皆捷

粵桂軍已兼程出發黔軍沿江前進

徐賀蕭各匪殘餘殲滅之期已不遠

〔本社十三日南京專電〕據某軍事機關消息、粵桂湘川黔五省軍事長官、以殘匪尚多、若不及時殲滅、勢將以禍贛省者禍西南各省、故決定協力圍剿、粵軍於十一日兼程出發、約同桂軍入川、黔軍亦沿洪江烏江追剿前進、川黔兩軍自行營參謀團抵川後、士氣大振、連戰皆捷、聞將俟各省軍隊會齊後、川軍將分力出剿盤據川北數縣已久之徐匪向前、及川湘邊境之賀匪暨蕭匪殘餘、以期早日完全肅清、〔中央社十二日重慶電〕參謀團主任賀國光、率各處長及參謀秘書二百餘人、分乘民主民康兩輪、於十二日午後四時十分到渝、賀乘民主輪泊本天門磨兒石躉船、到碼頭歡迎者、有劉湘、楊森、及黨政軍各機關團體人員、熱烈之情、為川中前所未有、賀當乘汽車至大溪溝官邸休息、中央社記者於重慶下游三十里之唐家河上民主輪迎迓賀氏、賀談、朱毛所餘殘支、只萬餘、竄川不足畏、我人且望其速入彀中、可以早日殲滅、今年應為四川剿匪年、須嚴明賞罰、黨政軍打成一氣、匪可速平、

17. 参谋团抵川后士气大振，川黔剿匪军连战皆捷，粤桂军已兼程出发黔军沿江前进，徐（向前）、贺（龙）、萧（克）各匪残余歼灭之期已不远，1935 年 1 月 13 日第 1 版

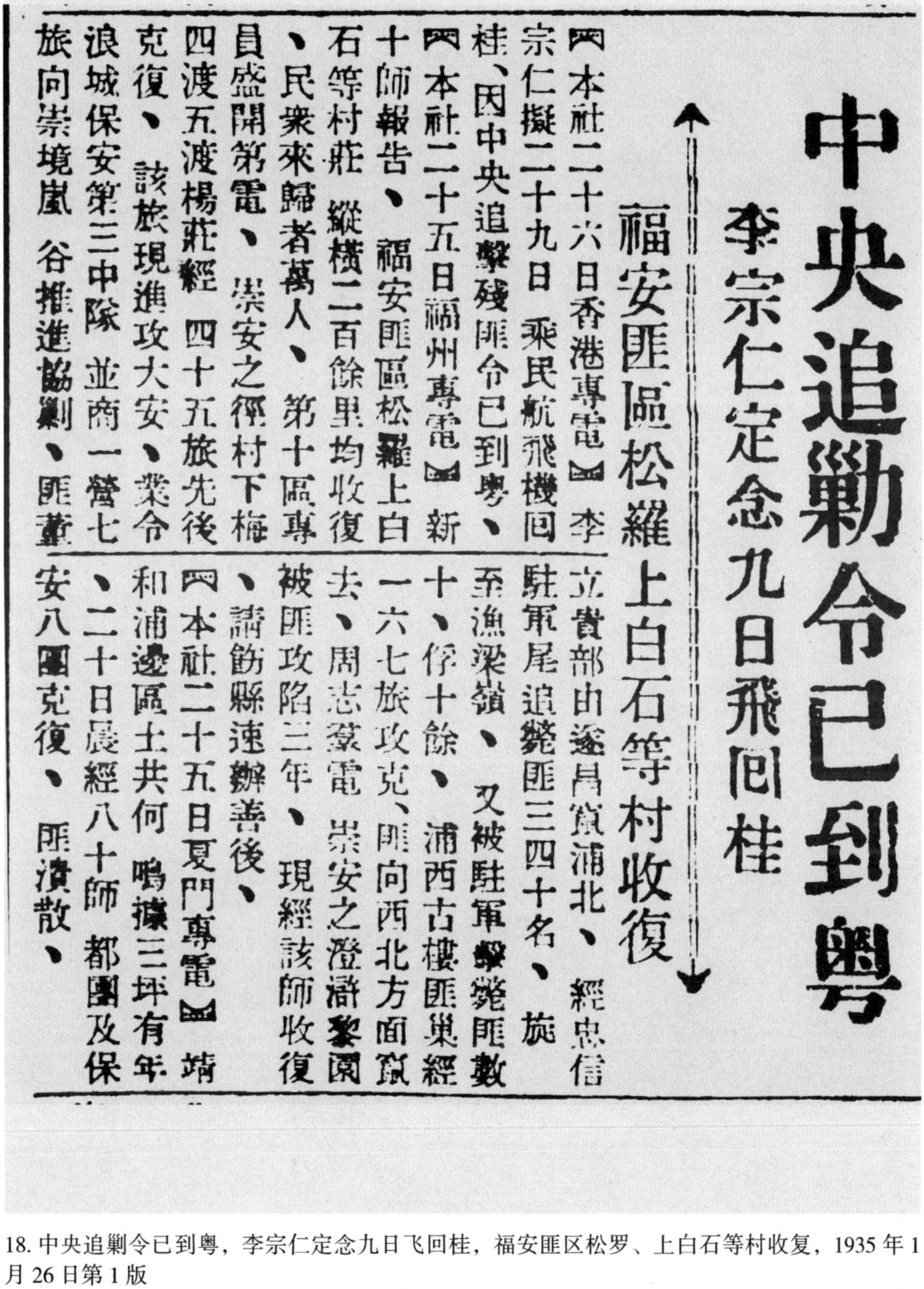

中央追勦令已到粵

李宗仁定念九日飛回桂

福安匪區松羅上白石等村收復

【本社二十六日香港專電】李宗仁擬二十九日乘民航飛機回桂、因中央追擊殘匪令已到粵、

【本社二十五日福州專電】新十師報告、福安匪區松羅上白石等村莊 縱橫二百餘里均收復、民衆來歸者萬人、 第十區專員盛開第電、 崇安之徑村下梅四渡五渡楊莊經 四十五旅先後克復、 該旅現進攻大安、業令浪城保安第三中隊 並商一營七旅向崇境嵐谷推進協剿、匪叢立貴部由遂昌嶺浦北、經忠信駐軍尾追斃匪三四十名、旋至漁梁嶺、 又被駐軍擊斃匪數十、俘十餘、 浦西古樓匪巢經一六七旅攻克、匪向西北方面竄去、周志羣電 崇安之澄濟黎園被匪攻陷三年、 現經該師收復、請飭縣速辦善後、

【本社二十五日夏門專電】靖和浦邊區土共何 鳴據三坪有年、二十日晨經八十師 都團及保安八團克復、 匪潰散、

18. 中央追剿令已到粤，李宗仁定念九日飞回桂，福安匪区松罗、上白石等村收复，1935 年 1 月 26 日第 1 版

青白报

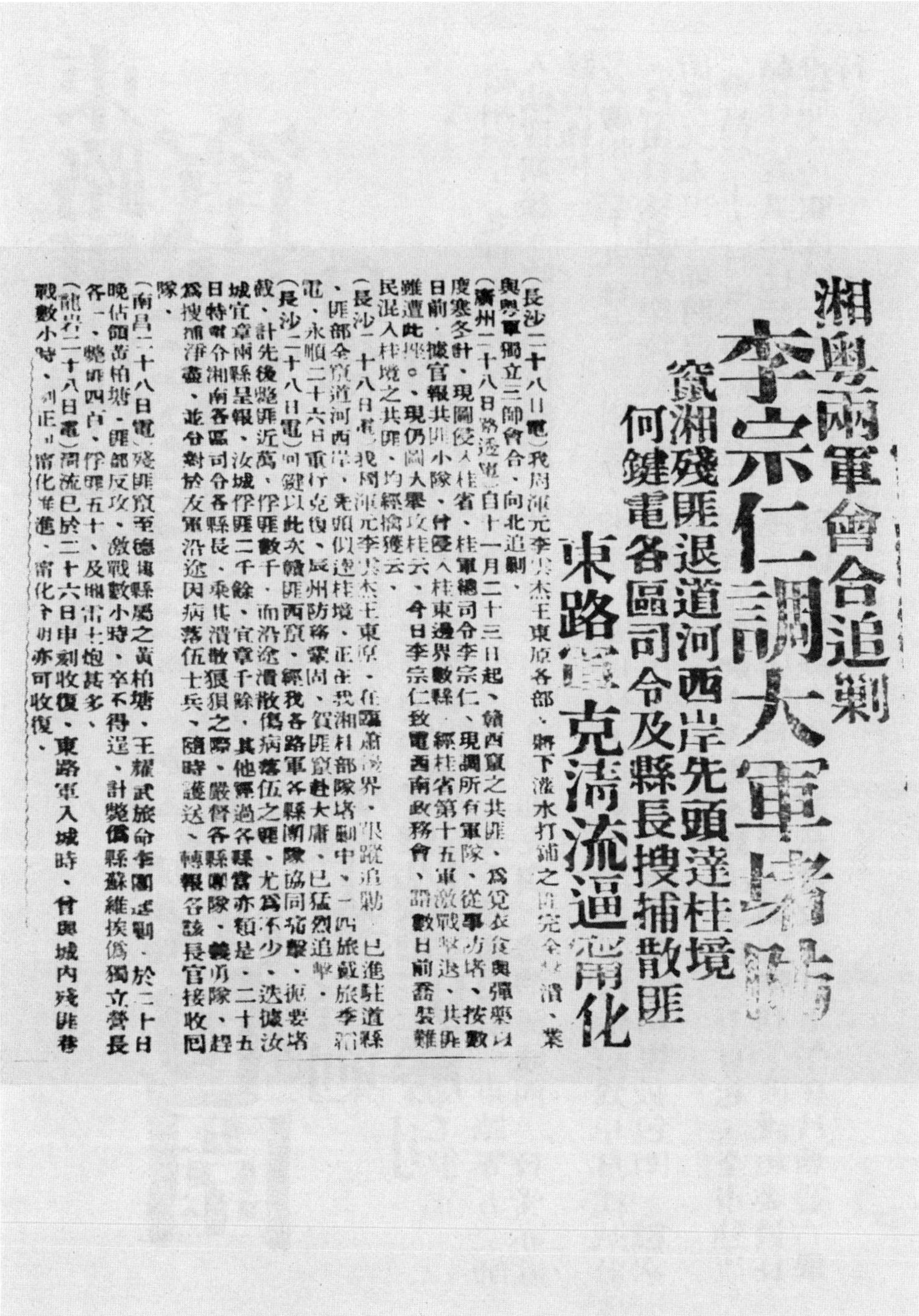

湘粵兩軍會合追剿

李宗仁調大軍堵防

竄湘殘匪退道河西岸先頭達桂境

何鍵電各區司令及縣長搜捕散匪

東路軍克清流逼寧化

(長沙二十八日電)我周渾元李雲杰王東原各部、將下灌水打鋪之匪完全擊潰、業與粵軍獨立三師會合、向北追剿、

(梧州二十八日路透電)自十一月二十三日起、贛西竄之共匪、為覓衣食與彈藥以度寒冬計、現圖侵入桂省、桂軍總司令李宗仁、現調所有軍隊、從事防堵、按數日前、據官報共匪小隊、曾侵入桂東邊界數縣、經桂省第十五軍激戰擊退、共匪雖遭此挫、現仍圖大舉攻桂云、今日李宗仁致電西南政務會、謂數日前番裝難民混入桂境之共匪、均經擒獲云、

(長沙二十八日電)我周渾元李雲杰王東原、在臨藍界、跟蹤追剿、已進駐道縣、匪部全竄道河西岸、我周渾元先頭、似達桂境、正在我湘桂部隊堵剿中、一四旅戴旅李電、永順二十六日重行克復、長州防務、粵固、賀匪竄赴大庸、已猛烈追擊、

(長沙二十八日電)何鍵以此次贛匪西竄、經我各路軍各縣團隊協同痛擊、迭據截、計先後斃匪近萬、俘匪數千、而沿途潰散病落伍之匪、尤為不少、迭據汝城宜章兩縣呈報、汝城俘匪二千餘、其他匪過各縣、各縣當亦頗是、二十五日特電令湘南各區司令各縣長、乘其潰散狼狽之際、嚴督各縣團隊、義勇隊、趕為搜捕淨盡、並分對於友軍沿途因病落伍士兵、隨時護送、轉報各該長官接收、以隊、

(南昌二十八日電)殘匪竄至德興縣屬之黃柏塘、王耀武旅命李團進剿、於二十日晚佔領黃柏塘、匪部反攻、激戰數小時、卒不得逞、計斃偽縣蘇維埃偽獨立營長各一、斃匪四百、俘匪五十、及[illegible]炮甚多、

(龍岩二十八日電)清流已於二十六日申刻收復、東路軍入城時、曾與城內殘匪巷戰數小時、刻正向寧化推進、寧化今明亦可收復、

1. 湘粤两军会合追剿，李宗仁调大军堵防，窜湘残匪退道河西岸先头达桂境，何键电各区司令及县长搜捕散匪，东路军克清流逼宁化，1934 年 11 月 29 日第 2 版

東路軍進逼寧化

竄桂殘匪全被包圍

白崇禧已由桂林赴平樂督剿

南昌張燈結綵慶祝剿匪勝利

（福州二十九日電）軍息、清流前晨已收復、殘匪向西南分途逃竄 東路軍五二師入城搜索後、昨午後已繼向寧化推進 寧化今明即克復、傳清流城內、曾受赤匪蹂躪極慘、

（又廣州二十九日電）梧州電、湘西殘匪竄桂、迭被擊潰後、白崇禧爲早日撲滅計、已由桂林赴平樂督戰、粵軍亦由道縣出擊獲勝、匪因逃竄無路復被包圍、數次衝突又未出、即將自斃、

（南昌二十九日電）慶祝剿匪勝利暨慰勞將士大會、經決議自三十日起、全市懸旗結綵、各馬路已紮彩布牌樓多座、各商店住戶均掛慶祝剿匪勝利、擁護蔣委員長燈籠、機關團體、準備燈彩、以備參加提燈會、游藝會改一日下午在昌新舞台舉行、

2. 东路军进逼宁化，窜桂残匪全被包围，白崇禧已由桂林赴平乐督剿，南昌张灯结彩庆祝剿匪胜利，1934 年 11 月 30 日第 2 版

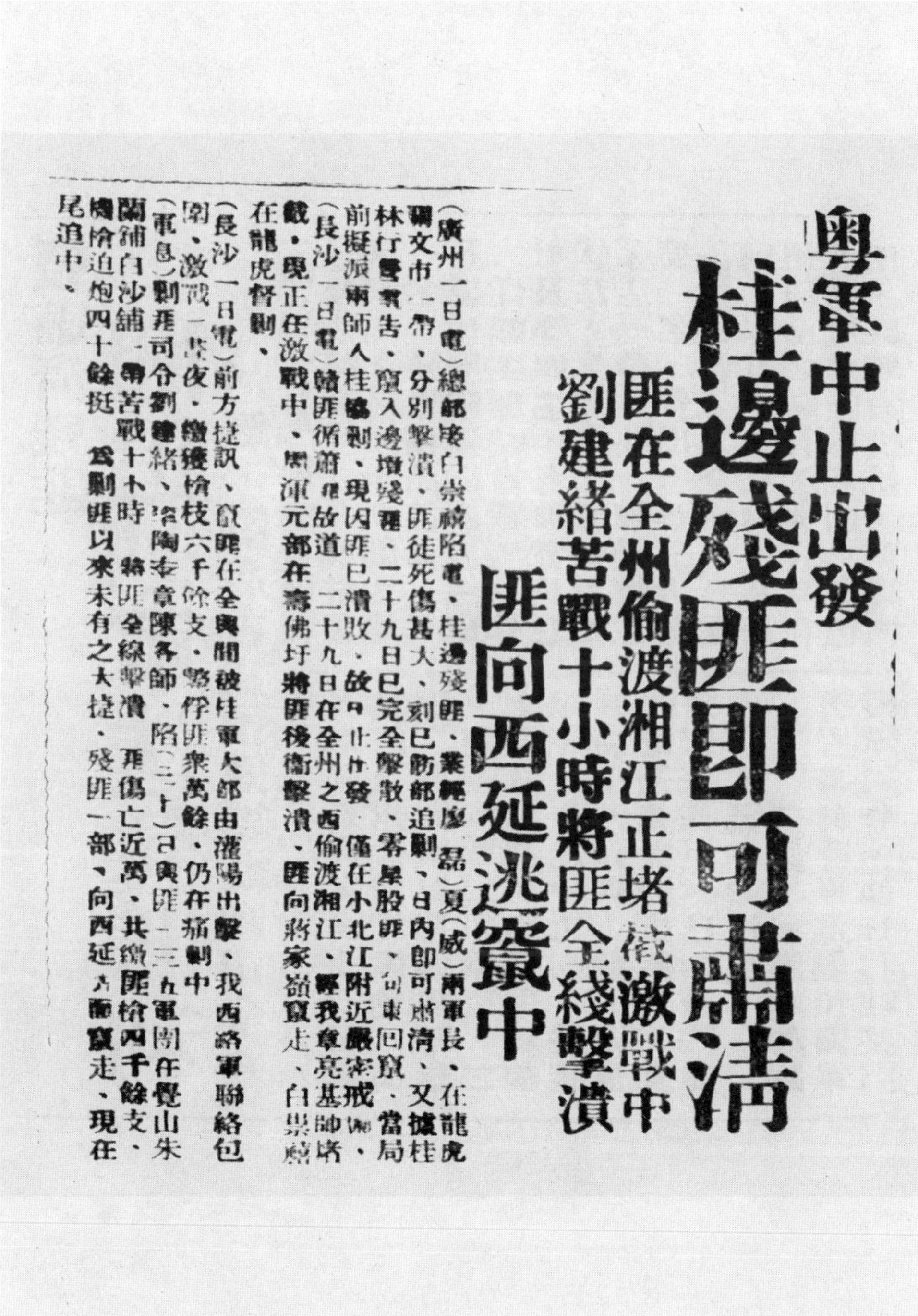

粵軍中止出發
桂邊殘匪即可肅清
匪在全州偷渡湘江正堵截激戰中
劉建緒苦戰十小時將匪全綫擊潰
匪向西延逃竄中

（廣州一日電）總部接白崇禧陷電、桂邊殘匪、業經廖（磊）夏（威）兩軍長、在龍虎關文市一帶、分別擊潰、匪徒死傷甚大、刻已飭部追剿、日內即可肅清、又據桂林行營電告、竄入邊境殘匪、二十九日已完全擊散、零星股匪、向東回竄、當局前擬派兩師入桂協剿、現因匪已潰敗、故中止出發、僅在小北江附近嚴密戒備、

（長沙一日電）贛匪循蕭克故道、二十九日在全州之西偷渡湘江、經我章亮基師堵截、現正在激戰中、周渾元部在壽佛圩將匪後衛擊潰、匪向蔣家嶺竄走、白崇禧在龍虎督剿、

（長沙一日電）前方捷訊、竄匪在全興間被桂軍大部由灌陽出擊、我西路軍聯絡包圍、激戰一晝夜、繳獲槍枝六千餘支、擊俘匪衆萬餘、仍在痛剿中

（軍息）剿匪司令劉建緒、率陶李章陳各師、陷（三十）日與匪一三五軍團在覺山朱蘭鋪白沙鋪一帶苦戰十小時、將匪全線擊潰、匪傷亡近萬、共繳匪槍四千餘支、機槍迫炮四十餘挺、爲剿匪以來未有之大捷、殘匪一部、向西延方面竄走、現在尾追中、

3. 粤军中止出发，桂边残匪即可肃清，匪在全州偷渡湘江正堵截激战中，刘建绪苦战十小时将匪全线击溃，匪向西延逃窜中，1934 年 12 月 2 日第 2 版

贛肅清殘匪

湘追剿軍迭獲勝利

何鍵派劉膺古爲預備軍縱隊司令

（南昌二日電）興國克復後、西鄉略有殘匪、經駐軍清剿、在荷溪生擒僞主席一名、獲軍用品甚多、又在橋俤庵破獲僞府三處、仔匪主席祕書裁判合作社長等四名、各匪首均已伏法、又尋鄔後備隊進剿茅店一帶殘匪擊斃僞主席一名、救出肉票二人、

（長沙二日電）全州一日電稱、本日下午二時、在全州以南之麻石渡與桂軍在石塘墟將匪約五團夕衆包圍、匪無力抵抗、正繳械中、又章師長亮基三十日電稱、又在全州偷渡之匪約萬餘、自經我軍迎頭痛擊後、經板橋舖狼狽潰竄、二十九日晨我派出之追剿部隊、又在途中大嶺、將該匪痛擊、斃匪千餘、匪僞團營長先後陣亡數人、實力損失甚巨、已無戰鬥能力、不難一鼓根殲、

（長沙一日電）何鍵昨派劉膺古爲剿匪軍追剿預備軍縱隊司令、即日移駐某處

4. 赣肃清残匪，湘追剿军迭获胜利，何键派刘膺古为预备军纵队司令，1934 年 12 月 3 日第 2 版

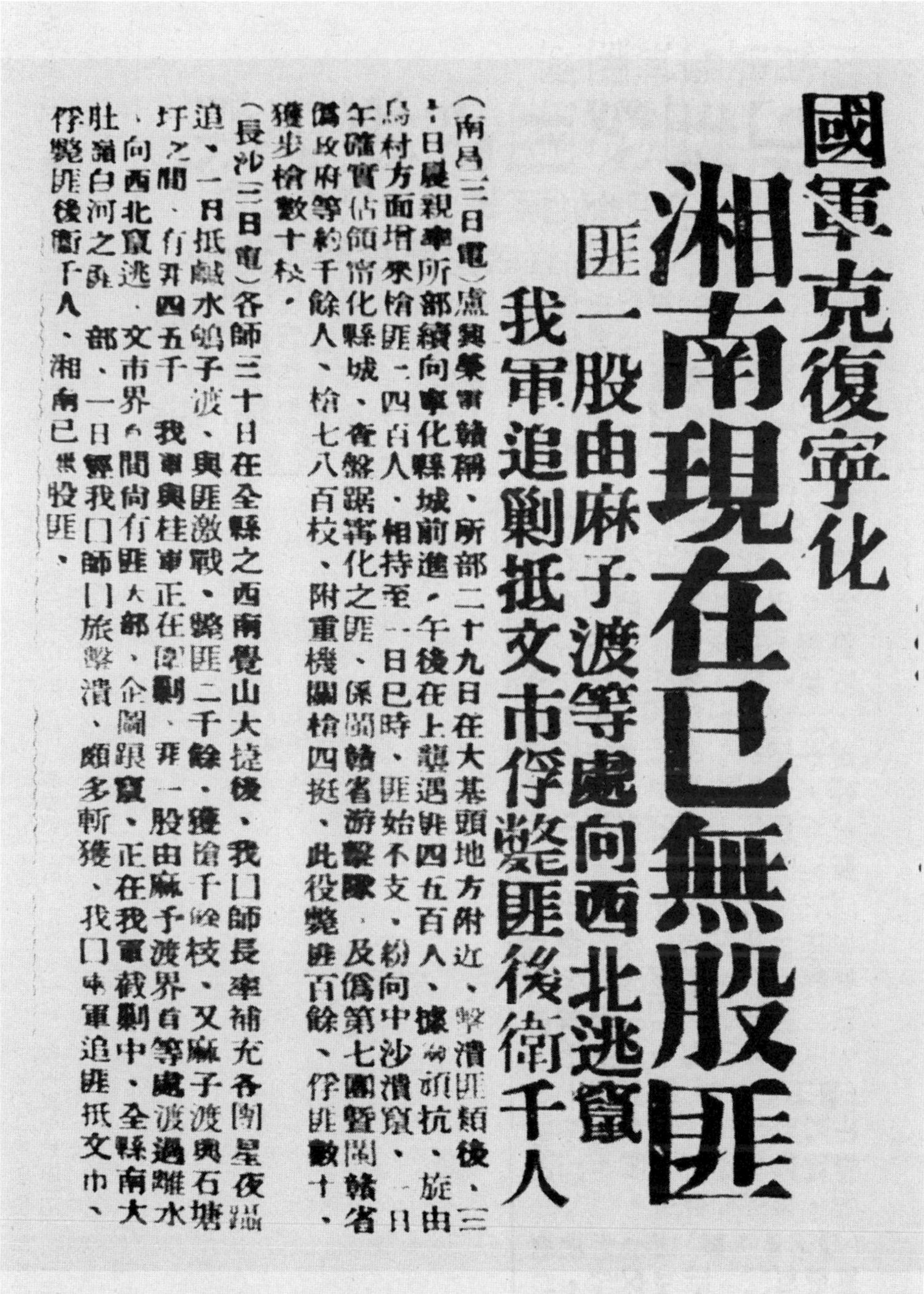

國軍克復寧化
湘南現在已無股匪
匪一股由麻子渡等處向西北逃竄
我軍追剿抵文市俘斃匪後衛千人

（南昌三日電）盧興榮電贛稱、所部二十九日在大基頭地方附近、擊潰匪類後、三十日晨親率所部續向寧化縣城前進、午後在上壢遇匪四五百人、據險頑抗、旋由烏村方面增來槍匪三四百人、相持至一日巳時、匪始不支、紛向中沙潰竄、一日午確實佔領甯化縣城、查盤踞寧化之匪、係閩贛省游擊隊、及僞第七團暨閩贛省僞政府等約千餘人、槍七八百枝、附重機關槍四挺、此役斃匪百餘、俘匪數十、獲步槍數十枝。

（長沙三日電）各師三十日在全縣之西南覺山大捷後、我□師長率補充各團星夜踹追、一日抵鹹水鵓子渡、與匪激戰、斃匪二千餘、獲槍千餘枝、又麻子渡與石塘圩之間、有匪四五千、我軍與桂軍正在堵剿、匪一股由麻子渡界首等處渡過離水、向西北竄逃、文市界首間尚有匪大部、企圖跟竄、正在我軍截剿中、全縣南大肚、湘白河之匪、部、一日經我□師□旅擊潰、頗多斬獲、我□中軍追匪抵文市、俘斃匪後衛千人、湘南已無股匪、

5. 国军克复宁化，湘南现在已无股匪，匪一股由麻子渡等处向西北逃窜，我军追剿抵文市俘毙匪后卫千人，1934 年 12 月 4 日第 2 版

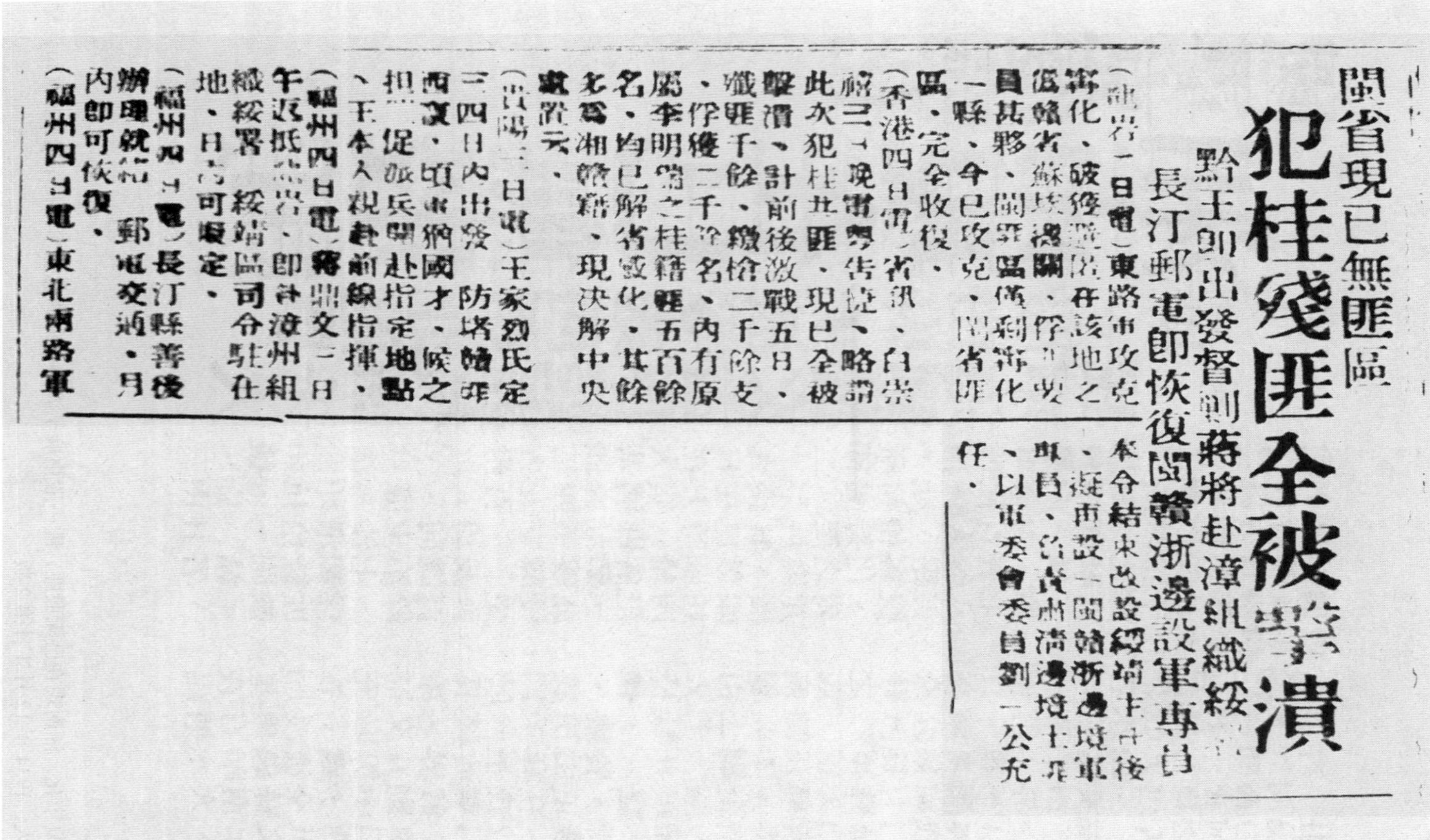

閩省現已無匪區

犯桂殘匪全被擊潰

黔王即出發督剿 蔣將赴漳組織綏署

長汀郵電即恢復 閩贛浙邊設軍專員

（南昌一日電）東路軍攻克寧化、破獲匪[illegible]在該地之僞贛省、蘇埃[illegible]關、俘[illegible]收員其夥、閩匪區僅剩寧化一縣、今已攻克、閩省匪區、完全收復、

（香港四日電）省訊、白崇禧三日晚電粵告捷、略謂此次犯桂共匪、現已全被擊潰、計前後激戰五日、殲匪千餘、繳槍二千餘支、俘匪二千餘名、內有原屬李明瑞之桂籍匪五百餘名、均已解省感化、其餘多屬湘贛籍、現決解中央[illegible]云、

（貴陽三日電）王家烈氏定三四日內出發防堵贛匪西竄、頃電猶國才、候之担[illegible]促派兵開赴指定地點、王本人親赴前線指揮、

（福州四日電）蔣鼎文二日午返抵[illegible]、即赴漳州組織綏署、綏靖區司令駐在地、日[illegible]可暫定、

（福州四日電）長汀縣善後辦理就緒、郵電交通、月內即可恢復、

（福州四日電）東北兩路軍奉令結束改設綏靖主任後、擬再設一閩贛浙邊境軍專員、負責肅清邊境土匪、以軍委會委員劉一公充任、

6. 闽省已无匪区，犯桂残匪全被击溃，黔王（家烈）即出发督剿，蒋（介石）将赴漳（州）组织绥署，长汀邮电即恢复，闽赣浙边设军专员，1934年12月5日第2版

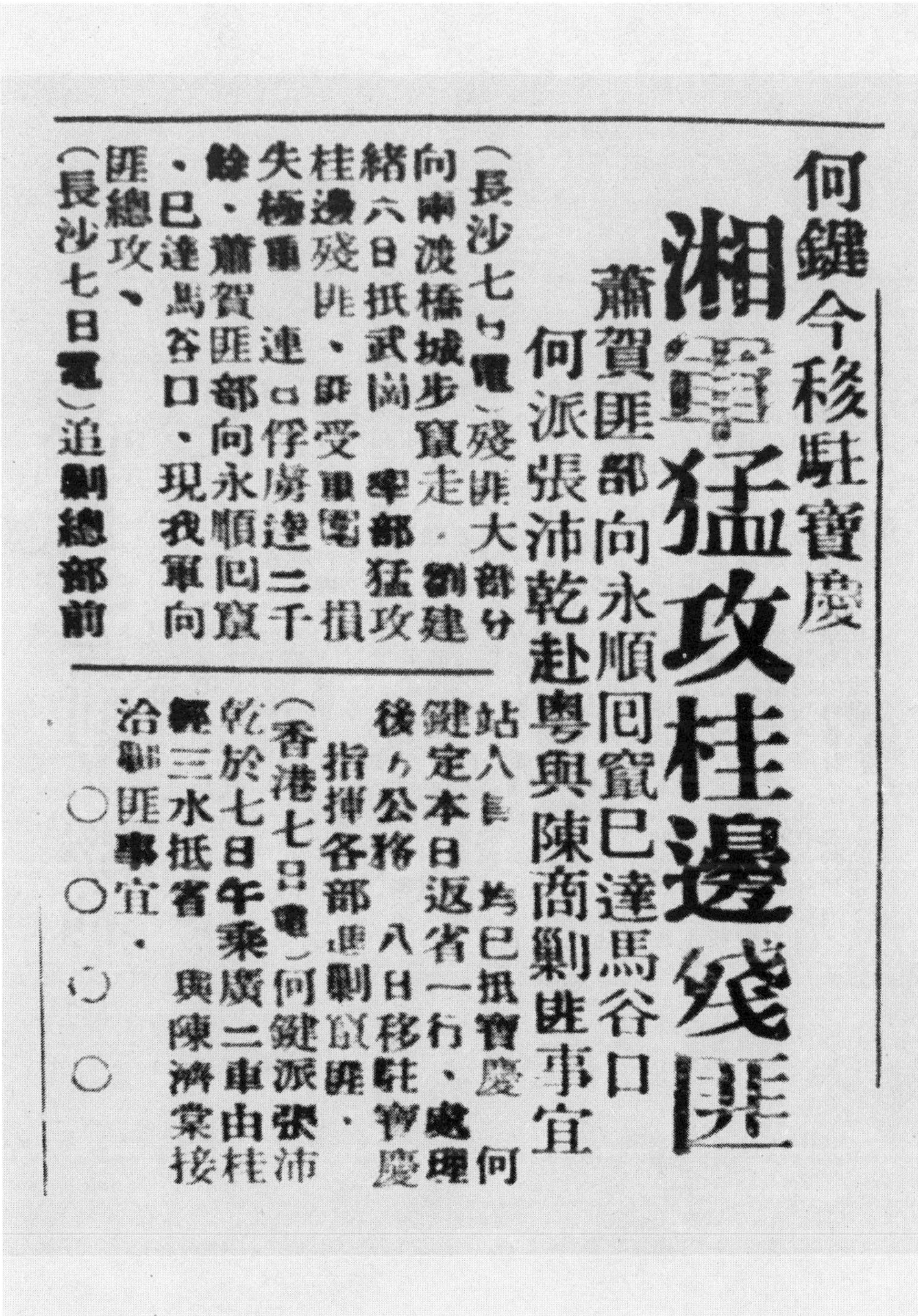

何鍵今移駐寶慶

湘軍猛攻桂邊殘匪

蕭賀匪部向永順回竄已達馬谷口

何派張沛乾赴粵與陳商剿匪事宜

（長沙七日電）殘匪大部分向南渡椿城步竄走、劉建緒六日抵武岡、率部猛攻桂邊殘匪、匪受重創、損失極重、連日俘虜達二千餘、蕭賀匪部向永順回竄、已達馬谷口、現我軍向匪總攻、

（長沙七日電）追剿總部前站八日為已抵寶慶、何鍵定本日返省一行、處理後方公務、八日移駐寶慶、指揮各部追剿竄匪、

（香港七日電）何鍵派張沛乾於七日午乘廣三車由桂經三水抵省、與陳濟棠接洽剿匪事宜・

○○○○

7. 何键今移驻宝庆，湘军猛攻桂边残匪，萧（克）、贺（龙）匪部向永顺回窜已达马谷口，何派张沛乾赴粤与陈（济棠）商剿匪事宜，1934 年 12 月 8 日第 2 版

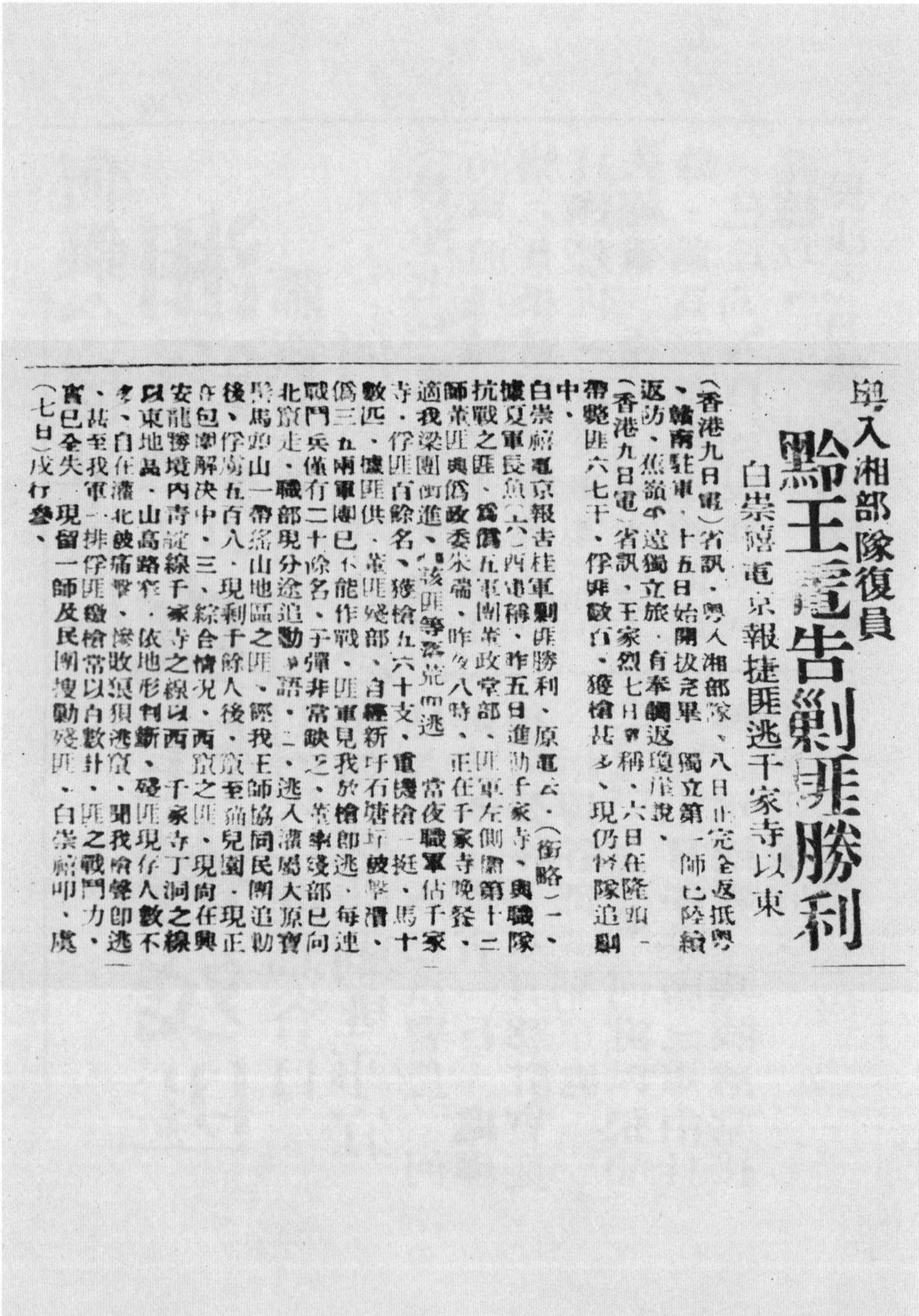

粵入湘部隊復員

黔王電告剿匪勝利

白崇禧電京報捷匪逃千家寺以東

（香港九日電）省訊、粵入湘部隊、八日止完全返抵粵、贛南駐軍、十五日始開拔完畢、獨立第一師已陸續返防、焦嶺[illegible]遠獨立旅、有奉調返瓊崖說、

（香港九日電）省訊、王家烈七日電稱、六日在隆頭一帶擊匪六七千、俘匪數百、獲槍甚多、現仍督隊追剿中、

白崇禧電京報告桂軍剿匪勝利、原電云、（銜略）一、據夏軍長魚（六）西電稱、昨五日進剿千家寺、與職隊抗戰之匪、爲偽五軍團兼政常部、匪軍左側團第十二師、兼匪與偽政委朱瑞、昨夕八時、正在千家寺晚餐、適我梁團衝進、該匪等衆荒而逃、當夜職軍佔千家寺、俘匪百餘名、獲槍五六十支、重機槍一挺、馬十數匹、據匪供、兼匪總部、自經新圩石塘圩被擊潰、偽三五兩軍團已不能作戰、匪軍見我放槍即逃、每連戰鬥兵、僅有二十餘名、子彈非常缺乏、[illegible]殘部已向北竄走、職部現分途追剿[illegible]語、二、逃入濃溪大源寶驛馬鄉山一帶絡山地區之匪、經我王師協同民團追剿後、俘虜五百八、現剩千餘人、後竄至痛兒圍、現正在包圍解決中、三、綜合情況、西竄之匪、現向在興安龍嚮境內青縱線千家寺之線以西、千家寺丁洞之線以東地區、山島路寨、依地形制新、殘匪現存人數不多、自在濃北被痛擊、慘敗狼狽逃竄、聞我槍聲即逃、甚至我軍一排、俘匪繳槍、常以百數計、匪之戰鬥力、實已全失、現留一師及民團搜剿殘匪、白崇禧叩、虞（七日）戊行參、

8. 粤入湘部队复员，黔王（家烈）电告剿匪胜利，白崇禧电京报捷，匪逃千家寺以东，1934 年 12 月 10 日第 3 版

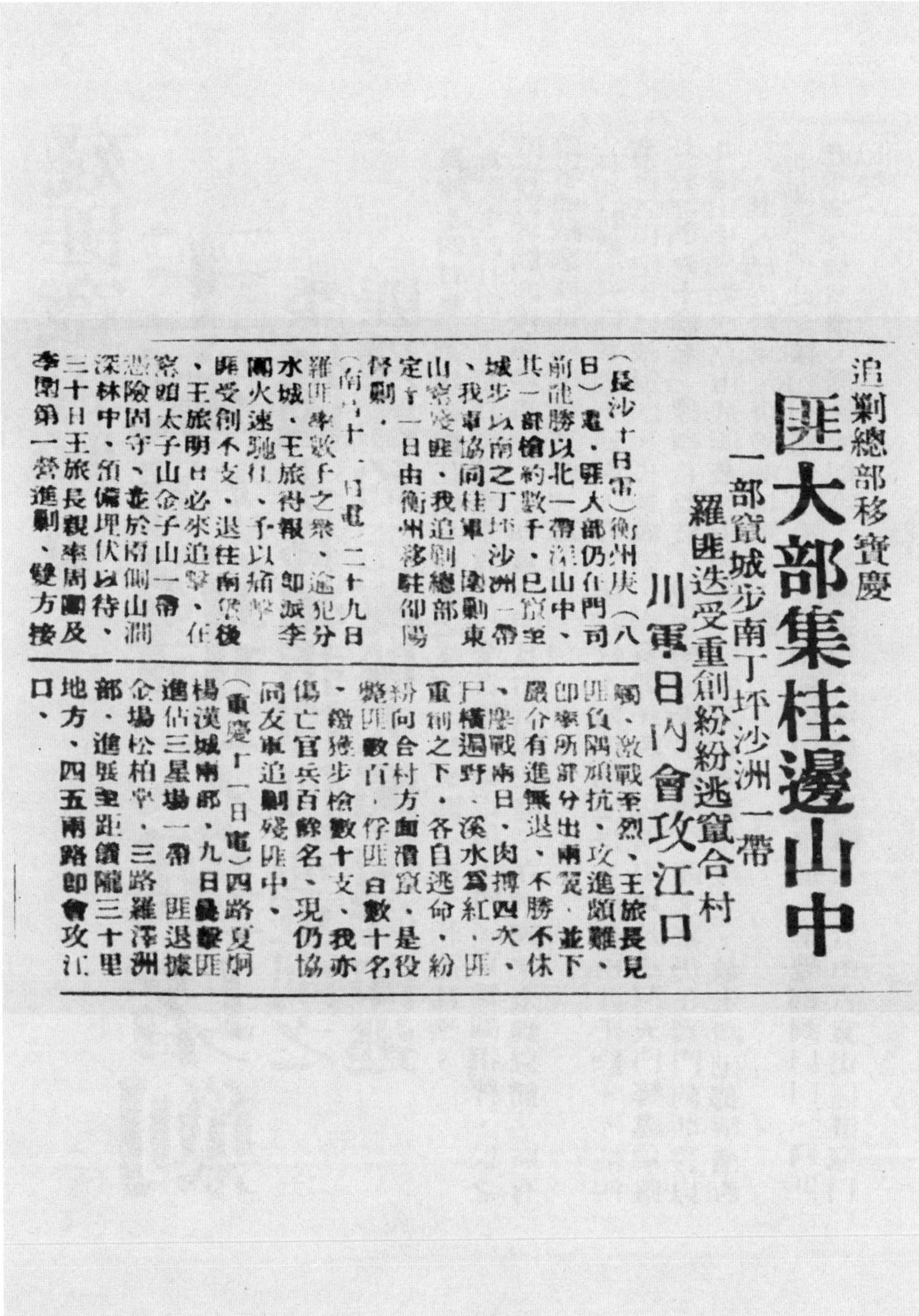

追剿總部移寶慶

匪大部集桂邊山中

一部竄城步南丁坪沙洲一帶

羅匪迭受重創紛紛逃竄合村

川軍日內會攻江口

（長沙十日電）衡州庚（八日）電・匪大部仍在門、司前龍勝以北一帶深山中、其一部搶約數千・已竄至城步以南之丁坪沙洲一帶、我軍協同桂軍、圍剿東山竄殘匪・我追剿總部定十一日由衡州移駐邵陽督剿・

（南昌十一日電）二十九日羅匪率數千之衆、逾犯分水城・王旅得報・即派李團火速馳往、予以痛擊・匪受創不支・退往南緊後、王旅明日必來追擊、在窯咀太子山金子山一帶憑險固守、並於南側山澗深林中、預備埋伏以待、三十日王旅長親率周團及李團第一營進剿、雙方接觸、激戰至烈、王旅長見匪負隅頑抗、攻進頗難、即率所部分出兩覓・並下嚴令有進無退、不勝不休、壓戰兩日・肉搏四次、尸橫遍野、溪水爲紅・匪重圍之下・各自逃命・紛紛向合村方面潰竄・是役斃匪數百・俘匪百數十名・繳獲步槍數十支、我亦傷亡官兵百餘名、現仍協同友軍追剿殘匪中、

（重慶十一日電）四路夏炯楊漢城兩部、九日襲擊匪進佔三星場一帶 匪退據企場、松柏坪、三路羅澤洲部、進張堂距鐵隴三十里地方、四五兩路即會攻江口、

9. 追剿总部移宝庆，匪大部集桂边山中，一部窜城步南丁坪、沙洲一带，罗匪迭受重创纷纷逃窜合村，川军日内会攻江口，1934 年 12 月 12 日第 3 版

殘匪竄近黔東

王家烈將大舉堵剿

委猶國才爲總指揮何知重副之

匪殘部約三萬餘人聞槍聲即逃

（長沙十四日電）劉建緒部在城步以南之蓬洞、擊破匪一部、斬獲甚衆、

（貴陽十四日電）王家烈委猶國才爲貴州全省剿匪總指揮、何知重爲副指揮、俟之豫爲黔省剿匪後備總指揮，何知重定明日由貴陽出發、在猶國才未到以前、所有黔省前敵剿匪部隊、概歸何知重指揮。□

（長沙航訊）殘匪被湘軍痛剿、在朱蘭鋪鹹水附近節節潰退、尚有殘匪千餘、竄俄四名逃往山中、已被包圍、可即成擒。陶廣師在西延以南山地及小洞天門等處追擊赴股匪斃匪十餘名、獲槍百餘枝、現正向城步追剿中、匪大部仍在司門前頑勝以北深山中、劉建緒由武岡赴城步督剿、竄擾黃石之蕭賀殘匪、被朱樹勛部擊潰西竄、共匪已近黔東、現被湘桂黔軍圍剿、

（貴陽航訊）此間接□□電、中央軍薛岳部向□□□□推進、李覺部到□□、執匪在千家寺被擊潰、開槍聲即逃、狀極狼狽、殘餘三萬餘人、有由古宜出通道竄□□勢、

10. 残匪窜近黔东，王家烈将大举堵剿，委犹国才为总指挥何知重副之，匪残部约三万余人闻枪声即逃，1934 年 12 月 16 日第 2 版

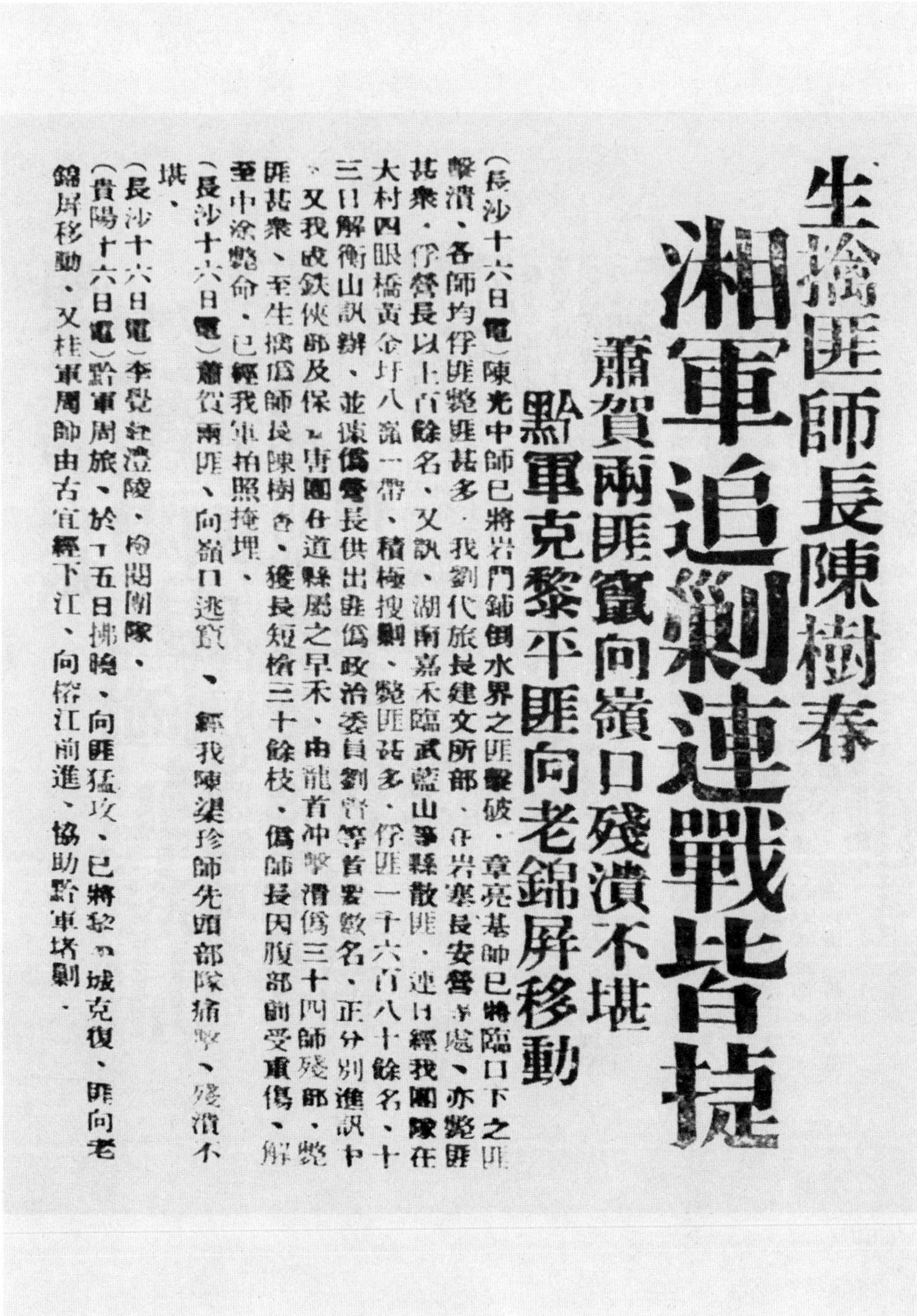

生擒匪師長陳樹春
湘軍追剿連戰皆捷
蕭賀兩匪竄向嶺口殘潰不堪
黔軍克黎平匪向老錦屏移動

(長沙十六日電)陳光中師已將岩門鋪倒水界之匪擊破．章亮基師已將臨口下之匪擊潰、各師均俘匪斃匪甚多．我劉代旅長建文所部、在岩寨長安營等處、亦斃匪甚衆．俘營長以上百餘名、又訊、湖南嘉禾臨武藍山等縣散匪．連日經我團隊在大村四眼橋黃金圩八箇一帶、積極搜剿、斃匪甚多、俘匪一千六百八十餘名、十三日解衡山訊辦、並據僞營長供出匪僞政治委員劉[illegible]等首要數名、正分別進訊中。又我戍鐵俠部及保安團在道縣屬之早禾、由龍首冲擊潰僞三十四師殘部．斃匪甚衆、至生擒僞師長陳樹春、獲長短槍三十餘枝．僞師長因腹部前受重傷、解至中途斃命．已經我軍拍照掩埋、

(長沙十六日電)蕭賀兩匪、向嶺口逃竄、經我陳渠珍師先頭部隊痛擊、殘潰不堪、

(長沙十六日電)李覺抵澧陵、檢閱團隊、

(貴陽十六日電)黔軍周旅、於十五日拂曉、向匪猛攻、已將黎平城克復、匪向老錦屏移動、又桂軍周師由古宜經下江、向榕江前進、協助黔軍堵剿、

11. 生擒匪师长陈树春，湘军追剿连战皆捷，萧（克）、贺（龙）两匪窜向岭口残溃不堪，黔军克黎平匪向老锦屏移动，1934 年 12 月 18 日第 2 版

湘省一律解嚴

賀蕭兩匪圖犯慈庸

桂軍俘匪六千餘解追勦總部發落

粵陳召川湘黔代表會商追勦辦法

何鍵定昨赴寶慶追勦

(長沙十八日電)賀蕭兩匪大部十四十五等日、竄抵沅陵東面之洞庭溪附近、一部分竄丁家坊等處、我劉司令運乾所部、現佈置口口河一帶、羅啓疆旅向口口口進勦、我陳師長渠珍綏部、十五日進駐乾城、又慈利十六日電稱、大庸亦匪、又竄犯慈庸交界之岩觀 我朱樹勛所部、正在與匪接觸中．

(長沙十九日電)何鍵以此次西竄贛匪．經我軍節節痛擊、所餘殘部、業已分竄湘東南各地、自須一律解嚴、回復原狀、所有以前集中之糧伕、應即分別發還．又以前臨時規定之封鎖辦法、亦須准予停止進行、十八日特命令各縣長遵照辦理、

(長沙十九日電)桂軍俘匪六千餘、分十二批解送黃沙河追勦總部、決自二十二日起、陸續派隊接解來衡、以便收容處置、

(廣州十九日電)陳濟棠以殘匪竄抵黔邊、將來若與蕭匪會合、為患更大、為根本撲滅計、特於日昨在梅花村私宅、召集川湘黔代表蔡子靜 張沛乾、張蘊良等．會商追勦辦法、結果決與桂方出兵．合編追勦部隊、由湘入黔、向前追勦、凡關行軍路線沿途運輸、軍需給養等、均經確定．置聯合追勦部隊、將由李宗仁統率、并由白崇禧任總指揮、一俟蔣委員長核准電覆部署妥善後．即麾軍前進云云．

(長沙十八日電)何鍵定十九日赴寶慶、督率所部進勦殘匪、賀蕭兩匪 經保安團各部迎頭痛擊、連日發生激烈戰爭、匪不得逞、我軍正追勦中、

12. 湘省一律解严，贺（龙）、萧（克）两匪图记慈（利）、（大）庸，桂军俘匪六千余解追剿总部发落，粤陈（济棠）召川湘黔代表会商追剿办法，何键定昨赴宝庆追剿，1934 年 12 月 20 日第 2 版

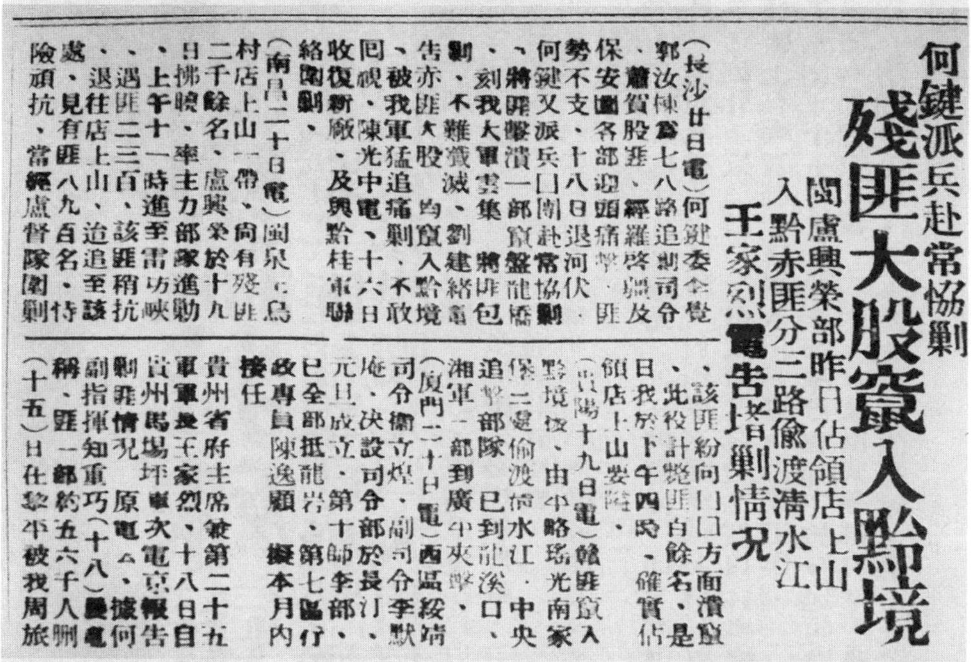

何鍵派兵赴常協剿
殘匪大股竄入黔境
閩盧興榮部昨日佔領店上山
入黔赤匪分三路偷渡清水江
王家烈電告堵剿情況

（長沙廿日電）何鍵委李覺、郭汝棟為七八路追剿司令、蕭賀股匪、經羅啓疆及保安團各部迎頭痛擊、匪勢不支、十八日退河伏、何鍵又派兵□開赴常協剿、將匪擊潰一部竄盤龍橋、刻我大軍雲集　將匪包剿、不難殲滅、劉建緒電告、赤匪大股　均竄入黔境、被我軍猛追痛剿、不敢回視、陳光中電、十六日收復新廠、及與黔桂軍聯絡圍剿、

（南昌二十日電）閩泉[illegible]烏村店上山一帶、向有殘匪二千餘名、盧興榮於十九日拂曉、率主力部隊進勦、上午十一時進至雷坊峽、遇匪二三百、該匪稍抗、退往店上山、追追至該處、見有匪八九百名、待險頑抗、常經盧督隊圍剿、該匪紛向□口方面潰竄、此役計斃匪百餘名、是日我於下午四時、確實佔領店上山要隘、

（貴陽十九日電）贛匪竄入黔境後、由中路瑞光南家保二邊偷渡清水江、中央追擊部隊　已到龍溪口、湘軍一部到廣中夾擊、

（廈門二十日電）西區綏靖司令衞立煌、副司令李默庵、決設司令部於長汀、元旦成立、第十師李部、已全部抵龍岩、第七區行政專員陳逸顯　擬本月內接任

貴州省府主席兼第二十五軍軍長王家烈、十八日自貴州馬場坪車次電京報告剿匪情況　原電云、據何副指揮知重巧（十八）養電稱、匪一部約五六千人刪（十五）日佔黎平被我周旅

13. 何键派兵赴常（德）协剿，残匪大股窜入黔境，闽卢兴荣部昨日占领店上山，入黔“赤匪”分三路偷渡清水江，王家烈电告堵剿情况，1934 年 12 月 21 日第 2 版（残）

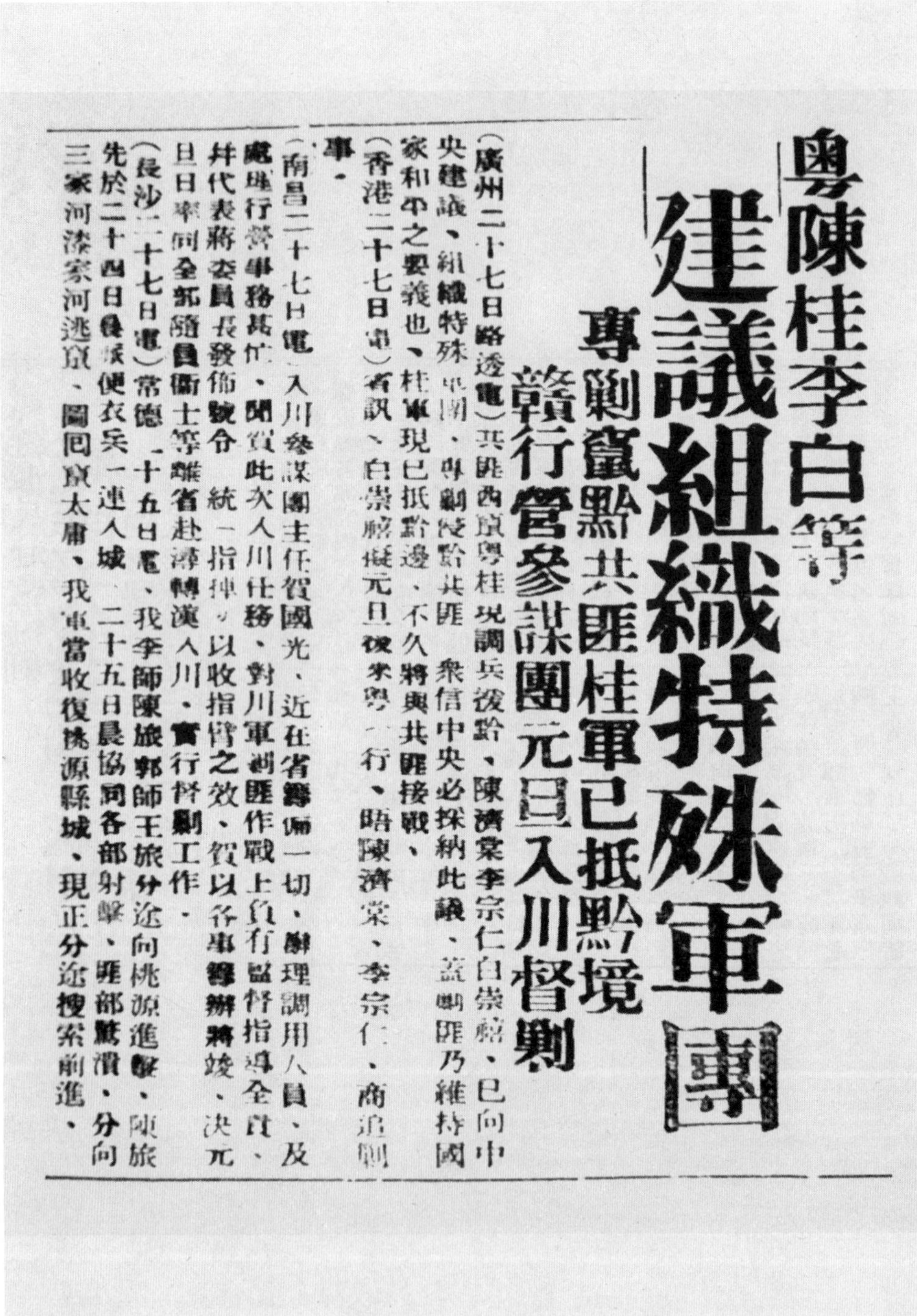

粵陳桂李白等

建議組織特殊軍團

專剿竄黔共匪桂軍已抵黔境

贛行營參謀團元旦入川督剿

（廣州二十七日路透電）共匪西竄粵桂現調兵援黔、陳濟棠李宗仁白崇禧、已向中央建議、組織特殊軍團、專剿竄黔共匪　衆信中央必採納此議、蓋剿匪乃維持國家和平之要義也、桂軍現已抵黔邊、不久將與共匪接戰、

（香港二十七日電）省訊、白崇禧擬元旦後來粵一行、晤陳濟棠、李宗仁、商追剿事、

（南昌二十七日電）入川參謀團主任賀國光、近在省籌備一切、辦理調用人員、及處理行營事務甚忙、聞賀此次入川任務、對川軍剿匪作戰上負有監督指導全責、并代表蔣委員長發佈號令　統一指揮、以收指臂之效、賀以各事籌辦將竣、決元旦日率同全部隨員衛士等離省赴潯轉漢入川、實行督剿工作、

（長沙二十七日電）常德二十五日電、我李師陳旅郭師王旅分途向桃源進擊、陳旅先於二十四日晨派便衣兵一連入城、二十五日晨協同各部射擊、匪部驚潰、分向三家河漆家河逃竄、圖回竄太庸、我軍當收復桃源縣城、現正分途搜索前進、

14. 粤陈（济棠）、桂李（宗仁）、白（崇禧）等建议组织特殊军团，专剿窜黔“共匪”，桂军已抵黔境，赣行营参谋团元旦入川督剿，1934 年 12 月 28 日第 2 版

新民报

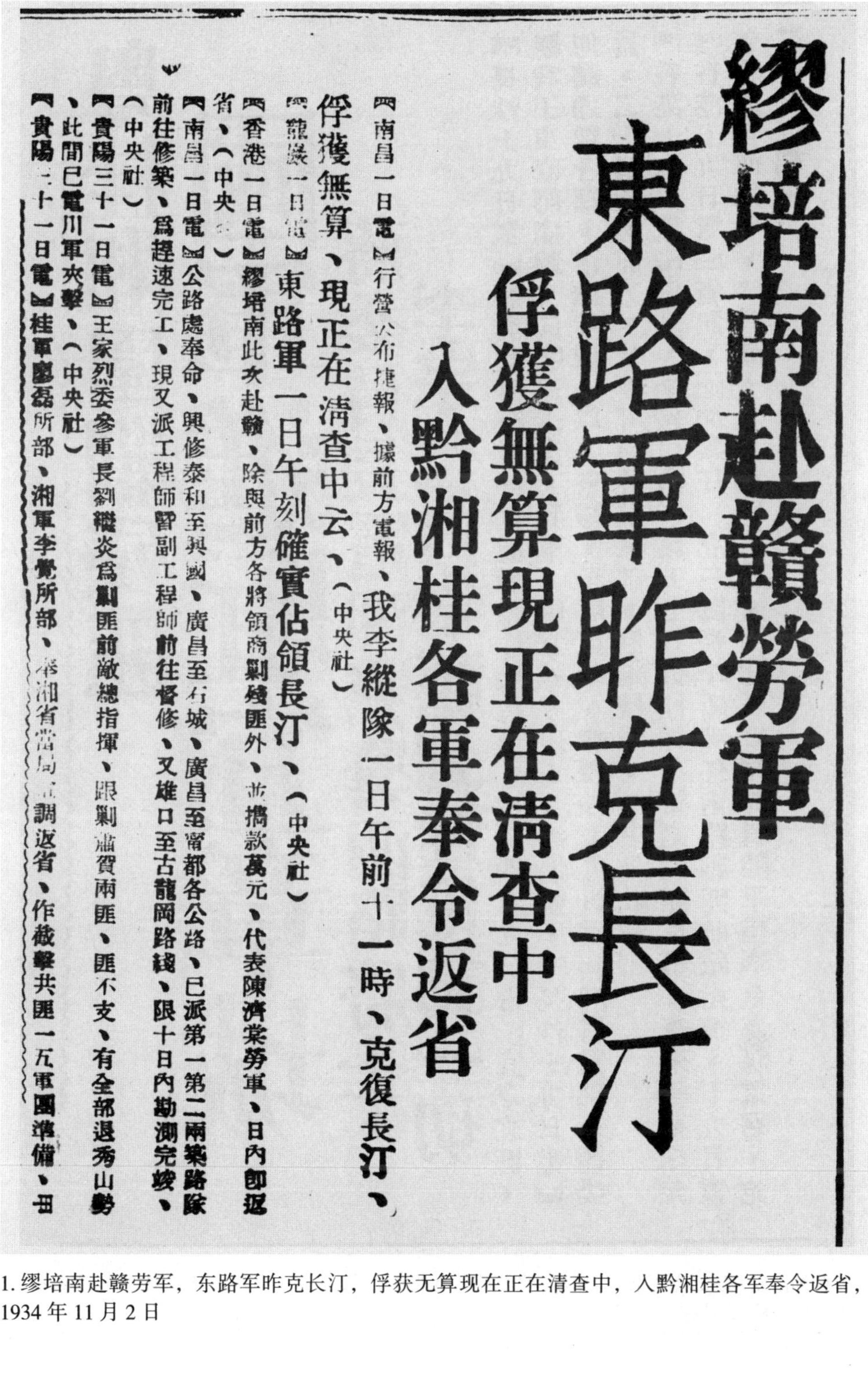

繆培南赴贛勞軍

東路軍昨克長汀

俘獲無算現正在清查中

入黔湘桂各軍奉令返省

【南昌一日電】行營公布捷報、據前方電報、我李縱隊一日午前十一時、克復長汀、俘獲無算、現正在清查中云、（中央社）

【龍巖一日電】東路軍一日午刻確實佔領長汀、（中央社）

【香港一日電】繆培南此次赴贛、除與前方各將領商剿殘匪外、並攜款萬元、代表陳濟棠勞軍、日內即返省、（中央社）

【南昌一日電】公路處奉命、興修泰和至興國、廣昌至石城、廣昌至甯都各公路、已派第一第二兩築路隊前往修築、爲趕速完工、現又派工程師暨副工程師前往督修、又雄口至古龍岡路綫、限十日內勘測完竣、（中央社）

【貴陽三十一日電】王家烈委參軍長劉繼炎爲剿匪前敵總指揮、跟剿蕭賀兩匪、匪不支、有全部退秀山勢、此間已電川軍夾擊、（中央社）

【貴陽三十一日電】桂軍廖磊所部、湘軍李覺所部、奉湘省當局令調返省、作截擊共匪一五軍團準備、毋

1. 缪培南赴赣劳军，东路军昨克长汀，俘获无算现在正在清查中，入黔湘桂各军奉令返省，1934 年 11 月 2 日

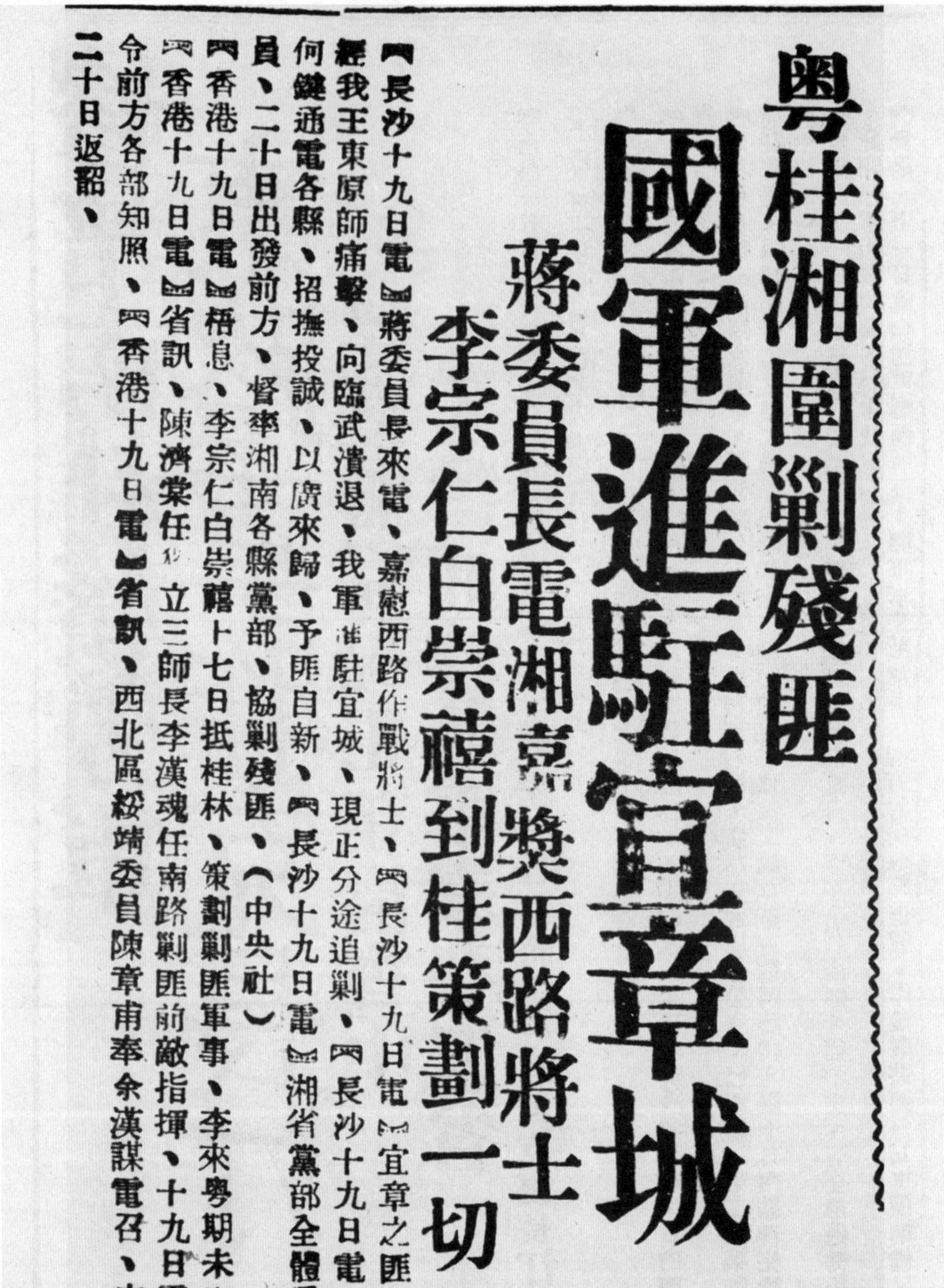

粵桂湘圍剿殘匪

國軍進駐宜章城

蔣委員長電湘嘉獎西路將士

李宗仁白崇禧到桂策劃一切

【長沙十九日電】蔣委員長來電、嘉慰西路作戰將士、【長沙十九日電】宜章之匪、經我王東原師痛擊、向臨武潰退、我軍進駐宜城、現正分途追剿、【長沙十九日電】何鍵通電各縣、招撫投誠、以廣來歸、予匪自新、【長沙十九日電】湘省黨部全體委員、二十日出發前方、督率湘南各縣黨部、協剿殘匪、（中央社）

【香港十九日電】梧息、李宗仁白崇禧十七日抵桂林、策劃剿匪軍事、李來粵期未定

【香港十九日電】省訊、陳濟棠任獨立三師長李漢魂任南路剿匪前敵指揮、十九日電令前方各部知照、【香港十九日電】省訊、西北區綏靖委員陳章甫奉余漢謀電召、定二十日返韶、

2. 粤桂湘围剿残匪，国军进驻宜章城，蒋委员长电湘嘉奖西路将士，李宗仁、白崇禧到桂策划一切，1934 年 11 月 12 日

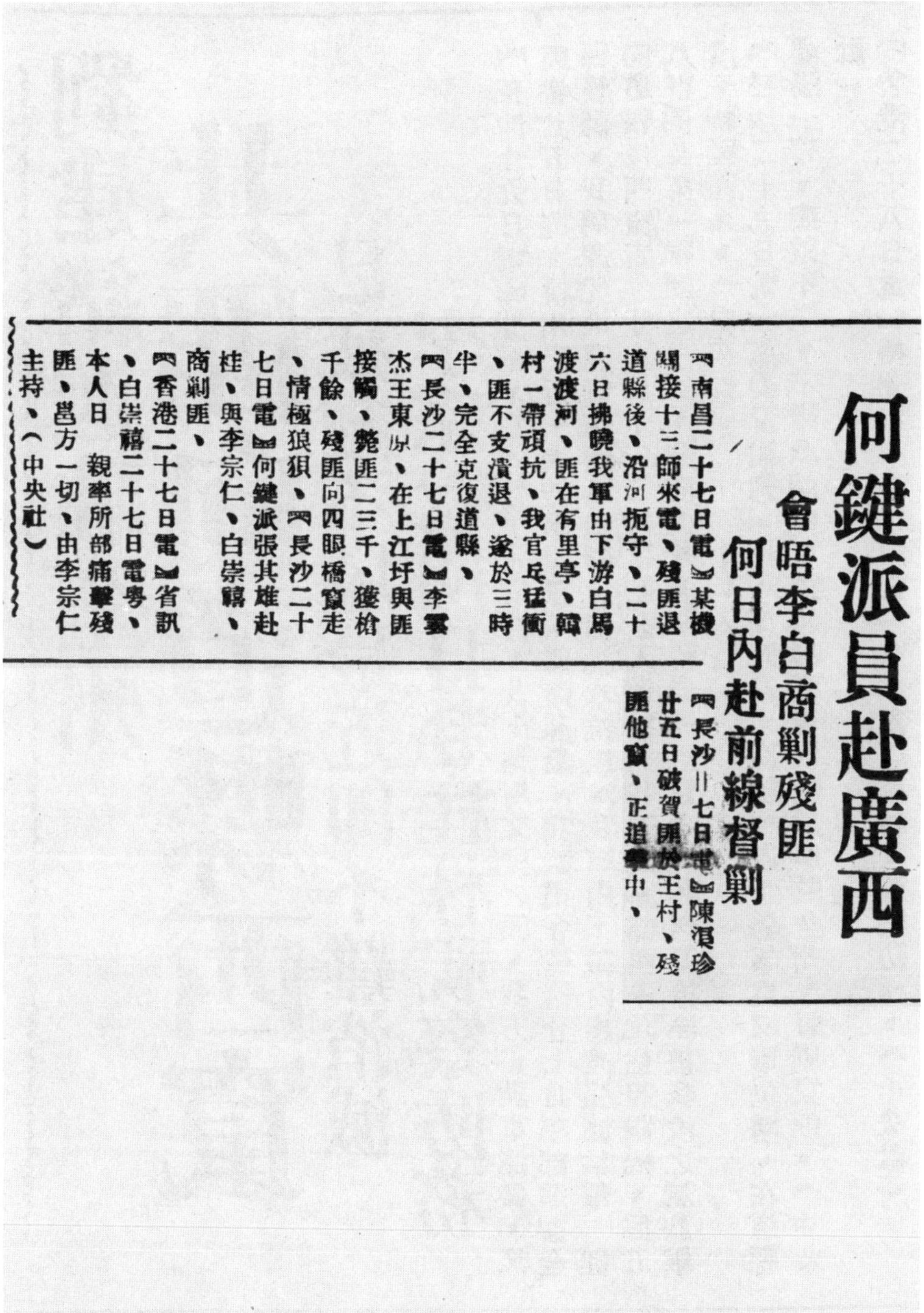

何鍵派員赴廣西

會晤李白商剿殘匪
何日內赴前線督剿

【長沙廿七日電】陳渠珍廿五日破賀匪於王村、殘匪他竄、正追擊中、

【南昌二十七日電】某機關接十三師來電、殘匪退道縣後、沿河扼守、二十六日拂曉我軍由下游白馬渡渡河、匪在有里亭、韓村一帶頑抗、我官兵猛衝、匪不支潰退、遂於三時半、完全克復道縣、

【長沙二十七日電】李雲杰王東原、在上江圩與匪接觸、斃匪二三千、獲槍千餘、殘匪向四眼橋竄走、情極狼狽、【長沙二十七日電】何鍵派張其雄赴桂、與李宗仁、白崇禧、商剿匪、

【香港二十七日電】省訊、白崇禧二十七日電粵、本人日　親率所部痛擊殘匪、邕方一切、由李宗仁主持、（中央社）

3. 何键派员赴广西会晤李（宗仁）、白（崇禧）商剿残匪，何日内赴前线督剿，1934 年 11 月 28 日

劉建緒進駐全州

共匪向道縣西竄

已疲敝不堪最近即不難消滅

李宗仁明日赴桂林視察防務

【長沙廿九日電】據報、竄入桂境永安關、及全縣屬文村之匪、我方正調軍痛擊、又匪衆廿五日晚在桃川附近、與桂軍激戰、斃匪甚衆、我劉司令建緒廿七日率部進據全縣督剿、我周渾元部萬師正跟蹤追擊、匪扼水抗拒、我軍由下鑵白馬渡强渡猛擊 匪向道縣以西竄走、廿六日下午三時萬師全入道城、我王東原部酉未攻佔四眼橋、僞五八軍團及第一軍團之一部、分向九井渡福祿岩界搖竄走、其後衛槍匪被我汝之斌旅擊潰、斬獲甚多、（中央社）

【長沙二十九日電】黨委彭國鈞、廿八日返省、據談「赤匪全部爲國軍包圍、在道縣灌陽一帶、疲敝不堪、不難消滅」、劉建緒電告已率部進駐全州、督剿竄匪、（中央社）

【香港二十八日電】梧州電、李宗仁定一日由邕赴桂林、視察防務、（中央社）

4. 刘建绪进驻全州，“共匪”向道县西窜，已疲敝不堪最近即不难消灭，李宗仁明日赴桂林视察防务，1934 年 11 月 30 日

白崇禧已返桂林
與李商剿匪軍事

「香港三十日電」省訊、白崇禧二十九日電粵告捷、謂二十九日午永安關之役、王蘇兩師協殲殘匪、斃匪甚多、俘六百餘、繳獲步槍八百餘枝　輕重機關槍二十餘挺、覃師已繞出石塘轉趨道縣、與周渾元部聯絡堵勦、（中央社）

「香港三十日電」省訊、白崇禧二十九日由平樂返桂林謁李宗仁、商剿匪軍事、日內仍赴前方督師、李宗仁亦擬出發龍虎關視察、（中央社）

「香港二十九日電」省訊、粵前擬派兩師入桂、協助桂軍清剿共匪、現匪已潰散、故暫時中止出發、僅警戒小北江一帶、（中央社）

「香港二十九日電」省訊、李揚敬定一日在汕頭召集東區各縣長開綏靖會議、獨立第二旅長陳章談、「余漢謀、張弛、定一日在贛宣誓就第六七兩區綏靖主任職」、（中央社）

5. 白崇禧已返桂林，与李（宗仁）商剿匪军事，1934 年 12 月 1 日

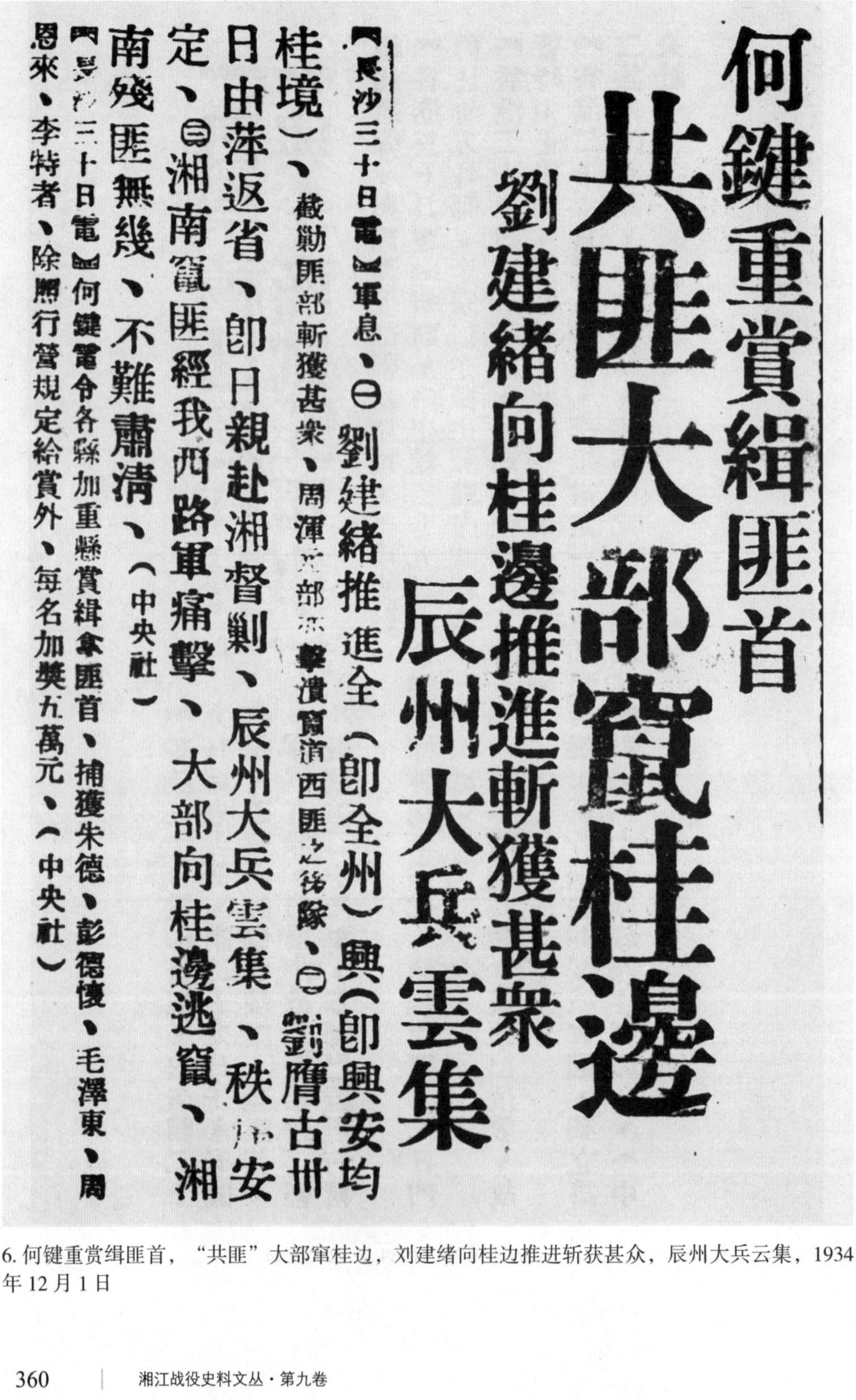

何鍵重賞緝匪首

共匪大部竄桂邊

劉建緒向桂邊推進斬獲甚衆

辰州大兵雲集

【長沙三十日電】軍息、㈠劉建緒推進全（即全州）興（即興安均桂境）、截勦匪部斬獲甚衆、周渾元部亦擊潰竄道西匪之後隊、㈡劉膺古卅日由萍返省、即日親赴湘督剿、辰州大兵雲集、秩序安定、㈢湘南竄匪經我西路軍痛擊、大部向桂邊逃竄、湘南殘匪無幾、不難肅清、（中央社）

【長沙三十日電】何鍵電令各縣加重懸賞緝拿匪首、捕獲朱德、彭德懷、毛澤東、周恩來、李特者、除照行營規定給賞外、每名加獎五萬元、（中央社）

6. 何键重赏缉匪首，“共匪”大部窜桂边，刘建绪向桂边推进斩获甚众，辰州大兵云集，1934年12月1日

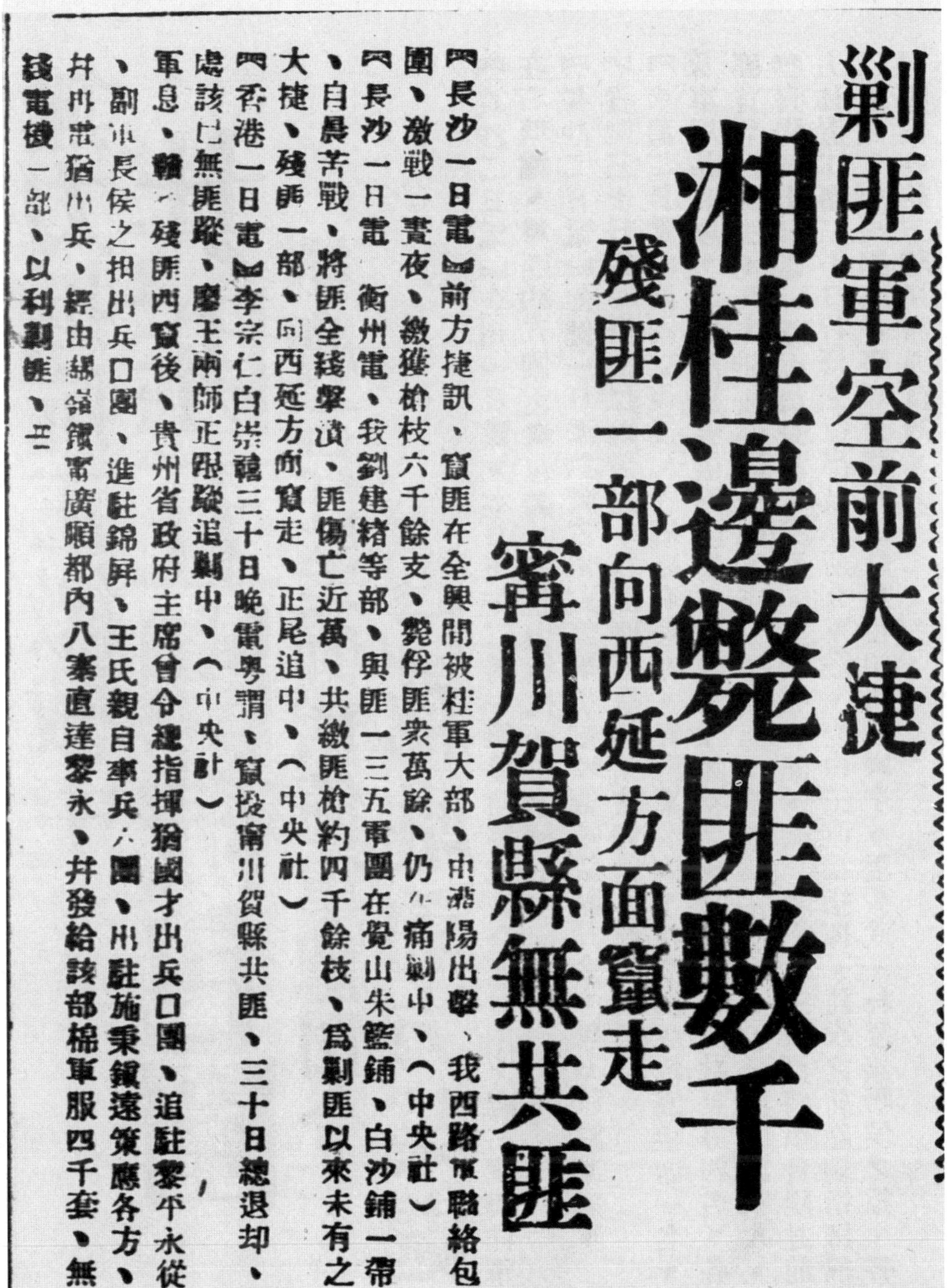

剿匪軍空前大捷

湘桂邊斃匪數千

殘匪一部向西延方面竄走

甯川賀縣無共匪

【長沙一日電】前方捷訊、竄匪在全興間被桂軍大部、由灌陽出擊、我西路軍聯絡包圍、激戰一晝夜、繳獲槍枝六千餘支、斃俘匪衆萬餘、仍在痛剿中、（中央社）

【長沙一日電】衡州電、我劉建緒等部、與匪一三五軍團在覺山朱蘭鋪、白沙鋪一帶、自晨苦戰、將匪全綫擊潰、匪傷亡近萬、共繳匪槍約四千餘枝、為剿匪以來未有之大捷、殘匪一部、向西延方面竄走、正尾追中、（中央社）

【香港一日電】李宗仁白崇禧三十日晚電粵謂、竄擾甯川賀縣共匪、三十日總退却、處該已無匪蹤、廖王兩師正跟蹤追剿中、（中央社）

軍息、贛西殘匪西竄後、貴州省政府主席曾令總指揮猶國才出兵口團、追駐黎平永從、副軍長侯之担出兵口團、進駐錦屏、王氏親自率兵六團、出駐施秉鎮遠策應各方、并冉忠猶出兵、經由銅仁鎮雷廣順都內八寨直達黎永、并發給該部棉軍服四千套、無綫電機一部、以利剿匪、并

7. 剿匪军空前大捷，湘桂边毙匪数千，残匪一部向西延方面窜走，宁川、贺县无“共匪”，1934 年 12 月 2 日

無力抵抗正繳械中
共匪五團被包圍
劉膺古任追勦預備軍總司令
已移駐前方某處

【長沙二日電】全州一日電、本日下午二時、劉建緒等部在全州以南之麻石渡與桂軍在石塘墟、將匪約五團之衆包圍、匪無力抵抗、正繳械中、

【長沙二日電】何健一日派劉膺古爲勦匪軍追勦預備軍縱隊司令、即日移駐某處、

【貴陽三十日電】李宗仁電何鍵、請派師至全州堵截竄匪、（中央社）

【南昌二日電】興國克復後、西鄉略有殘匪、經駐軍淸勦、在荷溪生擒僞主席一名、獲軍用品甚多、又在樓梯磜破獲僞政府三處、俘匪主席秘書卅制合作社長等四名、各匪首均已伏法、又雩都後備隊進勦茅店一帶殘匪、擊斃僞主席一名、救出肉票三人、

【貴陽三十日電】蔣委員長電王家烈、對黔省勦匪、深爲嘉慰、王家烈將由貴陽赴前方佈置工事三十日行營先行出發、所有軍隊、全由王直接指揮、前設之前敵總指揮部已撤銷、中央勦匪督察專員路邦道赴慕投司晤猶國才、潘少武、赴遵義晤侯之担、督促猶侯赴前方防堵竄匪竄黔、

8. 无力抵抗正缴械中，“共匪”五团被包围，刘膺古任追剿预备军总司令，已移驻前方某处，1934 年 12 月 3 日

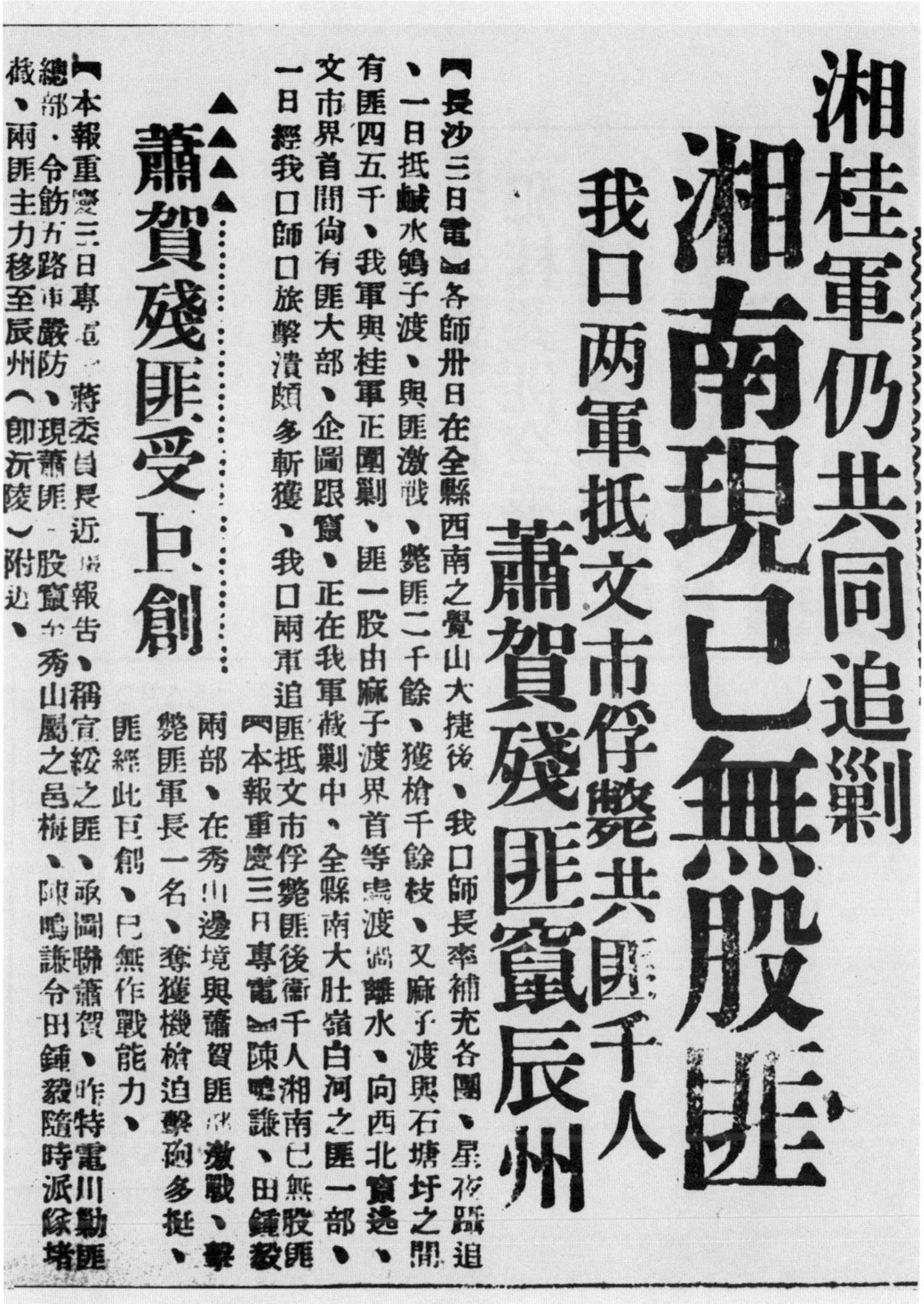

湘桂軍仍共同追剿

湘南現已無股匪

我口两軍抵文市俘斃共匪千人

蕭賀殘匪竄辰州

【長沙三日電】各師卅日在全縣西南之覺山大捷後、我口師長率補充各團、星夜躡追、一日抵鹹水鴿子渡、與匪激戰、斃匪二千餘、獲槍千餘枝、又麻子渡與石塘圩之間有匪四五千、我軍與桂軍正圍剿、匪一股由麻子渡界首等處渡過灕水、向西北竄逃、文市界首間尚有匪大部、企圖跟竄、正在我軍截剿中、全縣南大肚嶺白河之匪一部、一日經我口師口旅擊潰頗多斬獲、我口兩軍追匪抵文市俘斃匪後衛千人湘南已無股匪

【本報重慶三日專電】陳鳴謙、田鍾毅兩部、在秀山邊境與蕭賀匪激戰、擊斃匪軍長一名、奪獲機槍迫擊砲多挺、匪經此巨創、已無作戰能力、

蕭賀殘匪受巨創

【本報重慶三日專電】蔣委員長近據報告、稱宣綏之匪、亟圖聯蕭賀、昨特電川勦匪總部・令飭各路嚴防、現蕭匪一股竄至秀山屬之邑梅、陳鳴謙令田鍾毅隨時派隊堵截、兩匪主力移至辰州（即沅陵）附近、

9. 湘桂军仍共同追剿，湘南现已无股匪，我□两军抵文市俘毙“共匪”千人，萧（克）、贺（龙）残匪窜辰州，1934 年 12 月 4 日

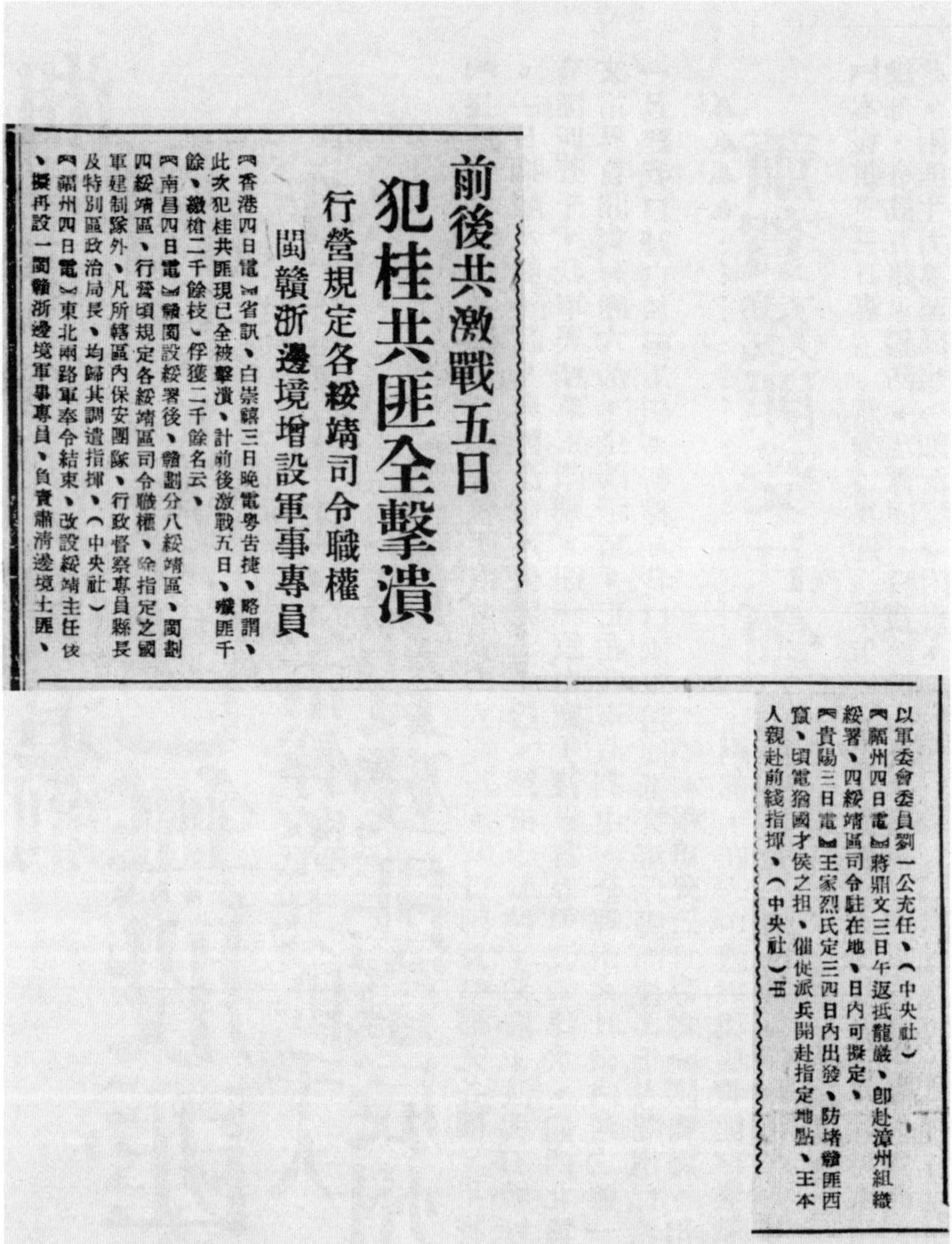

前後共激戰五日

犯桂共匪全擊潰

行營規定各綏靖司令職權

閩贛浙邊境增設軍事專員

（香港四日電）省訊、白崇禧三日晚電粵告捷、略謂、此次犯桂共匪現已全被擊潰、計前後激戰五日、殲匪千餘、繳槍二千餘枝、俘獲二千餘名云、

（南昌四日電）贛閩設綏署後、贛劃分八綏靖區、閩劃四綏靖區、行營頃規定各綏靖區司令職權、除指定之國軍建制隊外、凡所轄區內保安團隊、行政督察專員縣長及特別區政治局長、均歸其調遣指揮、（中央社）

（福州四日電）東北兩路軍奉令結束、改設綏靖主任後、擬再設一閩贛浙邊境軍事專員、負責肅清邊境土匪、以軍委會委員劉一公充任、（中央社）

（福州四日電）蔣鼎文三日午返抵龍巖、即赴漳州組織綏署、四綏靖區司令駐在地、日內可擬定、

（貴陽三日電）王家烈氏定三四日內出發、防堵贛匪西竄、頃電猶國才俟之扭、偕從派兵開赴指定地點、王本人親赴前綫指揮、（中央社）

10. 前后共激战五日，犯桂“共匪”全击溃，行营规定各绥靖司令职权，闽赣浙边境增设军事专员，1934年12月5日

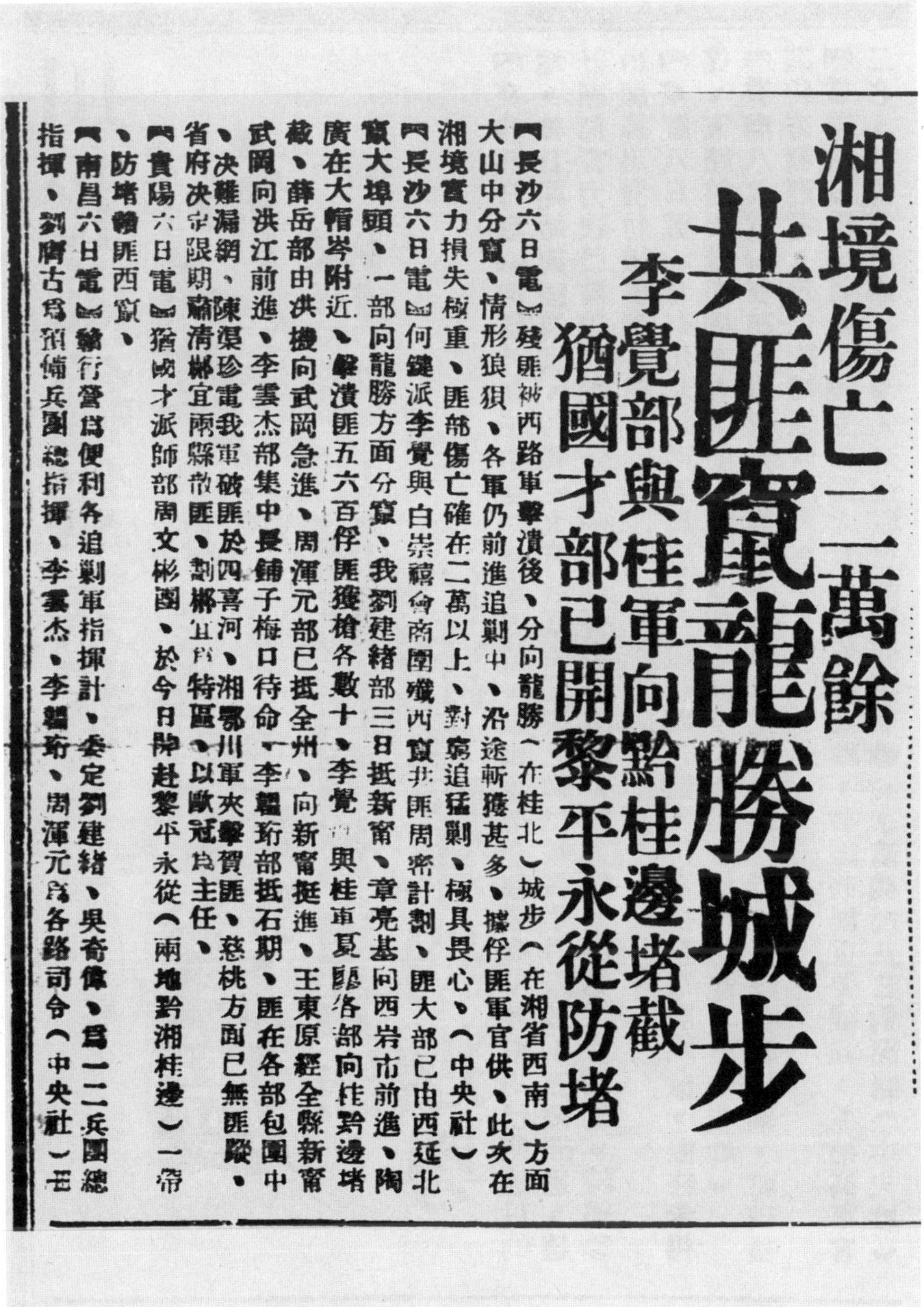

湘境傷亡二萬餘

共匪竄龍勝城步

李覺部與桂軍向黔桂邊堵截

猶國才部已開黎平永從防堵

【長沙六日電】殘匪被西路軍擊潰後、分向龍勝（在桂北）城步（在湘省西南）方面大山中分竄、情形狼狽、各軍仍前進追剿中、沿途斬獲甚多、據俘匪軍官供、此次在湘境實力損失極重、匪部傷亡確在二萬以上、對窮追猛剿、極具畏心、（中央社）

【長沙六日電】何鍵派李覺與白崇禧會商圍殲西竄共匪周密計劃、匪大部已由西延北竄大埠頭、一部向龍勝方面分竄、我劉建緒部三日抵新甯、章亮基向西岩市前進、陶廣在大帽岑附近、擊潰匪五六百俘匪獲槍各數十、李覺部與桂軍夏威各部向桂黔邊堵截、薛岳部由洪江向武岡急進、周渾元部已抵全州、向新甯挺進、王東原經全縣新甯武岡向洪江前進、李雲杰部集中長鋪子梅口待命、李韞珩部抵石期、匪在各部包圍中、決難漏網、陳渠珍電我軍破匪於四喜河、湘鄂川軍夾擊賀匪、慈桃方面已無匪踪、省府決定限期肅清郴宜兩縣散匪、劃郴宜爲特區、以歐冠爲主任、

【貴陽六日電】猶國才派師部周文彬團、於今日開赴黎平永從（兩地黔湘桂邊）一帶、防堵贛匪西竄、

【南昌六日電】贛行營爲便利各追剿軍指揮計、委定劉建緒、吳奇偉、爲一二兵團總指揮、劉膺古爲預備兵團總指揮、李雲杰、李韞珩、周渾元爲各路司令（中央社）正

11. 湘境伤亡二万余，“共匪”窜龙胜、城步，李觉部与桂军向黔桂边堵截，犹国才部已开黎平、永从防堵，1934 年 12 月 7 日

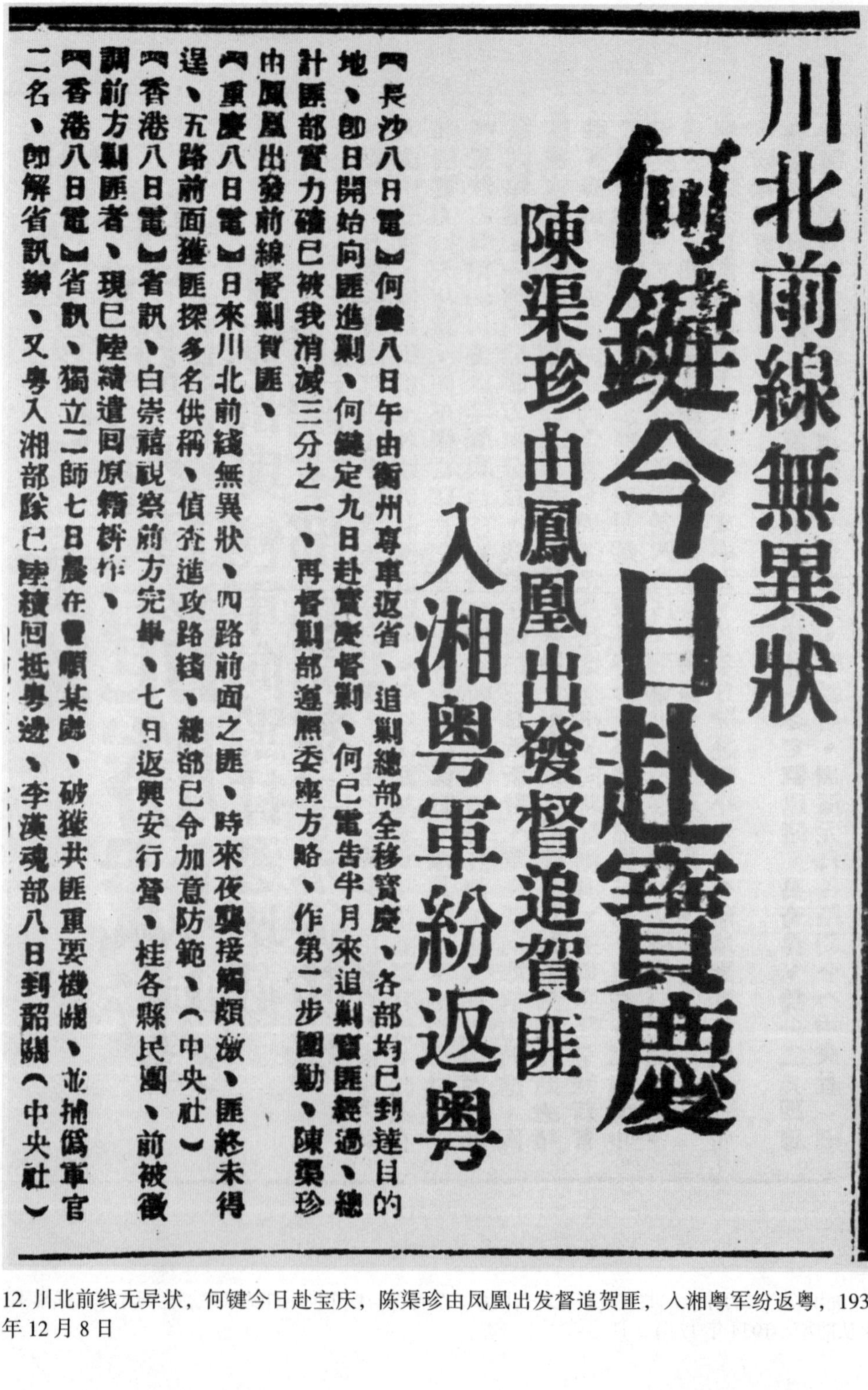

川北前線無異狀
何鍵今日赴寶慶
陳渠珍由鳳凰出發督追賀匪
入湘粵軍紛返粵

【長沙八日電】何鍵八日午由衡州專車返省、追剿總部全移寶慶、各部均已到達目的地、即日開始向匪進剿、何鍵定九日赴寶慶督剿、何已電告半月來追剿賀匪經過、總計匪部實力確已被我消滅三分之一、再督剿部遵照委座方略、作第二步圍勦、陳渠珍由鳳凰出發前線督剿賀匪、

【重慶八日電】日來川北前綫無異狀、四路前面之匪、時來夜襲接觸頗激、匪終未得逞、五路前面獲匪探多名供稱、偵查進攻路綫、總部已令加意防範、（中央社）

【香港八日電】省訊、白崇禧視察前方完畢、七日返興安行營、桂各縣民團、前被徵調前方剿匪者、現已陸續遣回原籍耕作、

【香港八日電】省訊、獨立二師七日晨在豐順某處、破獲共匪重要機關、並捕偽軍官二名、即解省訊辦、又粵入湘部隊已陸續回抵粵邊、李漢魂部八日到韶關（中央社）

12. 川北前线无异状，何键今日赴宝庆，陈渠珍由凤凰出发督追贺匪，入湘粤军纷返粤，1934年12月8日

蕭賀向永順回竄
我軍已向匪總攻

【長沙七日電】蕭賀匪部向永順回竄、已達馬谷口、現我軍向匪總攻

【四川酉陽通訊】蕭賀匪部、自在酉陽被四旅擊潰、壓迫出境後、匪竄湘西招頭寨洗車河等地、近日匪已迫近永順附近、湘西□□□師、特調初到里耶之第□旅□□□部、及前駐松桃之□□□部開赴保靖防堵、此間近日所得匪方情况如次、蕭匪之編制、㈠蕭匪內容除紅軍六軍團長蕭克十七師外、尚有僞第十八師、每師編制四團、番號爲四十九、五十、五十一、五十二、五十三、六十二、六十四、六十九等團每團三營 每營爲三連、一機槍排外、有學生隊一隊、女子慰勞隊數十名、由贛出發時人數約萬餘、經過湘桂地面潰散甚多、到達黔邊僅存八九千人、在鎮餘石施等縣、復被湘桂軍擊潰、化零散匿、並俘擄外、現率到與賀合股只二三千人、惟彈藥極少、（繳械純係空槍）雖帶有裝彈機而缺乏原料、又有無線電機三走架蕭匪 企圖、㈡蕭匪今後企圖、據俘擄多稱、「此次受湘桂軍數千里之尾追、不能原定路綫、致受重創、則已變更從前計劃、力圖避免尾追」、卅

13. 萧（克）、贺（龙）向永顺回窜，我军已向匪总攻，1934 年 12 月 8 日

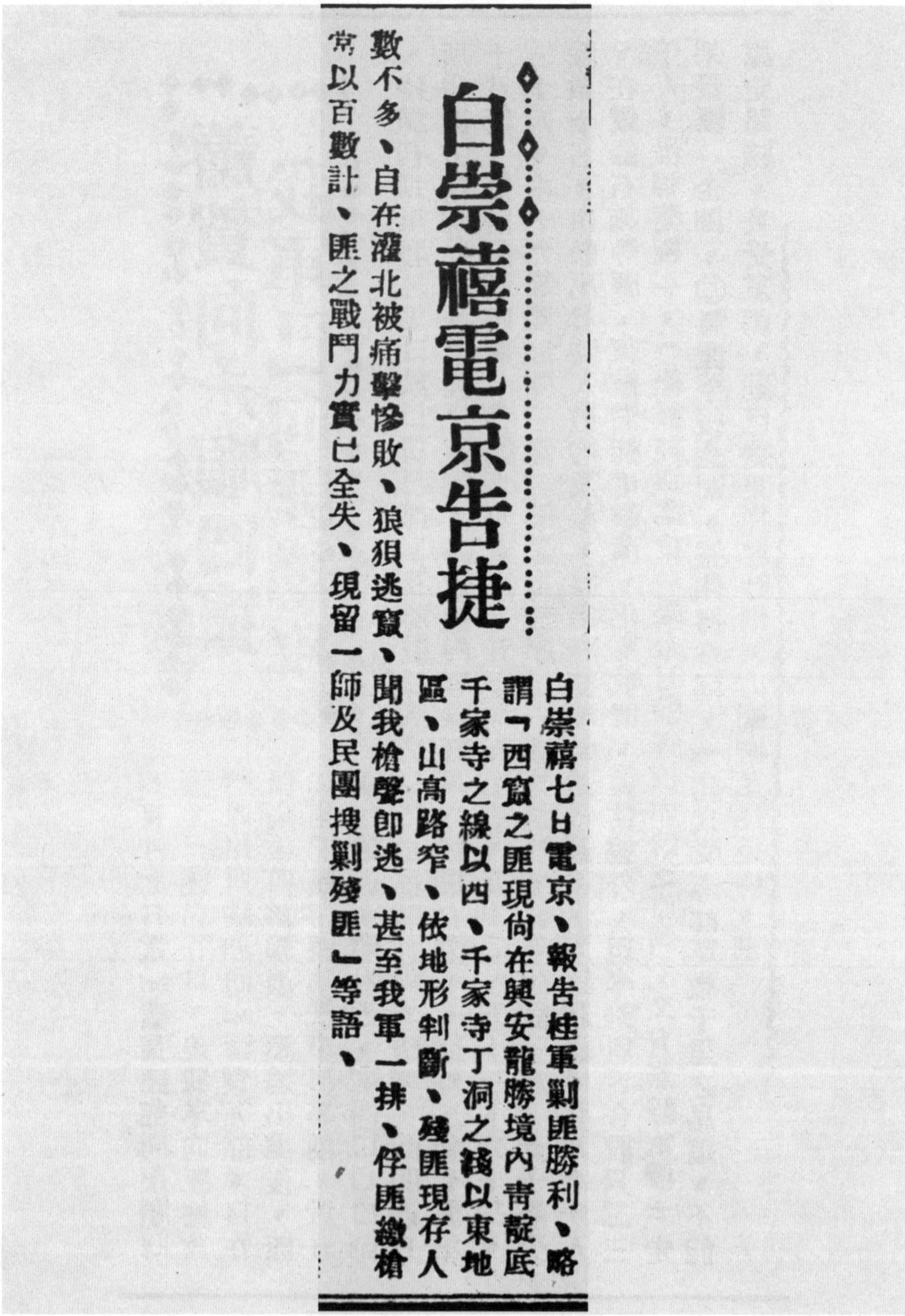

白崇禧電京告捷

白崇禧七日電京、報告桂軍剿匪勝利、略謂「西竄之匪現尚在興安龍勝境內青龍底千家寺之線以西、千家寺丁洞之綫以東地區、山高路窄、依地形判斷、殘匪現存人數不多、自在灌北被痛擊慘敗、狼狽逃竄、聞我槍聲即逃、甚至我軍一排、俘匪繳槍常以百數計、匪之戰鬥力實已全失、現留一師及民團搜剿殘匪」等語、

14. 白崇禧电京告捷，1934 年 12 月 10 日

余漢謀等昨返粵

匪大部仍在桂境

蔣鼎文將追悼剿匪陣亡將士

閩綏署正組織中

【香港十日電】省訊、李宗仁十日晨九時出席聯合紀念週、報告桂軍協剿共匪經過、（中央社）

【長沙九日電】衡訊、匪大部仍在桂境司門、前龍勝以北深山中、另一部竄抵城步南境丁坪紅沙洲一帶、無衣無食、情形狼狽、劉建緒部由武崗進駐城步、向桂邊堵勦中、（中央社）

【香港十日電】省訊、余漢謀李漢魂十日晨八時由韶乘粵漢南段專車、下午三時抵省、在西村車站下車、轉乘汽車返東山私邸休息、四時許赴總部謁陳濟棠、（中央社）

【福州十日電】綏靖公署組織、擬設參謀、副官、秘書、黨政、經理、軍法、軍醫、交通等八處、四綏靖區司令、東區司令王敬文駐福州、南區李延年駐泉州、北區劉和鼎駐延平、西區衛立煌、副李默菴駐龍岩、四區因西區全屬新收復區、綏靖整理較為繁重、故特設副司令輪駐閩西杭永武三縣、蔣鼎文將於最近開追悼剿匪陣亡將士大會、已着手籌備、（中央社）丑

15. 余汉谋等昨返粤，匪大部仍在桂境，蒋鼎文将追悼剿匪阵亡将士，闽绥署正组织中，1934年12月11日

城步附近斃匪甚多

匪主力仍在桂邊

閩省封鎖匪區行營電准撤銷

閩省將辦理清鄉

【長沙十一日電】匪主力尚在龍勝東北越城嶺金坑一帶、一部由城步以南之紅沙洲向長安營方面西竄、東山寨附近遺留殘匪千餘、向四關方面回竄、我軍正分別堵追、不難殲滅、十一日在城步西南橫水寨以西大山發現匪二三千人、當即進攻、斃匪甚多、

【長沙十一日電】李覺諭匪兵改過自新、並督促湘南民衆、努力綏靖工作（中央社）

【香港十二日電】省訊、陳濟棠十二 下午六時在市賓館設筵十餘席、歡宴軍政長官余漢謀、黃任寰、李漢魂、黃延楨、繆培南、林翼中、區芳浦等百餘人列席、九時始盡歡而散、（中央社）

【福州十二日電】省政府以閩境殘匪肅清、關於本省封鎖匪區事宜、無繼續辦理必要、電請將委員長請准撤銷、行營復電照准、保安處封鎖事務股、十一日起已準備結束、（中央社）

【福州十二日電】駐閩綏靖主任公署成立後、蔣主任對閩綏靖事、決先辦理清鄉、將於本月中旬召集本省各軍事長官到漳開綏靖會議、討論清鄉事宜、（中央社）

【廈門十二日電】前東路軍總部參謀長趙南、奉贛行營令委爲閩省保安處副處長、蕭乾調新十師師長、（中央社）

16. 城步附近毙匪甚多，匪主力仍在桂边，闽省封锁匪区行营电准撤销，闽省将办理清乡，1934年12月13日

奉令截堵朱毛殘匪

劉湘已派軍入黔

粵桂組織特殊軍團入黔剿匪

白崇禧將赴粵晤陳李商剿匪

【廣州二十七日路透電】共匪西竄、粵桂現調兵援黔、陳濟棠、李宗仁、白崇禧、已向中央建議、組織特殊軍團、專剿侵黔共匪、衆信中央必採納此議、蓋剿匪乃維持國家和平之舉也、桂軍現已抵黔邊、不久將與共匪接戰、（中央社）

【香港二十七日電】省訊、白崇禧擬元旦後來粵一行晤陳濟棠李宗仁商追剿事、

【香港廿七日電】蔣伯誠由省乘輪於廿七日下午二時抵港、

【香港廿七日電】省訊、一軍副軍長李振球、廿七日晨由庚返省謁陳濟棠、報告軍務、一月初將偕杜益謙、林時清等出國考察軍事、又訊、李振球、林時清、杜益謙、暨軍校教官梁端寅等八人、由粵當局派赴歐美考察各國軍備設施、定元旦後赴港轉輪放洋、（中央社）

【貴陽廿七日電】王家烈猶國才廿五日自馬場坪聯名電呈蔣委員長、汪院長、以黔省財政困窘、軍食無着、對剿匪經費、請中央酌予補助、（中央社）

17. 奉令截堵朱（德）、毛（泽东）残匪，刘湘已派军入黔，粤桂组织特殊军团入黔剿匪，白崇禧将赴粤晤陈（济棠）、李（宗仁）商剿匪，1934 年 12 月 28 日

安化民报

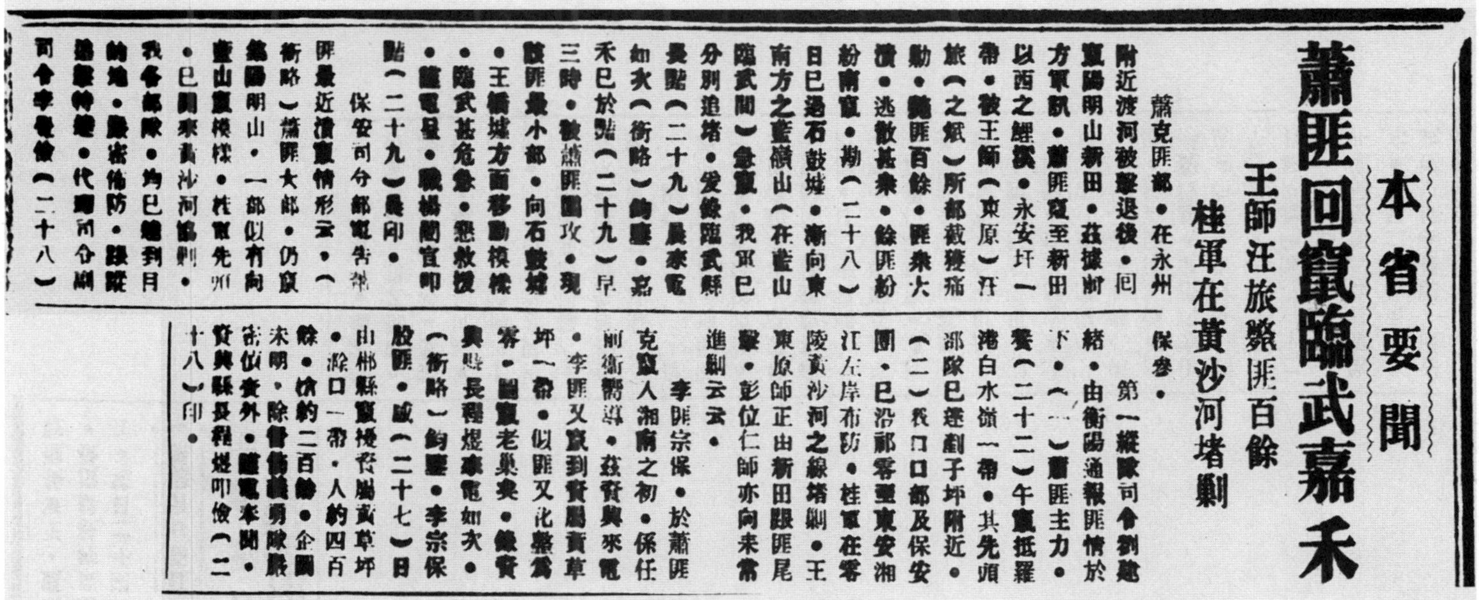
本省要聞

蕭匪回竄臨武嘉禾

王師汪旅斃匪百餘

桂軍在黃沙河堵剿

蕭克匪部・在永州附近渡河被擊退後・回竄陽明山新田・茲據衡方軍訊・蕭匪竄至新田以西之鯉溪・永安圩一帶・被王師（東原）汪旅（之紙）所部截獲痛勦・斃匪百餘・匪衆大潰・逃散甚衆・餘匪紛紛南竄・據（二十八）日已過石鼓城・漸向東南方之藍嶺山（在藍山臨武間）急竄・我軍已分別追堵・受餘臨武縣長號（二十九）晨來電如次（衡略）鈞鑒・嘉禾已於號（二十九）早三時・被蕭匪圍攻・現該匪最小部・向石鼓城・王橋城方面移動模樣・臨武甚危急・懇救援・臨電呈・職楊關宜叩號（二十九）晨印・

保安司令部電告新匪最近潰竄情形云・（衡略）蕭匪大部・仍竄繞陽明山・一部似有向藍山竄模樣・桂軍先派・已開來黃沙河堵剿・我各部隊・均已續到目的地・嚴密佈防・跟蹤追剿特達・代理司令劉司令李覺儉（二十八）保參・

第一縱隊司令劉建緒・由衡陽通報匪情於下・（一）蕭匪主力・養（二十二）午竄抵羅港白水嶺一帶・其先頭部隊已達劃子坪附近・（二）我口口部及保安團・已沿祁零豐東安湘江左岸布防・桂軍在零陵黃沙河之線堵剿・王東原師正由新田跟匪尾擊・彭位仁師亦向來常進剿云云・

李匪宗保・於蕭匪克竄入湘南之初・係任前衛嚮導・茲資與來電・李匪又竄到資陽黃草坪一帶・似匪又北犯竄零・圖竄老巢矣・餘資興縣長程煜泰電如次・（衡略）鈞鑒・李宗保股匪・感（二十七）日由郴縣竄擾資陽黃草坪・滁口一帶・人約四百餘・槍約二百餘・企圖未明・除會同團隊嚴密防範外・謹電奉聞・資興縣長程煜叩儉（二十八）印・

1. 萧匪回窜临武、嘉禾，王师、汪旅斃匪百余，桂军在黄沙河堵剿，1934 年 9 月 4 日第 3 版

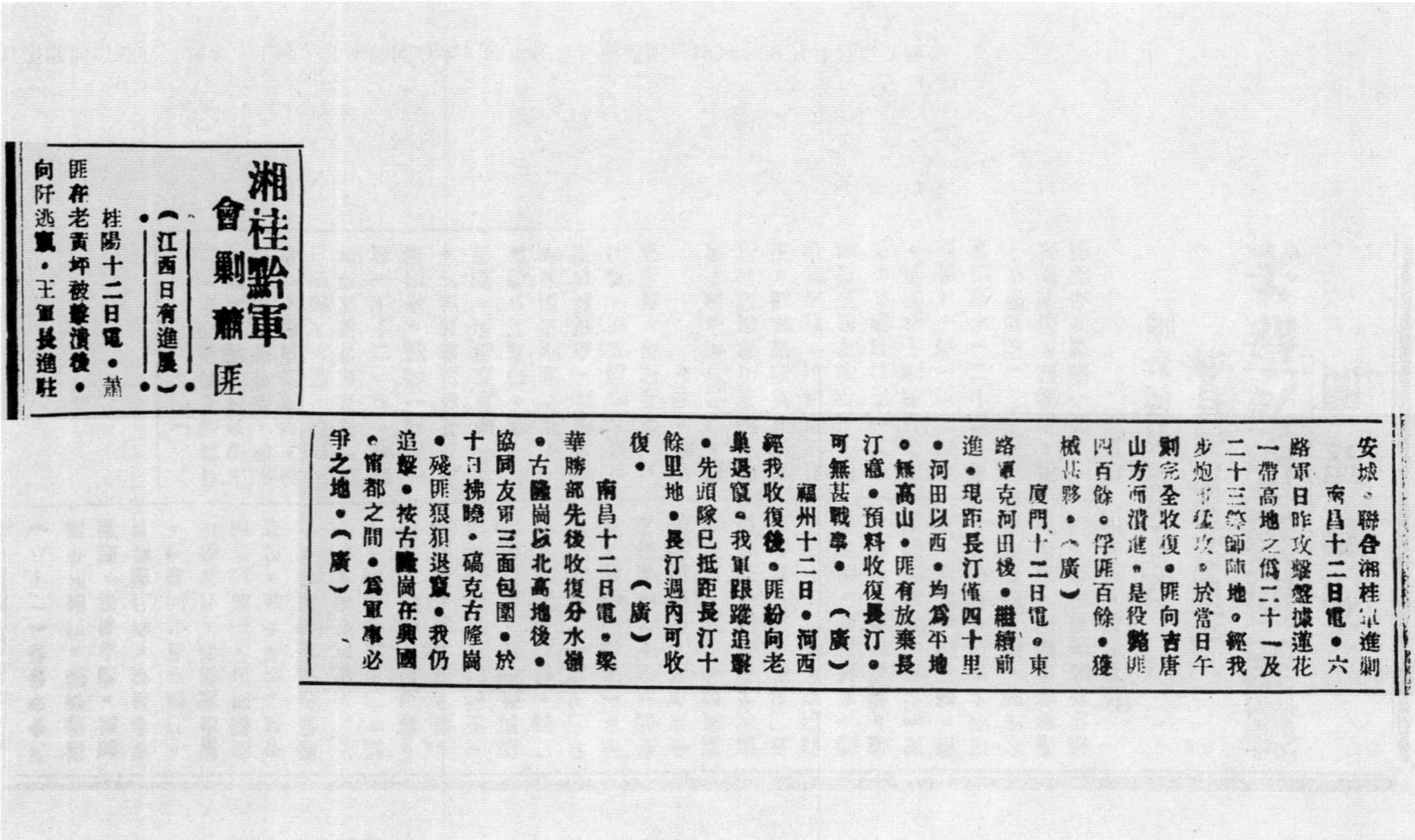

湘桂黔軍會剿蕭匪

（江西日有進展）

桂陽十二日電・蕭匪在老黃坪被擊潰後・向阡逃竄・王軍長進駐安城。聯合湘桂軍進剿

南昌十二日電・六路軍日昨攻擊盤據蓮花一帶高地之偽二十一及二十三等師陣地。經我步炮猛攻。於當日午刻完全收復・匪向吉唐山方面潰進。是役斃匪四百餘。俘匪百餘・獲械甚夥・（廣）

廈門十二日電。東路軍克河田後・繼續前進・現距長汀僅四十里・河田以西・均為平地・無高山・匪有放棄長汀意・預料收復長汀・可無甚戰事・（廣）

福州十二日・河西經我收復後・匪紛向老巢退竄。我軍跟蹤追擊・先頭隊已抵距長汀十餘里地・長汀週內可收復・（廣）

南昌十二日電・梁華勝部先後收復分水嶺・古龍崗以北高地後・協同友軍三面包圍・於十日拂曉・碻克古隆崗・殘匪狼狽退竄・我仍追擊・按古龍崗在興國、甯都之間・為軍事必爭之地・（廣）

2. 湘桂黔军会剿萧匪（江西日有进展），1934 年 10 月 16 日第 2 版

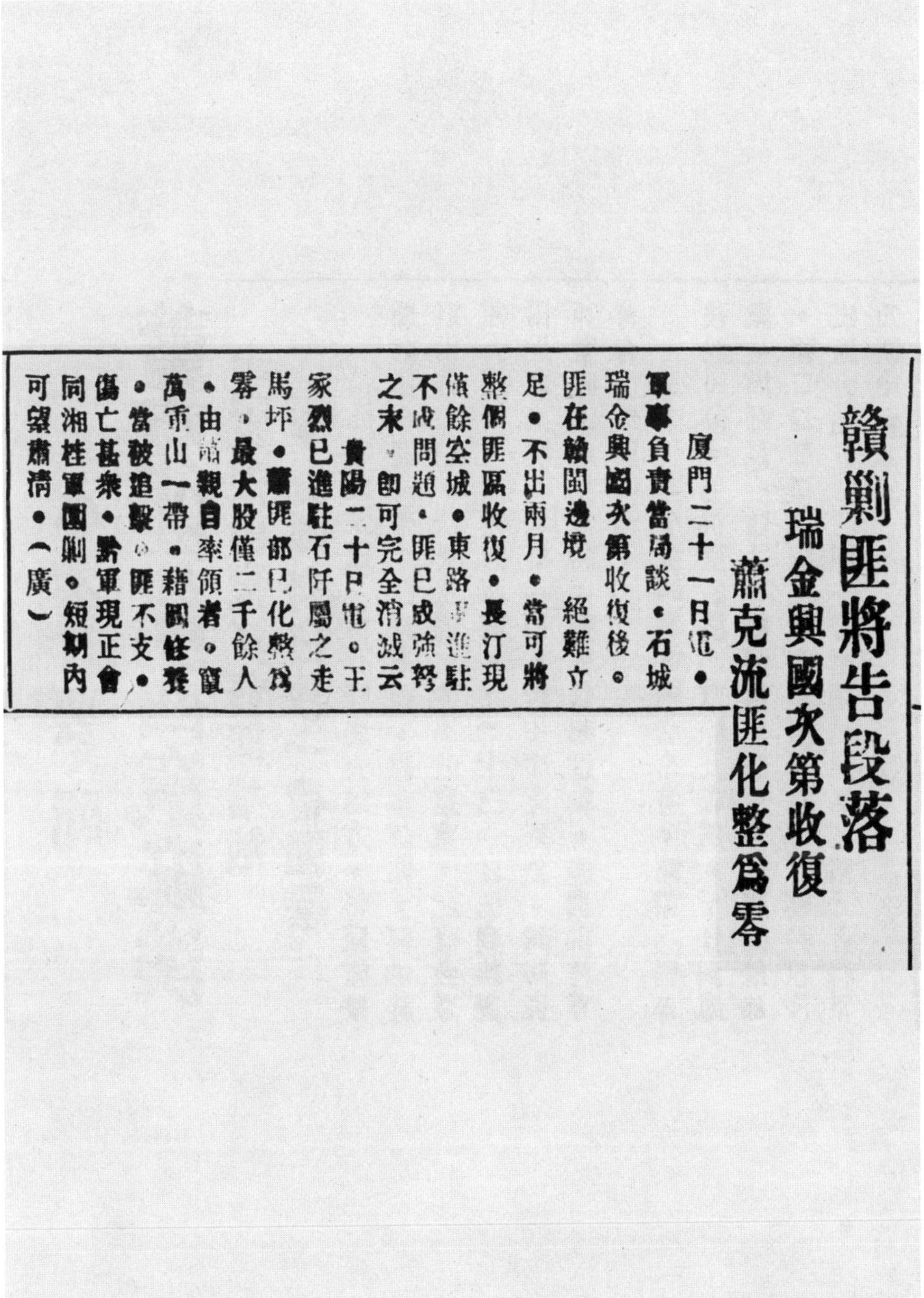

贛剿匪將告段落

瑞金與國次第收復

蕭克流匪化整爲零

廈門二十一日電・軍事負責當局談・石城瑞金與國次第收復後・匪在贛閩邊境 絕難立足・不出兩月・當可將整個匪區收復・長汀現僅餘空城・東路[illegible]進駐不成問題・匪已成強弩之末・即可完全消滅云

貴陽二十日電・王家烈已進駐石阡屬之走馬坪・蕭匪部已化整爲零・最大股僅二千餘人・由蕭親自率領者・竄萬重山一帶・藉圖修養・當被追擊・匪不支・傷亡甚衆・黔軍現正會同湘桂軍圍剿・短期內可望肅清・(廣)

3. 贛剿匪将告段落，瑞金、兴国次第收复，萧克流匪化整为零，1934 年 10 月 22 日第 2 版

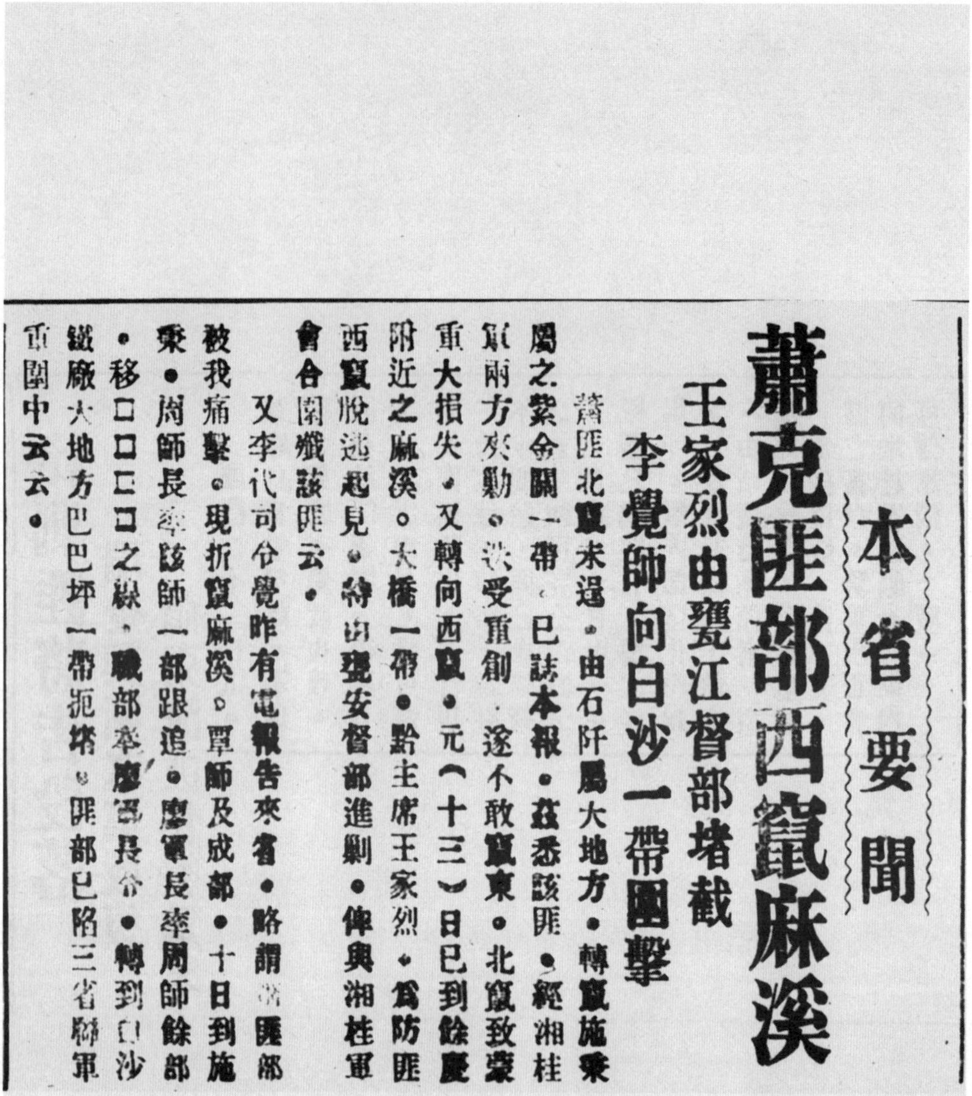

本省要聞

蕭克匪部西竄麻溪

王家烈由甕江督部堵截

李覺師向白沙一帶圍擊

蕭匪北竄未逞。由石阡屬大地方。轉竄施秉屬之紫金關一帶、已誌本報。茲悉該匪。經湘桂軍兩方夾勦。迭受重創．遂不敢竄東。北竄致蒙重大損失。又轉向西竄。元（十三）日已到餘慶附近之麻溪。大橋一帶。黔主席王家烈。爲防匪西竄脫逃起見。特由甕安督部進剿。俾與湘桂軍會合圍殲該匪云。

又李代司令覺昨有電報告來省。略謂蕭匪部被我痛擊。現折竄麻溪。覃師及成部。十日到施秉。周師長率該師一部跟追。廖軍長率周師餘部。移□□□□之線，職部率廖□長全。轉到白沙鐵廠大地方巴巴坪一帶扼堵。匪部已陷三省聯軍重圍中云云。

4. 萧克匪部西窜麻溪，王家烈由甕江督部堵截，李觉师向白沙一带围击，1934 年 10 月 22 日第 2 版

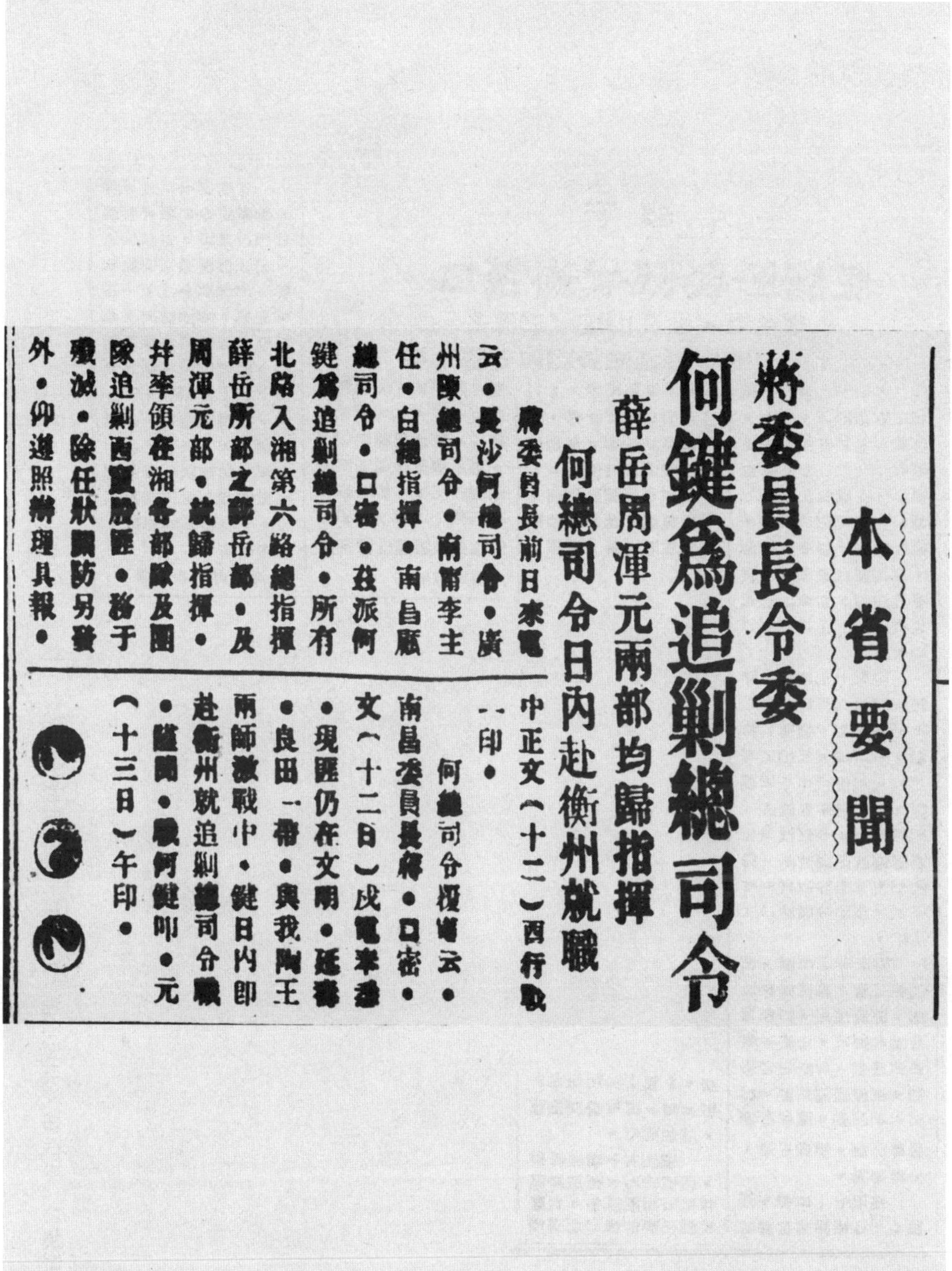

本省要聞

蔣委員長令委何鍵爲追剿總司令

薛岳周渾元兩部均歸指揮

何總司令日內赴衡州就職

蔣委員長前日來電云・長沙何總司令・廣州陳總司令・南甯李主任・白總指揮・南昌顧總司令・口密・茲派何鍵爲追剿總司令・所有北路入湘第六路總指揮薛岳所部之薛岳部・及周渾元部・統歸指揮・并率領在湘各部隊及團隊追剿西竄股匪・務于殲滅・除任狀關防另發外・仰遵照辦理具報・中正文（十二）酉行戰一印・

何總司令復電云・南昌委員長蔣・口密・文（十二日）戌電奉悉・現匪仍在文明・延壽・良田一帶・與我陶王兩師激戰中・鍵日內即赴衡州就追剿總司令職・謹聞・職何鍵叩・元（十三日）午印・

5. 蒋委员长令委何键为追剿总司令，薛岳、周浑元两部均归指挥，何总司令日内赴衡州就职，1934 年 11 月 18 日第 2 版

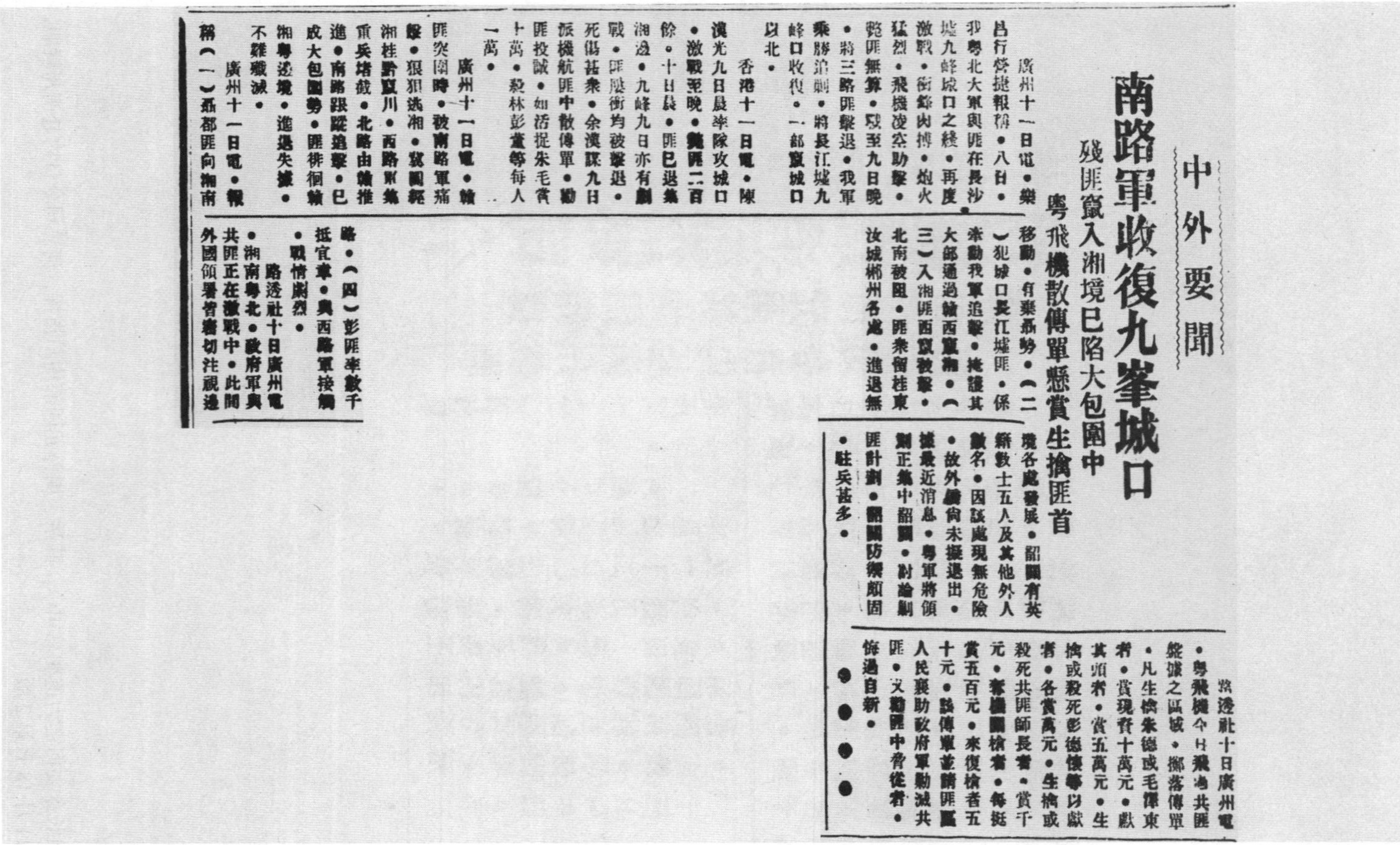

中外要聞

南路軍收復九峯城口

殘匪竄入湘境已陷大包圍中

粵飛機散傳單懸賞生擒匪首

廣州十一日電。樂昌行營捷報稱。八日。我粵北大軍與匪在長沙墟九峰城口之綫。再度激戰。衝鋒肉搏。炮火猛烈。飛機凌空助擊。斃匪無算。戰至九日晚。將三路匪擊退。我軍乘勝追剿。將長江墟九峰口收復。一部竄城口以北。

香港十一日電。陳漢光九日晨率隊攻城口。激戰至晚。斃匪二百餘。十日晨。匪已退集湘邊。九峰九日亦有劇戰。匪壓衛均被擊退。死傷甚衆。余漢謀九日派機航匪中散傳單。勸匪投誠。如活捉朱毛賞十萬。殺林彭董等每人一萬。

廣州十一日電。贛匪突圍時。被南路軍痛擊。狼狽逃湘。竄圖經湘桂黔竄川。西路軍集重兵堵截。北路由贛推進。南路跟踪追擊。已成大包圍勢。匪徘徊贛湘粵邊境。進退失據。不難殲滅。

廣州十一日電。報稱（一）系都匪向湘南移動。有棄吾勢。（二）犯城口長江墟匪。係牽動我軍追擊。掩護其大部通過贛西竄湘。（三）入湘匪西竄被擊。北南被阻。匪衆留桂東汝城郴州各處。進退無路。（四）彭匪率數千抵宜章。與西路軍接觸。戰情劇烈。

路透社十日廣州電。湘南粵北。政府軍與共匪正在激戰中。此間外國領署皆密切注視邊境各處發展。韶關有英僑數十五人及其他外人數名。因該處現無危險。故外僑尚未擬退出。據最近消息。粵軍將領剿正集中韶關。討論剿匪計劃。韶關防禦頗固。駐兵甚多。

路透社十日廣州電。粵飛機今日飛為共匪盤踞之區域。擲落傳單。凡生擒朱德或毛澤東者。賞現洋十萬元。獻其頭者。賞五萬元。生擒或殺死彭德懷等以獻者。各賞萬元。生擒或殺死共匪師長者。賞千元。奪獲機關槍者。每挺賞五百元。來復槍者五十元。該傳單並請匪區人民襄助政府軍剿滅共匪。又勸匪中脅從者。悔過自新。

6. 南路军收复九峰城口，残匪窜入湘境已陷大包围中，粤飞机散传单悬赏生擒匪首，1934 年 11 月 18 日第 2 版

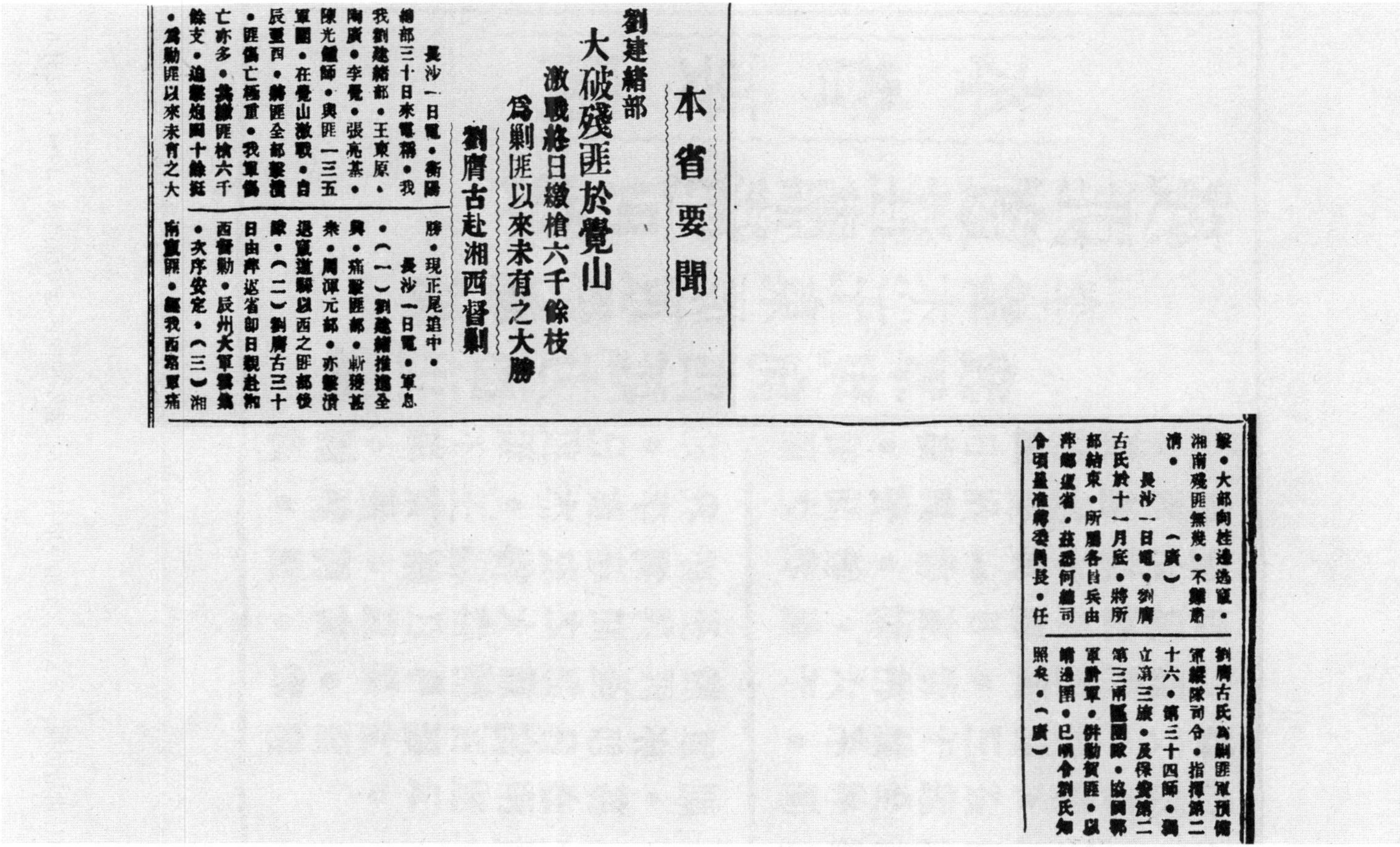

本省要聞

劉建緒部
大破殘匪於覺山
激戰終日繳槍六千餘枝
為剿匪以來未有之大勝
劉膺古赴湘西督剿

長沙一日電・衡陽綏部三十日來電稱・我我劉建緒部・王東原、陶廣・李覺・張亮基・陳光中師・與匪一三五軍團・在覺山激戰・自辰至酉・將匪全部擊潰・匪傷亡極重・我軍傷亡亦多・共繳匪槍六千餘支・迫擊炮四十餘挺・為剿匪以來未有之大勝・現正尾追中・

長沙一日電・軍息・(一)劉建緒推進全興・痛擊匪部・斬獲甚衆・周渾元部・亦擊潰退竄道縣以西之匪部後隊・(二)劉膺古三十日由岸返省即日親赴湘西督勦・辰州大軍雲集・秩序安定・(三)湘南竄匪・經我西路軍痛擊・大部向桂邊逃竄・湘南殘匪無幾・不難肅清・(廣)

長沙一日電・劉膺古氏於十一月底・將所部結束・所屬各旨兵由萍鄉返省・茲悉何總司令頃呈准蔣委員長・任劉膺古氏為剿匪軍預備軍縱隊司令・指揮第二十六・第三十四師・獨立第三旅・及保安第二第三兩區團隊・協同鄂軍黔軍・併勦竄匪・以靖邊圉・已嘱令劉氏知照矣・(廣)

7. 刘建绪部大破残匪于觉山，激战终日缴枪六千余支，为剿匪以来未有之大胜，刘膺古赴湘西督剿，1934 年 12 月 3 日第 2 版

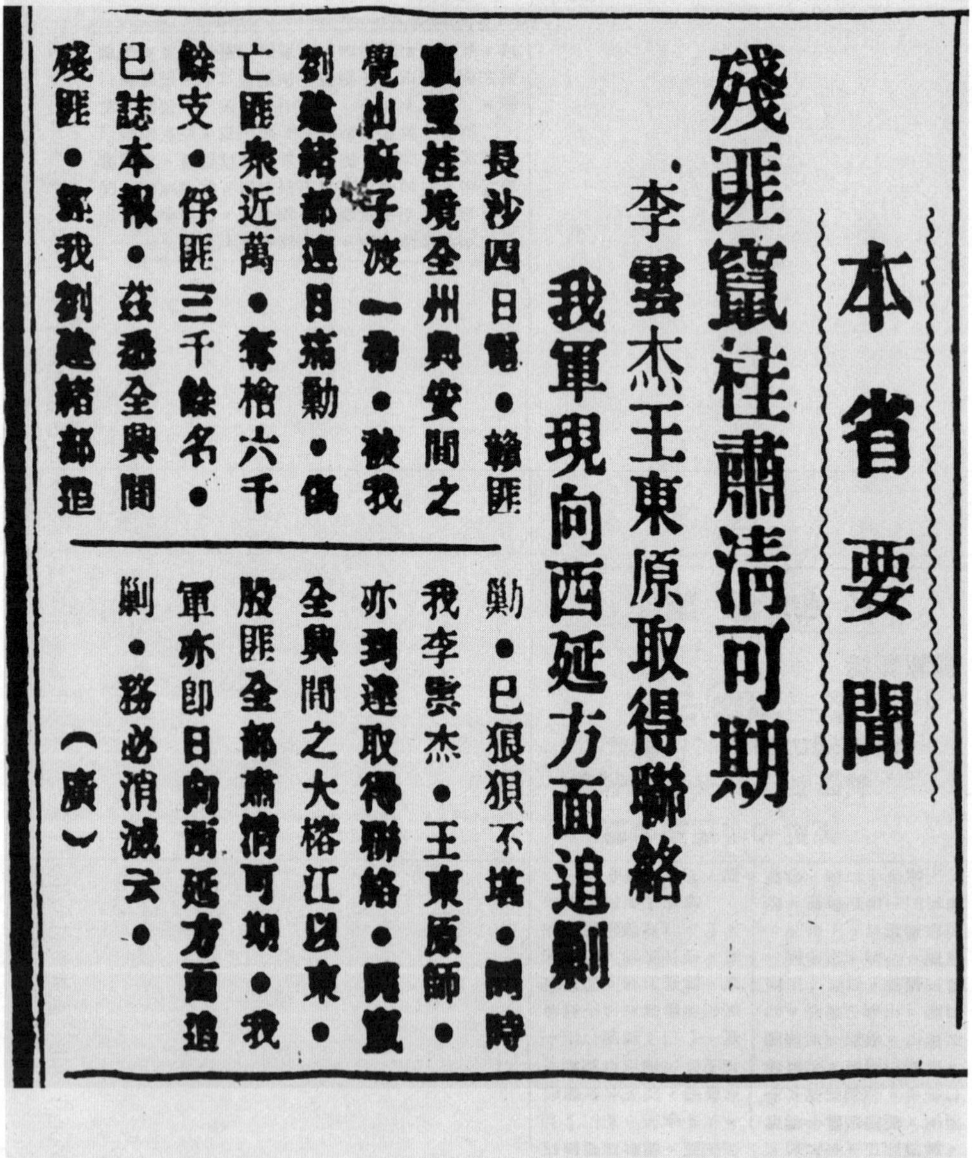

本省要聞

殘匪竄桂肅清可期

李雲杰王東原取得聯絡

我軍現向西延方面追剿

長沙四日電・贛匪竄至桂境全州興安間之覺山麻子渡一帶・被我劉建緒部連日痛勦・傷亡匪衆近萬・奪槍六千餘支・俘匪三千餘名・已誌本報・玆悉全興間殘匪・經我劉建緒部追勦・已狼狽不堪・同時我李雲杰・王東原師・亦到達取得聯絡・現竄全興間之大榕江以東・股匪全部肅清可期・我軍亦即日向西延方面追剿・務必消滅云・（廣）

8. 殘匪窜桂肃清可期，李云杰、王东原取得联络，我军现向西延方面追剿，1934 年 12 月 6 日第 2 版

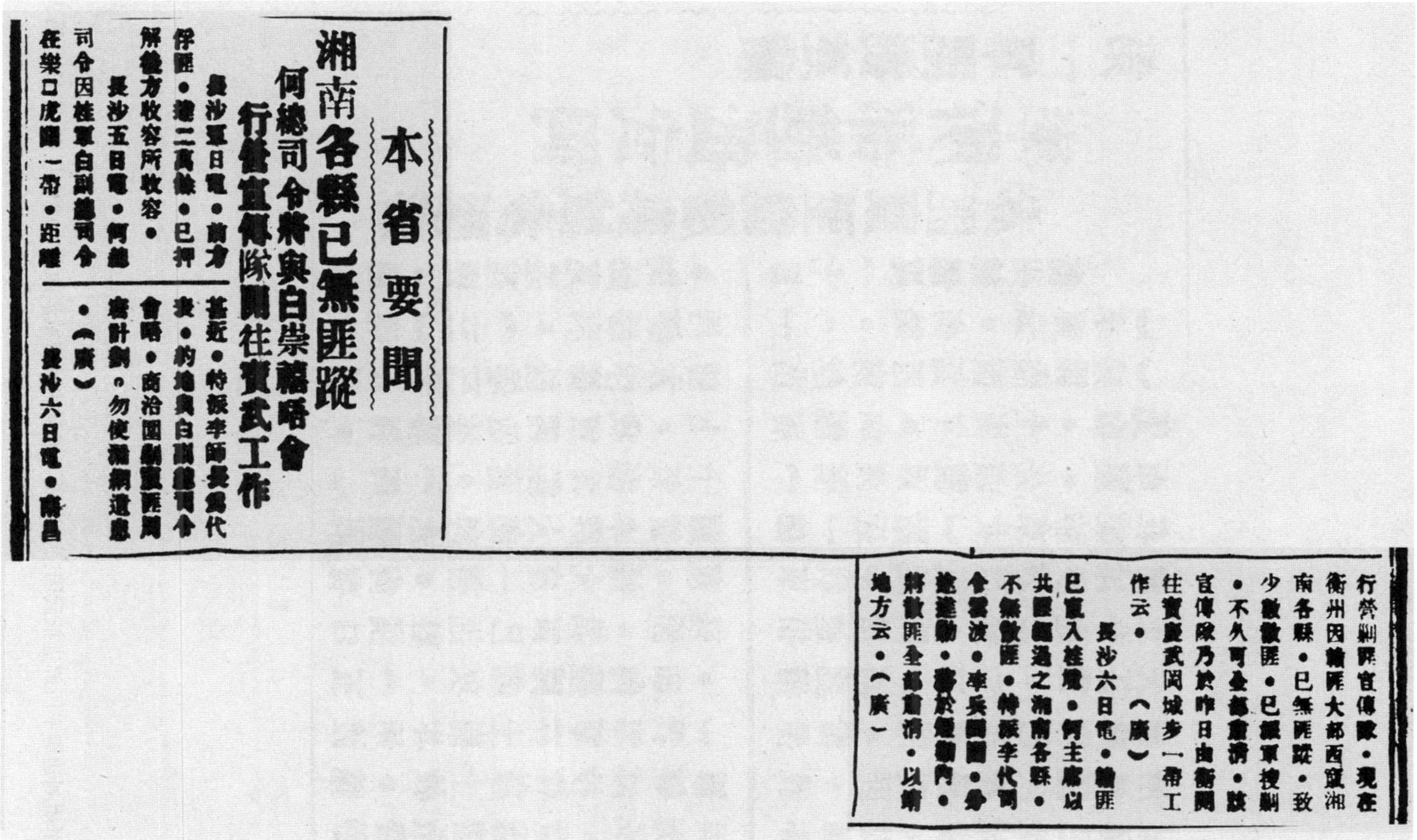

本省要聞

湘南各縣已無匪蹤

何總司令將與白崇禧晤會

行營宣傳隊開往寶武工作

長沙[illegible]日電・南方俘匪・達二萬餘・已押解後方收容所收容・

長沙五日電・何總司令因桂軍白副總司令在樂口虎關一帶・距離甚近・特派李師長覺代表・約期與白副總司令會晤・商洽圍剿殘匪問題計劃・勿使漏網遺患・（廣）

長沙六日電・南昌行營剿匪宣傳隊・現在衡州因贛匪大部西竄湘南各縣・已無匪蹤・致少數散匪・已派軍搜剿・不久可全部肅清・該宣傳隊乃於昨日由衡開往寶慶武岡城步一帶工作云・（廣）

長沙六日電・贛匪已竄入桂境・何主席以共匪竄過之湘南各縣・不無散匪・特派李代司令覺波・率兵開[illegible]・分途進剿・務於短期內・將散匪全部肅清・以靖地方云・（廣）

9. 湘南各县已无匪踪，何总司令将与白崇禧晤会，行营宣传队开往宝（庆）、武（冈）工作，1934年12月9日第2版

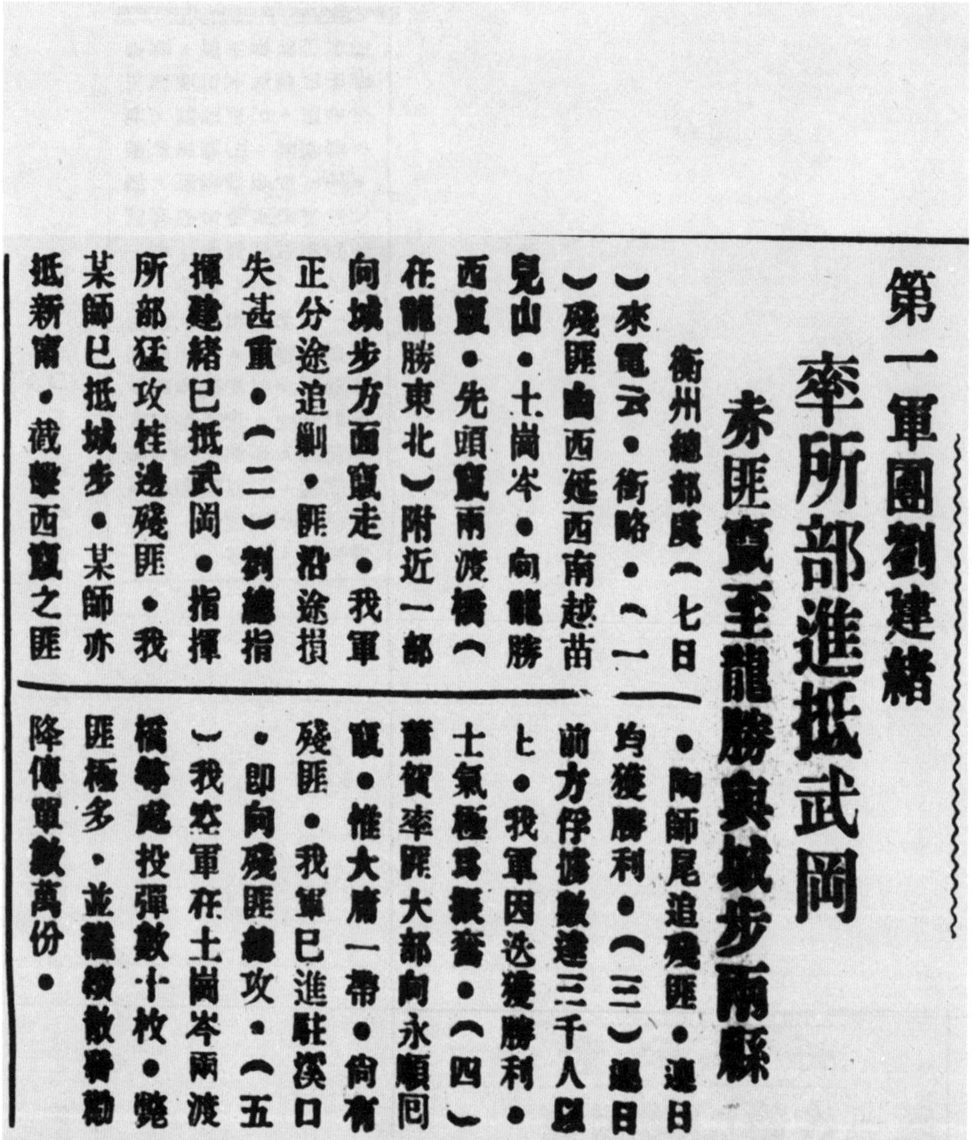

第一軍團劉建緒
率所部進抵武岡
赤匪竄至龍勝與城步兩縣

衡州總部廣（七日）來電云・衡略・（一）殘匪由西延西南越苗見山・土嶺岑・向龍勝西竄・先頭竄兩渡橋（在龍勝東北）附近一部向城步方面竄走・我軍正分途追剿・匪沿途損失甚重・（二）劉總指揮建緒巳抵武岡・指揮所部猛攻桂邊殘匪・我某師巳抵城步・某師亦抵新甯・截擊西竄之匪・陶師尾追殘匪・連日均獲勝利・（三）連日前方俘虜數達三千人以上・我軍因迭獲勝利・士氣極爲振奮・（四）蕭賀率匪大部向永順囘竄・惟大庸一帶・尚有殘匪・我軍巳進駐溪口・即向殘匪總攻・（五）我空軍在土嶺岑兩渡橋等處投彈數十枚・斃匪極多・並飛機散發勸降傳單數萬份・

10. 第一军团刘建绪率所部进抵武冈，“赤匪”窜至龙胜与城步两县，1934 年 12 月 12 日第 2 版

何追剿總司令
八日移駐寶慶
以便就近指揮追剿

贛匪西竄．經我第一第二兵團．協同友軍沿途截擊．損失甚鉅．現仍向城步一帶西竄．何追剿總司令偵知其詭謀．已派隊在新甯．城步．武岡．綏甯一帶．預爲布防．擬予迎頭痛擊．茲據交通界消息．何氏爲便于指揮追剿起見．訂于八日移節寶慶．其前站人員早已出發．高速度電機．亦業由衡遷寶云．

11. 何追剿总司令八日移驻宝庆，以便就近指挥追剿，1934 年 12 月 12 日第 2 版

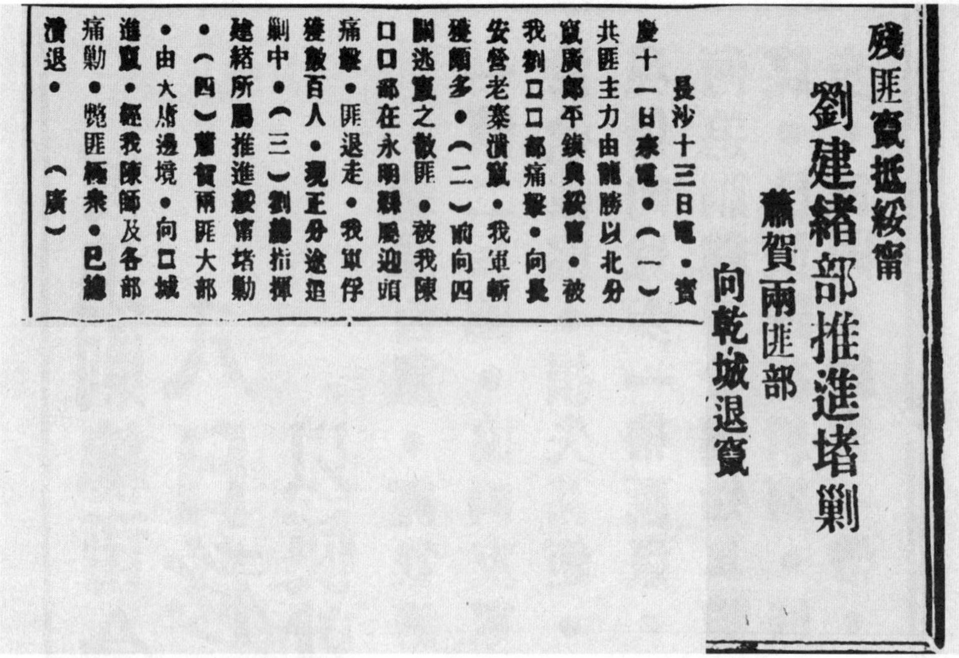

殘匪竄抵綏甯

劉建緒部推進堵剿

蕭賀兩匪部

向乾城退竄

長沙十三日電．寶慶十一日來電．（一）共匪主力由龍勝以北分竄廣郎平鎮與綏甯．被我劉口口部痛擊．向長安營老寨潰竄．我軍斬獲頗多．（二）前向四關逃竄之散匪．被我陳口口部在永明縣屬迎頭痛擊．匪退走．我軍俘獲數百人．現正分途追剿中．（三）劉總指揮建緒所屬推進綏甯堵勦．（四）蕭賀兩匪大部．由大庸邊境．向口城進竄．經我陳師及各部痛勦．斃匪極衆．已總潰退．（廣）

12. 残匪窜抵绥宁，刘建绪部推进堵剿，萧（克）、贺（龙）两匪部向乾城退窜，1934 年 12 月 15 日第 2 版

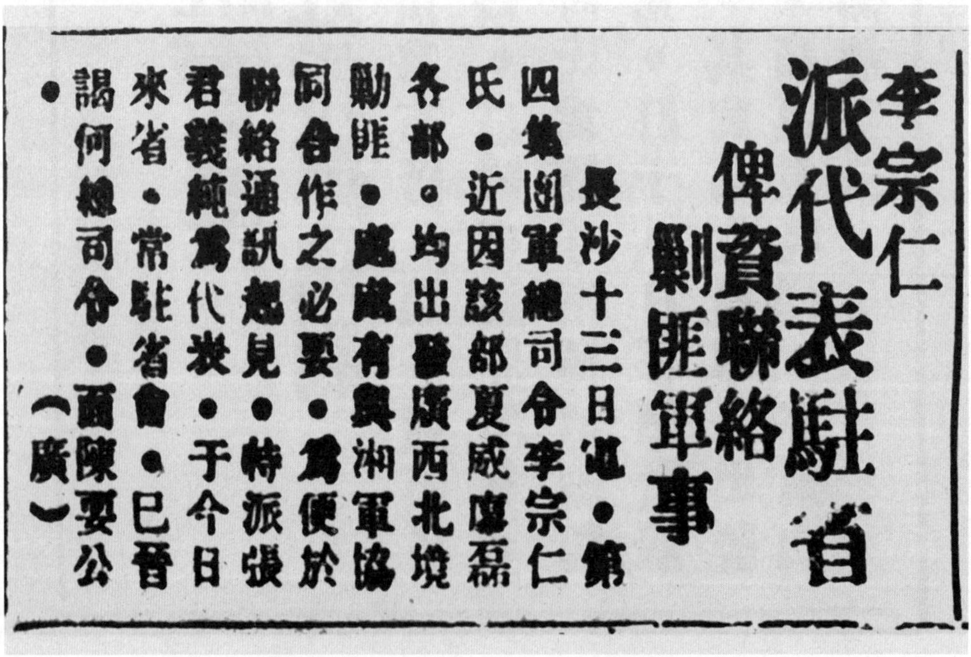

李宗仁

派代表駐省

俾資聯絡

剿匪軍事

長沙十三日電．第四集團軍總司令李宗仁氏．近因該部夏威廖磊各部．均出發廣西北境勦匪．感應有與湘軍協同合作之必要．爲便於聯絡通訊起見．特派張君毅純爲代表．于今日來省．常駐省會．已晉謁何總司令．面陳要公．（廣）

13. 李宗仁派代表驻省，俾资联络剿匪军事，1934 年 12 月 15 日第 2 版

本省要聞

殘匪由桂邊西竄

劉建緒進駐綏甯督剿

匪槍三萬餘人數倍之

【經過湘桂損失三分之一】

贛匪沿廣西龍勝西竄。一部竄入湘境通道綏甯間。巳誌前報。追剿總部由寶慶來電（十一）亥電云。（衔略）（一）殘匪主力由龍勝以北。紛向廣南平鄧（按在廣西龍勝縣以北方面）西竄。其一部在逢洞（屬城步）被我劉建文部痛擊向長安營寨老寨潰竄。我軍斬獲極多。前向四關囘竄之匪。亦被我成鐵俠部及唐保安團在永明嶋八都。原八疆嶺迎頭痛擊。匪潰不成軍。俘虜數百人。現在分途追剿中。（二）劉總指揮建緒率部。推進綏甯督剿。並云某師向通道堵勦。某某師亦向西急進中。（三）留竄西匪大部由唐邊經四都馬溺冲向辰城進犯。經我陳師及各部痛擊。斃匪極多。匪巳總潰退云云。

新甯縣長李紀猷。九日電省云。頃據探報。敵（五日）午在距大埠渡五里之大冲。遇徙手赤匪六名。當在該匪等身上。搜出蘇維埃紙幣五角。銅幣一枚。據稱于三日晚。由油榨坪逃出。所有槍支。已被當地民衆繳去。（二）據逃匪供稱。赤匪共有槍支三萬餘。人數倍之。機關槍。迫擊砲均有。此次經過湘桂。損失在三分之一以上。三日由油榨坪出發。分兩路逃竄。一由新東田。向城步。一由華江。㮶江。東江。川江。經柴興界。黃茅界。向龍勝逃竄。匪中子彈極少。生活太苦。多半私逃。（三）總部實發探現。現到縣。偏修涵僅容宜。上三項謹聞云。

14. 残匪由桂边西窜，刘建绪进驻绥宁督剿，匪枪三万余人数倍之（经过湘桂损失三分之一），1934 年 12 月 18 日第 2 版

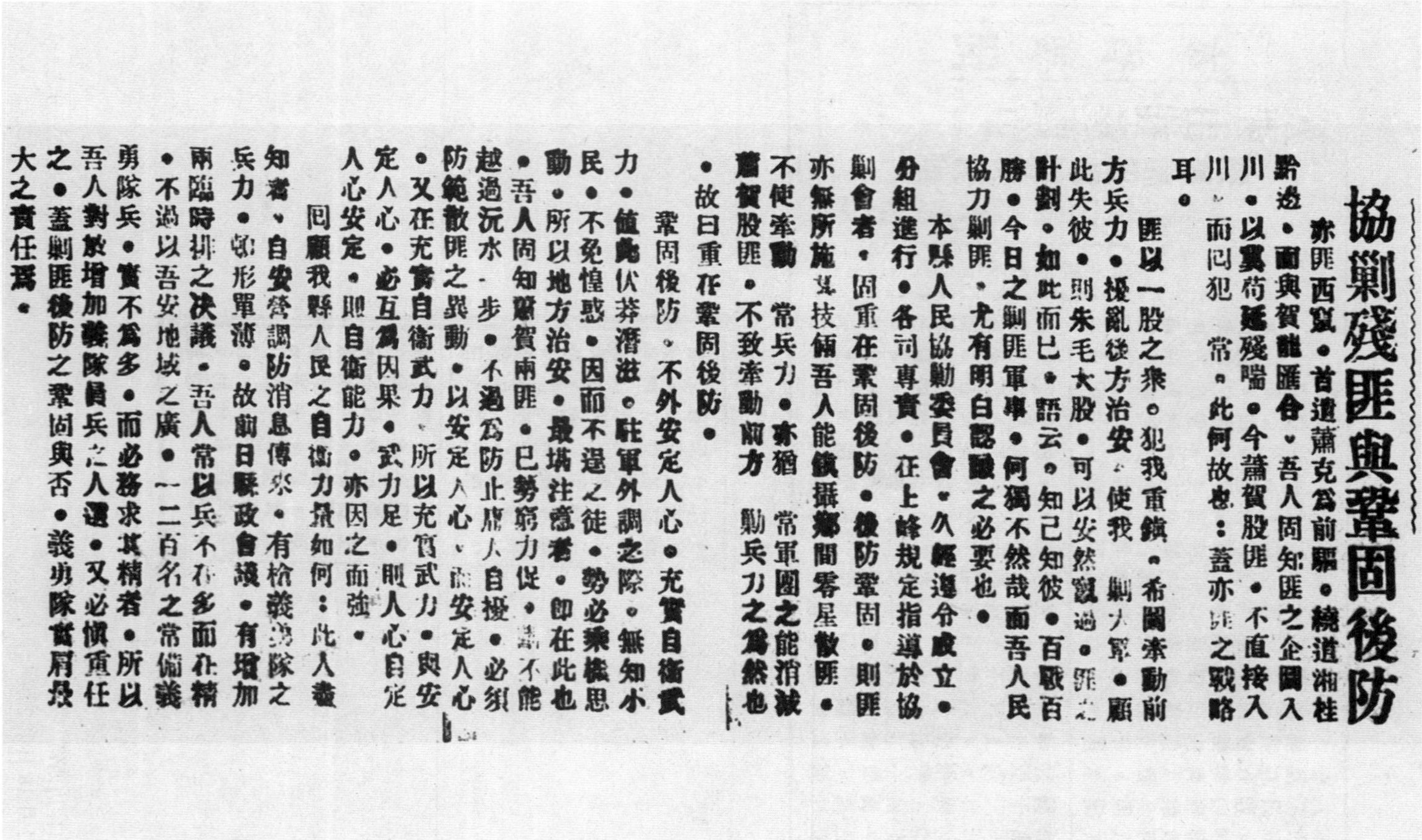

協剿殘匪與鞏固後防

赤匪西竄，首遭蕭克爲前驅，繞道湘桂黔邊，而與賀龍匯合，吾人固知匪之企圖入川，以冀苟延殘喘，今蕭賀股匪，不直接入川，而冈犯常，此何故也：蓋亦匪之戰略耳。

匪以一股之衆，犯我重鎮，希圖牽動前方兵力，擾亂後方治安，使我剿大軍，顧此失彼，則朱毛大股，可以安然竄過，匪之計劃，如此而已，語云，知己知彼，百戰百勝，今日之剿匪軍事，何獨不然哉，而吾人民協力剿匪，尤有明白認識之必要也。

本縣人民協勦委員會，久經遵令成立，分組進行，各司專責，在上峰規定指導於協剿會者，因重在鞏固後防，後防鞏固，則匪亦無所施其技倆，吾人能鎮攝鄉間零星散匪，不使牽動常兵力，亦猶常軍圍之能消滅蕭賀股匪，不致牽動前方剿兵力之爲然也，故曰重在鞏固後防。

鞏固後防，不外安定人心，充實自衛武力，值此伏莽潛滋，駐軍外調之際，無知小民，不免惶惑，因而不逞之徒，勢必乘機思動，所以地方治安，最堪注意者，即在此也，吾人固知蕭賀兩匪，已勢窮力促，事不能越過沅水一步，不過爲防止庸人自擾，必須防範散匪之異動，以安定人心，而安定人心，又在充實自衛武力，所以充實武力，與安定人心，必互爲因果，武力足，則人心自定人心安定，則自衛能力，亦因之而強。

回顧我縣人民之自衛力量如何：此人盡知者，自安警調防消息傳來，有槍義勇隊之兵力，愈形單薄，故前日縣政會議，有增加兩臨時排之決議，吾人常以兵不在多而在精，不過以吾安地域之廣，一二百名之常備義勇隊兵，實不爲多，而必務求其精者，所以吾人對於增加義隊員兵之人選，又必慎重任之，蓋剿匪後防之鞏固與否，義勇隊實肩負大之責任焉。

15. 协剿残匪与巩固后防，1934年12月27日第1版

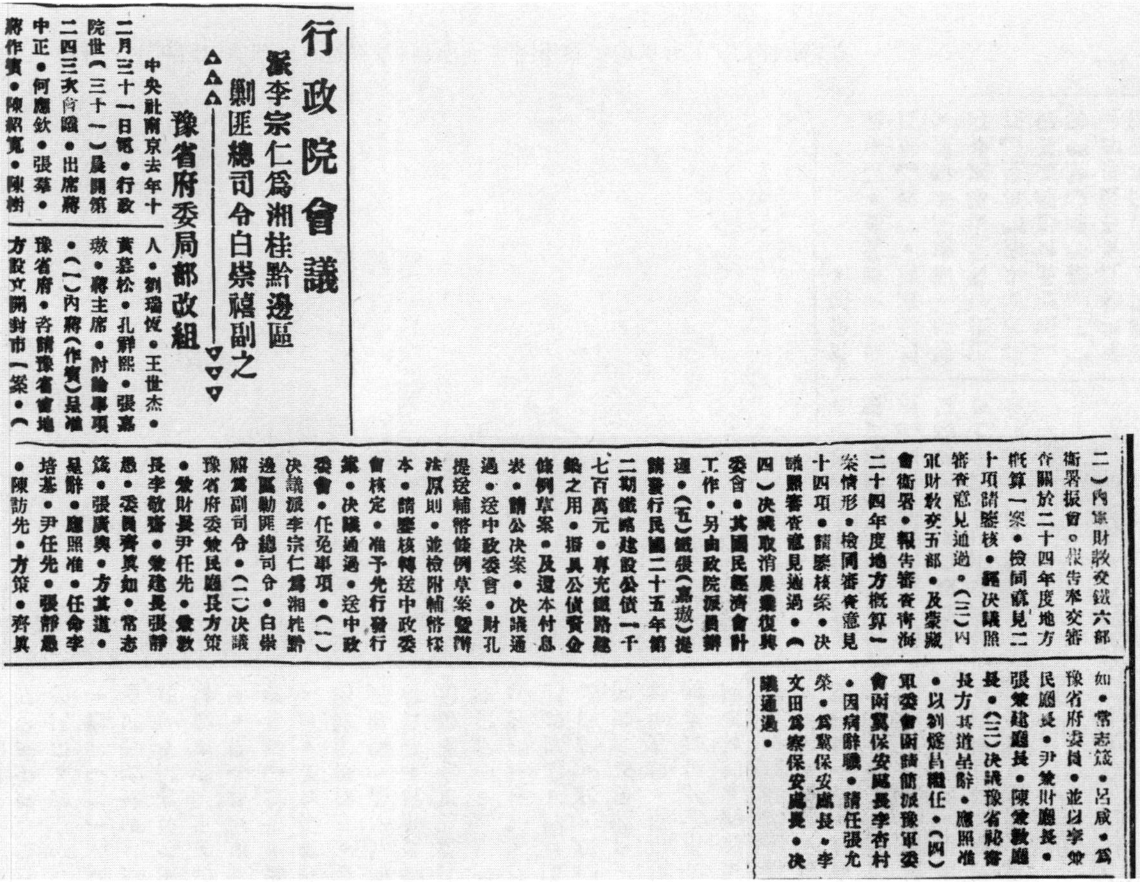

行政院會議

派李宗仁爲湘桂黔邊區剿匪總司令白崇禧副之

△△△——————▽▽▽

豫省府委局部改組

中央社南京去年十二月三十一日電・行政院卅(三十一)晨開第二四三次會議・出席蔣中正・何應欽・張羣・蔣作賓・陳紹寬・陳樹人・劉瑞恆・王世杰・黃慕松・孔祥熙・張嘉璈・蔣主席・討論事項・(一)內蔣(作賓)呈准豫省府・咨請豫省會地方設立開封市一案・(二)內外財教交鐵六部衛署振會・報告奉交審查關於二十四年度地方概算一案・檢同審查意見二十項請鑒核・經決議照審查意見通過・(三)內外財教交五部・及蒙藏會衛署・報告審查靑海二十四年度地方概算一案情形・檢同審查意見十四項・請鑒核案・決議照審查意見通過・(四)決議取消農業復興委會・其國民經濟會計工作・另由政院派員辦理・(五)鐵張(嘉璈)提請發行民國二十五年第二期鐵路建設公債一千七百萬元・專充鐵路建築之用・擬具公債費金條例草案・及還本付息表・請公決案・決議通過・送中政委會・財孔提送輔幣條例草案暨辦法原則・並檢附輔幣樣本・請鑒核轉送中政委會核定・准予先行發行案・決議通過・送中政委會・任免事項・(一)決議派李宗仁爲湘桂黔邊區剿匪總司令・白崇禧爲副司令・(二)決議豫省府委兼民廳長方策・兼財長尹任先・兼教長李敬齋・兼建長張靜愚・委員齊眞如・常志箴・張廣輿・方其道・呈辭・應照准・任命李培基・尹任先・張靜愚・陳訪先・方策・齊眞如・常志箴・呂咸・爲豫省府委員・並以李兼民廳長・尹兼財廳長・張兼建廳長・陳兼教廳長・(三)決議豫省秘書長方其道呈辭・應照准・以劉燧昌繼任・(四)軍委會函請簡派冀察政委會函冀保安處長李杏村・因病辭職・請任張允榮・爲冀保安處長・李文田爲察保安處長・決議通過・

16. 行政院会议派李宗仁为湘桂黔边区剿匪总司令，白崇禧副之，豫省府委局部改组，1936 年 1 月 7 日第 2 版

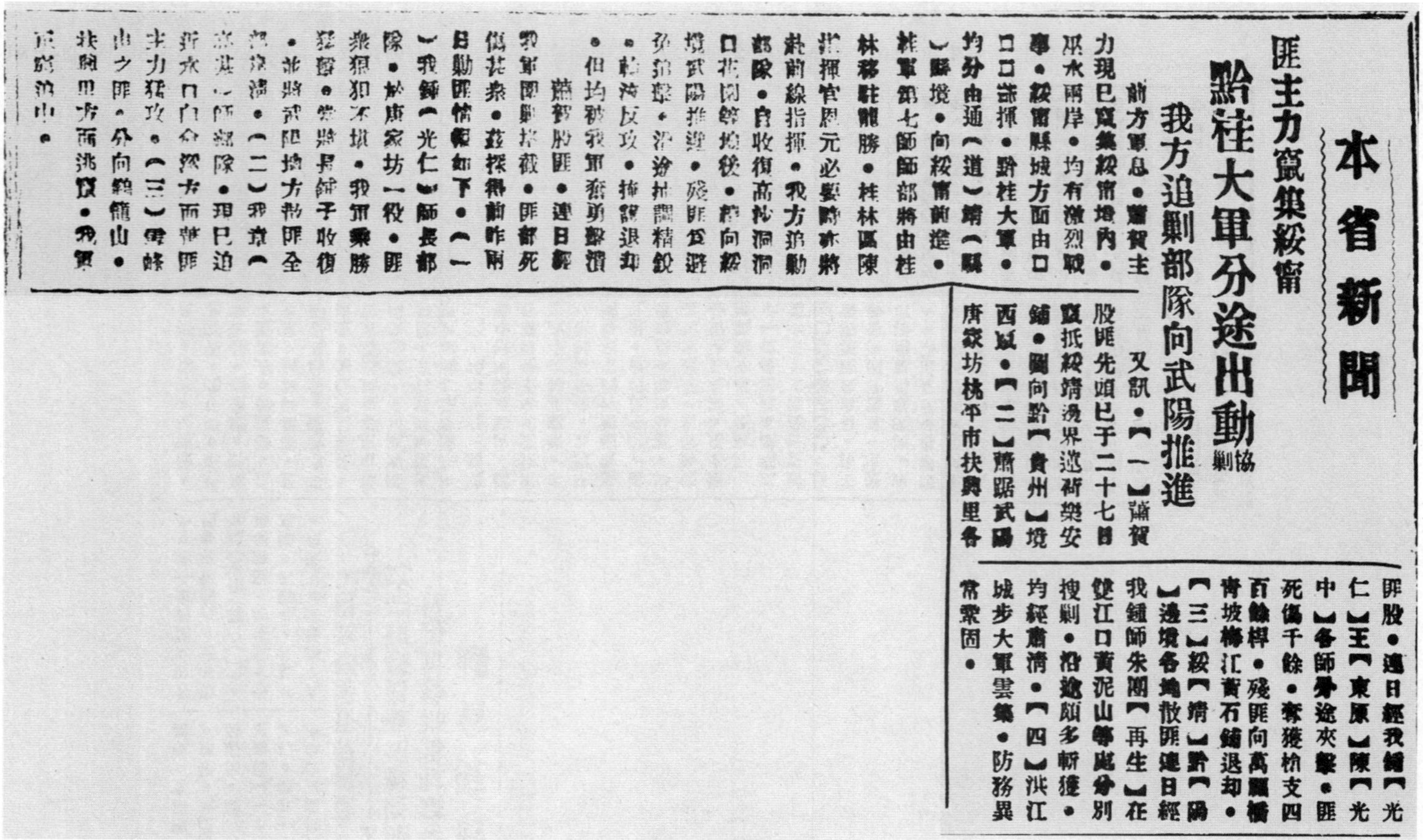

本省新聞

匪主力竄集綏甯
黔桂大軍分途出動協剿
我方追剿部隊向武陽推進

前方軍息・蕭賀主力現已竄集綏甯境內・巫水兩岸・均有激烈戰事・綏甯縣城方面由口口指揮・黔桂大軍・均分由通（道）靖（縣）縣境・向綏甯前進・桂軍第七師師部將由桂林移駐龍勝・桂林區陳指揮官恩元必要時亦將赴前線指揮・我方追剿部隊・自收復高沙洞口花園等地後・正向綏境武陽推進・殘匪爭避免追擊・沿途抵禦精銳・輒被反攻・摧破退却・但均被我軍奮勇擊潰

蕭賀股匪・連日經我軍圍剿截擊・匪部死傷甚衆・茲探錄前昨兩日勦匪情形如下・（一）我鍾（光仁）師長部隊・於唐家坊一役・匪衆狼狽不堪・我軍乘勝猛擊・當將馬鋪子收復・並將武陽地方散匪全部肅清・（二）我章（亮基）師部隊・現已迫近水口白竹一帶・匪主力猛攻・（三）雷蜂山之匪・分向鵝鶴山・花園坪方面逃竄・我軍正跟蹤追擊中・

又訊・（一）蕭賀股匪先頭已于二十七日竄抵綏靖邊界選祠樂安鋪・圖向黔（貴州）境西竄・（二）蕭匪武陽唐家坊桃坪市扶興里各匪股・連日經我鍾（光仁）王（東原）陳（光中）各師分途夾擊・匪死傷千餘・奪獲槍支四百餘桿・殘匪向萬難橋青坡梅江黃石鋪退却・（三）綏（靖）黔（陽）邊境各地散匪連日經我鍾師朱團（再生）在雙江口黃泥山等處分別搜剿・沿途頗多斬獲・均經肅清・（四）洪江城步大軍雲集・防務異常鞏固・

17. 匪主力窜集绥宁，黔桂大军分途出动协剿，我方追剿部队向武阳推进，1936 年 1 月 7 日第 3 版

常宁民报

蕭匪已竄全州

肖克匪部竄入湘南後、以避战西竄為目的、拟在永祁间渡过湘河西竄、因我軍沿河防守周密、不能偷渡、乃於上月廿四日、由永州蓼角塘村夹南竄、绕过永州、经新田、嘉禾、宁远、蓝山、復西竄道县、渡过瀟水而入廣西全州地界之黄沙河、文市、企图沿湘桂边境乞竄。

又省会警備司令胡達、早已率兵五團出发剿匪、亦因蕭匪大股竄入廣西全州、昨三號早胡司令乃由東安、開駐黄沙河、不分畛域、入桂協剿云。

又刘司令建绪昨日電告会剿肖匪情形云、肖匪因我軍跟蹤緊追、冬、濱竄桂境、全州之文村、（距全州七十華里）桂省已派大軍堵剿、章亮基師出境追擊、正在圍剿中。

又道縣來電云、東午蕭匪主力已竄到道縣我東渡、午田橋、水塘头、達村一带、向寿佛墟方面竄逼、周師長聞报、於午後六時率特務連馳援剿辦、同時章亮基師亦到、当推周師長指揮防堵、寿佛圩至道縣线、以章亮基師布防堵截、寿佛圩至蒋麓嶺之线归桂軍布防堵截、均於昨夜十時連络出发堵擊、该匪向黄沙河逃走、正在圍剿中、舒傳碩、道縣七長禪丙竞叩冬。

新寧來電云、據座東日電奉悉、肖匪企图、经廓縣雷劈嶺、李子山、赤木等处西竄、已遣方义勇隊向各处嚴守、務懇酌派部隊、星夜趋縣堵剿、以備不虞、謁候電遣、新寧縣長兼义勇總隊長李廷獻叩冬。

1. 萧匪已窜全州，1934 年 9 月 8 日第 2 版

蕭匪潰竄湘黔邊界

陳師長渠珍銑電來省云、肖匪經桂(廣西)回竄城步、綏寧、進犯通道、靖縣、企圖繞道入川、業調派李可達旅全部、開赴会同境之石家沖、以予痛擊、特委代司令覺、督部抄擊匪之右、黔軍周芳仁旅、抄擊匪之左、混戰數小時、斃匪二百餘、俘獲甚夥、匪遂山惨敗、已進退維谷、不難殲滅等語、特聞。

又綏寧來電云、(銜略)鈞鑒、肖匪西竄、綏邑防務、突形嚴重、亦將保安十二團三營調來李司令電、據僮團長報告、昨晚在城步西南三十里之横水界发現匪兵兩營、僅有少數步槍及迫擊砲、與我團隊接觸、我原駐梅口之譚團、已開向城步增防、李信安司令、有於本日率隊前進說、又據探報、離城步四十里之桐牛河、正在開火、我方有飛机兩架偵炸、現綏境全部、安寧如常、請釋廑念、綏寧縣長刘天鳴叩灰。

2. 萧匪溃窜湘黔边界，1934 年 9 月 22 日第 2 版

行营委督剿专员

并通报匪情

南昌行营昨有通报来湘云、近日剿匪军事、进展极速、综合各路报告、一、北路、周浑元部于十九日下令向匪总攻、任置谢、万、肖、郭各师于二翼、夏师攻匪正面、于晨七时左右开始攻击、先以山炮轰匪堡垒、动摇匪军阵地、并用飞机四架助战、我夏师方旅即乘机冲上匪所盘踞之环麻岭、匪不支、乃焚山掩护溃退、该师官兵奋不顾身皆大追击、越过老营盘五里许、始奉命停止、以是役抗战之匪、为伪六一与六二团及伪第六师全部、二、东路、罗匪炳辉部、于廿日再窜距寿宁八十里之南头平溪、留一小部、拟偷袭宜黄海口、经我军由原阵线严密堵剿、匪遭重大损败、残部向寿城窜走、各军会同△军数路挺进包剿、匪不敢顽抗、拟急觅一出路、有西窜模样、刻电△△驻军堵击、三、西路、肖克匪部联络湘西匪李宗[illegible]部、拟由湘西窜黔、与贺龙匪部连合、经湘鄂粤桂三方面大包围、匪退集丛林中、刻西路军攻匪正面、桂军取匪前方、粤军则尾追、已陷匪于进退维谷之中、歼灭可期、右三项。

3. 行营委督剿专员并通报匪情，1934 年 9 月 29 日第 2 版

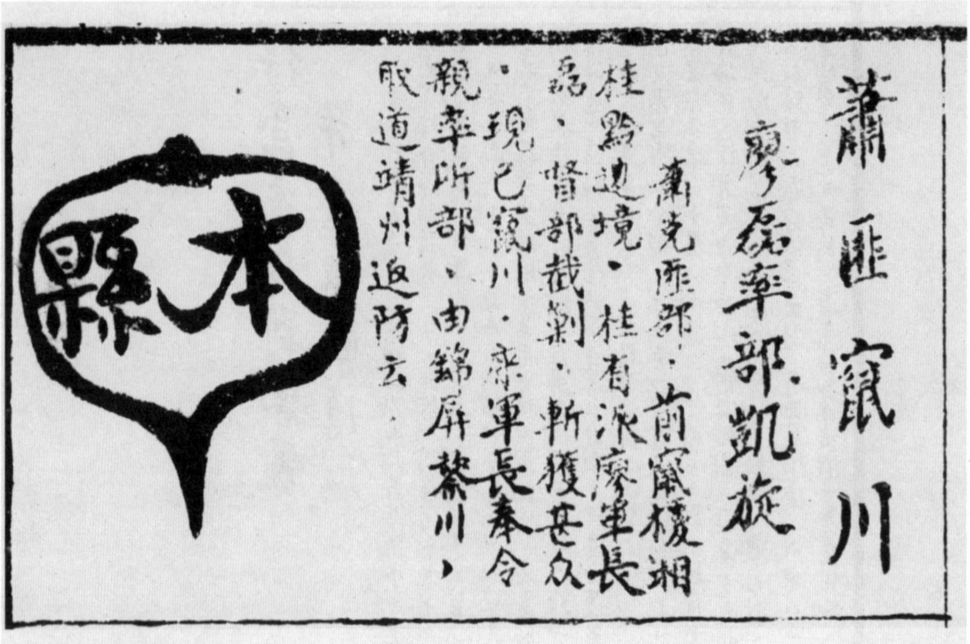

蕭匪竄川
廖磊率部凱旋

蕭克匪部、前竄擾湘桂黔邊境、桂省派廖軍長磊、督部截剿、斬獲甚众・現已竄川・廖軍長奉令親率所部、由錦屏黎川、取道靖州返防云・

4. 萧匪窜川，廖磊率部凯旋，1934 年 11 月 10 日第 2 版

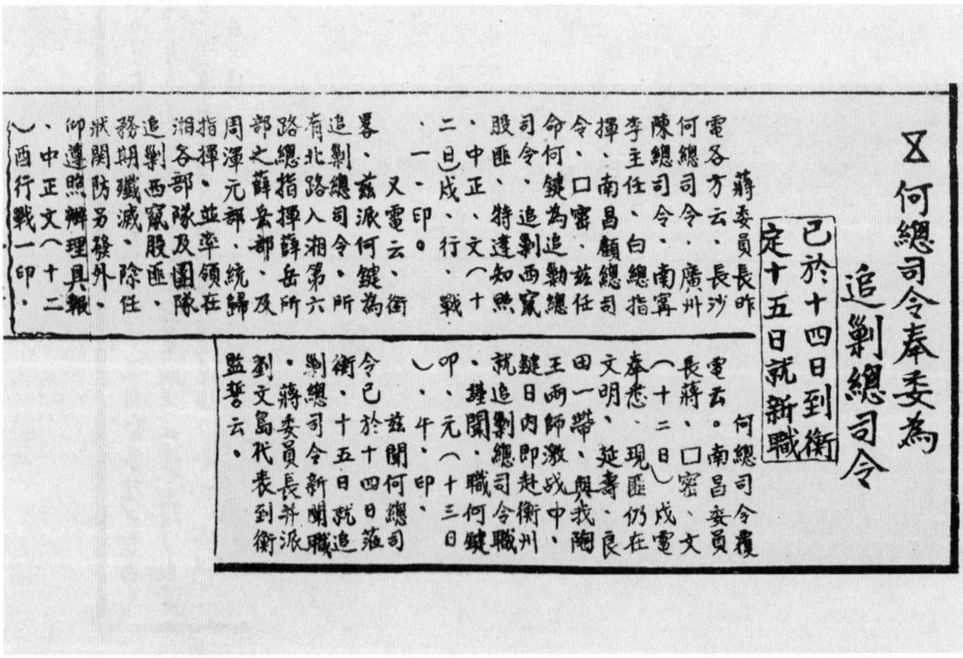

何總司令奉委為追剿總司令

已於十四日到衡定十五日就新職

蔣委員長昨電各方云、長沙何總司令、廣州陳總司令、南寧李主任、白總指揮、南昌顧總司令、口密、茲任命何鍵為追勦總司令、追剿西竄股匪、特達知照、中正、文（十二日）戌、行・戰、一・印。

又電云、衡署、茲派何鍵為追剿總司令・所有北路入湘第六路總指揮薛岳所部之薛岳部、及周澤元部、統歸指揮、並率領在湘各部隊及團隊追剿西竄股匪、務期殲滅、除任狀關防另發外、仰遵照辦理具報、中正文（十二）酉行戰一印・

何總司令覆電云・南昌委員長蔣、口密、文（十二日）戌電奉悉、現匪仍在文明、延壽、良田一帶、與我陶王兩師激戰中、鍵日內即赴衡州就追剿總司令職・謹聞・職何鍵叩、元（十三日）・午、印、

茲聞何總司令已於十四日抵衡・十五日就追剿總司令新關職・蔣委員長并派劉文島代表到衡監誓云、

5. 何总司令奉委为追剿总司令，已于十四日到衡（州），定十五日就新职，1934 年 11 月 17 日第 2 版

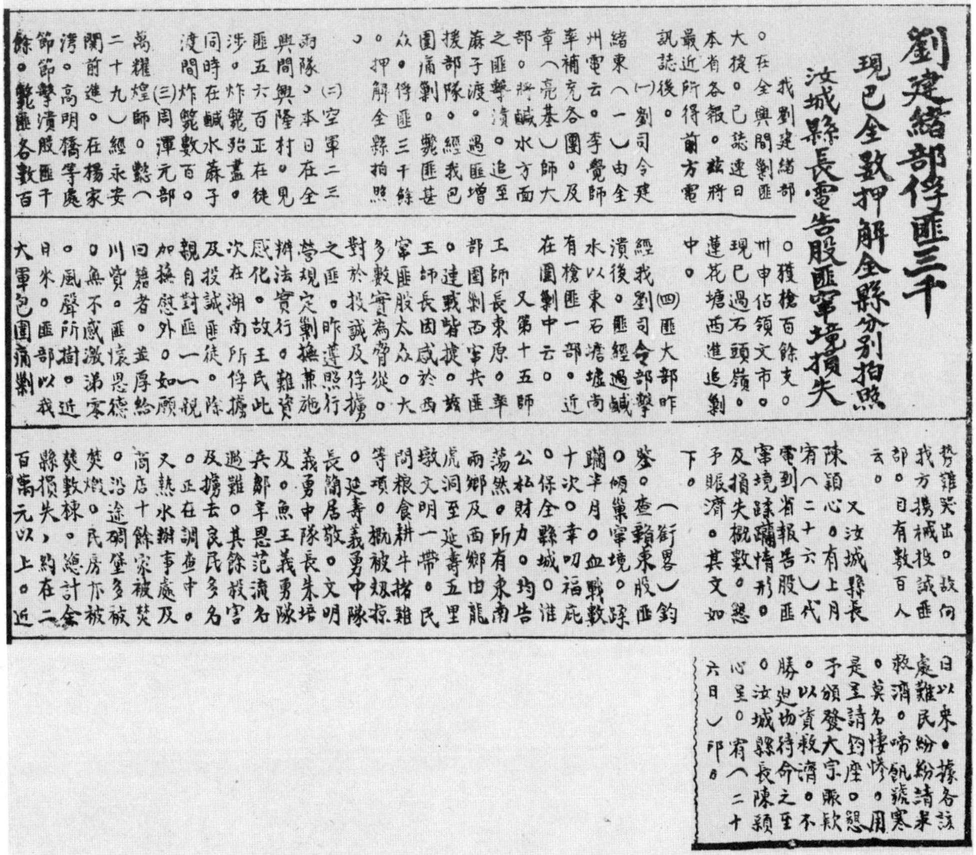

劉建緒部俘匪三千

現已全數押解全縣分別拍照

汝城縣長電告股匪窜境損失

我劉建緒部。在全興間劉匪大捷。已誌連日本省各報。茲將最近所得前方電訊誌後。

（一）劉司令建緒東（一）由全州電云。李覺師率補充各團。及章（亮基）師大部。將鹹水方面之匪擊潰。追至蘇子渡。過匪增援部隊。經我包圍痛剿。斃匪甚眾。俘匪三千餘。押解全縣拍照）

（二）空軍二三兩隊。本日在全興間興隆村。見匪五六百。正在徒涉。炸斃殆盡。同時在鹹水蘇子渡間炸斃數百。

（三）周渾元部萬耀煌師。縱（二十九）經永安閣前進。在楊家湾。高明橋等處節節擊潰股匪千餘。斃匪各數百。獲槍百餘支。卅申佔領文市。現已過石頭嶺。蓮花塘西進追剿中。

（四）匪大部昨經我劉司令部擊潰後。匪經過鹹水以東石塘墟。尚有槍匪一部。近在圍剿中云。

又第十五師王師長東原。率部圍剿西窜共匪。連戰皆捷。茲王師長因感於西窜匪股太眾。大多數實為脅從。對於投誠及俘擄之匪。咸遵照行營規定剿撫兼施辦法實行。藉資感化。故王氏此次在湖南所俘擄及投誠匪徒。除親自對匪一一親加撫慰外。如願回籍者。並厚給川資。匪懷恩德。無不感激涕零。風聲所樹。近日來。匪部以我大軍包圍痛剿勢難突出。設向我方攜械投誠匪部。日有數百人云。

又汝城縣長陳穎心。有上月宥（二十六）代電到省報告股匪窜境蹂躪情形。及損失概數。懇予賑濟。其文如下。

（銜略）鈞鑒。查贛東股匪。傾巢窜境。蹂躪半月。血戰數十次。幸叨福庇。保全縣城。誰公私財力。均告蕩然。所有東南兩鄉及西鄉由龍虎洞至延壽五里墩文明一帶。民間糧食耕牛豬雞等項。概被擄掠。延壽義勇中隊長簡居敬。文明義勇中隊長朱培及。魚王義勇隊兵部辛恩范滴名過難。其餘殺害及擄去良民多名。正在調查中。又熱水辦事處及商店十餘家被焚。沿途碉壘多被焚燬。民房亦被焚數棟。總計全縣損失，約在二百萬元以上。近日以來。據各該處難民紛紛請求救濟。啼飢號寒。莫名悽慘。用是呈請鈞座。懇予頒發大宗賑款。以資救濟。不勝迫切待命之至。汝城縣長陳穎心呈。宥（二十六日）印。

6. 刘建绪部俘匪三千，现已全数押解全县分别拍照，汝城县长电告股匪窜境损失，1934 年 12 月 8 日第 2 版

西京日报

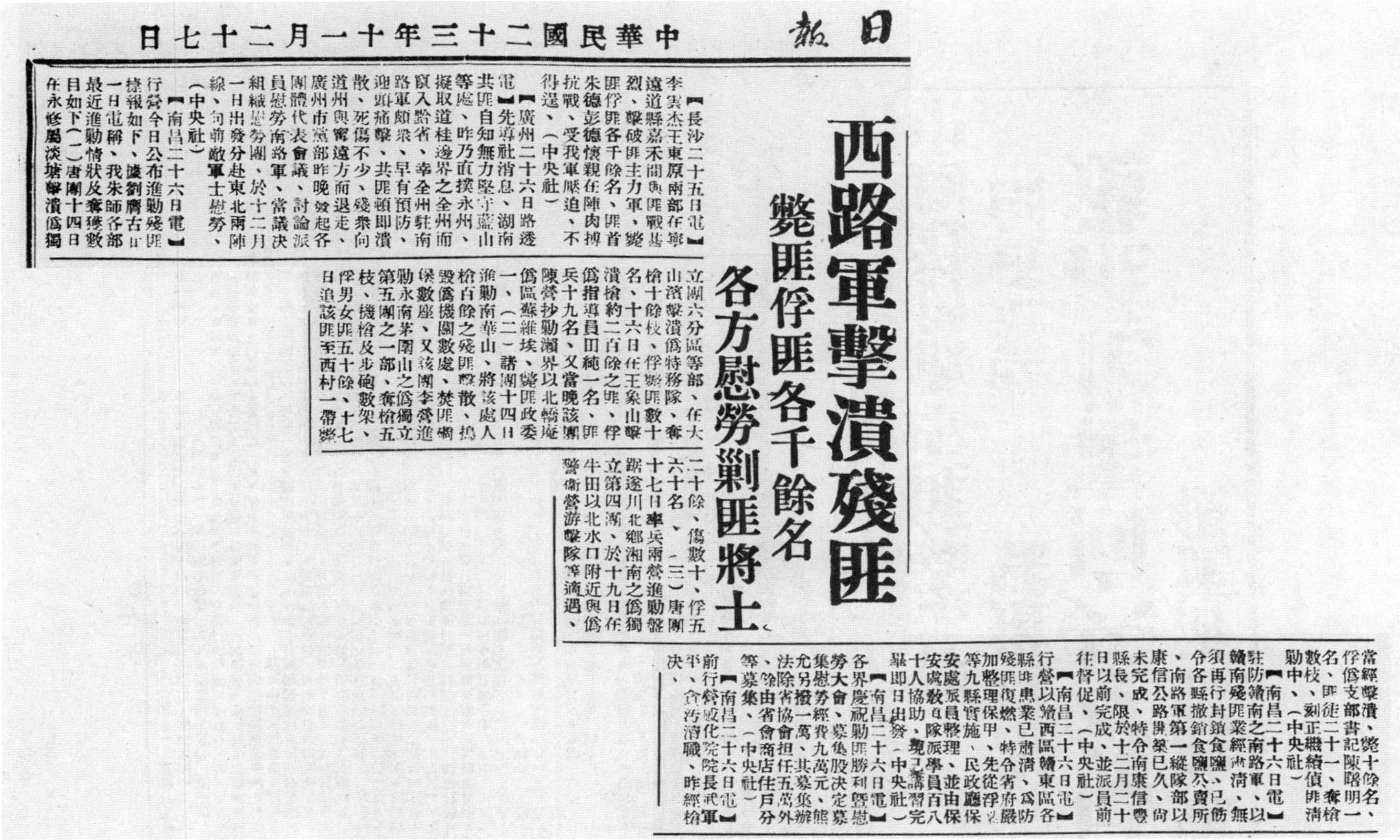
日報

中華民國二十三年十一月二十七日

西路軍擊潰殘匪

斃匪俘匪各千餘名

各方慰勞剿匪將士

1. 西路军击溃残匪，毙匪俘匪各千余名，各方慰劳剿匪将士，1934 年 11 月 27 日第 2 版

2|1

我軍收復清流後
已分兵向甯化推進
寧遠道縣一帶匪遭重創
桂邊殘匪擊散仍追剿中

【福州三十日電】清流經五二師收復後、已分兵向寧化推進、處興榮電省報告、僞閩贛游擊司令員陳葉珍、政委林勝佑、參謀長王發春等、及重要匪員兵四十餘名、雖被擊斃、清邑陷匪日久、丁口流離、田園荒蕪、民房被毀無餘、經清查全城老幼不及二百人、現我軍除派隊追剿殘匪並撫輯流亡外、一面趕速修城築碉堡堡鳥村泉上僞第一八團及遊擊隊千餘、寧城匪四百餘人、來去不定、二十八日晨竄襲坊、各部現在追剿中、（中央社）

【福州三十日電】陳肇英分電蔣鼎文顧祝同、賀膺閩贛綏靖主任新職、陳定十二月五日赴京出席五中全會、（中央社）

【福州三十日電】省農村救濟處派指導員四人赴順昌、辦理農村救濟工作、邵武浦城日內亦將派員前往、（中央社）

【福州三十日電】長汀留省同鄉電蔣委員長慰勞剿匪勝利、並請賑濟災民、又電東路軍將領賀克復汀屬匪區、（中央社）

【福州三十日電】二區行政專員徐虎侯、偕省委林知淵、新十師陳齊煊、在福安召集剿匪會議、商定肅清閩東各縣匪共計劃、（中央社）

【香港三十日電】白崇禧二十九日由平樂返桂林、謁李宗仁商剿匪軍事、日內仍赴前方督師、李宗仁亦擬出發龍虎關視察、（中央社）

【香港二十九日電】省訊、白崇禧今日電粵報告、桂邊共匪已被擊散、匪衆死傷甚多、刻仍飭所部追剿、（中央社）

【香港三十日電】白崇禧二十九日晚電粵告捷、謂二十九日午永安關之役、王覃兩師協殲殘匪、斃匪甚多、俘六百餘、繳獲步槍八百餘枝、輕重機關槍二十餘挺、覃師已繞出石塘轉趨道興、與周渾元部聯絡堵剿、（中央社）

【香港二十九日電】粵前擬派兩師入桂協助桂軍清剿朱匪、現因匪已潰敗、故暫時中止出發、僅警戒小北江一帶、（中央社）

【長沙二十九日電】衡陽二十八日電、贛匪經我周李王各部在甯遠道縣痛剿、斃匪甚衆、詳情如下、一、匪先頭於二十六二十七兩日由全州自安之勾牌山口口上木頭四襲主母子岸、向西延灌四梔橋企圖偸渡、經我軍趕至、在路版鋪蔣村一帶截擊、斃匪甚多、二、匪一部由永安關右邊竄抵黃臘洞、二十六日被我軍擊退、三、匪數千人在文市架橋、被我側擊、將浮橋撤去圖逃、現正進攻云、行營剿匪宣傳大隊劉道琳、率隊抵長沙、晚在省公映革命影片、定明日赴衡陽工作、（中央社）

【長沙三十日電】何鍵電令各縣長加重懸賞緝拿匪首、捕獲朱德彭德懷毛澤東周恩來李特者、除照行營規定給賞外、每名加獎五萬元、（中央社）

【開封三十日電】龎炳勳部硯山鋪一役、俘獲赤匪營長及兵士數十名、二十八日解到四十軍軍部、、據僞營長劉得勛供、此股殘匪原爲赤匪僞西路軍、後改二十五軍、軍長原係鄺紀勛、現係陳之華、至徐東海已降爲副軍長、政委確係唐煥先、此次被剿、死傷營長營副甚多、團長張少東傷重、想已死亡、僞軍長對於匪兵完全用威嚇欺騙手段、每日下命令輒曰找新根據地、有某營副竊與其營部士兵耳語云、吾人願能保持舊根據地、若要找新根據地、找來找去、非找掉同志的生命不可、事爲唐煥先所聞、即脅陳匪之華將此營附及耳語匪兵十餘人在硯山槍斃、又一團長云要走四川必過不去、亦被陳匪之華以手槍擊死、（中央社）

【南昌三十日電】各界慶祝剿匪勝利暨慰勞蔣委長及將士代表大會、定明晨十時舉行、下午游藝大會、飛機將於開會時盤旋天空、發散傳單、行營於明晨在體育場檢閱軍訓學生、音樂推廣會管絃隊亦於晚間演奏助興、今日全市張燈結綵懸旗、滿佈太平氣象、被匪蹂躪八年之江西民衆、重見天日、故均熱烈慶祝、籌備處擬定提案五項、並發告同胞書、（中央社）

【上海三十日電】滬市黨部、以瑞金克復剿匪勝利、特籌開慶祝剿匪勝利大會、定四日召集各團體代表、共商進行辦法、（中央社）

2. 我军收复清流后已分兵向宁化推进，宁远、道县一带匪遭重创，桂边残匪击散仍追剿中，1934 年 12 月 1 日第 2 版

我軍收復清流後

已分兵向寧化推進

寧遠道縣一帶匪遭重創

桂邊殘匪擊散仍追勦中

【福州三十日電】清流經五二師收復後、已分兵向寧化推進、盧興榮電省報告、偽閩贛游擊司令員陳葉珍、政委林勝佑、參謀長王發春等、及重要匪員兵四十餘名、雖被擊斃、清邑陷匪日久、丁口流離、田園荒蕪、民房被毀無餘、經清查全城老幼不及二百人、現我軍除派隊追勦殘匪並撫輯流亡外、一面趕速修城築碉堡、斑烏村泉上偽第一八團及遊擊隊千餘、寧城匪四百餘人、來去不定、二十八日晨竄襲坊、各部現在追勦中、(中央社)

【福州三十日電】陳肇英分電蔣鼎文顧祝同、賀膺閩贛綏靖主任新職、陳定十二月五日赴京出席五中全會、(中央社)

【福州三十日電】省農村救濟處派指導員四人赴順昌、辦理農村救濟工作、邵武浦城日內亦將派員前往、(中央社)

【福州三十日電】長汀留省同鄉電蔣委員長慰勞勦匪勝利、並請賑濟災民、又電東路軍將領賀克復汀屬匪區、(中央社)

【福州三十日電】二區行政專員徐虎侯、偕省委林知淵、新十師陳齊煊、在福安召集勦匪會議、商定肅清閩東各縣赤共計劃、(中央社)

【香港三十日電】白崇禧二十九日由平樂返桂林、調李宗仁商勦匪軍事、日內仍赴前方督師、李宗仁亦擬出發龍虎關視察、(中央社)

【香港二十九日電】省訊、白崇禧今日電粵報告、桂邊共匪已被擊散、匪衆死傷甚多、刻仍飭所部追勦、(中央社)

（局部图 1）

部追勦、（中央社）

【香港三十日電】白崇禧二十九日晚電粵告捷、謂二十九日午永安關之役、王闌兩師協殲殘匪、斃匪甚多、俘六百餘、繳獲步槍八百餘枝、輕重機關槍二十餘挺、覃師已繞出石塘轉趨道興、與周渾元部聯絡堵勦、（中央社）

【香港二十九日電】粵前擬派兩師入桂協助桂軍清勦𣏌匪、現因匪已潰敗、故暫時中止出發、僅警戒小北江一帶、（中央社）

【長沙二十九日電】衡陽二十八日電、贛匪經我周李王各部在甯遠道縣痛勦、斃匪甚衆、詳情如下、一、匪先頭於二十六二十七兩日由全州自安之勾牌山口上木頭四養圭母子岸、向西延灘四梔橋企圖偷渡、經我軍趕至、在路版鋪蔣村一帶截擊、斃匪甚多、二、匪一部由永安關右邊竄抵黃臘洞、二十六日被我軍擊退、三、匪數千人在文市架橋、被我側擊、將浮橋撤去圖逃、現正進攻云、行營勦匪宣傳大隊劉道琳、率隊抵長沙、晚在省公映革命影片、定明日赴衡陽工作、（中央社）

【長沙三十日電】何鍵電令各縣長加重懸賞緝拿匪首、捕獲朱德彭德懷毛澤東周恩來李特者、除照行營規定給賞外、每名加獎五萬元、（中央社）

【開封三十日電】龐炳勛部硯山鋪一役、俘獲赤匪營長及兵士數十名、二十八日解到四十軍軍部、據偽營長劉得勛供、此股殘匪原爲赤匪偽西路軍、後改二十五軍、軍長原係鄺紀勛、現係陳之華、至徐東海已降爲副軍長、政委確係唐煥先、此次被勦、死團營長營副甚多、團長張少東傷重、想已死亡、偽軍長對於非兵完全用威嚇欺騙手段、每日下命令輒曰找新根據地、有某營副竊與其營部士兵耳語云、吾人願能保持舊根據地、若要找新根據地、找來找去、非找掉同志的生命不可、事爲唐煥先所聞、即脅陳匪之華將此營附及耳語匪兵十餘人在硯山槍斃、又一團長云要走四川必過不去、亦被陳匪之華以手槍擊死、（中央社）

【南昌三十日電】各界慶祝勦匪勝利暨慰勞蔣委長及將士代表大會、定明晨十時舉行、下午游藝大會、飛機將於開會時盤旋天空、發散傳單、行營於明晨在體育場檢閱軍訓學生、音樂推廣會管絃隊、亦於晚間演奏助興、今日全市張燈結綵懸旗、滿佈太平氣象、被匪蹂躪八年之江西民衆、重見天日、故均熱烈慶祝、籌備處擬定提案五項、並發告同胞書、（中央社）

【上海三十日電】滬市黨部、以瑞金克復勦匪勝利、特籌開慶祝勦匪勝利大會、定四日召集各團體代表、共商進行辦法、（中央社）

（局部图 2）

湘境殘匪傷亡殆盡

各軍仍在追勦中

行營委任追勦軍指揮

蔣鼎文昨由龍岩返漳

【長沙六日電】殘匪被西路擊潰後、分向龍勝城步方面大山中分竄、情形狼狽、各軍仍在追勦中、沿途俘獲甚多、據俘匪軍官供、此次在湘境實力損失極重、匪部死傷確在二萬以上、對窮追猛勦極具畏心、(中央社)

【南昌六日電】唐淮源電省稱、所部二十八日起由道縣向永安關追擊、迭任楊家橋高明橋蔣家山等地、與匪千餘人激戰、均經擊潰、將廣西灌陽、文市等處殘匪肅清、現已渡河跟追、此役計斃匪數百、獲槍八十餘枝、(中央社)

【龍岩六日電】蔣今晨由龍岩回漳、下午二時抵城、同來有總參議張炯、參謀處長田西原、黨政處長陳逸風等(中央社)

【貴陽六日電】猶國才派所部周文彬團、於今日東開防堵贛匪西竄、(陝西社)

【南昌六日電】行營對各追勦軍指揮、計委定劉建緒吳奇緯為一二兵團總指揮、劉膺古爲預備兵團總指揮、李雲杰李韞珩周渾元爲各路司令、(中央社)

【南昌六日電】梁立柱今日來省報告收復葛源經過、及向省府接洽善後賑濟、又弋陽縣芳墩業已收復、瀠工鎮肯日可下、贛東各地全無匪蹤、但災民數萬、該縣長特電民廳請賑、(中央社)

【南昌六日電】省府以寧都雩都瑞金會昌四縣業經收復、百廢待舉、特每縣指派委員二人、前往協助縣府辦理清鄉善後各項急務、並限一個月辦竣、(中央社)

【本報南昌六日專電】贛省昨開會討論清勦善後方案、呈准行營施行

【南昌六日電】駐滬美海軍陸戰隊交際處長麥克猷、來贛遊歷、今日晉謁熊式輝及參觀各機關、行營將派員陪同赴臨川南城南豐各收復縣區參觀、(中央社)

【南昌六日電】各界慶祝勦匪勝利暨慰勞大會、會決議建築勦匪勝利紀念館及設立傷病兵士工廠、與呈請明令褒揚寧都翠微峯殉難義民三案、今日該會主席團特電呈中執會懇予准辦、(中央社)

【南昌六日電】陳調元今午由京抵省、辦理預備軍總部結束、據談事畢後即赴京就軍參院新職、(中央社)

【龍岩六日電】閩劃為四個綏靖區、次序為九區(閩北)十區(閩西)十一區(閩南)十二區(閩東)、司令官第九區為劉和鼎、駐延平、第十區衛立煌、駐龍岩、第十一區李延年、駐泉州、第十二區王敬久、駐福州、(陝西社)

【廈門六日電】五區行政專員楊用斌、今乘輪晉省、報告勦匪經過及今後施政方針、(中央社)

【北平六日電】平市各民衆團體、前電慰蔣及勦匪將士、蔣已電覆致謝、略謂贛閩匪巢雖經克復、流竄餘孽尚待肅清、遠承慰勞、感奮殊深、(中央社)

3. 湘境残匪伤亡殆尽，各军仍在追剿中，行营委任追剿军指挥，蒋鼎文昨由龙岩返漳（州），1934 年 12 月 7 日第 2 版

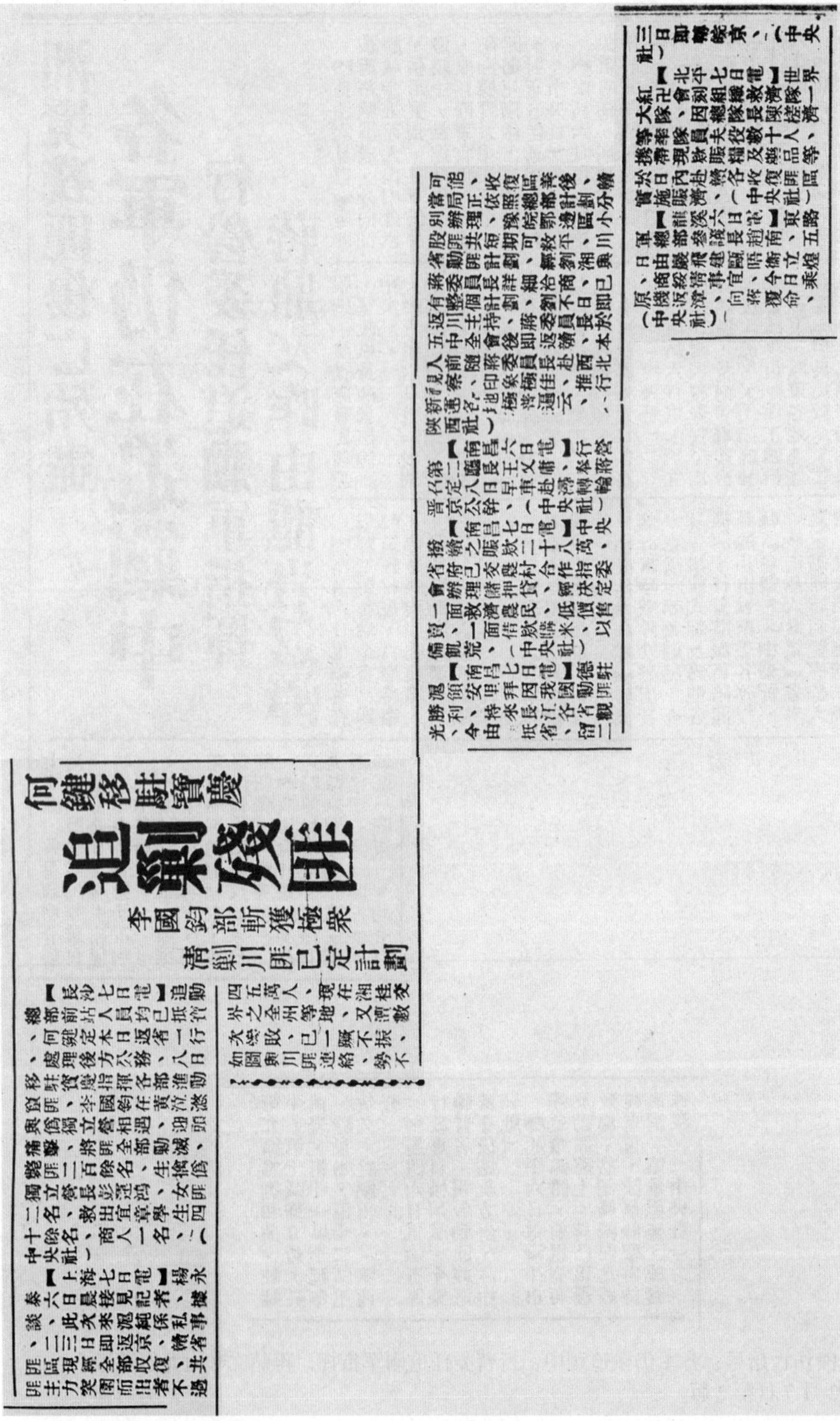
何鍵移駐寶慶
追剿殘匪
李國鈞部斬獲極衆
清剿川匪已定計劃

4. 何键移驻宝庆追剿残匪，李国钧部斩获极众，清剿川匪已定计划，1934 年 12 月 8 日第 2 版

新蜀报

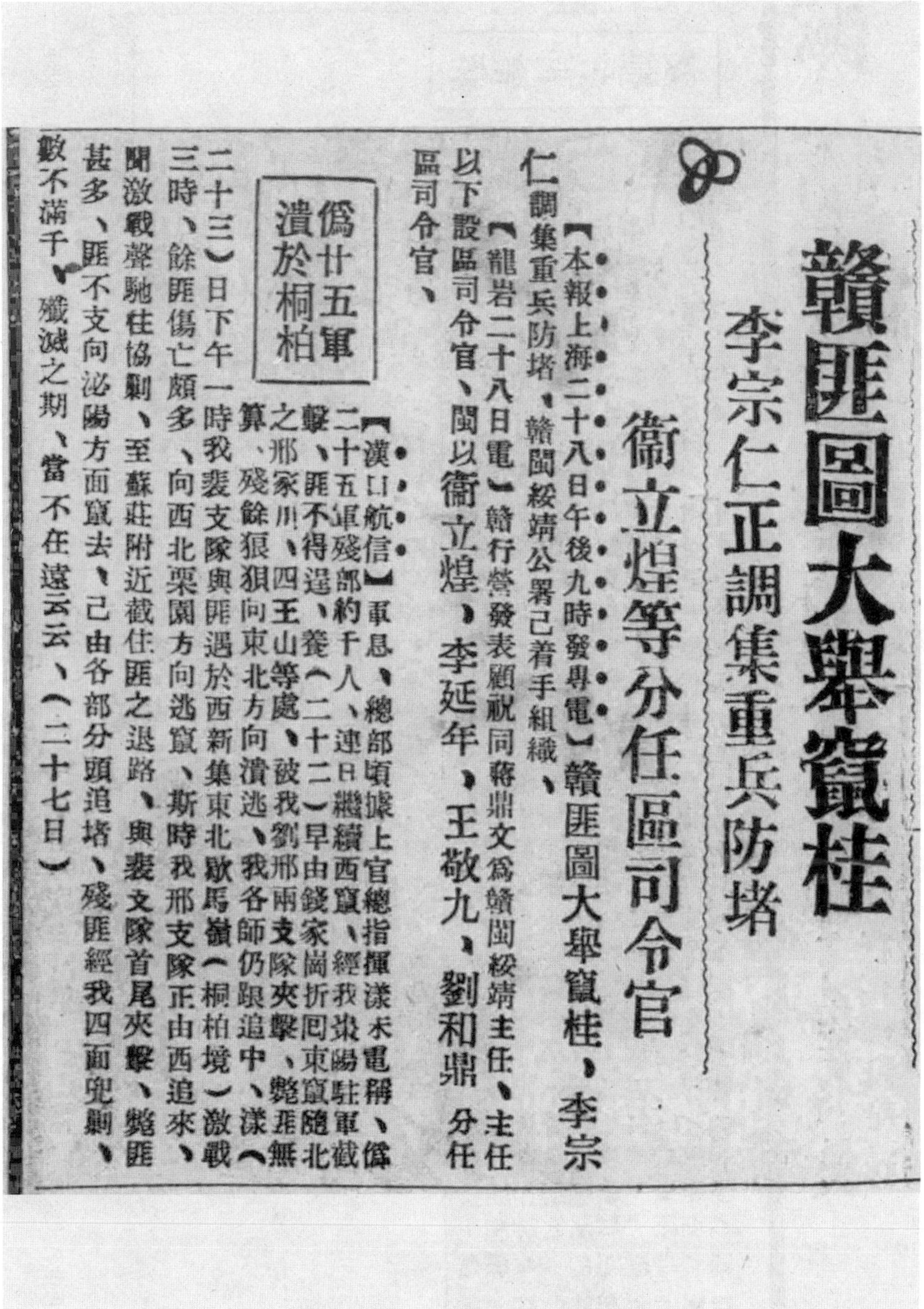

赣匪圖大舉竄桂

李宗仁正調集重兵防堵

衛立煌等分任區司令官

【本報上海二十八日午後九時發專電】贛匪圖大舉竄桂、李宗仁調集重兵防堵、贛閩綏靖公署已着手組織、【龍岩二十八日電】贛行營發表顧祝同蔣鼎文為贛閩綏靖主任、主任以下設區司令官、閩以衛立煌、李延年、王敬九、劉和鼎分任區司令官、

偽廿五軍潰於桐柏

【漢口航信】軍息、總部頃據上官總指揮漾未電稱、偽二十五軍殘部約千人、連日繼續西竄、經我泌陽駐軍截擊之、匪不得逞、養（二十二）早由錢家崗折回東竄隨北之邢家川、四王山等處、被我劉邢兩支隊夾擊、斃匪無算、殘餘狼狽向東北方向潰逃、我各師仍跟追中、漾（二十三）日下午一時我裴支隊與匪遇於西新集東北歇馬嶺（桐柏境）激戰三時、餘匪傷亡頗多、向西北栗園方向逃竄、斯時我邢支隊正由西追來、聞激戰聲馳往協剿、至蘇莊附近截住匪之退路、與裴支隊首尾夾擊、斃匪甚多、匪不支向泌陽方面竄去、已由各部分頭追堵、殘匪經我四面兜剿、數不滿千、殲滅之期、當不在遠云云、（二十七日）

1. 赣匪图大举窜桂，李宗仁正调集重兵防堵，卫立煌等分任区司令官，1934年11月29日第2版

蜀報　星期四　第六版 B

安撫會再電蔣

嚴防贛匪竄川黔

望在湘黔層層堵剿期無漏網

務須扼守全州黃沙河零陵線

【成都航訊】此間安撫委員會・前曾迭電蔣委員長、請加派大軍、阻止贛匪西竄、免其道入川境、與川北之匪合夥、最近據官電所傳、匪部西竄、已到達湘西南之江華明允一帶、如佳東湘西、稍有疏忽、即能竄至黔東、與蕭賀聯合、長驅入川、以實現其赤化全川之計劃、特於二十六日再電蔣氏、請立調大部於黔東湘西、層層堵截、毋使漏網、並請責成劉湘早日返川、進剿川匪、、茲錄其原電如下、、急南京蔣委員長鈞鑒、江西匪據多年、經鈞座督剿、幸告肅清、功在百世、惟聞殘匪西竄、已至道江、難免不有一部、竄入川黔、為國家西南之大患、擬請鈞座、嚴飭各軍、務須扼守藻陽、全州、黃沙河零陵一線、毋使越過、并預調部隊、於湘西黔東、層堵層剿、期無漏網、是為至禱、再四川赤匪、勢已坐大、頃據調查報告、赤匪於過去川軍兩度進剿、均以收縮突擊獲勝、現正組織壯丁、集中糧食、搜括財物器具、運往通江老巢、並嚴禁播種冬糧、徹底清野、準備三次收縮突出、赤化全川等語、此種毒計、進剿已極困難、假使贛匪一部入黔川、匪必攻襲下東、企圖聯絡封鎖長江上游、危險尤大、甚盼鈞座統籌全局、責成四川剿匪總司令劉湘、早日返川秉命進剿、并飭陝甘鄂各軍、同時協攻、以收夾擊之效、謹此電呈、尙乞垂察、四川剿匪區安撫委員會、叩宥（二十六日）印、（二十八日）

2. 安抚会再电蒋（介石）：严防赣匪窜川黔，望在湘黔层层堵剿期无漏网，务须扼守全州、黄沙河、零陵线，1934 年 11 月 29 日第 6 版

桂邊殘匪已擊潰

陳濟棠中止派兵入桂

五十二師向寧化推進

【廣州三十日電】白崇禧二十九日電廣州、報告竄擾廣西邊境之匪、已被擊潰、現正追剿中、陳濟棠原擬派兵兩師入桂協剿、現已終止、

【長沙三十日電】行營剿匪宣傳委員會、今日分赴前方開始工作、

【福州三十日電】清流經五十二師收復後、已分兵向寧化推進、盧興榮電省報告、重要員兵四十餘名、確被擊斃、清邑陷匪日久、丁口流離、田園荒蕪、民房被毀、無一完善者、經清查全城、老幼不及二百人、現我軍除派隊搜剿殘逆、并撫恤流亡外、一面趕修碉堡、

【福州三十日電】長汀留省同鄉、電蔣委員長慰勞、剿匪勝利、并請賑濟災民、又電謝東路軍將領收復汀屬邊區、

3. 桂边残匪已击溃，陈济棠中止派兵入桂，五十二师向宁化推进，1934 年 12 月 1 日第 2 版

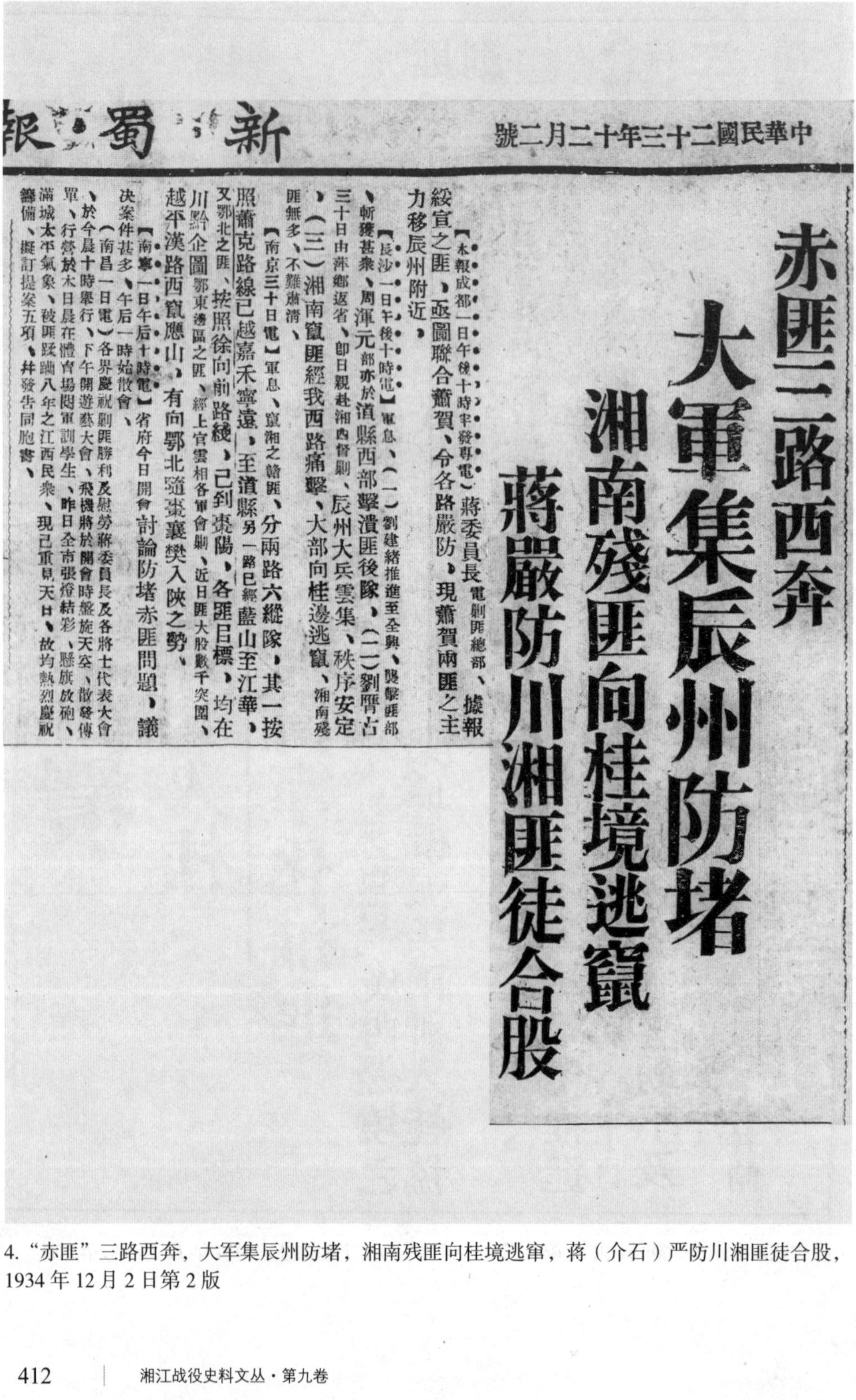

新蜀報　　中華民國二十三年十二月二號

赤匪三路西奔

大軍集辰州防堵

湘南殘匪向桂境逃竄

蔣嚴防川湘匪徒合股

【本報成都一日午後十時半發專電】蔣委員長電剿匪總部、據報綏宣之匪、亟圖聯合蕭賀、令各路嚴防、現蕭賀兩匪之主力移辰州附近、

【長沙一日午後十時電】軍息、（一）劉建緒推進至全興、襲擊匪部、斬獲甚衆、周渾元部亦於滇縣西部擊潰匪後隊、（二）劉膺古三十日由萍鄉返省、即日親赴湘西督剿、辰州大兵雲集、秩序安定、（三）湘南竄匪經我西路痛擊、大部向桂邊逃竄、湘南殘匪無多、不難肅清、

【南京三十日電】軍息、竄湘之贛匪、分兩路六縱隊、其一按照蕭克路線已越嘉禾寧遠、至滇縣另一路已經藍山至江華、又鄂北之匪、按照徐向前路綫、已到棗陽、各匪目標、均在川黔企圖、鄂東邊區之匪、經上官雲相各軍會剿、近日匪大股數千突圍、越平漢路西竄應山、有向鄂北隨棗襄樊入陝之勢、

【南寧一日午后十時電】省府今日開會討論防堵赤匪問題、議決案件甚多、午后一時始散會、

【南昌一日電】各界慶祝剿匪勝利及慰勞蔣委員長及各將士代表大會、於今晨十時舉行、下午開遊藝大會、飛機將於開會時盤旋天空、散發傳單、行營於本日晨在體育場閱軍訓學生、昨日全市張燈結彩、懸旗放砲、滿城太平氣象、被匪蹂躪八年之江西民衆、現已重見天日、故均熱烈慶祝籌備、擬訂提案五項、并發告同胞書、

4.“赤匪”三路西奔，大军集辰州防堵，湘南残匪向桂境逃窜，蒋（介石）严防川湘匪徒合股，1934 年 12 月 2 日第 2 版

湘南殘匪敗竄西延

追剿軍奪獲匪械五千餘枝

京市黨部將慶祝剿匪勝利

【長沙二日午後十時電】我追剿部隊於一日在江華永明一帶與匪激戰、我軍將匪斬殺過半、繳匪槍械五千餘枝、爲剿匪以來未有之大捷、殘匪一部、向桂境西延方面潰竄、我正尾追中、

【長沙二日午後十時電】何鍵通電、謂已於上月三十日遵令取銷西路剿匪總司令名義、所有該部人員、概歸追剿總部接收管轄、

【貴陽二日電】蔣委員長三十日電王家烈、對黔省剿匪、深爲嘉勉、

【南京二日電】特別市黨部、以中央第四屆五中全會、定期於本月十日開幕、瞬即屆臨、而江西匪共、經我勞苦功高之蔣委員長率領將士、努力兜剿、匪燄蕩平、今已大奏凱旋、贛省人民、重見天日、萬民歡呼、亟應奉行盛大集會、以示慶祝、茲悉該部已定於本月十日、召集各界代表、舉行首都慶祝第四屆五中全會及剿匪勝利大會、議請中央委員、蒞會講演、並函請市府、警廳、轉飭全市商民於是日懸旗致慶一天、

【鎮江二日電】蘇省各界、定十二日舉行慶祝剿匪勝利大會、晚舉行提燈會、

5. 湘南残匪败窜西延，追剿军夺获匪械五千余支，京市党部将庆祝剿匪胜利，1934 年 12 月 3 日第 2 版

桂邊殘匪有入黔勢

全州附近湘軍向南移動

王家烈將親赴前綫佈防

【本報南寧四日午後十時專電】李宗仁通電、竄湘桂邊境贛匪、經官軍連日痛剿、今已擊退、全州附近之湘軍、今晨開始向南移動、下午至灌水、田首之線、迎頭堵截、今明可將匪主力擊潰、桂平某機關接猶國材電、謂贛匪第二批竄抵桂邊、有入黔勢、已令吳劍平李兵三團入桂協堵、王家烈三四日內親赴前方指揮、

【貴陽四日午后十時電】王家烈定三四日內出發赴前方防堵贛匪西竄、三日電猶國材、催從速派兵開到指定地點、王本人親赴前線指揮、

【龍岩四日電】東路軍收復寧化、破獲祕密、在該地僞贛省蘇維埃機關、捕獲共匪要員甚夥、閩匪區僅剩甯化一縣、今該縣既告收復、閩全省已無匪蹤、

【南昌四日電】行營公布、據前方電報、我第五十二師於十一月三十日午刻收復閩屬寧化城、查盤據寧化之匪、係僞閩贛省游擊隊少年先鋒隊等、人槍約六百餘、是役斃匪二百餘人、俘匪百餘人、殘匪向寧化北中沙潰竄、國軍現正追剿中、

【開封四日電】省垣各界、三日晨九時在豫大禮堂舉行擴大紀念週、及慶祝剿匪勝利大會、由劉峙主席、當場通過提案四件、(一)電慰蔣委員長張學良副司令及剿赤將士、(二)電請全國一致協助政府、剿滅殘餘赤匪、復興收復匪區、(三)電請劉湘何鍵王家烈各總司令各將領、剋日撲滅赤匪(四)電請全國一致擁護蔣委員長、汪院長感電主張、

【上海四日電】滬各界慶祝剿匪利勝及慰蔣委員長與各將士大會、定四日午開首次籌備會、討論進行辦法、

【南昌四日電】各界慶祝剿匪勝利及慰勞蔣委員長與剿匪將士大會、三日發出擁護五中全會、慰勞蔣委員長及剿赤將士、傷病官兵、收復匪區被難同胞、與請求全國各省政府黨部慈善團體、捐助賑款等五電、

【西寧四日電】會昌克后、舉國騰歡、青海省黨務特派員辦事處、特率領各民衆團體、縣黨部致電慰勞蔣委員長、及剿匪諸將士、各界並定於今晨在省垣舉行慶祝大會、

6. 桂边残匪有入黔势，全州附近湘军向南移动，王家烈将亲赴前线布防，1934 年 12 月 5 日第 2 版

【本報南寧四日午後十時專電】李宗仁通電、竄湘桂邊境贛匪、經官軍連日痛剿、今已擊退、全州附近之湘軍、今晨開始向南移動、下午過灌水、田首之線、迎頭堵截、今明可將匪主力擊潰、桂平某機關接猶國材電、謂贛匪第二批竄抵桂邊、有入黔勢、已令吳劍平率兵三團入桂協堵、王家烈三四日內親赴前方指揮、

【貴陽四日午后十時電】王家烈定三四日內出發赴前方防堵贛匪西竄、三日電猶國材、催從速派兵開到指定地點、王本人親赴前線指揮、

【龍岩四日電】東路軍收復寧化、破獲祕密、在該地偽贛省蘇維埃機關、捕獲共匪要員甚夥、閩匪區僅剩寧化一縣、今該縣既告收復、閩全省已無匪蹤、

【南昌四日電】行營公布、據前方電報、我第五十二師於十一月三十日午刻收復閩屬寧化城、查盤據寧化之匪、係偽閩贛省游擊隊少年先鋒隊等、人槍約六百餘、是役斃匪二百餘人、俘匪百餘人、殘匪向寧化北中沙潰竄、國軍現正追剿中、

【開封四日電】省垣各界、三日晨九時在豫大禮堂舉行擴大紀念週、及慶祝剿匪勝利大會、由劉峙主席、當場通過提案四件、（一）電慰蔣委員長張學良副司令及剿赤將士、（二）電請全國一致協助政府、剿滅殘餘赤匪、復興收復匪區、（三）電請劉湘何鍵王家烈各總司令各將領、尅日撲滅赤匪（四）電請全國一致擁護蔣委員長、汪院長感電主張、

【上海四日電】滬各界慶祝剿匪利勝及慰蔣委員長與各將士大會、定四日午開首次籌備會、討論進行辦法、

【南昌四日電】各界慶祝剿匪勝利及慰勞蔣委員長與剿匪將士大會、三日發出擁護五中全會、慰勞蔣委員長及剿赤將士、傷病官兵、收復匪區被難同胞、與請求全國各省政府黨部慈善團體、捐助賑款等五電、

【西寧四日電】會昌克后、舉國騰歡、青海省黨務特派員辦事處、特率領各民衆團體、暨縣黨部致電慰勞蔣委員長、及剿匪諸將士、各界並定於今晨在省垣舉行慶祝大會、

（局部图）

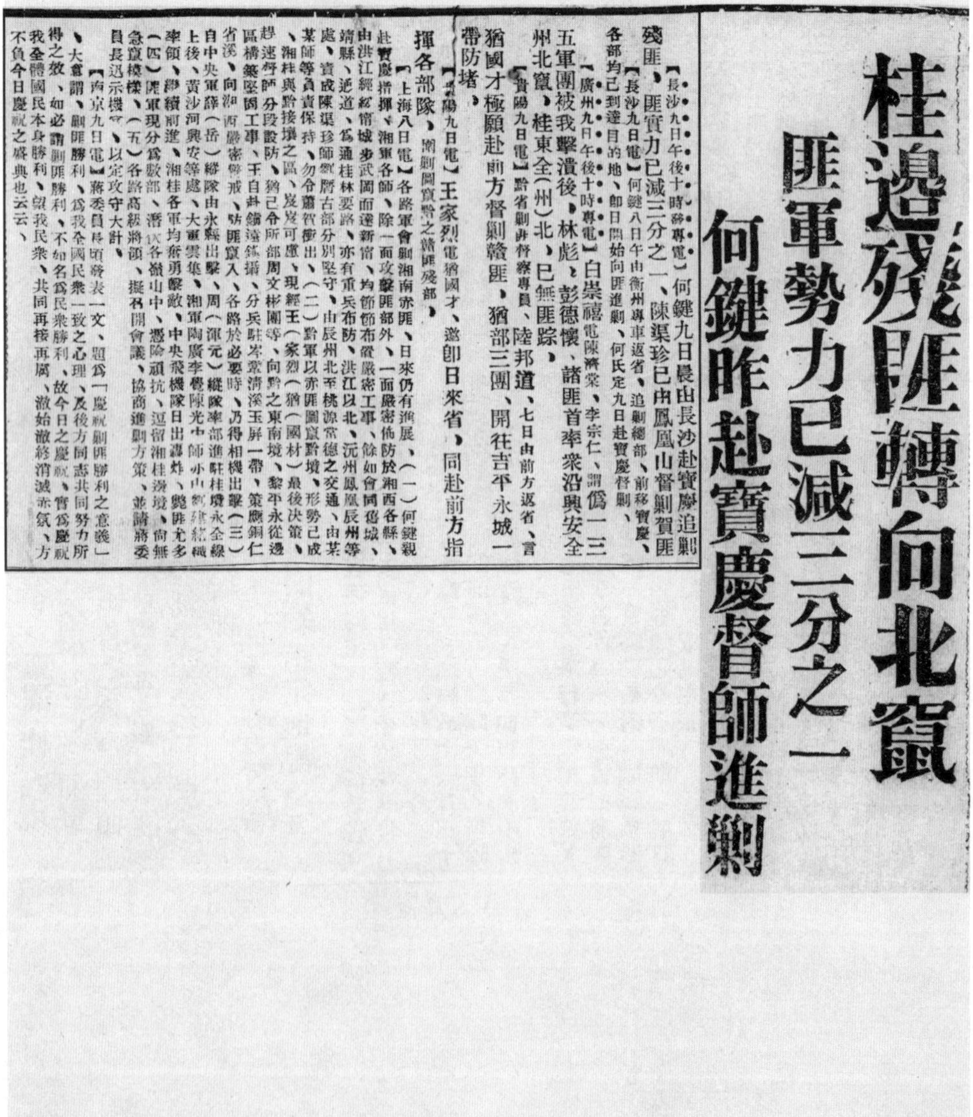

桂邊殘匪轉向北竄

匪軍勢力已減三分之一

何鍵昨赴寶慶督師進剿

【長沙九日午後十時發專電】何鍵九日晨由長沙赴寶慶追剿殘匪、匪實力已減三分之一、陳渠珍已由鳳凰山督剿賀匪各部均已到達目的地、即日開始向匪進剿、

【長沙九日電】何鍵八日午由衡州專車返省、追剿總部、前移寶慶、何氏定九日赴寶慶督剿、

【廣州九日午後十時專電】白崇禧電陳濟棠、李宗仁、謂僞一三五軍團被我擊潰後、林彪、彭德懷、諸匪首率衆沿興安全州北竄、桂東全(州)北、已無匪踪、

【貴陽九日電】黔省剿匪督察專員、陸邦道、七日由前方返省、言猶國才極願赴前方督剿贛匪、猶部三團、開往吉平永城一帶防堵、

【貴陽九日電】王家烈電猶國才、邀即日來省、同赴前方指揮各部隊、圍剿圖竄黔之贛匪殘部、

【上海八日電】各路軍會剿湘南赤匪、日來仍有進展、(一)何鍵親赴寶慶指揮、湘軍各師、除一面攻擊匪部外、一面嚴密佈防於湘西各縣、由洪江經紅僧城步武岡而達新甯、均飭節布置嚴密工事、餘如會同靖縣、通道、爲通桂林要路、亦有重兵布防、洪江以北、沅州鳳凰辰州等處、責成陳渠珍師暨厲古部分別堅守、由辰州北至桃源常德之交通、由某某師等負責保持、勿令竄徑衝出、(二)黔軍以赤匪圖竄黔境、形勢已成、湘桂與黔接壤之區、岌岌可虞、現經王(家烈)猶(國材)最後決策、趕速督師分段設防、猶已令所部周文彬團等、向黔之東南境、黎平永從邊區構築堅固工事、王自率鑲遠鉄撟、分兵駐岑鞏清溪玉屏一帶、策應銅仁省溪、向湘西嚴密警戒、防匪竄入、各路於必要時、乃得相機出擊(三)自中央軍薛(岳)縱隊由永縣出擊、周(渾元)縱隊率部進駐桂境永全線上後、黃沙河興安等處、大軍雲集、湘軍陶廣李覺陳光中師亦由紅建結機率領、繼續前進、湘桂各軍均奮勇擊敵、中央飛機隊日出轟炸、毙匪尤多(四)匪軍現分爲數部、潛伏各嶺山中、憑險頑抗、逗留湘桂邊境、尚無急竄模樣、(五)各路高級將領、擬召開會議、協商進剿方策、並請蔣委員長迅示機宜、以定攻守大計、

【南京九日電】蔣委員長頃發表一文、題爲「慶祝剿匪勝利之意義」一大篇、謂、剿匪勝利、爲我全國民衆一致之心理、及後方同志共同努力所得之效、如必謂剿匪勝利、不如名爲民衆勝利、故今日之慶祝、實爲慶祝我全體國民本身勝利、望我民衆、共同再接再厲、澈始澈終消滅赤氛、方不負今日慶祝之盛典也云云、

7. 桂边残匪转向北窜，匪军势力已减三分之一，何键昨赴宝庆督师进剿，1934 年 12 月 10 日第 2 版

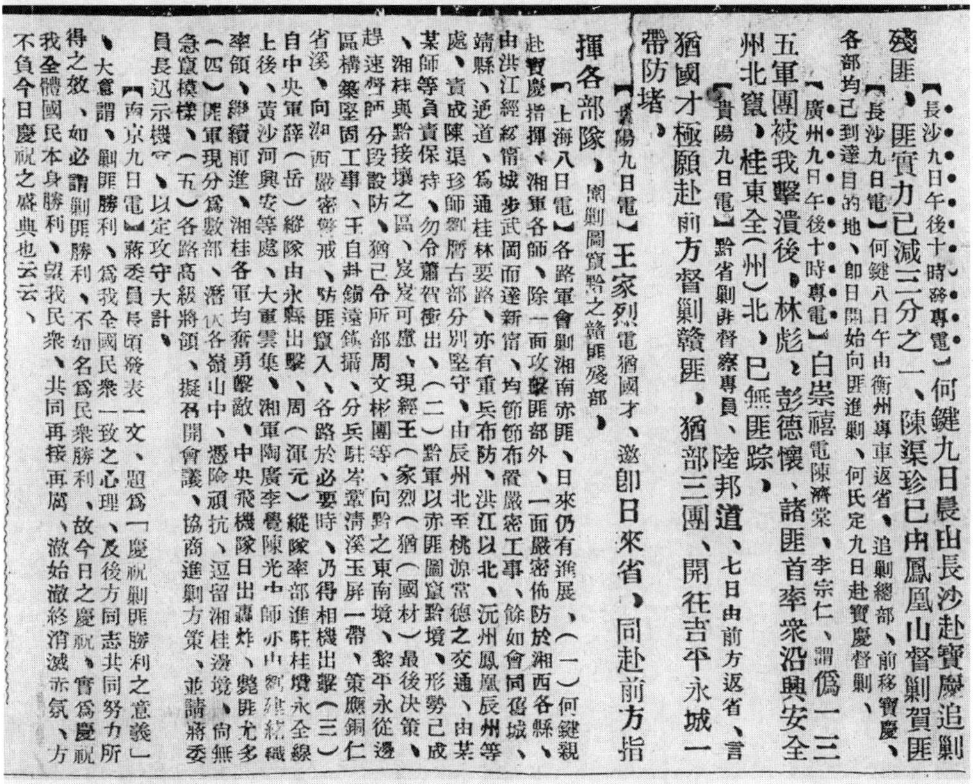

【長沙九日午後十時發專電】何鍵九日晨由長沙赴寶慶追剿殘匪、匪實力已減三分之一、陳渠珍已由鳳凰山督剿賀匪

【長沙九日電】何鍵八日午由衡州專車返省、追剿總部、前移寶慶、各部均已到達目的地、即日開始向匪進剿、何氏定九日赴寶慶督剿、

【廣州九日午後十時專電】白崇禧電陳濟棠、李宗仁、謂僞一三五軍團被我擊潰後、林彪、彭德懷、諸匪首率衆沿興安全州北竄、桂東全(州)北、巳無匪踪、

【貴陽九日電】黔省剿匪督察專員、陸邦道、七日由前方返省、言猶國才極願赴前方督剿贛匪、猶部三團、開往吉平永城一帶防堵、

【貴陽九日電】王家烈電猶國才、邀即日來省、同赴前方指揮各部隊、圍剿圖竄黔之贛匪殘部、

【上海八日電】各路軍會剿湘南赤匪、日來仍有進展、(一)何鍵親赴寶慶指揮、湘軍各師、除一面攻擊匪部外、一面嚴密佈防於湘西各縣、由洪江經綏甯城步武岡而達新甯、均飭飭布置嚴密工事、餘如會同[illegible]城、靖縣、通道、爲通桂林要路、亦有重兵布防、洪江以北、沅州鳳凰辰州等處、責成陳渠珍師劉膺古部分別堅守、由辰州北至桃源常德之交通、由某某師等負責保持、勿令蕭賀衝出、(二)黔軍以赤匪圖竄黔境、形勢已成、湘桂與黔接壤之區、岌岌可慮、現經王(家烈)猶(國材)最後決策、趕速督師分段設防、猶已令所部周文彬團等、向黔之東南境、黎平永從邊區構築堅固工事、王自赴鎮遠鎮攝、分兵駐岑鞏清溪玉屏一帶、策應銅仁省溪、向湘西嚴密警戒、防匪竄入、各路於必要時、乃得相機出擊(三)自中央軍薛(岳)縱隊由永縣出擊、周(渾元)縱隊率部進駐桂境永全線上後、黃沙河興安等處、大軍雲集、湘軍陶廣李覺陳光中師亦由劉建緒率領、繼續前進、湘桂各軍均奮勇擊敵、中央飛機隊日出轟炸、斃匪尤多(四)匪軍現分爲數部、潛伏各嶺山中、憑險頑抗、逗留湘桂邊境、向無急竄模樣、(五)各路高級將領、擬召開會議、協商進剿方策、並請蔣委員長迅示機宜、以定攻守大計、

【南京九日電】蔣委員長頃發表一文、題爲「慶祝剿匪勝利之意義」、大意謂、剿匪勝利、爲我全國民衆一致之心理、及後方同志共同努力所得之效、如必謂剿匪勝利、不如名爲民衆勝利、故今日之慶祝、實爲慶祝我全體國民本身勝利、望我民衆、共同再接再厲、澈始澈終消滅赤氛、方不負今日慶祝之盛典也云云、

（局部图）

殘赤大部仍在湘桂間

盤據於城步以南龍勝以北

湘軍劉建緒部向桂邊堵剿

【漢口十日午後九時專電】殘赤大部仍在桂境司門前龍勝縣北深山中、城步縣南（閩湘境）元丁圩、江沙洲一帶、湘軍劉建緒部由武崗進駐城步、向桂邊堵剿、

陳誠等頃由寧部發出通電云、「匪禍中華、流毒數省、蜂屯蟻聚、垂七八年、殘害生靈、毀滅義禮、恐蔓所及、關山烽燧、為民族之隱憂、空歷史之慘劫、本路軍奉令進剿、浴血枕戈、本有我無匪之決心、秉矢勤矢勇之遺訓、在中央指示領袖統率之下、與各友軍縱橫挺進、搗穴犁庭、幸能完成一部份之任務、遂使贛撫流域、重獲清平、從茲整理綏撫、可期興復、惟我忠勇將士、捨命効力、前仆後繼、雨淋白骨、血染黃沙、犧牲精神、足爲楷模、在諸烈士成仁取義、固無愧於九原、而我袍澤共苦同艱、詎能已於一晤、爰定本年十二月二十五日就江西寧都軍次開會追悼、以慰忠魂、特電奉聞、敬乞垂察、如蒙賜錫具誄、請寄下列地點、南京淮海路第三路軍通訊處、南昌桂子巷第三路軍辦事處、南城第三路軍留守處、寧都第十八軍司令部、贛粵閩湘鄂北路剿匪軍第三路總指揮陳誠、副總指揮羅卓英、暨本路軍剿匪陣亡將士追悼大會籌備處叩、

8. 残赤大部仍在湘桂间，盘据于城步以南龙胜以北，湘军刘建绪部向桂边堵剿，1934 年 12 月 11 日第 3 版（附正文释文）

释文：

【汉口十日午后九时专电】残赤大部仍在桂境司门前龙胜县北深山中，城步县南（属湘境）元丁坪、江沙洲一带。湘军刘建绪部由武冈进驻城步，向桂边堵剿。

陈诚等顷由宁都发出通电云："匪祸中华，流毒数省。蜂屯蚁聚，垂七八年。残害生灵，毁灭义礼。恶焰所及，闾里为墟。洵民族之余仇，空历史之惨劫。本路军奉令进剿，浴血枕戈。本有我无匪之决心，秉矢勤矢勇之遗训。在中央指示领袖统率之下，与各友军纵横挺进，扫穴犁庭。幸能完成一部分之任务，遂使赣抚流域，秉睹清平。从兹整理爬梳，可期兴复，惟我忠勇将士，舍命效力，前仆后继。雨淋白骨，血染黄沙。牺牲精神，足为模楷。在诸烈士成仁取义，固无憾于九原；而我袍泽共苦同艰，讵能已于一唁，爰定本年十二月二十五日就江西宁都车次开会追悼，以慰忠魂。特电奉闻，敬乞垂察。如蒙宠锡嘉睐，请寄下列地点：南京淮海路第三路军通讯处，南昌筷子巷第三路军办事处，南城第三路军留守处，宁都第十八军司令部。赣粤闽湘鄂北路剿匪军第三路总指挥陈诚，副总指挥罗卓英，暨本路军剿匪阵亡将士追悼大会筹备处叩。"

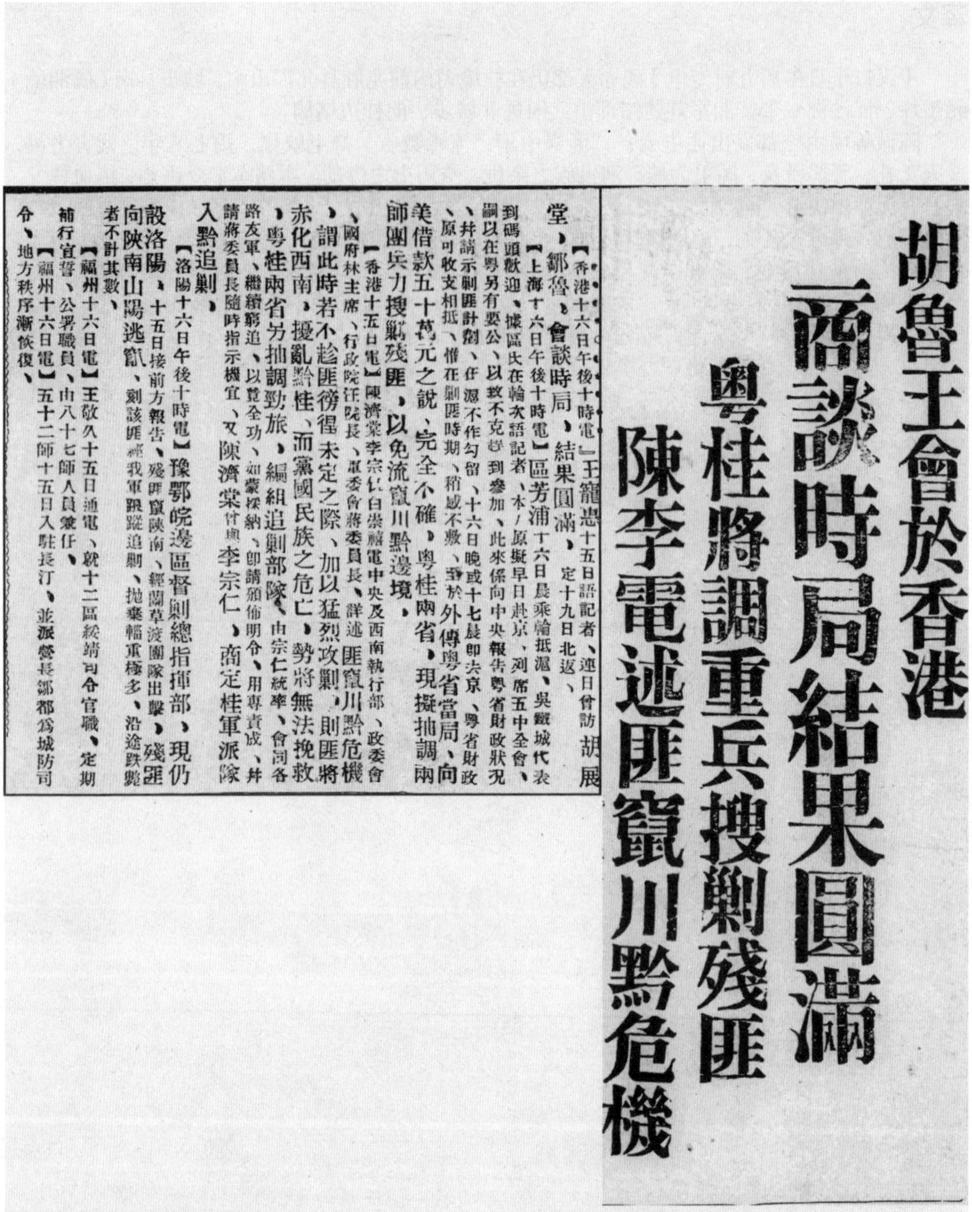

胡魯王會於香港
商談時局結果圓滿
粵桂將調重兵搜剿殘匪
陳李電述匪竄川黔危機

【香港十六日午後十時電】王寵惠十五日語記者、連日曾訪胡展堂、鄒魯、會談時局、結果圓滿、定十九日北返、

【上海十六日午後十時電】區芳浦十六日晨乘輪抵滬、吳鐵城代表到碼頭歡迎、據區氏在輪次語記者、本人原擬早日赴京、列席五中全會、嗣以在粵另有要公、以致不克趕到參加、此來係向中央報告粵省財政狀況、并請示剿匪計劃、在滬不作勾留、十六日晚或十七晨即去京、粵省財政、原可收支相抵、惟在剿匪時期、稍感不敷、至於外傳粵省當局、向美借款五十萬元之說、完全不確、粵桂兩省、現擬抽調兩師團兵力搜剿殘匪、以免流竄川黔邊境、

【香港十五日電】陳濟棠李宗仁白崇禧電中央及西南執行部、政委會、國府林主席、行政院汪院長、軍委會蔣委員長、詳述匪竄川黔危機、謂此時若不趁匪徬徨未定之際、加以猛烈攻剿、則匪將赤化西南、擾亂黔桂、而黨國民族之危亡、勢將無法挽救、粵桂兩省另抽調勁旅、編組追剿部隊、由宗仁統率、會同各路友軍、繼續窮追、以竟全功、如蒙採納、即請頒佈明令、用專責成、并請蔣委員長隨時指示機宜、又陳濟棠曾與李宗仁、商定桂軍派隊入黔追剿、

【洛陽十六日午後十時電】豫鄂皖邊區督剿總指揮部、現仍設洛陽、十五日接前方報告、殘匪竄陝南、經蘭草渡團隊出擊、殘匪向陝南山陽逃竄、刻該匪經我軍跟蹤追剿、拋棄輜重極多、沿途跌斃者不計其數、

【福州十六日電】王敬久十五日通電、就十二區綏靖司令官職、定期補行宣誓、公署職員、由八十七師人員兼任、

【福州十六日電】五十二師十五日入駐長汀、並派營長鄧都爲城防司令、地方秩序漸恢復、

9. 胡（展堂）、（邹）鲁、王（宠惠）会于香港商谈时局结果圆满，粤桂将调重兵搜剿残匪，陈（济棠）、李（宗仁）电述匪窜川黔危机，1934 年 12 月 17 日第 2 版

【香港十六日午後十時電】王寵惠十五日語記者、連日曾訪胡展堂、鄒魯、會談時局、結果圓滿、定十九日北返、

【上海十六日午後十時電】區芳浦十六日晨乘輪抵滬、吳鐵城代表到碼頭歡迎、據區氏在輪次語記者、本人原擬早日赴京、列席五中全會、嗣以在粵另有要公、以致不克趕到參加、此來係向中央報告粵省財政狀況、并請示剿匪計劃、在滬不作勾留、十六日晚或十七晨即赴京、粵省財政、原可收支相抵、惟在剿匪時期、稍感不敷、至於外傳粵省當局、向美借款五十萬元之說、完全不確、粵桂兩省、現擬抽調兩師團兵力搜剿殘匪、以免流竄川黔邊境、

【香港十五日電】陳濟棠李宗仁白崇禧電中央及西南執行部、政委會、國府林主席、行政院汪院長、軍委會蔣委員長、詳述匪竄川黔危機、謂此時若不趁匪徬徨未定之際、加以猛烈攻剿、則匪將赤化西南、擾亂黔桂、而黨國民族之危亡、勢將無法挽救、粵桂兩省另抽調勁旅、編組追剿部隊、由宗仁統率、會同各路友軍、繼續窮追、以竟全功、如蒙採納、即請頒佈明令、用專責成、并請蔣委員長隨時指示機宜、又陳濟棠曾與李宗仁、商定桂軍派隊入黔追剿、

【洛陽十六日午後十時電】豫鄂皖邊區督剿總指揮部、現仍設洛陽、十五日接前方報告、殘匪竄陝南、經蘭草渡團隊出擊、殘匪向陝南山陽逃竄、刻該匪經我軍跟蹤追剿、拋棄輜重極多、沿途跌斃者不計其數、

【福州十六日電】王敬久十五日通電、就十二區綏靖司令官職、定期補行宣誓、公署職員、由八十七師人員兼任、

【福州十六日電】五十二師十五日入駐長汀、並派營長鄒都爲城防司令、地方秩序漸恢復、

（局部图）

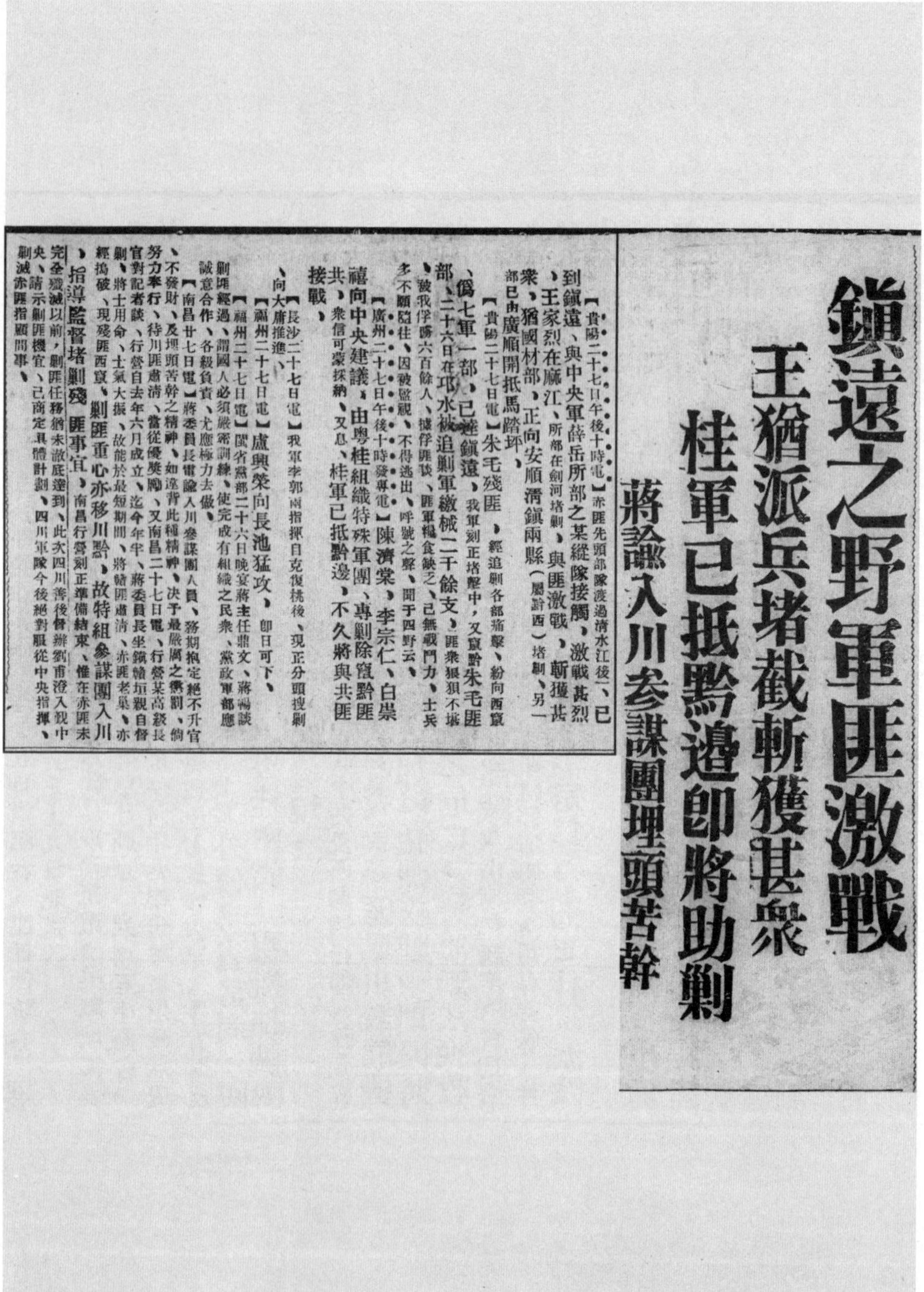

鎮遠之野軍匪激戰

王猶派兵堵截斬獲甚衆

桂軍已抵黔邊卽將助剿

蔣諭入川參謀團埋頭苦幹

【貴陽二十七日午後十時電】赤匪先頭部隊渡過清水江後、已到鎮遠、與中央軍薛岳所部之某縱隊接觸、激戰甚烈、王家烈在𤏲江、所部在劍河堵剿、與匪激戰、斬獲甚衆、猶國材部、正向安順淸鎮兩縣（屬黔西）堵剿、另一部已由廣順開抵馬踏坪、

【貴陽二十七日電】朱毛殘匪、經追剿各部痛擊、紛向西竄、僞七軍一部、已達鎮遠、我軍刻正堵擊中，又竄黔朱毛匪部、二十六日在邛水被追剿軍繳械二千餘支、匪衆狼狽不堪、被我俘虜六百餘人、據俘匪談、匪軍糧食缺乏、已無戰鬥力、士兵多不願隨往、因被監視、不得逃出、呼號之聲、聞于四野云、

【廣州二十七日午後十時發專電】陳濟棠、李宗仁、白崇禧向中央建議、由粵桂組織特殊軍團、專剿除竄黔匪共、衆信可蒙採納、又息、桂軍已抵黔邊、不久將與共匪接戰、

【長沙二十七日電】我軍李郭兩指揮自克復桃後、現正分頭搜剿、向大庸推進、

【福州二十七日電】盧興榮向長池猛攻、卽日可下、

【福州二十七日電】閩省黨部二十六日晚宴蔣主任鼎文、蔣謁談剿匪經過、謂國人必須嚴密訓練、使完成有組織之民衆、黨政軍部應誠意合作、各級負責、尤應極力去做、

【南昌廿七日電】蔣委員長電諭入川參謀團人員、務期抱定絕不升官、不發財、及埋頭苦幹之精神、如違背此種精神、決予最嚴厲之懲罰、倘努力奉行、待川匪肅清、當從優獎勵、又南昌二十七日電、行營某高級長官對記者談、行營自去年六月成立、迄今年半、蔣委員長坐鎮贛垣親自督剿、將士用命、士氣大振、故能於最短期間、將贛匪肅清、赤匪老巢、亦經搗破、現殘匪西竄、剿匪重心亦移川黔、故特組參謀團入川、指導監督堵剿殘匪事宜、南昌行營刻正準備結束、惟在赤匪未完全殲滅以前，剿匪任務猶未澈底達到、此次四川善後督辦劉甫澄入覲中央、請示剿匪機宜、已商定具體計劃、四川軍隊今後絕對服從中央指揮、剿滅赤匪指顧間事、

10. 镇远之野军匪激战，王（家烈）、犹（国才）派兵堵截斩获甚众，桂军已抵黔边即将助剿，蒋（介石）谕入川参谋团埋头苦干，1934 年 12 月 28 日第 2 版

【貴陽二十七日午後十時電】赤匪先頭部隊渡過淸水江後、已到鎭遠、與中央軍薛岳所部之某縱隊接觸、激戰甚烈、王家烈在𢈉江、所部在劍河堵剿、與匪激戰、斬獲甚衆、猶國材部、正向安順淸鎭兩縣（屬黔西）堵剿、另一部已由廣順開抵馬踏坪、

【貴陽二十七日電】朱毛殘匪、經追剿各部痛擊、紛向西竄、僞七軍一部、已達鎭遠、我軍刻正堵擊中，又竄黔朱毛匪部、二十六日在邛水被追剿軍繳械二千餘支、匪衆狼狽不堪、被我俘虜六百餘人、據俘匪談、匪軍糧食缺乏、已無戰鬥力、士兵多不願隨往、因被監視、不得逃出、呼號之聲、聞于四野云、

【廣州二十七日午後十時發專電】陳濟棠、李宗仁、白崇禧向中央建議、由粤桂組織特殊軍團、專剿除竄黔匪共、衆信可蒙採納、又息、桂軍已抵黔邊、不久將與共匪接戰、

【長沙二十七日電】我軍李郭兩指揮自克復桃後、現正分頭搜剿、向大庸推進、

【福州二十七日電】盧興榮向長池猛攻、即日可下、

【福州二十七日電】閩省黨部二十六日晚宴蔣主任鼎文、蔣暢談剿匪經過、謂國人必須嚴密訓練、使完成有組織之民衆、黨政軍部應誠意合作、各級負責、尤應極力去做、

【南昌廿七日電】蔣委員長電諭入川參謀團人員、務期抱定絕不升官、不發財、及埋頭苦幹之精神、如違背此種精神、決予最嚴厲之懲罰、倘努力奉行、待川匪肅清、當從優獎勵、又南昌二十七日電、行營某高級長官對記者談、行營自去年六月成立、迄今年半、蔣委員長坐鎭贛垣親自督剿、將士用命、士氣大振、故能於最短期間、將贛匪肅清、赤匪老巢、亦經搗破、現殘匪西竄、剿匪重心亦移川黔、故特組參謀團入川、指導監督堵剿殘匪事宜、

南昌行營刻正準備結束、惟在赤匪未完全殲滅以前，剿匪任務猶未澈底達到、此次四川善後督辦劉甫澄入覲中央、請示剿匪機宜、已商定具體計劃、四川軍隊今後絕對服從中央指揮、剿滅赤匪指顧間事、

（局部图）

庸报

東路勦匪軍砲攻汀城
湘黔桂各軍大敗蕭匪
賀龍匪部亦受重創

【福州二十四日中央社電】保安十四團鍾紹葵部奉令開上杭，並進剿大洋壩等地之匪，二十二日電省府，報告大洋壩當面四牛隘嶺之匪被擊，已向灌洋逃竄。又東路軍宋希濂師及砲兵旅越金沙溪南坑前進，以大砲猛攻汀城，赤匪鑒於我軍兵力，無鬥志。朱德深恐內部瓦解，對匪兵監視甚嚴。據長沙電。李覺電告，湘桂黔軍連日在鎮遠一帶大敗蕭克匪殘部，同時賀龍匪部亦受重創，不難消滅。

【成都四日專電】劉湘定二十二日正式復川勦匪總司令職，並電林主席汪院長蔣委員長報告。原電云：「湘奉令勦匪，迄現無成，前經電呈鈞座准予辭去本兼各職，先後迭奉鈞電，未蒙俯允。復荷溫諭頻頒，再三慰勉。於過去勦匪困難之處及今後補救之方，莫不曲加體諒，力予扶持。特令湘尅日復職，繼續負責各等因在案。具見鈞座眷顧川省，矜恤蜀民，凡屬川人，無不戴德。湘渥承優遇，早邀殊知，感激涕零，彌殷奮發。比經馳返成都，即於十月二十二日敬謹復職，特電奉聞，伏維鑒察。職劉湘叩(二十三日)印。」

1. 东路剿匪军炮攻汀城，湘黔桂各军大败萧匪，贺龙匪部亦受重创，1934 年 10 月 25 日第 1 版

李白電呈軍委會報告

蕭匪勢蹙不易渡烏江

蔣伯誠談下月初赴粵

【上海廿六日專電】蔣伯誠昨抵滬後，即訪楊德昭，商要公。蔣今語記者：北上謁蔣委員長，報告駐粵經過情形甚佳，現擬在滬稍息，下月初赴粵云云。

【上海廿六日專電】蔣伯誠赴豫公畢，廿五日返滬，廿六日語記者：此次謁蔣委員長，係報告在粵接洽南路勦匪情形，本人定一星期內即赴粵，訪晤陳濟棠。

【南京廿六日專電】李宗仁白崇禧廿四日電軍委會，報告痛勦蕭匪情形，原電如下：南京軍委會鈞鑒：箇(廿一日)戌電奉悉，已轉飭遵照。惟查蕭匪原有人一萬二千槍四千餘枝，機槍四十餘挺，迫砲二門，竄黔後，經湘桂軍十餘次之痛擊，傷亡零散，僅餘步槍千餘，人約二千餘，勢已窮蹙，想不易渡過烏江也。謹復。李宗仁白崇禧叩敬(廿四日)。

【中央社廣州二十五日路透電】據余漢謀自前線來電，今晨政府軍與共匪鏖戰於粵省界外，共匪竭力圖衝破政府軍陣線，均遭擊退，死六百零一名，被俘二百名，餘向古壩退走。

【香港二十六日中央社電】省訊：贛匪二十四日晚八時敢死隊二千人向駐防同嶺之第四團葉廣常部攻擊，衝鋒五六次。第五團陳樹英即率全團官兵加入作戰，獨立三師陳伯英李紹嘉兩團適由左右兩翼抄出，陳葉兩團以援至乃作正面攻擊，結果匪被殲滅。

【長沙二十六日中央社電】據報：蕭匪殘部經湘桂軍追勦，一部由石阡銅仁間向北逃竄，現到平寨石暟一帶。我謝振團十九日申刻追抵平寨，沿途與匪後衛迭次接觸，頗有奪獲。

【南昌二十六日中央社電】軍息：據確報，前曾充爲二十八軍長之江求順現經匪內部指爲改組派，每日捆打數次。又該軍委員吳保彩亦以改組派嫌疑，被匪誅戮，內部極形混亂，劉茂恩部乘機痛擊，期早日殲滅。

2. 李（宗仁）、白（崇禧）电呈军委会报告，萧匪势蹙不易渡乌江，蒋伯诚谈下月初赴粤，1934 年 10 月 27 日第 1 版

黔軍追剿蕭賀殘匪

東路軍昨克長汀

國軍入甯都民衆夾道歡呼

賀匪準備退秀山

【福州一日專電】龍岩一日下午三時急電：東路剿匪軍一日午刻確實佔領長汀，即著手辦理善後。

【南昌一日中央社電】陳誠電省稱：「誠率所部已進駐甯都，城中居民甚多，夾道歡迎，狀至熱烈，相顧之下，宛如重見天日，不勝欣慶之感。四郊農民均在收穫，喜形於色。」省府以興國甯都秋稻甚好，惟無人收割，除令各該收復縣區縣長組織割禾隊外，并各撥款五百元購置鎌刀，以備收割。

【貴陽一日中央社電】王家烈委參軍長劉繼炎爲剿匪前敵總指揮，跟剿蕭賀兩匪，匪不支，有全部退秀山勢。此間已電川軍夾擊。

【貴陽一日中央社電】入黔桂軍廖磊所部湘軍李覺所部奉湘桂當局分別電調返省，作截擊共匪一五軍團準備。

【南昌一日中央社電】公路處奉命興修泰和至興國廣昌至石城廣昌至甯都各公路，已派第一第二兩築路隊前往代築，爲趕速完工起見，現又派工程師前往督修。又雄口至古龍崗路線限十日內勘測完竣。

【北平電話】王寵惠於前日下午謁蔣委員長後，昨晨八時外出訪友，日內尙擬謁蔣委員長一次，始行離平赴滬。王此次返國，係例假六個月，本年年底假滿，王原定於年底出國，但屆時如事實上尙須有留國內之必要，或繼續向海牙方面請假。

【北平電話】蒙古自治政務委員會財務處主任包悅卿昨晨九時晉謁蔣委員長，報告蒙古政務委員會最近情形。蔣頗爲嘉勉。包辭出後，又偕旅平蒙同鄉包維翰，梁芝祥，蒙和巴圖爾等四人，赴政整會謁黃委員長。由秘書長何其鞏代見。包等面陳一切後，即辭出。

【太原一日專電】趙戴文一日晚返太原，軍政各要人均赴車站歡迎，定二日赴河邊謁閻錫山報告在平謁蔣委員長經過。趙在站談：「蔣委員長甚健壯，在協和醫院檢查身體，並無病狀。」

3. 黔军追剿萧（克）、贺（龙）残匪，东路军昨克长汀，国军入宁都民众夹道欢呼，贺匪准备退秀山，1934 年 11 月 2 日第 1 版

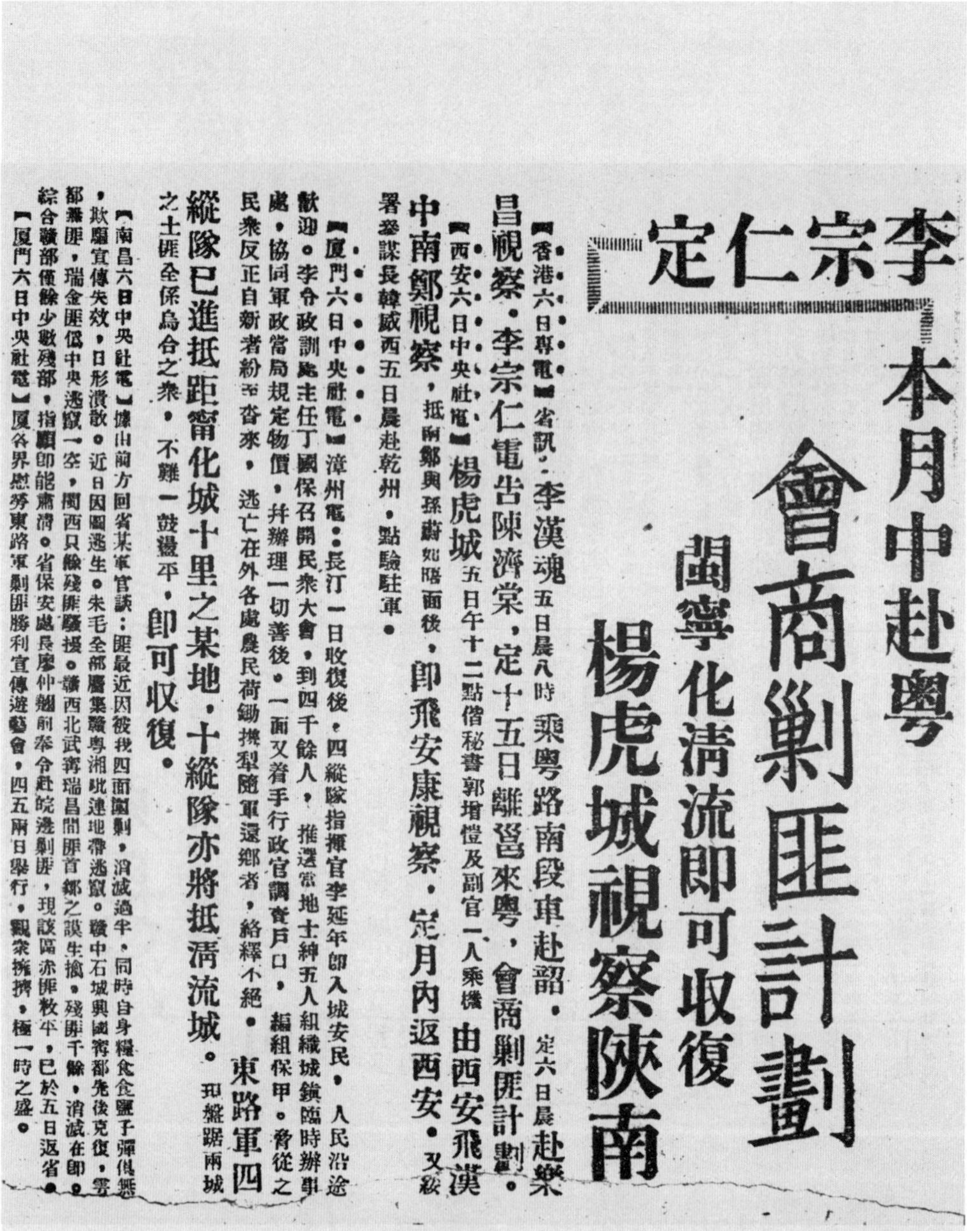

李宗仁定本月中赴粵

會商剿匪計劃

閩寧化清流即可收復

楊虎城視察陝南

【香港六日專電】省訊：李漢魂五日晨八時乘粵路南段車赴韶，定六日晨赴樂昌視察。李宗仁電告陳濟棠，定十五日離邕來粵，會商剿匪計劃。

【西安六日中央社電】楊虎城五日午十二點偕秘書郭增愷及副官一人乘機由西安飛漢中南鄭視察，抵南鄭與孫蔚如晤面後，即飛安康視察，定月內返西安。又綏署參謀長韓威西五日晨赴乾州，點驗駐軍。

【廈門六日中央社電】漳州電：長汀一日收復後，四縱隊指揮官李延年即入城安民，人民沿途歡迎。李令政訓處主任丁國保召開民衆大會，到四千餘人，推選當地士紳五人組織城鎮臨時辦事處，協同軍政當局規定物價，并辦理一切善後。一面又着手行政官調查戶口，編組保甲。脅從之民衆反正自新者紛至沓來，逃亡在外各處農民荷鋤携犁隨軍還鄉者，絡繹不絕。東路軍四縱隊已進抵距甯化城十里之某地，十縱隊亦將抵淸流城。現盤踞兩城之土匪全係烏合之衆，不難一鼓盪平，即可收復。

【南昌六日中央社電】據由前方回省某軍官談：匪最近因被我四面圍剿，消滅過半，同時自身糧食食鹽子彈俱[illegible]，欺騙宣傳失效，日形潰散。近日因圖逃生，朱毛全部麕集贛粵湘毗連地帶逃竄。贛中石城興國甯都先後克復，雩都殘匪，瑞金匪偽中央逃竄一空，閩西只餘殘匪騷擾。贛西北武甯瑞昌間匪首鄒之誤生擒，殘匪千餘，消滅在即。綜合贛部僅餘少數殘部，指顧即能肅淸。省保安處長廖仲翹前奉令赴皖邊剿匪，現該區赤匪敉平，已於五日返省。

【廈門六日中央社電】廈各界慰勞東路軍剿匪勝利宣傳遊藝會，四五兩日舉行，觀衆擁擠，極一時之盛。

4. 李宗仁定本月中赴粤会商剿匪计划，闽宁化、清流即可收复，杨虎城视察陕南，1934 年 11 月 7 日第 2 版

粵教導師全部及桂軍開往小北江截擊殘匪

劉湘昨日已由重慶東下

楊永泰等過漢返贛

【香港十三日專電】粵教導師全部及桂軍王贊斌廖磊兩部十一十二兩日開小北江，截擊餘匪。僞五軍團殘匪千餘名竄良泳後，獨立三師跟踪追擊，匪傷亡過半。贛民廳長呂咸由興國電主席熊式輝，報告該地情形，並電衛生處派醫師携藥前往設治療所救濟。電教廳速在城鄉設民衆學校，對匪化兒童施感化教育。電電政管理局架設電桿，設局通報。

【漢口十三日中央社電】楊永泰偕蔣之隨從晏道剛羅君强蕭乃華等，乘專車於十三日上午八時十五分抵漢，楊寓陳延炯宅，在車站迎候者計何成濬，湯鋼楨等。張羣十時往陳宅晤談。何成濬午邀小酌，除陳外，隨員等均乘長安差輪於下午四時半東開。至楊是否能於十三日晚離漢，尚無所聞。

【漢口十三日專電】楊永泰十三日晚乘黃浦輪赴贛，其餘隨員及衛隊乘長安輪東下。

【上海十三日專電】王寵惠十三日語本報記者：「予日內將赴杭蘇一遊。外傳予將留國任事，不確。予下月中决赴海牙返任。」

【漢口十三日專電】劉湘十三日晨八時由成都乘艦東下，當晚已抵萬縣。召集僚屬訓話。十四日仍乘艦東行。

5. 粤教导师全部及桂军开往小北江截击残匪，刘湘昨日已由重庆东下，杨永泰等过汉返赣，1934年11月14日第2版

王寵惠昨謁蔣委員長 今日赴滬轉粵

小作勾留或再返京

白崇禧出發剿匪

【南京廿八日專電】王寵惠連日在京分訪各當局及友好，應酬忙碌。二十八日王談：擬二十九日赴滬，轉港粵，勾留四五日。如時間許可，即返京出席五中全會。此次返國假期年底屆滿，屆時出國返任。至國內各方精誠團結，現更有良好之進展。又王二十八日午偕孫科謁蔣委員長，并分訪汪院長陳公博及在京各舊友。

【香港二十八日專電】梧州電：白崇禧定日內親率所部痛擊殘匪，邕方一切由李宗仁主持。何鍵派張其雄來桂，與李白商剿匪。

【長沙二十八日中央社電】衡州訊：我周渾元李雲杰王東原各部將道縣臨武藍山各處共匪完全擊潰，業與粵軍獨立第三等師會合，向匪猛勦，斃匪無算。

【中央社廣州廿八日路透電】自十一月二十三日起由贛西竄之共匪，因覓衣食與彈藥以度寒冬計，現圖侵入桂省。李宗仁現調所有軍隊從事防堵。按數日前據官報，共匪小隊曾侵入桂東邊界數縣，經桂省第十五軍激戰擊退。共匪遭此挫衄，現仍圖犯桂。今日李宗仁致電西南政務會，謂數日前喬裝難民混入桂境之共匪，均經擒獲云。

【衡陽二十八日專電】據報：匪主力四五萬在道縣壽佛寺之綫（一部萬餘，在道縣王母殆附近繞竄桂境。猖虎騎附近之匪約萬餘向永明匪之上江圩近推進，匪後隊萬餘連日在寧遠西南之把截河大田一帶與我周渾元李雲杰各路軍節節抗戰，我軍斃匪甚多，獲槍千餘。又寧遠之匪於二十三日在藍山縣大堂境與我周渾元李雲杰王東原等部激戰，我軍猛力轟擊，斃匪二三千，獲槍千餘，我軍亦有傷亡。二十四日晨周渾元部向道縣大道攻擊，匪利用梅溪洞五六里長之隘道，節節抗戰，我□師由右迂迴猛擊其後，匪始不支，向把截河以西潰退，現正跟擊中。

【南昌二十八日中央社電】蔣鼎文因天氣惡劣，仍留南昌。其總參議張劍吾廿七日語記者：贛南閩西剿匪軍事現已告一段落，東路總部自當遵令撤銷，俟蔣鼎文返省，着手辦理結束，並籌設駐閩綏署，擬仍設漳州。蔣鼎文俟天晴即返閩云云。北路總部亦準備遵令撤銷，顧祝同擬日內赴各防地視察駐軍，惟綏署究設何處，現尚未悉。

【漢口二十八日專電】汴電：潢川赤匪胡宗寶投誠，據稱：最近豫鄂皖邊赤匪內部發生大內鬨，偽皖西北赤委會主席高金亭將偽豫南赤匪主席晏新市，及偽一路遊擊師長魏堯生，偽二十八軍師長江戒勝，偽政委吳保才，偽保衛局長曹鼎瑞，偽二區委黃立支等，均行槍斃，并逮捕赤匪重要份子，在酷刑拷打中云云。

6. 王宠惠昨谒蒋委员长，今日赴沪转粤，小作勾留或再返京，白崇禧出发剿匪，1934 年 11 月 29 日第 1 版

【長沙二十八日中央社電】衡州訊：我周渾元李雲杰王東原各部將道縣臨武藍山各處共匪完全擊潰，業與粵軍獨立第三等師會合，向匪猛勦，斃匪無算。

【中央社廣州廿八日路透電】自十一月二十三日起由贛西竄之共匪因覓衣食與彈藥以度寒冬計，現圖侵入桂省，李宗仁現調所有軍隊從事防堵。按數日前據官報，共匪小隊會侵入桂東邊界數縣，經桂省第十五軍激戰擊退。共匪遭此挫衄，現仍圖犯桂。今日李宗仁致電西南政務會，謂數日前番號雜氐混入桂境之共匪，均經擒獲云。

【衡陽二十八日專電】據報：匪主力四五萬在道縣壽佛寺之綫【部萬餘，在道縣王母殆附近繞竄桂境。龍虎關附近之匪約萬餘向永明匪之七江所近推進，匪後隊萬餘連日在寧遠西南之把截河大田一帶與我周渾元李雲杰各路軍節節抗戰，我軍斃匪甚多，獲槍千餘。又寧遠之匪於二十三日在該縣天堂境與我周渾元李雲杰王東原等部激戰，我軍猛力轟擊，斃匪二三千，獲槍千餘，我軍亦有傷亡。二十四日晨周渾元部向道縣大道攻擊，匪利用梅溪洞五六里長之隘道，節節抗戰，我□師由右迂迴襲擊其後，匪始不支，向把截河以西潰退，現正跟擊中。

【南昌二十八日中央社電】蔣鼎文因天氣惡劣，仍留南昌。其總參議張劍吾廿七日語記者：贛南閩西勦匪軍事現已告一段落，東路總部自當遵令撤銷，候蔣鼎文返省，着手辦理結束，並籌設駐閩綏署，擬仍設漳州。蔣鼎文俟天晴即返閩云云。北路總部亦準備遵令撤銷，顧祝同擬日內赴各防地視察駐軍，惟綏署究設何處，現尚未悉。

【漢口二十八日專電】汴電：潢川赤匪胡宗寶投誠，據稱：最近豫鄂皖邊赤匪內部發生大內鬨，僞皖西北赤委會主席高金亭將僞豫南赤匪主席晏新甫，及僞一路遊擊師長魏堯生，僞二十八軍師長江永勝，僞政委吳保才，僞保衛局長曹鼎瑞，僞二區委黃立支等，均行槍斃，并逮捕赤匪重要份子，在酷刑拷打中云云。

（局部图）

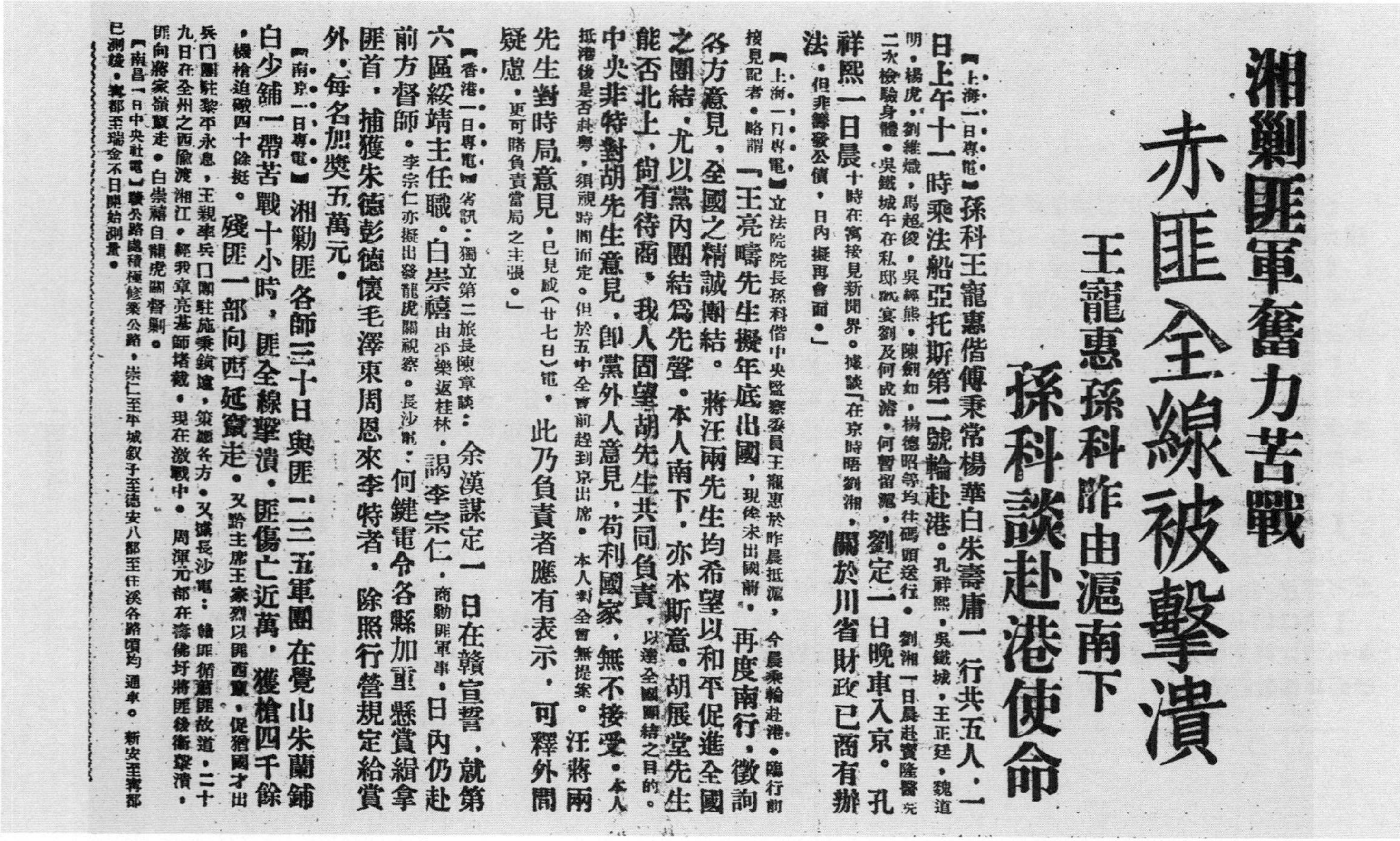

湘剿匪軍奮力苦戰
赤匪全線被擊潰
王寵惠孫科昨由滬南下
孫科談赴港使命

【上海一日專電】孫科王寵惠偕傅秉常楊華白朱壽庸一行共五人，一日上午十一時乘法船亞托斯第二號輪赴港。孔祥熙，吳鐵城，王正廷，魏道明，楊虎，劉維熾，馬超俊，吳醒熊，陳劍如，楊德昭等均往碼頭送行。劉湘一日晨赴寶隆醫院二次檢驗身體。吳鐵城午在私邸款宴劉及何成濬。何暫留滬。劉定一日晚車入京。孔祥熙一日晨十時在寓接見新聞界。據談「在京時晤劉湘，關於川省財政已商有辦法。但非籌發公債。日內擬再會面。」

【上海一日專電】立法院院長孫科偕中央監察委員王寵惠於昨晨抵滬，今晨乘輪赴港。臨行前接見記者。略謂「王亮疇先生擬年底出國，現尚未出國前，再度南行，徵詢各方意見，全國之精誠團結。蔣汪兩先生均希望以和平促進全國之團結，尤以黨內團結爲先聲。本人南下，亦本斯意。胡展堂先生能否北上，尚有待商，我人固望胡先生共同負責，以達全國團結之目的。中央非特對胡先生意見，即黨外人意見，苟利國家，無不接受。本人抵港後是否赴粵，須視時間而定。但於五中全會前趕到京出席。本人對全會無提案。汪蔣兩先生對時局意見，已見感（廿七日）電，此乃負責者應有表示，可釋外間疑慮。更可睹負責當局之主張。」

【香港一日專電】省訊，獨立第二旅長陳章談：余漢謀定一日在贛宣誓，就第六區綏靖主任職。白崇禧由平樂返桂林，謁李宗仁，商勦匪軍事。日內仍赴前方督師。李宗仁亦擬出發龍虎關視察。長沙電，何鍵電令各縣加重懸賞緝拿匪首，捕獲朱德彭德懷毛澤東周恩來李特者，除照行營規定給賞外，每名加獎五萬元。

【南京一日專電】湘勦匪各師三十日與匪一三五軍團在覺山朱蘭鋪白少鋪一帶苦戰十小時，匪全線擊潰，匪傷亡近萬，獲槍四千餘，機槍迫砲四十餘挺。殘匪一部向西延竄走。又黔主席王家烈以匪西竄，促猶國才出兵门關駐黎平永息，王親率兵门關駐施秉鎮遠，策應各方。又據長沙電，桂匪循蕭匪故道，二十九日在全州之西渡湘江，經我章亮基師堵截，現在激戰中。周渾元部在壽佛圩將匪後衛擊潰，匪向蔣家嶺竄走。白崇禧自龍虎關督剿。

【南昌一日中央社電】贛各路積極修築公路，崇仁至宁城叙子至德安八都至任溪各路頃均通車。新安至寧都已測竣，寧都至瑞金不日開始測量。

7. 湘剿匪军奋力苦战，“赤匪”全线被击溃，王宠惠、孙科昨由沪南下，孙科谈赴港使命，1934 年 12 月 2 日第 1 版

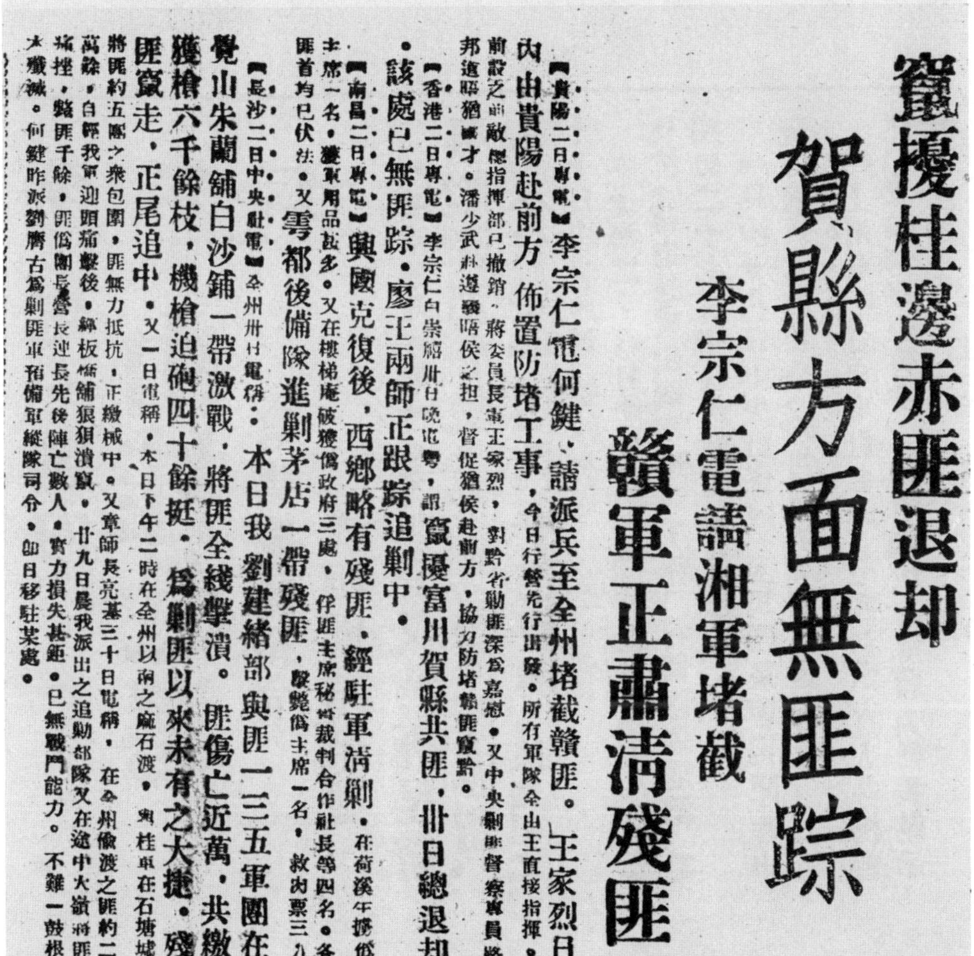

竄擾桂邊赤匪退却

賀縣方面無匪踪

李宗仁電請湘軍堵截

贛軍正肅清殘匪

【貴陽二日專電】李宗仁電何鍵、請派兵至全州堵截贛匪。王家烈日內由貴陽赴前方佈置防堵工事，今日行營先行出發。所有軍隊全由王直接指揮。前設之前敵總指揮部已撤銷，蔣委員長電王家烈，對黔省勦匪深爲嘉慰。又中央勦匪督察專員路邦道晤猶國才。潘少武赴遵義晤侯之担，督促猶侯赴前方，協力防堵贛匪竄黔。

【香港二日專電】李宗仁白崇禧卅日晚電粵，謂竄擾富川賀縣共匪，卅日總退却。該處已無匪踪。廖王兩師正跟踪追剿中。

【南昌二日專電】興國克復後，西鄉略有殘匪。經駐軍清剿，在荷溪午擒僞主席一名，獲軍用品甚多。又在樓梯庵破獲僞政府三處，俘匪主席秘書裁判合作社長等四名。各匪首均已伏法。又雩都後備隊進剿茅店一帶殘匪，擊斃僞主席一名，救肉票三八

【長沙二日中央社電】全州卅日電稱：本日我劉建緒部與匪一三五軍團在覺山朱蘭舖白沙舖一帶激戰，將匪全綫擊潰。匪傷亡近萬，共繳獲槍六千餘枝，機槍迫砲四十餘挺，爲剿匪以來未有之大捷。殘匪竄走，正尾追中。又一日電稱，本日下午二時在全州以南之麻石渡，與桂軍在石塘墟將匪約五團之衆包圍，匪無力抵抗，正繳械中。又章師長亮基三十日電稱，在全州偸渡之匪約二萬餘，自經我軍迎頭痛擊後，紛板橋舖狼狽潰竄。廿九日晨我派出之追剿部隊又在途中大嶺將匪痛挫，斃匪千餘，匪僞團長營長連長先後陣亡數人，實力損失甚鉅，已無戰鬥能力。不難一鼓根本殲滅。何鍵昨派劉膺古爲剿匪軍預備軍縱隊司令，即日移駐某處。

8. 窜扰桂边“赤匪”退却，贺县方面无匪踪，李宗仁电请湘军堵截，赣军正肃清残匪，1934年12月3日第1版

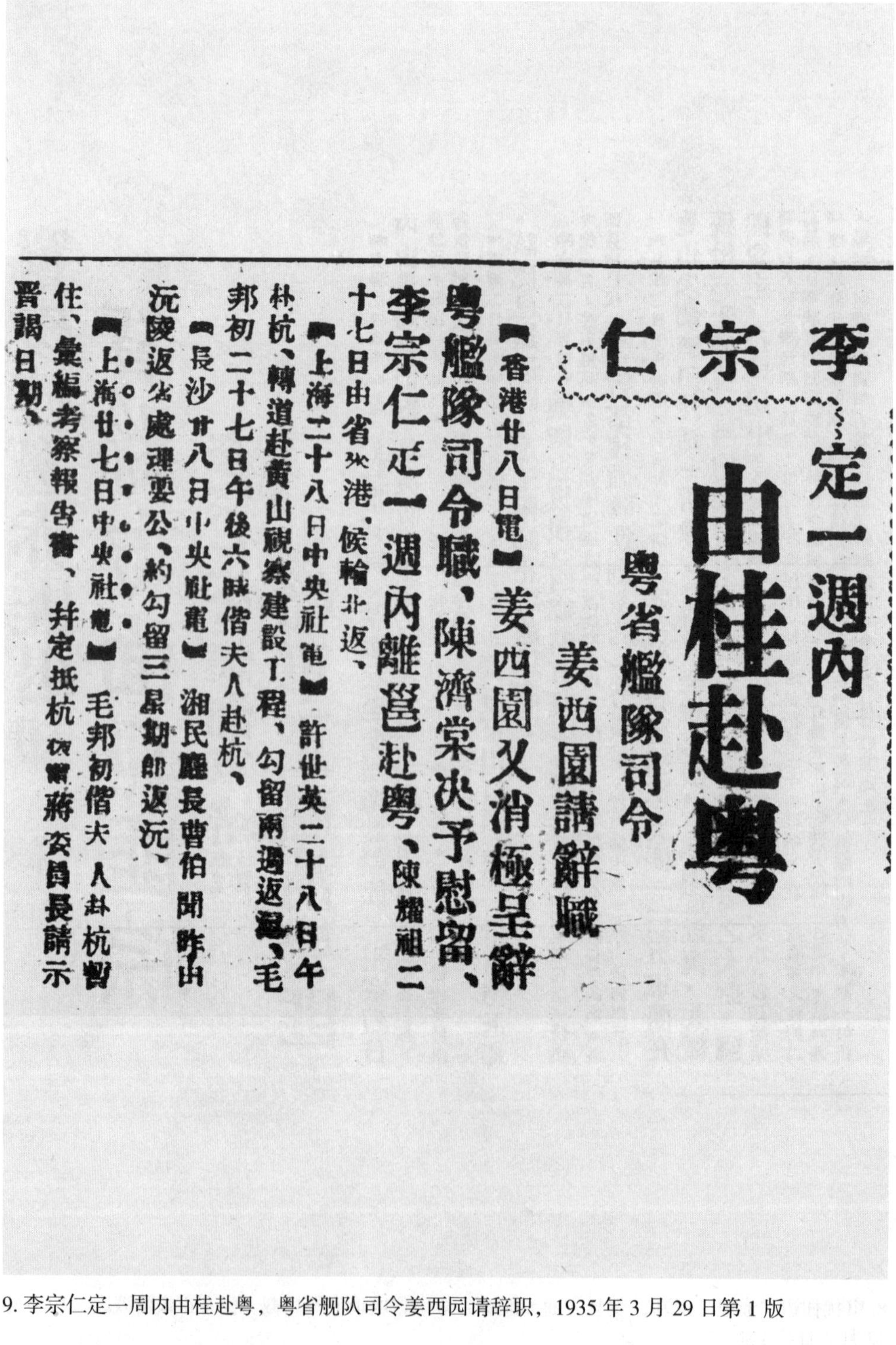

李宗仁定一週內由桂赴粵

粵省艦隊司令姜西園請辭職

【香港廿八日電】姜西園又消極呈辭粵艦隊司令職、陳濟棠決予慰留、李宗仁定一週內離邕赴粵、陳耀祖二十七日由省來港、候輪北返、

【上海二十八日中央社電】許世英二十八日午抵杭、轉道赴黃山視察建設工程、勾留兩週返滬、毛邦初二十七日午後六時偕夫人赴杭、

【長沙廿八日中央社電】湘民廳長曹伯聞昨由沅陵返省處理要公、約勾留三星期即返沅、

【上海廿七日中央社電】毛邦初偕夫人赴杭暫住、彙編考察報告書、幷定抵杭後謁蔣委員長請示晉謁日期、

9. 李宗仁定一周内由桂赴粤，粤省舰队司令姜西园请辞职，1935 年 3 月 29 日第 1 版

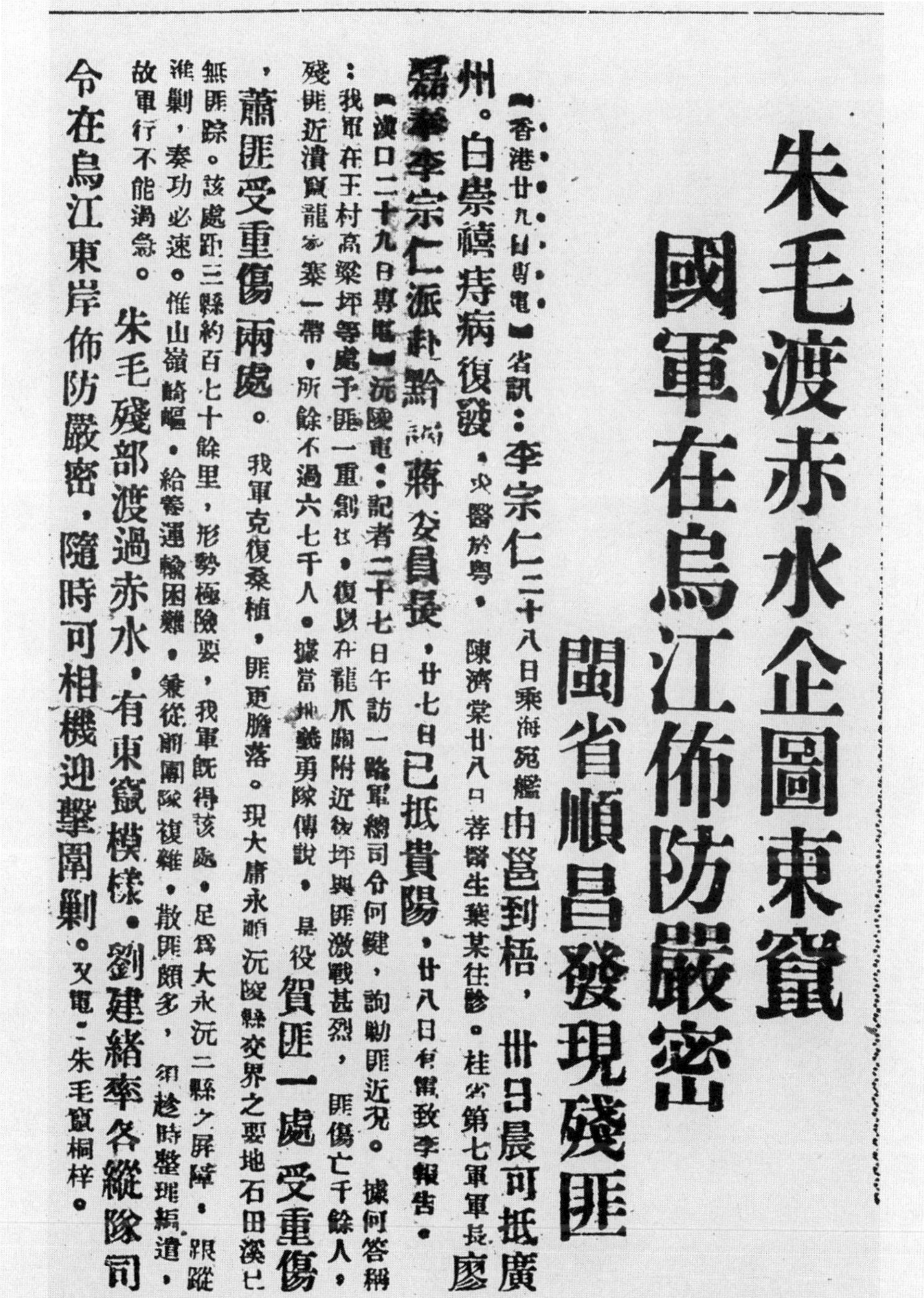

朱毛渡赤水企圖東竄
國軍在烏江佈防嚴密
閩省順昌發現殘匪

【香港廿九日專電】省訊：李宗仁二十八日乘海瑞艦由邕到梧，卅日晨可抵廣州。白崇禧痔病復發，求醫於粵。陳濟棠廿八日荐醫生葉某往診。桂省第七軍軍長廖磊奉李宗仁派赴黔謁蔣委員長，廿七日已抵貴陽，廿八日有電致李報告。

【漢口二十九日專電】沅陵電：記者二十七日午訪一路軍總司令何鍵，詢剿匪近況。據何答稱：我軍在王村高粱坪等處予匪一重創後，復與在龍爪關附近後坪與匪激戰甚烈，匪傷亡千餘人，殘匪近潰竄龍家寨一帶，所餘不過六七千人。據當地義勇隊傳說，是役賀匪一處受重傷，蕭匪受重傷兩處。我軍克復桑植，匪更膽落。現大庸永順沅陵縣交界之要地石田溪已無匪踪。該處距三縣約百七十餘里，形勢極險要，我軍既得該處，足為大永沅三縣之屏障。跟蹤進剿，奏功必速。惟山嶺崎嶇，給養運輸困難，兼從前團隊複雜，散匪頗多，須趁時整理編遣，故軍行不能過急。朱毛殘部渡過赤水，有東竄模樣，劉建緒率各縱隊司令在烏江東岸佈防嚴密，隨時可相機迎擊圍剿。又電：朱毛竄桐梓。

10. 朱（德）、毛（泽东）渡赤水企图东窜，国军在乌江布防严密，闽省顺昌发现残匪，1935年3月30日第1版

华北日报

攻汀軍事已開始發動

李宗仁返桂羅卓英離粵

川剿匪軍即日開始總攻

【福州二十一日電】軍息，瑞金古城會昌間現集殘匪五六萬人，擬突圍而走，長汀已無匪主力，李延年宋希濂兩師長十九日赴河田陣地視察，蔣鼎文往來龍岩新帛間，督師前進，直搗長汀軍事已開始發動。

【廣州二十一日電】南路剿匪總部，原定二十一日開會議，旋以各項計劃，已於二十日晚經陳濟棠，李宗仁，李揚敬，余漢謀，繆培南，羅卓英，陳芝馨等商妥，由一二兩縱隊切實施行，故停止舉行正式會，李宗仁，羅卓英，即於二十一日離省，李揚敬，余漢謀，亦擬週內返防。

【香港二十二日電】李宗仁二十一日午偕夫人郭德潔副官邱劍虎，乘廣三車赴三水轉乘江蘇輪返桂，計程二十二日可抵梧，即轉公路車回邕，何時再來粵，未能預定。

【廈門二十一日電】河田收復後，我軍前哨在蔡坊西，趕辦收復匪區善後及築路中，匪區接濟向自汀江輸入，經汀江轉贛，克河田後因地濱汀江，匪區接濟完全斷絕，足致匪死命。

【重慶二十一日電】川共黨青年團省委書記朱哲夫婦在省被捕，正研訊中。

【南昌二十一日電】行營接劉旅長培緒十七日電稱，本旅所部十七日已在陽新以南之彭家當西北山腹，擊潰偽獨立團第一二營及手槍連，俘偽參謀長劉國超，獲步槍數十枝，匪向劉家堡潰竄，比即跟追，抵劉家堡東南，將匪包圍，激戰一時許匪潰，即將該偽司令部之誤擒獲，並俘匪幹部八十餘名，又獲槍數十枝。

【漢口二十一日電】何鍵電令湘鄂路局，以該路武長株萍各線，爲西路軍運重心，嗣後如有倒車出軌匪警等事發生，應電告總部，免誤軍機。

【上海二十一日電】劉湘駐滬代表鄧鳴階，二十日晚晉京，定二十一日晨飛漢，謁張羣何成濬，商川省善後剿匪等事，據談，劉湘與各將領會商後，對剿匪軍事佈置及軍餉已有縝密決定，即日開始總攻，劉復職期亦不遠云。

【貴陽二十日中央社電】猶國才電王家烈請纓，率部赴黔省北路協剿殘匪，並請指定經過路線。

【南寧二十一日電】四集團總部二十日電報告藍匪情形，略謂，查藍匪西竄，原有人萬餘槍半數，經湘桂軍十餘次之痛擊，現被竄過者僅有十分之一，裹閩家塲之線再能予一二次打擊，即可望大致解決等語。

【福州二十一日中央社電】我軍收復河田蔡坊等處後，對地方善後積極辦理，第九師政訓處在河田成立難民收容所感化院，創設保甲訓練班，組織特務隊，及軍鄉政代辦所，並召集各鄉民衆代表討論成立各鄉辦事處，區清鄉委員會，均已次第成立，難民歸鄉者甚衆，恨匪極深，特務隊在河田搜獲重要匪徒數名，現在研訊中，赤匪最高幹部，以我東北兩路各軍迫剿，長汀不能立足，確有準備突圍，衝贛西退竄鄂川邊境企圖，其最前線已移瑞金長汀交界之界嶺，設置工事，似尚擬在該處頑抗，掩護退却，現我東路各師對長汀軍事佈置已就緒，本月底可一鼓而下汀城，蔣總司令連日乘飛機來往漳厦龍新間處辦公務，日內將進駐最前線督剿，昌口至河田公路碉堡，二十五日前後可一律築竣，上東屬舊縣鎮西南，筆架山時有匪共出沒，爲僞二十四師七十二團流竄之地，該山爲東南兩路軍防區交界，已飭得力隊伍進駐搜剿中。1

2|1

1. 攻（长）汀军事已开始发动，李宗仁返桂罗卓英离粤，川剿匪军即日开始总攻，1934 年 10 月 22 日第 3 版

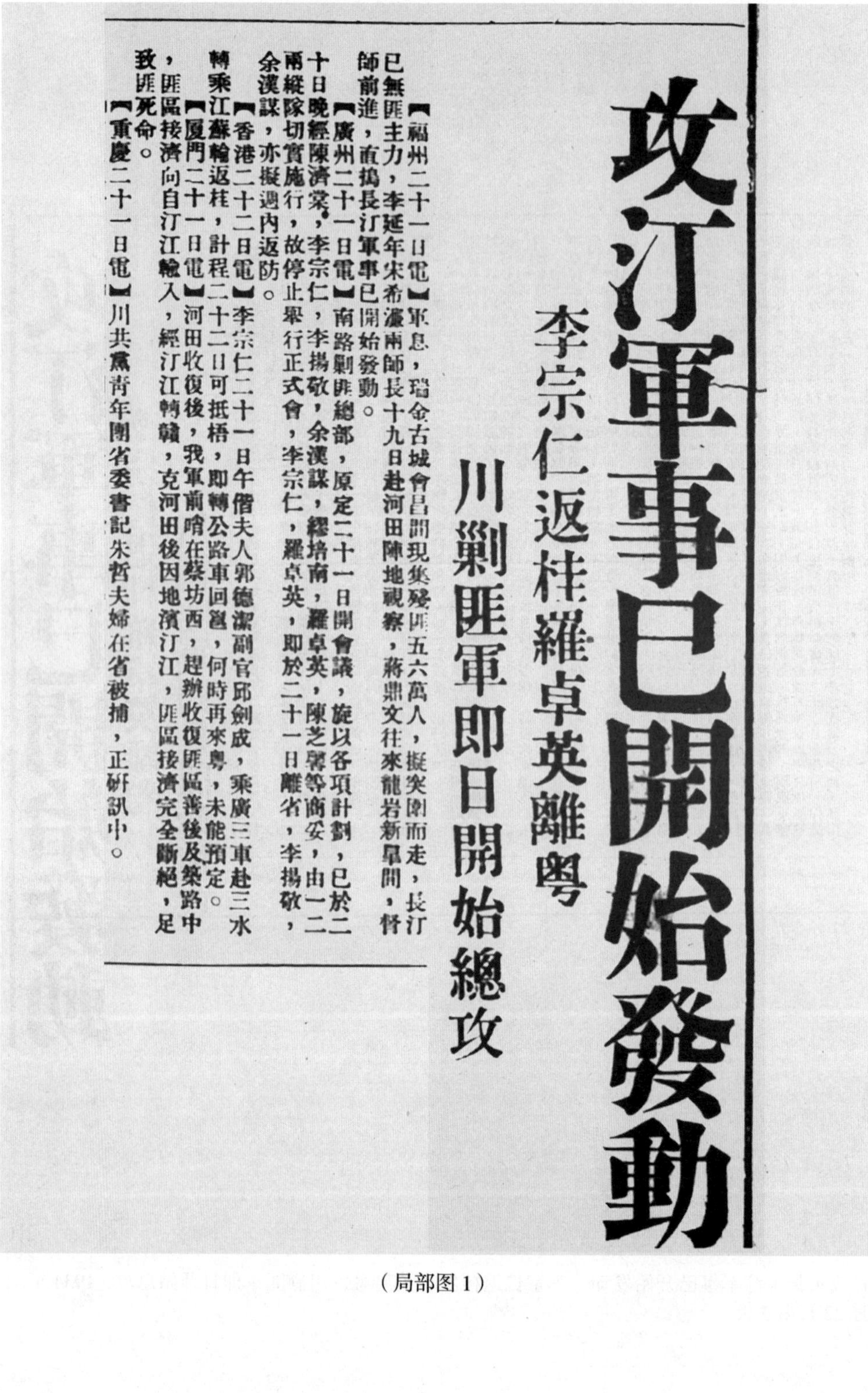

攻汀軍事已開始發動

李宗仁返桂羅卓英離粵

川剿匪軍即日開始總攻

【福州二十一日電】軍息，瑞金古城會昌間現集殘匪五六萬人，擬突圍而走，長汀已無匪主力，李延年宋希濂兩師長十九日赴河田陣地視察，蔣鼎文往來龍岩新泉間，督師前進，直搗長汀軍事已開始發動。

【廣州二十一日電】南路剿匪總部，原定二十一日開會議，旋以各項計劃，已於二十日晚經陳濟棠，李宗仁，李揚敬，余漢謀，繆培南，羅卓英，陳芝馨等商妥，由一二兩縱隊切實施行，故停止舉行正式會，李宗仁，羅卓英，即於二十一日離省，李揚敬，余漢謀，亦擬週內返防。

【香港二十二日電】李宗仁二十一日午偕夫人郭德潔副官邱劍成，乘廣三車赴三水轉乘江蘇輪返桂，計程二十二日可抵梧，即轉公路車回邕，何時再來粵，未能預定。

【廈門二十一日電】河田收復後，我軍前哨在蔡坊西，趕辦收復匪區善後及築路中，匪區接濟向自汀江輸入，經汀江轉韓，克河田後因地濱汀江，匪區接濟完全斷絕，足致匪死命。

【重慶二十一日電】川共黨青年團省委書記朱哲夫婦在省被捕，正研訊中。

（局部图 1）

【重慶二十一日電】川共黨青年團省委書記朱哲夫婦在省被捕，正研訊中。

【南昌二十一日電】行營接劉旅長培緒十七日電稱，本旅所部十七日已在陽新以南之彭家當西北山腹，擊潰僞獨立團第一二營及手槍連，俘僞參謀長劉國超，獲步槍數十枝，匪向劉家㘵潰竄，比即跟追，抵劉家堡東南，將匪包圍，激戰一時許匪潰，即將該僞司令部之讀擒獲，並俘匪幹部八十餘名，又獲槍數十枝。

【漢口二十一日電】何鍵電令湘鄂路局，以該路武長株萍各線，爲西路軍運重心，嗣後如有倒車出軌匪警等事變發生，應電告總部，免誤軍機。

【上海二十一日電】劉湘駐滬代表鄧鳴階，二十日晚晋京，定二十一日晨飛漢，謁張羣何成濬，商川省善後剿匪等事，據談，劉湘與各將領會商後，對剿匪軍事佈置及軍備已有縝密决定，即日開始總攻，劉復職期亦不遠云。

【貴陽二十日中央社電】猶國才電王家烈請纓，率部赴黔省北路協剿賀匪，並請指定經過路線。

【南寧二十一日電】四集團總部二十日電報告蕭匪情形，略謂，查蕭匪西竄，原有人萬餘槍半數，經湘桂軍十餘次之痛擊，現被竄過者僅有十分之一，衷閔家塲之線再能予一二次打擊，即可望大致解决等語。

【福州二十一日中央社電】我軍收復河田蔡坊等處後，對地方善後積極辦理，第九師政訓處在河田成立難民收容所感化院，創設保甲訓練班，組織特務隊，及軍鄉政代辦所，並召集各鄉民衆代表，討論成立各鄉辦事處，區淸鄉委員會，均已次第成立，難民歸鄉者甚衆，恨匪極深，特務隊在河田搜獲重要匪徒數名，現在研訊中，赤匪最高幹部，以我東北兩路各軍廹剿，長汀不能立足，確有準備突圍，衝韓西退竄鄂川邊境企圖，其最前線已移瑞金長毅交界之界嶺，設置工事，似尚擬在該處頑抗，掩護退却，現我東路各師對長汀軍事佈置已就緒，本月底可一鼓而下汀城，蔣總司令連日乘飛機來往漳廈龍新間處辦公務，日內將進駐最前線督剿，昌口至河田公路碉堡，二十五日前後可一律築竣，上東屬舊縣鎮西南筆架山，時有匪共出沒，爲僞二十四師七十二團流竄之地，該山爲東南兩路軍防區交界，已飭得力隊伍進駐搜剿中。1

（局部图 2）

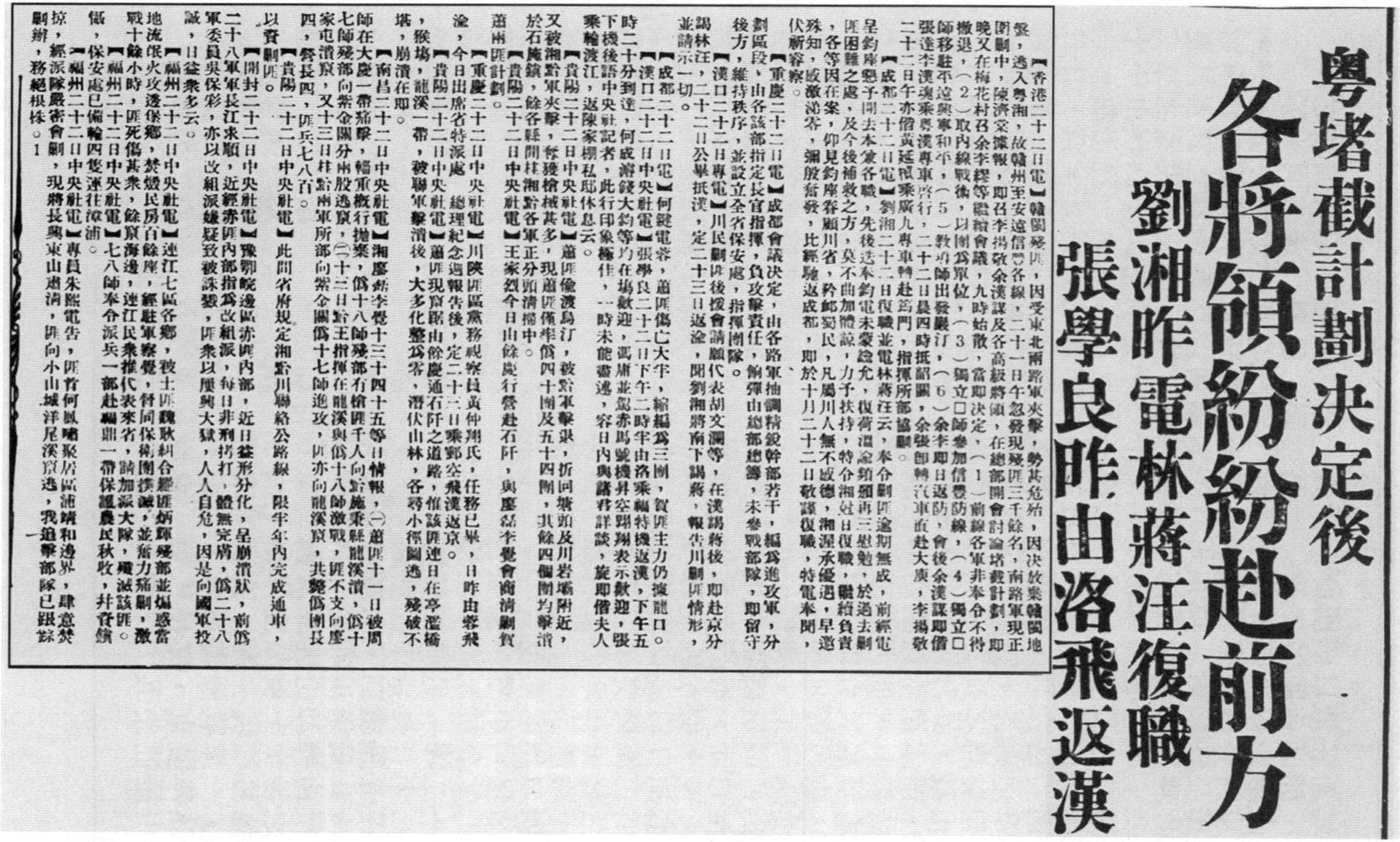

粵堵截計劃決定後
各將領紛紛赴前方
劉湘昨電林蔣汪復職
張學良昨由洛飛返漢

【香港二十二日電】贛閩殘匪，因受東北兩路軍夾擊，勢甚危殆，因決放棄贛閩地盤，逃入粵湘，故贛州至安遠信豐各線，二十一日午忽發現殘匪三千餘名，南路軍現正圍剿中，陳濟棠據報，即召李揚敬余漢謀及各高級將領，在總部開會討論堵截計劃，即晚又在梅花村召余李繆等繼續會議，九時始散，當即決定，（1）前線各軍非奉令不得撤退，（2）取內線戰術，以團為單位，（3）獨立□師參加信豐防線，（4）獨立□師移駐平遠與和平，（5）教導師出發嚴汀，（6）余李即日返防，會後余漢謀即偕張達李漢魂乘粵漢專車啓行，二十二日晨四時抵韶關，余張即轉汽車直赴大庾，李揚敬二十二日午亦偕黃延禎乘廣九專車轉赴虎門，指揮所部協剿。

【成都二十二日電】劉湘二十二日復職並電林蔣汪云，奉令剿匪，逾期無成，前經電呈鈞座懇予開去本兼各職，先後迭奉鈞電未蒙俞允，復荷溫諭頻頒再三慰勉，於過去剿匪困難之處，及今後補救之方，莫不曲加體諒，力予扶持，特令湘剋日復職，繼續負責，各等因在案，仰見鈞座眷顧川省，矜卹蜀民，凡屬川人無不感德，湘渥承優遇，早邀殊知，感激涕零，彌殷奮發，比經馳返成都，即於十月二十二日敬謹復職，特電奉聞，伏祈容察。

【重慶二十二日電】成都會議決定，由各路軍抽調精銳幹部若干，編為進攻軍，分劃區段，由各該部指定長官指揮，負攻擊責任，餉彈由總部總籌，未參戰部隊，即留守後方，維持秩序，並設立全省保安處，指揮團隊。

【漢口二十二日專電】川民剿匪後援會請願代表胡文瀾等，在漢謁蔣後，即赴京分謁林汪，二十二日公舉抵漢，定二十三日返渝，聞劉湘將南下謁蔣，報告川剿匪情形，並請示一切。

【成都二十二日電】何鍵電蓉，蕭匪傷亡大半，縮編為三團，賀匪主力仍據龍口。

【漢口二十二日中央社電】張學良二十二日下午二時半由洛乘福特機返漢，下午五時二十分到達，何成濬錢大鈞等均在埸歡迎，馮庸並駕赤馬號機升空翱翔表示歡迎，張下機後語中央社記者，此行印象極佳，一時未能盡述，容日內與諸君詳談，旋即偕夫人乘輪渡江，返陳家棚私邸休息云。

【貴陽二十二日中央社電】蕭匪偷渡烏江，被黔軍擊退，折回塘頭及川岩壩附近，又被湘黔軍夾擊，奪獲槍械甚多，現蕭匪僅率偽四十團及五十四團，其餘四個團均擊潰於石阡鎮，餘各縣間桂湘黔各軍正分頭清剿中。

【貴陽二十二日中央社電】王家烈今日由餘慶行營赴石阡，與廖磊李覺會商清剿賀蕭兩匪計劃。

【重慶二十二日中央社電】川陝匪區黨務視察員黃仲翔氏，任務已畢，日昨由蓉飛渝，今日出席省特派處總理紀念週報告後，定二十三日乘鄧空飛漢返京。

【貴陽二十二日中央社電】蕭匪現竄踞由餘慶通石阡之道路，惟該匪連日在亭溢橋塘，猴場，龍溪一帶，被聯軍擊潰後，大多化整為零，潛伏山林，各尋小徑圖逃，殘破不堪，崩潰在即。

【南昌二十二日中央社電】湘廖磊李覺十三十四十五等日情報，㈠蕭匪十一日被周師在大慶一帶痛擊，輜重概行拋棄，偽十八師殘部有槍匪千人向黔施秉縣龍溪潰，偽十七師殘部向紫金關分兩股逃竄，㈡十三日黔王指揮在龍溪與偽十八師激戰，匪不支向廖家屯潰竄，又十三日桂黔兩軍所部向紫金關偽十七師進攻，匪亦向龍溪竄，共斃偽團長四，營長四，匪兵七八百。

【貴陽二十二日中央社電】此間省府規定湘黔川聯絡公路線，限半年內完成通車，以資剿匪。

【開封二十二日中央社電】豫鄂皖邊區赤匪內部，近日益形分化，呈崩潰狀，前偽二十八軍軍長江求順，近經赤匪內部指為改組派，每日非刑拷打，體無完膚，偽二十八軍委員吳保彩，亦以改組派嫌疑致被誅戮，匪眾以屢興大獄，人人自危，因是向國軍投誠，日益眾多云。

【福州二十二日中央社電】連江七區各鄉，被土匪魏耿糾合□匪炳輝殘部並煽惑當地流氓火攻透堡鄉，焚燬民房百餘座，經駐軍察覺，督同保衛團撲滅，並奮力痛剿，激戰十餘小時，匪死傷甚眾，餘竄海邊，連江民眾推代表來省，請加派大隊，殲滅該匪。

【福州二十二日中央社電】七八師奉令派兵一部赴福鼎一帶保護農民秋收，并資鎮懾，保安處已備輪四隻運往漳浦。

【福州二十二日中央社電】專員朱熙電告，匪首何鳳嗃聚居區浦靖和邊界，肆意焚掠，經派隊嚴密會剿，現將長輿東山肅清，匪向小山城洋尾溪竄逃，我追擊部隊已跟踪剿辦，務絕根株。1

2. 粤堵截计划决定后各将领纷纷赴前方，刘湘昨电林（森）、蒋（介石）、汪（精卫）复职，张学良昨由洛飞返汉，1934年10月23日第3版

【香港二十二日電】韓閩殘匪，因受東北兩路軍夾擊，勢甚危殆，因決放棄韓閩地盤，透入粵湘，故韓州至安遠信豐各線，二十一日午忽發現殘匪三千餘名，南路軍現正圍剿中。陳濟棠據報，即召李揚敬、余漢謀及各高級將領，在總部開會討論堵截計劃，現即晚又在梅花村召余李繆等繼續會議，九時始散，當即決定，（1）前線各軍非奉令不得撤退，（2）取內線戰備，以團為單位，（3）獨立口師參加信豐防線，（4）獨立口師移駐平遠與和平，（5）教導師出發嚴汀，（6）余李即日返防，會後余漢謀即偕張達李漢魂乘粵漢專車啓行，二十二日晨四時抵韶關，余張即轉汽車直赴大庾，李揚敬二十二日午亦偕黃延禎乘廣九專車轉赴筠門，指揮所部協剿。

【成都二十二日電】劉湘二十二日復職並電林蔣汪云，奉令剿匪逾期無成，前經電呈鈞座懇予開去本兼各職，先後迭奉鈞電未蒙諭允，復荷溫諭殷頒，再三慰勉，於過去剿匪困難之處，及今後補救之方，莫不曲加體諒，力予扶持，特令湘於日復職，繼續負責，各等因在案，仰見鈞座眷顧川省，矜卹蜀民，凡屬川人無不感德，湘渥承優遇，早邀殊知，感激涕零，彌殷奮發，比經馳返成都，即於十月二十二日敬謹復職，特電奉聞，伏祈睿察。

【重慶二十二日電】成都會議決定，由各路軍抽調精銳幹部若干，編為進攻軍，分劃區段、由各該部指定長官指揮，負攻擊責任，俾彈由總部總籌，未參戰部隊，即留守後方，維持秩序，並設立全省保安處，指揮團隊。

【漢口二十二日專電】川民剿匪後援會請願代表胡文瀾等，在漢謁蔣後，即赴京分謁林汪，二十二日公畢抵漢，定二十三日返渝，聞劉湘將南下謁蔣，報告川剿匪情形，並請示一切。

【成都二十二日電】何鍵電蓉，蕭匪傷亡大半，縮編為三團，賀匪主力仍據龍口。

【漢口二十二日中央社電】張學良二十二日下午二時半由洛乘福特機返漢，下午五時二十分到達，何成濬錢大鈞等均在塲歡迎，馮庸並駕赤馬號機昇空翺翔表示歡迎，張下機後語中央社記者，此行印象極佳，一時未能盡述，容日內與諸君詳談，旋即偕夫人乘輪渡江，返陳家棚私邸休息云。

【貴陽二十二日中央社電】蕭匪偷渡烏江，被黔軍擊退，折回塘頭及川岩壩附近，又被湘黔軍夾擊，俘獲槍械甚多，現蕭匪僅率偽四十團及五十四團，其餘四個團均擊潰於石阡鎮，餘各縣間桂湘黔各軍正分頭清掃中。

【貴陽二十二日中央社電】王家烈今日由餘慶行營赴石阡，與廖磊李覺會商清剿賀蕭兩匪計劃。

【重慶二十二日中央社電】川陝匪區黨務視察員黃仲翔氏，任務已畢，日昨由蓉飛渝，今日出席省特派處　總理紀念週報告後，定二十三日乘鄧空飛漢返京。

【貴陽二十二日中央社電】蕭匪現竄踞由餘慶通石阡之道路，惟該匪連日在亭灘橋塘，猴塲，龍溪一帶，被聯軍擊潰後，大多化整為零，潛伏山林，各尋小徑圖逃，殘破不堪，崩潰在即。

【南昌二十二日中央社電】湘廖磊李覺十三十四十五等日情報，㈠蕭匪十一日被周師在大庾一帶痛擊，輜重概行拋棄，偽十八師殘部有槍匪千人向黔施秉縣龍溪潰，偽十七師殘部向紫金關分兩股逃竄，㈡十二日黔王指揮在龍溪與偽十八師激戰，匪不支向廖家屯潰竄，又十三日桂黔兩軍所部向紫金關偽十七師進攻，匪亦向龍溪竄，共斃偽團長四，營長四，匪兵七八百。

【貴陽二十二日中央社電】此間省府規定湘黔川聯絡公路線，限半年內完成通車，以資剿匪。

【開封二十二日中央社電】豫鄂皖邊區赤匪內部，近日益形分化，呈崩潰狀，前偽二十八軍軍長江求順，近經赤匪內部指為改組派，每日非刑拷打，體無完膚，偽二十八軍委員吳保彩，亦以改組派嫌疑致被誅戮，匪衆以壓興大獄，人人自危，因是向國軍投誠，日益衆多云。

【福州二十二日中央社電】連江七區各鄉，被土匪魏耿糾合羅匪炳輝殘部並煽惑當地流氓火攻透堡鄉，焚燬民房百餘座，經駐軍察覺，督同保衛團撲滅，並奮力痛剿，激戰十餘小時，匪死傷甚衆，餘竄海邊，連江民衆推代表來省，請加派大隊，殲滅該匪。

【福州二十二日中央社電】七八師奉令派兵一部赴福鼎一帶保護農民秋收，并飭偪，保安處已備輪四隻運往漳浦。

【福州二十二日中央社電】專員朱熙電告，匪首何鳳嘯聚居區浦嶺和邊界，肆意焚掠，經派隊嚴密會剿，現將長興東山肅清，匪向小山城洋尾溪竄逃，我追擊部隊已跟踪剿辦，務絕根株。1

（局部图）

粵陳桂李電軍何

請電黔軍合作剿匪

南路各將領均赴前敵指揮

川軍在沙子塲擊斃僞師長

【長沙二十三日電】陳濟棠李宗仁電何應欽，請聯電黔軍王猶，合作剿匪。

【上海二十三日電】福州確息，東路軍包圍長汀，距城僅二十三里，九師政訓處二十日電省報告，我軍再收復長汀河界，汀城指日可下，惟地方凋敝不堪，民衆亟待收撫，請發給賑款云，又息，我軍宋師二十二日進抵金沙溪，南垣正赶築路工，以便運大砲掩護步兵渡河，並猛攻汀城外山上之匪，攻汀軍此爲最後一着，五區行政專員收編民軍詹方珍部，爲安溪剿共總隊，着分駐安溪南安界淸剿。

【廣州二十三日電】余漢謀因前方匪氛突緊，二十一日夜偕李漢魂專車赴韶，二十二日晚乘公路車抵大庾，指揮剿匪，二十二日晚李揚敬偕黃延楨乘專車赴惠州與甯等縣，兼程赴筠門指揮軍事，軍息，朱毛彭等匪，因在贛不能立足，率部數萬·離會昌雩都，二十一日向贛南信豐南康等地進犯，圖竄湘經黔邊入川，與一縱隊防軍接觸，二十二日，激戰仍烈。

【上海今晨一時專電】港電，朱毛彭棄會昌雩都犯贛南信豐南康，二十二二十三兩日，激戰中，南路總部調重兵赴信豐平遠韶關助戰，余漢謀李揚敬均親赴前敵指揮。

【廣州二十三日電】贛蕭匪竄黔，經黔湘桂軍各軍，迭次痛剿，匪傷亡十分之六，餘匪現竄黔月平貫馬桂坤，又被桂軍抄擊斃匪二百餘，獲槍百餘，流竄西部殘匪，亦被桂軍搜剿，斃匪三十餘，俘二十餘，再經追擊，即可完全解決。

【成都二十三日電】劉湘二十二日復職，特電中央，並通電各方，及布告民衆知照，一面飭前線各軍準備總攻，並訂注意二項十三條，通令遵照。

【漢口二十三日電】川剿匪總部電漢稱，沙子埸之役，我軍確將賀匪僞七師長盧東生擊斃，現以僞團長鍾釆亭升充，正聯合湘黔軍圍剿，又蕭匪被湘桂軍擊潰，分竄閔家埸松口萬叢山，殲滅在即。

【本埠消息】四川善後督辦署參謀長郭昌明，昨有兩電到平報告，原電如下：電一（衔略）成都會議於皓（十九日）日正式議決，挑選各軍精銳，編爲進攻軍，直隸總部，餉欵由總部發給，其餘部隊，均在原地担任防守職務，並請中央酌撥剿匪臨時費，以資補助，甫公勉徇衆意，允於本日復職視事，通電業已發布，五路前線尚無異狀，惟彭師所部皓（十九日）晨向龍岡埸游擊，當將埸內之匪驅逐，匪向高寨粱潰退，號（二十日）午我陶團復向高寨粱進擊，殘匪被我悉數殲滅，又我田旅追擊賀匪至東木坪石晃地隔），匪踪飄忽，開風匿竄，現正向旺木社一帶搜剿中，餘情續聞，郭昌明叩養（二十二日）午，電二（衔略），據陳師逵旅號（二十日）電稱，沙子埸之役我軍確將賀匪僞七師長盧東生擊斃，據俘匪供稱，盧匪强悍善戰，賀極倚重，現以僞二十一團長鍾釆亭升充，我軍田旅與湘軍周旅取得聯絡，正率徐何兩團向小井前進，陳團在沙子埸集中，沿河自經我軍克復後，黔軍柳黃各部陸緝回防，刻正撫循善後，餘匪向上原溪集家舖潰竄，蕭匪在石阡陣近，被湘桂軍擊潰後，一部竄閔家埸江口，一部竄萬叢山，各軍正合圍進剿中等情，特達，郭昌明。

3. 粤陈（济棠）、桂李（宗仁）电军何（应钦），请电黔军合作剿匪，南路各将领均赴前敌指挥，川军在沙子场击毙“伪师长”，1934 年 10 月 24 日第 3 版

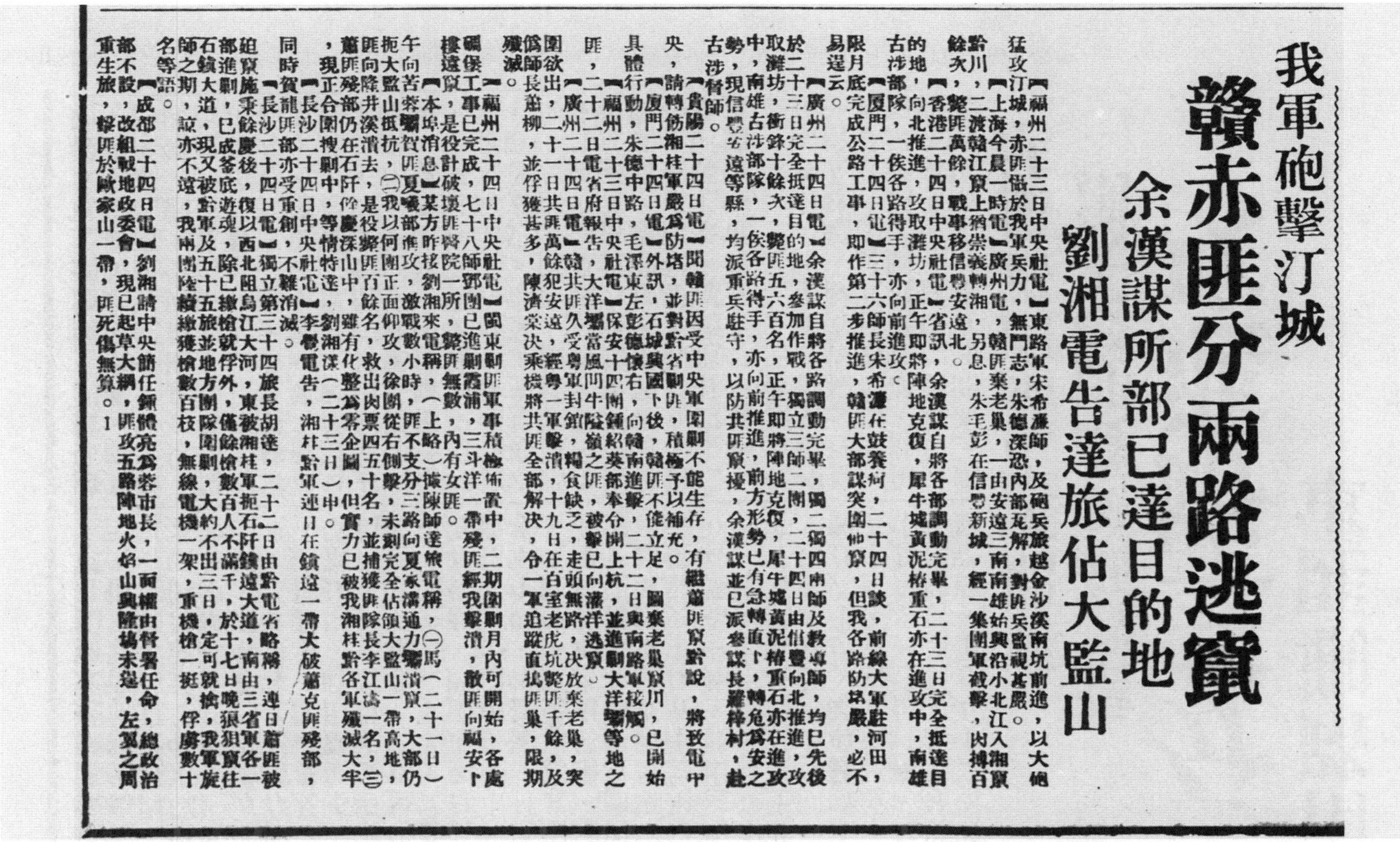

我軍砲擊汀城

贛赤匪分兩路逃竄

余漢謀所部已達目的地

劉湘電告達旅佔大監山

【福州二十三日中央社電】東路軍宋希濂師及砲兵旅越金沙溪南坑前進，以大砲猛攻汀城，赤匪懾於我軍兵力，無鬥志，朱德深恐內部瓦解，對匪兵監視甚嚴。

【上海今晨一時電】廣州電，韓匪棄老巢，一由安遠三南，經南雄始興沿小北江入湘竄黔川，二渡韓江竄上猶崇義轉湘，另息，朱毛彭在信豐新城，經一集團軍截擊，肉搏百餘次，殲匪萬餘，戰事移信豐安遠北。

【香港二十四日中央社電】省訊，余漢謀自將各部調動完畢，二十三日完全抵達目的地，向北推進，攻取灘坊，正午即將陣地克復，犀牛城黃泥椿重石亦在進攻中，南雄古涉部隊，一俟各路得手，亦向前進攻。

【厦門二十四日電】三十六師長宋希濂在鼓養狗，二十四日談，前線大軍駐河田，限月底完成公路工事，即作第二步推進，韓匪大部謀突圍仲竄，但我各路防堵嚴，必不易逞云。

【廣州二十四日電】余漢謀自將各路調動完畢，獨二獨四兩師及教導師，均已先後於二十三日完全抵達目的地，參加作戰，獨立三師二團，二十四日由信豐向北推進，攻取灘坊，衝鋒十餘次，斃匪五六百名，正午即將陣地克復，犀牛城黃泥椿重石亦在進攻中，南雄古涉部隊，一俟各路得手，亦向前推進，前方形勢已有急轉直下，轉危為安之勢，現信豐安遠等縣，均派重兵駐守，以防共匪竄擾，余漢謀並已派參謀長羅梓村赴古涉督師。

【貴陽二十四日電】閩韓匪因受中央軍圍剿不能生存，有繼蕭匪竄黔說，將致電中央，請轉飭湘桂軍嚴為防堵，並對黔省剿匪，積極予以補充。

【廈門二十四日電】外訊，石城興國下後，韓匪不能立足，圖棄老巢竄川，已開始具體行動，朱德中路，毛澤東左，彭德懷右，向韓南進擊，二十二日與南路大軍接觸。

【福州二十三日中央社電】保安十四團鍾紹葵部奉令開上杭，並進剿大洋壩等地之匪，二十二日電省府報告，大洋壩當風川牛隘嶺之匪，被擊巳向濂洋逃竄。

【廣州二十四日電】韓共匪久受粵軍封鎖，糧食缺乏，走頭無路，決放棄老巢，突圍欲出，二十一日共匪萬餘犯安遠，經粵一軍擊潰，十九日在白室老虎坑斃匪千餘，及僞師長爺柳，並俘獲甚多，陳濟棠決乘機將共匪全部解決，令一軍追蹤直搗匪巢，限期殲滅。

【福州二十四日中央社電】閩東剿匪軍事積極佈置中，二期圍剿月內可開始，各處碉堡工事已完成，七十八師鄧團已進剿竄浦，三斗洋一帶殘匪歸我擊潰，殘匪向福安卜樓遠竄，是役計破壞匪醫院一所，斃匪無數，內有女匪。

【本埠消息】某方昨接劉湘來電稱，（上略）據陳師達旅電稱，㊀馬（二十一日）午向苦蔡壩賀匪夏曦部進攻，激戰數小時，匪不支分三路向夏家滿通力壩潰竄，大部仍拖大監山抵抗，㊁我以何團正面仰攻，徐團從右側擊，未刻完全佔領大監山一帶高地，匪向降井溪潰去，是役斃匪百餘名，救出肉票四五十名，並捕獲匪隊長李江濤一名，㊂蕭匪殘部仍在石阡餘慶深山中，雖有化整為零企圖，但實力已被我湘桂黔各軍殲滅大半，現正合圍搜剿中，等情特達，劉湘漾（二十三日）印。

【長沙二十四日中央社電】李覺電告，湘桂黔軍連日在鎮遠一帶大破蕭克匪殘部，同時賀龍匪部亦受重創，不難消滅。

【長沙二十四日電】獨立第三十四旅長胡逵，二十二日由黔電省略稱，連日蕭匪被迫竄施秉餘慶後，復以西北阻烏江大河，東被湘桂軍扼石阡鎮遠大道，南由三省軍各一部進剿，已成釜底遊魂，除已繳槍就俘外，僅餘槍數百人不滿千，於十七日晚狼狽竄往石鎮大道，現又被黔軍及五十五旅並地方團隊圍剿，大約不出三日，定可就擒，我軍旋師之期，諒亦不遠，我兩團陸續繳獲槍數百枝，無線電機一架，重機槍一挺，俘虜數十名等語。

【成都二十四日電】劉湘請中央簡任鍾體乾為蓉市長，一面權由督署任命，總政治部不設，改組為地政委會，現已起草大綱，匪攻五路陣地火焰山興隆場未逞，左翼之周重生旅，殲匪於賊家山一帶，匪死傷無算。1

4. 我军炮击汀城，赣“赤匪”分两路逃窜，余汉谋所部已达目的地，刘湘电告达旅占大监山，1934 年 10 月 25 日第 3 版

南路剿匪軍分三路進攻

信豐新田綫匪受大創　蔣鼎文電請南路協進

【廣州二十五日電】南路剿匪軍現分三路，大庚新塘韓州為左翼，南雄信豐大小泉爲中路，平遠三南爲右翼，二十五日晨八時教導師，二十六日警衛旅一團可由下江到達廣州，乘車北上，其餘各地防軍，亦已集中候命，李宗仁擬十一月一日由邕出發，全州一帶巡視。

【福州二十五日中央社電】攻汀軍事東路軍已準備就緒後，日內即攻擊前進，蔣鼎文電陳濟棠，請飭南路軍各部協進，匪因武器不全，彈藥缺之，無策應付，據探報，僞中軍委會擬（1）集中瑞金石城間或瑞金長汀附近困鬥，圖保存僞中央蘇區，（2）若失敗，以一部化整為零，散布閩贛邊境，一部經安遠信豐一帶，竄川邊境，不能竄出時，則分竄閩西北，及粵東江，誘我尾追，耕以保存贛南之零星匪區，我軍對匪方詭謀已有準備，竄踞柏杜共匪，經新十師擊潰，並搜獲僞閩東特委致連江僞縣委一函，內容大意請，閩東紅軍，迭在福安霞浦慘敗，損失至鉅，現派葉飛赴連商編紅軍，第三團開閩東補充，請協助云，陳齊煊據報已飭屬分別嚴防，並加緊搜剿，以清餘孽，秦振夫對邵武民團，已分別整理改編保安隊，編餘人檢一律編組鏟共義勇隊，由各區長統轄指揮云。

【廣州二十五日電】余漢謀二十四日電總部，朱毛等匪衆自十九日起，犯我信豐東北各地，經我軍先後迎擊、將其擊潰，匪復傾全力犯古陂安息等地，圖突破封鎖陣綫，連日各路激戰猛烈，匪傷亡重大，我軍亦損失，又電，犯安息匪，破我迎擊不得逞，現向大塘鋪坪石線竄逃，我軍正追擊中，第一機隊偵報，贛匪西竄，被一集團各部分途迎擊，在安遠古陵新田韓坊信豐等線，二十日晨激戰，匪傷亡遍地，計約萬餘，第一軍參處電稱，朱毛彭林各匪首，率一三五七九各團二十三日進犯信豐新田韓坊協嶺各地，我軍結集主力截擊，信豐新田線匪受大創，斃匪數千，二十四日余漢謀電陳濟棠請，此次匪衆傾巢犯全線，勢甚披猖，請加調大軍入贛助

5. 南路剿匪军分三路进攻，信丰、新田线匪受大创，蒋鼎文电请南路协进，1934 年 10 月 26 日第 3 版（残）

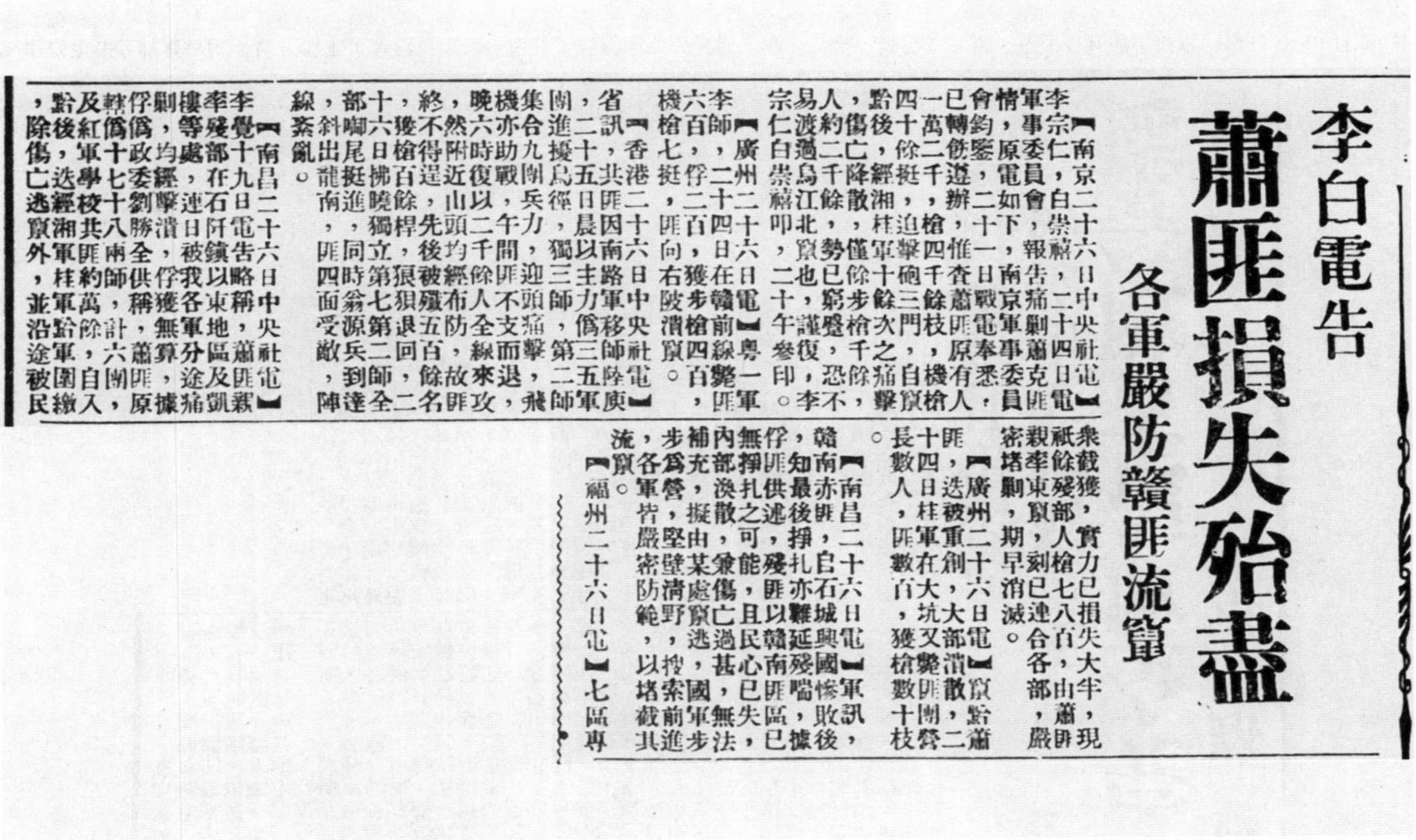

李白電告

蕭匪損失殆盡

各軍嚴防贛匪流竄

【南京二十六日中央社電】李宗仁，白崇禧，二十四日電軍事委員會，報告痛剿蕭克匪情，原電如下，南京軍事委員會鈞鑒，二十一日戰電奉悉，已轉飭遵辦，惟查蕭匪原有人一萬二千，槍四千餘枝，機槍四十餘挺，迫擊砲三門，自竄黔後，經湘桂軍十餘次之痛擊，傷亡降散，僅餘步槍千餘，人約二千餘，勢已窮蹙，恐不易渡過烏江北竄也，謹復，李宗仁白崇禧叩，二十午參印。

【廣州二十六日電】粵一軍李師，二十四日在贛前綫斃匪六百，俘二百，獲步槍四百，機槍七挺，匪向右陵潰竄。

【香港二十六日中央社電】省訊，共匪因南路軍移師陸庾，二十五日晨以主力僞三五軍團進援烏徑，獨三師，第二師集合九團兵力，迎頭痛擊，飛機亦助戰，午間匪不支而退，晚六時復以二千餘人全綫來攻，然附近山頭均經布防，故匪終不得逞，先後被殲五百餘名，獲槍百餘桿，狼狽退回，二十六日拂曉獨立第七第二師全部啣尾挺進，同時翁源兵到達，斜出龍南，匪四面受敵，陣綫紊亂。

【南昌二十六日中央社電】李覺十九日電告略稱，蕭匪竄率殘部在石阡鎮以東地區及凱樓等處，連日被我各軍分途痛剿，均經擊潰，俘獲無算，據俘僞政委劉勝全供稱，蕭匪原轄僞十七十八兩師，計六團，及紅軍學校共匪約萬餘，自入黔後，迭經湘軍桂軍黔軍圍繳，除傷亡逃竄外，並沿途被民

乘截獲，實力已損失大半，現祇餘殘部人槍七八百，由蕭匪親率東竄，刻已連合各部，嚴密堵剿，期早消滅。

【廣州二十六日電】竄黔蕭匪，迭被重創，大部潰散，二十四日桂軍在大坑又斃匪團營長數人，匪數百，獲槍數十枝。

【南昌二十六日電】軍訊，贛南赤匪，自石城興國慘敗後，據俘匪供逃，殘匪以贛南匪區已無挣扎之可能，且民心已失，內部渙散，兼傷亡過甚，無法補充，擬由某處竄逃，國軍步步爲營，堅壁清野，搜索前進，各軍皆嚴密防絶，以堵截其流竄。

【福州二十六日電】七區專

6. 李（宗仁）、白（崇禧）电告萧匪损失殆尽，各军严防赣匪流窜，1934 年 10 月 27 日第 3 版（残）

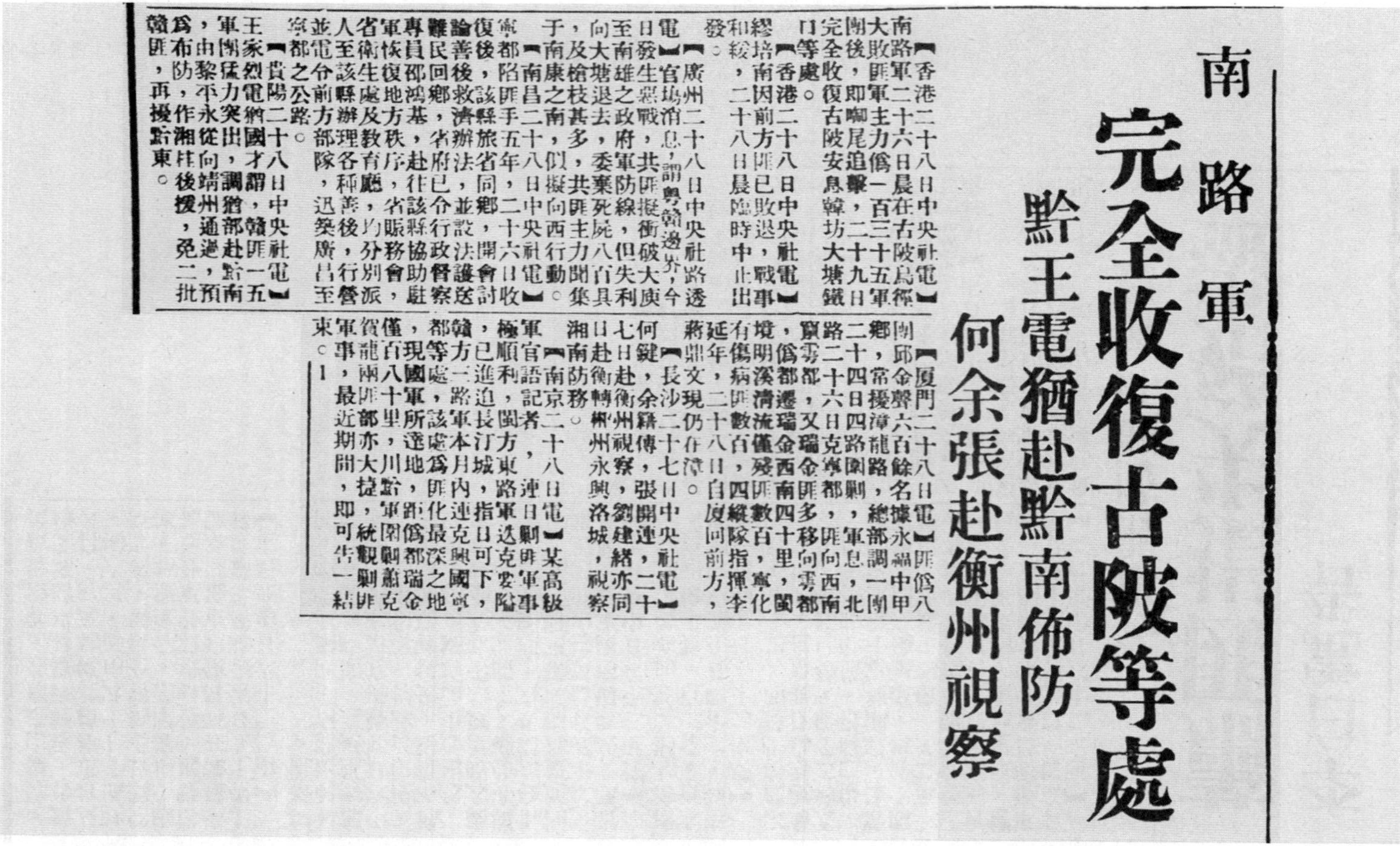

南路軍

完全收復古陂等處

黔王電猶赴黔南佈防

何余張赴衡州視察

【香港二十八日中央社電】南路軍二十六日晨在古陂烏稱大敗匪軍主力僞一百三十五軍閘後，即啣尾追擊，二十九日完全收復古陂、安息、韓坊、大塘、鐵口等處。

【香港二十八日中央社電】繆培南因前方匪已敗退，戰事和緩，二十八日晨臨時中止出發。

7. 南路军完全收复古陂等处，黔王（家烈）电犹（国才）赴黔南布防，何（键）、余（籍传）、张（开连）赴衡州视察，1934年10月29日第3版

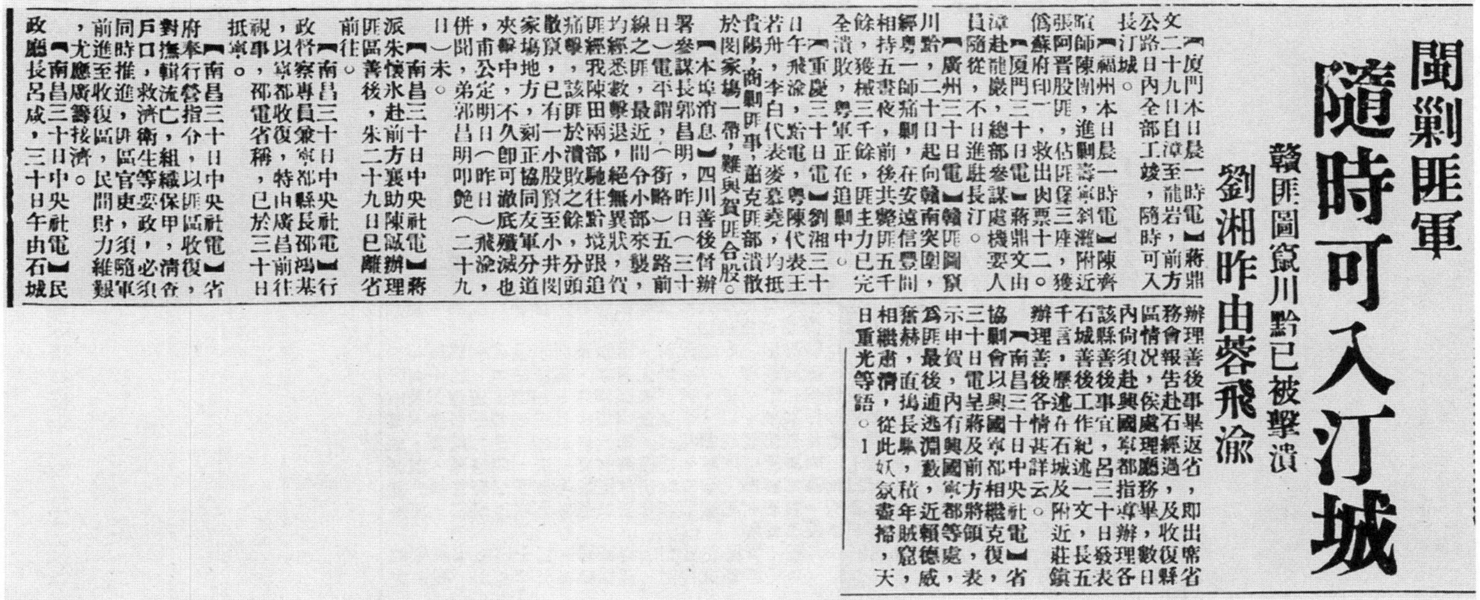
闽剿匪军
随时可入汀城
赣匪图窜川黔已被击溃
刘湘昨由蓉飞渝

8. 闽剿匪军随时可入汀城，赣匪图窜川黔已被击溃，刘湘昨由蓉飞渝，1934 年 10 月 31 日第 3 版

蔣鼎文下令總攻

長汀今日可收復

北路克瑞金亦在即

劉湘已抵渝即赴漢

【上海一日今晨一時三十分專電】厦電，蔣鼎文二十九日到龍岩，下令進攻長汀，三十日河田大軍全線向汀城推進，一日可克復，韓匪大部已越安遠信豐向大庾南雄逃竄，北路克瑞金亦在即。

【厦門三十一日電】頃總部續息，大軍前進，一日晨或晚準可克長汀城。

【上海一日今晨一時二十分專電】港電，匪向南康上猶入湘，南雄大庾信豐已無匪踪，繆培南召前線將領會議，決分三路追擊。

【廣州三十一日電】韓粵軍張師二十九日在青龍西南截擊共匪，戰半日匪潰，斃匪數百，匪竄雩都，現粵一軍聯絡各部，乘機直搗匪巢。

【廣州三十一日電】余漢謀三十日電總部，今晨拂曉，調雄庾間張師向大庾東北方堵剿，據報本晨遇匪數千於青龍高地，揮軍前進，匪據險頑抗，劇戰半日，匪不支潰退，又一縱隊參謀處報稱：一，匪結集主力二五萬，突圍西竄安遠，信豐南康諸役匪受重創，二十八日起匪主力退瑞金會昌雩都老巢，二，余縱隊長飭各部由南雄中墟進大庾信豐安遠南康諸線，互相聯絡，三，令前方機隊偵探共匪，護陸軍推進，樂昌讓報，匪首彭德懷，董振堂，蕭克匪，率偽一三五軍團二三萬，越南康大庾西竄上猶崇義，圖竄湘東，三十日前隊抵汝城境，粵北仁化樂昌震動，余軍長派警衛隊星夜開仁樂堵截，陳濟棠電湘何，韓匪南犯，經敝路軍擊退，據報大部匪轉贛西圖竄湘，請派隊堵截，敝軍准備追擊，又李宗仁白崇禧請派隊至桂湘邊堵截。

【南昌三十一日中央社電】陳誠電省稱，誠率所部已進駐寧都，城中居民甚多夾道歡迎，狀至熱烈，相顧之下，頗有重睹天日不勝欣慶之感，四郊農民均在收穫，喜形於色。

【重慶三十一日中央社電】四川剿匪總司令劉湘三十日偕其秘書長張必果，參軍張師九，王蘊之等由蓉飛渝，秘書謝明霄另乘成渝汽車同日到渝，隨劉赴漢。

【南昌三十一日中央社電】行營得李韞珩二十五日電，前派各部連日分途搜剿，各匿殘匪均被擊散，俘獲其衆，計在安福屬之山源，生擒偽連長部長所長等各一員，要匪二十餘名，奪獲機槍一挺，步槍二十枝，在小水等處獲步槍三枝，在永新屬之毛葉山搜獲偽兵工廠一所，得機件頗多，又搜索各深山匪巢，獲步槍五十餘枝，機槍四挺，另外擊潰伏匪一股，獲步槍十餘枝，現仍飭努力搜剿，以絕根株。

【南昌三十一日中央社電】呂咸定十一月二日赴吉安，由該處行政督察專員王有蘭偕行，擬先至興國，俟善後辦竣，再轉寧都，需時一月，始可返省。2

9. 蒋鼎文下令总攻，长汀今日可收复，北路克瑞金亦在即，刘湘已抵渝即赴汉，1934 年 11 月 1 日第 3 版

【上海一日今晨一時三十分專電】厦電，蔣鼎文二十九日到龍岩，下令進攻長汀，三十日河田大軍全線向汀城推進，一日可克復，贛匪大部已越安遠信豐向大庾南雄逃竄·北路克瑞金亦在即。

【厦門三十一日電】頃總部續息，大軍前進，一日晨或晚準可克長汀城。

【上海一日今晨一時二十分專電】港電，匪向南康上猶入湘，南雄大庾信豐已無匪踪，繆培南召前線將領會議，决分三路追擊。

【廣州三十一日電】贛粵軍張師二十九日在青龍西南截擊共匪，戰半日匪潰，斃匪數百，匪竄雩都，現粵一軍聯絡各部，乘機直搗匪巢。

【廣州三十一日電】余漢謀三十日電總部，今晨拂曉，調雄庾間張師向大庾東北方堵剿，據報本晨遇匪數千於青龍高地，揮軍前進，匪據險頑抗，劇戰半日，匪不支潰退，又一縱隊參謀處報稱：一，匪結集主力三五萬，突圍西竄安遠，信豐南康諸役匪受重創，二十八日起匪主力退瑞金會昌雩都老巢，二，余縱隊長飭各部由南雄中熾進大庾信豐安遠南康諸線，互相聯絡，三，令前方機隊偵探共匪，護陸軍推進，樂昌諜報，匪首彭德懷，董振堂，蕭克匪，率僞一三五軍團二三萬，越南康大庾西竄上猶崇義，圖竄湘東，三十日前隊抵汝城境，粵北仁化樂昌震動，余軍長派警衛隊星夜開仁樂堵截，陳濟棠電湘何，贛匪南犯，經敝路軍擊退，據報大部匪轉贛西圖竄湘，請派隊堵截，敝軍準備追擊，又李宗仁白崇禧請派隊至桂湘邊堵截。

【南昌三十一日中央社電】陳誠電省稱，誠率所部已進駐寧都，城中居民甚多夾道歡迎，狀至熱烈，相顧之下，頗有重睹天日不勝欣慶之感，四郊農民均在收穫，喜形於色。

【重慶三十一日中央社電】四川剿匪總司令劉湘三十日偕其秘書長張必果，參軍張斷九，王蘊之等由蓉飛渝，秘書謝明霄另乘成渝汽車同日到渝，隨劉赴漢。

【南昌三十一日中央社電】行營得李韞珩二十五日電，前派各部連日分途搜剿，各處殘匪均被擊散，俘獲甚衆，計在安福屬之山源，生擒僞連長部長所長等各一員，要匪二十餘名，奪獲機槍一挺，步槍二十枝，在小水等處獲步槍三枝，在永新屬之毛葉山搜獲僞兵工廠一所，得機件頗多，又搜索各深山匪巢，獲步槍五十餘枝，機槍四挺，另外擊潰伏匪一股，獲步槍十餘枝，現仍飭努力搜剿，以絕根株。

【南昌三十一日中央社電】呂咸定十一月二日赴吉安，由該處行政督察專員王有蘭偕行，擬先至興國，俟善後辦竣，再轉寧都，需時一月，始可返省。2

（局部图）

王家烈聯合猶國才
大舉在黔東堵剿
克長汀後殘匪向西竄
蕭匪偽師長龍靈被俘

【廣州二日電】黔王家烈率部在甕安指揮剿匪，近以贛二批匪擬竄黔，特與猶國才部聯合，大舉在黔東堵剿，不日肅清。

【成都二日電】王家烈電劉湘，蕭匪殘餘無多，請速飭所部切取聯絡，殲滅殘匪，賀匪竄至羊角腦，被川軍田旅擊退，遂跟蹤追擊。

【貴陽三十一日中央社電】猶國才電王家烈，已調所部專赴黔南黎平永從一帶，堵截蕭匪。

某方昨接劉湘來電云，（上略）五路宜漢前面之匪，復於二十七夜向我黃金口陣地猛攻，同時磨刀塘以左又發現股匪，當經我軍分別擊退，我軍仍保守原陣地，賀匪一股進竄西境，亦被我陳田部悉數擊潰，匪向濮河壩馮家塲協水嶺一帶潰竄，刻正尾追中，決可激底殲滅之也，餘情續達，劉湘東（一日）午。

【貴陽二日中央社電】蕭匪偽十八師長龍靈被俘，不日解陽，所部全被擊潰，現賀匪及夏曦本人，竄川省夕塘溪麻塘溪榮溪一帶。

【福州二日中央社電】蔣鼎文以閩贛匪區經我各路軍推進迅攻後，匪受困垓心，進退維谷，狀極恐慌，決爲督大軍前進擂剿。

【厦門二日電】東路軍第九師，一日午刻克長汀城，獲赤匪千餘人，宣傳品甚多，赤匪向西竄，長汀民衆歡迎我軍。

【南京二日電】軍訊，東路剿匪軍一日午攻佔長汀匪巢恳業已證實，匪主力消滅過半，殘部竄走寧都雩都一帶，先時已約定南路軍堵截，可期一鼓蕩平。

【上海今晨一時專電】贛行營撥費二萬元，辦理汀連善後，並令以工代賑，招撫難民返里。

【厦門二日電】李延年率九師三十六師一日午入汀城，俘殘匪數十名，其餘奔梟如小匪西竄，民衆夾道歡迎，七區專員林斯賢，隨軍入城，辦善後，汀城距瑞金僅八十里，如匪未盡西竄，將會北路攻瑞金，否則東路將暫止長汀，（按長汀民十八陷于匪，迄今六載）漳屬海澄縣山後社土匪，自稱義勇隊之黃河車，一日率部二百餘，三路襲入縣城，攻縣府，隊兵僅千餘，一部繳械，餘逃散，縣長簡業敬被執，旋即開獄縱犯，即日向山後社竄去，警隊長郭老夲馬存宮，聞警率隊追擊。

【廣州二日電】粵獨立第一軍，三十日夜在青龍東北，與偽九軍團匪七千餘接觸，三十一日匪不支，向池江橋江方面潰竄，又匪八百，三十一日由小河回竄古波，亦被粵葉師搜剿，斃匪百餘，俘五十餘，奪槍五十餘，現殘匪竄上猶，粵軍防地附近無匪踪。

【廣州二日電】余漢謀電稱：一，偽九軍團萬餘，在青龍附近與我張師激戰，竟日，匪不支向池江退，二，信豐葉師報告稱，偽三師由小河回竄古陂，被我鄧團往擊，斃匪百餘，殘餘西竄，總部息，贛匪南犯，經我中途出擊，斃匪甚多，大部殘餘向湘南逃竄，南路軍各防地，將無匪踪，匪探報，匪首彭德懷率萬餘，由上猶崇義竄湘，經與湘軍王東原部接觸，蕭[illegible]堂率匪七八千，抵桂東汝城，被劉建緒部截擊，戰情未悉，陳濟棠因贛匪西竄，令一縱隊各部分途追擊，繆培南駐南雄，固粵北防務，余漢謀駐樂昌，兼粵湘邊剿匪指揮，向湘南推進，與湘軍夾擊。1

10. 王家烈联合犹国才大举在黔东堵截，克长汀后残匪向西窜，萧匪“伪师长”龙灵被俘，1934 年 11 月 3 日第 3 版

党军日报

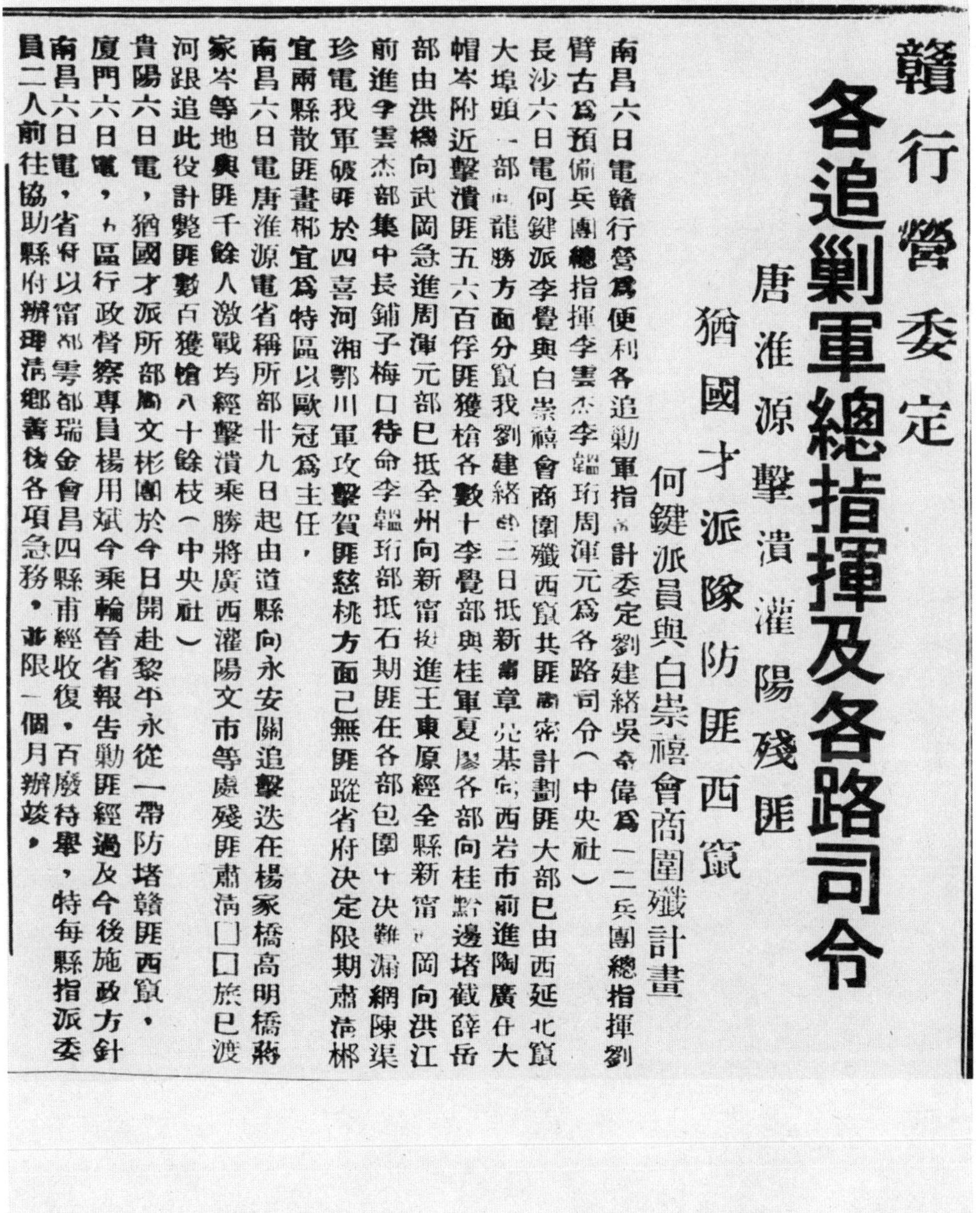

贛行營委定

各追剿軍總指揮及各路司令

唐淮源擊潰灌陽殘匪

猶國才派隊防匪西竄

何鍵派員與白崇禧會商圍殲計畫

南昌六日電贛行營爲便利各追剿軍指揮計委定劉建緒吳奇偉爲一二兵團總指揮劉膺古爲預備兵團總指揮李雲杰李韞珩周渾元爲各路司令（中央社）

長沙六日電何鍵派李覺與白崇禧會商圍殲西竄共匪商密計劃匪大部已由西延北竄大埠頭一部由龍勝方面分竄我劉建緒部三日抵新寧章亮基部西岩市前進陶廣部大帽岺附近擊潰匪五六百俘匪獲槍各數十李覺部與桂軍夏廖各部向桂黔邊堵截薛岳部由洪橋向武岡急進周渾元部已抵全州向新甯挺進王東原經全縣新甯武岡向洪江前進李雲杰部集中長鋪子梅口待命李韞珩部抵石期匪在各部包圍中決難漏網陳渠珍電我軍破匪於四喜河湘鄂川軍攻擊賀匪慈桃方面已無匪蹤省府決定限期肅清郴宜兩縣散匪畫郴宜爲特區以歐冠爲主任，

南昌六日電唐淮源電省稱所部廿九日起由道縣向永安關追擊迭在楊家橋高明橋蔣家岺等地與匪千餘人激戰均經擊潰乘勝將廣西灌陽文市等處殘匪肅清□□旅已渡河跟追此役計斃匪數百獲槍八十餘枝（中央社）

貴陽六日電，猶國才派所部周文彬團於今日開赴黎平永從一帶防堵贛匪西竄，

廈門六日電，九區行政督察專員楊用斌今乘輪晉省報告剿匪經過及今後施政方針

南昌六日電，省府以甯都雩都瑞金會昌四縣甫經收復，百廢待舉，特每縣指派委員二人前往協助縣府辦理清鄉善後各項急務，並限一個月辦竣，

1. 赣行营委定各追剿军总指挥及各路司令，唐淮源击溃灌阳残匪，犹国才派队防匪西窜，何键派员与白崇禧会商围歼计划，1934 年 12 月 7 日第 2 版

济南光华报

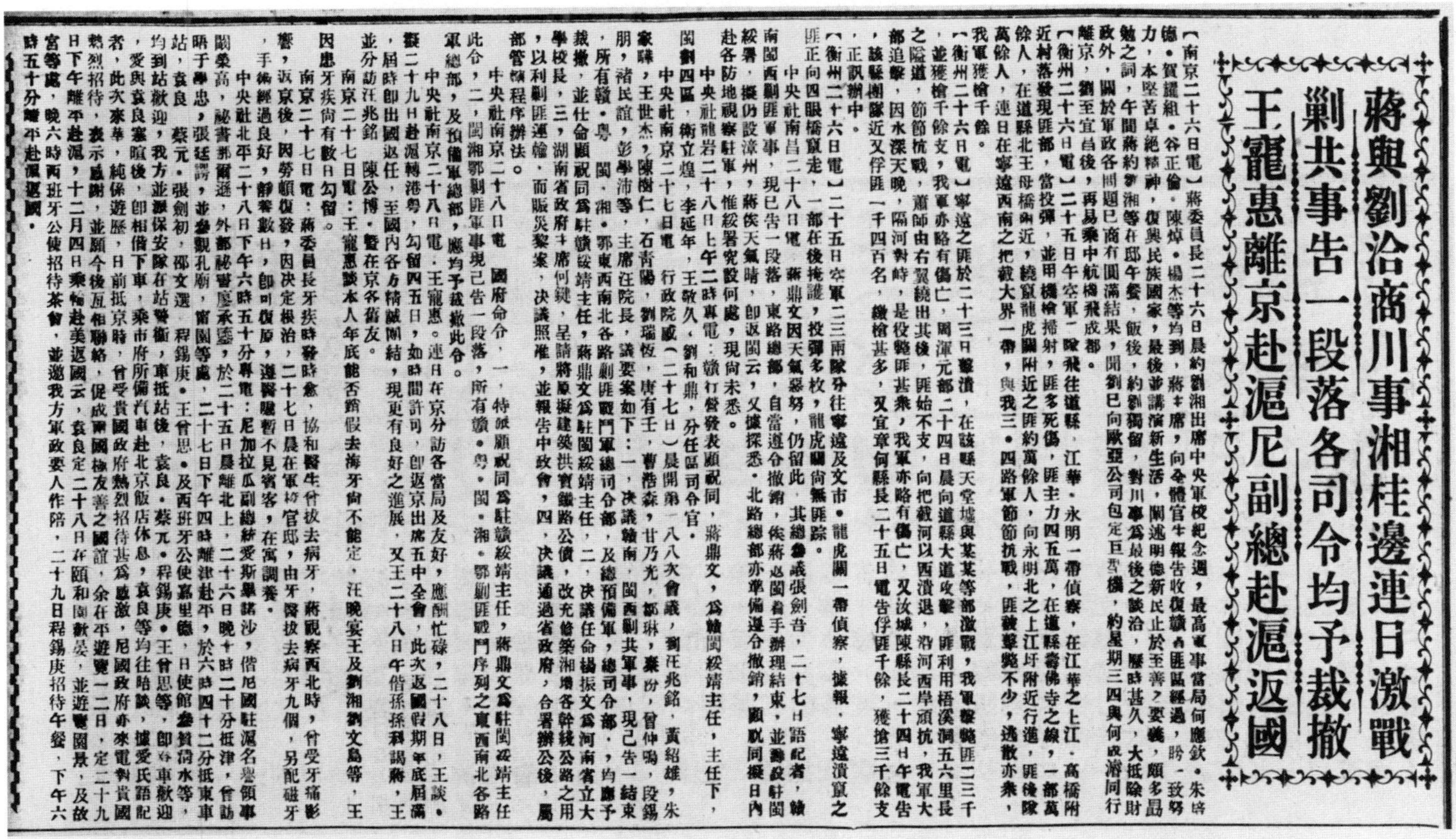

蔣與劉洽商川事湘桂邊連日激戰
剿共事告一段落各司令均予裁撤
王寵惠離京赴滬尼副總赴滬返國

【南京二十六日電】蔣委員長二十六日晨約劉湘出席中央軍校紀念週，最高軍事當局何應欽·朱培德·賀耀組·谷正倫·陳焯·楊杰等均到，蔣主席，向全體官生報告收復贛南匪區經過，盼一致努力，本堅苦卓絕精神，復興民族國家，最後並講演新生活，闡述明德新民止於至善之要義，頗多勗勉之詞，午間蔣約劉湘等在邸午餐，飯後，約劉獨留，對川事爲最後之談洽，歷時甚久，大抵除財政外，關於軍政各問題已商有圓滿結果，聞劉已向歐亞公司包定巨型機，約星期三四與何成濬同行離京，劉至宜昌後，再易乘中航機飛成都。

【衡州二十六日電】二十五日午空軍一隊飛往道縣·江華·永明一帶偵察，在江華之上江·高橋附近村落發現匪部，當投彈，並用機槍掃射，匪多死傷，匪主力四五萬，在道縣壽佛寺之線，一部萬餘人，在道縣北王母橋附近，繞竄龍虎關附近之匪約萬餘人，向永明北之上江圩附近行進，匪後隊萬餘人，連日在寧遠西南之把截大界一帶，與我三·四路軍節節抗戰，匪被擊斃不少，逃散亦衆，我軍獲槍千餘。

【衡州二十六日電】寧遠之匪於二十三日潰，在該縣天堂墟與某某等部激戰，我軍擊斃匪二三千，並獲槍千餘支，我軍亦略有傷亡，周渾元部二十四日晨向道縣大道攻擊，匪利用梧溪洞五六里長之隘道，節節抗戰，蕭師由右翼繞出其後，匪始不支，向把截河以西潰退，沿河西岸頑抗，我軍大部追擊，因水深天晚，隔河對峙，是役斃匪甚衆，我軍亦略有傷亡，又汝城陳縣長二十四日午電告，該縣團隊近又俘匪一千四百名，繳槍甚多，又宜章何縣長二十五日電告俘匪千餘，獲搶三千餘支，正訊辦中。

【衡州二十六日電】二十五日空軍一二三兩隊分往寧遠及文市·龍虎關一帶偵察，據報，寧遠潰竄之匪正向四眼橋竄走，一部在後掩護，投彈多枚，龍虎關尚無匪踪。

中央社南昌二十八日電 蔣鼎文因天氣惡劣，仍留此，其總參議張劍吾，二十七日語記者，贛南閩西剿匪軍事，現已告一段落，東路總部，自當遵令撤銷，俟蔣返閩着手辦理結束，並籌設駐閩綏署，擬仍設漳州，蔣俟天氣晴，即返閩云，又據探悉·北路總部亦準備遵令撤銷，顧祝同擬日內赴各防地視察駐軍，惟綏署究設何處，現尚未悉。

中央社龍岩二十八日上午二時專電：贛行營發表顧祝同，蔣鼎文，爲贛閩綏靖主任，主任下，閩劃四區，衛立煌，李延年，王敬久，劉和鼎，分任區司令官。

中央社南京二十七日電 行政院感（二十七日）晨開第一八八次會議，到汪兆銘，黃紹雄，朱家驊，王世杰，陳樹仁，石青陽，劉瑞恆，唐有壬，曹浩森，甘乃光，鄒琳，秦汾，曾仲鳴，段錫朋，諸民誼，彭學沛等，主席汪院長，議要案如下：一，決議贛南，閩西剿共軍事，現已告一結束，所有贛·粵·閩·湘·鄂東西南北各路剿匪戰鬥軍總司令部，及總預備軍，總司令部，均應予裁撤，並任命顧祝同爲駐贛綏靖主任，蔣鼎文爲駐閩綏靖主任，二，決議任命楊振文爲河南省立大學校長，三，湖南省政府主席何鍵，呈請將原擬建築拱實鐵路公債，改充修築湘境各幹綫公路之用，以利剿匪運輸，而賑災黎衆，決議照准，並報告中政會，四，決議通過省政府，合署辦公後，屬部管轄程序辦法。

中央社南京二十八日電 國府命令，一，特派顧祝同爲駐贛綏靖主任，蔣鼎文爲駐閩綏靖主任此令，二，閩湘鄂剿匪軍事現已告一段落，所有贛·粵·閩·湘·鄂剿匪戰鬥序列之東西南北各路軍總部，及預備軍總部，應均予裁撤此令。

中央社南京二十八日電．王寵惠。連日在京分訪各當局及友好，應酬忙碌，二十八日，王談·擬二十九日赴滬轉港粵，勾留四五日，如時間許可，即返京出席五中全會，此次返國假期年底屆滿，屆時即出國返任，至國內各方精誠團結，現更有良好之進展，又王二十八日午偕孫科謁蔣，王並分訪汪兆銘 陳公博·暨在京各舊友。

南京二十七日電：王寵惠談本人年底能否銷假去海牙尚不能定，汪晚宴王及劉湘劉文島等，王因患牙疾尚有數日勾留。

南京二十七日電：蔣委員長牙疾時發時愈，協和醫生曾拔去病牙，蔣觀察西北時，曾受牙痛影響，返京後，因勞頓復發，因決定根治，二十七日晨在軍校官邸，由牙醫拔去病牙九個，另配磁牙，手術經過良好，靜養數日，即可復原，遵醫囑暫不見賓客，在寓調養。

中央社北平二十八日下午六時五十分專電：尼加拉瓜副總統愛斯舉諾沙，偕尼國駐滬名譽領事闞桑高，秘書郭爾遜，外部秘書廖承鎏，於二十五日晨離北上，二十六日晚十時二十分抵津，曾訪晤于學忠，張廷諤，並參觀孔廟，甯園等處，二十七日下午四時離津赴平，於六時四十二分抵東車站，袁良·蔡元·張劍初，邵文選·程錫庚·王曾思·及西班牙公使嘉里德，日使館參贊若水等，均到站歡迎，我方並派保安隊在站警衛，車抵站後，袁良·蔡元·程錫庚·王曾思等，即登車歡迎，爰與袁良寒暄後，即相偕下車，乘市府所備汽車赴北京飯店休息，袁良等均往晤談，據愛氏語記者，此次來華，純係遊歷，日前抵京時，曾受貴國政府熱烈招待甚爲感激，尼國政府亦來電對貴國熱烈招待，表示感謝，並願今後互相聯絡，促成兩國極友善之國誼，余在平遊覽一二日，定二十九日下午離平赴滬，十二月四日乘輪赴美返國云，袁良定二十八日在頤和園歡晏，並遊覽園景，及故宮等處，晚六時西班牙公使招待茶會，並邀我方軍政要人作陪，二十九日程錫庚招待午餐，下午六時五十分離平赴滬返國。

4|3|2|1

1. 蒋（介石）与刘（湘）洽商川事湘桂边连日激战，剿共事告一段落各司令均予裁撤，王宠惠离京赴沪尼副总赴沪返国，1934 年 12 月 1 日第 2 版

蔣與劉洽商川事湘桂邊連日激戰

剿共事告一段落各司令均予裁撤

王寵惠離京赴滬尼副總赴滬返國

【南京二十六日電】蔣委員長二十六日晨約劉湘出席中央軍校紀念週，最高軍事當局何應欽·朱培德·賀耀組·谷正倫·陳焯·楊杰等均到，蔣主席，向全體官佐報告收復贛南匪區經過，盼一致努力，本堅苦卓絕精神，復興民族國家，最後並講演新生活，闡述明德新民止於至善之要義，頗多勗勉之詞，午間蔣約劉湘等在邸午餐，飯後，約劉獨留，對川事爲最後之談洽，歷時甚久，大抵除財政外，關於軍政各問題已商有圓滿結果，聞劉已向歐亞公司包定巨型機，約星期三四與何成濬同行離京，劉至宜昌後，再易乘中航機飛成都。

【衡州二十六日電】二十五日午空軍一隊飛往道縣、江華·永明一帶偵察，在江華之上江·高橋附

（局部图 1）

【衡州二十六日電】二十五日午空軍一隊飛往道縣、江華、永明一帶偵察，在江華之上江、高橋附近村落發現匪部，當投彈，並用機槍掃射，匪多死傷，匪主力四五萬，在道縣壽佛寺之線，一部萬餘人，在道縣北王母橋附近，繞竄龍虎關附近之匪約萬餘人，向永明北之上江圩附近行進，匪後隊萬餘人，連日在寧遠西南之把截大界一帶，與我三•四路軍節節抗戰，匪被擊斃不少，逃散亦衆，我軍獲槍千餘。

【衡州二十六日電】寧遠之匪於二十三日擊潰，在該縣天堂墟與某某等部激戰，我軍擊斃匪二三千，並獲槍千餘支，我軍亦略有傷亡，周渾元部二十四日晨向道縣大道攻擊，匪利用梧溪洞五六里長之隘道，節節抗戰，蕭師由右翼繞出其後，匪始不支，向把截河以西潰退，沿河西岸頑抗，我軍大部追擊，因水深天晚，隔河對峙，是役斃匪甚衆，我軍亦略有傷亡，又汝城陳縣長二十四日午電告，該縣團隊近又俘匪一千四百名，繳槍甚多，又宜章何縣長二十五日電告俘匪千餘，獲搶三千餘支，正訊辦中。

【衡州二十六日電】二十五日空軍二三兩隊分往寧遠及文市•龍虎關一帶偵察，據報、寧遠潰竄之匪正向四眼橋竄走，一部在後掩護，投彈多枚，龍虎關尚無匪踪。

中央社南昌二十八日電 蔣鼎文因天氣惡劣，仍留此，其總參議張劍吾，二十七日語記者，贛南閩西剿匪軍事，現已告一段落，東路總部，自當遵令撤銷，俟蔣必閩着手辦理結束，並籌設駐閩綏署，擬仍設漳州，蔣俟天氣晴，即返閩云，又據探悉•北路總部亦準備遵令撤銷，顧祝同擬日內赴各防地視察駐軍，惟綏署究設何處，現尚未悉。

中央社龍岩二十八日上午二時專電：贛行營發表顧祝同，蔣鼎文，爲贛閩綏靖主任，主任下，

（局部图 2）

中央社龍岩二十八日上午二時專電：贛行營發表顧祝同，蔣鼎文，爲贛閩綏靖主任，主任下，閩劃四區，衛立煌，李延年，王敬久、劉和鼎，分任區司令官。

中央社南京二十七日電 行政院處（二十七日）晨開第一八八次會議，到汪兆銘，黃紹雄，朱家驊，王世杰，陳樹仁，石青陽，劉瑞恆，唐有壬，曹浩森，甘乃光，鄒琳，秦汾，曾仲鳴，段錫朋，褚民誼，彭學沛等，主席汪院長，議要案如下：一，決議贛南，閩西剿共軍事，現己告一結束，所有贛・粵・閩，湘・鄂東西南北各路剿匪戰鬥軍總司令部，及總預備軍，總司令部・，均應予裁撤，並任命顧祝同爲駐贛綏靖主任，蔣鼎文爲駐閩綏靖主任，二，決議任命楊振文爲河南省立大學校長，三，湖南省政府主席何鍵，呈請將原擬建築洪寶鐵路公債，改充修築湘增各幹綫公路之用，以利剿匪運輸，而賑災黎案，決議照准，並報告中政會，四，決議通過省政府，合署辦公後，屬部管轄程序辦法。

中央社南京二十八日電 國府命令，一，特派顧祝同爲駐贛綏靖主任，蔣鼎文爲駐閩綏靖主任此令，二，閩湘鄂剿匪軍事現已告一段落，所有贛・粵・閩・湘・鄂剿匪戰鬥序列之東西南北各路軍總部，及預備軍總部，應均予裁撤此令。

中央社南京二十八日電．王寵惠。連日在京分訪各當局及友好，應酬忙碌，二十八日，王談・擬二十九日赴滬轉港粵，勾留四五日，如時間許可，即返京出席五中全會，此次返國假期年底屆滿，屆時即出國返任，至國內各方精誠團結，現更有良好之進展，又王二十八日午偕孫孫科謁蔣，王並分訪汪兆銘 陳公博・暨在京各舊友。

南京二十七日電：王寵惠談本人年底能否銷假去海牙尚不能定，汪晚宴王及劉湘劉文島等，王

（局部图 3）

南京二十七日電：王寵惠談本人年底能否銷假去海牙尚不能定，汪晚宴王及劉湘劉文島等，王因患牙疾尚有數日勾留。

南京二十七日電：蔣委員長牙疾時發時愈，協和醫生曾拔去病牙，蔣視察西北時，曾受牙痛影響，返京後，因勞頓復發，因決定根治，二十七日晨在軍校官邸，由牙醫拔去病牙九個，另配磁牙，手術經過良好，靜養數日，即可復原，遵醫囑暫不見賓客，在寓調養。

中央社北平二十八日下午六時五十分專電：尼加拉瓜副總統愛斯畢諾沙，偕尼國駐滬名譽領事闞榮高，祕書那爾遜，外部祕書廖承鎏，於二十五日晨離北上，二十六日晚十時二十分抵津，曾訪晤于學忠，張廷諤，並參觀孔廟，甯園等處，二十七日下午四時離津赴平，於六時四十二分抵東車站，袁良，蔡元，張劍初，邵文選，程錫庚，王曾思，及西班牙公使嘉里德，日使館參贊濱水等，均到站歡迎，我方並派保安隊在站警衛，車抵站後，袁良，蔡元，程錫庚，王曾思等，即登車歡迎，愛與袁良寒暄後，即相偕下車，乘市府所備汽車赴北京飯店休息，袁良等均往晤談，據愛氏語記者，此次來華，純係遊歷，日前抵京時，曾受貴國政府熱烈招待甚爲感激，尼國政府亦來電對貴國熱烈招待，表示感謝，並願今後互相聯絡，促成兩國極友善之國誼，余在平遊覽一二日，定二十九日下午離平赴滬，十二月四日乘輪赴美返國云，袁良定二十八日在頤和園歡晏，並遊覽園景，及故宮等處，晚六時西班牙公使招待茶會，並邀我方軍政要人作陪，二十九日程錫庚招待午餐，下午六時五十分離平赴滬返國。

（局部图 4）

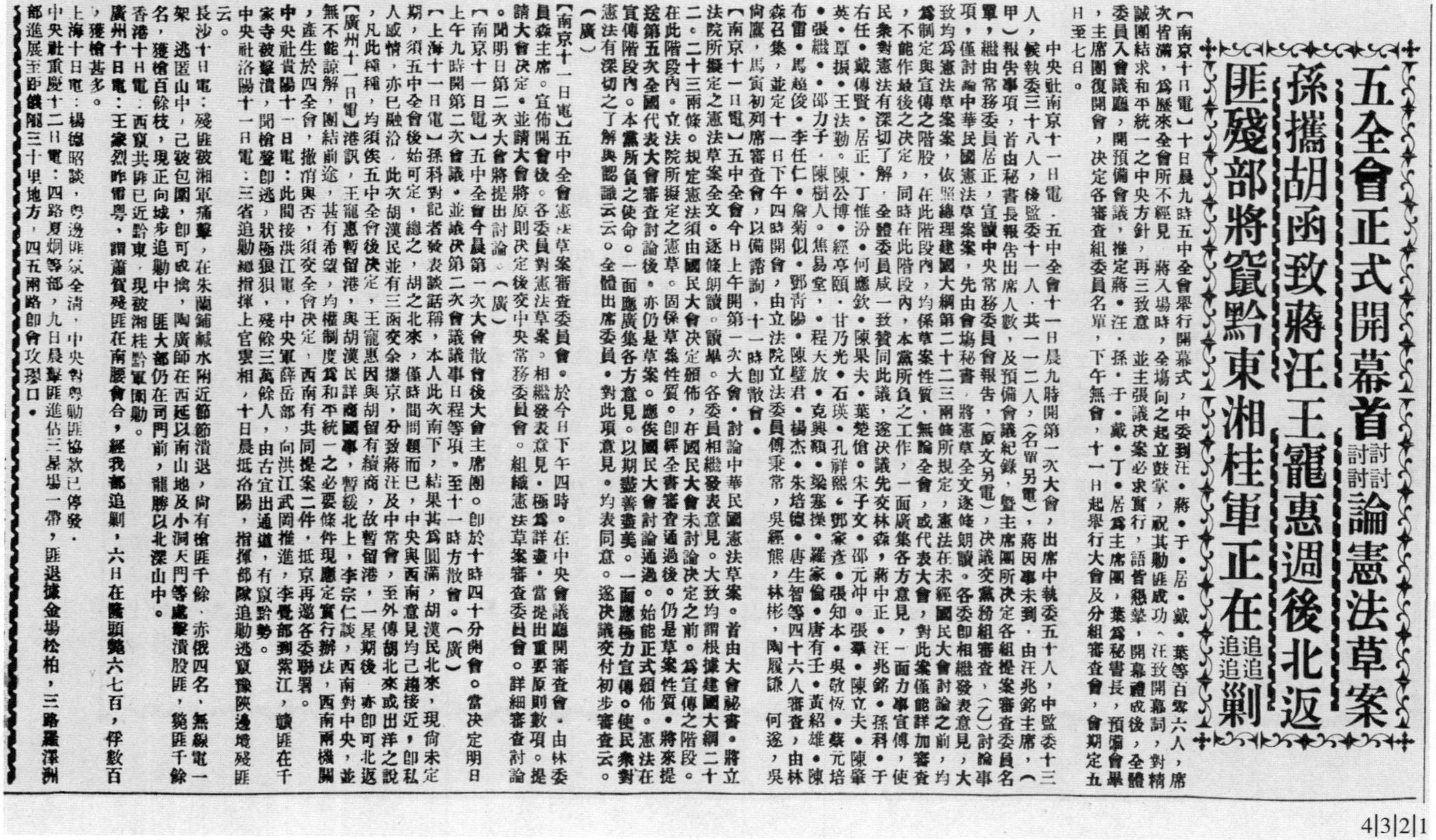

五全會正式開幕首討論憲法草案

孫攜胡函致蔣汪 王寵惠週後北返

匪殘部將竄黔東 湘桂軍正在追剿

【南京十日電】十日晨九時五中全會舉行開幕式，中委到汪・蔣・于・居・戴・葉等百零六人，席次皆滿，爲歷來全會所不經見　蔣入場時，全場向之起立鼓掌，祝其剿匪成功、汪致開幕詞，對精誠團結求和平統一之中央方針，再三致意　並主張議決案必求實行，語皆懇摯，開幕禮成後，全體委員入會議廳，開預備會議，推定蔣・汪・孫・于・戴・丁・居爲主席團，葉爲秘書長，預備會舉，主席團復開會，決定各審查組委員名單，下午無會，十一日起舉行大會及分組審查會，會期定五日至七日。

中央社南京十一日電．五中全會十一日晨九時開第一次大會，出席中執委五十八人，中監委十三人，候執委三十八人，候監委十一人．共一一二人，(名單另電)，蔣因事未到．由汪兆銘主席，(甲)報告事項，首由秘書長報告出席人數，及預備會議紀錄，暨主席團所決定各組提案審查委員名單，繼由常務委員居正，宣讀中央常務委員會報告，(原文另電)，決議交黨務組審查，(乙)討論事項，僅討論中華民國憲法草案案，先由會場秘書，將憲草全文逐條朗讀。各委即相繼發表意見，大致均爲憲法草案案，依照總理建國大綱第二十二三兩條所規定，憲法在未經國民大會討論之前，均爲制定與宣傳之階段，在此階段內，均係草案性質，無論全會，或代表大會，對此案僅能詳加審查，不能作最後之決定，同時在此階段內，本黨所負之工作，一面廣集各方意見，一面力事宣傳，使民衆對憲法有深切了解，全體委員咸一致贊同此議，遂決議先交林森，蔣中正・汪兆銘・孫科・于右任・戴傳賢・居正・丁惟汾・何應欽・陳果夫・葉楚傖。宋子文・邵元冲。張羣・陳立夫・陳肇英・覃振・王法勤。陳公博・經亨頤・甘乃光・石瑛・孔祥熙・鄧家彥・張知本・吳敬恒・蔡元培・張繼・邵力子．陳樹人。焦易堂，・程天放・克興額・梁寒操・羅家倫・唐有壬・黃紹雄・陳布雷・馬超俊・李任仁・詹菊似・鄧青陽・陳壁君・楊杰・朱培德・唐生智等四十六人審查，由林森召集，並定十一日下午四時開會，由立法院立法委員傅秉常，吳經熊，林彬，陶履謙　何遂，吳尚鷹，馬寅初列席審查會，以備諮詢，十一時卽散會・

【南京十一日電】五中全會今日上午開第一次大會．討論中華民國憲法草案。首由大會秘書．將立法院所擬定之憲法草案全文。逐條朗讀。讀畢。各委員相繼發表意見。大致均謂根據建國大綱二十二。二十三兩條。規定憲法須由國民大會決定頒佈，在國民大會未討論決定之前。爲宣傳之階段。在此階段內。立法院所擬定之憲草。固係草案性質。卽經全會審查通過後。仍是草案性質・將來提送第五次全國代表大會審查討論後。亦仍是草案。應俟國民大會討論通過。始能正式頒佈。憲法在宣傳階段內。本黨所負之使命。一面應廣集各方意見。以期盡善盡美。一面應極力宣傳。使民衆對憲法有深切之了解與認識云云。全體出席委員・對此項意見。均表同意。遂決議交付初步審查云。(廣)

【南京十一日電】五中全會憲法草案審查委員會。於今日下午四時。在中央會議廳開審查會・由林委員森主席。宣佈開會後。各委員對憲法草案。相繼發表意見・極爲詳盡・當提出重要原則數項。提請大會決定。並請大會將原則決定後交中央常務委員會。組織憲法草案審查委員會。詳細審查討論。聞明日第二次大會將提出討論。(廣)

【南京十一日電】五中全會今晨第一次大會散會後大會主席團。卽於十時四十分開會。當決定明日上午九時開第二次會議。並議決第二次會議議事日程等項。至十一時方散會。(廣)

【上海十一日電】孫科對記者發表談話稱，本人此次南下，結果甚爲圓滿，胡漢民北來，現尙未定期，須五中全會後始可定，總之，胡之北來，僅時間問題而已，中央與西南意見均己趨接近，卽私人感情，亦已融洽，此次胡漢民並有三函交余攜京，分致蔣汪及中常會，至外傳胡北來或出洋之說，凡此種種，均須俟五中全會後決定，王寵惠因與胡留有續商，故暫留港，一星期後　亦卽可北返

【廣州十一日電】港訊，王寵惠暫留港，與胡漢民詳商國事，暫緩北上，李宗仁談，西南對中央，並無不能諒解，團結前途，甚有希望，均權制度爲和平統一之必要條件，西南兩機關，產生於四全會，撤消與否，須交全會決定，西南有共同提案二件，抵京再邀各委聯署。

中央社貴陽十一日電：此間接洪江電，中央軍薛岳部，向洪江武岡推進，李覺部到紫江，贛匪在千家寺被擊潰，聞槍聲卽逃，狀極狼狽，殘餘三萬餘人，由古宜出通道，有竄黔勢。

中央社洛陽十一日電：三省追剿總指揮上官雲相，十日晨抵洛陽，指揮部隊追剿逃竄豫陝邊境殘匪云。

長沙十日電：殘匪被湘軍痛擊，在朱蘭鋪鹹水附近節節潰退，尙有槍匪千餘、赤俄四名、無線電一架　逃匿山中，已被包圍，卽可成擒，陶廣師在西延以南山地及小洞天門等處擊潰股匪，斃匪千餘名，獲槍百餘枝，現正向城步追剿中　匪大部仍在司門前，龍勝以北深山中。

香港十日電：西竄共匪已近黔東，現被湘桂黔軍圍剿。

廣州十日電：王家烈昨電粵，謂蕭賀殘匪在南腰會合，經我部追剿，六日在鷹頭斃六七百，俘數百，獲槍甚多。

上海十日電：楊德昭談，粵邊匪氛全清，中央對粵勦匪協款已停發．

中央社重慶十二日電：四路夏炯等部，九日晨擊匪進佔三星場一帶，匪退據金場松柏，三路羅澤洲部進展至距鐵隔三十里地方，四五兩路卽會攻瑯口・

4|3|2|1

2. 五全会正式开幕首讨论宪法草案，孙（科）携胡（汉民）函致蒋（介石）、汪（精卫），王宠惠周后北返，匪残部将窜黔东湘桂军正在追剿，1934 年 12 月 15 日第 2 版

五全會正式開幕首討討討討論憲法草案

孫攜胡函致蔣汪王寵惠週後北返

匪殘部將竄黔東湘桂軍正在追追追追剿

【南京十日電】十日晨九時五中全會舉行開幕式，中委到汪•蔣•于•居•戴•葉等百零六人，席次皆滿，爲歷來全會所不經見．蔣入場時，全場向之起立鼓掌，祝其勦匪成功、汪致開幕詞，對精誠團結求和平統一之中央方針，再三致意 並主張議決案必求實行，語皆懇摯，開幕禮成後，全體委員入會議廳，開預備會議，推定蔣•汪•孫•于•戴•丁•居爲主席團，葉爲秘書長，預備會舉，主席團復開會，決定各審查組委員名單，下午無會，十一日起舉行大會及分組審查會，會期定五日至七日。

（局部图 1）

日至七日。

中央社南京十一日電．五中全會十一日晨九時開第一次大會，出席中執委五十八人，中監委十三人，候執委三十八人，候監委十一人．共一一二人，(名單另電)，蔣因事未到．由汪兆銘主席，(甲)報告事項，首由秘書長報告出席人數，及預備會議紀錄，暨主席團所決定各組提案審查委員名單，繼由常務委員居正，宣讀中央常務委員會報告，(原文另電)，決議交黨務組審查，(乙)討論事項，僅討論中華民國憲法草案案，先由會場秘書，將憲草全文逐條朗讀。各委即相繼發表意見，大致均爲憲法草案案，依照總理建國大綱第二十二三兩條所規定，憲法在未經國民大會討論之前，均爲制定與宣傳之階股，在此階段內，均係草案性質，無論全會，或代表大會，對此案僅能詳加審查，不能作最後之決定，同時在此階段內，本黨所負之工作，一面廣集各方意見，一面力事宣傳，使民衆對憲法有深切了解，全體委員咸一致贊同此議，遂決議先交林森，蔣中正•汪兆銘•孫科•于右任•戴傳賢•居正•丁惟汾•何應欽•陳果夫•葉楚傖。宋子文•邵元冲。張羣•陳立夫•陳肇英•覃振•王法勤。陳公博•經亨頤•甘乃光•石瑛•孔祥熙•鄧家彥•張知本•吳敬恆•蔡元培•張繼•邵力子•陳樹人。焦易堂，•程天放•克興額•梁寒操•羅家倫•唐有壬•黃紹雄•陳布雷•馬超俊•李任仁•詹菊似•鄧青陽•陳璧君•楊杰•朱培德•唐生智等四十六人審查，由林森召集，並定十一日下午四時開會，由立法院立法委員傅秉常，吳經熊，林彬，陶履謙 何遂，吳尚鷹，馬寅初列席審查會，以備諮詢，十一時即散會•

【南京十一日電】五中全會今日上午開第一次大會•討論中華民國憲法草案。首由大會秘書•將立法院所擬定之憲法草案全文。逐條朗讀。讀畢。各委員相繼發表意見。大致均謂根據建國大綱二十二。二十三兩條。規定憲法須由國民大會決定頒佈，在國民大會未討論決定之前。爲宣傳之階段。在此階段內。立法院所擬定之憲草。固係草案性質。即經全會審查通過後。仍是草案性質•將來提送第五次全國代表大會審查討論後。亦仍是草案。應俟國民大會討論通過。始能正式頒佈。憲法在宜傳階段內。本黨所負之使命。一面應廣集各方意見。以期盡善盡美。一面應極力宣傳。使民衆對憲法有深切之了解與認識云云。全體出席委員•對此項意見。均表同意。遂決議交付初步審查云。(廣)

(局部图 2)

（廣）

【南京十一日電】五中全會憲法草案審查委員會。於今日下午四時。在中央會議廳開審查會。由林委員森主席。宣佈開會後。各委員對憲法草案。相繼發表意見。極爲詳盡。當提出重要原則數項。提請大會決定。並請大會將原則決定後交中央常務委員會。組織憲法草案審查委員會。詳細審查討論。聞明日第二次大會將提出討論。（廣）

【南京十一日電】五中全會今晨第一次大會散會後大會主席團。卽於十時四十分開會。當決定明日上午九時開第二次會議。並議決第二次會議議事日程等項。至十一時方散會。（廣）

【上海十一日電】孫科對記者發表談話稱，本人此次南下，結果甚爲圓滿，胡漢民北來，現尚未定期，須五中全會後始可定，總之，胡之北來，僅時間問題而已，中央與西南意見均已趨接近，卽私人感情，亦已融洽，此次胡漢民並有三函交余攜京，分致蔣汪及中常會，至外傳胡北來或出洋之說，凡此種種，均須俟五中全會後決定，王寵惠因與胡留有續商，故暫留港，一星期後．亦卽可北返

【廣州十一日電】港訊，王寵惠暫留港，與胡漢民詳商國事，暫緩北上，李宗仁談，西南對中央，並無不能諒解，團結前途，甚有希望，均權制度爲和平統一之必要條件現應定實行辦法，西南兩機關，產生於四全會，撤消與否，須交全會決定，西南有共同提案二件，抵京再邀各委聯署。

中央社貴陽十一日電：此間接洪江電，中央軍薛岳部，向洪江武岡推進，李覺部到紫江，贛匪在千家寺被擊潰，聞槍聲卽逃，狀極狼狽，殘餘三萬餘人，由古宜出通道，有竄黔勢。

中央社洛陽十一日電：三省追剿總指揮上官雲相，十日晨抵洛陽，指揮部隊追剿逃竄豫陝邊境殘匪云。

（局部图 3）

云。

長沙十日電：殘匪被湘軍痛擊，在朱蘭鋪鹹水附近節節潰退，尚有槍匪千餘、赤俄四名、無線電一架逃匿山中，已被包圍，即可成擒，陶廣師在西延以南山地及小洞天門等處擊潰股匪，斃匪千餘名，獲槍百餘枝，現正向城步追勦中 匪大部仍在司門前，龍勝以北深山中。

香港十日電：西竄共匪已近黔東，現被湘桂黔軍圍勦。

廣州十日電：王家烈昨電粵，謂蕭賀殘匪在南腰會合，經我部追剿，六日在隘頭斃六七百，俘數百，獲槍甚多。

上海十日電：楊德昭談，粵邊匪氛全清，中央對粵勦匪協款已停發。

中央社重慶十二日電：四路夏炯等部，九日晨擊匪進佔三星場一帶，匪退據金場松柏，三路羅澤洲部進展至距儀隴三十里地方，四五兩路即會攻瑯口。

（局部图 4）

立法院續議民法剿匪軍克復通道
英使館籌備南遷灤東日軍又調增
區芳浦轉浙謁蔣王寵惠北返覆命

中央社南京十八日電：立法院十八日晨，接開八五次會，到陳肇英六九人，孫主席，續議，討論事項(六)本院法制委員會，會同自治法委會，報告審查修正縣組織法施行法案，決議照審查報告，將縣組織施行法修改為縣自治法施行法，並照原案二讀修正通過，(七)本院法委會，會同自治法委會，報告審查修正市組織法案，決議，照審查報告，將市組織法修改為市自治法，并照原草案二讀修正通過，又以上兩案，經主席指定黃右昌等五委，再整理文字，提會討論。十二時宣告休會，下午續議。

中央社南京十八日電　立法院十八日下午二時半續議，討論事項(八)本院法治委會，會同自治委會，報告起草市自治法施行法草案案，決議照草案二讀修正通過，交黃右昌等整理文字，一并提會討論，旋即審議民事訴訟法修正案草案案，首由羅鼎報告修正經過，略謂，自中央決定法院採三級三審制後，故有修改民刑訴訟法必要，民訴修正要點，不外擴充假執行範圍，限制上訴案利益額及集中辯論等，修正目的在使訴訟程序趨簡便，兩造爭執迅速解決，修正案三分二條文為現行法原條文，餘則為此次重新修正者，言畢，開始討論第一編二四三條，全照修正案二讀修正通過，定十九日續議。

中央社南京十八日電：立法院，十八日通過之市自治法草案，計九章七十條，討論市政府之組織，市議員之給與等問題時，各委爭辯甚烈，結果市府仍設計會，公安，財政，工務，教育，衛生六局，必要時得增設地用，公用，港務等局，如因地方特殊情形，亦得將六局合併，惟設局之市府，以首都及人口在百萬以上之市為限，除以設科為原則，至市議員之給與草案，原定為無給職，主席以市議員若為無給職，不啻限制勞工競選，將來市議員之名額，必為富有者所包辦，故主張市議員在開會期內，得酌給公費，俾一般勞工羣衆獲選時，不致有枵腹從公之虞，結果全體一致贊成通過。

中央社長沙十九日電：竄通道之匪，經我軍堵擊，分經新廠渠路口竄入黔境，一部抵老錫屏，一部竄吐劍河，我劉總指揮建緒，率王東原師，十五日午抵靖縣，當以王師及何平部，趕築靖會間，及靖綏間碉堡，五三及廿六兩師向綏寧急進，陳，陶，章三師，元(十三日)在岩門舖菁蕪洲各役，共斃匪數百，俘百餘，獲槍二百餘，暨十三日各部齊向通道進攻，激戰半日後，復斃匪千餘，俘二百餘，獲槍三百餘枝，於未刻收復通道城，匪大部分向新廠潰竄，我陳光中師當即尾匪追剿，我陶廣覺亮基兩師，由牙屯堡雙江口向湘黔邊境追擊　十五日陳師追抵新廠附近，與匪激戰，章師亦趕到新廠及溶洞渥之綫，我薛總指揮岳已進駐黛陽砦，令各師分向湘黔邊界之芷江，玉屏，同仁，天柱一帶，推進堵擊。

中央社長沙十九日電：賀蕭兩匪大部，十四日，十五等日竄抵沅陵東面之洞庭溪近，一部分竄桃源西南之丁家坊等處，圖犯桃源，我劉司令運乾所部，現布置漆家河一帶，羅啓疆旅向三陽港進勦，我陳長渠珍率部十五日進駐乾城。

長沙十七日電：湘軍陳，章，陶各師，進擊岩門舖，倉水界，臨口，菁蕪洲之匪，大獲全勝，斃匪千餘，俘匪數百，獲槍百餘枝，匪狼狽潰退，十四日各師齊向通道攻剿，與匪主力遭遇，發生激烈戰事，軍隊奮不顧身，猛烈攻擊，激戰半日，匪部全線總潰退　當場斃匪三千餘人，內多重要匪首，俘匪五百餘，獲槍三百餘枝，當於未刻完全收復通道縣城，匪損失奇重，精銳喪失殆盡，殘匪向新廠方面潰竄，湘軍正追剿中，又據前方十六日成劉電稱，十五日某師追抵新廠，與匪有激戰，某師亦趕到新廠附近，協同包圍殘匪，即可全部解決，劉建緒進駐靖縣督剿，偽三十四師長陳樹香確被戚儆俠部生擒，因腹部受有重傷，解至中途斃命，又劉建文部在岩寨，長安營等處斃匪甚多，俘匪營長以下百餘名。

長沙十七日電：據常德十五日電稱，犯辰州之匪大股向辰東逃竄，其主力有企圖渡過沅水南岸模樣，我羅啓疆旅已由某地推進攻剿，又陳渠珍進駐乾城，率部截擊賀殘匪，辰州，桃源防務鞏固。

廣州十八日電：黔訊，王家烈已將剿共計劃佈置妥善，十三日出發重安督師，猶國材部一二日可抵黎平，永從，候之擔部集中貴陽，候命開拔，據桂空軍探悉，匪三五兩軍團十二日晚進竄龍勝，即由黔桂軍迎擊，並用空軍轟炸，匪向湘邊潰退。

3. 立法院续议民法剿匪军克复通道，英使馆筹备南迁滦东日军又调增，区芳浦转浙谒蒋（介石）王宠惠北返复命，1934 年 12 月 22 日第 2 版

立法院續議民法剿匪軍克復通道

英使館籌備南遷灤東日軍又調增

區芳芳芳芳浦轉浙謁蔣王寵惠北返覆命

中央社南京十八日電：立法院十八日晨，接開八五次會，到陳肇英六九人，孫主席，續議，討論事項（六）本院法制委員會，會同自治法委會，報告審查修正縣組織法施行法案，決議照審查報告，將縣組織施行法修改爲縣自治法施行法，並照原案二讀修正通過，（七）本院法委會，會同自治法委會，報告審查修正市組織法案，決議，照審查報告，將市組織法修改爲市自治法，幷照原草案二讀修正通過，又以上兩案，經主席指定黃右昌等五委，再整理文字，提會討論。十二時宣告休會，下午續議。

中央社南京十八日電　立法院十八日下午二時半續議，討論事項（八）本院法治委會，會同自治委會，報告起草市自治法施行法草案案，決議照草案二讀修正通過，交黃右昌等整理文字，一幷提會討論，旋卽審議民事訴訟法修正案草案案，首由羅鼎報告修正經過，略謂，自中央決定法院採三級三審制後，故有修改民刑訴訟法必要，民訴修正要點，不外擴充假執行範圍，限制上訴案利益額及集中辨論等，修正目的在使訴訟程序趨簡便，兩造爭執迅速解決，修正案三分二條文爲現行法原條文，餘則爲此次重新修正者，言畢，開始討論第一編二四三條，全照修正案二讀修正通過，定十九日續議。

中央社南京十八日電：立法院，十八日通過之市自治法草案，計九章七十條，討論市政府之組織，市議員之給與等問題時，各委爭辯甚烈，結果市府仍設計會，公安，財政，工務，教育，衛生六局，必要時得增設地用，公用，港務等局，如因地方特殊情形，亦得將六局合併，惟設局之市府，以首都及人口在百萬以上之市爲限，除以設科爲原則，至市議員之給與草案，原定爲無給職，主

（局部图 1）

，以首都及人口在百萬以上之市爲限，除以設科爲原則，至市議員之給與草案，原定爲無給職．主席以市議員若爲無給職，不啻限制勞工競選，將來市議員之名額，必爲富有者所包辦，故主張市議員在開會期內，得酌給公費，俾一般勞工羣衆獲選時，不致有枵腹從公之虞，結果全體一致贊成通過。

中央社長沙十九日電：竄通道之匪，經我軍堵擊，分經新廠渭路口竄入黔境，一部抵老錦屏，一部竄吐劍河，我劉總指揮建緒，率王東原師，十五日午抵靖縣，當以王師及何平部，趕築靖會間，及靖綏間碉堡，五三及廿六兩師向綏寧急進，陳，陶，章三師，元（十三日）在岩門鋪菁蕪洲各役，共斃匪數百，俘百餘 獲槍二百餘，暨十三日各部齊向通道進攻，激戰半日後，復斃匪千餘，俘二百餘，獲槍三百餘枝，於未刻收復通道城，匪大部分向新廠潰竄，我陳光中師 當即尾匪追剿，我陶廣覓亮基兩師，由牙屯堡雙江口向湘黔邊境追擊 十五日陳師追抵新廠附近，與匪激戰，章師亦趕到新廠及溶洞渥之綫，我薛總指揮岳已進駐黛陽砦，令各師分向湘黔邊界之芷江，玉屏，同仁，天柱一帶，推進堵擊。

中央社長沙十九日電：賀蕭兩匪大部，十四日，十五等日竄抵沅陵東面之洞庭溪近，一部分竄桃源西南之丁家坊等處，圖犯桃源，我劉司令運乾所部，現布置漆家河一帶，羅啓疆旅向三陽港進勦，我陳長渠珍率部十五日進駐乾城。

長沙十七日電：湘軍陳，章，陶各師，進擊岩門鋪，倉水界，臨口，菁蕪洲之匪，大獲全勝，斃匪千餘，俘匪數百，獲槍百餘枝，匪狼狽潰退，十四日各師齊向通道攻勦，與匪主力遭遇，發生激烈戰事，軍隊奮不顧身，猛烈攻擊，激戰半日，匪部全線總潰退 當場斃匪三千餘人，內多重要匪首，俘匪五百餘，獲槍三百餘枝，當於未刻完全收復通道縣城，匪損失奇重，精銳喪失殆盡，殘匪向新廠方面潰竄，湘軍正追勦中，又據前方十六日成劉電稱，十五日某師追抵新廠 與匪有激戰，某師亦趕到新廠附近，協同包圍殘匪，即可全部解決，劉建緒進駐靖縣督勦，僞三十四師長陳樹香確被戚鐵俠部生擒，因腹部受有重傷，解至中途斃命，又劉建文部在岩寨，長安營等處斃匪甚多，俘匪營長以下百餘名。

長沙十七日電：據常德十五日督稱，犯辰州之匪大股向辰東逃竄，其主力有企圖渡過沅水南岸模樣，我羅啓疆旅已由某地推進攻勦，又陳渠珍進駐乾城，率部截擊賀殘匪，辰州，桃源防務鞏固

廣州十八日電：黔訊，王家烈已將勦共計劃佈置妥善，十三日出發重安督師，猶國材部一二日可抵黎平，永從，候之擔部集中貴陽，候命開拔，據桂空軍探悉，匪三五兩軍團十二日晚進窺龍勝，即由黔桂軍迎擊，並用空軍轟炸，匪向湘邊潰退。

（局部图 2）

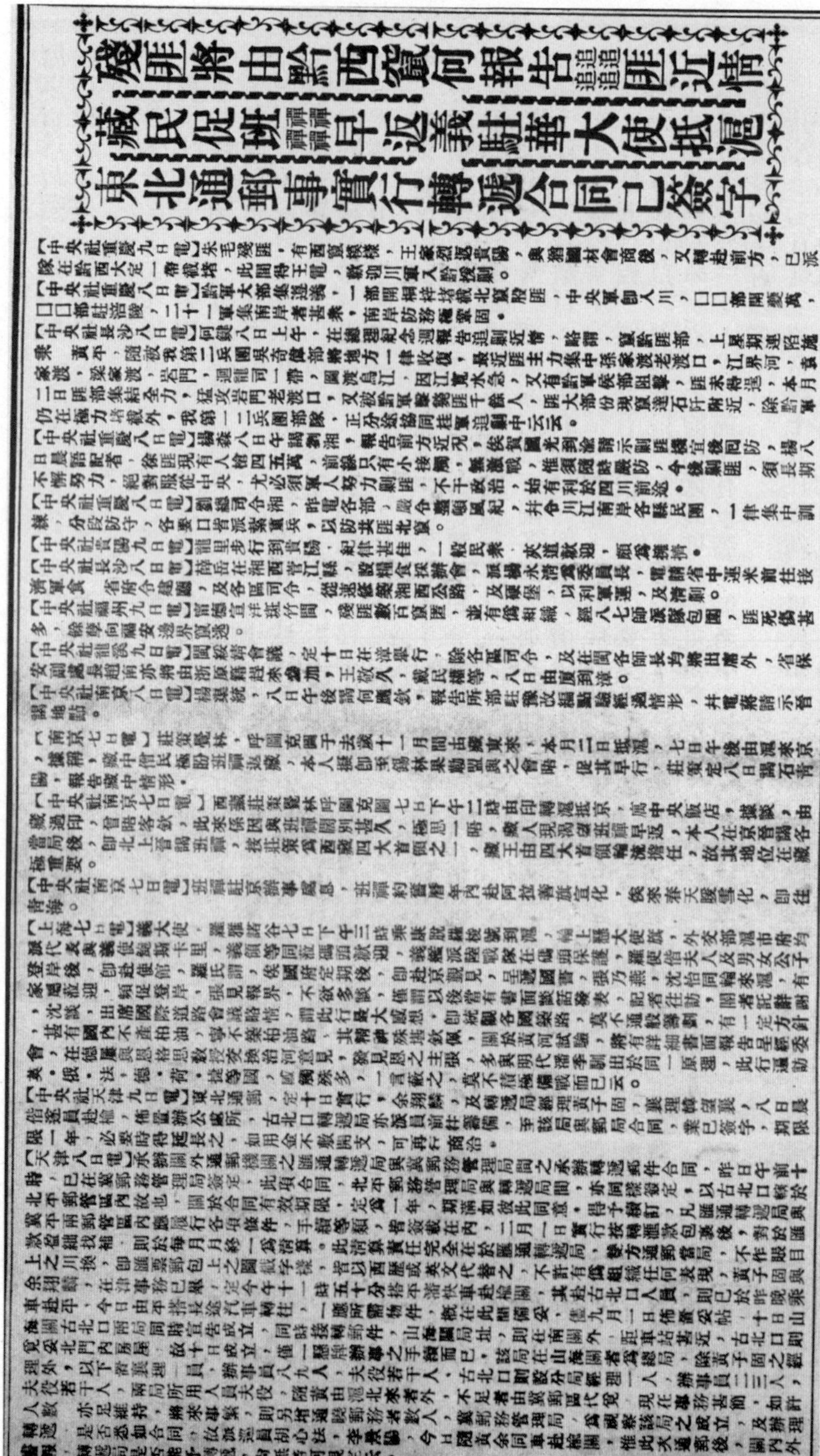

殘匪將由黔西竄何報告追匪近情

藏民促班禪早返 義駐華大使抵滬

東北通郵事實行 轉遞合同已簽字

4|3|2|1

4. 残匪将由黔西窜何（键）报告追匪近情，藏民促班禅早返义驻华大使抵沪，东北通邮事实行转递合同已签字，1935 年 1 月 12 日第 2 版

殘匪將由黔西竄何報告追匪近情

藏民促班禪早返

義駐華大使抵滬

東北通郵事實行轉遞合同已簽字

【中央社重慶九日電】朱毛殘匪，有西竄模樣，王家烈返貴陽，與猶國材會商後，又轉赴前方，已派隊在黔西大定一帶截堵，此間得王電，歡迎川軍入黔援剿。

【中央社重慶八日電】黔軍大部集遵義，一部開桐梓堵截北竄股匪，中央軍即入川，口口部開夔萬，口口部駐涪陵，二十一軍集南岸者甚衆，南岸防務甚鞏固。

【中央社長沙八日電】何鍵八日上午，在總理紀念週報告追剿近情，略謂，竄黔匪部，上星期連陷施秉、黃平，隨被我第二兵團吳奇偉部將地方一律收復，最近匪主力集中孫家渡老渡口，江界河，袁家渡，梁家渡，岩門，迴龍司一帶，圖渡烏江，因江寬水急，又有黔軍侯部阻擊，匪未得逞，本月二日匪部集結全力，猛攻岩門老渡口，又被黔軍擊斃匪千餘人，匪大部份現竄達石阡附近，除黔軍

（局部图 1）

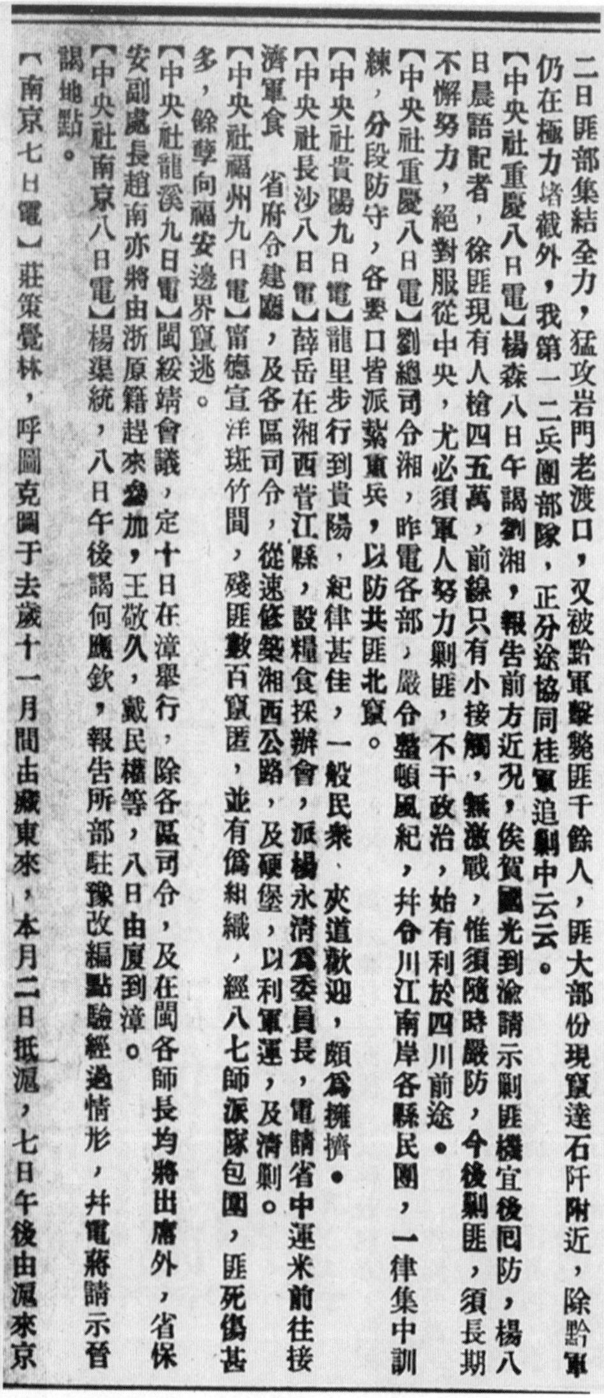

二日匪部集結全力，猛攻岩門老渡口，又被黔軍擊斃匪千餘人，匪大部份現竄達石阡附近，除黔軍仍在極力堵截外，我第一二兵團部隊，正分途協同桂軍追剿中云云。

【中央社重慶八日電】楊森八日午謁劉湘，報告前方近況，俟賀國光到渝請示剿匪機宜後回防，楊八日晨語記者，徐匪現有人槍四五萬，前線只有小接觸，無激戰，惟須隨時嚴防，今後剿匪，須長期不懈努力，絕對服從中央，尤必須軍人努力剿匪，不干政治，始有利於四川前途。

【中央社重慶八日電】劉總司令湘，昨電各部，嚴令整頓風紀，并令川江南岸各縣民團，一律集中訓練，分段防守，各要口皆派緊重兵，以防共匪北竄。

【中央社貴陽九日電】龍里步行到貴陽，紀律甚佳，一般民衆、夾道歡迎，頗爲擁擠。

【中央社長沙八日電】薛岳在湘西晋江縣，設糧食採辦會，派楊永清爲委員長，電請省中運米前往接濟軍食　省府令建廳，及各區司令，從速修築湘西公路，及硬堡，以利軍運，及清剿。

【中央社福州九日電】甯德宣洋斑竹間，殘匪數百竄匿，並有僞組織，經八七師派隊包圍，匪死傷甚多，餘孽向福安邊界竄逃。

【中央社龍溪九日電】閩綏靖會議，定十日在漳舉行，除各區司令，及在閩各師長均將出席外，省保安副處長趙南亦將由浙原籍趕來參加，王敬久，戴民權等，八日由廈到漳。

【中央社南京八日電】楊渠統，八日午後謁何應欽，報告所部駐豫改編點驗經過情形，并電蔣請示晉謁地點。

【南京七日電】莊策覺林，呼圖克圖于去歲十一月間由藏東來，本月二日抵滬，七日午後由滬來京

（局部图 2）

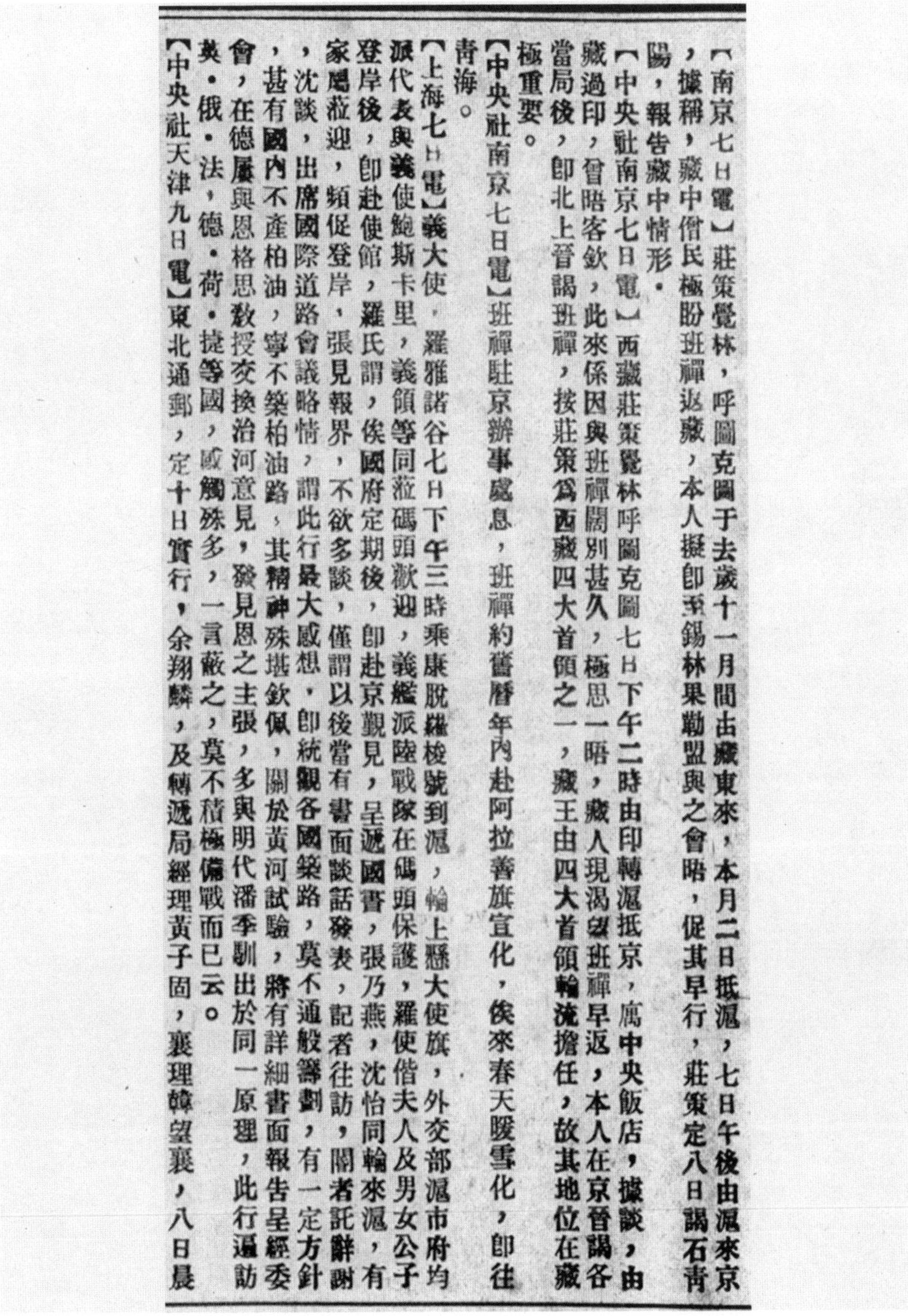
【南京七日電】莊策覺林，呼圖克圖于去歲十一月間由藏東來，本月二日抵滬，七日午後由滬來京，據稱，藏中僧民極盼班禪返藏，本人擬即至錫林果勒盟與之會晤，促其早行，莊策定八日謁石青陽，報告藏中情形。

【中央社南京七日電】西藏莊策覺林呼圖克圖七日下午二時由印轉滬抵京，寓中央飯店，據談，由藏過印，曾晤客欽，此來係因與班禪闊別甚久，極思一晤，藏人現渴望班禪早返，本人在京晉謁各當局後，即北上晉謁班禪，按莊策爲西藏四大首領之一，藏王由四大首領輪流擔任，故其地位在藏極重要。

【中央社南京七日電】班禪駐京辦事處息，班禪約舊曆年內赴阿拉善旗宣化，俟來春天暖雪化，即往青海。

【上海七日電】義大使，羅雅諸谷七日下午三時乘康脫羅梭號到滬，輪上懸大使旗，外交部滬市府均派代表與義使鮑斯卡里，義領等同蒞碼頭歡迎，義艦派陸戰隊在碼頭保護，羅使偕夫人及男女公子登岸後，即赴使館，羅氏謂，俟國府定期後，即赴京覲見，呈遞國書，張乃燕，沈怡同輪來滬，有家屬蒞迎，頻促登岸，張見報界，不欲多談，僅謂以後當有書面談話發表，記者往訪，闇者託辭謝，沈談，出席國際道路會議略情，謂此行最大感想，即統觀各國築路，莫不通盤籌劃，有一定方針，甚有國內不產柏油，寧不築柏油路，其精神殊堪欽佩，關於黃河試驗，將有詳細書面報告呈經委會，在德屢與恩格思教授交換治河意見，發見恩之主張，多與明代潘季馴出於同一原理，此行遍訪英．俄．法．德．荷．捷等國，感觸殊多，一言蔽之，莫不積極備戰而已云。

【中央社天津九日電】東北通郵，定十日實行，余翔麟，及轉遞局經理黃子固，襄理韓望襄，八日晨

（局部图 3）

【中央社天津九日電】東北通郵，定十日實行，余翔麟，及轉遞局經理黃子固，襄理韓望襄，八日晨偕巡員赴榆，佈置辦公處所，古北口轉遞局亦派員前往籌備，至該局與郵局合同，業已簽字，期限限一年，必要時得延長之，如用金不敷開支，可再行商洽。

【天津八日電】承辦關外通郵機關之匯通轉遞局與冀郵務管理局間之承辦轉遞郵件合同，昨日午前十時，已在冀郵務管理局簽定，此項合同，北平郵務管理局與轉遞局間，亦同樣簽定，以古北口轄於北平郵管區內故也，關於合同有效期限，定爲一年，期滿如彼此同意，得予續訂，凡匯通轉遞局與冀平兩郵管區內應履行各項條件，手續等類，皆簽載在內，二月一日實行按轉滙款包裹後，對於匯款盈絀找補，則於每月月終一爲清算。此清算責任完全在於匯通轉遞局，雙方通郵當局，不作賬目上之川換，卽匯票郵包上之圖截字樣，皆以西歷或英文代替之，不許有僞組織任何表現，黃子固與余翔麟，在津事務已畢，定今午十一時五十分搭平瀋快車赴榆關，其赴古北口人員，則已於昨晚乘車赴平，今日由平搭長途汽車轉往，一應所需物件，概在此間備妥，儘九月一日佈置妥帖，十日山海關古北口兩局同時宣告成立，同時接轉郵件，山海關局址，則在南關外，距車站甚近，古北口則覓妥北門內房屋，故十日成立，僅一懸牌辦事之手續而已，該局在山海關者爲總局，除黃子固之經理外，以下爲襄理一員，辦事員八九人，夫役若干人，古北口則設分局經理一人，辦事員二三人，夫役若干人，兩局所用人員夫役，隨黃由滬北來者外，不足者由冀郵區代覓，現在事務甚簡，如許人數，亦足維持，將來事繁，則另增通曉郵務者數人，冀郵務管理局，爲視察該局之成立，及辦理轉遞，是否悉如合同，故派巡員胡心法，李景陽，今日隨黃余同車赴榆關，惟此次通郵後，關內外書報，轉遞局是否能予轉遞，尚無若何規定云。

（局部图 4）

平　报

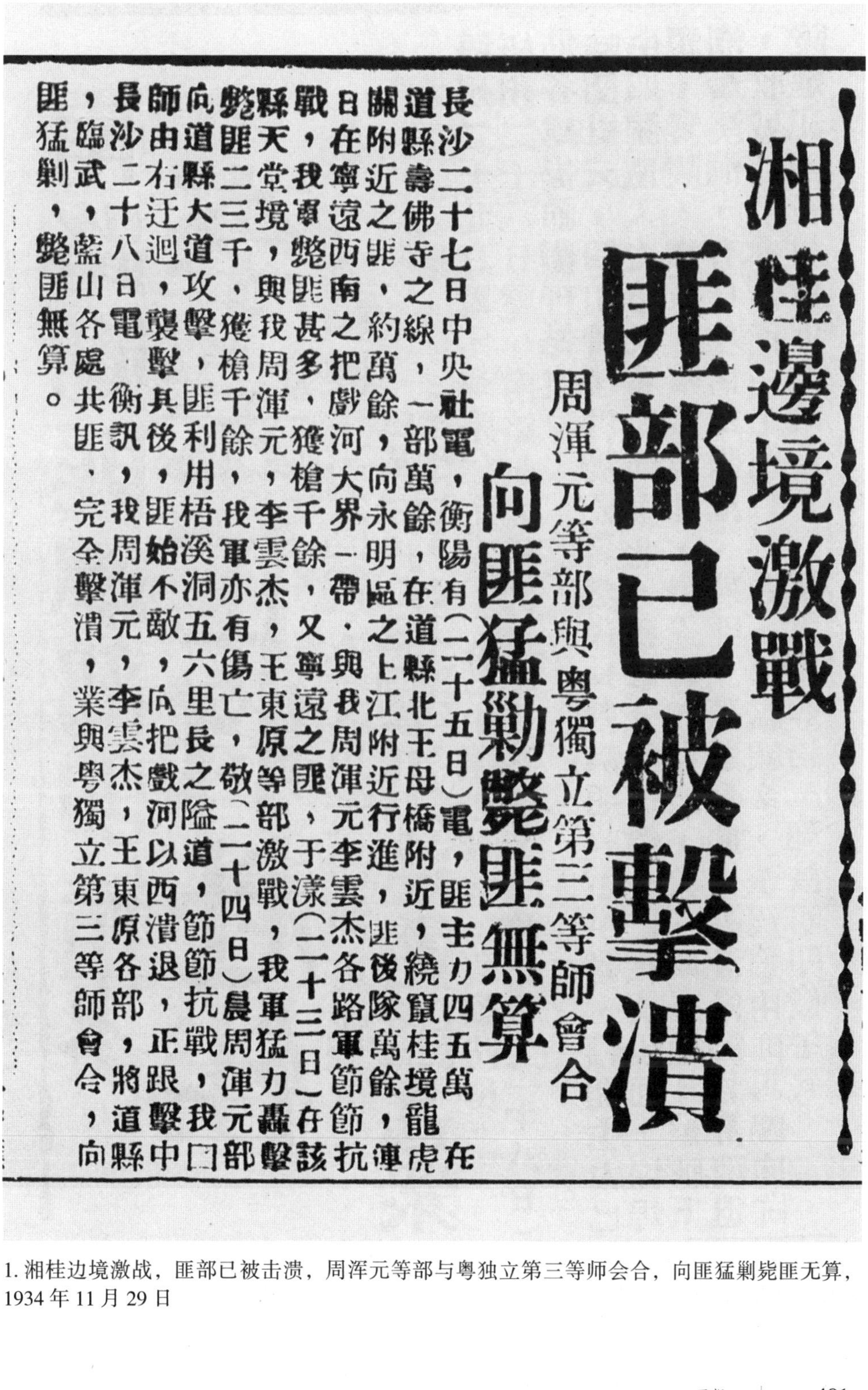

湘桂邊境激戰

匪部已被擊潰

周渾元等部與粵獨立第三等師會合

向匪猛剿斃匪無算

長沙二十七日中央社電，衡陽有（二十五日）電，匪主力四五萬在道縣壽佛寺之線，一部萬餘，在道縣北王母橋附近，繞竄桂境龍虎關附近之匪，約萬餘，向永明區之上江附近行進，匪後隊萬餘，連日在寧遠西南之把戲河大界一帶·與我周渾元李雲杰各路軍節節抗戰，我軍斃匪甚多，獲槍千餘，又寧遠之匪、于漾（二十三日）在該縣天堂境，與我周渾元，李雲杰，王東原等部激戰，我軍猛力轟擊，斃匪二三千，獲槍千餘，我軍亦有傷亡，敬（二十四日）晨周渾元部向道縣大道攻擊，匪利用梧溪洞五六里長之隘道，節節抗戰，我口師由右迂迴，襲擊其後，匪始不敵，向把戲河以西潰退，正跟擊中長沙二十八日電·衡訊，我周渾元，李雲杰，王東原各部，將道縣，臨武，藍山各處共匪、完全擊潰，業與粵獨立第三等師會合，向匪猛剿，斃匪無算。

1. 湘桂边境激战，匪部已被击溃，周浑元等部与粤独立第三等师会合，向匪猛剿毙匪无算，1934 年 11 月 29 日

南路勦匪總部即結束

李宗仁將赴桂

贛匪主力已竄入文市黃沙河東北

我軍追擊沿途斃匪甚衆

梧州二十九日電、李宗仁定東（一日）由邕赴桂林，視察防務。

梧州二十八日電，南路勦匪總部，奉令裁撤，陳濟棠儉（二十八日）飭各處提前辦理結束。

時聞社云，四川善後督辦公署參謀長郭昌明昨電平謂，贛匪主力已由四關竄入文市及黃沙河東北，我軍分路追擊、已抵黃沙河，逐埠頭，零陵，寧遠，臨武等地，沿途斃匪甚衆，我三四路敬日擊破下瀨猺溪洞、有日攻佔四眼橋、殘匪二萬餘分向九井渡脩淵岩界潰退，收城胡部亦俘獲一千四百餘名，繳械頗多，至賀蕭兩匪焉晚向沆陵進犯至王村附近　敬日折回竄大庸等語、郭昌明叩儉午。

2. 南路剿匪总部即结束，李宗仁将赴桂，赣匪主力已窜入文市、黄沙河东北，我军追击沿途毙匪甚众，1934 年 11 月 30 日

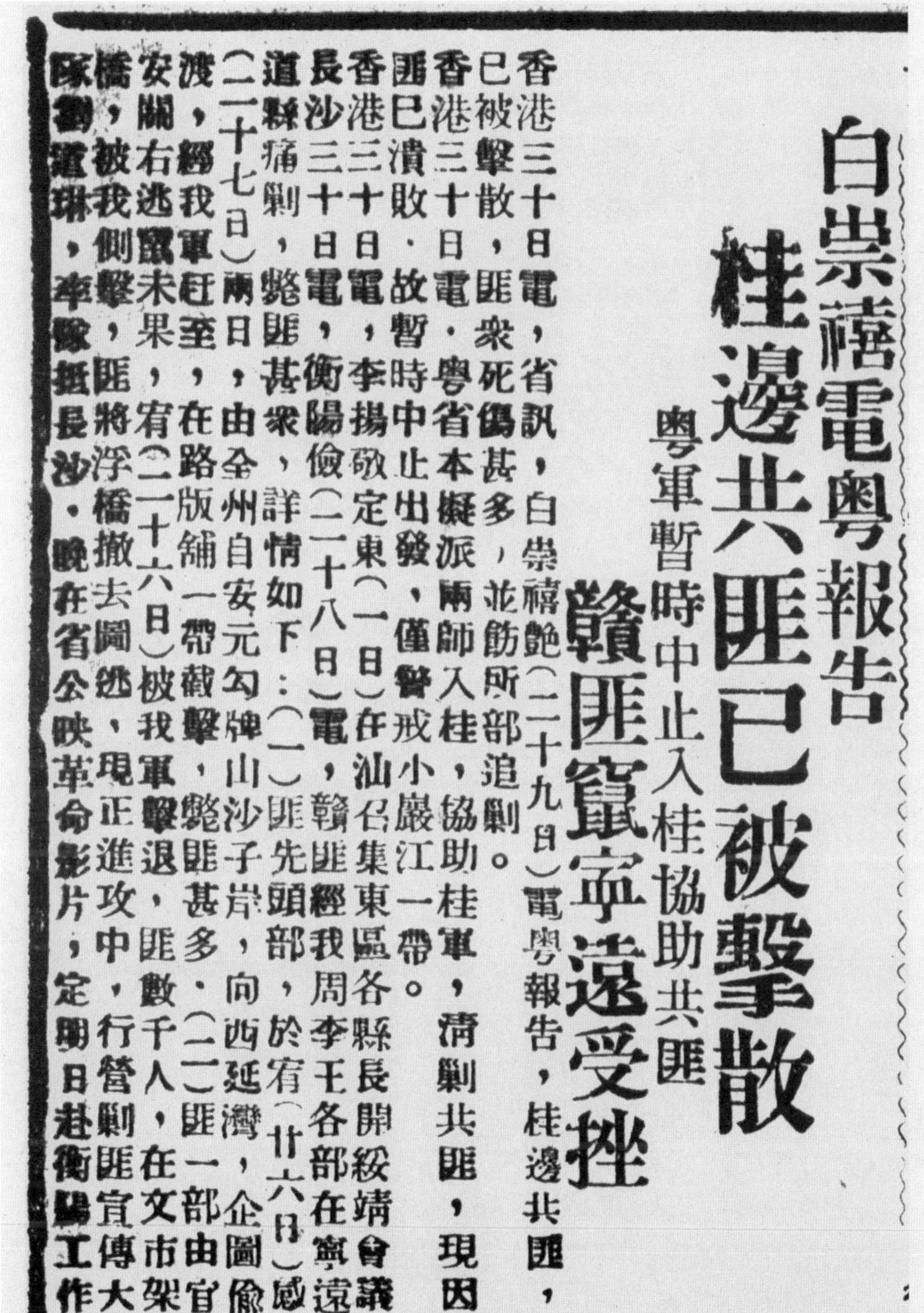

白崇禧電粵報告

桂邊共匪已被擊散

粵軍暫時中止入桂協助共匪

贛匪竄寧遠受挫

香港三十日電，省訊，白崇禧艷（二十九日）電粵報告，桂邊共匪，已被擊散，匪衆死傷甚多，並飭所部追剿。

香港三十日電，粵省本擬派兩師入桂，協助桂軍，清剿共匪，現因匪已潰敗，暫時中止出發，僅警戒小巖江一帶。

香港三十日電，李揚敬定東（一日）在汕召集東區各縣長開綏靖會議

長沙三十日電，衡陽儉（二十八日）電，贛匪經我周李王各部在寧遠道縣痛剿，斃匪甚衆，詳情如下：（一）匪先頭部，於宥（廿六日）感（二十七日）兩日，由全州自安元勾牌山沙子岸，向西延灣，企圖偸渡，經我軍赶至，在路版舖一帶截擊，斃匪甚多·（二）匪一部由官安關右逃竄未果，宥（二十六日）被我軍擊退，匪數千人，在文市架橋，被我側擊，匪將浮橋撤去圖逃，我現正進攻，中行營剿匪宣傳大隊劉達琳，率隊抵長沙·晚在省公映革命影片，定明日赴衡陽工作

3. 白崇禧电粤报告桂边“共匪”已被击散，粤军暂时中止入桂协助“共匪”，赣匪窜宁远受挫，1934 年 12 月 1 日

工商新报

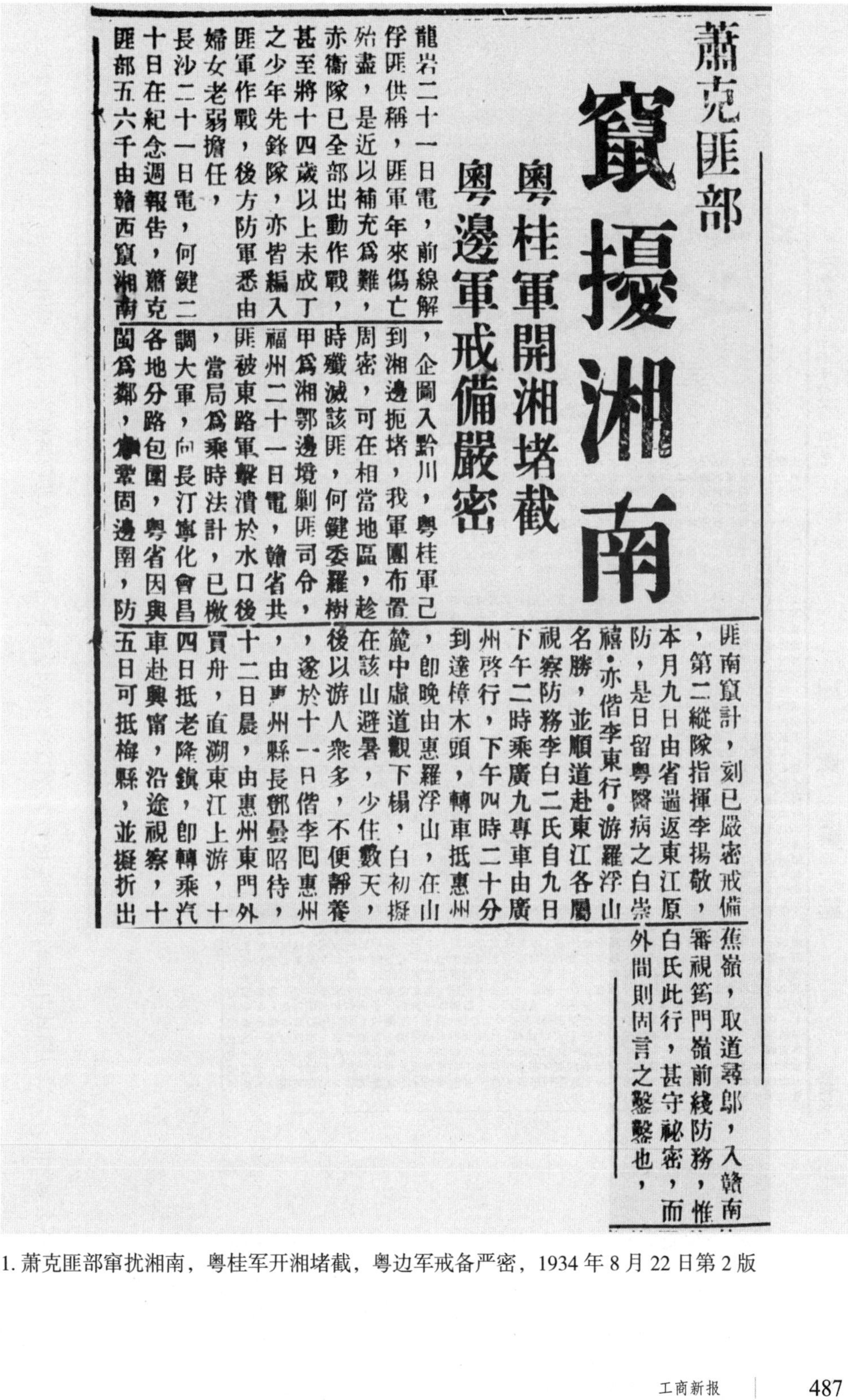

蕭克匪部
竄擾湘南
粵桂軍開湘堵截
粵邊軍戒備嚴密

龍岩二十一日電，前線解俘匪供稱，匪軍年來傷亡殆盡，是近以補充爲難，赤衛隊已全部出動作戰，甚至將十四歲以上未成丁之少年先鋒隊，亦皆編入匪軍作戰，後方防軍悉由婦女老弱擔任，

長沙二十一日電，何鍵二十日在紀念週報告，蕭克匪部五六千由贛西竄湘南，企圖入黔川，粵桂軍已到湘邊扼堵，我軍圍布置周密，可在相當地區，趁時殲滅該匪，何鍵委羅樹甲爲湘鄂邊境剿匪司令，

福州二十一日電，贛省共匪被東路軍擊潰於水口後，當局爲乘時法計，已檄調大軍，向長汀寧化會昌各地分路包圍，粵省因與閩爲鄰，[illegible]鞏固邊圍，防匪南竄計，刻已嚴密戒備，第二縱隊指揮李揚敬，本月九日由省遄返東江原防，是日留粵醫病之白崇禧，亦偕李東行，游羅浮山名勝，並順道赴東江各屬視察防務，李白二氏自九日下午二時乘廣九專車由廣州啓行，下午四時二十分到達樟木頭，轉車抵惠州，即晚由惠羅浮山，在山麓中虛道觀下榻，白初擬在該山避暑，少住數天，後以游人衆多，不便靜養，遂於十一日偕李回惠州，由惠州縣長鄧曇昭待，十二日晨，由惠州東門外買舟，直溯東江上游，十四日抵老隆鎮，即轉乘汽車赴興甯，沿途視察，十五日可抵梅縣，並擬折出焦嶺，取道尋鄔，入贛南審視筠門嶺前綫防務，惟白氏此行，甚守祕密，而外間則固言之鑿鑿也，

1. 萧克匪部窜扰湘南，粤桂军开湘堵截，粤边军戒备严密，1934 年 8 月 22 日第 2 版

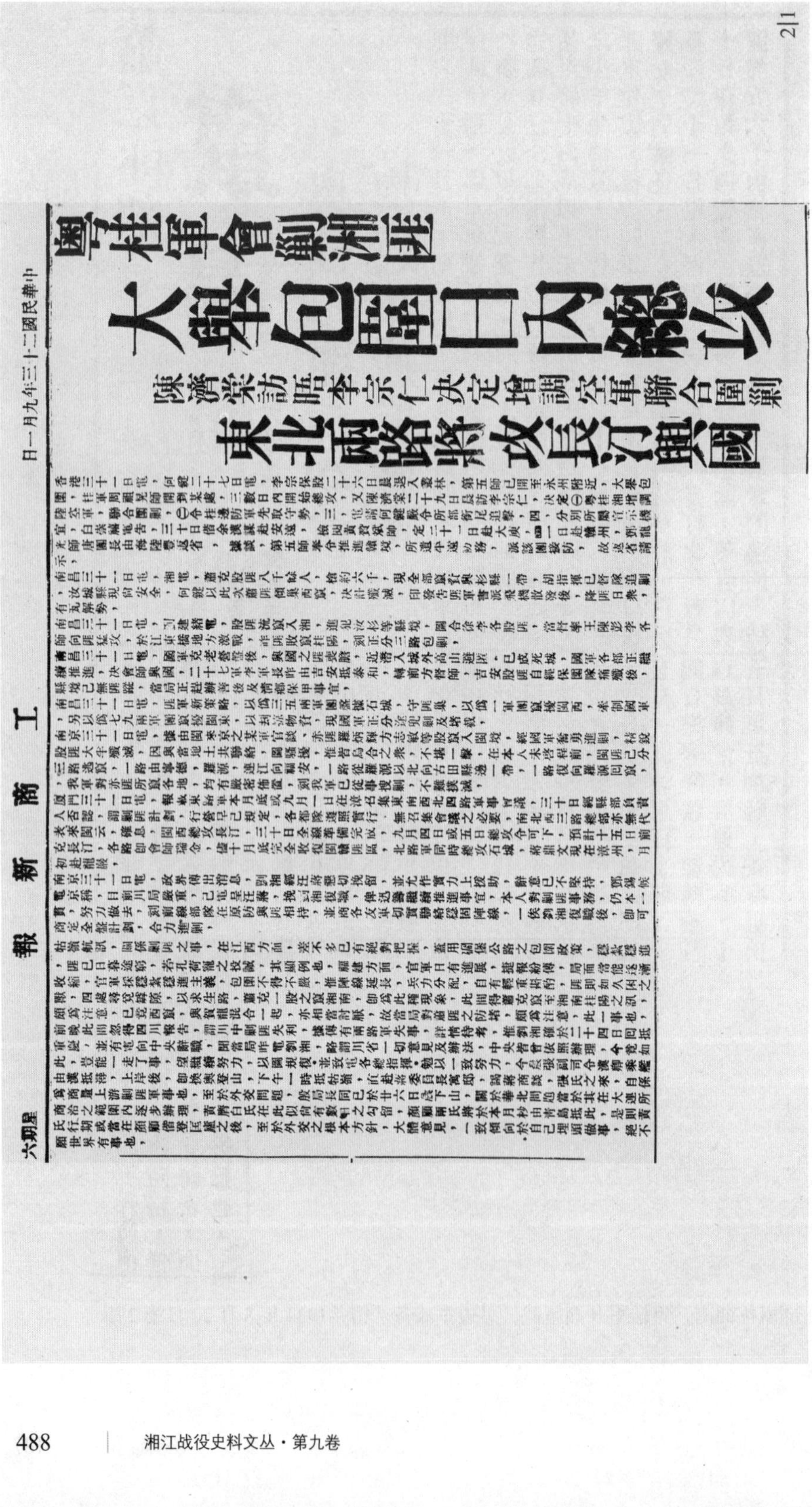

2. 粤桂军会剿湘匪，大举包围日内总攻，陈济棠访晤李宗仁决定增调空军联合围剿，东北两路将攻长汀、兴国，1934 年 9 月 1 日第 2 版

中華民國二十三年九月一日

粵桂軍會剿湘匪

大舉包圍日內總攻

陳濟棠訪晤李宗仁決定增調空軍聯合圍剿

東北兩路將攻長汀興國

香港三十一日電，何鍵二十七日電，李宗保股二十六日晨退入叢林，第五師已開至永州附近，大舉包圍，桂軍周祖晃師開到某處，三數日內開始總攻，又陳濟棠二十九日晨訪李宗仁，決定㊀粵桂湘增調陸空軍，聯合圍剿，㊁令桂邊防軍先取守勢，三，電請何鍵嚴令所部銜尾追擊，四，分別所屬宣示機宜，白崇禧電告，三十日偕余漢謀赴安遠，檢閱黃貸斌師，定三十一日赴大庾，[illegible]一日赴贛州，鄧龍光師唐團長由海陸豐返省，據談，第五師奉令推進贛境，所遺中遠防務，派該團接防，故返省請示，

南昌三十一日電，湘電，蕭克股匪八千餘人，槍約六千，現全部竄資興杉縣一帶，胡指揮已督隊追剿，汝城縣現尚安全，何鍵以此次蕭匪傾巢西竄，決計殲滅，印發告匪軍書派飛機散發後，降匪日衆，有瓦解勢，

南昌三十一日電，到建絡電，股匪流竄入湘，進犯汝杉等縣境，圖合徐李各股匪，當督率王陳彭李各師向匪猛攻，於江東橋地方激戰，昨匪敗竄桂陽，刻正分三路包剿，

南昌三十一日電，國軍克老營盤後，興國之匪喪膽，近潛入城外高山避匿，已成死城，國軍各部正繼續推進，決會師興國，二十七軍李軍長昨由吉安抵泰和，轉前方督師，吉安股匪自經保團隊痛殲後，縣境已無匪蹤，當局正趕辦善後及清鄉保甲事宜，

南昌三十一日電，匪軍新策略，以偽三五兩軍團盤據石城，守匪巢，以偽一軍團竄擾閩西，牽制國軍

（局部图1）

工商新報　星期六

南昌三十一日電，匪軍新策略，以僞三五兩軍團盤據石城，守匪巢，以僞一軍團竄擾閩西，牽制國軍，另以僞七九兩軍團竄擾閩東，以刦掠物資，現國軍正分途兜勦及堵截，

南京三十一日電，據由閩來京之某軍官談、赤匪羅炳輝方志敏等股竄入閩境，經國軍奮勇進勦，精銳股匪大半殲滅，因與當地土共聯絡，圖騷擾，惟皆烏合之衆，不堪一擊，在本人未啓程前，閩匪已分三路逃竄，一路由寧德，羅源，連江向福安，一路從羅源以北向古田縣邊一帶，一路復向羅源回竄，我軍對赤匪所竄各地，均有嚴密佈置，刻我軍已從事搜勦，不難撲滅，

廈門三十一日電，報載東路軍本月底或九月一日在漳召集東南西北四路軍事會議，三十日經縣部負責人否認，謂勦匪計劃，行營早已規定，各部隊遵照實行，無召集會議之必要，南北西三路總部亦無代表來閩云，確息，閩西總攻長汀，三十日全線準備完成，九月四日或五日總攻令可下，預計十五日前克長汀，各路即會師瑞金，儘十月底完全收復閩贛匪區，北路軍同時總攻石城，蔣鼎文現在漳州，月初赴龍巖，

南京三十一日電，政界傳出消息，劉湘經汪蔣懇切挽留，並允作實力上援助，辭意已不堅持，鄧錫候電京稱，目前川局嚴重，己電呈汪蔣，挽劉湘復職，俾迅籌繼續推進事宜，本人對勦匪事務，仍本一貫，努力做去，刻前線部隊在原防與匪相持，並商各友軍切實聯絡穩固陣線，一俟劉湘復職後，即可商定全盤計劃，合力進勦，

牯嶺航訊，關係勦匪之事，在江西方面，差不多已有絕對把握，蓋用碉堡公路之包圍政策，穩紮穩進，匪已日暮途窮，若孔荷寵之投誠，其顯例也，福建方面，官軍日有進展，捷報紛傳，局面當能逐漸收縮，官軍採穩紮穩進主義，包圍不得不嚴，惟陣線延長，兵力分配，自有輕重斟酌，匪則如久困之獸，四處尋覓罅隙，以求生路，蕭克一股之竄湘南，即爲此種現象，此間得蕭克竄至湘南桂陽之訊，頗爲注意，已竟西竄，與賀龍混合一起，亦相當討厭，故當局對蕭匪之防堵，頗爲注意，此一事也，前晚此間忽得四川報告，謂川中勦匪失利，據傳有兩路軍失事，詳情待考，惟劉湘確於二十四日回抵重慶，並有電向中央辭職，聞當局昨電劉湘，略謂川省一切意見及辦法，中央皆會依照辦理，今竟如此，豈能一走了事，望繼續努力，以圖規復•並致電各總指揮•勉以一致努力，今晨張副司令漢卿乘艦由漢抵潯，上岸後，即換輿登山，下午一時抵牯嶺，直赴蔣委員長寓邸，謁蔣商談，張氏之來，自係爲商量上游勦匪軍事也，至於外交問題，殷局長同已於廿六日晨下山，關於華北問題當於其在大連所商洽之範圍內逐步辦理，黃膺白氏在此似尚有數日之勾留，顏顧兩氏將於本月杪由青島抵此，是則黃氏行期或當在顏顧偕登匡廬之後，至於外交之根本方針，大體意見，一致傾向於自己埋頭做事，絕不願世界有事也，

（局部图 2）

蕭克匪部

竄入江華永明

湘桂兩軍首尾截擊

蔣委員長通電闢謠

長沙三日電，劉建緒電告蕭匪克向江華永明逃竄，湘桂兩軍，首尾截擊，即可殲滅，

福州三日電，蔣鼎文電省謂，匪偵探我軍方法•第一假裝落伍兵病兵•流落沿途，或居住破廟古刹，幷拾佩我軍士兵遺失證章，及摘掛我軍被俘士兵符號，冀圖混騙，第二化裝落伍樵夫，沿途行乞，第三幷拾佩各機關各僚屬遺失證章，如遇有化裝是項嫌疑，應嚴行調查，幷飭令各軍士各機關職員，對證章符號，應妥爲保護，

南昌三日電，第三路軍收復豹子山金鳴山等地後、乘勝圍剿驛前，今已完全克復，匪大部向石城潰退，按驛前位於廣昌寧都之間，形勢險要，爲軍事上必爭之地，匪曾構築堅固之事，據險頑抗，

南昌三日電，蔣軍委長司令部今日發表一文，更正八月二十二日廣州所發關於閩省剿共之戰事消息，謂浦城附近，並無匪蹤，所傳有十五村被刼八千戶被焚之消息，全無根據，連江境亦未呈恐怖狀態，向浙邊退走之匪，僅數百，已被包圍，故浙邊有激戰之說，亦絕對無稽，又廣州所稱湘軍擊敗匪其後已克復桂東一節，亦屬離奇，桂東向由政府軍固守，從未失陷云，

南京三日電，軍息，在川之僞第九第四十九第卅一第卅二匪軍，竄踞萬源及附近一帶，前經各路軍會攻，曾一度佔領，嗣因五六兩路失挫，兼之其他各部隊，步調不齊，未能切取連絡，仍將萬源失陷，現劉湘已調鄧和潘佐各部，馳往增援，匪未敢深入，我軍現固守口口口口一帶之陣地，一俟部署就緒，即行總攻，川北局勢，已趨穩定，銀行擠對風潮，亦已平息，

中時社本報訊，四川剿匪總司令兼善後督辦劉湘，自離蓉赴渝，向中央電辭本兼各職後，各方函電紛馳，懇切挽勸，中時社記者昨接重慶友人航空快函，謂劉氏辭意可望打銷，並決定日內出發前線督師，努力完成剿匪工作，除附來劉氏向中央辭職電文，並述及劉氏辭職以及各方挽留情形，頗爲詳盡，

3. 萧克匪部窜入江华、永明，湘桂两军首尾截击，蒋委员长通电辟谣，1934 年 9 月 4 日第 2 版

粵桂各中委將

入京出席全會

劉蘆隱電粵報告到京

粵省空軍將實行改編

上海五日專電，楊德昭昨夜抵滬，今日對記者談，此次赴贛係向蔣委員長報告南路剿匪軍時，現在贛剿匪軍事續有進展肅清期近，劉蘆隱傳已北來，但予未晤及，留粵桂諸中委均可來京出席五全代會，

上海五日電，楊德昭二日晨由贛飛返京，即乘夜車到滬，擬暫留滬，一時不南返，

漢口五日電，梁冠英前赴二期軍官團受訓，一日來漢，分謁錢大鈞何成濬等，三日晚乘平漢車北上，轉赴經扶防次，

香港五日電，劉蘆隱到京後·連日有電到粵·謂某要人表示切望精誠團結，一致努力對外·並表示西南各中委均可北上共負中樞要政·對胡更爲歡迎等語，

香港五日電，粵空軍擬定改編，成立三大隊，人選已內定，

4. 粤桂各中委将入京出席全会，刘芦隐电粤报告到京，粤省空军将实行改编，1934 年 9 月 6 日第 2 版

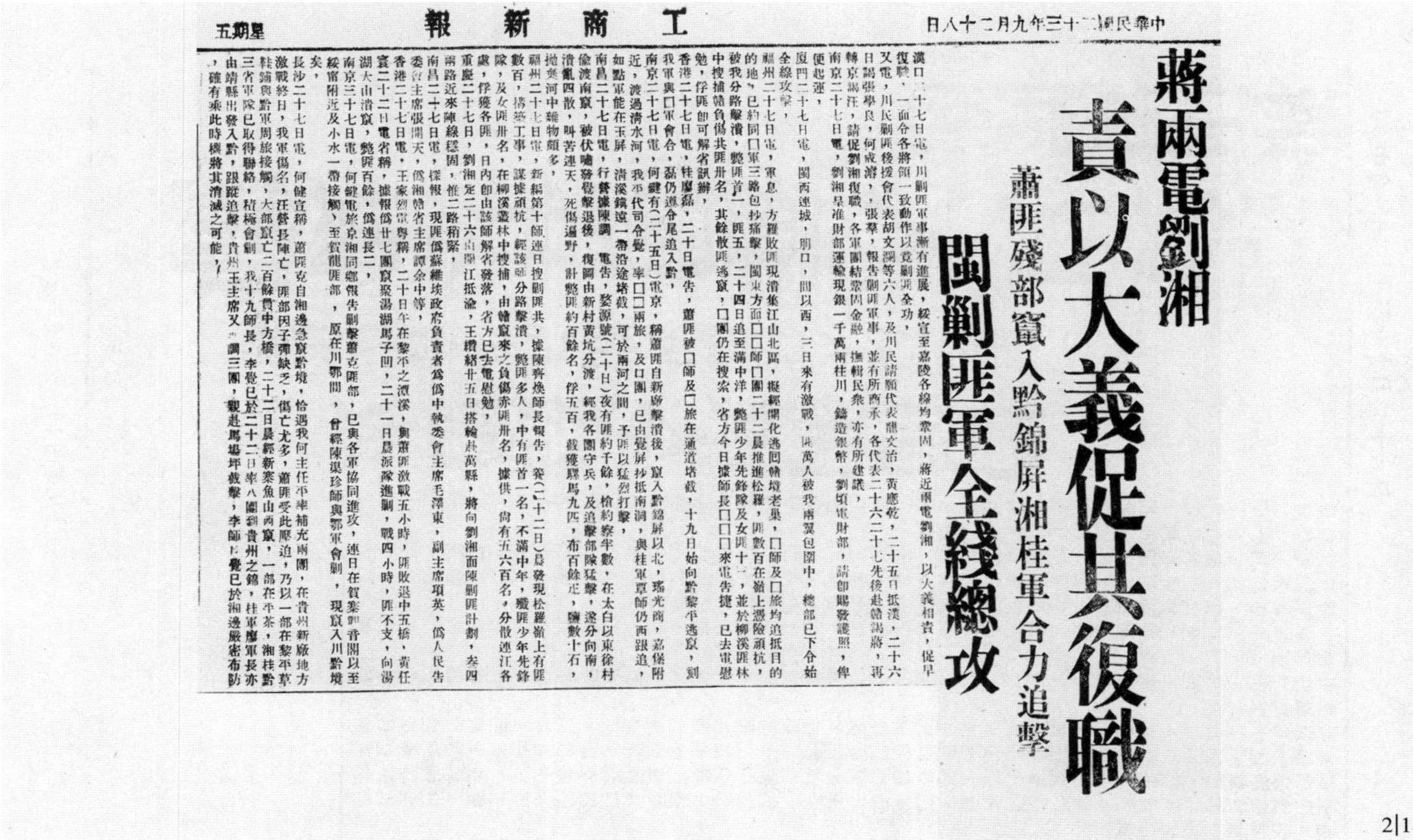

中華民國二十三年九月二十八日　　工商新報　　星期五

蔣兩電劉湘責以大義促其復職

蕭匪殘部竄入黔錦屏湘桂軍合力追擊

閩剿匪軍全綫總攻

漢口二十七日電，川剿匪軍事漸有進展，綏宣至嘉陵各線均鞏固，蔣近兩電劉湘，以大義相責，促早復職，一面令各將領一致動作以竟剿匪全功，

又電，川民剿匪後援會代表胡文瀾等六人，及川民請願代表龍文治，黃應乾，二十五日抵漢，二十六日謁張學良，何成濬，張羣，報告剿匪軍事，並有所商承，各代表二十六二十七先後赴贛謁蔣，再轉京謁汪，請促劉湘復職，各軍團結鞏固金融，撫輯民衆，亦有所建議，

南京二十七日電，劉湘呈准財部運輸現銀一千萬兩柱川，鑄造銀幣，劉頃電財部，請即賜發護照，俾便起運，

厦門二十七日電，閩西連城，朋口，間以西，三日來有激戰，匪萬人被我兩翼包圍中，總部已下令始全線攻擊，

福州二十七日電，軍息，方羅敗匪現潰集江山北區，擬經閩化逃回贛境老巢，□師及□旅均追抵目的的地，已約同□軍三路包抄痛擊，閩東方面□□師□團二十二晨推進松羅，匪數百在嶺上憑險頑抗，被我分路擊潰，斃匪首一，匪五，二十四日追至滿中洋，斃匪少年先鋒隊及女匪十一，並於柳溪匪林中搜捕贛負傷共匪卅名，其餘散匪逃竄，□團仍在搜索，省方今日據師長□□□來電告捷，已去電慰勉，俘匪即可解省訊辦，

香港二十七日電，桂廖磊，二十日電告，蕭匪被□師及□旅在通道堵截，十九日始向黔黎平逃竄，劉我軍與□軍會合，磊仍遵令尾追入黔，

南京二十七日電，何鍵有(二十五日)電京，稱蕭匪自新廠擊潰後，竄入黔錦屏以北，瑞光商，嘉保附近，渡過清水河，我平代司令覺，率□□兩旅，及□團，已由覺屏抄抵南洞，與桂軍覃師仍西跟追，如黔軍能在玉屏，清溪鎮遠一帶沿途堵截，可於兩河之間，予匪以猛烈打擊，

南昌二十七日電，行營據陳調　電告，婺源號(二十日)夜有匪約千餘，槍約祭半數，在太白以東徐村偸渡南竄，被伏哨發覺擊退後，復圖由新村黃坑分渡，經我各團守兵，及追擊部隊猛擊，遂分向南，潰亂四散，叫苦連天，死傷遍野，計斃匪約百餘名，俘五百，截獲騾馬九匹，布百餘疋，鹽數十石，拋棄河中雜物頗多，

福州二十七日電，新編第十師連日搜剿匪共，據陳齊煥師長報告，養(二十二日)晨發現松羅嶺上有匪數百，搭築工事，謀據頑抗，經該師分路擊潰，斃匪多人，中有匪首一名，不滿中年，殲匪少年先鋒隊，及女匪卅名，在柳溪叢林中搜捕，由贛竄來之負傷赤匪卅名，據供，尚有五六百名，分散連江各處，俘獲各匪，日內即由該師解省發落，省方已去電慰勉，

重慶二十七日，劉湘定二十六由閬江抵渝，王纘緒廿五日搭輪赴萬縣，將向劉湘面陳剿匪計劃，奉四兩路近來陣線穩固，惟二路稍緊，

南昌二十七日電，探報，現匪僞蘇維埃政府負責者爲僞中執委會主席毛澤東，副主席項英，僞人民委員會主席張聞天，僞湘贛省主席譚余中等，

香港二十七日電，王家烈宣粵稱，二十日午在黎平之潭溪，與蕭匪激戰五小時，匪敗退中五橋，黃任寰二十二日電省稱，據報僞廿七團竄聚湯湖馬子凹，二十一日晨派隊進剿，戰四小時，匪不支，向湯湖大山潰竄，斃匪百餘，僞連長二，

南京三十七日電，何鍵電旅京湘同鄉報告剿擊蕭克匪部，已與各軍協同進攻，連日在賀粢龍晉關以至綏甯附近及小水一帶接觸，至賀龍匪部，原在川鄂間，曾經陳渠珍師與鄂軍會剿，現竄入川黔境矣，

長沙二十七日電，何健宣稱，蕭匪克自湘邊急竄黔境，恰遇我何主任平率補充兩團，在貴州新廠地方激戰終日，我軍傷名，汪營長陣亡，匪部因子彈缺乏，傷亡尤多，蕭匪受此壓迫，乃以一部在黎平草鞋鋪與黔軍周旅接觸，大部竄亡二百餘貫中方橋，二十二日晨經新寨魚山兩竄，一部在平茶，湘桂黔三省軍隊已取得聯絡，積極會剿，我十九師長，李覺已於二十二日率八團到貴州之錦，桂軍廖軍長亦由靖縣出發入黔，跟蹤追擊，貴州王主席又　調三團，親赴馬場坪截擊，李師長覺已於湘邊嚴密布防，確有乘此時機將其消滅之可能，

2|1

5. 蒋（介石）两电刘湘，责以大义促其复职，萧匪残部窜入黔锦屏湘桂军合力追击，闽剿匪军全线总攻，1934 年 9 月 28 日第 2 版

中華民國二十三年九月二十八日

蔣兩電劉湘

責以大義促其復職

蕭匪殘部竄入黔錦屏湘桂軍合力追擊

閩剿匪軍全綫總攻

漢口二十七日電，川劉匪軍事漸有進展，綏宣至嘉陵各線均鞏固，蔣近兩電劉湘，以大義相責，促早復職，一面令各將領一致動作以竟劉匪全功，

又電，川民劉匪後援會代表胡文瀾等六人，及川民請願代表龍文治，黃應乾，二十五日抵漢，二十六日謁張學良，何成濬，，張羣，報告劉匪軍事，並有所商承，各代表二十六二十七先後赴贛謁蔣，再轉京謁汪，請促劉湘復職，各軍團結鞏固金融，撫輯民衆，亦有所建議，

南京二十七日電，劉湘呈准財部運輸現銀一千萬兩往川，鑄造銀幣，劉頃電財部，請即賜發護照，俾便起運，

廈門二十七日電，閩西連城，朋口，間以西，三日來有激戰，匪萬人被我兩翼包圍中，總部已下令始全線攻擊，

福州二十七日電，軍息，方羅敗匪現潰集江山北區，擬經開化逃回贛境老巢，口師及口旅均追抵目的的地，已約同口軍三路包抄痛擊，閩東方面口口師口團二十二晨推進松羅，匪數百在嶺上憑險頑抗，被我分路擊潰，斃匪首一，匪五，二十四日追至滿中洋，斃匪少年先鋒隊及女匪十一，並於柳溪匪林中搜捕贛負傷共匪卅名，其餘散匪逃竄，口團仍在搜索，省方今日據師長口口口來電告捷，已去電慰勉，俘匪即可解省訊辦，

香港二十七日電，桂廖磊，二十日電告，蕭匪被口師及口旅在通道堵截，十九日始向黔黎平逃竄，刻

（局部图 1）

工商新報

星期五

[illegible]

香港二十七日電，桂廖磊，二十日電告，蕭匪被口師及口旅在通道堵截，十九日始向黔黎平逃竄，刻我軍與口軍會合，磊仍遵令尾追入黔，

南京二十七日電，何鍵有(二十五日)電京，稱蕭匪自新廠擊潰後，竄入黔錦屏以北，瑤光商，嘉堡附近，渡過清水河，我平代司令覺，率口口兩旅，及口團，已由覺屏抄抵南洞，與桂軍覃師仍西跟追，如黔軍能在玉屏，清溪鎮遠一帶沿途堵截，可於兩河之間，予匪以猛烈打擊，

南昌二十七日電，行營據陳調　電告，婺源號(二十日)夜有匪約千餘，槍約察半數，在太白以東徐村偷渡南竄，被伏嘯發覺擊退後，復圖由新村黃坑分渡，經我各團守兵，及追擊部隊猛擊，遂分向南，潰亂四散，叫苦連天，死傷遍野，計斃匪約百餘名，俘五百，截獲騾馬九匹，布百餘疋，鹽數十石，抛棄河中雜物頗多，

福州二十七日電，新編第十師連日搜剿匪共，據陳齊煥師長報告，發(二十二日)晨發現松羅嶺上有匪數百，搆築工事，謀據頑抗，經該師分路擊潰，斃匪多人，中有匪首一名，不滿中年，殲匪少年先鋒隊，及女匪卅名，在柳溪叢林中搜捕，由贛竄來之負傷赤匪卅名，據供，尚有五六百名，分散逃江各處，俘獲各匪，日內即由該師解省發落，省方已去電慰勉，

重慶二十七日電，劉湘定二十六由開江抵渝，王纘緒廿五日搭輪赴萬縣，將向劉湘面陳剿匪計劃，叁四兩路近來陣線穩固，惟二路稍緊，

南昌二十七日電，探報，現匪僞蘇維埃政府負責者爲僞中執委會主席毛澤東，副主席項英，僞人民告委會主席張聞天，僞湘贛省主席譚余中等，

香港二十七日電，王家烈電粵稱，二十日午在黎平之潭溪，與蕭匪激戰五小時，匪敗退中五橋、黃任寰二十二日電省稱，據報僞廿七團竄聚湯湖馬子凹，二十一日晨派隊進剿，戰四小時，匪不支，向湯湖大山潰竄，斃匪百餘，僞連長二，

南京三十七日電，何鍵電旅京湘同鄉報告剿擊蕭克匪部，已與各軍協同進攻，連日在賀寨[illegible]音閣以至綏甯附近及小水一帶接觸、至賀龍匪部，原在川鄂間，曾經陳渠珍師與鄂軍會剿，現竄入川黔境矣，

長沙二十七日電，何健宣稱，蕭匪克自湘邊急竄黔境，恰遇我何主任平率補充兩團，在貴州新廠地方激戰終日，我軍傷名，汪營長陣亡，匪部因子彈缺乏，傷亡尤多，蕭匪受此壓迫，乃以一部在黎平草鞋鋪與黔軍周旅接觸，大部竄亡二百餘貫中方橋，二十二日晨經新寨魚山西竄，一部在平茶，湘桂黔三省軍隊已取得聯絡，積極會剿，我十九師長，李覺已於二十二日率八團到貴州之錦，桂軍廖軍長亦由靖縣出發入黔，跟蹤追擊，貴州王主席又出調三團，親赴馬場坪截擊，李師長覺已於湘邊嚴密布防，確有乘此時機將其消滅之可能，

（局部图 2）

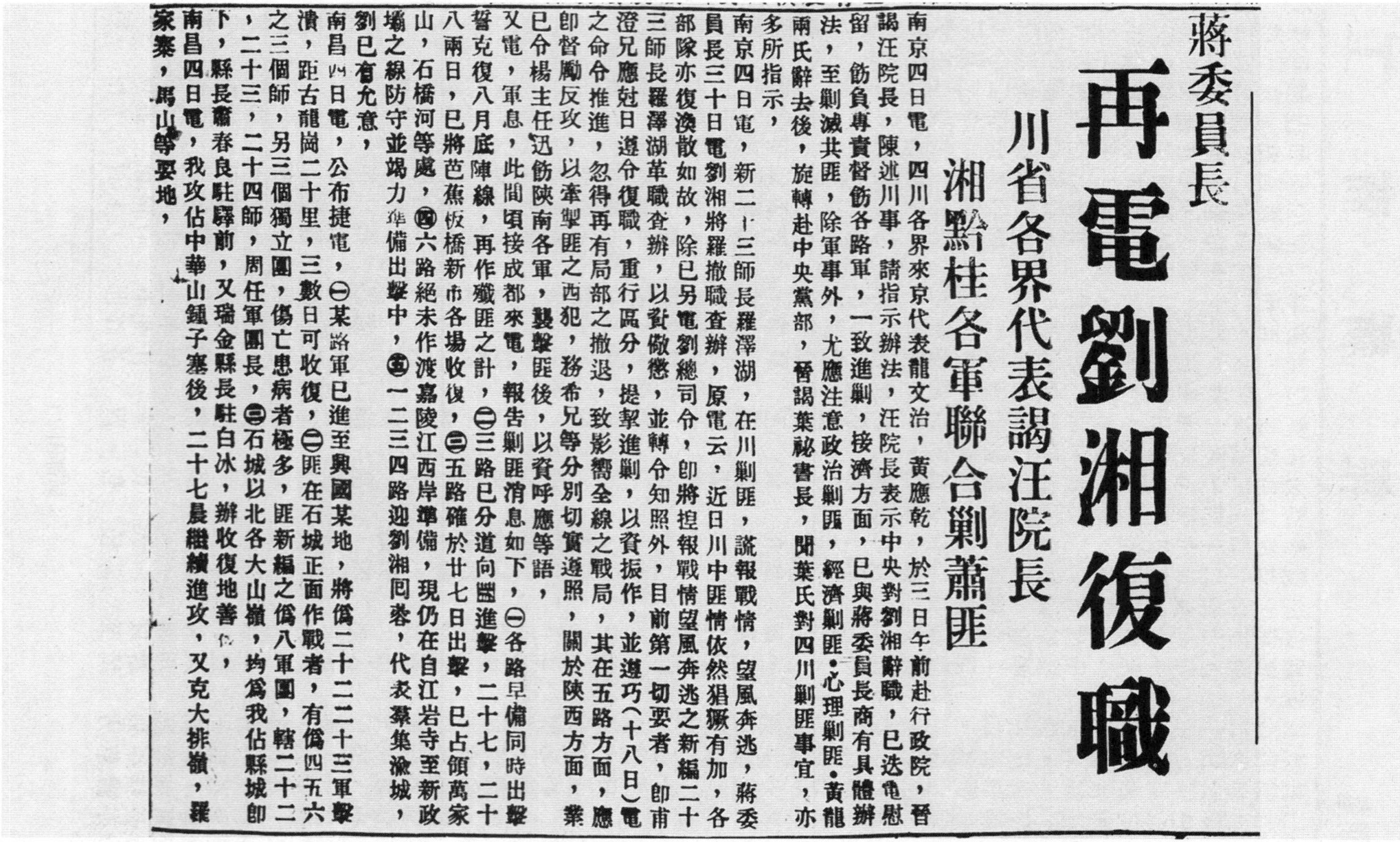

蔣委員長

再電劉湘復職

川省各界代表謁汪院長

湘黔桂各軍聯合剿蕭匪

南京四日電，四川各界來京代表龍文治，黃應乾，於三日午前赴行政院，晉謁汪院長，陳述川事，請指示辦法，汪院長表示中央對劉湘辭職，已迭電慰留，飭負專責督飭各路軍，一致進剿，接濟方面，已與蔣委員長商有具體辦法，至剿滅共匪，除軍事外，尤應注意政治剿匪，經濟剿匪•心理剿匪•黃龍兩氏辭去後，旋轉赴中央黨部，晉謁葉秘書長，聞葉氏對四川剿匪事宜，亦多所指示，

南京四日電，新二十三師長羅澤湖，在川剿匪，謊報戰情，望風奔逃，蔣委員長三十日電劉湘將羅撤職查辦，原電云，近日川中匪情依然猖獗有加，各部隊亦復渙散如故，除已另電劉總司令，即將捏報戰情望風奔逃之新編二十三師長羅澤湖革職查辦，以資儆懲，並轉令知照外，目前第一切要者，即甫澄兄應尅日遵令復職，重行區分，提挈進剿，以資振作，並遵巧（十八日）電之命令推進，忽得再有局部之撤退，致影響全線之戰局，其在五路方面，應即督勵反攻，以牽掣匪之西犯，務希兄等分別切實遵照，關於陝西方面，業已令楊主任迅飭陝南各軍，襲擊匪後，以資呼應等語，

又電，軍息，此間頃接成都來電，報告剿匪消息如下，㊀各路早備同時出擊，誓克復八月底陣線，再作殲匪之計，㊁三路已分道向[illegible]進擊，二十七，二十八兩日，已將芭蕉板橋新市各場收復，㊂五路確於廿七日出擊，已占領萬家山，石橋河等處，㊃六路絕未作渡嘉陵江西岸準備，現仍在自江岩寺至新政埸之線防守並竭力準備出擊中，㊄一二三四路迎劉湘回蓉，代表齊集渝城，劉已有允意，

南昌四日電，公布捷電，㊀某路軍已進至興國某地，將偽二十二二十三軍擊潰，距古龍崗二十里，三數日可收復，㊁匪在石城正面作戰者，有偽四五六之三個師，另三個獨立團，傷亡患病者極多，匪新編之偽八軍團，轄二十二，二十三，二十四師，周任軍團長，㊂石城以北各大山嶺，均為我佔縣城即下，縣長蕭春良駐驛前，又瑞金縣長駐白冰，辦收復地善後，

南昌四日電，我攻佔中華山鍾子寨後，二十七晨繼續進攻，又克大排嶺，羅家寨，馬山等要地，

6. 蒋委员长再电刘湘复职，川省各界代表谒汪院长，湘黔桂各军联合剿萧匪，1934 年 10 月 5 日第 2 版

中華民國二十三年十月十三日　　工商新報

贛剿匪軍事猛進

湘桂大軍包圍蕭匪

我軍分向古龍岡興國進攻日內可下

何鍵電京報告剿匪勝利

南昌十二日電，六路先頭梁華盛師八日向鎮寇塔等地進攻，將匪衆擊潰退太陽峯一帶，卽進至該處，一激戰竟日，卒於申刻將太陽峯冷水婆家段一帶完全占領，斃匪獲械無算，

南昌十二電，我軍分向古龍岡及興國進攻，預計數日內可攻下，蕭克匪部，已被湘桂軍包圍，短期內可滅，

福州十二日電，我九十兩師六日領河田，詳情如左，東路六日午乘勝進攻河田，該地被匪盤踞六年，匪軍官眷匿居於此，特汀江天險，以爲掩護，僞第九軍團及僞廿四師獨四師在河田西之蔡答田匿伏，以圖頑抗，我主力軍進駐□□□帶，某軍事專家談，閩西剿匪軍事，本月可告一段落，北路軍六日午克石城後，進至柳家莊一帶，卽攻寧化，中屋村之役匪軍官被我俘獲三百餘人，已搭軍政部差輪運京訊辦，蔣鼎文佈告招撫被脅附匪羣衆，只殺匪首，不究脅從，悔悟或攜械來歸者分別給獎，卽戰地俘擄匪軍官兵，亦加優遇，按程給資遣送回籍，其在後方企圖作亂或以物濟匪爲匪宣傳，甘心附匪者，情無可原，法無可赦，訊明卽正法，

南京十二日電，何鍵電京，報告剿匪勝利情形，略謂『匪經黔軍痛擊干濡橋東坡後，揚言退石阡，忽將老黃平攻擊，經黔軍王天錫克復老黃平，蕭匪向甕安餘慶逃竄，已令覃成全部協同黔軍將匪向東壓迫，嚴令某某兩部餘慶跟剿，以期合作』等語，

南昌十二日電，我軍於雷博岑之後，在擊斃僞三師參長張勝身際搜獲匪首彭德懷之僞訓令一件，其中中敍述僞官兵拋賊報密所受影響與匪軍解體均無闘志各節，足證其離總崩潰當期不遠，玆爲關心剿剿匪者明瞭匪軍內部眞象，特摘錄僞訓令原文數節節如次，一，軍團首長（彭匪自稱）於二十六晚就正確估量（指我軍以後同）而發出了二十七日的作戰命令，廿七日晚由兩次電話來補足這命令得規定了四時前完了戰鬪準備，幷抑定了不斷猛敵偵察和觀察嘯的動行，然而各部通夜沒有關於敵人接近的報告，並且十四團三營進入陣地後，卸下裝具睡覺，右派陣地只派了四個步嘯突擊隊在掩壕內，被敵人投入手溜彈的爆炸聲從夢中驚走，團屬機槍根本沒有進入陣地團的第二梯隊，還在屋外出操，被敵人砲彈和飛機投彈，將部隊摘阻，增加不上，十三師三十九團陣地只一小嘯，而沒有守兵，這些嚴重的鬆懈和疏忽，便給了敵人襲取的機會，因此十四團三營陣地未響槍被人閉塞了，堡壘的咽喉部堅固工事只三十分鐘便完全送給敵人，二，敵人從十四團與卅九團接合部之大嶺格襲入，五師因急求三十九師的助援時，才發覺三十九師團陣地內根本沒人，保護山危　的時候，十二團二營營長欲向比隣求援時，乃不知比隣部隊所在保護山失守已久，敵將威脅萬年亭的左側，四十三團尚未知右翼的情況，尤其是敵人到達陣地前突擊，除不出擊，三，臘燭形守備隊的降敵份子，將臘燭形的陰蔽機關槍窖和裝置的地雷告知了敵人而使敵人的飛機在開始進攻時，便將機關槍窖炸燬，地雷很容易被敵破壞了，大嶺格降敵排長將左翼三十九團陣地空虛和接合部警戒薄弱告知敵人，幷引導敵人向此襲擊，按匪軍官自經我洪次圍剿後，深感切身狀實痛苦，與數年盲從實行共產之經驗，深知不適合於我國國情，均經覺悟，惟因處於匪黨殘忍監視之下，無隙擺脫，故每乘我軍進展接近時，明紛紛攜械投誠，而匪首等猶復瞶瞶不自省察，妄以屢屢次失敗歸咎於匪軍各部疏懈，欲藉一紙令文維繫已去軍心，自欺欺人，益暴露其荒謬，能催促其崩潰耳，

又據前方報告最近搜獲之僞『紅色中華』計載，一，據僞統計匪軍賀量已較前大爲削弱，幾於二分之一以上老弱，二，截至八月三日止，匪區月合借谷土地稅及匪軍公谷等共動員糧食一〇二八四九六擔，最近又擧召在秋收中借谷六〇萬擔，三，僞中央命令各僞縣蘇統埃召集匪軍家屬代表大會，迫令匪屬自動向僞政府要求不受優待，寫信與其子弟囑其安心當匪軍，並自動供出谷子與被氈子並打草鞋借匪軍備用等語，

2|1

7. 赣剿匪军事猛进，湘桂大军包围萧匪，我军分向古龙岗、兴国进攻日内可下，何键电京报告剿匪胜利，1934 年 10 月 13 日第 2 版

中華民國二十三年十月十三日

贛剿匪軍事猛進

湘桂大軍包圍蕭匪

我軍分向古龍岡與國進攻日內可下

南昌十二日電，六路先頭梁華盛師八日向鎮寇塔等地進攻，將匪衆擊潰退太陽峯一帶，卽進至該處，激戰竟日，卒於申刻將太陽峯冷水嫯家段一帶完全占領，斃匪獲械無算，

南昌十二電，我軍分向古龍岡及興國進攻，預計數日內可攻下，蕭克匪部，已被湘桂軍包圍，短期內可滅，

福州十二日電，我九十兩師六日領河田，詳情如左，東路六日午乘勝進攻河田，該地被匪盤踞六年，匪軍官眷匿居於此，恃汀江天險，以爲掩護，僞第九軍團及僞廿四師獨四師在河田西之蔡答田匿伏，以圖頑抗，我主力軍進駐□□□帶，某軍事専家談，閩西剿匪軍事，本月可告一段落，北路軍六日午克石城後，進至柳家莊一帶，卽攻寧化，中屋村之役匪軍官被我俘獲三百餘人，已搭軍政部差輪運京訊辦，蔣鼎文佈告招撫被脅附匪羣衆，只殺匪首，不究脅從，悔悟或攜械來歸者分別給奬，卽戰地俘擄匪軍官兵，亦加優遇，按程給資遣送回籍，其在後方企圖作亂或以物濟匪爲匪宣傳，廿心附匪者，情無可原，法無可赦，訊明卽正法，

何鍵電京報告剿匪勝利

南京十二日電，何鍵電京，報告剿匪勝利情形，略謂『匪經黔軍痛擊于潕橋東坡後，揚言退石阡，忽

（局部图1）

工商新報

南京十二日電，何鍵電京，報告剿匪勝利情形，略謂』匪經黔軍痛擊千灕橋東坡後，揚言退石阡，忽將老黃平攻擊，經黔軍王天錫克復老黃平，蕭匪向甕安餘慶逃竄，已令覃成全部協同黔軍將匪向東壓迫，嚴令某某兩部餘慶跟剿，以期合作』等語，

南昌十二日電，我軍於雷博岑之後，在擊斃偽三師營長張勝身際搜獲匪首彭德懷之偽訓令一件，其中中敍述偽官兵投誠報密所受影響與匪軍解體均無關志各節，足證其離總崩潰當屬不遠，茲爲關心剿心剿匪者明瞭匪軍內部眞象，特摘錄偽訓令原文數節節如次，一，軍團首長（彭匪自稱）於二十六晚就正確估量（指我軍以後同）而發出了二十七日的作戰命令，廿七日晚由兩次電話來補足這命令得規定了四時前完了戰鬬準備，并規定了不斷接敵偵察和觀察嘯的動行，然而各部通夜沒有關於敵人接近的報告，並且十四團三營進入陣地後，卸下裝具睡覺，右派陣地只派了四個步嘯突擊隊在掩壕內，被敵人投入手溜彈的爆炸聲從夢中驚走，團屬機槍根本沒有進入陣地團的第二梯隊，還在屋外出操，被敵人砲彈和飛機投彈，將部隊摘阻，增加不上，十三師三十九團陣地只一小嘯，而沒有守兵，這些嚴重的鬆懈和疏忽，便給了敵人襲取的機會，因此十四團三營陣地未響槍被人閉塞了，堡壘的咽喉部堅固工事只三十分鐘便完全送給敵人，二，敵人從十四團與卅九團接合部之大嶺格襲人，五師因急求三十九師的助援時，才發覺三十九師團陣地內根本沒人，保護山危的時候，十二團二營營長欲向比隣求援時，乃不知比隣部隊所在保護山失守已久，敵將威脅萬年亭的左側，叫十三團尚未知右翼的情況，尤其是敵人到達陣地前突擊，隊不出擊，三，朧燭形守備隊的降敵份子，將朧燭形的蔭蔽機關槍窖和裝置的地雷告知了敵人而使敵人的飛機在開始進攻時，便將機關槍窖炸燬，地雷很容易被敵破壞了，大嶺格降敵排長將左翼三十九團陣地空虛和接合部警戒薄弱告知敵人，并引導敵人向此襲擊，按匪軍官自經我洪次圍剿後，深感切身狀貿痛苦，與數年盲從實行共產之經驗，深知不適合於我國國情，均經覺悟，惟因處於匪黨殘忍監視之下，無隙擺脫，故每乘我軍進展接近時，明紛紛攜械投誠，而匪首等猶復贖贖不自省察，妄以屢屢次失敗歸咎於匪軍各部疏懈，欲藉一紙令文維繫已去軍心，自欺欺人，益暴露其荒謬，能催促其崩潰耳，

又據前方報告最近搜獲之偽『紅色中華』社載，一，據偽統計匪軍質量已較前大爲削弱，幾於二分之一以上老弱，二，截至八月三日止，匪區月合借谷土地稅及匪軍公谷等共動員糧食一〇二八四九六擔，最近又號召在秋收中借谷六〇萬擔，三，偽中央命令各偽縣蘇統埃召集匪軍家屬代表大會，迫令匪屬自動向偽政府要求不受優待，寫信與其子弟囑其安心充當匪軍，並自動借出谷子與被氈子並打草鞋借匪軍備用等語，

（局部图 2）

上海报